2012

中国第三产业统计年鉴

CHINA STATISTICAL YEARBOOK OF THE TERTIARY INDUSTRY

中 华 人 民 共 和 国 国 家 统 计 局　编
Compiled by National Bureau of Statistics of China

中国统计出版社
China Statistics Press

图书在版编目（CIP）数据

中国第三产业统计年鉴. 2012 / 中华人民共和国国家统计局编. -- 北京：中国统计出版社，2012.10
ISBN 978-7-5037-6734-0

Ⅰ. ①中… Ⅱ. ①中… Ⅲ. ①第三产业－经济统计－统计资料－中国－2012－年鉴 Ⅳ. ①F719-54

中国版本图书馆 CIP 数据核字（2012）第 248738 号

中国第三产业统计年鉴-2012

作　　者 / 中华人民共和国国家统计局
责任编辑 / 佘竞雄
封面设计 / 李雪燕
出版发行 / 中国统计出版社
地　　址 / 北京市丰台区西三环南路甲 6 号　邮政编码 / 100073
电　　话 / 邮购（010）63376909　书店（010）68783171
网　　址 / http://csp.stats.gov.cn
印　　刷 / 河北天普润印刷厂
经　　销 / 新华书店
开　　本 / 880mm × 1230mm　1/16
字　　数 / 1400 千字
印　　张 / 46.5
版　　别 / 2012 年 11 月第 1 版
版　　次 / 2012 年 11 月第 1 次印刷
定　　价 / 320.00 元

本书附同版本 CD-ROM 一张，光盘内容以书面文字为准。
中国统计版图书，如有印装错误，本社发行部负责调换。

《中国第三产业统计年鉴—2012》

编委会和编辑出版人员

编者说明

一、《中国第三产业统计年鉴—2012》收录了全国和各省、自治区、直辖市2011年第三产业方面的统计数据以及部分历史数据，是一部反映中华人民共和国第三产业发展情况的资料性年刊。

二、本年鉴正文内容分为8个篇章：1.第三产业单位数；2.第三产业就业人员数；3.第三产业增加值；4.第三产业固定资产投资；5.第三产业部分行业主要财务指标；6.第三产业部分行业主要业务指标；7.第三产业复合性行业情况；8.港澳台第三产业情况。同时附录3个篇章：1.世界及主要国家第三产业主要统计资料；2.中国服务业采购经理指数及国外情况；3.国民经济行业分类（第三产业部分）。各篇章前设有《简要说明》，对本篇章的主要内容、资料来源、统计范围、统计方法以及历史变动情况予以简要概述，篇末附有《主要统计指标解释》。

三、本年鉴所涉及的全国性统计数据，除森林面积和森林覆盖率外，均未包括香港、澳门特别行政区和台湾省数据。

四、香港、澳门特别行政区的统计是构成国家统计总体的一部分。但根据《中华人民共和国香港特别行政区基本法》和《中华人民共和国澳门特别行政区基本法》的有关原则，香港、澳门与内地是相对独立的统计区域，根据各自不同的统计制度和法律规定，独立进行统计工作。本年鉴中香港、澳门特别行政区统计资料分别由香港特别行政区政府统计处、澳门特别行政区政府统计暨普查局提供，国家统计局国际统计信息中心负责整理、编辑。

五、台湾省数据来自台湾省行政院主计处统计资料，国家统计局国际统计信息中心负责整理、编辑。

六、与2011年版《中国第三产业统计年鉴》相比较，本年鉴内容主要做了如下修订：

1.新《国民经济行业分类（GB/T 4754-2011）》已于2011年11月1日正式实施。本年鉴第5和第6篇中的章节名称、顺序根据新行业分类进行了调整，由于2011年统计年报工作仍按旧行业分类进行，因此本年鉴中的数据指标仍沿用旧行业分类标准。

2.将原第1篇“第三产业单位数和人员数”拆分为“一、第三产业单位数”和“二、第三产业就业人员数”。

3.将第5篇“第三产业部分行业主要财务指标”中的“电信”和“房地产开发”更改为“信息传输、软件和信息技术服务业”和“房地产业”，增加“教育”、“卫生和社会工作”和“文化、体育和娱乐业”有关财务统计资料。

4.将第6篇“第三产业部分行业主要业务指标”中的“信息传输、计算机服务和软件业”、“房地产开发”、“科学研究、技术服务和地质勘查业”、“水利、环境和公共设施业”、“居民服务和其他服务业”、“卫生、社会保障和社会福利业”和“公共管理和社会组织”更改为“信息传输、软件和信息技术服务业”、“房地产业”、“科学研究和技术服务业”、“水利、环境和公共设施管理业”、“居民服务、修理和其他服务业”、“卫生和社会工作”和“公共管理、社会保障和社会组织”，并对相关统计资料进行了充实。

5.在附录中增加“中国服务业采购经理指数及国外情况”和“《国民经济行业分类（GB/T 4754-2011)》(第三产业部分)”。

七、本年鉴中凡未注明年份的数据，均指2011年的数据。

八、本年鉴所使用的度量衡单位，均采用国际统一标准计量单位。

九、本年鉴中部分数据合计数或相对数由于计量单位取舍不同而产生的计算误差，均未做机械调整。

十、符号使用说明：年鉴各表中的“空格”表示该项统计指标数据不足本表最小单位数、数据不详或无该项数据；“#”表示其中的主要项。港澳台部分的符号使用方法具体见其篇章说明。

目 录

一、第三产业单位数

二、第三产业就业人员数

三、第三产业增加值

四、第三产业固定资产投资

五、第三产业部分行业主要财务指标

七、第三产业复合性行业情况

附录一、世界及主要国家第三产业主要统计资料

附录二、中国服务业采购经理指数及国外情况

附录三、国民经济行业分类(第三产业部分)

1 第三产业单位数

简要说明

一、主要内容

本篇资料通过对一定时期第三产业法人单位数量上的描述，反映报告期内第三产业法人单位的数量变化。

二、统计范围与统计口径

第三产业基本单位统计范围包括：我国境内从事社会经济第三产业活动的法人单位，未包括香港、澳门特别行政区和台湾省。

三、资料来源

第三产业基本单位统计2004年和2008年的数据，来源于第一次和第二次全国经济普查数据，其余年份来源于基本单位统计数据。

1-1 第三产业法人单位数及所占比重

单位：个

年 份	全部法人单位数	第一产业	第二产业	第三产业	
					比重(%)
1997	4344278	65307	1492302	2786669	64.1
1998	4417508	59692	1567816	2790000	63.2
1999	4221995	57177	1442405	2722413	64.5
2000	4366141	57542	1500106	2808493	64.3
2001	5107015	59104	1467937	3579974	70.1
2002	5170852	59522	1492241	3619089	70.0
2003	5214144	156033	1537037	3521074	67.5
2004	5168303	1835	1579340	3587128	69.4
2005	5647823	68800	1733605	3845418	68.1
2006	6068912	78205	1889475	4101232	67.6
2007	6495064	98546	2039702	4356816	67.1
2008	7098765	2023	2200376	4896366	69.0
2009	8003868	184764	2386389	5432715	67.9
2010	8754588	242429	2568818	5943341	67.9
2011	9593729	321086	2758483	6514160	67.9

注：2004年和2008年第一产业法人单位数仅包括兼营第二、三产业的第一产业法人单位。

1-2 第三产业分行业法人单位数

单位：个

行　　业	2005	2006	2007	2008	2009	2010	2011
第三产业总计	**3845418**	**4101232**	**4356816**	**4896366**	**5432715**	**5943341**	**6514160**
交通运输、仓储和邮政业	**91565**	**104635**	**117228**	**157589**	**175914**	**195829**	**219630**
铁路运输业	**334**	**548**	**714**	**440**	**698**	**1022**	**1561**
道路运输业	41340	47412	53673	73202	82287	92605	105576
城市公共交通业	6253	6547	6840	7689	8156	8375	8786
水上运输业	5853	6391	6984	8009	8770	9365	10088
航空运输业	627	857	1034	808	942	1081	1280
管道运输业	53	60	77	85	122	156	179
装卸搬运和其他运输服务业	22757	26847	30489	44661	49326	54039	59849
仓储业	11799	12864	13943	18207	19814	20926	22470
邮政业	2549	3109	3474	4488	5799	8260	9841
信息传输、计算机服务和软件业	**85499**	**100614**	**115101**	**153290**	**176326**	**191182**	**208867**
电信和其他信息传输服务业	15651	18645	22224	22590	28423	32354	36427
计算机服务业	43813	50279	56019	90843	99514	103803	108430
软件业	26035	31690	36858	39857	48389	55025	64010
批发和零售业	**994953**	**1122489**	**1246042**	**1403141**	**1670315**	**1965118**	**2276295**
批发业	599766	684812	767147	854007	1027725	1226014	1432318
零售业	395187	437677	478895	549134	642590	739104	843977
住宿和餐饮业	**101853**	**109892**	**118173**	**145297**	**154895**	**164762**	**172070**
住宿业	41951	44175	46826	54316	57385	60089	62714
餐饮业	59902	65717	71347	90981	97510	104673	109356
金融业	**26828**	**29201**	**31815**	**28668**	**36907**	**45512**	**55513**
银行业	17156	16850	16541	7706	9242	10822	12589
证券业	1270	1471	1644	1116	1437	1864	2793
保险业	4573	5619	6747	9146	10580	11687	13238
其他金融活动	3829	5261	6883	10700	15648	21139	26893
房地产业	**148059**	**165865**	**187444**	**214391**	**244043**	**284726**	**323985**
房地产业	148059	165865	187444	214391	244043	284726	323985
租赁和商务服务业	**291498**	**331904**	**368763**	**427001**	**511666**	**590478**	**687575**
租赁业	10890	12949	14829	18330	23202	27835	34267
商务服务业	280608	318955	353934	408671	488464	562643	653308
科学研究、技术服务和地质勘查业	**153076**	**166240**	**176677**	**201689**	**233221**	**256865**	**283777**
研究与试验发展	16668	18900	20460	21317	26573	31316	36803
专业技术服务业	75294	81584	87374	99966	111782	122314	135200
科技交流和推广服务业	58487	62911	65722	76591	90652	98795	107015
地质勘查业	2627	2845	3121	3815	4214	4440	4759
水利、环境和公共设施管理业	**46847**	**48811**	**50953**	**57553**	**61740**	**64794**	**69186**
水利管理业	18922	18844	19022	20827	21220	21327	21675
环境管理业	10523	11145	11862	12801	13945	14790	15911
公共设施管理业	17402	18822	20069	23925	26575	28677	31600
居民服务和其他服务业	**93947**	**102228**	**110525**	**120467**	**141936**	**158152**	**175813**
居民服务业	46149	50349	53493	61339	68079	71728	77421
其他服务业	47798	51879	57032	59128	73857	86424	98392
教育	**305446**	**308760**	**312339**	**335065**	**342003**	**342408**	**346390**
教育	305446	308760	312339	335065	342003	342408	346390
卫生、社会保障和社会福利业	**183760**	**185014**	**187376**	**206480**	**209016**	**205778**	**205173**
卫生	156998	157828	159362	171449	172838	169189	167699
社会保障业	9135	9381	9688	11428	11784	11838	11964
社会福利业	17627	17805	18326	23603	24394	24751	25510
文化、体育和娱乐业	**69490**	**72873**	**76430**	**81878**	**90891**	**95633**	**102775**
新闻出版业	5291	5460	5607	6278	6733	6943	7224
广播、电视、电影和音像业	14539	14769	15139	13481	14432	15049	15935
文化艺术业	29742	30970	32253	33830	37948	39803	43199
体育	6022	6322	6581	7405	8262	8637	9175
娱乐业	13896	15352	16850	20884	23516	25201	27242
公共管理和社会组织	**1252597**	**1252706**	**1257950**	**1363857**	**1383842**	**1382104**	**1387111**
中国共产党机关	40137	39835	39829	39846	40062	39702	39423
国家机构	334091	335246	338413	396222	399955	399140	399694
人民政协和民主党派	5684	5670	5689	6209	6234	6217	6194
群众团体、社会团体和宗教组织	149582	156823	163156	234644	247353	249577	257071
基层群众自治组织	723103	715132	710863	686936	690238	687468	684729

注：2008年铁路运输业单位数只包括铁路系统从事第二、三产业活动的企业和单位。

1-3 各地区第三产业法人单位数

单位：个

地 区	2005	2006	2007	2008	2009	2010	2011
全 国	**3845418**	**4101232**	**4356816**	**4896366**	**5432715**	**5943341**	**6514160**
北 京	245878	263513	269987	229389	326070	333119	339930
天 津	60468	64945	73215	98185	99464	115642	129983
河 北	149265	157775	164897	186396	214124	226856	238171
山 西	106664	115662	123459	125381	136363	142929	152719
内蒙古	62495	66923	72388	89959	98756	105566	111756
辽 宁	152738	165102	178286	210793	227113	242397	255177
吉 林	64075	66135	68672	92475	95522	85508	89507
黑龙江	82706	86166	89162	111957	121344	130178	136219
上 海	262116	265885	269674	260136	259954	289813	308687
江 苏	240130	267939	292981	336147	386037	479293	556722
浙 江	221409	239312	265194	298851	328369	364092	417817
安 徽	125930	130233	135710	138043	150844	162753	193694
福 建	117178	127690	140569	156314	178045	201768	232899
江 西	87722	85933	88429	102964	113261	124181	133364
山 东	257960	284328	304705	397970	441614	505592	547125
河 南	180643	190390	198698	227803	241904	249744	256627
湖 北	129609	139130	153270	218863	241083	253804	279162
湖 南	133148	137102	139855	184994	194537	209186	224218
广 东	303434	337402	373128	401828	459624	522154	596147
广 西	104380	110849	118180	127997	147604	166446	189951
海 南	21287	22308	23796	24778	25822	30322	34123
重 庆	66188	75490	82382	99975	108699	121050	149740
四 川	214587	227621	235118	242396	256626	267267	275697
贵 州	68906	72624	75697	78319	83325	88095	91544
云 南	76833	79024	84756	98542	114897	130783	149743
西 藏	12617	12912	13053	14582	14940	15244	15428
陕 西	125244	128793	132944	141049	156630	160258	178409
甘 肃	72333	73158	75899	79055	83061	87505	91216
青 海	18479	18924	19533	20686	21533	22915	23900
宁 夏	21402	23466	25353	23903	26354	28000	30801
新 疆	59594	64498	67826	76636	79196	80881	83684

1-4 各地区第三产业法人单位数及所占比重

单位：个

地 区	全部法人单位数	第一产业	第二产业	第三产业	比重(%)
全 国	**9593729**	**321086**	**2758483**	**6514160**	**67.9**
北 京	391503	3111	48462	339930	86.8
天 津	185899	2226	53690	129983	69.9
河 北	361028	13822	109035	238171	66.0
山 西	220371	27869	39783	152719	69.3
内蒙古	147105	7094	28255	111756	76.0
辽 宁	388515	13025	120313	255177	65.7
吉 林	124637	4998	30132	89507	71.8
黑龙江	184150	5157	42774	136219	74.0
上 海	422955	3522	110746	308687	73.0
江 苏	979237	20070	402445	556722	56.9
浙 江	778193	28997	331379	417817	53.7
安 徽	286915	9084	84137	193694	67.5
福 建	356207	14630	108678	232899	65.4
江 西	199355	8712	57279	133364	66.9
山 东	832499	21777	263597	547125	65.7
河 南	410810	15105	139078	256627	62.5
湖 北	382113	10342	92609	279162	73.1
湖 南	314853	9819	80816	224218	71.2
广 东	908008	12030	299831	596147	65.7
广 西	238512	10310	38251	189951	79.6
海 南	42715	2115	6477	34123	79.9
重 庆	223752	23935	50077	149740	66.9
四 川	366196	14322	76177	275697	75.3
贵 州	116423	4422	20457	91544	78.6
云 南	197322	14416	33163	149743	75.9
西 藏	16474	35	1011	15428	93.7
陕 西	231354	7982	44963	178409	77.1
甘 肃	114200	4886	18098	91216	79.9
青 海	30446	1773	4773	23900	78.5
宁 夏	40053	1850	7402	30801	76.9
新 疆	101929	3650	14595	83684	82.1

1-5 交通运输、仓储和邮政业按地区分组的法人单位数

单位：个

地 区	法人单位数(2010年)	#多产业法人单位	法人单位数(2011年)	#多产业法人单位
全 国	**195829**	**9294**	**219630**	**10032**
北 京	7755	438	7850	506
天 津	7347	156	8376	169
河 北	6529	153	7234	178
山 西	4101	178	4763	216
内蒙古	3758	180	3920	189
辽 宁	10230	305	10844	295
吉 林	2562	70	2704	69
黑龙江	3811	149	4173	155
上 海	14411	889	14940	998
江 苏	18907	434	22010	492
浙 江	12628	826	14218	900
安 徽	6140	306	8114	313
福 建	7383	349	8393	365
江 西	4873	155	5846	167
山 东	17174	328	19284	333
河 南	5785	139	6060	137
湖 北	7489	323	9176	323
湖 南	4317	154	4703	152
广 东	20038	1547	22784	1706
广 西	4634	393	5459	423
海 南	772	67	879	78
重 庆	4527	349	5046	393
四 川	6821	424	7209	434
贵 州	1586	117	1740	118
云 南	3178	268	3859	292
西 藏	175	25	182	25
陕 西	3756	167	4280	180
甘 肃	1614	124	1765	125
青 海	471	64	490	65
宁 夏	615	35	693	40
新 疆	2442	182	2636	196

1-6 信息传输、计算机服务和软件业按地区分组的法人单位数

单位：个

地区	法人单位数(2010年)	#多产业法人单位	法人单位数(2011年)	#多产业法人单位
全国	**191182**	**4830**	**208867**	**5408**
北京	20878	736	21135	1020
天津	2314	32	2666	30
河北	4875	81	4699	78
山西	2770	87	2632	98
内蒙古	2009	83	2081	88
辽宁	8721	145	9240	138
吉林	1684	66	1778	68
黑龙江	3007	91	3253	94
上海	12051	491	12645	523
江苏	16029	220	18260	262
浙江	14967	299	17387	351
安徽	5499	78	6149	85
福建	6537	125	7823	139
江西	1884	74	2161	81
山东	15138	193	16417	204
河南	5266	73	5462	74
湖北	7071	135	7334	129
湖南	8381	89	8872	89
广东	18622	803	21644	892
广西	5997	123	6508	127
海南	913	19	1083	25
重庆	4051	148	5215	159
四川	9162	177	9386	177
贵州	2051	51	2136	52
云南	3719	103	4320	111
西藏	158	23	159	23
陕西	3264	64	4078	67
甘肃	1035	58	1120	64
青海	403	37	423	39
宁夏	697	25	740	25
新疆	2029	101	2061	96

1-7 批发和零售业按地区分组的法人单位数

单位：个

地区	法人单位数(2010年)	#多产业法人单位	法人单位数(2011年)	#多产业法人单位
全国	**1965118**	**67087**	**2276295**	**70919**
北京	116396	5622	118485	5896
天津	51763	797	57462	907
河北	72724	1617	81073	1618
山西	39691	1909	45514	2167
内蒙古	31565	930	35563	1014
辽宁	88875	1677	95346	1694
吉林	25303	365	27609	327
黑龙江	43777	1263	46398	1286
上海	130212	7456	139449	7837
江苏	224964	5289	266216	5414
浙江	133480	6294	165076	6873
安徽	46945	1885	61007	1991
福建	66702	2649	84609	2903
江西	25660	562	31922	604
山东	194517	2667	219046	2615
河南	58769	1775	62431	1742
湖北	80274	2030	91518	1924
湖南	40943	651	50020	681
广东	205711	7806	248484	8722
广西	42383	3040	54824	3241
海南	7622	356	9096	404
重庆	37348	1964	53381	2154
四川	51501	2382	56426	2443
贵州	15592	841	17073	857
云南	39075	1950	48812	2167
西藏	923	68	1027	66
陕西	40581	836	50921	990
甘肃	19036	881	21209	886
青海	4080	228	4576	221
宁夏	8001	230	9941	231
新疆	20705	1067	21781	1044

1-8 住宿和餐饮业按地区分组的法人单位数

单位：个

地区	法人单位数(2010年)	#多产业法人单位	法人单位数(2011年)	#多产业法人单位
全国	**164762**	**7167**	**172070**	**7622**
北京	12897	1034	13003	1068
天津	3231	97	2841	116
河北	4178	107	4069	104
山西	3310	111	3382	123
内蒙古	3452	125	3354	131
辽宁	6016	179	6064	184
吉林	1738	32	1691	28
黑龙江	2983	68	2479	72
上海	10687	692	11694	790
江苏	10176	385	10858	406
浙江	7549	1088	8300	1086
安徽	4453	197	4889	218
福建	5055	192	5848	228
江西	3145	42	3062	51
山东	16745	234	16409	221
河南	8240	186	8381	186
湖北	7576	189	7701	196
湖南	7331	80	7277	74
广东	16105	862	16672	977
广西	2764	166	3177	174
海南	1371	65	1354	84
重庆	4795	242	7222	273
四川	6726	277	7217	277
贵州	1542	34	1664	36
云南	3044	167	3324	176
西藏	303	5	307	5
陕西	4909	92	5343	123
甘肃	2150	102	2107	105
青海	595	28	602	26
宁夏	644	16	718	15
新疆	1052	73	1061	69

1-9 金融业按地区分组的法人单位数

单位：个

地　区	法人单位数(2010年)	#多产业法人单位	法人单位数(2011年)	#多产业法人单位
全　国	**45512**	**11515**	**55513**	**11912**
北　京	1298	187	1364	247
天　津	884	252	1493	258
河　北	1669	459	2230	477
山　西	1257	358	1530	369
内蒙古	1606	368	1687	375
辽　宁	2055	493	2371	504
吉　林	838	267	898	262
黑龙江	1244	360	1446	364
上　海	920	222	1128	249
江　苏	4190	573	5059	614
浙　江	2484	646	2607	682
安　徽	1979	421	2547	436
福　建	2596	379	3311	405
江　西	1132	340	1352	339
山　东	3901	710	4859	712
河　南	1694	517	1972	524
湖　北	1457	421	2410	424
湖　南	1223	425	1511	427
广　东	3207	889	3984	937
广　西	1249	374	1649	387
海　南	245	65	275	67
重　庆	1169	328	1250	350
四　川	1842	625	1979	633
贵　州	759	240	894	243
云　南	1541	449	2112	469
西　藏	115	65	116	64
陕　西	1104	345	1374	344
甘　肃	677	283	794	288
青　海	213	88	227	89
宁　夏	281	71	331	72
新　疆	683	295	753	301

1-10 房地产业按地区分组的法人单位数

单位：个

地　区	法人单位数(2010年)	#多产业法人单位	法人单位数(2011年)	#多产业法人单位
全　国	**284726**	**12205**	**323985**	**13681**
北　京	14162	1210	14384	1295
天　津	4735	241	5306	241
河　北	9066	199	10546	261
山　西	4988	148	5651	234
内蒙古	5322	67	5937	91
辽　宁	13737	314	14517	326
吉　林	3593	26	4136	25
黑龙江	5839	164	6613	166
上　海	13537	853	13860	876
江　苏	23761	802	27369	913
浙　江	16748	1166	19196	1350
安　徽	9396	335	11824	382
福　建	10014	590	11291	630
江　西	6077	100	7192	133
山　东	20209	266	22808	273
河　南	9330	68	10479	79
湖　北	12569	410	15300	408
湖　南	8182	68	9699	75
广　东	37573	2818	42356	3085
广　西	9014	388	10235	554
海　南	4022	94	4956	131
重　庆	7133	557	8470	668
四　川	10329	507	11056	538
贵　州	4614	133	5126	140
云　南	6826	291	8421	336
西　藏	102		103	
陕　西	6346	90	8599	127
甘　肃	2635	71	2960	70
青　海	856	39	933	43
宁　夏	1006	22	1157	31
新　疆	3005	168	3505	200

1-11 租赁和商务服务业按地区分组的法人单位数

单位：个

地区	法人单位数(2010年)	#多产业法人单位	法人单位数(2011年)	#多产业法人单位
全国	**590478**	**13479**	**687575**	**15556**
北京	71741	1460	73752	1878
天津	14482	177	18285	238
河北	11434	241	13359	265
山西	8404	291	9506	381
内蒙古	7531	149	8159	172
辽宁	24503	341	26687	358
吉林	6094	58	6518	59
黑龙江	10152	191	11304	200
上海	50753	1579	55317	1722
江苏	51979	851	65189	1012
浙江	50294	1350	59494	1586
安徽	12280	261	18656	309
福建	20864	484	25715	543
江西	7406	128	9839	153
山东	39873	410	46418	453
河南	13289	134	14815	146
湖北	20117	324	24208	351
湖南	11022	199	13344	213
广东	72830	2708	84173	3064
广西	15392	543	18798	604
海南	3636	105	4340	138
重庆	12963	273	16729	359
四川	17363	364	18749	380
贵州	5001	113	5622	124
云南	10324	282	13450	352
西藏	251	2	280	1
陕西	9141	109	12242	125
甘肃	3577	107	3961	112
青海	1075	47	1148	47
宁夏	1696	23	2025	24
新疆	5011	175	5493	187

1-12 科学研究、技术服务和地质勘查业按地区分组的法人单位数

单位：个

地区	法人单位数(2010年)	#多产业法人单位	法人单位数(2011年)	#多产业法人单位
全国	**256865**	**7240**	**283777**	**8148**
北京	33970	725	35568	935
天津	7525	86	9357	98
河北	5432	99	5877	107
山西	4502	129	4810	169
内蒙古	3971	84	4100	88
辽宁	12685	156	13455	165
吉林	4026	48	4338	46
黑龙江	6083	162	6625	167
上海	17544	460	19150	505
江苏	17746	333	20893	424
浙江	16517	622	19067	784
安徽	5453	179	7337	196
福建	7901	311	8801	362
江西	3999	101	4187	107
山东	14485	180	15966	183
河南	6207	89	6533	100
湖北	11958	328	13027	335
湖南	7042	199	8151	203
广东	23373	935	26966	1076
广西	8397	543	9020	581
海南	1178	72	1284	79
重庆	4026	162	4486	178
四川	11184	301	11302	305
贵州	3213	89	3194	95
云南	5710	381	6209	375
西藏	169	16	182	15
陕西	5433	105	6396	117
甘肃	2172	113	2297	115
青海	915	52	933	51
宁夏	716	25	771	25
新疆	3333	155	3495	162

1-13 水利、环境和公共设施管理业按地区分组的法人单位数

单位：个

地区	法人单位数(2010年)	#多产业法人单位	法人单位数(2011年)	#多产业法人单位
全国	**64794**	**2548**	**69186**	**2616**
北京	2398	69	2422	82
天津	1202	35	1319	36
河北	1877	58	2018	65
山西	1968	71	2144	76
内蒙古	1724	74	1785	73
辽宁	2944	63	3098	64
吉林	1254	23	1276	23
黑龙江	1594	73	1629	73
上海	1994	52	1968	53
江苏	5610	102	6053	104
浙江	4024	188	4476	202
安徽	1891	137	2322	137
福建	2334	94	2667	98
江西	1668	55	1760	57
山东	3683	127	3876	125
河南	2406	51	2496	56
湖北	3794	171	4117	167
湖南	2896	110	3012	112
广东	4649	216	4967	222
广西	2376	128	2571	130
海南	311	17	351	18
重庆	1504	76	1676	80
四川	3239	113	3193	115
贵州	1119	39	1167	39
云南	1926	113	2102	111
西藏	40	3	41	3
陕西	2037	47	2244	47
甘肃	877	112	906	113
青海	304	11	316	11
宁夏	263	18	289	18
新疆	888	102	925	106

1-14 居民服务业和其他服务业按地区分组的法人单位数

单位：个

地区	法人单位数(2010年)	#多产业法人单位	法人单位数(2011年)	#多产业法人单位
全国	**158152**	**3788**	**175813**	**4116**
北京	14613	632	14651	660
天津	6236	99	6707	111
河北	4331	86	4732	91
山西	3592	90	4181	98
内蒙古	2350	51	2533	54
辽宁	6686	77	7170	84
吉林	1914	10	2024	10
黑龙江	3426	50	3657	52
上海	13036	495	13396	508
江苏	13907	199	16561	242
浙江	7194	295	8345	333
安徽	3269	83	4352	91
福建	4856	144	5453	160
江西	3047	25	3614	34
山东	13944	131	15525	131
河南	4445	51	4543	48
湖北	7963	111	8639	104
湖南	5317	30	5450	27
广东	15975	588	17530	680
广西	2666	97	3417	104
海南	645	19	756	25
重庆	3408	104	5101	106
四川	4091	85	4327	94
贵州	1623	27	1770	27
云南	2407	74	2882	89
西藏	108	3	112	3
陕西	3368	34	4305	50
甘肃	1502	41	1639	45
青海	297	9	326	9
宁夏	527	7	638	8
新疆	1409	41	1477	38

1-15 教育按地区分组的法人单位数

单位：个

地 区	法人单位数 (2010年)	#多产业法人单位	法人单位数 (2011年)	#多产业法人单位
全 国	**342408**	**32400**	**346390**	**31811**
北 京	8192	253	8207	274
天 津	3233	254	3325	252
河 北	19003	1142	18168	1068
山 西	8762	1095	8755	1091
内蒙古	5491	342	5557	335
辽 宁	11459	1052	11481	1039
吉 林	5258	655	5248	651
黑龙江	7682	703	7737	700
上 海	5590	120	5615	118
江 苏	15415	848	16869	846
浙 江	16018	926	16742	896
安 徽	13065	1627	13538	1607
福 建	11898	1041	12276	1040
江 西	9741	1361	8914	1367
山 东	20774	2017	20908	2010
河 南	22900	2010	22915	2009
湖 北	16426	2229	16753	2083
湖 南	14810	2115	14847	2119
广 东	30779	1410	31500	1431
广 西	17126	1211	17497	1204
海 南	2139	240	2156	243
重 庆	7761	1606	8035	1470
四 川	19749	2664	19961	2511
贵 州	9592	1308	9650	1303
云 南	7618	1373	7962	1386
西 藏	1040	272	1045	270
陕 西	13871	887	13613	860
甘 肃	9123	846	9173	846
青 海	1236	218	1259	213
宁 夏	1391	164	1409	165
新 疆	5266	411	5275	404

1-16 卫生、社会保障和社会福利业按地区分组的法人单位数

单位：个

地区	法人单位数(2010年)	#多产业法人单位	法人单位数(2011年)	#多产业法人单位
全国	**205778**	**13695**	**205173**	**13555**
北京	3044	210	3049	216
天津	1406	205	1446	204
河北	7170	309	6654	301
山西	5124	452	5149	447
内蒙古	4479	255	4479	255
辽宁	10128	334	10239	330
吉林	3278	127	3285	127
黑龙江	4831	502	4868	500
上海	2685	88	2818	88
江苏	10020	974	10821	957
浙江	6922	872	6921	845
安徽	6077	817	6207	816
福建	6161	378	6064	378
江西	7984	363	7095	357
山东	15810	1260	15893	1256
河南	26174	224	25218	222
湖北	10984	1082	11107	1032
湖南	8274	756	8291	755
广东	8949	871	9139	880
广西	6445	395	6573	397
海南	770	20	782	20
重庆	5897	588	5933	573
四川	14227	579	14169	556
贵州	3988	313	4049	312
云南	4332	844	4435	844
西藏	504	25	504	25
陕西	12415	232	12197	239
甘肃	3497	304	3517	305
青海	769	94	779	94
宁夏	803	45	816	45
新疆	2631	177	2676	179

1-17 文化、体育和娱乐业按地区分组的法人单位数

单位：个

地区	法人单位数(2010年)	#多产业法人单位	法人单位数(2011年)	#多产业法人单位
全国	**95633**	**2521**	**102775**	**2672**
北京	11762	284	12112	316
天津	1428	54	1608	58
河北	2272	56	2322	55
山西	2579	82	2727	89
内蒙古	1801	33	1837	37
辽宁	3782	62	3867	62
吉林	1572	22	1599	22
黑龙江	1793	54	1856	53
上海	4166	143	4453	150
江苏	6312	105	7352	119
浙江	5274	182	6044	209
安徽	2280	63	2653	70
福建	3829	125	4622	133
江西	2303	34	2357	37
山东	4992	108	5263	107
河南	3750	51	3856	51
湖北	4486	131	4806	128
湖南	4199	68	4346	68
广东	7010	292	7762	329
广西	3005	104	3180	106
海南	662	24	712	25
重庆	2128	63	2394	64
四川	4394	106	4576	105
贵州	1480	19	1515	20
云南	2561	90	2809	87
西藏	169		172	
陕西	2554	35	2794	43
甘肃	1226	48	1283	50
青海	394	20	404	19
宁夏	329	13	333	13
新疆	1141	50	1161	47

1-18 公共管理和社会组织按地区分组的法人单位数

单位：个

地区	法人单位数(2010年)	#多产业法人单位	法人单位数(2011年)	#多产业法人单位
全国	**1382104**	**149497**	**1387111**	**147227**
北京	14013	1089	13948	1083
天津	9856	515	9792	513
河北	76296	4763	75190	4299
山西	51881	12963	51975	12931
内蒙古	30507	3076	30764	3113
辽宁	40576	3452	40798	3448
吉林	26394	1568	26403	1566
黑龙江	33956	4213	34181	4204
上海	12227	328	12254	325
江苏	60277	2821	63212	2797
浙江	69993	2463	69944	2300
安徽	44026	6330	44099	6256
福建	45638	10738	46026	10715
江西	45262	4236	44063	4230
山东	124347	12036	124453	12002
河南	81489	5009	81466	4994
湖北	61640	11235	63066	10378
湖南	85249	7561	84695	7289
广东	57333	8642	58186	8640
广西	44998	6779	47043	6800
海南	6036	583	6099	584
重庆	24340	2840	24802	2733
四川	106639	8365	106147	8321
贵州	35935	2972	35944	2990
云南	38522	5910	39046	5884
西藏	11187	643	11198	640
陕西	51479	8569	50023	8400
甘肃	38384	5203	38485	5210
青海	11307	1370	11484	1374
宁夏	11031	673	10940	677
新疆	31286	2552	31385	2531

1-19 第三产业按行业、东中西部以及东北地区分组的法人单位数

单位：个

行业	法人单位数	东部地区	中部地区	西部地区	东北地区
第三产业总计	**6514160**	**3401604**	**1239784**	**1391869**	**480903**
交通运输、仓储和邮政业	**219630**	**125968**	**38662**	**37279**	**17721**
铁路运输业	1561	743	379	333	106
道路运输业	105576	53229	22399	21464	8484
城市公共交通业	8786	3270	2214	2216	1086
水上运输业	10088	6321	2030	1289	448
航空运输业	1280	591	163	383	143
管道运输业	179	87	39	37	16
装卸搬运和其他运输服务业	59849	42745	5977	6671	4456
仓储业	22470	12848	3906	3337	2379
邮政业	9841	6134	1555	1549	603
信息传输、计算机服务和软件业	**208867**	**123759**	**32610**	**38227**	**14271**
电信和其他信息传输服务业	36427	19156	6175	8045	3051
计算机服务业	108430	58094	21140	23448	5748
软件业	64010	46509	5295	6734	5472
批发和零售业	**2276295**	**1388996**	**342412**	**375534**	**169353**
批发业	1432318	938478	182957	205099	105784
零售业	843977	450518	159455	170435	63569
住宿和餐饮业	**172070**	**91048**	**34692**	**36096**	**10234**
住宿业	62714	30312	12909	15371	4122
餐饮业	109356	60736	21783	20725	6112
金融业	**55513**	**26310**	**11322**	**13166**	**4715**
银行业	12589	4595	2803	4010	1181
证券业	2793	1575	593	477	148
保险业	13238	6281	2783	2962	1212
其他金融活动	26893	13859	5143	5717	2174
房地产业	**323985**	**172072**	**60145**	**66502**	**25266**
房地产业	323985	172072	60145	66502	25266
租赁和商务服务业	**687575**	**446042**	**90368**	**106656**	**44509**
租赁业	34267	18609	5506	7952	2200
商务服务业	653308	427433	84862	98704	42309
科学研究、技术服务和地质勘查业	**283777**	**162929**	**44045**	**52385**	**24418**
研究与试验发展	36803	23250	5326	4478	3749
专业技术服务业	135200	78273	21295	24507	11125
科技交流和推广服务业	107015	60024	16538	21425	9028
地质勘查业	4759	1382	886	1975	516
水利、环境和公共设施管理业	**69186**	**30117**	**15851**	**17215**	**6003**
水利管理业	21675	6635	5899	7086	2055
环境管理业	15911	7121	3388	3990	1412
公共设施管理业	31600	16361	6564	6139	2536
居民服务和其他服务业	**175813**	**103656**	**30779**	**28527**	**12851**
居民服务业	77421	43746	14401	12611	6663
其他服务业	98392	59910	16378	15916	6188
教育	**346390**	**135766**	**85722**	**100436**	**24466**
教育	346390	135766	85722	100436	24466
卫生、社会保障和社会福利业	**205173**	**63587**	**63067**	**60127**	**18392**
卫生	167699	49836	53809	49905	14149
社会保障业	11964	3517	2985	4428	1034
社会福利业	25510	10234	6273	5794	3209
文化、体育和娱乐业	**102775**	**52250**	**20745**	**22458**	**7322**
新闻出版业	7224	3768	1389	1437	630
广播、电视、电影和音像业	15935	7000	3517	4201	1217
文化艺术业	43199	20240	9568	10351	3040
体育	9175	5137	1515	1737	786
娱乐业	27242	16105	4756	4732	1649
公共管理和社会组织	**1387111**	**479104**	**369364**	**437261**	**101382**
中国共产党机关	39423	9801	10098	15863	3661
国家机构	399694	114363	109327	136872	39132
人民政协和民主党派	6194	2066	1459	2073	596
群众团体、社会团体和宗教组织	257071	97334	53910	86770	19057
基层群众自治组织	684729	255540	194570	195683	38936

注：东部地区包括北京、天津、河北、上海、江苏、浙江、福建、山东、广东、海南；中部地区包括山西、安徽、江西、河南、湖北、湖南；西部地区包括内蒙古、广西、重庆、四川、贵州、云南、西藏、陕西、甘肃、青海、宁夏、新疆；东北地区包括辽宁、吉林、黑龙江。

1-20 第三产业按行业、机构类型分组的法人单位数

单位：个

行业	法人单位数	企业法人	事业法人	机关法人	社会团体	其他
第三产业总计	**6514160**	**4326461**	**708461**	**249855**	**209665**	**1019718**
交通运输、仓储和邮政业	**219630**	**209450**	**6596**			**3584**
铁路运输业	1561	1492	26			43
道路运输业	105576	98521	5246			1809
城市公共交通业	8786	8573	98			115
水上运输业	10088	9467	451			170
航空运输业	1280	1199	57			24
管道运输业	179	172	2			5
装卸搬运和其他运输服务业	59849	58923	70			856
仓储业	22470	21611	521			338
邮政业	9841	9492	125			224
信息传输、计算机服务和软件业	**208867**	**199248**	**4000**			**5619**
电信和其他信息传输服务业	36427	31763	3261			1403
计算机服务业	108430	104112	648			3670
软件业	64010	63373	91			546
批发和零售业	**2276295**	**2276262**	**4**			**29**
批发业	1432318	1432293	1			24
零售业	843977	843969	3			5
住宿和餐饮业	**172070**	**166742**	**665**			**4663**
住宿业	62714	60903	525			1286
餐饮业	109356	105839	140			3377
金融业	**55513**	**52308**	**1003**	**342**		**1860**
银行业	12589	11553	408	342		286
证券业	2793	2634	54			105
保险业	13238	12834	113			291
其他金融活动	26893	25287	428			1178
房地产业	**323985**	**317582**	**2547**			**3856**
房地产业	323985	317582	2547			3856
租赁和商务服务业	**687575**	**610205**	**29995**			**47375**
租赁业	34267	33340	54			873
商务服务业	653308	576865	29941			46502
科学研究、技术服务和地质勘查业	**283777**	**203904**	**66130**			**13743**
研究与试验发展	36803	28595	5983			2225
专业技术服务业	135200	104452	27807			2941
科技交流和推广服务业	107015	67563	30969			8483
地质勘查业	4759	3294	1371			94
水利、环境和公共设施管理业	**69186**	**32870**	**33452**		**74**	**2790**
水利管理业	21675	2623	17798			1254
环境管理业	15911	7463	7756		74	618
公共设施管理业	31600	22784	7898			918
居民服务和其他服务业	**175813**	**158297**	**5840**			**11676**
居民服务业	77421	65177	4198			8046
其他服务业	98392	93120	1642			3630
教育	**346390**	**28678**	**220577**			**97135**
教育	346390	28678	220577			97135
卫生、社会保障和社会福利业	**205173**	**17252**	**105088**		**1687**	**81146**
卫生	167699	15929	84547			67223
社会保障业	11964	393	10728			843
社会福利业	25510	930	9813		1687	13080
文化、体育和娱乐业	**102775**	**53663**	**36766**		**1999**	**10347**
新闻出版业	7224	3343	3582			299
广播、电视、电影和音像业	15935	8175	7304			456
文化艺术业	43199	15815	22209			5175
体育	9175	2609	2665		1999	1902
娱乐业	27242	23721	1006			2515
公共管理和社会组织	**1387111**		**195798**	**249513**	**205905**	**735895**
中国共产党机关	39423		2030	37393		
国家机构	399694		193465	206229		
人民政协和民主党派	6194		303	5891		
群众团体、社会团体和宗教组织	257071				205905	51166
基层群众自治组织	684729					684729

1-21 第三产业按地区、机构类型分组的法人单位数

单位：个

地区	法人单位数	企业法人	事业法人	机关法人	社会团体	其他
全国	**6514160**	**4326461**	**708461**	**249855**	**209665**	**1019718**
北京	339930	309739	10924	2089	4144	13034
天津	129983	110915	6246	1861	1734	9227
河北	238171	132335	31368	11842	5122	57504
山西	152719	79327	23391	8905	5380	35716
内蒙古	111756	64545	16517	7665	5769	17260
辽宁	255177	181689	27089	9514	8191	28694
吉林	89507	49553	16557	5678	3495	14224
黑龙江	136219	83327	19254	9935	5748	17955
上海	308687	284378	8041	1854	3242	11172
江苏	556722	448119	36779	10061	17062	44701
浙江	417817	308205	27017	7677	14818	60100
安徽	193694	123114	22766	9658	8489	29667
福建	232899	157303	25267	8020	11053	31256
江西	133364	65923	24160	9327	5821	28133
山东	547125	368927	36163	12117	13739	116179
河南	256627	117638	40088	11833	5687	81381
湖北	279162	172693	37813	10396	10394	47866
湖南	224218	105442	40097	12915	7922	57842
广东	596147	479611	39851	11661	11513	53511
广西	189951	103600	39870	10683	8595	27203
海南	34123	23995	3453	1389	838	4448
重庆	149740	105948	16379	4459	4559	18395
四川	275697	120821	50599	19555	16833	67889
贵州	91544	36976	21231	7216	3589	22532
云南	149743	90969	19773	10917	7716	20368
西藏	15428	2239	2165	4108	569	6347
陕西	178409	96602	28379	9435	4346	39647
甘肃	91216	36060	17911	7059	5468	24718
青海	23900	8926	3581	2777	1707	6909
宁夏	30801	16686	2765	1486	2277	7587
新疆	83684	40856	12967	7763	3845	18253

1-22 第三产业按行业、控股情况分组的企业法人单位数

单位：个

行业	企业法人单位数	国有控股	集体控股	私人控股	港澳台商控股	外商控股	其他
第三产业总计	**4326461**	**189296**	**163649**	**3369705**	**35272**	**44557**	**523982**
交通运输、仓储和邮政业	**209450**	**16777**	**10391**	**153097**	**2193**	**1787**	**25205**
铁路运输业	1492	326	103	817	3	3	240
道路运输业	98521	5199	4752	75280	487	298	12505
城市公共交通业	8573	1227	825	5319	50	28	1124
水上运输业	9467	943	853	6331	97	74	1169
航空运输业	1199	301	34	642	17	23	182
管道运输业	172	53	5	81	4	5	24
装卸搬运和其他运输服务业	58923	2442	2380	46130	1012	639	6320
仓储业	21611	4817	1263	12045	497	691	2298
邮政业	9492	1469	176	6452	26	26	1343
信息传输、计算机服务和软件业	**199248**	**6297**	**2192**	**162553**	**2572**	**4808**	**20826**
电信和其他信息传输服务业	31763	4250	723	21695	327	361	4407
计算机服务业	104112	1057	723	90305	470	864	10693
软件业	63373	990	746	50553	1775	3583	5726
批发和零售业	**2276262**	**61708**	**65748**	**1844083**	**11786**	**17169**	**275768**
批发业	1432293	38575	33365	1173149	9545	14847	162812
零售业	843969	23133	32383	670934	2241	2322	112956
住宿和餐饮业	**166742**	**11336**	**8185**	**124836**	**1982**	**2174**	**18229**
住宿业	60903	8570	4976	39445	688	503	6721
餐饮业	105839	2766	3209	85391	1294	1671	11508
金融业	**52308**	**13124**	**4821**	**24590**	**304**	**721**	**8748**
银行业	11553	5668	2886	1201	102	274	1422
证券业	2634	659	97	1373	13	8	484
保险业	12834	4378	1165	4202	93	330	2666
其他金融活动	25287	2419	673	17814	96	109	4176
房地产业	**317582**	**21688**	**19278**	**231612**	**6349**	**3619**	**35036**
房地产业	317582	21688	19278	231612	6349	3619	35036
租赁和商务服务业	**610205**	**27623**	**31521**	**460426**	**6348**	**8799**	**75488**
租赁业	33340	852	822	26784	95	138	4649
商务服务业	576865	26771	30699	433642	6253	8661	70839
科学研究、技术服务和地质勘查业	**203904**	**14344**	**7963**	**150966**	**2285**	**3758**	**24588**
研究与试验发展	28595	1311	693	21353	647	1138	3453
专业技术服务业	104452	9312	4354	76221	985	1452	12128
科技交流和推广服务业	67563	3035	2819	51404	639	1126	8540
地质勘查业	3294	686	97	1988	14	42	467
水利、环境和公共设施管理业	**32870**	**4232**	**2322**	**21603**	**202**	**204**	**4307**
水利管理业	2623	798	308	1101	7	7	402
环境管理业	7463	956	485	4849	50	98	1025
公共设施管理业	22784	2478	1529	15653	145	99	2880
居民服务和其他服务业	**158297**	**3964**	**6306**	**124061**	**611**	**821**	**22534**
居民服务业	65177	1603	2736	51801	297	377	8363
其他服务业	93120	2361	3570	72260	314	444	14171
教育	**28678**	**1585**	**1393**	**20988**	**121**	**169**	**4422**
教育	28678	1585	1393	20988	121	169	4422
卫生、社会保障和社会福利业	**17252**	**1394**	**1450**	**11790**	**45**	**75**	**2498**
卫生	15929	1160	1256	11171	41	71	2230
社会保障业	393	97	75	141			80
社会福利业	930	137	119	478	4	4	188
文化、体育和娱乐业	**53663**	**5224**	**2079**	**39100**	**474**	**453**	**6333**
新闻出版业	3343	1739	208	1039	7	4	346
广播、电视、电影和音像业	8175	1919	483	4840	66	37	830
文化艺术业	15815	846	560	12235	52	65	2057
体育	2609	211	100	1859	40	49	350
娱乐业	23721	509	728	19127	309	298	2750

1-23 第三产业按地区、控股情况分组的企业法人单位数

单位：个

地区	企业法人单位数	国有控股	集体控股	私人控股	港澳台商控股	外商控股	其他
全国	**4326461**	**189296**	**163649**	**3369705**	**35272**	**44557**	**523982**
北京	309739	14181	15004	252797	4250	7519	15988
天津	110915	5705	3510	77378	855	1678	21789
河北	132335	6071	6645	101632	164	195	17628
山西	79327	5817	4544	59571	83	74	9238
内蒙古	64545	2954	1509	49215	64	82	10721
辽宁	181689	9281	10091	145776	920	2190	13431
吉林	49553	3042	1438	38166	77	148	6682
黑龙江	83327	5793	2995	57105	129	161	17144
上海	284378	10121	8721	233203	8927	15500	7906
江苏	448119	10374	10128	387946	2213	3016	34442
浙江	308205	8602	11262	281946	1532	2379	2484
安徽	123114	6918	4034	91857	315	331	19659
福建	157303	8141	4421	114857	1844	1175	26865
江西	65923	5114	2195	46186	245	188	11995
山东	368927	11224	9689	271395	694	1440	74485
河南	117638	7208	6281	91173	223	203	12550
湖北	172693	8765	5355	115478	438	451	42206
湖南	105442	5742	3911	81929	338	270	13252
广东	479611	15338	26941	363022	10026	5392	58892
广西	103600	5804	4334	75159	313	250	17740
海南	23995	1558	892	16176	267	160	4942
重庆	105948	4372	2387	80150	371	349	18319
四川	120821	6194	4036	96121	347	539	13584
贵州	36976	3571	1831	25104	93	90	6287
云南	90969	4426	3418	68631	167	229	14098
西藏	2239	523	140	1180	3	9	384
陕西	96602	5049	4096	69061	216	342	17838
甘肃	36060	2639	2008	23858	66	63	7426
青海	8926	936	403	6363	18	23	1183
宁夏	16686	788	391	13864	16	31	1596
新疆	40856	3045	1039	33406	58	80	3228

1-24 第三产业按行业、登记注册类型分组的企业法人单位数

单位：个

行业	企业法人单位数	内资					
			国有	集体	股份合作	国有联营	集体联营
第三产业总计	**4326461**	**4239460**	**115611**	**111218**	**43711**	**1635**	**3122**
交通运输、仓储和邮政业	**209450**	**204562**	**11500**	**7345**	**2290**	**169**	**315**
铁路运输业	1492	1481	210	80	12	1	2
道路运输业	98521	97549	3271	3145	1190	47	170
城市公共交通业	8573	8464	786	441	199	18	20
水上运输业	9467	9153	485	716	106	13	27
航空运输业	1199	1128	174	16	17	6	
管道运输业	172	157	27	1	1	1	
装卸搬运和其他运输服务业	58923	57007	1295	1901	508	45	46
仓储业	21611	20201	3924	935	192	25	39
邮政业	9492	9422	1328	110	65	13	11
信息传输、计算机服务和软件业	**199248**	**191133**	**3014**	**625**	**1051**	**62**	**41**
电信和其他信息传输服务业	31763	30775	2466	294	222	39	17
计算机服务业	104112	102692	304	228	523	8	15
软件业	63373	57666	244	103	306	15	9
批发和零售业	**2276262**	**2245388**	**38295**	**48810**	**18888**	**643**	**1448**
批发业	1432293	1406650	23935	23731	8935	330	690
零售业	843969	838738	14360	25079	9953	313	758
住宿和餐饮业	**166742**	**161788**	**8864**	**6288**	**2424**	**98**	**179**
住宿业	60903	59318	6927	4079	978	83	113
餐饮业	105839	102470	1937	2209	1446	15	66
金融业	**52308**	**50816**	**5178**	**2161**	**2048**	**68**	**55**
银行业	11553	11167	2836	1919	1359	26	26
证券业	2634	2566	166	2	25	2	4
保险业	12834	12067	942	69	378	16	10
其他金融活动	25287	25016	1234	171	286	24	15
房地产业	**317582**	**307251**	**12223**	**11411**	**2932**	**168**	**204**
房地产业	317582	307251	12223	11411	2932	168	204
租赁和商务服务业	**610205**	**594144**	**15572**	**20577**	**6377**	**195**	**367**
租赁业	33340	33082	460	496	355	9	17
商务服务业	576865	561062	15112	20081	6022	186	350
科学研究、技术服务和地质勘查业	**203904**	**197276**	**9520**	**4296**	**2613**	**101**	**138**
研究与试验发展	28595	26624	827	332	406	13	14
专业技术服务业	104452	101763	6338	2358	1315	52	73
科技交流和推广服务业	67563	65657	1836	1541	852	31	50
地质勘查业	3294	3232	519	65	40	5	1
水利、环境和公共设施管理业	**32870**	**32382**	**2701**	**1569**	**378**	**32**	**51**
水利管理业	2623	2611	611	270	23	6	8
环境管理业	7463	7288	612	316	94	7	6
公共设施管理业	22784	22483	1478	983	261	19	37
居民服务和其他服务业	**158297**	**156686**	**2493**	**4573**	**2721**	**36**	**190**
居民服务业	65177	64416	1074	2039	1313	14	83
其他服务业	93120	92270	1419	2534	1408	22	107
教育	**28678**	**28358**	**1221**	**972**	**601**	**22**	**50**
教育	28678	28358	1221	972	601	22	50
卫生、社会保障和社会福利业	**17252**	**17111**	**1199**	**1257**	**434**	**11**	**35**
卫生	15929	15799	982	1074	414	11	28
社会保障业	393	393	92	78	5		2
社会福利业	930	919	125	105	15		5
文化、体育和娱乐业	**53663**	**52565**	**3831**	**1334**	**954**	**30**	**49**
新闻出版业	3343	3324	1394	155	45	13	2
广播、电视、电影和音像业	8175	8052	1473	345	103	8	4
文化艺术业	15815	15686	526	297	394	5	13
体育	2609	2508	131	59	59		3
娱乐业	23721	22995	307	478	353	4	27

1-24 续表 1

单位：个

行业	国有与集体联营	其他联营	国有独资公司	其他有限责任公司	股份有限公司	私营独资	私营合伙
第三产业总计	**1203**	**2701**	**10797**	**601609**	**86352**	**718130**	**131061**
交通运输、仓储和邮政业	**89**	**212**	**796**	**28614**	**5172**	**30461**	**9000**
铁路运输业	2	1	17	242	44	204	30
道路运输业	30	124	245	14021	2725	16742	4472
城市公共交通业	10	17	82	1775	515	1004	346
水上运输业	3	10	59	1369	323	960	825
航空运输业		2	24	231	56	80	20
管道运输业			1	33	11	28	3
装卸搬运和其他运输服务业	16	28	129	7385	945	6833	2121
仓储业	24	21	212	2511	393	3358	948
邮政业	4	9	27	1047	160	1252	235
信息传输、计算机服务和软件业	**26**	**119**	**250**	**20847**	**3190**	**57531**	**7323**
电信和其他信息传输服务业	13	57	162	3759	1310	7898	1073
计算机服务业	11	43	45	7733	884	46599	5159
软件业	2	19	43	9355	996	3034	1091
批发和零售业	**518**	**1337**	**2279**	**292239**	**33953**	**405217**	**59557**
批发业	285	640	1621	184026	19450	193018	33243
零售业	233	697	658	108213	14503	212199	26314
住宿和餐饮业	**69**	**134**	**300**	**18777**	**2921**	**52681**	**7849**
住宿业	43	54	215	8213	1454	15601	2973
餐饮业	26	80	85	10564	1467	37080	4876
金融业	**36**	**45**	**413**	**8099**	**10620**	**3105**	**1364**
银行业	19	15	51	391	3315	192	24
证券业	1	2	33	664	365	172	105
保险业	6	6	61	1454	5729	482	132
其他金融活动	10	22	268	5590	1211	2259	1103
房地产业	**119**	**185**	**1688**	**82550**	**10354**	**24333**	**6005**
房地产业	119	185	1688	82550	10354	24333	6005
租赁和商务服务业	**159**	**322**	**3334**	**87230**	**10808**	**60235**	**22847**
租赁业	8	10	51	4683	646	5536	1329
商务服务业	151	312	3283	82547	10162	54699	21518
科学研究、技术服务和地质勘查业	**65**	**106**	**688**	**30775**	**4226**	**15185**	**4164**
研究与试验发展	12	17	63	3929	524	2300	601
专业技术服务业	33	58	471	17803	2702	7843	2401
科技交流和推广服务业	17	30	120	8374	883	4804	1098
地质勘查业	3	1	34	669	117	238	64
水利、环境和公共设施管理业	**25**	**31**	**523**	**5597**	**985**	**3873**	**845**
水利管理业	4	2	79	395	69	260	59
环境管理业	6	5	129	1241	210	821	194
公共设施管理业	15	24	315	3961	706	2792	592
居民服务和其他服务业	**54**	**79**	**179**	**17052**	**2408**	**40942**	**6527**
居民服务业	28	34	61	5485	911	20702	3154
其他服务业	26	45	118	11567	1497	20240	3373
教育	**13**	**47**	**33**	**2456**	**511**	**7622**	**1740**
教育	13	47	33	2456	511	7622	1740
卫生、社会保障和社会福利业	**8**	**30**	**22**	**884**	**215**	**6486**	**1403**
卫生	5	25	19	791	196	6218	1360
社会保障业		1		37	13	53	3
社会福利业	3	4	3	56	6	215	40
文化、体育和娱乐业	**22**	**54**	**292**	**6489**	**989**	**10459**	**2437**
新闻出版业	2	6	97	491	63	162	35
广播、电视、电影和音像业	7	8	85	1305	254	592	160
文化艺术业	5	16	77	2207	257	1834	413
体育		5	16	407	50	362	91
娱乐业	8	19	17	2079	365	7509	1738

1-24 续表 2 单位：个

行业	私营有限责任公司	私营股份有限公司	其他内资企业	港澳台商投资	合资经营	合作经营	独资
第三产业总计	**2116168**	**118780**	**177362**	**37027**	**7505**	**1713**	**26389**
交通运输、仓储和邮政业	**95644**	**6166**	**6789**	**2473**	**711**	**314**	**1310**
铁路运输业	409	29	198	2	2		
道路运输业	44537	3236	3594	536	132	258	108
城市公共交通业	2670	367	214	66	33	10	17
水上运输业	3693	268	296	154	95	6	39
航空运输业	440	32	30	30	13		14
管道运输业	37	6	8	4	2		
装卸搬运和其他运输服务业	32937	1508	1310	1098	260	26	761
仓储业	6408	435	776	554	161	13	358
邮政业	4513	285	363	29	13	1	13
信息传输、计算机服务和软件业	**86953**	**3882**	**6219**	**2717**	**350**	**40**	**2124**
电信和其他信息传输服务业	11113	686	1666	434	46	8	271
计算机服务业	35659	1724	3757	476	78	12	353
软件业	40181	1472	796	1807	226	20	1500
批发和零售业	**1188154**	**62625**	**91425**	**12247**	**1733**	**195**	**9900**
批发业	824188	38677	53881	9860	1191	115	8264
零售业	363966	23948	37544	2387	542	80	1636
住宿和餐饮业	**49721**	**3916**	**7567**	**2267**	**686**	**156**	**1332**
住宿业	14908	1445	2232	856	382	90	345
餐饮业	34813	2471	5335	1411	304	66	987
金融业	**13818**	**1550**	**2256**	**333**	**103**	**6**	**197**
银行业	451	108	435	99	6		83
证券业	842	75	108	18	10		4
保险业	1948	317	517	94	28	2	55
其他金融活动	10577	1050	1196	122	59	4	55
房地产业	**136233**	**10613**	**8233**	**6527**	**2200**	**634**	**3524**
房地产业	136233	10613	8233	6527	2200	634	3524
租赁和商务服务业	**324785**	**16833**	**24503**	**6488**	**842**	**152**	**5298**
租赁业	16818	1239	1425	103	36	8	51
商务服务业	307967	15594	23078	6385	806	144	5247
科学研究、技术服务和地质勘查业	**107406**	**5173**	**12820**	**2402**	**454**	**49**	**1815**
研究与试验发展	15803	816	967	678	119	9	532
专业技术服务业	54124	2823	3369	1031	190	16	780
科技交流和推广服务业	36236	1417	8368	679	142	22	494
地质勘查业	1243	117	116	14	3	2	9
水利、环境和公共设施管理业	**13320**	**1041**	**1411**	**234**	**80**	**19**	**125**
水利管理业	599	56	170	6	2	1	3
环境管理业	3079	217	351	59	19	5	33
公共设施管理业	9642	768	890	169	59	13	89
居民服务和其他服务业	**66408**	**4471**	**8553**	**640**	**135**	**42**	**426**
居民服务业	24133	1868	3517	322	68	27	215
其他服务业	42275	2603	5036	318	67	15	211
教育	**8784**	**709**	**3577**	**120**	**25**	**18**	**72**
教育	8784	709	3577	120	25	18	72
卫生、社会保障和社会福利业	**3001**	**348**	**1778**	**48**	**18**	**8**	**15**
卫生	2767	334	1575	43	16	7	14
社会保障业	70	1	38				
社会福利业	164	13	165	5	2	1	1
文化、体育和娱乐业	**21941**	**1453**	**2231**	**531**	**168**	**80**	**251**
新闻出版业	657	57	145	9	3	1	4
广播、电视、电影和音像业	3300	194	214	74	30	8	32
文化艺术业	8515	459	668	64	20	5	36
体育	1129	80	116	46	7	6	30
娱乐业	8340	663	1088	338	108	60	149

1-24 续表 3 单位：个

行　　业	股份有限	其他	外商投资	合资经营	合作经营	独资	股份有限	其　他
第三产业总计	**1322**	**98**	**49974**	**10359**	**1647**	**35892**	**1977**	**99**
交通运输、仓储和邮政业	**137**	**1**	**2415**	**876**	**228**	**1205**	**104**	**2**
铁路运输业			9	4	1	3	1	
道路运输业	38		436	137	169	110	20	
城市公共交通业	6		43	24	8	8	3	
水上运输业	14		160	110	7	37	6	
航空运输业	3		41	18	1	16	6	
管道运输业	2		11	8		3		
装卸搬运和其他运输服务业	50	1	818	282	24	478	32	2
仓储业	22		856	263	17	543	33	
邮政业	2		41	30	1	7	3	
信息传输、计算机服务和软件业	**199**	**4**	**5398**	**921**	**67**	**4071**	**334**	**5**
电信和其他信息传输服务业	107	2	554	70	9	346	127	2
计算机服务业	31	2	944	166	20	712	44	2
软件业	61		3900	685	38	3013	163	1
批发和零售业	**378**	**41**	**18627**	**2869**	**289**	**14927**	**498**	**44**
批发业	264	26	15783	2050	161	13197	351	24
零售业	114	15	2844	819	128	1730	147	20
住宿和餐饮业	**84**	**9**	**2687**	**716**	**162**	**1669**	**126**	**14**
住宿业	35	4	729	285	90	316	34	4
餐饮业	49	5	1958	431	72	1353	92	10
金融业	**26**	**1**	**1159**	**521**	**10**	**441**	**183**	**4**
银行业	10		287	19	1	231	32	4
证券业	4		50	44		5	1	
保险业	8	1	673	400	6	123	144	
其他金融活动	4		149	58	3	82	6	
房地产业	**160**	**9**	**3804**	**1417**	**331**	**1934**	**114**	**8**
房地产业	160	9	3804	1417	331	1934	114	8
租赁和商务服务业	**170**	**26**	**9573**	**1316**	**224**	**7680**	**337**	**16**
租赁业	8		155	43	10	91	11	
商务服务业	162	26	9418	1273	214	7589	326	16
科学研究、技术服务和地质勘查业	**77**	**7**	**4226**	**1088**	**122**	**2858**	**154**	**4**
研究与试验发展	17	1	1293	315	24	911	41	2
专业技术服务业	43	2	1658	429	45	1104	79	1
科技交流和推广服务业	17	4	1227	340	25	827	34	1
地质勘查业			48	4	28	16		
水利、环境和公共设施管理业	**10**		**254**	**104**	**28**	**100**	**22**	
水利管理业			6	2		4		
环境管理业	2		116	45	14	50	7	
公共设施管理业	8		132	57	14	46	15	
居民服务和其他服务业	**37**		**971**	**243**	**50**	**616**	**60**	**2**
居民服务业	12		439	98	17	290	33	1
其他服务业	25		532	145	33	326	27	1
教育	**5**		**200**	**51**	**24**	**114**	**11**	
教育	5		200	51	24	114	11	
卫生、社会保障和社会福利业	**7**		**93**	**45**	**30**	**15**	**3**	
卫生	6		87	44	30	10	3	
社会保障业								
社会福利业	1		6	1		5		
文化、体育和娱乐业	**32**		**567**	**192**	**82**	**262**	**31**	
新闻出版业	1		10	5		5		
广播、电视、电影和音像业	4		49	25	3	20	1	
文化艺术业	3		65	17	4	42	2	
体育	3		55	17	4	31	3	
娱乐业	21		388	128	71	164	25	

1-25 第三产业按地区、登记注册类型分组的企业法人单位数

单位：个

地区	企业法人单位数	内资	国有	集体	股份合作	国有联营	集体联营
全国	**4326461**	**4239460**	**115611**	**111218**	**43711**	**1635**	**3122**
北京	309739	297914	6239	7532	12274	53	132
天津	110915	107807	3031	3098	551	42	68
河北	132335	131851	4244	4636	1465	43	104
山西	79327	79161	4367	3567	767	37	58
内蒙古	64545	64341	1686	860	838	19	20
辽宁	181689	178308	6349	7020	1970	50	101
吉林	49553	49277	2108	1146	319	23	41
黑龙江	83327	82914	3956	2339	1198	28	75
上海	284378	258880	4480	6228	1245	130	170
江苏	448119	442437	5733	7218	1507	73	183
浙江	308205	303687	4371	7217	1152	68	124
安徽	123114	122341	4347	3136	1334	59	99
福建	157303	153764	5272	3900	1217	126	124
江西	65923	65405	3786	1471	1042	40	205
山东	368927	366259	6828	6438	1570	104	262
河南	117638	117135	4949	4729	1023	53	97
湖北	172693	171518	5921	3928	1703	85	198
湖南	105442	104779	3789	2156	1037	51	101
广东	479611	462769	9221	16083	4629	250	287
广西	103600	102908	4011	3333	971	45	165
海南	23995	23461	1050	644	264	20	16
重庆	105948	105159	2276	1573	918	52	73
四川	120821	119815	3862	3248	1483	46	118
贵州	36976	36753	2462	1429	563	24	34
云南	90969	90500	2625	2374	753	20	82
西藏	2239	2215	410	93	38	7	9
陕西	96602	96019	3648	3069	1042	42	90
甘肃	36060	35894	1660	1539	526	21	52
青海	8926	8861	660	289	124	6	9
宁夏	16686	16629	506	260	85	7	3
新疆	40856	40699	1764	665	103	11	22

1-25 续表 1

单位：个

地 区	国有与集体联营	其他联营	国有独资公 司	其他有限责任公司	股份有限公 司	私营独资	私营合伙
全 国	**1203**	**2701**	**10797**	**601609**	**86352**	**718130**	**131061**
北 京	84	55	1052	52327	4107	13180	3854
天 津	30	69	208	14337	1432	10038	3034
河 北	32	74	276	24856	4795	32485	5324
山 西	18	110	176	12454	2816	14399	2354
内蒙古	6	21	137	15097	2007	9893	1393
辽 宁	38	70	349	32291	3210	37462	2874
吉 林	15	79	135	8153	1473	12482	959
黑龙江	16	105	157	15098	3216	14993	1822
上 海	196	108	538	15883	1302	27381	7691
江 苏	105	97	434	26517	5990	67953	8544
浙 江	66	44	1388	27797	2984	31079	9266
安 徽	32	87	530	17207	3215	19639	5036
福 建	38	131	460	24413	3146	21555	7818
江 西	28	72	147	12169	2421	12165	4805
山 东	58	161	374	35441	6755	97839	8495
河 南	20	126	270	22069	4082	34685	3966
湖 北	61	180	222	34113	4144	36174	7549
湖 南	98	90	330	9315	2757	31993	7766
广 东	92	410	941	73908	6876	57316	14383
广 西	24	123	329	12732	3208	25157	3807
海 南	14	22	67	9582	788	1634	711
重 庆	26	62	430	14423	2875	32061	5041
四 川	28	122	448	25961	4882	25940	4764
贵 州	12	41	282	12386	1237	6316	1642
云 南	23	45	329	10566	2200	11766	2494
西 藏	2	6	14	327	141	387	92
陕 西	21	100	293	27360	1953	17140	2905
甘 肃	8	56	83	6035	1344	6901	1140
青 海	2	15	64	1422	256	1512	372
宁 夏	3	5	67	2057	277	2474	478
新 疆	7	15	267	5313	463	4131	682

1-25 续表2

单位：个

地 区	私营有限责任公司	私营股份有限公司	其他内资企业	港澳台商投资	合资经营	合作经营	独资
全 国	**2116168**	**118780**	**177362**	**37027**	**7505**	**1713**	**26389**
北 京	189523	7098	404	4323	914	213	3132
天 津	65154	2040	4675	977	289	21	629
河 北	40404	5057	8056	183	70	10	79
山 西	29855	2968	5215	84	35	6	31
内蒙古	28049	1669	2646	63	22	2	23
辽 宁	75449	4654	6421	990	372	34	523
吉 林	17991	1824	2529	78	35	3	33
黑龙江	30937	3158	5816	151	56	10	69
上 海	186744	5793	991	9205	1051	186	7905
江 苏	292599	11494	13990	2276	587	61	1416
浙 江	210216	3716	4199	1737	625	51	990
安 徽	57313	4746	5561	323	92	8	196
福 建	74631	4442	6491	1966	460	71	1341
江 西	18287	3157	5610	272	95	9	145
山 东	161371	9903	30660	763	266	35	416
河 南	32602	2855	5609	232	88	11	121
湖 北	60655	4315	12270	554	190	20	311
湖 南	30595	4219	10482	378	169	25	163
广 东	253931	9220	15222	10379	1418	833	7747
广 西	38642	4284	6077	344	121	30	168
海 南	7326	709	614	307	71	19	199
重 庆	35570	4090	5689	377	111	7	225
四 川	39711	4216	4986	358	107	15	198
贵 州	8017	1301	1007	105	43	2	49
云 南	49324	3849	4050	189	76	8	87
西 藏	564	80	45	4			3
陕 西	28311	5177	4868	218	69	14	112
甘 肃	13595	1174	1760	76	29	3	37
青 海	3291	565	274	31	11	2	17
宁 夏	9356	521	530	21	7	2	4
新 疆	26155	486	615	63	26	2	20

1-25 续表 3

单位：个

地区			外商投资					
	股份有限	其他		合资经营	合作经营	独资	股份有限	其他
全国	**1322**	**98**	**49974**	**10359**	**1647**	**35892**	**1977**	**99**
北京	64		7502	1597	238	5543	124	
天津	35	3	2131	588	54	1433	53	3
河北	21	3	301	95	34	126	41	5
山西	12		82	37	10	23	12	
内蒙古	16		141	41	9	77	14	
辽宁	57	4	2391	736	89	1440	121	5
吉林	7		198	52	18	117	11	
黑龙江	13	3	262	96	16	114	35	1
上海	61	2	16293	1737	252	14148	147	9
江苏	209	3	3406	822	81	2056	445	2
浙江	64	7	2781	828	43	1806	100	4
安徽	27		450	136	12	253	44	5
福建	87	7	1573	395	60	991	117	10
江西	22	1	246	87	9	105	42	3
山东	43	3	1905	520	59	1224	101	1
河南	11	1	271	118	13	115	23	2
湖北	33		621	206	16	350	39	10
湖南	21		285	134	17	114	16	4
广东	330	51	6463	1307	461	4425	248	22
广西	23	2	348	112	35	163	37	1
海南	18		227	70	13	131	13	
重庆	30	4	412	121	16	236	35	4
四川	38		648	210	41	332	64	1
贵州	10	1	118	38	8	55	17	
云南	17	1	280	65	9	171	32	3
西藏	1		20	10	2	6	2	
陕西	22	1	365	100	13	223	27	2
甘肃	7		90	39	3	40	7	1
青海	1		34	16	6	11	1	
宁夏	8		36	13		19	4	
新疆	14	1	94	33	10	45	5	1

【主要统计指标解释】

法人单位 指有权拥有资产、承担负债，并独立从事社会经济活动（或与其他单位进行交易）的组织。法人单位应同时具备以下条件：（1）依法成立，有自己的名称、组织机构和场所，能够独立承担民事责任；（2）独立拥有（或授权使用）资产或者经费，承担负债，有权与其他单位签订合同；（3）具有包括资产负债表在内的账户，或者能够根据需要编制账户。法人单位包括五种类型：企业法人、事业单位法人、机关法人、社会团体和其他成员组织法人、其他法人。

多产业法人单位 法人单位从事多种经济活动，或者位于多个地点，称为多产业法人。多产业法人由两个或两个以上产业活动单位组成。

企业法人 指依据《中华人民共和国公司登记管理条例》、《中华人民共和国企业法人登记管理条例》等国家法律和法规，经各级工商行政管理机关登记注册，领取《企业法人营业执照》的企业。包括：1．公司制企业法人；2．非公司制企业法人；3.个人独资企业、合伙企业。

事业单位法人 指经国务院或地方县级以上机构编制管理部门批准，经国家或地方县级以上事业单位登记管理部门登记或备案，领取《事业单位法人证书》，取得法人资格的事业单位。包括：1．各级党委、政府直属事业单位；2．中共中央、国务院直属事业单位举办的事业单位；3．各级人大、政协机关，人民法院、人民检察院和各民主党派机关举办的事业单位；4．各级党委部门和政府部门举办的事业单位；5．使用财政性经费的群众团体举办的事业单位；6．国有企业及其他组织利用国有资产举办的事业单位；7．依照法律或有关规定，应当由各级登记管理机关登记的其他事业单位。

机关法人 指各级政党机关和国家机关。包括：1．县级以上各级中国共产党委员会及其所属各工作部门；2．县级以上各级人民代表大会机关；3．县级以上各级人民政府及其所属各工作部门，以及地区行政公署；4．县级以上各级政治协商会议机关；5．县级以上各级人民法院、检察院机关；6．县级以上各民主党派机关；7．乡、镇中国共产党委员会和人民政府。

社会团体和其他成员组织法人 指依据《社会团体登记管理条例》，经国家或县级以上民政部门登记注册或备案，领取《社会团体法人登记证书》的各类社会团体，以及由机构编制管理部门管理其编制的群众团体。包括：1．社会团体法人；2．群众团体法人；3．其他成员组织法人。

其他法人 指除上述类型以外的法人，是依据《中华人民共和国居民委员会组织法》、《中华人民共和国村民委员会组织法》、《基金会管理条例》、《农民专业合作社登记管理条例》及其他法律、法规，依法成立，具备法人条件的单位。包括：1．居民委员会和村民委员会；2．基金会；3．领取《民办非企业单位（法人）登记证书》的民办非企业单位；4．宗教组织和活动场所；5．农民专业合作社；6．其他未列明法人单位。

国有企业 指企业全部资产归国家所有，并按《中华人民共和国企业法人登记管理条例》规定登记注册的非公司制的经济组织。不包括有限责任公司中的国有独资公司。

集体企业 指企业资产归集体所有，并按《中华人民共和国企业法人登记管理条例》

规定登记注册的经济组织。

股份合作企业 指以合作制为基础，由企业职工共同出资入股，吸收一定比例的社会资产投资组建，实行自主经营，自负盈亏，共同劳动，民主管理，按劳分配与按股分红相结合的一种集体经济组织。

联营企业 指两个及两个以上相同或不同所有制性质的企业法人或事业单位法人，按自愿、平等、互利的原则，共同投资组成的经济组织。

国有独资公司 指国家授权的投资机构或者国家授权的部门单独投资设立的有限责任公司。

其他有限责任公司 指国有独资公司以外的其他有限责任公司。

股份有限公司 指根据《中华人民共和国公司登记管理条例》规定登记注册，其全部注册资本由等额股份构成并通过发行股票筹集资本，股东以其认购的股份对公司承担有限责任，公司以其全部资产对其债务承担责任的经济组织。

私营企业 指由自然人投资设立或由自然人控股，以雇佣劳动为基础的营利性经济组织。包括按照《公司法》、《合伙企业法》、《私营企业暂行条例》规定登记注册的私营有限责任公司、私营股份有限公司、私营合伙企业和私营独资企业。

私营独资企业 指按《私营企业暂行条例》的规定，由一名自然人投资经营，以雇佣劳动为基础，投资者对企业债务承担无限责任的企业。

私营合伙企业 指按《合伙企业法》或《私营企业暂行条例》的规定，由两个以上自然人按照协议共同投资、共同经营、共负盈亏，以雇佣劳动为基础，对债务承担无限责任的企业。

私营有限责任公司 指按《公司法》、《私营企业暂行条例》的规定，由两个以上自然人投资或由单个自然人控股的有限责任公司。

私营股份有限公司 指按《公司法》的规定，由五个以上自然人投资，或由单个自然人控股的股份有限公司。

其他内资企业 指上述企业之外的其他内资经济组织。

与港澳台商合资经营企业 指港澳台地区投资者与内地企业依照《中华人民共和国中外合资经营企业法》及有关法律的规定，按合同规定的比例投资设立、分享利润和分担风险的企业。

与港澳台商合作经营企业 指港澳台地区投资者与内地企业依照《中华人民共和国中外合作经营企业法》及有关法律的规定，依照合作合同的约定进行投资或提供条件设立、分配利润和分担风险的企业。

港澳台商独资经营企业 指依照《中华人民共和国外资企业法》及有关法律的规定，在内地由港澳台地区投资者全额投资设立的企业。

港澳台商投资股份有限公司 指根据国家有关规定，经外经贸部依法批准设立，其中港澳台商的股本占公司注册资本的比例达25%以上的股份有限公司。凡其中港澳台商的股本占公司注册资本的比例小于25%的，属于内资企业中的股份有限公司。

其他港澳台商投资企业 指在中国境内参照《外国企业或个人在中国境内设立合伙企业管理办法》和《外商投资合伙企业登记管理规定》，依法设立的港澳台商投资合伙企业等。

中外合资经营企业 指外国企业或外国人与中国内地企业依照《中华人民共和国中外合资经营企业法》及有关法律的规定，按合同规定的比例投资设立、分享利润和分担风险的企业。

中外合作经营企业 指外国企业或外国人与中国内地企业依照《中华人民共和国中外合作经营企业法》及有关法律的规定，依照合作合同的约定进行投资或提供条件设立、分配利润和分担风险的企业。

外资企业 指依照《中华人民共和国外资企业法》及有关法律的规定，在中国内地由外国投资者全额投资设立的企业。

外商投资股份有限公司 指根据国家有关规定，经外经贸部依法批准设立，其中外资的股本占公司注册资本的比例达25%以上的股份有限公司。凡其中外资股本占公司注册资本的比例小于25%的，属于内资企业中的股份有限公司。

其他外商投资企业 指在中国境内依照《外国企业或个人在中国境内设立合伙企业管理办法》和《外商投资合伙企业登记管理规定》，依法设立的外商投资合伙企业等。

2 第三产业就业人员数

简要说明

一、主要内容

本篇资料主要包括经济活动人口、就业人员、私营企业和个体就业人数等。

二、统计范围与统计口径

《劳动统计报表制度》的调查范围为法人企业、事业、行政单位（不包括乡镇企业、私营企业和个体工商户）；《人口变动情况抽样调查方案》的调查范围为全国人口，本篇资料的统计范围为16岁及以上人口；《培训、就业统计报表制度》的调查范围为全国的城镇人口；私营企业及个体工商户统计范围为全社会。1990年及以后的经济活动人口、就业人员数据根据劳动力调查、人口普查推算，2001年及以后数据根据第六次人口普查数据重新修订，因此，与相应年份的分地区、分类型、分行业的资料相加不等于总计。1998年及以后城镇单位就业人员等指标中不再包括离开本单位仍保留劳动关系的职工。

三、资料来源

1.就业基本情况资料，是国家统计局人口和就业统计司根据《劳动统计报表制度》、《人口变动情况抽样调查方案》及《劳动力调查制度》搜集资料，加工整理。

2.私营企业及个体工商业就业人员资料，由国家工商行政管理总局提供。

2-1 第三产业就业人员数及比重

单位：万人

年 份	经济活动人口	就业人员合计	第一产业	第二产业	第三产业	
						比重(%)
1952	21106	20729	17317	1531	1881	9.1
1957	23971	23771	19309	2142	2320	9.8
1962		25910	21276	2059	2575	9.9
1965		28670	23396	2408	2866	10.0
1970		34432	27811	3518	3103	9.0
1975		38168	29456	5152	3560	9.3
1978	40682	40152	28318	6945	4890	12.2
1979	41592	41024	28634	7214	5177	12.6
1980	42903	42361	29122	7707	5532	13.1
1981	44165	43725	29777	8003	5945	13.6
1982	45674	45295	30859	8346	6090	13.5
1983	46707	46436	31151	8679	6606	14.2
1984	48433	48197	30868	9590	7739	16.1
1985	50112	49873	31130	10384	8359	16.8
1986	51546	51282	31254	11216	8811	17.2
1987	53060	52783	31663	11726	9395	17.8
1988	54630	54334	32249	12152	9933	18.3
1989	55707	55329	33225	11976	10129	18.3
1990	65323	64749	38914	13856	11979	18.5
1991	66091	65491	39098	14015	12378	18.9
1992	66782	66152	38699	14355	13098	19.8
1993	67468	66808	37680	14965	14163	21.2
1994	68135	67455	36628	15312	15515	23.0
1995	68855	68065	35530	15655	16880	24.8
1996	69765	68950	34820	16203	17927	26.0
1997	70800	69820	34840	16547	18432	26.4
1998	72087	70637	35177	16600	18860	26.7
1999	72791	71394	35768	16421	19205	26.9
2000	73992	72085	36043	16219	19823	27.5
2001	73884	72797	36399	16234	20165	27.7
2002	74492	73280	36640	15682	20958	28.6
2003	74911	73736	36204	15927	21605	29.3
2004	75290	74264	34830	16709	22725	30.6
2005	76120	74647	33442	17766	23439	31.4
2006	76315	74978	31941	18894	24143	32.2
2007	76531	75321	30731	20186	24404	32.4
2008	77046	75564	29923	20553	25087	33.2
2009	77510	75828	28890	21080	25857	34.1
2010	78388	76105	27931	21842	26332	34.6
2011	78579	76420	26594	22544	27282	35.7

2-2 按登记注册类型分第三产业城镇单位就业人员数(2011年底)

单位：万人

行 业	合 计	国有单位	城镇集体单位	其他单位
交通运输、仓储和邮政业	**662.8**	**415.9**	**17.5**	**229.4**
铁路运输业	176.2	164.4	1.8	10.0
道路运输业	169.0	89.4	7.1	72.5
城市公共交通业	116.9	49.5	1.8	65.6
水上运输业	46.1	18.4	2.1	25.5
航空运输业	33.5	13.1		20.4
管道运输业	3.2	2.1		1.1
装卸搬运和其他运输服务业	31.2	9.8	3.7	17.7
仓储业	24.9	15.6	0.8	8.5
邮政业	61.8	53.7	0.2	7.9
信息传输、计算机服务和软件业	**212.8**	**67.0**	**1.3**	**144.5**
电信和其他信息传输服务业	141.6	63.6	1.0	77.1
计算机服务业	21.4	2.3	0.2	18.9
软件业	49.7	1.1	0.1	48.5
批发和零售业	**647.5**	**145.7**	**46.8**	**455.0**
批发业	318.8	100.5	21.2	197.2
零售业	328.7	45.3	25.6	257.8
住宿和餐饮业	**242.7**	**56.3**	**10.0**	**176.5**
住宿业	138.0	46.2	7.2	84.6
餐饮业	104.7	10.1	2.8	91.8
金融业	**505.3**	**146.3**	**50.2**	**308.9**
银行业	308.9	114.7	49.8	144.4
证券业	19.4	2.1		17.3
保险业	165.7	25.2	0.1	140.4
其他金融活动	11.3	4.3	0.3	6.7
房地产业	**248.6**	**47.6**	**8.6**	**192.4**
租赁和商务服务业	**286.6**	**127.9**	**31.8**	**126.9**
租赁业	5.2	1.1	0.3	3.9
商务服务业	281.4	126.8	31.6	123.0
科学研究、技术服务和地质勘查业	**298.5**	**218.2**	**3.7**	**76.5**
研究与试验发展	77.0	67.3	0.5	9.2
专业技术服务业	143.5	90.3	2.2	50.9
科技交流和推广服务业	38.6	24.8	0.9	13.0
地质勘查业	39.4	35.9	0.2	3.4
水利、环境和公共设施管理业	**230.3**	**198.0**	**10.8**	**21.5**
水利管理业	49.4	47.3	0.9	1.2
环境管理业	110.6	95.6	8.2	6.9
公共设施管理业	70.3	55.1	1.8	13.5
居民服务和其他服务业	**59.9**	**30.7**	**6.0**	**23.1**
居民服务业	28.8	17.8	2.5	8.5
其他服务业	31.0	13.0	3.5	14.6
教育	**1617.8**	**1540.9**	**19.1**	**57.7**
卫生、社会保障和社会福利业	**679.1**	**606.0**	**51.5**	**21.6**
卫生	646.8	575.8	50.5	20.5
社会保障业	18.0	17.5	0.2	0.2
社会福利业	14.3	12.6	0.8	0.9
文化、体育和娱乐业	**135.0**	**113.8**	**2.0**	**19.2**
新闻出版业	28.4	24.7	0.2	3.5
广播、电视、电影和音像业	43.9	39.0	0.3	4.5
文化艺术业	42.9	38.8	1.2	2.8
体育	10.0	8.7	0.1	1.2
娱乐业	9.8	2.5	0.2	7.1
公共管理和社会组织	**1467.6**	**1452.7**	**2.4**	**12.5**
中国共产党机关	56.1	56.1		
国家机构	1364.2	1362.8	1.3	0.1
人民政协和民主党派	9.7	9.7		
群众团体、社会团体和宗教组织	29.1	23.3	0.7	5.1

2-3 按第三产业行业门类分城镇单位就业人员数

单位：万人

行业门类	2003	2004	2005	2006	2007	2008	2009	2010	2011
交通运输、仓储和邮政业	636.5	631.8	613.9	612.7	623.1	627.3	634.4	631.1	662.8
信息传输、计算机服务和软件业	116.8	123.7	130.1	138.2	150.2	159.5	173.8	185.8	212.8
批发和零售业	628.1	586.7	544.0	515.7	506.9	514.4	520.8	535.1	647.5
住宿和餐饮业	172.1	177.1	181.2	183.9	185.8	193.2	202.1	209.2	242.7
金融业	353.3	356.0	359.3	367.4	389.7	417.6	449.0	470.1	505.3
房地产业	120.2	133.4	146.5	153.9	166.5	172.7	190.9	211.6	248.6
租赁和商务服务业	183.5	194.4	218.5	236.7	247.2	274.7	290.5	310.1	286.6
科学研究、技术服务和地质勘查业	221.9	222.1	227.7	235.5	243.4	257.0	272.6	292.3	298.5
水利、环境和公共设施管理业	172.5	176.1	180.4	187.0	193.5	197.3	205.7	218.9	230.3
居民服务和其他服务业	52.8	54.2	53.9	56.6	57.4	56.5	58.8	60.2	59.9
教育	1442.8	1466.8	1483.2	1504.4	1520.9	1534.0	1550.4	1581.8	1617.8
卫生、社会保障和社会福利业	485.8	494.7	508.9	525.4	542.8	563.6	595.8	632.5	679.1
文化、体育和娱乐业	127.8	123.4	122.5	122.4	125.0	126.0	129.5	131.4	135.0
公共管理和社会组织	1171.0	1199.0	1240.8	1265.6	1291.2	1335.0	1394.3	1428.5	1467.6

2-4 按第三产业行业门类分国有单位就业人员数

单位：万人

行业门类	2003	2004	2005	2006	2007	2008	2009	2010	2011
交通运输、仓储和邮政业	492.8	473.4	443.3	433.0	432.0	424.5	413.9	403.3	415.9
信息传输、计算机服务和软件业	72.0	74.1	65.8	65.6	62.5	63.0	64.6	62.5	67.0
批发和零售业	301.0	259.6	214.7	186.7	174.1	160.7	144.2	137.3	145.7
住宿和餐饮业	73.4	70.5	67.5	63.8	58.6	56.6	55.2	54.6	56.3
金融业	208.1	196.4	177.5	165.1	161.4	155.4	146.0	144.3	146.3
房地产业	52.2	50.9	47.5	45.0	45.2	43.5	43.5	45.4	47.6
租赁和商务服务业	106.0	107.9	114.6	121.0	120.5	125.9	125.4	131.5	127.9
科学研究、技术服务和地质勘查业	185.1	188.6	188.5	193.0	197.5	201.6	209.4	219.6	218.2
水利、环境和公共设施管理业	155.3	158.0	161.0	165.4	169.8	172.8	178.3	189.9	198.0
居民服务和其他服务业	22.1	24.2	24.9	27.7	28.7	28.8	28.3	28.9	30.7
教育	1378.3	1409.7	1424.9	1448.0	1462.9	1481.9	1490.6	1517.4	1540.9
卫生、社会保障和社会福利业	430.9	437.9	452.4	466.8	483.2	501.2	529.9	562.6	606.0
文化、体育和娱乐业	117.0	111.9	110.5	110.1	111.3	110.9	111.9	113.1	113.8
公共管理和社会组织	1165.1	1191.8	1234.3	1257.5	1285.0	1328.8	1380.0	1415.6	1452.7

2-5 按第三产业行业门类分城镇集体单位就业人员数

单位：万人

行业门类	2003	2004	2005	2006	2007	2008	2009	2010	2011
交通运输、仓储和邮政业	38.7	34.1	30.6	27.2	24.6	22.2	20.6	19.8	17.5
信息传输、计算机服务和软件业	1.8	1.3	1.4	1.1	0.9	0.8	1.1	1.0	1.3
批发和零售业	128.6	108.9	89.9	77.4	69.0	58.6	52.5	48.0	46.8
住宿和餐饮业	16.2	15.0	13.7	12.7	11.6	11.0	10.4	9.6	10.0
金融业	67.0	66.6	63.8	62.1	61.3	60.1	53.1	52.1	50.2
房地产业	7.4	7.8	8.2	8.0	7.7	7.4	8.7	9.2	8.6
租赁和商务服务业	30.2	30.7	35.2	34.1	34.4	33.1	36.7	37.6	31.8
科学研究、技术服务和地质勘查业	4.8	4.5	3.8	3.5	3.4	3.4	4.2	4.2	3.7
水利、环境和公共设施管理业	10.7	10.2	9.6	10.0	10.2	10.8	10.5	10.5	10.8
居民服务和其他服务业	15.2	13.5	10.3	9.8	8.9	8.8	8.2	7.8	6.0
教育	57.1	43.1	40.2	36.0	34.3	24.6	17.4	17.5	19.1
卫生、社会保障和社会福利业	51.2	50.0	48.3	48.8	48.7	49.8	49.9	51.4	51.5
文化、体育和娱乐业	3.2	2.8	2.5	2.3	2.3	2.3	2.2	2.2	2.0
公共管理和社会组织	5.0	4.8	3.5	3.6	2.9	2.4	2.7	2.2	2.4

2-6 按第三产业行业门类分其他单位就业人员数

单位：万人

行业门类	2003	2004	2005	2006	2007	2008	2009	2010	2011
交通运输、仓储和邮政业	105.0	124.4	140.0	152.6	166.4	180.6	199.9	208.0	229.4
信息传输、计算机服务和软件业	43.0	48.3	62.8	71.5	86.8	95.7	108.1	122.3	144.5
批发和零售业	198.6	218.3	239.4	251.6	263.8	295.0	324.2	349.9	455.0
住宿和餐饮业	82.5	91.6	100.1	107.3	115.7	125.6	136.5	145.1	176.5
金融业	78.3	93.1	117.9	140.2	167.0	202.0	249.9	273.7	308.9
房地产业	60.6	74.7	90.9	101.0	113.6	121.8	138.7	157.1	192.4
租赁和商务服务业	47.3	55.8	68.7	81.6	92.3	115.7	128.4	140.9	126.9
科学研究、技术服务和地质勘查业	32.0	29.0	35.5	38.9	42.5	52.0	59.0	68.6	76.5
水利、环境和公共设施管理业	6.5	7.9	9.8	11.6	13.5	13.7	16.8	18.5	21.5
居民服务和其他服务业	15.6	16.5	18.7	19.0	19.8	19.0	22.3	23.5	23.1
教育	7.4	14.0	18.1	20.4	23.7	27.5	42.3	46.8	57.7
卫生、社会保障和社会福利业	3.6	6.8	8.2	9.8	11.0	12.6	16.0	18.6	21.6
文化、体育和娱乐业	7.5	8.7	9.6	10.0	11.5	12.7	15.4	16.2	19.2
公共管理和社会组织	0.8	2.5	3.0	4.4	3.3	3.8	11.6	10.7	12.5

2-7 各地区按第三产业行业门类分城镇单位就业人员数(2011年底)

单位：万人

地 区	交通运输、仓储和邮政业	信息传输、计算机服务和软件业	批发和零售业	住宿和餐饮业	金融业	房地产业	租赁和商务服务业
全 国	**662.8**	**212.8**	**647.5**	**242.7**	**505.3**	**248.6**	**286.6**
北 京	57.4	49.1	63.6	29.2	32.9	35.1	58.7
天 津	11.4	2.1	14.7	6.7	7.7	4.2	6.4
河 北	24.4	5.9	23.5	5.3	23.8	4.9	5.1
山 西	21.9	4.9	18.1	4.9	15.0	2.1	5.5
内蒙古	16.4	4.2	7.6	2.7	10.4	2.0	2.9
辽 宁	32.9	8.5	22.0	7.3	22.4	11.5	12.6
吉 林	14.3	5.8	9.4	3.1	10.5	5.3	4.4
黑龙江	25.6	6.1	16.4	3.8	14.7	5.6	5.0
上 海	41.0	8.2	47.5	16.7	27.8	15.5	18.4
江 苏	31.4	9.9	32.1	11.7	28.9	7.9	11.2
浙 江	27.4	12.6	37.9	18.1	31.9	15.3	27.7
安 徽	16.7	4.4	15.5	3.9	16.0	6.1	4.8
福 建	17.9	5.4	20.1	8.7	13.6	9.1	6.6
江 西	14.0	3.2	13.1	3.3	10.9	3.6	3.5
山 东	35.7	8.4	48.2	13.6	34.6	13.4	10.3
河 南	30.2	5.9	42.7	10.5	23.8	11.6	11.1
湖 北	25.6	5.6	27.4	8.2	15.8	8.1	4.5
湖 南	23.2	6.9	17.3	9.1	20.4	9.3	8.7
广 东	61.8	19.7	55.6	29.0	46.1	33.4	31.7
广 西	18.4	4.2	12.8	4.3	11.0	4.9	9.3
海 南	4.6	1.0	4.4	5.2	2.4	3.5	2.4
重 庆	15.1	3.9	16.4	7.1	11.5	7.3	5.7
四 川	22.6	6.5	17.8	6.1	21.4	6.5	6.4
贵 州	9.7	2.7	10.6	2.9	7.2	4.3	3.1
云 南	13.6	4.1	19.4	7.4	9.7	5.4	6.7
西 藏	0.6	0.2	0.5	0.3	0.9		0.2
陕 西	19.7	7.7	14.9	7.4	14.0	6.3	4.1
甘 肃	10.4	1.8	5.6	1.9	6.9	1.6	1.9
青 海	3.4	0.9	2.3	0.8	2.0	1.0	0.8
宁 夏	3.2	0.6	1.6	0.4	2.8	1.1	1.4
新 疆	12.3	2.5	8.5	2.9	8.1	2.8	5.3

注：城镇单位就业人员数不含私营企业和个体。

2-7 续表 单位：万人

地 区	科学研究、技术服务和地质勘查业	水利、环境和公共设施管理业	居民服务和其他服务业	教 育	卫生、社会保障和社会福利业	文化、体育和娱乐业	公共管理和社会组织
全 国	**298.5**	**230.3**	**59.9**	**1617.8**	**679.1**	**135.0**	**1467.6**
北 京	50.6	9.0	7.3	42.6	22.4	16.5	43.1
天 津	5.3	3.4	6.8	16.5	8.9	1.6	14.1
河 北	10.0	10.1	2.1	88.8	30.0	5.1	81.0
山 西	6.1	7.0	0.7	49.2	16.7	4.6	58.4
内蒙古	4.4	7.8	2.1	34.6	12.8	3.3	36.6
辽 宁	13.9	14.2	3.0	55.1	28.1	5.2	50.6
吉 林	6.8	8.5	0.9	36.8	17.5	3.7	32.5
黑龙江	12.2	10.2	5.1	45.9	20.4	4.1	42.8
上 海	12.4	6.3	2.4	27.7	17.7	5.2	19.4
江 苏	12.0	13.0	1.1	87.1	39.7	6.0	65.0
浙 江	15.5	11.9	1.7	63.5	35.3	6.6	59.9
安 徽	7.5	7.2	0.5	61.6	23.1	3.3	47.1
福 建	5.7	4.7	1.3	46.1	17.1	3.8	30.6
江 西	5.5	5.4	0.5	47.8	17.4	2.9	46.1
山 东	10.8	12.0	3.6	107.9	46.4	6.6	105.8
河 南	12.3	12.9	1.9	117.4	43.2	7.1	106.1
湖 北	11.6	9.0	1.5	65.9	31.3	5.4	54.7
湖 南	8.5	8.9	1.7	71.5	32.9	5.2	76.7
广 东	18.6	14.4	6.8	116.1	53.9	9.2	98.9
广 西	7.6	8.1	0.8	60.2	24.7	3.3	40.5
海 南	1.6	2.2	0.4	12.5	4.5	1.2	10.6
重 庆	5.1	4.2	0.9	36.6	12.8	2.6	26.6
四 川	14.6	10.1	1.0	85.1	36.6	4.4	79.3
贵 州	4.6	3.8	1.3	42.5	13.1	1.9	41.4
云 南	6.4	5.5	0.7	52.9	17.6	3.4	47.0
西 藏	0.7	0.2		4.3	1.5	0.6	10.0
陕 西	14.4	8.5	1.4	56.7	20.6	4.9	50.6
甘 肃	5.0	4.0	0.4	35.2	11.0	2.5	36.4
青 海	2.7	1.0	0.3	7.6	3.4	0.7	9.2
宁 夏	1.3	1.8		8.2	3.6	0.7	8.4
新 疆	5.0	5.3	1.6	33.9	14.8	3.2	38.2

2-8 各地区按第三产业行业门类分国有单位就业人员数(2011年底)

单位：万人

地 区	交通运输、仓储和邮政业	信息传输、计算机服务和软件业	批发和零售业	住宿和餐饮业	金融业	房地产业	租赁和商务服务业
全 国	**415.9**	**67.0**	**145.7**	**56.3**	**146.3**	**47.6**	**127.9**
北 京	12.2	1.2	3.7	5.0	1.8	2.9	17.7
天 津	6.5	0.3	3.7	0.9	0.9	1.6	4.8
河 北	17.8	2.4	8.1	2.6	3.3	1.4	2.7
山 西	18.6	3.4	9.1	1.9	5.3	0.9	3.5
内蒙古	14.9	3.6	3.2	1.0	4.7	1.0	2.0
辽 宁	23.6	2.4	4.0	2.0	8.0	3.4	6.2
吉 林	11.3	2.7	2.8	1.2	4.2	1.3	2.3
黑龙江	23.4	2.8	6.3	2.0	5.5	2.4	3.4
上 海	16.0	2.2	4.2	2.2	4.7	3.4	8.1
江 苏	18.2	2.7	4.9	1.8	9.0	1.8	4.9
浙 江	13.6	2.2	3.2	2.1	6.7	1.8	8.8
安 徽	10.7	2.5	5.1	1.0	5.8	1.6	1.7
福 建	12.6	1.9	4.6	2.0	4.9	2.5	3.3
江 西	12.2	1.8	4.3	1.2	4.0	1.3	2.8
山 东	23.3	3.3	9.8	5.2	8.0	2.3	5.8
河 南	21.7	2.7	13.4	3.4	6.3	1.3	5.0
湖 北	17.4	2.5	6.7	1.4	7.5	1.9	2.4
湖 南	15.9	3.2	3.7	2.0	3.7	1.8	4.2
广 东	28.4	5.6	10.1	4.7	13.3	4.1	15.4
广 西	12.7	2.0	4.5	1.5	5.5	1.2	4.2
海 南	1.9	0.2	0.7	0.9	0.9	0.5	1.3
重 庆	9.9	0.9	3.1	0.8	2.8	1.5	3.0
四 川	16.1	3.6	6.0	2.1	9.2	1.2	3.9
贵 州	8.1	1.2	3.6	0.8	2.2	0.8	1.1
云 南	9.1	1.9	4.8	1.5	4.4	0.5	2.2
西 藏	0.6	0.2	0.4	0.3	0.7		
陕 西	15.6	4.2	4.8	2.1	4.1	1.3	2.2
甘 肃	8.6	1.1	2.4	1.0	3.0	0.8	1.4
青 海	2.9	0.7	0.9	0.3	1.5	0.3	0.5
宁 夏	2.8	0.4	0.8	0.1	1.3	0.3	0.2
新 疆	9.2	1.1	2.6	1.4	3.2	0.6	2.8

2-8 续表 单位：万人

地区	科学研究、技术服务和地质勘查业	水利、环境和公共设施管理业	居民服务和其他服务业	教育	卫生、社会保障和社会福利业	文化、体育和娱乐业	公共管理和社会组织
全国	**218.2**	**198.0**	**30.7**	**1540.9**	**606.0**	**113.8**	**1452.7**
北京	20.9	6.2	1.3	34.3	19.2	11.5	37.6
天津	3.9	3.1	3.8	16.0	8.5	1.5	14.0
河北	8.4	9.6	1.7	87.7	27.8	4.7	80.8
山西	5.8	6.4	0.4	48.1	14.7	4.3	58.4
内蒙古	4.1	7.3	1.8	34.3	11.4	3.2	36.6
辽宁	10.7	13.1	2.0	52.5	25.3	4.8	50.1
吉林	5.6	7.1	0.5	36.1	16.1	3.2	32.5
黑龙江	11.0	9.4	4.6	45.3	19.6	4.0	42.8
上海	8.4	4.7	0.7	26.0	15.7	3.9	18.9
江苏	8.5	9.5	0.5	83.8	29.5	4.4	65.0
浙江	8.1	7.1	0.8	56.6	29.3	5.6	57.4
安徽	6.4	6.4	0.3	58.9	17.5	2.9	46.9
福建	4.0	4.1	0.8	44.1	13.9	3.4	30.6
江西	5.4	4.8	0.4	47.1	16.6	2.7	45.3
山东	8.6	10.9	2.6	102.1	39.9	5.9	105.2
河南	9.9	11.5	0.8	104.2	38.6	6.4	103.7
湖北	10.2	8.0	1.0	63.0	29.2	5.0	54.5
湖南	6.9	8.1	0.4	66.9	29.5	3.9	76.1
广东	10.4	10.7	2.0	109.1	50.6	6.9	98.6
广西	6.8	7.5	0.2	58.6	24.1	3.0	40.4
海南	1.2	1.9	0.1	10.9	3.8	0.9	10.5
重庆	3.2	3.3	0.2	35.2	11.5	2.2	26.6
四川	13.6	9.0	0.4	83.2	30.8	4.0	79.3
贵州	4.1	3.5	0.6	41.3	12.7	1.7	41.3
云南	5.6	4.7	0.2	51.8	16.9	2.7	46.9
西藏	0.7	0.2		4.3	1.5	0.6	9.8
陕西	13.0	8.2	0.5	55.4	19.5	3.5	50.6
甘肃	4.8	4.0	0.3	35.1	10.7	2.4	36.4
青海	2.4	0.9	0.2	7.3	3.3	0.7	9.2
宁夏	1.1	1.8		8.1	3.6	0.7	8.4
新疆	4.4	5.0	1.4	33.7	14.6	3.0	38.2

2-9 各地区按第三产业行业门类分城镇集体单位就业人员数(2011年底)

单位：人

地 区	交通运输、仓储和邮政业	信息传输、计算机服务和软件业	批发和零售业	住宿和餐饮业	金融业	房地产业	租赁和商务服务业
全 国	**174950**	**13044**	**467557**	**99724**	**501926**	**85710**	**318491**
北 京	8649	300	13607	10790		16385	44535
天 津	952	59	6884	2121	2731	1475	2902
河 北	4842	715	29393	3629	27271	964	12637
山 西	5057	78	34121	4442	41487	1705	14302
内蒙古	2635	14	3918	1425	24017	96	1730
辽 宁	8291	247	19704	2952	24480	2754	16274
吉 林	1202	378	4409	1862	17943	239	4083
黑龙江	3253	264	10292	2405	20135	1372	3943
上 海	5477	310	11672	3418	41	3672	7976
江 苏	12011	636	17797	3828	22013	2806	16379
浙 江	11964	804	8637	5310	8948	5097	34235
安 徽	6917	178	12696	1188	17346	1137	6549
福 建	3411	131	14551	2559	10952	2275	12143
江 西	3505	315	10246	604	16772	319	3969
山 东	10269	1193	49787	10460	36984	7732	17441
河 南	19562	4909	84721	10023	32721	3398	11574
湖 北	5536	102	16973	3452	17029	1744	3387
湖 南	11547	220	6199	1901	12129	2940	14345
广 东	16321	994	37327	9614	42562	16721	43663
广 西	9629	96	12806	2031	17054	1423	7771
海 南	845	71	3083	1037	3183	687	964
重 庆	3350	155	6131	2256	2429	711	1586
四 川	9681	450	11262	3388	28396	1589	7779
贵 州	2121		5507	935	10183	1699	4665
云 南	1945	18	10094	2134	19243	595	6271
西 藏	14		357	91			125
陕 西	3590	403	14184	2782	19171	4409	8256
甘 肃	874		4613	1483	11822	257	2803
青 海	102		1121	534	1944	862	1566
宁 夏			712	4	3223	10	880
新 疆	1398	4	4753	1066	9717	637	3758

2-9 续表 单位：人

地 区	科学研究、技术服务和地质勘查业	水利、环境和公共设施管理业	居民服务和其他服务业	教 育	卫生、社会保障和社会福利业	文化、体育和娱乐业	公共管理和社会组织
全 国	**37333**	**108072**	**60004**	**190865**	**514562**	**20160**	**24028**
北 京	7479	2651	7026	12865	13159	1539	486
天 津	336	130	6306	2626	2919	155	489
河 北	651	2069	2591	6061	20924	2076	1666
山 西	505	5133	1643	5034	18883	1895	142
内蒙古	167	2651	2220	246	12284	41	
辽 宁	3084	3268	4109	5114	15453	342	1510
吉 林	799	9029	1063	644	10132	182	203
黑龙江	1267	4024	1980	2268	6426	205	209
上 海	1313	3874	2100	2276	18188	1465	4380
江 苏	1205	19442	1806	6607	74448	2590	58
浙 江	3912	11285	1193	17708	43332	946	1753
安 徽	699	1480	206	2119	44858	854	1994
福 建	556	1428	1320	1747	27404	526	167
江 西	62	3984	201	57	5602	40	130
山 东	1701	4078	3008	30561	52100	1133	2581
河 南	3992	2217	2086	64540	18532	1013	4811
湖 北	670	5133	2035	5020	15234	337	1675
湖 南	987	1618	2436	5944	19664	689	268
广 东	3257	10754	4568	8453	14193	1349	171
广 西	679	762	2434	2030	945	156	137
海 南	525	120	31	183	5651	506	32
重 庆	272	2868	605	916	12040	130	306
四 川	577	5174	3148	1052	47917	717	62
贵 州	263	1993	771	4474	818	47	73
云 南	938	2032	328	1277	1134	52	687
西 藏						22	
陕 西	850	556	3993	584	8109	866	26
甘 肃	202		347	182	2330	103	
青 海	266	95	361	8	214	180	
宁 夏	51	222		149	194		
新 疆	68	2	89	120	1475	4	12

2-10 各地区按第三产业行业门类分其他单位就业人员数(2011年底)

单位：万人

地区	交通运输、仓储和邮政业	信息传输、计算机服务和软件业	批发和零售业	住宿和餐饮业	金融业	房地产业	租赁和商务服务业
全国	**229.4**	**144.5**	**455.0**	**176.5**	**308.9**	**192.4**	**126.9**
北京	44.3	47.8	58.5	23.2	31.1	30.6	36.5
天津	4.8	1.7	10.3	5.6	6.6	2.5	1.3
河北	6.1	3.3	12.4	2.3	17.8	3.4	1.1
山西	2.8	1.5	5.6	2.5	5.6	1.0	0.6
内蒙古	1.2	0.6	4.0	1.6	3.4	1.0	0.8
辽宁	8.5	6.0	16.1	5.0	12.0	7.9	4.7
吉林	2.8	3.0	6.1	1.8	4.5	3.9	1.7
黑龙江	1.9	3.3	9.1	1.6	7.2	3.1	1.3
上海	24.4	5.9	42.2	14.2	23.1	11.8	9.5
江苏	11.9	7.2	25.4	9.5	17.7	5.9	4.6
浙江	12.6	10.3	33.8	15.5	24.3	13.0	15.5
安徽	5.3	1.9	9.1	2.8	8.5	4.5	2.5
福建	4.9	3.6	14.1	6.5	7.6	6.4	2.1
江西	1.4	1.4	7.7	2.0	5.2	2.2	0.2
山东	11.3	4.9	33.4	7.4	22.9	10.3	2.8
河南	6.6	2.7	20.9	6.2	14.3	10.0	5.0
湖北	7.6	3.2	19.0	6.4	6.6	6.1	1.7
湖南	6.1	3.6	13.0	6.9	15.4	7.2	3.1
广东	31.8	14.0	41.7	23.3	28.5	27.6	11.9
广西	4.8	2.2	7.0	2.6	3.8	3.6	4.3
海南	2.6	0.8	3.4	4.2	1.2	2.9	0.9
重庆	4.9	3.0	12.7	6.1	8.5	5.7	2.6
四川	5.5	2.9	10.7	3.7	9.4	5.1	1.7
贵州	1.4	1.5	6.5	2.1	3.9	3.3	1.6
云南	4.3	2.1	13.5	5.7	3.4	4.8	3.9
西藏			0.1		0.2		0.1
陕西	3.7	3.5	8.7	5.0	8.1	4.6	1.1
甘肃	1.7	0.7	2.8	0.7	2.7	0.8	0.2
青海	0.5	0.1	1.3	0.4	0.3	0.6	0.2
宁夏	0.3	0.2	0.8	0.3	1.1	0.7	1.1
新疆	3.0	1.4	5.4	1.4	3.9	2.1	2.2

2-10 续表 单位：万人

地区	科学研究、技术服务和地质勘查业	水利、环境和公共设施管理业	居民服务和其他服务业	教育	卫生、社会保障和社会福利业	文化、体育和娱乐业	公共管理和社会组织
全国	**76.5**	**21.5**	**23.1**	**57.7**	**21.6**	**19.2**	**12.5**
北京	28.9	2.5	5.3	7.0	1.9	4.8	5.4
天津	1.4	0.2	2.4	0.2	0.1	0.1	0.1
河北	1.5	0.4	0.1	0.5	0.2	0.2	
山西	0.2	0.1	0.1	0.6	0.2	0.1	
内蒙古	0.2	0.2	0.1	0.3	0.2		
辽宁	2.9	0.8	0.6	2.1	1.3	0.4	0.3
吉林	1.1	0.5	0.2	0.6	0.3	0.5	
黑龙江	1.0	0.3	0.3	0.4	0.1	0.1	
上海	3.9	1.2	1.5	1.5	0.1	1.1	0.1
江苏	3.3	1.5	0.4	2.6	2.7	1.4	
浙江	7.0	3.7	0.8	5.2	1.7	0.9	2.3
安徽	1.1	0.6	0.1	2.5	1.1	0.3	
福建	1.6	0.4	0.4	1.8	0.5	0.3	
江西	0.1	0.2		0.7	0.2	0.2	0.7
山东	1.9	0.7	0.7	2.8	1.3	0.5	0.4
河南	1.9	1.1	0.9	6.7	2.7	0.6	2.0
湖北	1.3	0.4	0.3	2.4	0.6	0.3	
湖南	1.5	0.7	1.0	4.0	1.4	1.2	0.5
广东	7.9	2.6	4.4	6.1	1.9	2.2	0.3
广西	0.7	0.5	0.4	1.4	0.6	0.3	
海南	0.3	0.3	0.3	1.5	0.1	0.3	0.1
重庆	1.9	0.6	0.7	1.3	0.1	0.4	
四川	1.0	0.5	0.3	1.8	1.0	0.3	
贵州	0.5	0.1	0.6	0.8	0.3	0.2	
云南	0.8	0.6	0.5	1.0	0.6	0.8	
西藏							0.3
陕西	1.3	0.2	0.4	1.2	0.3	1.3	
甘肃	0.2			0.0	0.1		
青海	0.2	0.1		0.3	0.1		
宁夏	0.2			0.1			
新疆	0.5	0.3	0.2	0.2	0.1	0.2	

2-11 各地区按第三产业行业门类分私营企业和个体就业人员数(2011年底)

单位：万人

地区	第三产业合计	交通运输、仓储和邮政业	信息传输、计算机服务和软件业	批发和零售业	住宿和餐饮业	金融业	房地产业
全国	**12562.60**	**511.96**	**288.70**	**7425.26**	**1072.40**	**39.67**	**377.77**
北京	480.93	15.47	6.55	154.70	29.14	0.56	14.57
天津	95.61	5.65	0.90	47.31	5.35	0.35	2.53
河北	426.16	19.19	7.07	276.50	32.65	0.92	10.22
山西	245.87	5.90	3.52	163.56	24.08	1.16	3.84
内蒙古	246.56	13.30	5.30	136.76	34.34	1.44	7.88
辽宁	535.72	68.66	12.83	287.69	40.03	2.41	21.76
吉林	244.77	14.57	4.28	134.66	27.83	1.19	6.42
黑龙江	355.22	18.99	9.51	199.28	42.00	0.82	8.06
上海	478.87	22.84	11.33	239.94	18.75	0.66	16.08
江苏	1030.40	39.49	18.90	639.09	64.55	4.63	36.92
浙江	710.89	26.22	20.13	436.37	48.59	1.91	19.13
安徽	432.51	10.41	10.31	275.06	32.97	2.33	11.63
福建	415.69	9.34	11.35	259.07	31.38	2.07	10.70
江西	444.87	20.13	7.35	260.84	39.12	0.68	13.21
山东	857.92	43.50	19.33	547.15	64.78	2.94	27.88
河南	586.19	15.64	8.68	387.21	57.82	1.88	15.70
湖北	591.58	26.88	12.44	359.05	62.98	1.18	13.57
湖南	556.18	13.87	18.70	322.97	31.90	1.08	17.23
广东	1171.55	30.11	35.80	698.37	88.26	4.41	40.13
广西	335.58	19.11	5.55	224.39	25.57	0.86	9.01
海南	81.93	4.53	2.93	38.41	8.24	0.19	6.89
重庆	333.04	10.27	16.84	185.08	28.62	1.18	13.72
四川	605.29	21.62	12.60	377.57	68.67	0.84	13.07
贵州	167.10	5.78	2.80	101.27	17.78	0.83	6.55
云南	358.46	10.63	8.82	215.60	43.24	1.36	12.60
西藏	36.27	0.94	0.67	19.38	6.52	0.03	0.36
陕西	318.59	6.85	7.05	186.86	40.53	0.62	7.19
甘肃	162.90	3.14	2.89	103.63	22.93	0.39	4.29
青海	43.67	1.38	0.53	24.46	7.45	0.06	1.19
宁夏	78.61	1.80	1.16	50.31	7.66	0.32	1.44
新疆	133.69	5.74	2.59	72.71	18.65	0.38	3.99

2-11 续表 单位：万人

地区	租赁和商务服务业	科学研究、技术服务和地质勘查业	水利、环境和公共设施管理业	居民服务和其他服务业	教育	卫生、社会保障和社会福利业	文化、体育和娱乐业	其他
全国	**970.15**	**460.50**	**42.24**	**1083.19**	**14.97**	**37.11**	**140.39**	**98.30**
北京	73.91	128.39	3.15	21.03	0.48	1.07	30.72	1.18
天津	12.82	13.08	0.52	5.34	0.01	0.49	1.26	0.01
河北	13.39	3.71	0.68	36.31	0.40	1.18	2.29	21.65
山西	8.45	1.67	0.70	28.33	0.20	1.30	2.14	1.02
内蒙古	12.21	2.62	0.76	25.42	0.98	1.01	1.88	2.68
辽宁	33.39	15.54	2.08	41.70	0.39	2.31	4.09	2.86
吉林	9.95	4.39	0.70	34.21	0.39	1.67	1.71	2.80
黑龙江	19.49	8.07	0.80	37.82	0.23	0.82	3.28	6.04
上海	84.07	56.79	4.09	17.06	0.30	1.13	5.82	0.01
江苏	77.61	49.45	5.35	81.65	1.46	2.57	8.66	0.08
浙江	66.33	21.58	2.58	56.85	0.97	1.51	7.26	1.45
安徽	26.17	5.52	1.35	49.17	0.54	0.58	3.78	2.68
福建	38.21	10.20	1.39	36.08	0.45	1.01	4.37	0.08
江西	17.72	1.76	0.65	69.63	0.28	0.71	3.49	9.30
山东	59.53	12.56	3.10	70.87	0.62	2.02	3.63	
河南	27.99	5.11	0.96	54.31	0.30	0.73	2.53	7.32
湖北	28.11	10.45	1.50	59.91	0.72	1.27	6.22	7.28
湖南	90.02	15.11	1.29	35.11	0.73	1.56	6.45	0.15
广东	106.58	62.31	3.71	85.09	2.02	1.01	9.37	4.40
广西	18.49	4.48	0.75	20.62	0.48	0.90	3.66	1.70
海南	8.61	1.18	0.38	8.09	0.13	0.39	1.55	0.42
重庆	39.58	6.98	1.78	24.18	0.61	0.62	3.58	
四川	29.64	6.54	0.76	54.68	0.69	3.19	7.33	8.08
贵州	7.03	1.02	0.66	14.18	0.41	1.23	1.64	5.92
云南	20.45	5.53	1.17	29.66	0.47	2.79	4.78	1.36
西藏	1.87	0.13	0.04	3.93	0.02	0.15	1.44	0.79
陕西	19.44	2.01	0.45	38.70	0.12	0.64	2.95	5.18
甘肃	5.61	1.03	0.30	15.06	0.25	1.28	1.49	0.62
青海	0.95	0.19	0.06	4.15	0.04	0.22	0.53	2.48
宁夏	4.28	0.75	0.18	8.83	0.06	0.35	0.70	0.76
新疆	8.26	2.34	0.37	15.21	0.21	1.42	1.79	0.03

2-12 各地区按第三产业行业门类分城镇私营企业和个体就业人员数(2011年底)

单位：万人

地 区	第三产业合 计	交通运输、仓储和邮政业	信息传输、计算机服务和软件业	批发和零售业	住宿和餐饮业	金融业	房地产业
全 国	**4643.26**	**166.32**	**27.05**	**3077.76**	**626.72**	**0.19**	**11.36**
北 京	55.49	1.65	0.41	33.75	5.60		0.01
天 津	27.64	1.40	0.05	17.56	3.29		0.17
河 北	176.87	7.24	0.52	122.70	20.24	0.01	0.23
山 西	104.92	1.07	0.52	72.89	13.28		0.03
内蒙古	127.27	7.70	1.77	70.05	24.28	0.03	1.35
辽 宁	236.17	37.52	0.94	136.35	28.19	0.03	0.49
吉 林	138.25	8.27	0.75	77.94	19.44	0.01	0.08
黑龙江	159.03	9.45	1.44	91.18	26.24		0.20
上 海	29.10	0.32	0.04	22.26	2.80		
江 苏	327.83	8.22	1.10	227.93	39.02		1.06
浙 江	238.86	6.63	0.59	162.16	26.92	0.01	2.21
安 徽	225.72	2.31	2.83	159.89	24.57	0.02	0.29
福 建	138.32	0.99	0.46	97.83	18.45		0.69
江 西	166.82	7.80	1.22	106.52	23.40	0.01	0.10
山 东	255.95	10.99	1.30	171.48	32.83		1.19
河 南	231.96	2.94	1.02	163.98	32.73		0.03
湖 北	301.38	9.23	1.94	205.96	34.19	0.01	0.48
湖 南	238.75	6.16	1.50	181.38	21.15	0.03	0.19
广 东	428.50	4.21	2.34	304.30	57.61	0.01	0.70
广 西	140.83	10.24	0.43	95.89	16.83		0.08
海 南	33.31	2.83	0.27	18.62	5.88		
重 庆	112.57	1.22	0.75	73.78	18.59		0.28
四 川	228.13	9.25	2.26	139.68	34.71	0.01	0.82
贵 州	57.66	1.38	0.28	37.26	9.71	0.01	0.03
云 南	142.40	1.58	0.57	94.35	24.84		0.04
西 藏	18.94	0.56	0.09	9.81	4.53		
陕 西	112.43	1.44	0.48	69.22	20.87		0.42
甘 肃	67.46	0.33	0.36	43.36	12.41		0.02
青 海	20.77	0.87	0.12	11.93	4.39		0.01
宁 夏	29.12	0.38	0.11	18.01	5.02		0.12
新 疆	70.80	2.15	0.60	39.76	14.73		0.05

2-12 续表 单位：万人

地区	租赁和商务服务业	科学研究、技术服务和地质勘查业	水利、环境和公共设施管理业	居民服务和其他服务业	教育	卫生、社会保障和社会福利业	文化、体育和娱乐业	其他
全国	**71.04**	**3.99**	**1.49**	**569.68**	**2.26**	**16.41**	**43.79**	**25.19**
北京	4.43	0.67	0.01	7.48	0.02	0.07	0.67	0.73
天津	1.44	0.27	0.05	2.84		0.12	0.45	
河北	2.15	0.06	0.04	20.42	0.11	0.55	0.86	1.75
山西	0.75	0.03	0.04	14.56	0.01	0.62	0.90	0.22
内蒙古	0.87	0.13	0.16	17.42	0.52	0.75	1.04	1.21
辽宁	2.10	0.13	0.04	25.23	0.08	1.61	2.16	1.29
吉林	1.35	0.15	0.01	27.17	0.16	1.08	0.92	0.94
黑龙江	2.91	0.05	0.03	23.78	0.03	0.44	1.60	1.65
上海	0.19			3.35		0.04	0.08	0.01
江苏	5.45	0.29	0.10	39.90	0.20	0.56	3.95	0.06
浙江	7.14	0.20	0.10	29.57	0.11	0.47	2.62	0.13
安徽	4.43	0.28	0.04	27.67	0.09	0.33	1.82	1.16
福建	1.35	0.09	0.01	17.05	0.01	0.22	1.17	
江西	2.80	0.08	0.01	19.19	0.05	0.30	1.59	3.77
山东	3.94	0.07	0.03	32.19	0.02	0.84	1.08	
河南	1.66	0.04	0.05	26.71	0.08	0.18	1.07	1.48
湖北	4.35	0.18	0.37	37.57	0.10	0.66	2.61	3.73
湖南	2.65	0.06	0.06	21.94	0.10	1.04	2.40	0.09
广东	4.09	0.79	0.10	50.36	0.22	0.41	2.90	0.46
广西	1.83	0.10	0.01	13.25	0.04	0.57	1.45	0.11
海南	0.23	0.01		4.84	0.01	0.25	0.36	0.01
重庆	2.42	0.03	0.01	13.52	0.05	0.35	1.56	
四川	5.74	0.25	0.01	27.78	0.13	1.37	3.41	2.72
贵州	0.74		0.18	6.30	0.01	0.41	0.66	0.68
云南	1.40	0.02	0.01	16.20	0.06	1.03	2.00	0.30
西藏	0.10			2.50		0.09	1.04	0.23
陕西	2.41	0.01	0.01	15.50	0.01	0.20	0.71	1.18
甘肃	0.74	0.01		8.69	0.01	0.71	0.65	0.16
青海	0.06			2.24		0.13	0.28	0.73
宁夏	0.37	0.01		4.19		0.14	0.41	0.39
新疆	0.94	0.01	0.01	10.29	0.02	0.86	1.38	

【主要统计指标解释】

经济活动人口 指在16周岁及以上，有劳动能力，参加或要求参加社会经济活动的人口。包括就业人员和失业人员。

就业人员 指在16周岁及以上，从事一定社会劳动并取得劳动报酬或经营收入的人员。这一指标反映了一定时期内全部劳动力资源的实际利用情况，是研究我国基本国情国力的重要指标。

单位就业人员 指报告期末最后一日在各类单位中工作，并取得工资或其他形式劳动报酬的人员。该指标为时点指标，是在岗职工、劳务派遣人员及其他从业人员之和。从业人员不包括：离开本单位仍保留劳动关系，并定期领取生活费的人员；利用课余时间打工的学生及在本单位实习的各类在校学生；本单位因劳务外包而使用的人员。

城镇私营和个体就业人员 城镇私营就业人员指在工商管理部门注册登记，其经营地址设在县城关镇(含县城关镇)以上的私营企业就业人员，包括私营企业投资者和雇工。城镇个体就业人员指在工商管理部门注册登记，并持有城镇户口或在城镇长期居住，经批准从事个体工商经营的就业人员，包括个体经营者和在个体工商户劳动的家庭帮工和雇工。

国有单位 指资产归国家所有的经济组织。包括按《中华人民共和国企业法人登记管理条例》规定登记注册的非公司制的经济组织，以及中央、地方各级国家机关、事业单位和社会团体。

集体单位 指生产资料归集体所有，并按《中华人民共和国企业法人登记管理条例》规定登记注册的经济组织。

其他单位 包括股份合作单位、联营单位、有限责任公司、股份有限公司、港澳台商投资单位以及外商投资单位等其他登记注册类型单位。

3 第三产业增加值

简要说明

国内生产总值数据是由国家统计局国民经济核算司根据不同产业部门、不同支出构成的特点和资料来源情况计算的。

本年鉴公布的国内生产总值以及与之有关的指标数据，最后一年数据不是最终数，还会在获得更多的财务和行政记录等资料后发生变动。如果遇到普查，在能够获得更详细的基础资料的情况下，国内生产总值的历史数据还会发生变动。

国内生产总值是一个价值量指标，其价值的变化受价格变化和物量变化两大因素影响。不变价国内生产总值是把按当期价格计算的国内生产总值换算成按某个固定期（基期）价格计算的价值，从而使两个不同时期的价值进行比较时，能够剔除价格变化的影响，以反映物量变化，反映生产活动成果的实际变动。国内生产总值指数就是根据两个时期不变价国内生产总值计算得到的。随着经济的不断发展，各行业的价格结构也会不断发生变化，为了更好地反映这种变化对于经济的影响，计算不变价国内生产总值需要每隔若干年调整一次基期。我国自开始核算国内生产总值以来，共有1952年、1957年、1970年、1980年、1990年、2000年、2005年、2010年8个不变价基期，目前的基期是2010年。也就是说，2011年的不变价国内生产总值是按照2010年价格计算的。由于计算不变价国内生产总值采用按不同基期分段计算，因此本年鉴中的不变价国内生产总值数据也按分段方式公布。

本篇所列分地区的数据来自各省、自治区、直辖市统计局的国民经济核算资料。由于采取分级核算，各地区数据相加不等于全国总计。

3-1 第三产业增加值及所占比重

单位：亿元

年 份	国内生产总值	第一产业	第二产业	第三产业	
					比重(%)
1978	3645.2	1027.5	1745.2	872.5	23.9
1979	4062.6	1270.2	1913.5	878.9	21.6
1980	4545.6	1371.6	2192.0	982.0	21.6
1981	4891.6	1559.5	2255.5	1076.6	22.0
1982	5323.4	1777.4	2383.0	1163.0	21.8
1983	5962.7	1978.4	2646.2	1338.1	22.4
1984	7208.1	2316.1	3105.7	1786.3	24.8
1985	9016.0	2564.4	3866.6	2585.0	28.7
1986	10275.2	2788.7	4492.7	2993.8	29.1
1987	12058.6	3233.0	5251.6	3574.0	29.6
1988	15042.8	3865.4	6587.2	4590.3	30.5
1989	16992.3	4265.9	7278.0	5448.4	32.1
1990	18667.8	5062.0	7717.4	5888.4	31.5
1991	21781.5	5342.2	9102.2	7337.1	33.7
1992	26923.5	5866.6	11699.5	9357.4	34.8
1993	35333.9	6963.8	16454.4	11915.7	33.7
1994	48197.9	9572.7	22445.4	16179.8	33.6
1995	60793.7	12135.8	28679.5	19978.5	32.9
1996	71176.6	14015.4	33835.0	23326.2	32.8
1997	78973.0	14441.9	37543.0	26988.1	34.2
1998	84402.3	14817.6	39004.2	30580.5	36.2
1999	89677.1	14770.0	41033.6	33873.4	37.8
2000	99214.6	14944.7	45555.9	38714.0	39.0
2001	109655.2	15781.3	49512.3	44361.6	40.5
2002	120332.7	16537.0	53896.8	49898.9	41.5
2003	135822.8	17381.7	62436.3	56004.7	41.2
2004	159878.3	21412.7	73904.3	64561.3	40.4
2005	184937.4	22420.0	87598.1	74919.3	40.5
2006	216314.4	24040.0	103719.5	88554.9	40.9
2007	265810.3	28627.0	125831.4	111351.9	41.9
2008	314045.4	33702.0	149003.4	131340.0	41.8
2009	340902.8	35226.0	157638.8	148038.0	43.4
2010	401512.8	40533.6	187383.2	173596.0	43.2
2011	472881.6	47486.2	220412.8	204982.5	43.4

注：本表按当年价格计算。

3-2 第三产业分行业增加值

单位：亿元

年 份	第三产业	交通运输、仓储和邮政业	批发和零售业	住宿和餐饮业	金融业	房地产业	其他
1978	872.5	182.0	242.3	44.6	68.2	79.9	255.6
1979	878.9	193.7	200.9	44.0	66.9	86.3	287.1
1980	982.0	213.4	193.8	47.4	75.0	96.4	356.0
1981	1076.6	220.7	231.1	54.1	79.8	99.9	390.9
1982	1163.0	246.9	171.4	62.3	114.8	110.8	456.8
1983	1338.1	274.9	198.7	72.5	149.0	121.8	521.2
1984	1786.3	338.5	363.5	96.8	203.9	162.3	621.2
1985	2585.0	421.7	802.4	138.3	259.9	215.2	747.5
1986	2993.8	498.8	852.6	163.2	356.4	298.1	824.6
1987	3574.0	568.3	1059.6	187.1	450.0	382.6	926.3
1988	4590.3	685.7	1483.4	241.4	585.4	473.8	1120.6
1989	5448.4	812.7	1536.2	277.4	964.3	566.2	1291.6
1990	5888.4	1167.0	1268.9	301.9	1017.5	662.2	1470.9
1991	7337.1	1420.3	1834.6	442.3	1056.3	763.7	1819.9
1992	9357.4	1689.0	2405.0	584.6	1306.2	1101.3	2271.3
1993	11915.7	2174.0	2816.6	712.1	1669.7	1379.6	3163.7
1994	16179.8	2787.9	3773.4	1008.5	2234.8	1909.3	4465.8
1995	19978.5	3244.3	4778.6	1200.1	2798.5	2354.0	5602.9
1996	23326.2	3782.2	5599.7	1336.8	3211.7	2617.6	6778.3
1997	26988.1	4148.6	6327.4	1561.3	3606.8	2921.1	8423.0
1998	30580.5	4660.9	6913.2	1786.9	3697.7	3434.5	10087.3
1999	33873.4	5175.2	7491.1	1941.2	3816.5	3681.8	11767.7
2000	38714.0	6161.0	8158.6	2146.3	4086.7	4149.1	14012.4
2001	44361.6	6870.3	9119.4	2400.1	4353.5	4715.1	16903.3
2002	49898.9	7492.9	9995.4	2724.8	4612.8	5346.4	19726.7
2003	56004.7	7913.2	11169.5	3126.1	4989.4	6172.7	22633.9
2004	64561.3	9304.4	12453.8	3664.8	5393.0	7174.1	26571.2
2005	74919.3	10666.2	13966.2	4195.7	6086.8	8516.4	31488.0
2006	88554.9	12183.0	16530.7	4792.6	8099.1	10370.5	36579.1
2007	111351.9	14601.0	20937.8	5548.1	12337.5	13809.7	44117.7
2008	131340.0	16362.5	26182.3	6616.1	14863.3	14738.7	52577.1
2009	148038.0	16727.1	28984.5	7118.2	17767.5	18654.9	58785.9
2010	173596.0	19132.2	35746.1	8068.5	20980.6	22782.0	66886.6
2011	204982.5	21931.9	43445.2	9172.8	24958.3	26708.0	78766.3

注：本表按当年价格计算。

3-3 第三产业分行业增加值构成

单位：%

年 份	第三产业	交通运输、仓储和邮政业	批发和零售业	住宿和餐饮业	金融业	房地产业	其他
1978	100.0	20.9	27.8	5.1	7.8	9.2	29.3
1979	100.0	22.0	22.9	5.0	7.6	9.8	32.7
1980	100.0	21.7	19.7	4.8	7.6	9.8	36.3
1981	100.0	20.5	21.5	5.0	7.4	9.3	36.3
1982	100.0	21.2	14.7	5.4	9.9	9.5	39.3
1983	100.0	20.5	14.8	5.4	11.1	9.1	38.9
1984	100.0	19.0	20.3	5.4	11.4	9.1	34.8
1985	100.0	16.3	31.0	5.3	10.1	8.3	28.9
1986	100.0	16.7	28.5	5.5	11.9	10.0	27.5
1987	100.0	15.9	29.6	5.2	12.6	10.7	25.9
1988	100.0	14.9	32.3	5.3	12.8	10.3	24.4
1989	100.0	14.9	28.2	5.1	17.7	10.4	23.7
1990	100.0	19.8	21.5	5.1	17.3	11.2	25.0
1991	100.0	19.4	25.0	6.0	14.4	10.4	24.8
1992	100.0	18.0	25.7	6.2	14.0	11.8	24.3
1993	100.0	18.2	23.6	6.0	14.0	11.6	26.6
1994	100.0	17.2	23.3	6.2	13.8	11.8	27.6
1995	100.0	16.2	23.9	6.0	14.0	11.8	28.0
1996	100.0	16.2	24.0	5.7	13.8	11.2	29.1
1997	100.0	15.4	23.4	5.8	13.4	10.8	31.2
1998	100.0	15.2	22.6	5.8	12.1	11.2	33.0
1999	100.0	15.3	22.1	5.7	11.3	10.9	34.7
2000	100.0	15.9	21.1	5.5	10.6	10.7	36.2
2001	100.0	15.5	20.6	5.4	9.8	10.6	38.1
2002	100.0	15.0	20.0	5.5	9.2	10.7	39.5
2003	100.0	14.1	19.9	5.6	8.9	11.0	40.4
2004	100.0	14.4	19.3	5.7	8.4	11.1	41.2
2005	100.0	14.2	18.6	5.6	8.1	11.4	42.0
2006	100.0	13.8	18.7	5.4	9.1	11.7	41.3
2007	100.0	13.1	18.8	5.0	11.1	12.4	39.6
2008	100.0	12.5	19.9	5.0	11.3	11.2	40.0
2009	100.0	11.3	19.6	4.8	12.0	12.6	39.7
2010	100.0	11.0	20.6	4.6	12.1	13.1	38.5
2011	100.0	10.7	21.2	4.5	12.2	13.0	38.4

注：本表按当年价格计算。

3-4 第三产业不变价增加值

单位：亿元

年份	第三产业	交通运输、仓储和邮政业	批发和零售业	住宿和餐饮业	金融业	房地产业	其他
			按1970年价格计算				
1978	846.0	180.9	253.2	44.8	75.2	46.4	245.4
1979	912.4	195.9	275.3	49.8	73.1	48.3	270.1
1980	967.2	204.3	270.2	51.7	77.9	52.1	311.0
			按1980年价格计算				
1980	982.9	214.0	201.9	48.3	86.6	57.1	375.0
1981	1085.3	218.0	261.6	56.7	90.3	55.1	403.7
1982	1226.2	242.8	259.6	74.6	130.6	60.1	458.5
1983	1412.2	265.8	314.7	89.1	165.8	63.2	513.6
1984	1685.5	305.4	392.6	96.3	217.3	80.7	593.3
1985	1991.6	347.5	524.2	102.3	254.1	100.9	662.5
1986	2231.4	395.7	573.7	118.3	334.4	127.0	682.3
1987	2551.8	433.7	658.2	129.8	412.3	164.2	753.6
1988	2887.6	488.0	735.6	162.4	492.5	185.0	824.1
1989	3042.4	508.5	656.8	178.4	620.0	214.5	864.0
1990	3113.4	551.0	622.2	184.7	631.5	227.9	896.1
			按1990年价格计算				
1990	5768.5	1167.0	1268.9	301.9	1234.5	325.3	1470.9
1991	6280.3	1290.2	1334.6	326.5	1263.0	364.2	1701.7
1992	7061.8	1420.0	1474.9	414.7	1364.0	490.6	1897.5
1993	7922.3	1598.0	1601.5	448.9	1512.0	543.4	2218.6
1994	8801.0	1734.2	1732.6	570.7	1653.7	608.4	2501.3
1995	9667.0	1924.6	1875.2	629.1	1794.3	684.1	2759.6
1996	10578.2	2137.0	2018.4	672.1	1928.9	711.7	3110.1
1997	11711.9	2333.7	2195.4	745.7	2092.0	741.1	3604.1
1998	12692.4	2580.8	2338.3	828.2	2194.8	798.0	3952.4
1999	13876.6	2894.9	2541.9	892.1	2300.0	845.4	4402.3
2000	15229.4	3143.3	2781.3	975.4	2449.3	905.5	4974.6
			按2000年价格计算				
2000	38714.0	6161.0	8158.6	2146.3	4086.7	4149.1	14012.4
2001	42685.0	6703.6	8900.6	2310.4	4350.2	4605.1	15815.2
2002	47142.3	7181.3	9684.7	2590.9	4651.3	5061.4	17972.7
2003	51622.2	7621.2	10647.2	2911.0	4975.3	5557.6	19910.0
2004	56813.6	8724.5	11346.4	3270.2	5159.4	5885.5	22427.6
2005	63761.8	9702.0	12824.4	3671.2	5870.0	6605.7	25088.6
			按2005年价格计算				
2005	74919.3	10666.2	13966.2	4195.7	6086.8	8516.4	31488.0
2006	85511.6	11729.4	16684.6	4723.0	7662.9	9834.8	34876.8
2007	99179.7	13113.6	20057.5	5177.3	9777.1	12230.1	38824.2
2008	109497.4	14074.1	23236.6	5674.3	11080.8	12347.3	43084.3
2009	119969.4	14661.9	26048.9	5985.1	13099.9	13740.4	46433.3
2010	131668.9	16097.5	29772.2	6584.1	14414.6	14700.6	50099.9

注：1.更换基期的年份有两个不变价数据，一个按上一基期价格计算，一个按新基期价格计算。
2.有关不变价国内生产总值的解释见简要说明。

3-5 第三产业分行业增加值及占GDP的比重

行　业	2009		2010	
	增加值(亿元)	占GDP的比重(%)	增加值(亿元)	占GDP的比重(%)
第三产业总计	**148038.0**	**43.4**	**173596.0**	**43.2**
交通运输、仓储和邮政业	16727.1	4.9	19132.2	4.8
信息传输、计算机服务和软件业	8163.8	2.4	8881.9	2.2
批发和零售业	28984.5	8.5	35746.1	8.9
住宿和餐饮业	7118.2	2.1	8068.5	2.0
金融业	17767.5	5.2	20980.6	5.2
房地产业	18654.9	5.5	22782.0	5.7
租赁和商务服务业	6191.4	1.8	7785.0	1.9
科学研究、技术服务和地质勘查业	4721.7	1.4	5636.9	1.4
水利、环境和公共设施管理业	1480.4	0.4	1752.1	0.4
居民服务和其他服务业	5271.5	1.5	6101.7	1.5
教育	10481.8	3.1	12042.1	3.0
卫生、社会保障和社会福利业	5082.6	1.5	5980.8	1.5
文化、体育和娱乐业	2231.0	0.7	2495.8	0.6
公共管理和社会组织	15161.7	4.4	16210.3	4.0

注：本表按当年价格计算。

3-6 第三产业分行业增加值指数

上年=100

年 份	第三产业	交通运输、仓储和邮政业	批发和零售业	住宿和餐饮业	金融业	房地产业	其他
1978	113.8	108.9	123.1	118.1	109.8	105.7	111.0
1979	107.9	108.3	108.7	111.1	97.2	104.1	110.1
1980	106.0	104.3	98.1	103.9	106.6	107.9	115.1
1981	110.4	101.9	129.5	117.5	104.3	96.5	107.6
1982	113.0	111.4	99.3	131.6	144.6	109.1	113.6
1983	115.2	109.5	121.2	119.4	127.0	105.2	112.0
1984	119.3	114.9	124.7	108.1	131.1	127.7	115.5
1985	118.2	113.8	133.5	106.3	116.9	125.0	111.7
1986	112.0	113.9	109.4	115.6	131.6	125.9	103.0
1987	114.4	109.6	114.7	109.7	123.3	129.3	110.4
1988	113.2	112.5	111.8	125.1	119.5	112.7	109.4
1989	105.4	104.2	89.3	109.9	125.9	115.9	104.9
1990	102.3	108.3	94.7	103.5	101.9	106.2	103.7
1991	108.9	110.6	105.2	108.2	102.3	112.0	115.7
1992	112.4	110.1	110.5	127.0	108.0	134.7	111.5
1993	112.2	112.5	108.6	108.2	110.9	110.8	116.9
1994	111.1	108.5	108.2	127.1	109.4	112.0	112.7
1995	109.8	111.0	108.2	110.2	108.5	112.4	110.3
1996	109.4	111.0	107.6	106.8	107.5	104.0	112.7
1997	110.7	109.2	108.8	110.9	108.5	104.1	115.9
1998	108.4	110.6	106.5	111.1	104.9	107.7	109.7
1999	109.3	112.2	108.7	107.7	104.8	105.9	111.4
2000	109.7	108.6	109.4	109.3	106.5	107.1	113.0
2001	110.3	108.8	109.1	107.6	106.4	111.0	112.9
2002	110.4	107.1	108.8	112.1	106.9	109.9	113.6
2003	109.5	106.1	109.9	112.4	107.0	109.8	110.8
2004	110.1	114.5	106.6	112.3	103.7	105.9	112.6
2005	112.2	111.2	113.0	112.3	113.8	112.2	111.9
2006	114.1	110.0	119.5	112.6	125.9	115.5	110.8
2007	116.0	111.8	120.2	109.6	127.6	124.4	111.3
2008	110.4	107.3	115.9	109.6	113.3	101.0	111.0
2009	109.6	104.2	112.1	105.5	118.2	111.3	107.8
2010	109.8	109.8	114.3	110.0	110.0	107.0	107.9
2011	109.4	109.4	112.6	106.6	107.2	106.7	109.6

注：本表按不变价格计算。

3-7 第三产业分行业增加值指数

1978年＝100

年 份	第三产业	交通运输、仓储和邮政业	批发和零售业	住宿和餐饮业	金融业	房地产业	其他
1978	100.0	100.0	100.0	100.0	100.0	100.0	100.0
1979	107.9	108.3	108.7	111.1	97.2	104.1	110.1
1980	114.3	112.9	106.7	115.5	103.6	112.3	126.7
1981	126.2	115.0	138.2	135.6	108.0	108.4	136.4
1982	142.6	128.1	137.2	178.5	156.2	118.2	154.9
1983	164.3	140.2	166.3	213.1	198.3	124.3	173.5
1984	196.0	161.1	207.4	230.3	259.9	158.7	200.4
1985	231.7	183.3	277.0	244.8	304.0	198.4	223.8
1986	259.6	208.8	303.2	283.1	400.0	249.7	230.5
1987	296.8	228.9	347.8	310.5	493.2	322.9	254.6
1988	335.9	257.5	388.7	388.5	589.1	363.8	278.4
1989	353.9	268.3	347.1	426.9	741.6	421.8	291.9
1990	362.1	290.7	328.8	441.8	755.4	448.2	302.8
1991	394.3	321.4	345.8	477.9	772.8	501.7	350.3
1992	443.3	353.7	382.2	607.0	834.6	675.9	390.6
1993	497.4	398.1	414.9	657.0	925.2	748.6	456.7
1994	552.5	432.0	448.9	835.3	1011.9	838.2	514.9
1995	606.9	479.4	485.9	920.8	1097.9	942.5	568.1
1996	664.1	532.4	523.0	983.8	1180.3	980.5	640.2
1997	735.3	581.3	568.8	1091.4	1280.1	1021.0	741.9
1998	796.8	642.9	605.9	1212.2	1343.0	1099.4	813.6
1999	871.2	721.2	658.6	1305.7	1407.4	1164.7	906.2
2000	956.1	783.0	720.7	1427.7	1498.7	1247.5	1024.0
2001	1054.2	852.0	786.2	1536.8	1595.4	1384.6	1155.7
2002	1164.2	912.7	855.5	1723.4	1705.8	1521.8	1313.4
2003	1274.9	968.6	940.5	1936.4	1824.6	1671.0	1455.0
2004	1403.1	1108.9	1002.2	2175.3	1892.1	1769.6	1639.0
2005	1574.7	1233.1	1132.8	2442.0	2152.7	1986.1	1833.4
2006	1797.3	1356.0	1353.3	2748.9	2710.2	2293.5	2030.7
2007	2084.6	1516.0	1626.9	3013.3	3457.9	2852.1	2260.6
2008	2301.4	1627.1	1884.7	3302.6	3919.0	2879.5	2508.6
2009	2521.5	1695.0	2112.8	3483.5	4633.1	3204.4	2703.6
2010	2767.5	1861.0	2414.8	3832.1	5098.1	3428.3	2917.1
2011	3027.7	2035.5	2719.3	4084.8	5465.1	3658.7	3198.4

注：本表按不变价格计算。

3-8 三次产业贡献率

单位：%

年 份	国内生产总值	第一产业	第二产业	第三产业
1990	100.0	41.7	41.0	17.3
1991	100.0	7.1	62.8	30.1
1992	100.0	8.4	64.5	27.1
1993	100.0	7.9	65.5	26.6
1994	100.0	6.6	67.9	25.5
1995	100.0	9.1	64.3	26.6
1996	100.0	9.6	62.9	27.5
1997	100.0	6.8	59.7	33.5
1998	100.0	7.6	60.9	31.5
1999	100.0	6.0	57.8	36.2
2000	100.0	4.4	60.8	34.8
2001	100.0	5.1	46.7	48.2
2002	100.0	4.6	49.7	45.7
2003	100.0	3.4	58.5	38.1
2004	100.0	7.9	52.2	39.9
2005	100.0	5.6	51.1	43.3
2006	100.0	4.8	50.0	45.2
2007	100.0	3.0	50.7	46.3
2008	100.0	5.7	49.3	45.0
2009	100.0	4.5	51.9	43.6
2010	100.0	3.8	56.8	39.3
2011	100.0	4.6	51.6	43.7

注：1.产业贡献率指各产业增加值增量与GDP增量之比。
2.本表按不变价格计算。

3-9 三次产业对国内生产总值增长的拉动

单位：百分点

年 份	国内生产总值	第一产业	第二产业	第三产业
1990	3.8	1.6	1.6	0.7
1991	9.2	0.7	5.8	2.8
1992	14.2	1.2	9.2	3.9
1993	14.0	1.1	9.1	3.7
1994	13.1	0.9	8.9	3.3
1995	10.9	1.0	7.0	2.9
1996	10.0	1.0	6.3	2.8
1997	9.3	0.6	5.6	3.1
1998	7.8	0.6	4.8	2.5
1999	7.6	0.5	4.4	2.8
2000	8.4	0.4	5.1	2.9
2001	8.3	0.4	3.9	4.0
2002	9.1	0.4	4.5	4.1
2003	10.0	0.3	5.9	3.8
2004	10.1	0.8	5.3	4.0
2005	11.3	0.6	5.8	4.9
2006	12.7	0.6	6.3	5.7
2007	14.2	0.4	7.2	6.6
2008	9.6	0.6	4.7	4.3
2009	9.2	0.4	4.8	4.0
2010	10.4	0.4	5.9	4.1
2011	9.3	0.4	4.8	4.1

注：1.产业拉动指GDP增长速度与各产业贡献率之乘积。
2.本表按不变价格计算。

3-10 各地区第三产业增加值

单位：亿元

地 区	1994	1995	1996	1997	1998	1999	2000	2001	2002
北 京	560.97	789.72	1001.19	1219.80	1460.53	1695.19	2051.13	2489.58	2998.28
天 津	271.39	352.62	445.16	519.10	602.47	671.30	764.36	881.30	997.47
河 北	682.46	895.41	1087.42	1257.64	1381.08	1519.63	1704.45	1906.31	2149.75
山 西	306.25	412.89	493.62	576.58	642.58	721.67	807.49	902.43	992.69
内蒙古	232.01	288.10	345.50	408.60	462.06	525.93	605.74	699.24	811.47
辽 宁	883.80	1011.20	1145.90	1364.20	1495.10	1649.40	1821.20	2048.09	2258.17
吉 林	281.42	358.02	433.73	529.21	561.90	594.96	783.89	858.74	958.88
黑龙江	449.30	571.60	655.80	774.40	863.00	932.40	1036.55	1181.15	1319.40
上 海	794.80	1020.20	1292.11	1592.74	1855.36	2129.60	2486.86	2728.94	3038.90
江 苏	1185.64	1573.75	1940.91	2232.68	2512.69	2740.30	3069.46	3454.90	3891.92
浙 江	852.52	1153.07	1361.43	1512.64	1676.38	1862.87	2236.12	2665.68	3227.99
安 徽	439.23	566.45	682.79	782.21	878.38	991.30	1103.54	1231.06	1399.02
福 建	560.52	747.74	920.23	1079.46	1214.82	1351.03	1495.52	1618.24	1765.80
江 西	295.58	391.35	488.44	581.75	661.21	740.43	817.17	883.56	972.73
山 东	1178.04	1587.44	1899.54	2194.70	2397.49	2628.52	2904.45	3279.53	3700.52
河 南	611.26	830.40	1019.43	1171.26	1299.02	1413.73	1597.26	1788.22	1978.37
湖 北	541.84	709.43	859.75	1016.69	1136.71	1260.86	1445.71	1613.97	1795.93
湖 南	527.41	676.16	826.09	951.73	1074.14	1243.30	1473.39	1593.35	1780.79
广 东	1673.52	2168.34	2592.22	3091.81	3469.21	3882.66	4755.42	5544.35	6343.94
广 西	398.52	512.06	579.02	624.04	669.76	734.59	808.58	945.64	1081.16
海 南	142.54	155.87	167.01	179.51	194.66	208.04	230.85	248.56	270.96
重 庆	243.27	339.78	425.60	512.95	580.80	630.85	694.46	782.38	891.17
四 川	621.27	799.84	945.62	1095.87	1237.84	1373.46	1549.51	1739.81	1943.68
贵 州	146.10	176.56	213.56	244.84	273.95	319.34	367.52	425.34	480.37
云 南	318.85	384.68	488.15	545.33	609.64	681.05	746.14	825.83	914.50
西 藏	16.97	19.39	26.46	31.13	39.99	47.86	54.37	69.65	89.56
陕 西	302.82	377.91	450.99	540.93	583.66	656.64	763.20	868.17	963.62
甘 肃	151.07	190.28	222.42	265.58	311.48	354.42	437.13	459.34	514.83
青 海	48.22	63.60	73.75	84.36	92.54	103.32	114.73	130.29	148.83
宁 夏	50.31	65.10	79.09	91.05	101.58	112.67	127.56	151.89	171.14
新 疆	225.52	290.17	337.92	374.75	420.15	474.18	537.80	629.57	704.50

3-10 续表 单位：亿元

地 区	2003	2004	2004	2005	2006	2007	2008	2009	2010	2011
北 京	3449.07	4113.26	4092.27	4854.33	5837.55	7236.15	8375.76	9179.19	10600.84	12363.18
天 津	1150.81	1322.40	1319.76	1658.19	1902.31	2250.04	2886.65	3405.16	4238.65	5219.24
河 北	2439.68	2842.33	2805.47	3340.54	3895.36	4600.72	5276.04	6068.31	7123.77	8483.17
山 西	1176.65	1375.67	1375.67	1611.07	1846.18	2257.99	2759.46	2886.92	3412.38	3960.87
内蒙古	1000.79	1270.00	1270.00	1542.26	1934.35	2467.41	3212.08	3696.65	4209.02	5015.89
辽 宁	2487.85	2811.95	2811.95	3295.45	3798.25	4486.74	5207.72	5891.25	6849.37	8158.98
吉 林	1075.48	1223.64	1223.64	1413.83	1687.07	2025.44	2412.26	2756.26	3111.12	3679.91
黑龙江	1467.90	1670.30	1657.77	1857.42	2096.35	2493.04	2905.68	3371.95	3861.59	4549.97
上 海	3404.19	4097.26	4097.26	4776.20	5508.48	6821.11	7872.23	8930.85	9833.51	11142.86
江 苏	4493.31	5198.03	5198.03	6612.22	7914.11	9730.91	11888.53	13629.07	17131.45	20842.21
浙 江	3890.79	4594.72	4584.22	5360.10	6281.86	7613.46	8799.31	9918.78	12063.82	14180.23
安 徽	1638.42	1963.92	1963.92	2137.77	2390.29	2789.78	3234.64	3662.15	4193.68	4975.95
福 建	1949.91	2206.02	2196.60	2551.41	3022.83	3770.00	4346.40	5048.49	5850.62	6878.74
江 西	1043.08	1225.80	1216.58	1411.92	1614.65	1918.95	2355.86	2637.07	3121.40	3921.20
山 东	4112.43	4764.70	4732.60	5924.74	7187.26	8620.24	10358.64	11768.18	14343.14	17370.89
河 南	2358.86	2722.40	2677.13	3181.27	3721.44	4511.97	5099.76	5700.91	6607.89	7991.72
湖 北	2003.08	2292.55	2281.37	2655.94	3111.98	3812.34	4466.85	5127.12	6053.37	7247.02
湖 南	1995.78	2294.60	2410.30	2882.88	3229.42	3835.40	4633.67	5402.81	6369.27	7539.54
广 东	7178.94	8364.05	8335.30	9772.50	11585.82	14076.83	16321.46	18052.59	20711.55	24097.70
广 西	1184.75	1369.60	1361.89	1560.92	1835.12	2156.76	2529.51	2919.13	3383.11	3998.33
海 南	293.85	335.30	335.30	377.17	433.57	528.84	643.47	748.59	953.67	1148.93
重 庆	1012.66	1151.96	1151.96	1440.32	1649.20	1825.21	2160.48	2474.44	2881.08	3623.81
四 川	2189.69	2510.30	2506.54	2836.73	3319.62	3881.60	4561.69	5198.80	6030.41	7014.04
贵 州	558.28	661.80	655.95	815.32	989.38	1312.94	1652.34	1885.79	2177.07	2781.29
云 南	1013.76	1206.69	1192.53	1374.62	1557.91	1896.78	2218.81	2519.62	2892.31	3701.79
西 藏	96.76	123.30	123.30	137.24	159.76	188.06	218.67	240.85	274.82	322.57
陕 西	1063.89	1250.20	1234.60	1546.59	1806.36	2178.20	2699.74	3143.74	3688.93	4355.81
甘 肃	589.91	692.09	688.41	787.36	900.16	1037.11	1234.21	1363.27	1536.50	1963.79
青 海	169.81	193.70	193.70	213.37	249.04	294.91	355.93	398.54	470.88	540.18
宁 夏	195.46	227.73	225.64	259.49	294.78	366.18	475.00	563.74	702.45	861.92
新 疆	753.91	848.41	833.36	929.41	1058.16	1246.89	1421.38	1587.72	1766.69	2245.12

注：本表按当年价格计算。1994-2004年数据基于《国民经济行业分类》(GB/T 4754-1994)，2004-2011年数据基于《国民经济行业分类》(GB/T 4754-2002)。

3-11 各地区第三产业增加值占地区生产总值的比重

地区生产总值=100

地 区	1994	1995	1996	1997	1998	1999	2000	2001	2002
北 京	49.0	52.4	56.0	58.8	61.5	63.3	64.9	67.1	69.2
天 津	37.0	37.8	39.7	41.0	43.8	44.7	44.9	45.9	46.4
河 北	31.2	31.4	31.5	31.8	32.4	33.6	33.8	34.6	35.7
山 西	37.0	38.4	38.2	39.1	39.9	43.3	43.7	44.5	42.7
内蒙古	33.4	33.6	33.8	35.4	36.6	38.1	39.3	40.8	41.8
辽 宁	35.9	36.2	36.3	38.1	38.5	39.5	39.0	40.7	41.4
吉 林	30.0	31.5	32.2	36.1	35.6	35.6	40.2	40.5	40.8
黑龙江	28.0	28.7	27.7	29.0	31.1	32.5	32.9	34.9	36.3
上 海	39.9	40.8	43.7	46.3	48.8	50.8	52.1	52.4	52.9
江 苏	29.2	30.5	32.3	33.4	34.9	35.6	35.9	36.5	36.7
浙 江	31.7	32.4	32.5	32.3	33.2	34.2	36.4	38.6	40.3
安 徽	33.3	31.3	32.6	33.3	34.5	36.5	38.0	37.9	39.7
福 建	34.1	35.7	37.1	37.6	38.4	39.6	39.7	39.7	39.5
江 西	31.2	33.5	34.7	36.2	38.4	39.9	40.8	40.6	39.7
山 东	30.6	32.0	32.3	33.6	34.2	35.1	34.8	35.7	36.0
河 南	27.6	27.8	28.0	29.0	30.1	31.3	31.6	32.3	32.8
湖 北	31.8	33.6	34.4	35.6	36.5	39.0	40.8	41.6	42.6
湖 南	32.0	31.8	32.5	33.4	35.5	38.7	41.5	41.6	42.9
广 东	36.2	36.5	37.9	39.8	40.7	42.0	44.3	46.1	47.0
广 西	33.3	34.2	34.1	34.3	34.6	36.8	38.5	41.1	42.9
海 南	42.9	42.9	42.9	43.7	44.0	43.7	43.8	44.5	43.6
重 庆	32.1	33.4	35.9	37.7	40.3	42.3	43.3	44.3	44.8
四 川	31.1	32.8	32.9	33.8	35.6	37.6	39.4	40.5	41.1
贵 州	27.9	27.8	29.5	30.3	31.9	34.0	35.7	37.5	38.6
云 南	32.4	31.4	32.1	32.5	33.3	35.9	37.1	38.6	39.6
西 藏	36.9	34.6	40.7	40.3	43.7	46.7	48.6	52.4	52.9
陕 西	36.1	36.4	37.1	39.7	40.0	41.2	42.3	43.2	42.8
甘 肃	33.3	34.1	30.8	33.5	35.1	37.1	41.5	40.8	41.8
青 海	34.8	37.9	40.0	41.6	41.9	43.2	43.5	43.4	43.7
宁 夏	36.9	37.2	39.0	40.5	41.4	42.6	43.2	45.0	45.4
新 疆	34.1	35.6	37.5	36.0	38.0	40.8	39.5	42.2	43.7

3-11 续表 地区生产总值=100

地 区	2003	2004	2004	2005	2006	2007	2008	2009	2010	2011
北 京	68.7	67.9	67.8	69.7	71.9	73.5	75.4	75.5	75.1	76.1
天 津	44.6	42.5	42.4	42.5	42.6	42.8	43.0	45.3	46.0	46.2
河 北	35.2	33.5	33.1	33.4	34.0	33.8	33.0	35.2	34.9	34.6
山 西	41.2	38.6	38.5	38.1	37.8	37.5	37.7	39.2	37.1	35.2
内蒙古	41.9	41.8	41.8	39.5	39.1	38.4	37.8	38.0	36.1	34.9
辽 宁	41.4	42.1	42.1	41.0	40.8	40.2	38.1	38.7	37.1	36.7
吉 林	40.4	39.2	39.2	39.1	39.5	38.3	37.5	37.9	35.9	34.8
黑龙江	36.2	35.2	34.9	33.7	33.7	35.1	34.9	39.3	37.2	36.2
上 海	50.9	50.8	50.8	51.6	52.1	54.6	56.0	59.4	57.3	58.0
江 苏	36.1	34.7	34.6	35.6	36.4	37.4	38.4	39.6	41.4	42.4
浙 江	40.1	39.4	39.4	39.9	40.0	40.6	41.0	43.1	43.5	43.9
安 徽	41.8	41.2	41.3	40.0	39.1	37.9	36.5	36.4	33.9	32.5
福 建	39.1	38.3	38.1	38.9	39.9	40.8	40.2	41.3	39.7	39.2
江 西	37.2	35.5	35.2	34.8	33.5	33.1	33.8	34.4	33.0	33.5
山 东	34.0	31.7	31.5	32.3	32.8	33.4	33.5	34.7	36.6	38.3
河 南	34.3	31.8	31.3	30.0	30.1	30.1	28.3	29.3	28.6	29.7
湖 北	42.1	40.7	40.5	40.3	40.9	40.8	39.4	39.6	37.9	36.9
湖 南	42.9	40.7	42.7	43.7	42.0	40.6	40.1	41.4	39.7	38.3
广 东	45.3	44.3	44.2	43.3	43.6	44.3	44.4	45.7	45.0	45.3
广 西	42.0	39.9	39.7	39.2	38.7	37.0	36.0	37.6	35.4	34.1
海 南	42.4	42.0	42.0	42.0	41.5	42.2	42.8	45.3	46.2	45.5
重 庆	44.6	42.8	42.8	41.5	42.2	39.0	37.3	37.9	36.4	36.2
四 川	41.0	39.4	39.3	38.4	38.2	36.7	36.2	36.7	35.1	33.4
贵 州	39.1	39.4	39.1	40.7	42.3	45.5	46.4	48.2	47.3	48.8
云 南	39.6	39.1	38.7	39.7	39.1	39.7	39.0	40.8	40.0	41.6
西 藏	53.7	56.0	56.0	55.2	54.9	55.1	55.4	54.6	54.2	53.2
陕 西	41.1	39.4	38.9	39.3	38.1	37.8	36.9	38.5	36.4	34.8
甘 肃	42.1	41.0	40.8	40.7	39.5	38.4	39.0	40.2	37.3	39.1
青 海	43.5	41.6	41.6	39.3	38.4	37.0	34.9	36.9	34.9	32.3
宁 夏	43.9	42.4	42.0	42.4	40.6	39.8	39.5	41.7	41.6	41.0
新 疆	40.0	38.4	37.7	35.7	34.7	35.4	34.0	37.1	32.5	34.0

注：本表按当年价格计算。1994-2004年数据基于《国民经济行业分类》(GB/T 4754-1994)，2004-2011年数据基于《国民经济行业分类》(GB/T 4754-2002)。

3-12 各地区第三产业增加值指数

上年=100

地区	1994	1995	1996	1997	1998	1999	2000	2001	2002
北京	115.0	120.5	113.4	113.2	110.1	110.6	112.9	113.1	113.3
天津	115.6	117.9	115.4	113.4	113.0	108.9	110.5	111.7	111.4
河北	113.7	114.6	113.0	112.5	110.6	109.0	110.4	111.0	110.2
山西	110.2	112.5	111.9	113.5	110.2	109.6	110.0	112.6	111.2
内蒙古	116.1	114.1	112.3	114.3	114.7	112.7	114.5	115.5	115.3
辽宁	111.1	107.8	108.4	109.2	107.9	108.9	109.6	111.5	111.3
吉林	115.6	110.9	111.8	116.7	108.1	109.6	111.7	109.9	110.1
黑龙江	108.6	109.0	109.3	112.7	111.5	109.9	111.8	108.8	110.2
上海	116.2	113.7	118.1	117.9	114.8	113.4	113.5	109.4	110.9
江苏	111.4	114.9	114.3	114.1	112.9	110.0	111.2	111.5	111.6
浙江	115.8	118.3	111.1	110.5	111.7	109.9	111.8	111.7	113.7
安徽	122.0	116.7	114.5	112.1	110.8	112.5	111.5	112.3	113.0
福建	113.0	114.2	114.6	114.5	110.8	109.9	110.0	109.2	109.2
江西	115.0	113.7	113.2	114.0	112.5	110.7	110.4	107.9	106.9
山东	120.7	117.0	112.5	114.5	111.2	109.3	110.4	111.2	110.9
河南	113.1	113.1	112.4	111.8	109.4	109.3	109.2	110.3	109.9
湖北	112.4	112.5	111.3	113.5	111.5	111.0	111.5	110.8	111.4
湖南	111.0	110.6	112.9	111.6	111.5	111.4	110.9	110.6	110.5
广东	118.4	114.6	111.5	110.7	110.4	111.2	113.2	112.0	112.5
广西	110.7	111.1	108.2	107.3	109.8	109.8	113.4	111.8	112.0
海南	106.9	104.0	105.5	106.9	108.3	107.0	108.8	108.7	108.5
重庆	118.3	115.3	114.6	114.2	113.9	108.0	109.4	109.1	109.3
四川	110.7	114.7	115.4	112.8	112.2	108.6	113.1	109.8	111.5
贵州	109.8	109.3	109.2	109.3	110.5	107.3	113.7	113.6	109.4
云南	114.7	115.2	115.1	112.3	110.3	109.3	110.4	111.7	111.4
西藏	125.5	113.2	134.9	116.7	115.6	113.2	112.6	116.0	113.9
陕西	106.9	108.0	108.9	114.8	110.7	113.7	112.1	111.2	111.0
甘肃	114.0	115.9	115.1	114.5	113.1	114.1	112.7	111.0	111.3
青海	110.8	111.5	109.8	110.3	109.0	109.8	111.4	110.7	110.6
宁夏	109.7	111.0	107.9	112.2	110.6	113.5	111.6	110.3	109.4
新疆	115.3	110.9	108.0	109.7	109.6	112.3	112.1	112.1	110.4

3-12 续表

上年=100

地 区	2003	2004	2005	2006	2007	2008	2009	2010	2011
北 京	110.8	113.1	113.4	114.3	115.4	112.5	110.2	109.3	108.7
天 津	111.9	111.9	112.1	113.6	115.0	115.2	115.2	114.2	114.7
河 北	110.0	112.6	113.2	114.3	114.1	111.1	111.4	113.1	110.5
山 西	115.5	115.9	113.3	110.0	116.3	112.6	110.5	109.4	108.7
内蒙古	114.5	122.0	118.1	115.9	116.0	115.8	115.0	112.4	112.4
辽 宁	111.7	110.7	112.1	112.9	114.5	111.6	112.1	112.5	111.0
吉 林	108.3	111.0	113.6	117.4	116.4	115.3	113.0	110.7	111.0
黑龙江	110.1	109.3	110.8	112.4	114.8	112.6	110.7	111.8	113.2
上 海	109.0	114.1	112.8	113.6	118.8	111.7	112.2	105.7	109.6
江 苏	112.4	113.4	114.9	115.5	116.4	113.4	113.6	113.3	111.1
浙 江	114.4	114.0	115.2	115.1	115.3	111.7	112.5	112.3	109.5
安 徽	114.3	114.2	108.2	109.6	112.4	111.1	111.0	110.1	110.6
福 建	109.7	110.8	113.7	117.1	114.6	112.3	112.3	110.6	109.1
江 西	107.4	109.8	110.8	109.9	111.7	111.5	110.7	111.2	111.1
山 东	111.4	112.3	114.4	114.5	114.6	113.9	111.2	113.5	111.3
河 南	110.1	110.4	112.8	112.9	114.1	110.7	111.1	111.4	113.4
湖 北	110.8	110.6	111.8	113.5	115.9	112.4	112.3	111.3	112.0
湖 南	109.7	110.5	113.8	112.0	115.7	115.5	111.3	111.7	111.0
广 东	111.3	112.0	114.3	113.8	113.8	109.8	110.8	110.6	110.0
广 西	110.0	110.7	111.3	112.1	114.6	111.8	113.8	111.1	110.5
海 南	107.8	110.3	110.8	112.6	116.4	115.5	114.1	120.1	113.3
重 庆	109.5	110.5	112.4	113.2	112.1	112.2	113.5	112.4	110.8
四 川	111.2	110.9	110.6	114.2	112.5	112.1	112.4	110.2	111.2
贵 州	110.1	112.0	117.6	116.0	121.1	115.8	113.1	112.1	116.5
云 南	109.1	112.8	111.7	109.0	112.5	110.7	113.1	111.5	112.0
西 藏	115.2	115.1	109.7	112.4	116.0	112.4	110.4	113.7	111.6
陕 西	109.8	109.7	112.5	114.9	116.5	115.8	115.3	112.1	112.5
甘 肃	112.0	113.0	112.8	111.1	110.5	113.2	111.2	109.9	111.6
青 海	109.9	110.3	110.2	113.1	114.2	112.2	109.8	112.1	109.7
宁 夏	110.4	109.8	108.9	110.2	110.3	111.5	110.0	111.6	107.2
新 疆	112.3	111.5	109.4	113.6	114.3	109.2	109.2	110.8	115.2

注：本表按不变价格计算。1994-2004年数据基于《国民经济行业分类》(GB/T 4754-1994)，2004-2011年数据基于《国民经济行业分类》(GB/T 4754-2002)。

3-13 各地区第三产业分行业增加值

单位：亿元

地区	第三产业	交通运输、仓储和邮政业	批发和零售业	住宿和餐饮业	金融业	房地产业	其他
北京	12363.18	808.95	2139.65	348.42	2215.41	1074.93	5775.82
天津	5219.24	632.10	1463.89	194.52	756.50	411.46	1760.77
河北	8483.17	2046.22	1780.63	338.91	746.01	918.02	2653.38
山西	3960.87	756.29	846.65	261.33	519.32	224.91	1352.37
内蒙古	5015.89	1040.03	1216.60	381.64	447.46	384.76	1545.41
辽宁	8158.98	1143.17	1960.33	436.13	755.57	876.12	2987.66
吉林	3679.91	420.98	860.47	205.69	207.65	238.61	1746.51
黑龙江	4549.97	543.81	1060.26	275.80	350.82	465.61	1853.67
上海	11142.86	868.31	3040.99	279.34	2277.40	1019.68	3657.14
江苏	20842.21	2127.93	5341.39	919.13	2600.11	2747.89	7105.77
浙江	14180.23	1206.95	3288.53	620.25	2730.29	1677.13	4657.08
安徽	4975.95	589.82	1050.61	252.62	503.85	634.92	1944.15
福建	6878.74	963.85	1511.29	300.35	862.41	911.16	2329.68
江西	3921.20	507.44	831.97	270.29	357.44	402.51	1551.55
山东	17370.89	2328.38	5400.19	881.58	1640.41	1838.14	5282.20
河南	7991.72	961.50	1586.09	797.99	868.20	987.00	2790.94
湖北	7247.02	869.48	1512.89	446.52	674.57	634.67	3108.89
湖南	7539.54	948.82	1662.34	406.87	501.09	518.04	3502.38
广东	24097.70	2090.36	5681.17	1192.28	2916.13	3321.31	8896.45
广西	3998.33	588.20	803.48	307.88	445.37	465.68	1387.72
海南	1148.93	119.74	258.06	89.75	105.24	208.71	367.43
重庆	3623.81	456.25	747.30	166.31	704.66	396.28	1153.01
四川	7014.04	638.76	1186.58	562.63	868.15	620.62	3137.30
贵州	2781.29	590.91	448.77	224.40	297.27	160.30	1059.64
云南	3701.79	217.22	932.21	278.20	456.23	222.31	1595.62
西藏	322.57	23.95	34.25	17.75	31.70	17.44	197.48
陕西	4355.81	552.54	1036.35	266.92	432.11	398.03	1669.86
甘肃	1963.79	280.33	351.97	123.61	145.05	134.25	928.57
青海	540.18	67.53	93.70	18.93	62.56	29.05	268.41
宁夏	861.92	174.10	109.99	37.15	134.18	79.01	327.49
新疆	2245.12	256.72	371.90	77.87	288.77	176.22	1073.64

注：本表按当年价格计算。

3-14 各地区第三产业分行业增加值构成

第三产业增加值=100

地 区	交通运输、仓储和邮政业	批发和零售业	住宿和餐饮业	金融业	房地产业	其他
北 京	6.5	17.3	2.8	17.9	8.7	46.7
天 津	12.1	28.0	3.7	14.5	7.9	33.7
河 北	24.1	21.0	4.0	8.8	10.8	31.3
山 西	19.1	21.4	6.6	13.1	5.7	34.1
内蒙古	20.7	24.3	7.6	8.9	7.7	30.8
辽 宁	14.0	24.0	5.3	9.3	10.7	36.6
吉 林	11.4	23.4	5.6	5.6	6.5	47.5
黑龙江	12.0	23.3	6.1	7.7	10.2	40.7
上 海	7.8	27.3	2.5	20.4	9.2	32.8
江 苏	10.2	25.6	4.4	12.5	13.2	34.1
浙 江	8.5	23.2	4.4	19.3	11.8	32.8
安 徽	11.9	21.1	5.1	10.1	12.8	39.1
福 建	14.0	22.0	4.4	12.5	13.2	33.9
江 西	12.9	21.2	6.9	9.1	10.3	39.6
山 东	13.4	31.1	5.1	9.4	10.6	30.4
河 南	12.0	19.8	10.0	10.9	12.4	34.9
湖 北	12.0	20.9	6.2	9.3	8.8	42.9
湖 南	12.6	22.0	5.4	6.6	6.9	46.5
广 东	8.7	23.6	4.9	12.1	13.8	36.9
广 西	14.7	20.1	7.7	11.1	11.6	34.7
海 南	10.4	22.5	7.8	9.2	18.2	32.0
重 庆	12.6	20.6	4.6	19.4	10.9	31.8
四 川	9.1	16.9	8.0	12.4	8.8	44.7
贵 州	21.2	16.1	8.1	10.7	5.8	38.1
云 南	5.9	25.2	7.5	12.3	6.0	43.1
西 藏	7.4	10.6	5.5	9.8	5.4	61.2
陕 西	12.7	23.8	6.1	9.9	9.1	38.3
甘 肃	14.3	17.9	6.3	7.4	6.8	47.3
青 海	12.5	17.3	3.5	11.6	5.4	49.7
宁 夏	20.2	12.8	4.3	15.6	9.2	38.0
新 疆	11.4	16.6	3.5	12.9	7.8	47.8

注：本表按当年价格计算。

3-15 各地区第三产业分行业增加值指数

上年=100

地区	第三产业	交通运输、仓储和邮政业	批发和零售业	住宿和餐饮业	金融业	房地产业	其他
北京	108.7	106.2	108.9	102.3	107.6	93.2	113.1
天津	114.7	109.3	118.9	112.0	116.8	104.4	115.8
河北	110.5	114.2	110.2	108.2	110.0	109.1	108.8
山西	108.7	107.6	116.0	103.4	106.3	105.0	107.4
内蒙古	112.4	115.0	110.3	105.7	120.4	117.9	110.8
辽宁	111.0	110.0	110.5	108.9	109.8	109.9	112.5
吉林	111.0	109.1	109.1	106.8	99.4	103.9	115.8
黑龙江	113.2	107.8	119.8	114.5	114.2	122.3	108.6
上海	109.6	105.4	112.6	99.7	109.4	97.6	113.0
江苏	111.1	107.1	115.0	114.9	106.2	101.1	115.3
浙江	109.5	109.9	113.9	111.4	108.9	94.1	113.0
安徽	110.6	110.0	112.4	111.6	108.7	108.1	110.9
福建	109.1	108.5	109.5	107.3	106.6	108.6	110.6
江西	111.1	106.3	111.7	112.2	110.9	100.9	115.3
山东	111.3	111.4	113.5	114.4	113.6	104.0	110.7
河南	113.4	107.7	116.1	116.6	116.8	109.9	113.2
湖北	112.0	111.5	110.9	110.1	112.8	104.4	114.5
湖南	111.0	112.6	108.3	107.5	105.6	104.1	114.3
广东	110.0	113.2	113.1	102.6	104.1	106.0	112.0
广西	110.5	109.8	115.4	117.4	109.2	106.6	108.5
海南	113.3	119.4	111.0	120.7	120.5	101.2	117.0
重庆	110.8	113.6	114.3	110.4	105.4	105.5	111.7
四川	111.2	107.8	111.6	112.4	129.8	104.9	108.4
贵州	116.5	115.3	114.4	110.7	117.0	106.0	121.3
云南	112.0	107.4	114.2	109.5	105.9	100.7	115.8
西藏	111.6	106.2	105.1	105.3	112.2	109.8	114.3
陕西	112.5	110.2	115.4	113.9	106.1	118.9	111.6
甘肃	111.6	111.9	113.3	108.1	110.5	105.3	112.5
青海	109.7	111.1	109.1	109.0	107.9	106.3	110.5
宁夏	107.2	109.4	108.7	103.6	105.7	106.2	106.8
新疆	115.2	117.3	116.6	109.0	113.0	109.1	116.4

注：本表按不变价格计算。

【主要统计指标解释】

国内生产总值（GDP） 指按市场价格计算的一个国家（或地区）所有常住单位在一定时期内生产活动的最终成果。国内生产总值有三种表现形态，即价值形态、收入形态和产品形态。从价值形态看，它是所有常住单位在一定时期内生产的全部货物和服务价值超过同期投入的全部非固定资产货物和服务价值的差额，即所有常住单位的增加值之和；从收入形态看，它是所有常住单位在一定时期内创造并分配给常住单位和非常住单位的初次收入之和；从产品形态看，它是所有常住单位在一定时期内最终使用的货物和服务价值与货物和服务进出口价值之和。在实际核算中，国内生产总值有三种计算方法，即生产法、收入法和支出法。三种方法分别从不同的方面反映国内生产总值及其构成。生产法 GDP 等于国民经济各行业增加值之和。

对地区而言，该指标称为“地区生产总值”。

4 第三产业固定资产投资

简要说明

一、主要内容

固定资产投资资料通过对一定时期第三产业建造和购置固定资产活动的数量方面的描述，反映报告期内第三产业固定资产投资的规模和速度、结构和比例关系、资金来源及投资效果等。

二、统计范围

第三产业固定资产投资统计的范围包括：城乡建设项目投资、房地产开发投资、国防、人防建设项目投资及农户投资。

三、资料来源

跨省、自治区、直辖市项目资料来自国务院各部门；农户固定资产投资资料来自国家统计局住户调查办公室的住户调查；除此以外的固定资产投资统计资料均来自国家统计局固定资产投资统计司统计调查。

四、统计调查方法

除农户固定资产投资统计采用抽样调查方法外，其他均为全面调查。

五、统计口径变化

自1997年起，除房地产开发投资、非农户投资、农户投资及城镇和工矿区私人建房投资外，固定资产投资的统计起点由5万元提高到50万元。

自2006年起，非农户固定资产投资统计改为按项目统计，调查方法由抽样调查改为全面统计报表，起点提高到50万元。

自2006年起，城镇和工矿区私人建房投资改为按项目统计，起点为50万元。

自2011年起，除房地产开发投资、农村农户投资外，固定资产投资项目统计起点由50万元提高到500万元。

自2011年起，城镇固定资产投资数据发布口径改为固定资产投资（不含农户），等于原口径的城镇固定资产投资加上农村企事业组织项目投资。

4-1 按行业门类分第三产业全社会固定资产投资

单位：亿元

行业门类	2003	2004	2005	2006	2007	2008	2009	2010	2011
第三产业合计	**32562.8**	**39846.3**	**47613.2**	**58769.2**	**72766.7**	**90802.7**	**121453.1**	**152096.7**	**170250.6**
交通运输、仓储和邮政业	6289.4	7646.2	9614.0	12138.1	14154.0	17024.4	24974.7	30074.5	28291.7
信息传输、计算机服务和软件业	1660.7	1657.7	1581.8	1875.9	1848.1	2162.6	2589.0	2454.5	2174.4
批发和零售业	922.7	1273.0	1716.4	2265.3	2880.3	3741.8	5132.8	6032.2	7439.4
住宿和餐饮业	423.0	560.8	808.8	1095.7	1519.4	1959.2	2625.4	3366.8	3956.6
金融业	90.2	136.0	109.5	121.4	157.6	260.6	360.2	489.4	638.7
房地产业	13143.4	16678.9	19505.3	24524.4	32438.9	40441.8	49358.5	64877.3	81686.1
租赁和商务服务业	375.5	420.8	549.6	725.6	949.3	1355.9	2036.2	2692.6	3382.8
科学研究、技术服务和地质勘查业	285.8	333.1	435.1	495.3	560.0	782.0	1200.8	1379.3	1679.8
水利、环境和公共设施管理业	4365.8	5071.7	6274.3	8152.7	10154.3	13534.3	19874.4	24827.6	24523.1
居民服务和其他服务业	241.6	313.7	363.5	389.5	434.7	522.0	801.9	1114.1	1443.3
教育	1671.1	2024.8	2209.2	2270.2	2375.6	2523.8	3521.2	4033.6	3894.6
卫生、社会保障和社会福利业	405.8	516.7	661.8	769.0	885.0	1155.6	1858.6	2119.0	2330.3
文化、体育和娱乐业	531.5	773.4	857.0	955.4	1243.4	1589.9	2383.4	2959.4	3162.0
公共管理和社会组织	2153.7	2437.4	2926.8	2990.5	3166.1	3748.5	4735.9	5676.6	5647.8
国际组织	2.5	2.0	0.2	0.1		0.3	0.2		

4-2 按行业门类分第三产业投资占全社会投资比重

单位：%

行业门类	2003	2004	2005	2006	2007	2008	2009	2010	2011
第三产业合计	**58.6**	**56.5**	**53.6**	**53.4**	**53.0**	**52.5**	**54.1**	**54.7**	**54.7**
交通运输、仓储和邮政业	11.3	10.8	10.8	11.0	10.3	9.9	11.1	10.8	9.1
信息传输、计算机服务和软件业	3.0	2.4	1.8	1.7	1.3	1.3	1.2	0.9	0.7
批发和零售业	1.7	1.8	1.9	2.1	2.1	2.2	2.3	2.2	2.4
住宿和餐饮业	0.8	0.8	0.9	1.0	1.1	1.1	1.2	1.2	1.3
金融业	0.2	0.2	0.1	0.1	0.1	0.2	0.2	0.2	0.2
房地产业	23.7	23.7	22.0	22.3	23.6	23.4	22.0	23.3	26.2
租赁和商务服务业	0.7	0.6	0.6	0.7	0.7	0.8	0.9	1.0	1.1
科学研究、技术服务和地质勘查业	0.5	0.5	0.5	0.5	0.4	0.5	0.5	0.5	0.5
水利、环境和公共设施管理业	7.9	7.2	7.1	7.4	7.4	7.8	8.8	8.9	7.9
居民服务和其他服务业	0.4	0.4	0.4	0.4	0.3	0.3	0.4	0.4	0.5
教育	3.0	2.9	2.5	2.1	1.7	1.5	1.6	1.5	1.3
卫生、社会保障和社会福利业	0.7	0.7	0.7	0.7	0.6	0.7	0.8	0.8	0.7
文化、体育和娱乐业	1.0	1.1	1.0	0.9	0.9	0.9	1.1	1.1	1.0
公共管理和社会组织	3.9	3.5	3.3	2.7	2.3	2.2	2.1	2.0	1.8
国际组织									

4-3 各地区按登记注册类型分第三产业全社会固定资产投资

单位：亿元

地区	总计	内资				
			国有	集体	股份合作	联营
全国总计	**170250.6**	**161984.5**	**59603.4**	**7922.2**	**676.4**	**517.6**
北京	4780.8	4455.3	1044.7	81.9	4.3	0.6
天津	3854.6	3655.8	1708.4	252.9	18.0	18.6
河北	8335.0	8179.0	2099.9	773.2	16.5	7.4
山西	3453.3	3421.2	1653.8	262.7	9.5	5.4
内蒙古	4864.2	4857.4	2153.1	60.4	21.3	4.5
辽宁	9722.3	8394.2	2528.3	256.6	18.3	11.3
吉林	3094.3	3018.9	1045.8	21.9	4.4	2.8
黑龙江	3628.3	3579.5	1681.4	25.7	14.3	10.1
上海	3673.5	3288.9	1247.6	105.3	2.1	31.8
江苏	12510.0	11619.2	3594.5	918.7	35.9	66.5
浙江	8865.9	8348.8	2623.0	276.8	23.2	24.7
安徽	6215.5	6015.8	1897.7	190.1	23.7	14.4
福建	5990.3	5527.6	2250.8	188.6	9.6	41.6
江西	3645.0	3520.1	1528.4	76.9	24.6	14.0
山东	13544.1	13085.8	2456.8	2092.5	86.8	37.5
河南	7920.2	7769.9	1909.8	600.0	50.3	38.3
湖北	6794.6	6582.7	2441.7	406.5	24.3	29.5
湖南	6546.2	6381.3	2545.9	176.8	100.3	20.7
广东	11216.0	9950.8	2863.4	565.6	56.7	22.5
广西	4711.7	4569.0	1561.8	76.2	16.2	5.4
海南	1335.3	1161.1	344.6	0.8	12.1	4.8
重庆	4367.1	4125.1	1712.2	41.0	3.2	28.7
四川	8498.6	8104.8	3427.0	65.9	39.4	32.2
贵州	2610.4	2554.6	1240.3	13.5	10.5	3.8
云南	3938.5	3861.5	1747.0	53.0	14.1	4.8
西藏	345.8	345.7	277.9	2.2		0.8
陕西	5644.8	5520.5	2332.5	281.2	32.9	25.7
甘肃	1921.3	1898.3	1060.0	44.7	1.8	4.8
青海	686.9	684.7	420.1	4.5	0.7	0.7
宁夏	779.2	761.6	289.6	1.8		
新疆	1960.7	1948.9	1118.7	4.4	1.0	3.7
不分地区	4796.4	4796.4	4796.4			

4-3 续表

单位：亿元

地　区	有限责任公司	股份有限公司	私　营	个　体	其　他	港澳台商投资	外商投资
全国总计	**45138.6**	**6379.8**	**28899.1**	**7481.2**	**5366.1**	**5204.1**	**3062.0**
北　京	2948.6	138.6	162.2	52.6	21.9	221.1	104.5
天　津	1120.1	107.1	302.2	31.3	97.3	74.3	124.5
河　北	2463.5	355.6	1790.8	438.7	233.4	43.2	112.8
山　西	603.2	108.4	511.4	189.1	77.5	12.3	19.8
内蒙古	1438.6	207.9	835.8	44.1	91.7	4.0	2.8
辽　宁	2520.5	311.4	2372.1	230.3	145.4	904.4	423.7
吉　林	925.3	113.5	699.8	125.3	80.2	62.6	12.8
黑龙江	911.7	210.0	531.4	122.2	72.7	19.9	28.9
上　海	1181.5	51.1	659.2	2.1	8.2	191.8	192.8
江　苏	2909.5	464.2	3003.9	298.7	327.2	546.9	343.8
浙　江	2802.2	155.8	1827.4	470.7	145.0	327.8	189.3
安　徽	1750.3	210.5	1309.8	381.8	237.6	122.1	77.6
福　建	1540.1	167.0	929.0	207.4	193.4	317.0	145.6
江　西	635.1	160.6	656.9	338.6	84.9	84.8	40.0
山　东	3413.3	675.7	2722.0	616.8	984.5	317.4	140.8
河　南	1998.5	395.9	1298.6	795.9	682.5	81.1	69.3
湖　北	1449.7	390.1	1101.2	376.7	362.9	119.1	92.9
湖　南	1615.7	311.9	918.1	420.0	271.8	115.2	49.7
广　东	3367.1	579.5	1713.2	450.3	332.4	885.7	379.5
广　西	1253.9	202.7	938.1	362.3	152.4	80.2	62.4
海　南	482.2	113.8	136.5	47.4	18.8	163.1	11.1
重　庆	1199.3	95.5	869.3	42.1	133.8	163.2	78.7
四　川	2405.4	351.2	1110.0	394.9	278.9	171.6	222.2
贵　州	739.2	78.1	273.3	175.7	20.2	43.7	12.0
云　南	840.8	127.1	794.2	225.9	54.7	42.1	34.8
西　藏	9.9	5.5	11.1	18.6	19.8		0.1
陕　西	1633.0	170.0	578.2	317.4	149.6	59.2	65.0
甘　肃	358.8	66.1	239.1	83.7	39.2	15.2	7.8
青　海	96.0	8.7	78.0	63.0	13.0	1.6	0.6
宁　夏	163.4	18.6	236.8	45.9	5.6	6.0	11.6
新　疆	362.1	27.7	289.6	112.0	29.7	7.3	4.5
不分地区							

4-4 各地区按行业门类分第三产业全社会固定资产投资

单位：亿元

地区	第三产业合计	交通运输、仓储和邮政业	信息传输、计算机服务和软件业	批发和零售业	住宿和餐饮业	金融业	房地产业	租赁和商务服务业
全国合计	**170250.6**	**28291.7**	**2174.4**	**7439.4**	**3956.6**	**638.7**	**81686.1**	**3382.8**
北京	4780.8	506.0	112.9	28.7	38.1	38.1	3241.7	46.2
天津	3854.6	506.5	70.3	129.0	57.3	34.7	1357.2	478.5
河北	8335.0	1433.1	78.6	440.3	130.4	24.1	4437.6	80.8
山西	3453.3	935.8	26.0	148.2	51.7	1.7	1478.7	15.8
内蒙古	4864.2	988.0	70.4	347.2	87.3	45.2	1861.2	97.7
辽宁	9722.3	909.4	105.5	532.0	323.7	56.7	4884.5	410.4
吉林	3094.3	497.8	38.1	243.5	53.4	4.9	1480.6	33.1
黑龙江	3628.3	572.7	82.4	211.1	62.0	9.3	1731.2	77.3
上海	3673.5	519.8	82.2	52.3	36.1	23.3	2309.7	50.8
江苏	12510.0	1225.6	180.4	609.4	344.5	55.4	6746.6	394.2
浙江	8865.9	1119.2	138.4	226.5	163.8	25.1	5287.2	119.7
安徽	6215.5	464.8	58.4	253.1	170.5	58.2	3582.5	139.6
福建	5990.3	1207.6	106.7	172.1	142.7	23.2	2877.6	87.0
江西	3645.0	456.8	44.5	283.5	205.4	23.6	1349.4	87.4
山东	13544.1	1456.8	69.1	950.0	408.8	33.3	6550.1	251.4
河南	7920.2	812.5	31.9	409.8	175.2	16.6	4454.9	56.4
湖北	6794.6	1030.8	82.2	397.2	212.9	30.3	2828.9	103.8
湖南	6546.2	1171.7	73.0	360.5	169.2	19.6	2654.8	195.1
广东	11216.0	1677.2	243.3	421.9	288.2	30.6	5874.7	202.9
广西	4711.7	791.8	93.2	143.0	104.7	17.8	2050.6	87.1
海南	1335.3	100.3	29.1	7.0	148.4	6.4	779.2	4.4
重庆	4367.1	714.7	47.8	81.0	45.4	2.5	2298.3	23.4
四川	8498.6	1742.7	79.9	223.8	155.3	31.8	3993.9	135.4
贵州	2610.4	588.9	15.5	35.8	41.3	0.9	1148.4	10.5
云南	3938.5	904.0	49.2	254.2	116.9	4.1	1640.7	41.0
西藏	345.8	146.1	6.0	3.4	13.4	0.5	52.1	1.7
陕西	5644.8	809.0	62.7	272.8	128.1	2.9	2306.5	110.7
甘肃	1921.3	252.5	32.5	101.6	42.2	10.4	688.7	15.4
青海	686.9	134.0	0.6	13.3	7.7	0.3	334.0	7.5
宁夏	779.2	105.5	16.3	41.6	11.1	2.7	416.6	0.8
新疆	1960.7	387.8	47.6	45.6	20.8	4.7	988.0	16.9
不分地区	4796.4	4122.3						

4-4 续表

单位：亿元

地 区	科学研究、技术服务和地质勘查业	水利、环境和公共设施管理业	居民服务和其他服务业	教 育	卫生、社会保障和社会福利业	文化、体育和娱乐业	公共管理和社会组织	国际组织
全国合计	**1679.8**	**24523.1**	**1443.3**	**3894.6**	**2330.3**	**3162.0**	**5647.8**	
北 京	92.0	380.7	11.5	133.0	48.1	55.0	48.8	
天 津	24.6	794.2	94.4	70.6	21.1	105.1	111.1	
河 北	73.5	1067.3	69.3	143.3	91.0	157.8	107.8	
山 西	24.2	490.3	9.6	125.5	52.0	77.7	16.2	
内蒙古	51.2	822.0	21.0	142.3	60.3	71.4	199.0	
辽 宁	107.8	1489.2	156.5	178.1	93.0	184.3	291.1	
吉 林	28.8	437.3	35.3	59.7	41.0	72.7	68.2	
黑龙江	30.6	497.7	32.2	69.0	59.2	63.8	130.0	
上 海	50.5	363.1	3.3	46.9	66.3	39.4	29.8	
江 苏	226.1	1736.2	159.1	218.8	145.7	209.8	258.2	
浙 江	49.7	1187.2	24.8	148.7	94.3	114.6	166.7	
安 徽	57.4	822.5	28.4	177.5	96.7	109.7	196.1	
福 建	35.8	809.1	16.2	147.8	60.0	129.2	175.3	
江 西	23.7	744.1	52.9	106.3	74.3	106.5	86.6	
山 东	238.4	1351.3	350.5	273.4	191.4	544.8	874.8	
河 南	41.3	1283.8	68.7	230.4	157.4	110.4	70.9	
湖 北	38.2	1124.1	45.0	151.8	128.5	121.3	499.6	
湖 南	102.3	1092.3	56.3	157.4	129.7	94.5	269.8	
广 东	124.0	1608.1	40.4	279.2	127.8	189.9	107.8	
广 西	20.6	948.9	19.2	162.2	72.5	94.4	105.7	
海 南	3.7	108.0	0.5	29.2	36.7	46.2	36.1	
重 庆	14.8	770.0	33.1	90.9	44.8	58.2	142.2	
四 川	44.6	1371.9	31.6	208.4	124.0	140.6	214.6	
贵 州	7.3	636.6	4.8	54.3	15.5	20.5	30.1	
云 南	33.5	471.6	18.2	125.5	62.2	100.5	116.9	
西 藏	0.8	43.5	1.8	15.9	7.1	11.7	41.9	
陕 西	56.0	1030.5	31.4	155.4	119.3	54.9	504.7	
甘 肃	23.0	261.1	17.9	63.8	49.2	36.1	326.9	
青 海	6.3	59.2	3.6	45.4	18.0	14.0	43.1	
宁 夏	1.3	96.8	1.5	27.1	11.6	11.1	35.4	
新 疆	17.6	195.6	4.2	57.0	31.9	15.9	127.1	
不分地区	30.3	428.7					215.1	

4-5 按行业分第三产业固定资产投资(不含农户)和建设总规模

单位：亿元

行业	建设总规模	在建总规模	投资额	
				建筑安装工程投资
第三产业合计	**595577.8**	**496985.2**	**163364.6**	**120719.8**
交通运输、仓储和邮政业	**113617.4**	**98018.2**	**27765.9**	**20016.8**
铁路运输业	35237.8	33559.2	5915.0	3730.4
道路运输业	46448.2	37812.0	13856.4	11609.4
城市公共交通业	13832.9	12974.0	2225.3	1261.0
水上运输业	6698.1	5364.6	1921.7	1042.7
航空运输业	2933.2	2140.4	835.8	364.1
管道运输业	340.1	254.4	148.1	92.9
装卸搬运和其他运输服务业	910.0	565.6	368.2	218.9
仓储业	7081.3	5240.3	2437.2	1661.1
邮政业	135.7	107.6	58.3	36.2
信息传输、计算机服务和软件业	**4449.4**	**2904.8**	**2174.2**	**1114.9**
电信和其他信息传输服务业	2980.8	1765.9	1680.3	784.9
计算机服务业	400.8	292.9	158.1	94.0
软件业	1067.8	846.0	335.7	236.0
批发和零售业	**16149.9**	**10469.0**	**7379.7**	**5172.8**
批发业	7877.0	5167.7	3542.0	2378.7
零售业	8272.8	5301.3	3837.7	2794.1
住宿和餐饮业	**9432.3**	**6637.5**	**3918.8**	**2995.8**
住宿业	7657.3	5713.6	2909.1	2263.9
餐饮业	1775.0	923.9	1009.7	731.9
金融业	**1850.3**	**1314.2**	**638.7**	**406.3**
银行业	869.5	603.5	366.4	225.3
证券业	320.8	297.0	49.7	30.8
保险业	285.7	262.9	56.6	39.1
其他金融活动	374.2	150.8	166.0	111.2
房地产业	**323861.6**	**286030.4**	**75663.7**	**55913.8**
租赁和商务服务业	**8663.8**	**6555.3**	**3379.9**	**2358.5**
租赁业	270.5	48.6	232.3	40.5
商务服务业	8393.3	6506.7	3147.6	2317.9
科学研究、技术服务和地质勘查业	**4726.0**	**3592.4**	**1679.8**	**1105.9**
研究与试验发展	1881.8	1506.3	642.7	410.4
专业技术服务业	1383.0	996.3	500.6	353.3
科技交流和推广服务业	1162.3	913.4	372.8	246.9
地质勘查业	298.9	176.4	163.6	95.3
水利、环境和公共设施管理业	**73345.5**	**54652.0**	**24520.7**	**19057.5**
水利管理业	11239.7	8987.7	3412.6	2595.2
环境管理业	4210.5	2812.5	1602.5	1239.7
公共设施管理业	57895.3	42851.8	19505.6	15222.6
居民服务和其他服务业	**2527.8**	**1628.5**	**1219.1**	**822.0**
居民服务业	1314.3	778.2	681.1	490.2
其他服务业	1213.5	850.2	537.9	331.8
教育	**10121.9**	**6492.1**	**3890.4**	**3135.8**
卫生、社会保障和社会福利业	**5721.1**	**4054.1**	**2330.2**	**1748.0**
卫生	4868.9	3456.9	1909.5	1409.5
社会保障业	341.1	235.4	179.2	151.3
社会福利业	511.2	361.7	241.5	187.2
文化、体育和娱乐业	**9971.6**	**7843.8**	**3155.6**	**2299.6**
新闻出版业	279.9	241.3	81.6	61.2
广播、电视、电影和音像业	711.2	573.9	194.6	125.5
文化艺术业	3397.1	2495.1	1216.1	909.8
体育	1509.3	1203.2	462.8	372.8
娱乐业	4074.1	3330.4	1200.5	830.2
公共管理和社会组织	**11139.2**	**6792.9**	**5647.8**	**4572.2**
中国共产党机关	98.7	47.9	60.3	52.0
国家机构	9056.6	5616.9	4452.6	3579.2
人民政协和民主党派	13.1	7.7	7.5	7.1
群众团体、社会团体和宗教组织	524.3	355.1	223.1	166.8
基层群众自治组织	1446.4	765.2	904.4	767.1
国际组织				

4-5 续表

单位：亿元

行 业	设备工器具购置	其他费用	新建	扩建	改建和技术改造
第三产业合计	**11037.9**	**31607.0**	**68345.5**	**13939.6**	**12615.5**
交通运输、仓储和邮政业	**3848.3**	**3900.8**	**19316.1**	**2908.3**	**3097.3**
铁路运输业	1296.8	887.7	4359.4	255.8	233.2
道路运输业	457.8	1789.2	9478.9	1711.8	2378.6
城市公共交通业	360.3	603.9	2002.3	64.3	50.9
水上运输业	705.1	173.9	1047.3	241.6	99.5
航空运输业	406.6	65.2	307.9	116.5	93.9
管道运输业	41.9	13.3	99.8	20.8	7.9
装卸搬运和其他运输服务业	97.4	51.9	228.8	57.4	39.3
仓储业	467.8	308.3	1754.5	433.0	184.6
邮政业	14.7	7.4	37.1	7.1	9.3
信息传输、计算机服务和软件业	**922.5**	**136.9**	**900.3**	**572.1**	**496.1**
电信和其他信息传输服务业	824.9	70.5	562.8	521.0	419.4
计算机服务业	40.3	23.9	91.0	14.6	37.8
软件业	57.3	42.4	246.6	36.6	38.8
批发和零售业	**1133.1**	**1073.8**	**4959.7**	**1078.3**	**1094.5**
批发业	633.6	529.7	2279.7	544.9	534.5
零售业	499.5	544.1	2680.0	533.4	560.0
住宿和餐饮业	**431.7**	**491.3**	**2760.6**	**546.9**	**539.6**
住宿业	275.6	369.6	2186.8	374.9	298.1
餐饮业	156.2	121.7	573.8	172.0	241.5
金融业	**147.7**	**84.7**	**378.5**	**62.4**	**95.6**
银行业	99.3	41.8	195.6	43.4	60.2
证券业	5.7	13.3	35.5	7.1	6.0
保险业	5.1	12.4	43.2	3.3	6.4
其他金融活动	37.6	17.2	104.2	8.6	23.0
房地产业	**1168.8**	**18581.1**	**10120.0**	**1239.9**	**915.4**
租赁和商务服务业	**441.2**	**580.3**	**2459.9**	**329.9**	**331.4**
租赁业	185.1	6.6	42.8	8.9	13.6
商务服务业	256.1	573.6	2417.1	321.0	317.8
科学研究、技术服务和地质勘查业	**314.1**	**259.8**	**1020.6**	**287.8**	**267.3**
研究与试验发展	126.2	106.1	360.5	142.5	100.3
专业技术服务业	99.9	47.5	315.7	47.5	100.6
科技交流和推广服务业	58.9	66.9	272.8	35.5	45.4
地质勘查业	29.0	39.3	71.7	62.2	20.9
水利、环境和公共设施管理业	**1001.1**	**4462.2**	**16083.2**	**4099.0**	**3940.8**
水利管理业	139.1	678.3	2066.8	568.2	725.1
环境管理业	157.7	205.1	860.6	231.3	421.7
公共设施管理业	704.3	3578.8	13155.8	3299.5	2794.0
居民服务和其他服务业	**160.8**	**236.2**	**753.3**	**210.9**	**197.3**
居民服务业	78.4	112.5	405.2	121.9	110.9
其他服务业	82.5	123.7	348.1	89.0	86.5
教育	**290.1**	**464.5**	**2394.7**	**808.5**	**389.4**
卫生、社会保障和社会福利业	**370.8**	**211.5**	**1287.0**	**481.3**	**222.8**
卫生	351.1	148.9	983.2	431.5	175.1
社会保障业	5.9	22.1	118.8	15.7	33.7
社会福利业	13.8	40.5	185.1	34.1	13.9
文化、体育和娱乐业	**340.5**	**515.5**	**2243.2**	**476.1**	**333.5**
新闻出版业	10.8	9.5	52.1	11.4	14.6
广播、电视、电影和音像业	49.2	19.9	102.6	17.5	50.8
文化艺术业	98.1	208.3	816.5	232.3	130.7
体育	24.0	66.0	364.0	68.7	24.6
娱乐业	158.4	211.9	907.9	146.1	112.8
公共管理和社会组织	**467.2**	**608.3**	**3668.3**	**838.4**	**694.4**
中国共产党机关	4.9	3.4	43.1	4.8	8.0
国家机构	390.8	482.7	2946.6	612.6	543.6
人民政协和民主党派	0.1	0.3	3.5	3.1	0.9
群众团体、社会团体和宗教组织	25.2	31.0	105.7	62.7	35.0
基层群众自治组织	46.3	91.0	569.4	155.2	107.0
国际组织					

4-6 按行业门类分第三产业固定资产投资(不含农户)

单位：亿元

行业门类	2003	2004	2005	2006	2007	2008	2009	2010	2011
第三产业合计	**28649.0**	**35548.1**	**42660.6**	**52705.6**	**65190.2**	**81588.0**	**108572.5**	**136491.7**	**163364.6**
交通运输、仓储和邮政业	5669.0	7091.5	8860.4	11224.5	12997.1	15700.5	23271.3	27883.1	27765.9
信息传输、计算机服务和软件业	1645.7	1638.0	1561.6	1772.0	1819.4	2131.3	2543.5	2392.9	2174.2
批发和零售业	791.4	1117.2	1532.1	1896.5	2450.6	3193.0	4491.0	5233.4	7379.7
住宿和餐饮业	321.3	438.1	675.9	938.7	1329.9	1735.0	2328.6	2980.2	3918.8
金融业	86.2	97.6	105.6	118.7	151.9	252.8	348.5	477.7	638.7
房地产业	11105.3	14547.0	17098.2	21586.2	28619.2	35914.2	43127.6	57633.1	75663.7
租赁和商务服务业	309.8	361.7	486.2	662.6	860.7	1255.1	1880.4	2486.4	3379.9
科学研究、技术服务和地质勘查业	281.7	311.8	424.5	465.1	521.2	717.6	1084.0	1269.2	1679.8
水利、环境和公共设施管理业	4220.2	4890.8	6097.9	7506.7	9276.0	12279.1	17878.9	22333.7	24520.7
居民服务和其他服务业	65.6	107.6	135.5	183.6	235.8	312.7	518.6	757.1	1219.1
教育	1474.1	1803.0	1966.9	2128.8	2220.9	2355.4	3242.5	3718.1	3890.4
卫生、社会保障和社会福利业	357.7	446.9	591.8	708.0	809.4	1065.9	1698.0	1959.5	2330.2
文化、体育和娱乐业	479.6	531.2	685.8	858.2	1129.8	1436.5	2125.4	2605.9	3155.6
公共管理和社会组织	1841.2	2165.6	2438.1	2655.8	2768.4	3239.0	4034.2	4761.6	5647.8
国际组织	0.3	0.3		0.1					

4-7 按行业、登记注册类型和控股情况分第三产业固定资产投资(不含农户)

单位：亿元

行业	投资额	内资	港澳台商投资	外商投资	国有控股	集体控股	私人控股
第三产业合计	**163364.6**	**155098.5**	**5204.1**	**3062.0**	**74297.9**	**12085.2**	**58589.4**
交通运输、仓储和邮政业	**27765.9**	**27311.4**	**271.4**	**183.1**	**23071.1**	**840.1**	**3188.4**
铁路运输业	5915.0	5890.0	21.7	3.3	5760.0	26.4	110.9
道路运输业	13856.4	13800.3	36.1	20.0	12404.3	456.0	784.7
城市公共交通业	2225.3	2212.1	12.0	1.2	2122.9	29.1	50.2
水上运输业	1921.7	1787.7	82.8	51.2	1258.8	68.4	473.0
航空运输业	835.8	816.0	15.0	4.8	748.7	59.9	20.7
管道运输业	148.1	134.9	12.6	0.6	106.8	5.9	24.5
装卸搬运和其他运输服务业	368.2	357.2	4.9	6.2	56.4	25.3	258.6
仓储业	2437.2	2256.5	86.3	94.3	587.8	163.6	1440.7
邮政业	58.3	56.9		1.4	25.4	5.6	25.2
信息传输、计算机服务和软件业	**2174.2**	**1657.7**	**283.5**	**233.0**	**1372.6**	**59.3**	**309.2**
电信和其他信息传输服务业	1680.3	1239.1	234.9	206.4	1262.0	27.5	75.5
计算机服务业	158.1	146.2	11.3	0.7	36.5	14.4	85.8
软件业	335.7	272.4	37.4	26.0	74.0	17.3	147.9
批发和零售业	**7379.7**	**7123.9**	**142.1**	**113.7**	**792.9**	**719.1**	**5226.1**
批发业	3542.0	3459.4	54.8	27.8	443.9	276.7	2582.9
零售业	3837.7	3664.5	87.3	85.9	349.0	442.4	2643.2
住宿和餐饮业	**3918.8**	**3623.6**	**175.2**	**120.0**	**522.9**	**212.8**	**2744.1**
住宿业	2909.1	2657.1	162.3	89.7	464.4	152.7	1937.4
餐饮业	1009.7	966.5	12.9	30.3	58.5	60.2	806.7
金融业	**638.7**	**631.3**	**2.3**	**5.1**	**400.9**	**85.1**	**104.5**
银行业	366.4	363.1	1.7	1.6	255.9	77.2	19.5
证券业	49.7	49.3	0.4		32.7	0.7	13.8
保险业	56.6	53.1		3.6	25.8	3.7	19.6
其他金融活动	166.0	165.8	0.2		86.5	3.5	51.5
房地产业	**75663.7**	**69523.7**	**3984.3**	**2155.8**	**15430.0**	**5834.3**	**40031.7**
租赁和商务服务业	**3379.9**	**3221.7**	**104.1**	**54.1**	**1317.1**	**382.5**	**1335.2**
租赁业	232.3	229.3	1.5	1.4	96.5	5.0	75.0
商务服务业	3147.6	2992.4	102.5	52.7	1220.6	377.5	1260.2
科学研究、技术服务和地质勘查业	**1679.8**	**1610.5**	**18.1**	**51.2**	**881.0**	**162.7**	**537.4**
研究与试验发展	642.7	600.5	6.3	35.9	336.8	40.6	212.0
专业技术服务业	500.6	492.6	1.3	6.7	274.2	56.8	149.1
科技交流和推广服务业	372.8	353.8	10.6	8.4	168.3	43.6	139.7
地质勘查业	163.6	163.5		0.1	101.6	21.7	36.6
水利、环境和公共设施管理业	**24520.7**	**24337.9**	**113.7**	**69.2**	**19550.3**	**1891.9**	**2382.9**
水利管理业	3412.6	3407.3	1.0	4.4	3021.9	238.6	99.5
环境管理业	1602.5	1596.0	1.4	5.1	1170.8	152.5	209.1
公共设施管理业	19505.6	19334.6	111.3	59.7	15357.7	1500.8	2074.3
居民服务和其他服务业	**1219.1**	**1206.6**	**5.1**	**7.4**	**386.1**	**225.7**	**526.8**
居民服务业	681.1	676.6	3.0	1.6	188.4	167.8	279.5
其他服务业	537.9	530.1	2.0	5.8	197.7	57.9	247.3
教育	**3890.4**	**3861.3**	**17.4**	**11.7**	**3113.2**	**269.8**	**421.4**
卫生、社会保障和社会福利业	**2330.2**	**2311.6**	**8.8**	**9.9**	**1807.6**	**201.1**	**259.5**
卫生	1909.5	1893.9	5.8	9.8	1563.7	127.1	182.4
社会保障业	179.2	179.2			114.7	38.3	21.1
社会福利业	241.5	238.5	2.9	0.1	129.2	35.7	56.1
文化、体育和娱乐业	**3155.6**	**3031.3**	**77.2**	**47.0**	**1534.3**	**284.5**	**1095.8**
新闻出版业	81.6	81.5	0.0		58.1	6.4	17.0
广播、电视、电影和音像业	194.6	185.3	9.1	0.2	130.0	9.9	37.3
文化艺术业	1216.1	1201.2	9.7	5.3	716.8	151.1	281.8
体育	462.8	456.2	4.1	2.5	367.5	30.8	51.2
娱乐业	1200.5	1107.1	54.4	39.1	261.9	86.3	708.6
公共管理和社会组织	**5647.8**	**5645.8**	**1.1**	**0.9**	**4117.8**	**916.3**	**426.2**
中国共产党机关	60.3	60.3			59.1	0.3	0.6
国家机构	4452.6	4452.3		0.3	3849.4	326.6	177.8
人民政协和民主党派	7.5	7.5			7.1	0.3	
群众团体、社会团体和宗教组织	223.1	221.7	0.9	0.4	68.5	38.2	71.7
基层群众自治组织	904.4	904.1	0.1	0.2	133.7	550.8	176.0
国际组织							

4-8 按行业分第三产业固定资产投资(不含农户)资金来源和新增固定资产

单位：亿元

行业	本年资金来源合计	国家预算资金	国内贷款	利用外资
第三产业合计	**189971.5**	**11975.9**	**29352.6**	**1580.5**
交通运输、仓储和邮政业	**27854.9**	**3413.7**	**8967.6**	**201.5**
铁路运输业	6280.9	719.2	2817.2	10.2
道路运输业	13263.7	2259.5	3974.7	62.0
城市公共交通业	2171.6	182.4	1140.2	20.5
水上运输业	2009.9	103.2	508.3	33.2
航空运输业	875.3	86.9	149.1	17.3
管道运输业	158.8	5.5	37.9	0.5
装卸搬运和其他运输服务业	415.8	4.9	40.2	10.3
仓储业	2616.9	50.2	297.6	45.2
邮政业	62.2	1.9	2.4	2.3
信息传输、计算机服务和软件业	**2265.3**	**47.9**	**106.5**	**14.9**
电信和其他信息传输服务业	1712.1	28.5	69.4	3.8
计算机服务业	164.0	16.3	8.3	2.8
软件业	389.2	3.1	28.7	8.3
批发和零售业	**7863.7**	**78.9**	**467.0**	**115.9**
批发业	3745.2	36.9	217.3	35.8
零售业	4118.5	42.0	249.7	80.1
住宿和餐饮业	**4159.0**	**40.9**	**300.8**	**166.4**
住宿业	3047.0	35.3	269.8	67.0
餐饮业	1112.1	5.6	31.0	99.4
金融业	**678.1**	**49.7**	**61.6**	**1.1**
银行业	392.8	35.5	6.7	0.4
证券业	50.8	12.5	1.1	
保险业	59.2	0.4	3.8	0.1
其他金融活动	175.2	1.3	50.0	0.6
房地产业	**100137.2**	**1145.3**	**14138.1**	**809.0**
租赁和商务服务业	**3666.0**	**145.6**	**417.6**	**29.8**
租赁业	236.1	0.6	8.6	1.9
商务服务业	3430.0	145.0	409.0	27.8
科学研究、技术服务和地质勘查业	**1782.2**	**152.9**	**151.7**	**29.2**
研究与试验发展	696.7	94.0	70.9	24.3
专业技术服务业	518.2	42.5	27.4	3.6
科技交流和推广服务业	405.8	12.8	46.9	1.2
地质勘查业	161.6	3.6	6.4	
水利、环境和公共设施管理业	**24664.7**	**3897.7**	**3514.2**	**104.7**
水利管理业	3492.9	940.3	356.3	7.4
环境管理业	1637.7	354.4	188.8	7.0
公共设施管理业	19534.2	2603.0	2969.1	90.2
居民服务和其他服务业	**1322.3**	**37.2**	**193.5**	**17.0**
居民服务业	735.3	32.9	66.5	8.4
其他服务业	587.0	4.3	127.0	8.6
教育	**3955.1**	**838.0**	**303.0**	**27.2**
卫生、社会保障和社会福利业	**2453.3**	**390.1**	**219.4**	**12.9**
卫生	2018.6	307.7	193.0	10.7
社会保障业	185.8	34.3	13.3	
社会福利业	248.9	48.1	13.1	2.2
文化、体育和娱乐业	**3336.2**	**368.4**	**252.0**	**36.3**
新闻出版业	93.8	5.1	11.3	
广播、电视、电影和音像业	194.8	13.8	9.8	3.0
文化艺术业	1234.8	239.1	71.9	7.6
体育	499.8	91.0	39.8	2.2
娱乐业	1313.0	19.4	119.3	23.5
公共管理和社会组织	**5833.4**	**1369.6**	**259.6**	**14.6**
中国共产党机关	61.0	21.5	0.2	
国家机构	4542.0	1288.8	228.8	13.5
人民政协和民主党派	6.7	2.6		
群众团体、社会团体和宗教组织	244.3	19.0	7.5	0.3
基层群众自治组织	979.5	37.7	23.1	0.8
国际组织				

4-8 续表

单位：亿元

行　　业			投资额	新增固定资产
	自筹资金	其他资金		
第三产业合计	**101819.0**	**45243.5**	**163364.6**	**88838.6**
交通运输、仓储和邮政业	**12635.1**	**2637.0**	**27765.9**	**13074.9**
铁路运输业	1635.2	1099.1	5915.0	1586.0
道路运输业	5908.7	1058.7	13856.4	7307.8
城市公共交通业	576.6	251.8	2225.3	573.1
水上运输业	1259.9	105.3	1921.7	1119.5
航空运输业	607.7	14.2	835.8	578.1
管道运输业	110.4	4.5	148.1	78.9
装卸搬运和其他运输服务业	350.6	9.8	368.2	257.7
仓储业	2133.7	90.1	2437.2	1548.9
邮政业	52.1	3.5	58.3	24.9
信息传输、计算机服务和软件业	**2062.7**	**33.3**	**2174.2**	**1337.2**
电信和其他信息传输服务业	1587.0	23.3	1680.3	1062.0
计算机服务业	133.0	3.6	158.1	95.9
软件业	342.7	6.4	335.7	179.3
批发和零售业	**6908.3**	**293.6**	**7379.7**	**4921.5**
批发业	3325.2	129.9	3542.0	2318.2
零售业	3583.1	163.6	3837.7	2603.3
住宿和餐饮业	**3491.2**	**159.6**	**3918.8**	**2539.3**
住宿业	2558.6	116.3	2909.1	1762.6
餐饮业	932.6	43.4	1009.7	776.7
金融业	**555.4**	**10.4**	**638.7**	**450.8**
银行业	344.7	5.5	366.4	261.4
证券业	37.2	0.1	49.7	21.8
保险业	53.0	1.9	56.6	22.9
其他金融活动	120.5	2.8	166.0	144.6
房地产业	**45783.7**	**38261.2**	**75663.7**	**37294.8**
租赁和商务服务业	**2871.8**	**201.3**	**3379.9**	**1757.6**
租赁业	176.1	48.8	232.3	96.2
商务服务业	2695.6	152.5	3147.6	1661.4
科学研究、技术服务和地质勘查业	**1363.4**	**85.1**	**1679.8**	**1060.4**
研究与试验发展	473.6	33.9	642.7	369.6
专业技术服务业	422.3	22.3	500.6	348.0
科技交流和推广服务业	323.3	21.5	372.8	235.7
地质勘查业	144.1	7.4	163.6	107.1
水利、环境和公共设施管理业	**14856.9**	**2291.2**	**24520.7**	**15238.4**
水利管理业	1485.2	703.5	3412.6	1965.8
环境管理业	961.3	126.2	1602.5	1116.5
公共设施管理业	12410.4	1461.4	19505.6	12156.1
居民服务和其他服务业	**1004.7**	**69.8**	**1219.1**	**810.5**
居民服务业	579.1	48.3	681.1	465.8
其他服务业	425.6	21.5	537.9	344.7
教育	**2492.5**	**294.4**	**3890.4**	**2864.3**
卫生、社会保障和社会福利业	**1673.6**	**157.2**	**2330.2**	**1551.0**
卫生	1388.7	118.6	1909.5	1293.9
社会保障业	118.6	19.6	179.2	114.5
社会福利业	166.3	19.1	241.5	142.6
文化、体育和娱乐业	**2455.6**	**223.9**	**3155.6**	**1868.3**
新闻出版业	75.2	2.2	81.6	35.5
广播、电视、电影和音像业	156.4	11.8	194.6	125.5
文化艺术业	805.6	110.6	1216.1	748.5
体育	327.3	39.5	462.8	272.9
娱乐业	1091.1	59.8	1200.5	686.0
公共管理和社会组织	**3664.2**	**525.4**	**5647.8**	**4069.6**
中国共产党机关	30.5	8.7	60.3	47.5
国家机构	2612.6	398.2	4452.6	3172.5
人民政协和民主党派	3.8	0.3	7.5	5.1
群众团体、社会团体和宗教组织	185.8	31.7	223.1	150.1
基层群众自治组织	831.4	86.5	904.4	694.4
国际组织				

4-9 各地区按行业门类分第三产业固定资产投资(不含农户)

单位：亿元

地区	第三产业合计	交通运输、仓储和邮政业	信息传输、计算机服务和软件业	批发和零售业	住宿和餐饮业	金融业	房地产业	租赁和商务服务业
全国合计	**163364.6**	**27765.9**	**2174.2**	**7379.7**	**3918.8**	**638.7**	**75663.7**	**3379.9**
北京	4728.3	505.2	112.9	28.7	38.1	38.1	3192.1	46.2
天津	3835.9	502.5	70.3	129.0	57.3	34.7	1342.5	478.5
河北	7903.1	1396.0	78.6	440.3	130.4	24.1	4064.5	80.8
山西	3267.0	910.7	26.0	145.7	51.3	1.7	1325.8	15.8
内蒙古	4824.7	978.0	70.4	347.2	87.3	45.2	1836.7	97.7
辽宁	9511.4	884.1	105.5	532.0	323.7	56.7	4707.0	410.4
吉林	3003.6	483.2	38.1	243.5	53.4	4.9	1414.7	33.1
黑龙江	3518.5	552.1	82.4	211.1	62.0	9.3	1650.5	77.3
上海	3671.4	519.8	82.2	52.3	36.1	23.3	2307.6	50.8
江苏	12231.1	1190.3	180.4	588.0	335.5	55.4	6587.1	394.2
浙江	8401.8	1101.3	138.4	224.6	163.8	25.1	4845.5	119.7
安徽	5853.8	434.9	58.4	248.3	170.5	58.2	3257.1	139.6
福建	5788.8	1201.3	106.7	166.8	142.0	23.2	2690.1	85.9
江西	3365.3	445.5	44.5	283.5	205.4	23.6	1094.2	87.4
山东	12944.5	1391.9	69.1	947.3	405.9	33.3	6031.6	251.4
河南	7170.7	784.4	31.9	406.7	174.9	16.6	3758.0	56.4
湖北	6445.2	1029.1	82.2	397.2	212.9	30.3	2483.1	103.8
湖南	6155.5	1152.1	73.0	359.2	166.6	19.6	2304.8	195.1
广东	10834.5	1663.1	243.3	421.9	288.2	30.6	5532.6	202.9
广西	4386.2	755.0	93.2	143.0	104.7	17.8	1767.2	87.1
海南	1289.8	99.7	29.1	7.0	148.4	6.4	734.4	4.4
重庆	4364.4	712.3	47.8	81.0	45.4	2.5	2298.3	23.4
四川	8121.2	1716.0	79.9	223.8	155.3	31.8	3645.5	135.4
贵州	2435.2	566.7	15.5	35.8	41.3	0.9	996.3	10.5
云南	3738.8	904.0	49.2	250.4	96.5	4.1	1469.4	41.0
西藏	345.8	146.1	6.0	3.4	13.4	0.5	52.1	1.7
陕西	5374.4	789.4	62.5	259.9	126.7	2.9	2076.5	110.5
甘肃	1844.9	247.1	32.4	101.6	42.1	10.4	627.8	14.7
青海	624.5	128.9	0.6	13.2	7.7	0.3	276.7	7.5
宁夏	733.7	92.3	16.3	41.6	11.1	2.7	384.3	0.8
新疆	1854.2	360.5	47.6	45.6	20.8	4.7	909.7	16.0
不分地区	4796.4	4122.3						

4-9 续表

单位：亿元

地　区	科学研究、技术服务和地质勘查业	水利、环境和公共设施管理业	居民服务和其他服务业	教　育	卫生、社会保障和社会福利业	文化、体育和娱乐业	公共管理和社会组织	国际组织
全国合计	**1679.8**	**24520.7**	**1219.1**	**3890.4**	**2330.2**	**3155.6**	**5647.8**	
北　京	92.0	380.7	9.5	133.0	48.1	55.0	48.8	
天　津	24.6	794.2	94.3	70.6	21.1	105.1	111.1	
河　北	73.5	1067.3	47.6	143.3	91.0	157.8	107.8	
山　西	24.2	490.3	6.0	125.5	52.0	75.8	16.2	
内蒙古	51.2	822.0	16.1	142.3	60.3	71.4	199.0	
辽　宁	107.8	1489.2	148.5	178.1	93.0	184.3	291.1	
吉　林	28.8	437.3	25.0	59.7	41.0	72.7	68.2	
黑龙江	30.6	497.7	23.6	69.0	59.2	63.8	130.0	
上　海	50.5	363.1	3.3	46.9	66.3	39.4	29.8	
江　苏	226.1	1736.2	105.3	218.8	145.7	209.8	258.2	
浙　江	49.7	1187.2	22.4	148.7	94.3	114.6	166.7	
安　徽	57.4	822.5	26.7	177.5	96.7	109.7	196.1	
福　建	35.8	809.1	16.1	147.8	60.0	128.8	175.3	
江　西	23.7	744.1	39.9	106.3	74.3	106.5	86.6	
山　东	238.4	1351.3	344.6	270.6	191.4	542.9	874.8	
河　南	41.3	1283.8	47.5	230.4	157.4	110.4	70.9	
湖　北	38.2	1124.1	45.0	151.8	128.5	119.4	499.6	
湖　南	102.3	1090.0	42.8	156.0	129.7	94.5	269.8	
广　东	124.0	1608.1	15.0	279.2	127.8	189.9	107.8	
广　西	20.6	948.9	13.9	162.2	72.5	94.4	105.7	
海　南	3.7	108.0	0.4	29.2	36.7	46.2	36.1	
重　庆	14.8	770.0	32.8	90.9	44.8	58.2	142.2	
四　川	44.6	1371.9	29.3	208.4	124.0	140.6	214.6	
贵　州	7.3	636.6	3.9	54.3	15.5	20.5	30.1	
云　南	33.5	471.6	14.1	125.5	62.2	100.5	116.9	
西　藏	0.8	43.5	1.8	15.9	7.1	11.7	41.9	
陕　西	56.0	1030.5	25.4	155.4	119.3	54.7	504.7	
甘　肃	23.0	261.1	9.2	63.8	49.1	35.9	326.9	
青　海	6.3	59.2	3.5	45.4	18.0	14.0	43.1	
宁　夏	1.3	96.8	1.5	27.1	11.6	11.1	35.4	
新　疆	17.6	195.6	4.2	57.0	31.9	15.9	127.1	
不分地区	30.3	428.7					215.1	

【主要统计指标解释】

全社会固定资产投资 以货币形式表现的在一定时期内全社会建造和购置固定资产的工作量以及与此有关的费用的总称。该指标是反映固定资产投资规模、结构和发展速度的综合性指标，又是观察工程进度和考核投资效果的重要依据。全社会固定资产投资按登记注册类型可分为国有、集体、个体、联营、股份制、私营和个体、港澳台商、外商、其他等。

城镇固定资产投资 指城镇各种登记注册类型的企业、事业、行政单位及个体户进行的计划总投资50万元及50万元以上的建设项目投资和房地产开发投资。县城及以上区域内发生的投资，县及县以上各级政府及主管部门直接领导、管理的建设项目和企业事业单位的投资均为城镇固定资产投资。

固定资产投资（不含农户） 包含原口径的城镇固定资产投资加上农村企事业组织项目投资，该口径自2011年起开始使用。

建设总规模 指在报告期内所有施工项目的计划总投资。

在建总规模 指在报告期末所有在建项目的计划总投资。

固定资产投资的资金来源 根据固定资产投资的资金来源不同，分为国家预算资金、国内贷款、利用外资、自筹资金和其他资金。

（1）国家预算资金：国家预算包括一般预算、政府性基金预算、国有资本经营预算和社保基金预算。各类预算中用于固定资产投资的资金全部作为国家预算资金填报，其中一般预算中用于固定资产投资的部分包括基建投资、车购税、灾后恢复重建基金和其他财政投资。各级政府债券也应归入国家预算资金。

（2）国内贷款：指报告期内向银行及非银行金融机构借入的各种国内借款，包括银行利用自有资金及吸收的存款发放的贷款、上级主管部门拨入的国内贷款、国家专项贷款（包括煤代油贷款、劳改煤矿专项贷款等），地方财政专项资金安排的贷款、国内储备贷款、周转贷款等。

（3）利用外资：指报告期收到的用于固定资产建造和购置的境外资金（包括设备、材料、技术在内）。包括对外借款（外国政府贷款、国际金融组织贷款、出口信贷、外国银行商业贷款、对外发行债券和股票）、外商直接投资及外商其他投资（包括利用外商投资收益在国内进行固定资产再投资活动的资金）。不包括我国自有外汇资金（国家外汇、地方外汇、留成外汇、调剂外汇和国内银行自有资金发放的外汇贷款等）。计算利用外资时，需要折算成人民币，折算时所使用的外汇汇率按现汇计算，即按报告期末的汇率计算 。

（4）自筹资金：指固定资产投资单位在报告期收到的，由各企、事业单位筹集用于固定资产投资的预算外资金，包括各类企事业单位的自有资金和从其他单位筹集的用于固定资产投资的资金，但不包括各类财政性资金、从各类金融机构借入资金和国外资金。

（5）其他资金：在报告期收到的除以上各种资金之外的用于固定资产投资的资金，包括社会集资、个人资金、无偿捐赠的资金及其他单位拨入的资金等。

固定资产投资按国民经济行业分 根据建设项目建成投产后的主要产品种类或主要用途及社会经济活动种类来划分，不能根据项目单位本身的行业类别来划分。如果项目投产后有几种产品，应根据主要产品来确定行业类别。一般情况下，一个建设项目只能属于一种国民经济行业。

新增固定资产 指已经完成建造和购置过程，并已交付生产或使用单位的固定资产的价值，包括已经建成投入生产或交付使用的工程投资和达到固定资产标准的设备、工具、器具的投资及有关应摊入的费用。该指标是表示固定资产投资成果的价值指标，也是反映建设进度，计算固定资产投资效果的重要指标。

5 第三产业部分行业主要财务指标

5-1　批发和零售业

简要说明

一、主要内容

批发和零售业企业主要财务状况。

二、统计范围

限额以上批发和零售业企业。

三、统计调查方法

对限额以上批发和零售业法人企业采用全面调查的方法。

四、限额标准

批发业企业，年主营业务收入2000万元及以上。

零售业企业，年主营业务收入500万元及以上。

五、资料来源

本部分资料是国家统计局贸易外经统计司根据《批发和零售业统计报表制度》搜集的资料进行加工整理而得。

5-1-1 限额以上批发和零售业企业年末资产负债

单位：万元

项 目	资产合计	#流动资产合计	#固定资产合计	负债合计	所有者权益合计
总 计	**1382877314**	**1068059988**	**104608332**	**1007564523**	**375609939**
一、批发业	**1074448440**	**860032649**	**54061343**	**787901984**	**286547027**
#国有控股	435539645	320606622	29022476	292761835	142777810
(一)按登记注册类型分					
内资企业	**930621300**	**739717603**	**50203538**	**689734920**	**240886950**
国有企业	178347212	136270323	14371149	113272522	65074689
集体企业	10584688	8541814	866430	8834092	1750596
股份合作企业	2391302	1997075	239822	1906258	485045
联营企业	1962873	1661744	91419	1566324	396549
国有联营企业	556691	459091	37585	392101	164590
集体联营企业	203935	162715	8821	165843	38092
国有与集体联营企业	383200	321920	24331	284486	98714
其他联营企业	819047	718018	20682	723894	95153
有限责任公司	357046644	288754875	13163492	281794231	75252859
国有独资公司	59948966	43957562	1980645	44910113	15038853
其他有限责任公司	297097677	244797313	11182847	236884118	60214005
股份有限公司	114144143	75188611	9186646	71492029	42652114
私营企业	254907597	218124051	11430706	203033856	51873865
私营独资企业	7334367	5368064	754153	5065154	2269214
私营合伙企业	2204704	2013929	110868	1836970	367735
私营有限责任公司	234128696	201302529	9941307	187353282	46775538
私营股份有限公司	11239829	9439529	624378	8778451	2461378
其他企业	11236842	9179111	853875	7835608	3401234
港、澳、台商投资企业	**40665550**	**34909404**	**1171116**	**28876362**	**11789188**
合资经营企业	6533301	5325757	237495	4872595	1660706
合作经营企业	249920	226518	7401	147210	102709
独资经营企业	32720550	28648502	880202	23479005	9241545
投资股份有限公司	1155772	702623	46016	373743	782029
其他投资企业	6007	6004	2	3809	2198
外商投资企业	**103161590**	**85405642**	**2686688**	**69290701**	**33870889**
中外合资经营企业	16875153	14386384	574331	13214806	3660347
中外合作经营企业	1343459	1193427	19909	1008520	334940
外资企业	83454798	68866964	1944056	54107245	29347553
外商投资股份有限公司	1472612	943402	148292	950104	522508
其他外商投资企业	15568	15465	100	10027	5541

5-1-1 续表 1

单位：万元

项 目	资产合计	#流动资产合计	#固定资产合计	负债合计	所有者权益合计
(二)按国民经济行业分					
农畜产品批发	41983709	29744437	3367364	31662907	10320802
食品、饮料及烟草制品批发	106552983	84079827	9614829	56699411	49853573
#米、面制品及食用油批发	19555624	16366605	1333922	16614093	2941530
肉、禽、蛋及水产品批发	4241778	2786052	621908	2925433	1316345
饮料及茶叶批发	16819868	13999630	582086	13448073	3371795
烟草制品批发	47431418	38408434	5337189	11240913	36190505
纺织、服装及日用品批发	71417505	58807390	3112938	52380194	19037311
#服装批发	27846042	23645594	1146539	20180790	7665252
鞋帽批发	4794671	3817727	313336	3442443	1352228
文化、体育用品及器材批发	19634782	15676748	1240408	13149034	6485748
#文具用品批发	4432986	3998561	148861	3585626	847360
体育用品批发	1396516	1163610	83745	1031642	364874
图书批发	6380339	4096743	689875	3413120	2967219
医药及医疗器材批发	48978207	41635626	2110667	37269586	11708745
#西药批发	32909965	27879503	1334237	25131796	7778168
中药材及中成药批发	9985951	8566024	403068	7929204	2056747
矿产品、建材及化工产品批发	528113862	410117894	27677469	401186339	126927970
#煤炭及制品批发	80592937	61813940	2950279	57339489	23253447
石油及制品批发	109370242	71428162	15076134	73263774	36106468
金属及金属矿批发	225283479	185885344	5434654	182364523	42919403
建材批发	35622715	27923423	1439759	28006912	7615803
化肥批发	19656802	16329252	915093	16003390	3653412
农药批发	2080480	1568889	174774	1629790	450689
机械设备、五金交电及电子产品批发	192973880	164621859	5222366	143571157	49402723
#汽车、摩托车及零配件批发	49600897	41169501	1299355	36305629	13295268
家用电器批发	30271268	27308430	498635	25296455	4974813
计算机、软件及辅助设备批发	17926679	16487542	230763	14175927	3750753
通讯及广播电视设备批发	17921973	13816303	602327	10932684	6989289
贸易经纪与代理	35997924	31947957	548944	30032316	5965607
其他批发	28795587	23400911	1166357	21951041	6844547

5-1-1 续表 2

单位：万元

项目	资产合计	#流动资产合计	#固定资产合计	负债合计	所有者权益合计
二、零售业	**308428874**	**208027340**	**50546989**	**219662540**	**89062912**
#国有控股	65644178	35331263	14428770	39588718	26078939
(一)按登记注册类型分					
内资企业	**262631460**	**176012882**	**43778943**	**186397754**	**76530284**
国有企业	19327451	9376096	4673960	11597064	7730387
集体企业	3348938	2085932	842771	2249658	1099280
股份合作企业	1545460	1005711	369622	882025	663435
联营企业	636071	433314	94730	422477	213594
国有联营企业	345511	230912	50056	240401	105110
集体联营企业	84407	61612	11898	56428	27979
国有与集体联营企业	99809	79824	9336	73148	26661
其他联营企业	106344	60966	23439	52500	53844
有限责任公司	98090319	71028918	14096975	74028296	24336755
国有独资公司	1876584	1032892	473432	996650	879934
其他有限责任公司	96213735	69996026	13623543	73031645	23456821
股份有限公司	51729679	26668554	11851931	31940693	19812465
私营企业	82901378	61833425	11018525	61535021	21364724
私营独资企业	6178647	3958795	1478294	3605388	2573257
私营合伙企业	953096	636558	207368	574840	378255
私营有限责任公司	71006371	53717038	8641099	53987301	17017439
私营股份有限公司	4763264	3521034	691765	3367491	1395773
其他企业	5052164	3580932	830431	3742520	1309644
港、澳、台商投资企业	**20484352**	**13848912**	**3022080**	**14207762**	**6276591**
合资经营企业	6271576	4419024	966459	4190640	2080936
合作经营企业	1347490	1166694	90483	1118557	228932
独资经营企业	11140461	7542995	1712788	7789997	3350464
投资股份有限公司	633328	204469	118396	521950	111378
其他投资企业	1091498	515729	133954	586617	504881
外商投资企业	**25313062**	**18165546**	**3745966**	**19057024**	**6256038**
中外合资经营企业	8817969	6227927	1548973	6672697	2145273
中外合作经营企业	1525931	1171559	200460	1057463	468468
外资企业	14622664	10481317	1966341	11096608	3526056
外商投资股份有限公司	296530	241343	24864	176960	119571
其他外商投资企业	49967	43399	5328	53297	-3330

5-1-1 续表 3

单位：万元

项　　目	资产合计	#流动资产合计	#固定资产合计	负债合计	所有者权益合计
(二)按国民经济行业分					
综合零售	104897577	63086511	22308683	76870319	28033286
#百货零售	65343791	37401487	14539427	45766540	19577289
超级市场零售	36276998	23752996	346608	28824443	7458545
食品、饮料及烟草制品专门零售	7906281	5411490	1377340	4870380	3035901
#粮油零售	1970202	1522967	279558	1556236	413965
肉、禽、蛋及水产品零售	827150	457019	242608	455645	371505
饮料及茶叶零售	1882276	1250737	297379	1261047	621229
烟草制品零售	1064386	801865	88490	417870	646515
纺织、服装及日用品专门零售	13992395	10166076	1820602	10097021	3895373
#服装零售	9914888	7155060	1317701	7410534	2504354
文化、体育用品及器材专门零售	11942252	8247220	2051762	7041060	4901192
#体育用品零售	643880	537401	49336	459678	184202
图书零售	6156674	3738644	1348769	3321219	2835454
医药及医疗器材专门零售	14254241	11393466	1066017	10620651	3633590
#药品零售	13327764	10567680	990799	9932164	3395600
汽车、摩托车、燃料及零配件专门零售	110744895	77440172	15513948	78752502	32014892
#汽车零售	82085921	64850753	8069133	63633225	18451715
机动车燃料零售	26069688	10589112	7121698	13339853	12753315
家用电器及电子产品专门零售	27573451	21811116	2261596	20275749	7296286
#家用电器零售	20996497	16430019	1792524	15740166	5254991
计算机、软件及辅助设备零售	3769351	3154075	217446	2445842	1323508
通信设备零售	2239656	1744977	207442	1697901	541754
五金、家具及室内装修材料专门零售	9161222	5062895	2735126	5615461	3815229
无店铺及其他零售	7956561	5408394	1411915	5519397	2437163
#邮购及电子销售	1750067	1458488	93224	1593730	156336
(三)按零售业态分					
有店铺零售	304582834	204712460	50321623	216183379	88696033
#超市	16862324	10650575	3287335	12785051	4077272
大型超市	30708919	19959038	6030875	24162050	6552899
百货店	61654936	35427462	13728601	42976935	18678001
专业店	106486572	72717965	16613175	71776481	35001622
专卖店	75091572	56647653	8377642	54796493	20294098
无店铺零售	3846040	3314880	225367	3479161	366879

5-1-2 各地区限额以上批发和零售业企业年末资产负债

单位：万元

地区	资产合计	#流动资产合计	#固定资产合计	负债合计	所有者权益合计
全国	**1382877314**	**1068059988**	**104608332**	**1007564523**	**375609939**
北京	250823054	187791978	8601731	177715268	73107786
天津	57655801	47557694	2828930	43522742	14133059
河北	30274454	23484869	3215666	22608465	7665989
山西	30926765	23111626	2772946	23245824	7704422
内蒙古	15186147	10680629	2360128	10502963	4683184
辽宁	42450694	31670747	4529018	31363117	11087577
吉林	9802616	6667671	2030247	6904480	2898136
黑龙江	16571170	13360137	1852167	13339463	3231708
上海	138801786	113421082	7130454	101080745	37721041
江苏	115562498	92602243	8853682	86230563	29331936
浙江	124171236	100111116	6762257	96500829	27668618
安徽	27503710	22041780	2576276	20057212	7716540
福建	53562113	40520038	2957995	35926783	17635330
江西	8993197	6576332	1257394	5719320	3273877
山东	70667837	52202720	10306340	51484113	19183725
河南	26963277	19047298	3281764	19113383	7849894
湖北	32135034	23333461	4640313	23561078	8573955
湖南	19382899	12862330	3513689	12097692	7285207
广东	149267030	120138051	8843355	111843898	37428064
广西	13683958	10538958	1271795	9958683	3725275
海南	4528066	3394197	478186	2589544	1938523
重庆	24959706	18386471	2388993	17667691	7292015
四川	32165168	23725037	3905951	22219945	9945223
贵州	9854927	7445720	899287	6456497	3398917
云南	29946905	22345057	2245098	22204842	7742064
西藏	459898	244988	106043	193523	266375
陕西	17172580	11996001	1926942	12206008	4966572
甘肃	7840218	6197305	730150	4666089	3174130
青海	1874248	1317440	340268	1157427	716821
宁夏	3048248	2325609	422134	2134542	913704
新疆	16642072	12961404	1579137	13291796	3350276

5-1-3 各地区限额以上批发业企业年末资产负债

单位：万元

地 区	资产合计	#流动资产合计	#固定资产合计	负债合计	所有者权益合计
全 国	**1074448440**	**860032649**	**54061343**	**787901984**	**286547027**
北 京	221000998	165579422	5202967	155780050	65220949
天 津	50995301	43036908	1695199	38760541	12234760
河 北	22545199	18301395	1735006	16687304	5857895
山 西	23986637	18368229	1516088	17943689	6042948
内蒙古	9258138	6594485	1414038	6018453	3239685
辽 宁	29350728	23627649	1820512	21894986	7455742
吉 林	5240312	4101911	626710	3389624	1850688
黑龙江	12032836	10488430	823005	9930449	2102387
上 海	118246296	99244181	3917973	85869466	32376830
江 苏	87814741	74219551	4470530	65943552	21871188
浙 江	101010365	83154057	3734967	78713385	22297103
安 徽	18947678	16050247	1146588	14057761	4889917
福 建	43602097	33944185	1595399	29739622	13862475
江 西	5735574	4406308	681287	3641753	2093822
山 东	44614748	34951841	5136547	32524713	12090035
河 南	17496835	12884920	1756988	12248437	5248398
湖 北	20499503	16139899	2050253	15313104	5186399
湖 南	10053343	7516965	1047942	6150935	3902407
广 东	117726585	97730835	5456559	91212324	26514261
广 西	9888425	7739609	766468	7208542	2679884
海 南	3088958	2417391	198028	1632771	1456187
重 庆	18009654	13763107	1355585	13142187	4867467
四 川	19004561	15936724	1138173	13627507	5377054
贵 州	7050465	5812147	492660	4289075	2761837
云 南	23753981	18123986	1349257	17917364	5836617
西 藏	243743	120428	39215	71619	172124
陕 西	10748689	7773955	838046	7843927	2904762
甘 肃	5637132	4679773	398696	3199877	2437255
青 海	1414185	1028856	258545	851607	562578
宁 夏	1787003	1398950	246564	1201189	585814
新 疆	13663732	10896304	1151552	11096172	2567560

5-1-4 各地区限额以上零售业企业年末资产负债

单位：万元

地 区	资产合计	#流动资产合计	#固定资产合计	负债合计	所有者权益合计
全 国	**308428874**	**208027340**	**50546989**	**219662540**	**89062912**
北 京	29822056	22212556	3398765	21935219	7886837
天 津	6660499	4520786	1133731	4762201	1898299
河 北	7729255	5183475	1480661	5921162	1808094
山 西	6940129	4743396	1256858	5302135	1661474
内蒙古	5928010	4086145	946090	4484510	1443499
辽 宁	13099966	8043098	2708506	9468131	3631836
吉 林	4562305	2565760	1403537	3514857	1047448
黑龙江	4538335	2871708	1029162	3409013	1129321
上 海	20555491	14176901	3212481	15211279	5344212
江 苏	27747758	18382692	4383153	20287010	7460747
浙 江	23160872	16957059	3027290	17787444	5371515
安 徽	8556032	5991533	1429688	5999451	2826623
福 建	9960015	6575853	1362597	6187161	3772854
江 西	3257623	2170024	576107	2077568	1180055
山 东	26053089	17250879	5169793	18959400	7093690
河 南	9466442	6162377	1524776	6864947	2601495
湖 北	11635531	7193562	2590061	8247974	3387557
湖 南	9329557	5345365	2465746	5946757	3382800
广 东	31540445	22407216	3386796	20631574	10913803
广 西	3795533	2799350	505327	2750142	1045391
海 南	1439109	976806	280158	956773	482336
重 庆	6950052	4623364	1033408	4525504	2424548
四 川	13160608	7788313	2767778	8592438	4568169
贵 州	2804461	1633573	406627	2167422	637079
云 南	6192925	4221071	895840	4287478	1905447
西 藏	216155	124560	66828	121904	94251
陕 西	6423891	4222046	1088896	4362081	2061810
甘 肃	2203086	1517532	331454	1466212	736874
青 海	460062	288585	81723	305819	154243
宁 夏	1261245	926659	175570	933353	327890
新 疆	2978340	2065099	427585	2195624	782716

5-1-5 限额以上批发和零售业企业损益及分配

单位：万元

项　　目	主营业务收入	主营业务成本	销售费用	管理费用	财务费用	利润总额
总　　计	**3209287620**	**2967421784**	**97757109**	**53142555**	**12920579**	**79802809**
一、批发业	**2578898496**	**2408180195**	**62816590**	**34148850**	**9245834**	**62261005**
#国有控股	1121642695	1052595152	17563795	12671407	2653399	32704593
(一)按登记注册类型分						
内资企业	**2252616216**	**2121415170**	**43285513**	**25879572**	**9481625**	**48005430**
国有企业	509597642	469305702	7408736	7837925	1041541	20340757
集体企业	19044381	17772063	418626	346925	137387	348965
股份合作企业	7748328	7277107	164408	99072	18270	132323
联营企业	5778333	5491339	99437	77080	18297	75726
国有联营企业	2472161	2401126	23791	19463	6098	24775
集体联营企业	393755	353325	4517	10488	2169	11607
国有与集体联营企业	1747862	1668161	27172	10337	5658	35792
其他联营企业	1164556	1068727	43957	36792	4372	3552
有限责任公司	768621785	732408914	15353032	7239286	3238539	12256968
国有独资公司	82909371	79353963	1308017	991031	486494	1455832
其他有限责任公司	685712415	653054951	14045015	6248255	2752045	10801136
股份有限公司	302187906	285256267	5648295	2268017	966572	7040898
私营企业	612427414	579015531	13423416	7662797	3909375	6964385
私营独资企业	22655569	20364816	605152	327696	144800	898323
私营合伙企业	7746923	7294548	158721	71670	27508	157786
私营有限责任公司	560182035	530934862	12165969	6964588	3567268	5636053
私营股份有限公司	21842887	20421305	493574	298843	169799	272222
其他企业	27210428	24888247	769563	348471	151644	845408
港、澳、台商投资企业	**83256278**	**73867710**	**4583934**	**2166829**	**127500**	**3042220**
合资经营企业	12854022	11912755	438850	174719	58435	207679
合作经营企业	1006865	890648	41366	7802	990	65416
独资经营企业	67831687	59766226	3974166	1914856	61891	2697131
投资股份有限公司	1504398	1242015	128777	68911	6174	70138
其他投资企业	59307	56067	775	541	10	1856
外商投资企业	**243026002**	**212897316**	**14947143**	**6102449**	**-363291**	**11213356**
中外合资经营企业	58024956	53661777	2502694	443354	77842	1336774
中外合作经营企业	9205175	8973625	54388	12702	4354	76618
外资企业	174445986	149251009	12193405	5598367	-457337	9704684
外商投资股份有限公司	1304055	970442	193258	46529	11890	94663
其他外商投资企业	45831	40462	3398	1499	-39	615

5-1-5 续表 1

单位：万元

项目	主营业务收入	主营业务成本	销售费用	管理费用	财务费用	利润总额
(二)按国民经济行业分						
农畜产品批发	47104062	43768385	1089524	831810	798621	1028047
食品、饮料及烟草制品批发	209514369	168396050	9412010	7433359	210196	19600933
#米、面制品及食用油批发	25810617	24320282	942850	388304	275483	316639
肉、禽、蛋及水产品批发	10228030	9387971	259437	237376	64457	315966
饮料及茶叶批发	29415185	21765002	3144690	640444	16054	3628204
烟草制品批发	109378464	82962567	2688673	5241695	-340775	14178382
纺织、服装及日用品批发	145501394	128272653	8366348	3794045	539108	4966757
#服装批发	52937147	46001364	2665990	1594783	136004	2543315
鞋帽批发	10242523	8578852	591214	520215	32928	537113
文化、体育用品及器材批发	31847713	28993816	1281149	774732	109421	849342
#文具用品批发	9143961	8723617	196953	134617	48242	45336
体育用品批发	2212918	1825788	240270	96230	13555	44590
图书批发	4487508	3835264	269821	249735	225	200217
医药及医疗器材批发	93340753	84608971	4589017	2034199	409126	1964213
#西药批发	63745578	58903557	2462254	1096054	317144	1086572
中药材及中成药批发	19224070	17422269	983692	386243	87530	349018
矿产品、建材及化工产品批发	1548109416	1491980336	19147290	9864714	6351817	18799830
#煤炭及制品批发	204537807	193740245	4370983	1687286	1001443	4847430
石油及制品批发	487732452	467409301	6397649	2280777	692681	7791084
金属及金属矿批发	577481801	564926304	4021983	2639159	3339162	2888790
建材批发	79878694	75828912	1023558	1088900	471557	840204
化肥批发	34089612	32574716	540994	333580	258794	531828
农药批发	2532365	2357892	86313	52166	46850	55042
机械设备、五金交电及电子产品批发	399599688	364785204	16266261	7904955	273246	12595797
#汽车、摩托车及零配件批发	128412228	116954974	5016964	1138585	-38975	5105812
家用电器批发	65284768	59592357	4063086	863303	-7828	1123190
计算机、软件及辅助设备批发	42287951	40037621	974723	1042771	21023	470718
通讯及广播电视设备批发	28376943	25251424	1138578	1399996	36209	1630232
贸易经纪与代理	38378334	35621968	1287088	584340	96926	1229121
其他批发	65502768	61752812	1377902	926696	457373	1226967

5-1-5 续表 2 单位：万元

项　　目	主营业务收入	主营业务成本	销售费用	管理费用	财务费用	利润总额
二、零售业	**630389123**	**559241589**	**34940519**	**18993704**	**3674745**	**17541803**
#国有控股	147657492	132438645	6836638	3614493	374016	5331775
(一)按登记注册类型分						
内资企业	**550491566**	**491674396**	**26842842**	**15594318**	**3417454**	**14619221**
国有企业	48485068	43849795	1905973	1162523	117560	1363498
集体企业	11233993	9888450	378222	370255	57092	355963
股份合作企业	3390002	2994149	150448	124788	19954	104408
联营企业	2169599	1968020	86094	35568	10442	64944
国有联营企业	1119691	1017546	45523	16138	6458	36219
集体联营企业	317468	276560	16643	7325	1304	11160
国有与集体联营企业	424375	400657	11622	3370	1011	7412
其他联营企业	308066	273257	12307	8735	1669	10153
有限责任公司	200142190	178574344	11533895	5853297	1242793	4541770
国有独资公司	2554716	2219685	151208	126189	2348	134427
其他有限责任公司	197587475	176354659	11382687	5727108	1240446	4407343
股份有限公司	93780637	83848668	4297488	2385556	419351	3753933
私营企业	177226514	157894459	7937614	5332331	1464064	4110970
私营独资企业	17927571	15268561	608699	510656	142146	1030484
私营合伙企业	3121059	2672807	143046	92718	25217	138311
私营有限责任公司	146303657	131147048	6705245	4451090	1230394	2704886
私营股份有限公司	9874227	8806042	480623	277867	66306	237289
其他企业	14063563	12656512	553108	329999	86197	323735
港、澳、台商投资企业	**36056729**	**30383733**	**3246643**	**1557639**	**122852**	**1402561**
合资经营企业	9775485	8247454	779973	349653	59424	631776
合作经营企业	3447108	3171928	77607	127179	907	119004
独资经营企业	20308705	16814290	2164958	962173	51228	583364
投资股份有限公司	537066	417756	33481	81176	9250	7182
其他投资企业	1988366	1732304	190624	37458	2044	61235
外商投资企业	**43840828**	**37183460**	**4851034**	**1841748**	**134439**	**1520021**
中外合资经营企业	19703999	17152507	1926179	658931	44667	578703
中外合作经营企业	2589234	2167824	291895	91267	7704	85219
外资企业	20741601	17135826	2578005	1081232	80818	839362
外商投资股份有限公司	698435	629478	44597	9169	844	18454
其他外商投资企业	107559	97825	10358	1149	407	-1717

5-1-5 续表 3

单位：万元

项 目	主营业务收入	主营业务成本	销售费用	管理费用	财务费用	利润总额
(二)按国民经济行业分						
综合零售	163833582	140203036	14228991	7310683	992914	5535514
#百货零售	88973589	75433132	6086621	4644329	740082	3988116
超级市场零售	66378339	57440810	7500651	2350971	207302	1404709
食品、饮料及烟草制品专门零售	17070112	14267803	1047826	651844	89521	932287
#粮油零售	4530859	4209146	77941	146394	21806	124506
肉、禽、蛋及水产品零售	2385562	2100505	80901	77717	14060	87558
饮料及茶叶零售	2939642	2162536	329696	117064	25397	231768
烟草制品零售	2123527	1728495	91419	102407	5326	208598
纺织、服装及日用品专门零售	22947657	17259735	3129981	1479201	148102	950041
#服装零售	14889266	11105941	2074105	1012825	96660	585260
文化、体育用品及器材专门零售	14597655	11530998	1356773	972728	84962	793146
#体育用品零售	842402	663952	101512	66450	6208	6293
图书零售	5874558	4492738	603936	564673	1018	304985
医药及医疗器材专门零售	25171654	21894155	1548505	890772	160761	634159
#药品零售	23654085	20659569	1423377	799019	154788	593863
汽车、摩托车、燃料及零配件专门零售	302531317	280233662	8373966	5031302	1782666	6424634
#汽车零售	198643053	184418591	5385956	3961609	1578478	3297900
机动车燃料零售	97417580	90133241	2765385	904542	161000	2906534
家用电器及电子产品专门零售	53327771	47486667	3362117	1466101	176851	1368167
#家用电器零售	36728942	32355017	2604997	1030187	112142	1106409
计算机、软件及辅助设备零售	10616898	9787086	377925	236774	33094	171347
通信设备零售	4721478	4207252	330025	154644	29701	62897
五金、家具及室内装修材料专门零售	14665252	12073858	869361	572900	166358	718641
无店铺及其他零售	16244124	14291675	1022998	618174	72611	185213
#邮购及电子销售	4715653	4254844	492485	205129	7783	-260971
(三)按零售业态分						
有店铺零售	620987543	550744639	34016033	18647682	3659080	17922607
#超市	31233325	26633730	2984965	1223384	177520	800705
大型超市	55576982	48498323	5904741	1894392	178447	1123688
百货店	84681306	71476066	5725303	4523836	709016	4003598
专业店	239613158	215698954	10140413	5524770	1190312	7056911
专卖店	179139067	161856723	7419886	4347278	1232917	3952970
无店铺零售	9401580	8496950	924486	346022	15665	-380803

5-1-6 各地区限额以上批发和零售业企业损益及分配

单位：万元

地 区	主营业务收入	主营业务成本	销售费用	管理费用	财务费用	利润总额
全 国	**3209287620**	**2967421784**	**97757109**	**53142555**	**12920579**	**79802809**
北 京	384072934	355989869	13734743	7416251	758857	12838137
天 津	163685942	156109271	2674469	1343391	741717	2193664
河 北	72648438	68345225	1856020	1035876	378269	1018143
山 西	71814846	66937821	1923321	1084068	338673	967851
内蒙古	34350687	30367178	1295618	687409	169673	1350621
辽 宁	132793030	126007390	2457288	1861432	530756	1815018
吉 林	25222660	23001621	941628	488742	144293	559895
黑龙江	41148717	37948778	1055487	687709	182504	978966
上 海	401783888	368564786	16073316	6933831	641728	9220058
江 苏	292277865	271718990	7865520	4433451	1352814	6906249
浙 江	269138459	254353470	6546105	3537581	1832935	4077289
安 徽	58013457	52877198	2520202	1046764	214999	1281771
福 建	101034280	94023493	2939507	1453719	505787	2579152
江 西	22558055	20385828	801506	447091	81079	668743
山 东	190567966	173162795	5240883	3560333	1045352	6575190
河 南	70363043	64193613	1957984	1506268	333406	1928088
湖 北	88255973	80241586	2735179	1576106	392432	2340685
湖 南	47658377	42319025	1940363	1320078	220212	1368914
广 东	353800697	327901392	11058305	5304895	1421456	8744610
广 西	30196866	27871174	1012143	578838	155152	632134
海 南	14343777	13329654	426332	229133	19861	335971
重 庆	68779244	61478829	2338091	1932874	224886	1792439
四 川	71014849	64363614	2490241	1366630	511263	2038808
贵 州	18079780	14752749	813554	529281	22908	1844600
云 南	48810173	43753333	1728310	923983	223123	2063910
西 藏	1038092	848349	78819	39503	1507	48980
陕 西	50303765	45496636	1455081	857369	159328	2180229
甘 肃	25761430	24327568	468950	278644	87910	539329
青 海	5959061	5494931	152959	84892	10268	218484
宁 夏	7003587	6459271	239897	113461	38480	123570
新 疆	46807685	44796348	935291	482953	178953	571312

5-1-7 各地区限额以上批发业企业损益及分配

单位：万元

地 区	主营业务收入	主营业务成本	销售费用	管理费用	财务费用	利润总额
全 国	**2578898496**	**2408180195**	**62816590**	**34148850**	**9245834**	**62261005**
北 京	332939746	310853435	9707477	5543126	525854	11531024
天 津	149620792	143381036	1872051	922149	679728	1958676
河 北	58100597	55162342	1153788	550702	286955	803503
山 西	56230768	52710438	1350897	717097	245194	820710
内蒙古	20573411	17928079	816360	389552	88317	919840
辽 宁	107978729	104168622	1279855	839242	341669	1323855
吉 林	15545419	14338307	501038	195266	57526	338473
黑龙江	31627814	29625957	601540	327579	128726	692942
上 海	362526461	335238899	12267411	5054618	515515	8067089
江 苏	238047455	223401060	5053894	2683905	1020700	5421520
浙 江	223649004	212761910	4279986	2383200	1456200	3391872
安 徽	41389216	37852979	1706066	615908	135417	919140
福 建	82337210	77316220	1838727	1014921	391465	2060646
江 西	15760391	14272269	465631	257579	31771	578244
山 东	131423533	120681187	2964631	1841579	629346	4453568
河 南	47405317	43523890	1102196	916450	222483	1267060
湖 北	62414615	57941445	1300815	805764	236486	1576736
湖 南	25729459	22976484	718644	674001	108771	883547
广 东	289624983	271937437	6862335	3561675	1101984	5943354
广 西	22848088	21351328	580829	360889	115230	433197
海 南	10668696	10033934	247837	131339	237	240061
重 庆	51585441	46184367	1455941	1538435	153942	1277619
四 川	43625567	39798473	1130563	738986	308921	1334858
贵 州	12123827	9403012	539672	412149	-4579	1655463
云 南	37150065	33311204	1154155	628743	145056	1779044
西 藏	382914	288730	49445	21066	788	4260
陕 西	36023010	33168076	721302	418104	73967	1515440
甘 肃	20632366	19709655	227064	182720	64133	411447
青 海	4886336	4520516	106608	52744	6175	190996
宁 夏	4948373	4624382	126328	57243	24241	75446
新 疆	41098899	39714523	633507	312121	153618	391377

5-1-8 各地区限额以上零售业企业损益及分配

单位：万元

地区	主营业务收入	主营业务成本	销售费用	管理费用	财务费用	利润总额
全国	**630389123**	**559241589**	**34940519**	**18993704**	**3674745**	**17541803**
北京	51133188	45136434	4027266	1873125	233002	1307113
天津	14065150	12728235	802418	421242	61989	234988
河北	14547841	13182883	702232	485174	91314	214640
山西	15584078	14227383	572424	366971	93479	147140
内蒙古	13777276	12439099	479257	297858	81356	430782
辽宁	24814301	21838768	1177433	1022190	189087	491163
吉林	9677241	8663314	440590	293477	86767	221422
黑龙江	9520903	8322821	453947	360130	53778	286024
上海	39257428	33325887	3805906	1879212	126213	1152969
江苏	54230409	48317929	2811626	1749546	332114	1484729
浙江	45489456	41591560	2266119	1154381	376735	685417
安徽	16624241	15024219	814136	430856	79583	362630
福建	18697070	16707272	1100780	438797	114322	518506
江西	6797664	6113559	335875	189512	49308	90499
山东	59144433	52481608	2276252	1718754	416007	2121622
河南	22957726	20669723	855788	589818	110923	661028
湖北	25841358	22300142	1434365	770342	155946	763948
湖南	21928918	19342542	1221719	646077	111441	485367
广东	64175714	55963955	4195970	1743221	319472	2801256
广西	7348779	6519846	431314	217950	39922	198937
海南	3675081	3295720	178494	97794	19624	95910
重庆	17193803	15294461	882150	394439	70944	514821
四川	27389282	24565142	1359678	627644	202342	703951
贵州	5955953	5349737	273882	117132	27487	189136
云南	11660108	10442129	574155	295239	78067	284866
西藏	655178	559619	29375	18437	718	44720
陕西	14280755	12328561	733779	439266	85361	664789
甘肃	5129064	4617913	241886	95924	23777	127882
青海	1072725	974415	46351	32148	4093	27489
宁夏	2055215	1834889	113569	56218	14239	48125
新疆	5708786	5081825	301784	170833	25336	179935

【主要统计指标解释】

资产总计 指企业过去的交易或者事项形成的、由企业拥有或者控制的、预期会给企业带来经济利益的资源。资产一般按流动性分为流动资产和非流动资产。其中流动资产可分为货币资金、交易性金融资产、应收票据、应收账款、预付款项、其他应收款、存货等；非流动资产可分为长期股权投资、固定资产、无形资产及其他非流动资产等。

流动资产合计 资产满足以下条件之一应归为流动资产：（1）预计在一个正常营业周期中变现、出售或耗用，主要包括存货、应收账款等；（2）主要为交易目的而持有；（3）预计在资产负债表日起一年内（含一年）变现；（4）自资产负债日起一年内，交换其他资产或清偿负债的能力不受限制的现金或现金等价物。包括货币资金、应收票据、应收账款、存货等项目。

固定资产合计 指企业为生产商品、提供劳务、出租或经营管理而持有的，使用寿命超过一个会计年度的有形资产。包括使用期限超过一年的房屋、建筑物、机器、机械、运输工具以及其他与生产、经营有关的设备、器具、工具等。固定资产合计是时点指标，表示固定资产经过扣减折旧、减值准备等后的期末余额。

负债合计 指企业过去的交易或者事项形成的，预期会导致经济利益流出企业的现时义务。负债一般按偿还期长短分为流动负债和非流动负债。

所有者权益合计 指企业资产扣除负债后由所有者享有的剩余权益。公司的所有者权益又称股东权益。包括实收资本、资本公积、盈余公积、未分配利润等。

主营业务收入 指企业确认的销售商品、提供劳务等主营业务的收入。

主营业务成本 指企业经营主要业务所发生的成本总额。

销售费用 指企业在销售商品过程中发生的包装费、广告费等费用和为销售本企业商品而专设的销售机构的职工薪酬、业务费等经营费用。

管理费用 指企业为组织和管理企业生产经营所发生的费用，包括企业在筹建期间内发生的开办费、董事会和行政管理部门在企业经营管理中发生的，或者应当由企业统一负担的公司经费等。

财务费用 指企业为筹集生产经营所需资金等而发生的筹资费用，包括企业生产经营期间发生的利息支出（减利息收入）、汇兑损失（减汇兑收益）以及相关的手续费等。

利润总额 指企业在一定会计期间的经营成果，是生产经营过程中各种收入扣除各种耗费后的盈余，反映企业在报告期内实现的亏盈总额。

5 第三产业部分行业主要财务指标

5-2　住宿和餐饮业

简要说明

一、主要内容

住宿和餐饮业企业主要财务状况。

二、统计范围

限额以上住宿和餐饮业企业。

三、统计调查方法

对限额以上住宿和餐饮业法人企业采用全面调查的方法。

四、限额标准

住宿业企业，年主营业务收入200万元及以上。

餐饮业企业，年主营业务收入200万元及以上。

五、资料来源

本部分资料是国家统计局贸易外经统计司根据《住宿和餐饮业统计报表制度》搜集的资料进行加工整理而得。

5-2-1 限额以上住宿和餐饮业企业年末资产负债

单位：万元

项目	资产合计	#流动资产合计	#固定资产合计	负债合计	所有者权益合计
总计	**116665126**	**40834019**	**50156254**	**79418989**	**37247248**
一、住宿业	**84422662**	**26969321**	**39536363**	**57667109**	**26757731**
#国有控股	27006025	6732336	14288213	14974299	12031726
(一)按登记注册类型分					
内资企业	**67048565**	**21182170**	**31521617**	**45064518**	**21986226**
国有企业	15524235	3773219	8931403	8618687	6905548
集体企业	1447288	414521	821127	976469	470819
股份合作企业	560559	151593	339242	376935	183624
联营企业	251509	72391	138492	147670	103839
国有联营企业	134246	39036	74243	68280	65966
集体联营企业	31158	9363	14428	10984	20173
国有与集体联营企业	47989	11788	31631	45067	2922
其他联营企业	38117	12204	18190	23340	14777
有限责任公司	26154724	8223932	11713823	18145068	8009656
国有独资公司	1370207	221858	780911	854769	515438
其他有限责任公司	24784517	8002074	10932912	17290300	7494218
股份有限公司	3422221	1208073	1399126	2149252	1272969
私营企业	17883937	6687777	7357291	13494685	4391430
私营独资企业	2323378	796206	1122758	1425950	897429
私营合伙企业	572185	222703	272337	380356	191828
私营有限责任公司	13681742	5159240	5464202	10697810	2986111
私营股份有限公司	1306631	509628	497993	990569	316063
其他企业	1804092	650664	821113	1155752	648341
港、澳、台商投资企业	**10552438**	**3439864**	**4729725**	**7779343**	**2773095**
合资经营企业	5513815	1849675	2282269	4153421	1360394
合作经营企业	1291993	508053	589414	986196	305796
独资经营企业	3431659	991658	1668704	2408593	1023065
投资股份有限公司	279001	86960	167093	205868	73133
其他投资企业	35971	3517	22246	25264	10707
外商投资企业	**6821659**	**2347287**	**3285021**	**4823249**	**1998410**
中外合资经营企业	2910519	1087252	1285357	2018157	892362
中外合作经营企业	818132	305421	418242	819539	-1408
外资企业	2400987	652285	1349401	1351334	1049653
外商投资股份有限公司	643059	299799	228434	601852	41206
其他外商投资企业	48963	2530	3588	32367	16596
(二)按国民经济行业分					
旅游饭店	74628860	23616008	35457922	51226543	23402317
一般旅馆	8613614	2990183	3474725	5563355	3052438
其他住宿服务	1180188	363130	603716	877212	302976

5-2-1 续表 单位：万元

项 目	资产合计	#流动资产合计	#固定资产合计	负债合计	所有者权益合计
二、餐饮业	**32242465**	**13864699**	**10619891**	**21751880**	**10489517**
#国有控股	2736970	961332	1108262	1759525	976376
(一)按登记注册类型分					
内资企业	**26222727**	**11474755**	**8923672**	**17842003**	**8379656**
国有企业	1373316	404150	700820	880696	491552
集体企业	252425	106234	107386	197082	55343
股份合作企业	435271	178154	122010	286719	148552
联营企业	29552	9862	15585	12728	16824
国有联营企业	2008	369	1233	756	1252
集体联营企业	17153	3732	12184	5768	11385
国有与集体联营企业	3303	2199	264	1214	2088
其他联营企业	7089	3563	1904	4989	2099
有限责任公司	7852452	3484821	2547783	5586016	2266436
国有独资公司	145536	48703	67441	99013	46523
其他有限责任公司	7706916	3436118	2480342	5487003	2219913
股份有限公司	1668980	636978	479842	851181	817799
私营企业	13612971	6269716	4558161	9399033	4213939
私营独资企业	2506438	974397	1122417	1312311	1194127
私营合伙企业	379904	154862	156740	193507	186397
私营有限责任公司	9999384	4808961	3066276	7404334	2595050
私营股份有限公司	727246	331495	212729	488880	238365
其他企业	997760	384840	392085	628548	369211
港、澳、台商投资企业	**2443593**	**1157965**	**666406**	**1657040**	**786554**
合资经营企业	666732	299701	191879	518028	148704
合作经营企业	138180	68440	44895	99660	38520
独资经营企业	1530123	714802	421449	977267	552856
投资股份有限公司	107928	74831	7746	61908	46020
其他投资企业	631	191	438	176	454
外商投资企业	**3576144**	**1231978**	**1029812**	**2252837**	**1323307**
中外合资经营企业	1170009	380685	423832	706992	463018
中外合作经营企业	95600	34526	16277	47502	48098
外资企业	2223710	781497	577672	1447994	775716
外商投资股份有限公司	74537	30336	9416	41809	32728
其他外商投资企业	12288	4935	2616	8540	3748
(二)按国民经济行业分					
正餐服务	27683366	11938680	9445917	19060674	8621624
快餐服务	3336240	1248447	880374	2054761	1281479
饮料及冷饮服务	216577	126173	55620	87199	129378
其他餐饮服务	1006281	551398	237979	549246	457036

5-2-2 各地区限额以上住宿和餐饮业企业年末资产负债

单位：万元

地 区	资产合计	#流动资产合计	#固定资产合计	负债合计	所有者权益合计
全 国	**116665126**	**40834019**	**50156254**	**79418989**	**37247248**
北 京	13990980	5121011	5266375	10091628	3899352
天 津	1875770	717261	696064	1384613	491157
河 北	2925458	1005296	1527652	2090008	835450
山 西	2335981	842482	1087817	1694794	641187
内蒙古	2057470	705420	980625	1306874	750596
辽 宁	3890972	1508273	1793238	2704634	1186337
吉 林	1119534	291516	694583	659463	460071
黑龙江	1026214	277208	598625	628716	396429
上 海	7429457	2768762	2859860	4746402	2683055
江 苏	8624100	2844166	3688711	5988880	2635220
浙 江	10830715	4125301	4321248	7927126	2903589
安 徽	2930971	981824	1290138	1975677	955293
福 建	3644351	1272408	1401619	2134563	1509788
江 西	1687895	532734	744349	986467	701428
山 东	6658960	2241217	3224054	4405914	2253046
河 南	3306577	1179170	1441270	2145754	1160822
湖 北	3271627	924612	1556781	2202579	1069048
湖 南	3540159	1007509	1851513	2314583	1225576
广 东	13837460	5205563	5439681	9790881	4048758
广 西	1765608	550944	853955	1233140	532469
海 南	3190836	1203875	1369622	2387357	803479
重 庆	2339725	935442	898445	1596956	742769
四 川	5398281	1733683	2070340	3489656	1908625
贵 州	792000	286377	361209	490688	301311
云 南	2415137	791856	1171097	1397513	1017624
西 藏	242349	35845	145601	97133	145217
陕 西	2935755	924074	1400160	1982482	953273
甘 肃	860109	277015	422933	494112	365997
青 海	291585	81589	162044	123503	168083
宁 夏	459538	174463	283195	327483	132055
新 疆	989551	287124	553450	619408	370144

5-2-3 各地区限额以上住宿业企业年末资产负债

单位：万元

地区	资产合计	#流动资产合计	#固定资产合计	负债合计	所有者权益合计
全国	**84422662**	**26969321**	**39536363**	**57667109**	**26757731**
北京	10528442	3214324	4655040	7422556	3105886
天津	1079468	332007	489184	829493	249975
河北	2367466	772736	1300034	1699780	667686
山西	1368311	418063	711254	1023189	345122
内蒙古	1145773	357646	623930	725100	420673
辽宁	2918256	1102648	1430659	2064759	853497
吉林	829487	219360	527986	523618	305869
黑龙江	831936	198578	519632	530997	300939
上海	5067364	1462712	2342481	2979781	2087583
江苏	5828228	1708802	2708886	4011192	1817037
浙江	8158821	2936477	3446326	5954643	2204178
安徽	2038686	642754	948383	1401652	637035
福建	2773411	924878	1082915	1630827	1142584
江西	1319483	391142	601266	781779	537704
山东	3767613	1248355	1963520	2469823	1297790
河南	2396080	849447	1087242	1669266	726814
湖北	2025598	498422	1082347	1316400	709198
湖南	2822702	767768	1511623	1910324	912379
广东	10776052	3826123	4549394	7626032	3152199
广西	1560623	466179	775379	1119095	441528
海南	3091985	1151436	1339714	2312255	779730
重庆	1487472	573333	607129	1151022	336450
四川	3614885	1002573	1599397	2415563	1199322
贵州	612334	196263	305432	372059	240276
云南	2059484	629838	1048681	1140935	918549
西藏	238625	33246	145038	94812	143813
陕西	1841981	507853	1026782	1371704	470277
甘肃	588748	167967	321298	350851	237896
青海	216819	60125	121342	79082	137737
宁夏	189513	56259	173638	121430	68083
新疆	877018	252010	490434	567093	309925

5-2-4 各地区限额以上餐饮业企业年末资产负债

单位：万元

地区	资产合计	#流动资产合计	#固定资产合计	负债合计	所有者权益合计
全国	**32242465**	**13864699**	**10619891**	**21751880**	**10489517**
北京	3462538	1906687	611335	2669072	793466
天津	796301	385255	206879	555119	241182
河北	557993	232560	227618	390228	167765
山西	967670	424419	376563	671605	296065
内蒙古	911698	347774	356696	581775	329923
辽宁	972716	405624	362579	639876	332841
吉林	290047	72156	166597	135845	154202
黑龙江	194278	78630	78994	97719	95490
上海	2362093	1306050	517379	1766621	595473
江苏	2795872	1135365	979825	1977688	818183
浙江	2671895	1188824	874921	1972484	699411
安徽	892285	339070	341756	574026	318259
福建	870940	347530	318703	503736	367204
江西	368412	141592	143083	204688	163725
山东	2891348	992862	1260535	1936091	955256
河南	910497	329724	354027	476488	434008
湖北	1246030	426190	474434	886180	359850
湖南	717457	239741	339890	404259	313198
广东	3061408	1379441	890287	2164850	896559
广西	204985	84765	78576	114045	90941
海南	98851	52439	29908	75102	23750
重庆	852254	362109	291316	445934	406320
四川	1783396	731111	470943	1074093	709303
贵州	179665	90113	55778	118630	61036
云南	355653	162019	122416	256578	99075
西藏	3724	2599	563	2321	1404
陕西	1093775	416221	373378	610778	482997
甘肃	271362	109048	101635	143261	128100
青海	74766	21464	40702	44420	30346
宁夏	270024	118205	109557	206053	63971
新疆	112534	35114	63017	52315	60219

5-2-5 限额以上住宿和餐饮业企业损益及分配

单位：万元

项　目	主营业务收入	主营业务成本	销售费用	管理费用	财务费用	利润总额
总　计	**70011993**	**30942055**	**19023756**	**12612207**	**1777668**	**1818885**
一、住宿业	**32654855**	**11788139**	**9238216**	**8573816**	**1262242**	**195955**
#国有控股	9810520	3354937	2893347	2907949	256701	19615
(一)按登记注册类型分						
内资企业	**26715464**	**9920422**	**7805290**	**6798467**	**1044672**	**-186866**
国有企业	6026953	2202165	1840204	1751249	134263	-118905
集体企业	768542	347323	191936	180803	11137	-881
股份合作企业	220328	82108	65859	56836	7631	-5409
联营企业	130460	47311	40724	33821	1636	-594
国有联营企业	59040	20356	19848	14193	862	362
集体联营企业	21946	9942	6215	3732	99	527
国有与集体联营企业	25925	9304	7530	9098	463	-1725
其他联营企业	23550	7710	7131	6798	212	242
有限责任公司	9373490	3132811	2838440	2587432	419130	-89948
国有独资公司	376680	116015	121432	128880	10477	-19192
其他有限责任公司	8996810	3016796	2717008	2458551	408653	-70756
股份有限公司	1227833	529385	291711	263431	46567	43534
私营企业	8023153	3194736	2289125	1731084	396400	-46493
私营独资企业	1396815	685299	290114	208922	47282	62099
私营合伙企业	331468	163611	71832	53023	15669	3819
私营有限责任公司	5782395	2135660	1793063	1355474	302268	-113510
私营股份有限公司	512476	210166	134116	113666	31182	1099
其他企业	944704	384583	247290	193811	27907	31831
港、澳、台商投资企业	**3612858**	**1237094**	**853649**	**1063196**	**141073**	**188061**
合资经营企业	2096550	801853	446439	543309	75770	160631
合作经营企业	447123	127654	132355	122680	21986	12329
独资经营企业	973439	274975	248981	363933	37030	23748
投资股份有限公司	89324	31393	22937	30522	6224	-7900
其他投资企业	6422	1219	2938	2753	64	-747
外商投资企业	**2326533**	**630623**	**579277**	**712152**	**76496**	**194760**
中外合资经营企业	1092423	241815	261174	361615	52211	99894
中外合作经营企业	352311	100010	106706	86822	16539	33179
外资企业	813555	275218	187108	228690	6338	61658
外商投资股份有限公司	57101	9680	20222	32527	1132	307
其他外商投资企业	11143	3900	4067	2499	276	-278
(二)按国民经济行业分						
旅游饭店	27684547	9747523	7842875	7486899	1135715	127328
一般旅馆	4408539	1821410	1245537	937850	111187	75327
其他住宿服务	561770	219207	149804	149067	15341	-6699

5-2-5 续表　　　　单位：万元

项　　目	主营业务收入	主营业务成本	销售费用	管理费用	财务费用	利润总额
二、餐饮业	**37357138**	**19153916**	**9785540**	**4038391**	**515426**	**1622929**
#国有控股	1992729	999935	502868	348331	29587	80051
(一)按登记注册类型分						
内资企业	**27502212**	**14819419**	**6471659**	**3149074**	**466401**	**903608**
国有企业	949060	512906	208821	173383	15433	-6219
集体企业	331842	199182	58397	42031	3777	11372
股份合作企业	291672	154861	65897	35568	4202	16700
联营企业	48734	37846	4300	2374	524	1088
国有联营企业	2745	1917		336	44	13
集体联营企业	30773	26443	1295	723	236	419
国有与集体联营企业	2163	813	737	20	26	481
其他联营企业	13054	8673	2268	1296	217	175
有限责任公司	6736800	3343108	1839246	858644	125281	129092
国有独资公司	106669	40065	29774	33742	251	-1804
其他有限责任公司	6630131	3303044	1809472	824902	125030	130895
股份有限公司	1166946	557505	286008	143329	26671	128016
私营企业	16728952	9294744	3759564	1773641	273878	572411
私营独资企业	3613176	2219501	504936	292684	51437	276312
私营合伙企业	656278	395694	107119	63014	9844	39994
私营有限责任公司	11582744	6169427	2964054	1330593	200711	216355
私营股份有限公司	876754	510122	183455	87350	11885	39751
其他企业	1248207	719268	249427	120103	16635	51147
港、澳、台商投资企业	**3030675**	**1266330**	**1098083**	**311611**	**24400**	**180568**
合资经营企业	832846	398050	249984	89774	7164	46433
合作经营企业	172920	71669	57739	26680	1956	6364
独资经营企业	1917218	763618	743537	188129	14112	114510
投资股份有限公司	106296	32266	46790	6711	1155	13178
其他投资企业	1396	728	33	318	13	83
外商投资企业	**6824250**	**3068166**	**2215798**	**577706**	**24626**	**538754**
中外合资经营企业	1777466	808900	546038	144879	8769	149486
中外合作经营企业	136346	70112	36389	18291	1330	1304
外资企业	4844059	2160120	1610398	409903	13356	385896
外商投资股份有限公司	48433	24046	14519	4082	1075	-41
其他外商投资企业	17946	4988	8455	550	97	2109
(二)按国民经济行业分						
正餐服务	28295834	14892807	6950904	3300638	486120	897793
快餐服务	7429134	3453580	2383271	562347	21276	604428
饮料及冷饮服务	388955	122582	166534	32094	920	43900
其他餐饮服务	1243214	684947	284831	143313	7110	76808

5-2-6 各地区限额以上住宿和餐饮业企业损益及分配

单位：万元

地 区	主营业务收入	主营业务成本	销售费用	管理费用	财务费用	利润总额
全 国	**70011993**	**30942055**	**19023756**	**12612207**	**1777668**	**1818885**
北 京	8280866	3106730	2674362	1714009	178448	243150
天 津	1296057	596314	364071	210911	22999	40476
河 北	1249291	586456	357975	259773	44142	-66484
山 西	1406936	704723	365737	240805	46740	-48108
内蒙古	982832	457097	220387	183282	14152	31367
辽 宁	2319488	1090688	539331	422461	42154	91315
吉 林	487801	224822	107733	114523	13083	4399
黑龙江	578343	249583	138284	126155	9706	12327
上 海	5575330	2182546	1877069	1047837	103821	155810
江 苏	5082519	2264304	1408863	950168	137355	29255
浙 江	5975834	2755286	1552048	1088573	248114	125587
安 徽	1369750	657595	363894	242559	47384	-8567
福 建	2352294	1067118	611157	385308	61297	100606
江 西	787213	353584	197017	148552	26251	5375
山 东	4602888	2367462	963016	684824	111124	215714
河 南	2483190	1407684	432637	312256	52609	145066
湖 北	2143188	1057655	535451	335178	57144	19699
湖 南	2067931	970620	441350	389104	88083	11106
广 东	9649996	3965822	2899302	1623451	204834	268507
广 西	837860	321624	268599	185269	27074	-2893
海 南	1139626	300009	295222	320004	28962	138672
重 庆	1746959	987881	315522	231059	37870	64336
四 川	2907706	1232103	810655	502260	78504	121077
贵 州	426676	176182	118252	96630	12458	-242
云 南	950941	394199	262501	203008	22037	23051
西 藏	54132	18097	18435	13322	819	436
陕 西	2016346	887760	540531	342355	37094	97944
甘 肃	469374	226059	115376	77134	9236	6116
青 海	98819	34309	33277	23759	2438	749
宁 夏	195574	82295	63569	38590	6757	-6484
新 疆	476237	215449	132137	99091	4979	-478

5-2-7 各地区限额以上住宿业企业损益及分配

单位：万元

地 区	主营业务收入	主营业务成本	销售费用	管理费用	财务费用	利润总额
全 国	**32654855**	**11788139**	**9238216**	**8573816**	**1262242**	**195955**
北 京	3495528	943650	1034046	1173824	137847	71484
天 津	376775	135769	117906	115050	16737	-24286
河 北	798741	338564	240367	210096	37281	-68608
山 西	609593	283355	164034	144371	26511	-52589
内蒙古	465692	202942	112023	111866	5911	444
辽 宁	1037735	416140	253696	300075	28187	-12867
吉 林	296407	126191	79909	80305	9826	-10651
黑龙江	320882	108207	92062	97652	7856	-4525
上 海	1928104	497334	650605	622301	64709	29528
江 苏	2136009	818754	586198	596424	91843	-61306
浙 江	3324076	1321601	900325	780903	191852	36093
安 徽	660481	270984	189588	158898	30934	-14331
福 建	1186578	427550	352531	259911	50012	39545
江 西	475514	176851	135087	115604	21827	-11840
山 东	1809956	793175	444408	389031	49070	37397
河 南	1195913	598911	259055	225540	37205	18059
湖 北	854182	378924	208037	196755	29514	-3824
湖 南	1242589	500180	277826	301872	72508	-3136
广 东	4451528	1424798	1424329	1124467	154299	46514
广 西	565196	183412	196687	158091	23585	-12571
海 南	1009157	233608	258407	304090	27725	140521
重 庆	596991	261707	137490	142241	29925	-437
四 川	1246047	394546	378306	318086	53245	34196
贵 州	274529	97342	82022	73208	9142	421
云 南	629165	219650	189334	164273	17256	7333
西 藏	46762	13253	16783	13229	796	234
陕 西	883905	315653	241438	220832	23054	28115
甘 肃	235696	100434	60802	56812	5851	-3711
青 海	64361	18057	24060	17174	1076	1257
宁 夏	71340	26683	25524	16474	2540	-4988
新 疆	365427	159914	105332	84364	4120	-5515

5-2-8 各地区限额以上餐饮业企业损益及分配

单位：万元

地 区	主营业务收入	主营业务成本	销售费用	管理费用	财务费用	利润总额
全 国	**37357138**	**19153916**	**9785540**	**4038391**	**515426**	**1622929**
北 京	4785338	2163081	1640316	540186	40600	171666
天 津	919282	460545	246165	95861	6262	64763
河 北	450550	247892	117609	49677	6861	2124
山 西	797342	421368	201704	96434	20229	4482
内蒙古	517140	254155	108364	71416	8241	30923
辽 宁	1281754	674548	285635	122386	13967	104182
吉 林	191394	98631	27824	34218	3258	15050
黑龙江	257462	141376	46222	28503	1851	16852
上 海	3647226	1685212	1226464	425536	39111	126282
江 苏	2946510	1445549	822665	353744	45512	90561
浙 江	2651758	1433686	651723	307670	56262	89494
安 徽	709269	386611	174306	83661	16450	5764
福 建	1165716	639568	258626	125397	11284	61061
江 西	311700	176733	61929	32948	4424	17215
山 东	2792932	1574288	518607	295793	62055	178317
河 南	1287277	808773	173583	86716	15403	127007
湖 北	1289006	678731	327414	138422	27630	23524
湖 南	825342	470440	163524	87232	15574	14242
广 东	5198468	2541023	1474973	498985	50535	221993
广 西	272664	138212	71912	27179	3490	9678
海 南	130469	66401	36814	15914	1237	-1849
重 庆	1149968	726174	178032	88818	7945	64773
四 川	1661658	837558	432349	184174	25259	86880
贵 州	152146	78841	36230	23422	3316	-663
云 南	321776	174549	73167	38735	4781	15718
西 藏	7370	4843	1652	93	24	202
陕 西	1132442	572107	299093	121523	14040	69829
甘 肃	233678	125625	54574	20323	3385	9827
青 海	34457	16253	9216	6585	1363	-509
宁 夏	124234	55612	38045	22116	4217	-1496
新 疆	110811	55534	26805	14726	860	5037

【主要统计指标解释】

资产总计 指企业过去的交易或者事项形成的、由企业拥有或者控制的、预期会给企业带来经济利益的资源。资产一般按流动性分为流动资产和非流动资产。其中流动资产可分为货币资金、交易性金融资产、应收票据、应收账款、预付款项、其他应收款、存货等；非流动资产可分为长期股权投资、固定资产、无形资产及其他非流动资产等。

流动资产合计 资产满足以下条件之一应归为流动资产：（1）预计在一个正常营业周期中变现、出售或耗用，主要包括存货、应收账款等；（2）主要为交易目的而持有；（3）预计在资产负债表日起一年内（含一年）变现；（4）自资产负债日起一年内，交换其他资产或清偿负债的能力不受限制的现金或现金等价物。包括货币资金、应收票据、应收账款、存货等项目。

固定资产合计 指企业为生产商品、提供劳务、出租或经营管理而持有的，使用寿命超过一个会计年度的有形资产。包括使用期限超过一年的房屋、建筑物、机器、机械、运输工具以及其他与生产、经营有关的设备、器具、工具等。固定资产合计是时点指标，表示固定资产经过扣减折旧、减值准备等后的期末余额。

负债合计 指企业过去的交易或者事项形成的，预期会导致经济利益流出企业的现时义务。负债一般按偿还期长短分为流动负债和非流动负债。

所有者权益合计 指企业资产扣除负债后由所有者享有的剩余权益。公司的所有者权益又称股东权益。包括实收资本、资本公积、盈余公积、未分配利润等。

主营业务收入 指企业确认的销售商品、提供劳务等主营业务的收入。

主营业务成本 指企业经营主要业务所发生的成本总额。

销售费用 指企业在销售商品过程中发生的包装费、广告费等费用和为销售本企业商品而专设的销售机构的职工薪酬、业务费等经营费用。

管理费用 指企业为组织和管理企业生产经营所发生的费用，包括企业在筹建期间内发生的开办费、董事会和行政管理部门在企业经营管理中发生的，或者应当由企业统一负担的公司经费等。

财务费用 指企业为筹集生产经营所需资金等而发生的筹资费用，包括企业生产经营期间发生的利息支出（减利息收入）、汇兑损失（减汇兑收益）以及相关的手续费等。

利润总额 指企业在一定会计期间的经营成果，是生产经营过程中各种收入扣除各种耗费后的盈余，反映企业在报告期内实现的亏盈总额。

5 第三产业部分行业主要财务指标

5-3 信息传输、软件和信息技术服务业

简要说明

一、主要内容

电信主要财务情况，主要包括电信运营企业的资产、营业收入和利润等指标。

二、统计范围

包括从事电信运营的中国电信、中国移动、中国联通三家基础电信企业，不含专用网业务资料。业务范围分为国内业务量和国际及港澳业务量（对台业务量统计在港澳中）。

三、资料来源

本篇资料由国家统计局服务业统计司负责整理、编辑，资料来源于工业和信息化部。

5-3-1 电信主要财务情况

单位：亿元

指　　标	2002	2003	2004	2005	2006	2007	2008	2009	2010	2011
主营业务收入	4222.29	4597.64	5275.11	5840.12	6491.80	7398.60	8148.00	8544.09	9079.14	9880.41
固定通信业务收入								2849.14	2795.96	2705.79
移动通信业务收入								5694.95	6283.17	7174.62
主营业务成本	2751.61	2459.02	2567.44	2720.45	2994.00	3422.58	3941.61	4116.29	4361.02	4980.15
利润总额	766.24	742.89	931.18	1265.07	1355.83	1737.22	1750.30	1730.71	1458.46	1668.26
资产总额	13059.52	14214.94	15526.89	16419.27	17462.80	18148.46	19857.43	21169.05	22194.60	23408.52

5-3-2 各地区电信主要财务情况

单位：亿元

地　区	主营业务收入	主营业务成本	利润总额	资产总额
全　国	**9880.41**	**4980.15**	**1668.26**	**23408.52**
北　京	468.63	234.59	116.58	932.91
天　津	145.56	74.10	27.31	311.75
河　北	416.33	215.84	65.20	774.08
山　西	233.85	131.64	25.24	430.60
内蒙古	191.38	108.70	14.76	351.41
辽　宁	388.45	196.27	57.83	706.21
吉　林	163.89	99.48	8.23	333.45
黑龙江	230.51	127.04	20.81	446.87
上　海	471.35	248.94	99.54	851.88
江　苏	749.54	326.60	180.29	1308.68
浙　江	669.40	315.90	146.10	1205.13
安　徽	293.79	135.93	63.72	551.65
福　建	383.84	182.81	78.66	713.80
江　西	202.49	97.58	27.24	378.58
山　东	584.79	265.89	130.36	1091.77
河　南	426.46	219.13	65.96	860.24
湖　北	333.60	167.49	49.97	622.23
湖　南	342.64	161.54	60.74	617.70
广　东	1357.81	635.86	394.56	2930.98
广　西	237.47	118.87	39.39	417.89
海　南	78.57	44.29	15.54	155.19
重　庆	177.73	100.55	26.31	310.29
四　川	433.75	230.35	59.44	794.86
贵　州	164.60	92.30	16.00	281.14
云　南	239.91	111.73	38.94	463.24
西　藏	24.42	17.36	-7.97	74.26
陕　西	258.93	127.21	43.17	449.61
甘　肃	129.72	68.03	13.09	252.13
青　海	37.33	21.52	0.72	86.54
宁　夏	46.45	23.80	4.95	90.00
新　疆	163.95	96.06	8.61	317.58
不分地区	-166.72	-17.26	-223.04	4295.88

【主要统计指标解释】

主营业务收入 指电信企业经营的基础电信业务和增值电信业务所取得的资费收入，以及电信企业之间网间互联电信业务的结算收入。

主营业务成本 指电信企业在通信生产过程中实际发生的与通信生产直接有关的各项费用支出。

利润总额 指电信企业在生产经营过程中，通过销售过程将商品卖给购买方，实现收入，收入扣除当初的投入成本以及其他一系列费用，再加减非经营性质的收支及投资收益。

资产总额 指过去的交易或事项形成并由电信企业拥有或控制的所有资源，该资源预期会给企业带来经济利益，按其流动性分为流动资产和非流动资产。

5 第三产业部分行业主要财务指标

5-4　房地产业

简要说明

本篇资料仅包含房地产业中的房地产开发经营部分资料。

房地产开发统计资料来自2011年全国房地产开发企业上报的基层库，除个别指标外，均为自年初累计数据。主要内容包括：历年房地产开发企业主要财务情况。主要分组包括按地区、用途、登记注册类型、资质等级等。

数据口径变化：2004年财务指标为经济普查数据。

5-4-1 房地产开发企业经营情况

单位：亿元

年 份 地 区	主营业务 收 入	土地转让 收 入	商品房屋 销售收入	房屋出租 收 入	其他收入	主营业务 税金及附加	营业利润
1995	1731.66	194.40	1258.28	25.79	253.19	90.30	143.41
1996	1968.79	120.34	1533.76	29.99	284.69	92.78	17.98
1997	2218.46	103.28	1755.21	38.79	321.18	104.21	-10.35
1998	2951.21	132.25	2408.41	49.32	361.23	138.81	-10.66
1999	3026.01	103.25	2555.02	62.74	305.00	145.36	-35.09
2000	4515.71	129.61	3896.82	95.32	393.96	214.57	73.28
2001	5471.66	188.99	4729.42	117.35	435.90	273.45	125.47
2002	7077.85	225.13	6145.80	144.57	562.34	370.15	252.91
2003	9137.27	279.72	8153.69	164.33	539.53	493.72	430.37
2004	13314.46	410.09	11752.20	305.58	846.59	413.04	857.97
2005	14769.35	341.43	13316.77	290.29	820.86	845.25	1109.19
2006	13046.76	300.65	16621.36	316.79	807.96	1127.12	1669.89
2007	23397.13	427.92	21604.21	386.81	978.19	1660.30	2436.61
2008	26696.84	466.85	24394.12	521.47	1314.40	1829.20	3432.23
2009	34606.23	498.05	32507.83	544.27	1056.08	2585.49	4728.58
2010	42996.48	519.19	40585.33	742.92	1149.04	3464.66	6111.48
2011	44491.28	664.66	41697.91	904.28	1224.43	3832.98	5798.58
北 京	2619.95	102.19	2167.74	174.74	175.27	282.06	467.50
天 津	954.04	21.86	872.61	14.15	45.42	79.11	108.95
河 北	1226.55	2.04	1197.16	4.09	23.26	97.89	97.65
山 西	354.92	1.93	330.66	8.78	13.55	27.31	5.73
内蒙古	910.01	13.25	888.38	4.56	3.82	70.95	61.19
辽 宁	2294.74	19.06	2217.79	20.42	37.47	171.00	270.06
吉 林	639.16	0.10	631.65	2.45	4.97	41.93	30.37
黑龙江	841.90	1.69	821.57	4.77	13.88	60.80	82.09
上 海	2967.54	108.56	2426.99	307.34	124.66	333.34	703.32
江 苏	5085.84	100.45	4844.92	44.83	95.64	415.78	639.37
浙 江	2972.72	14.61	2858.53	28.14	71.43	275.61	424.70
安 徽	1538.58	15.73	1481.97	10.51	30.37	115.03	154.74
福 建	1468.74	9.52	1401.08	18.22	39.91	141.56	233.09
江 西	798.76	4.15	781.80	5.49	7.33	64.85	99.36
山 东	2781.31	14.50	2684.04	12.95	69.81	208.21	215.51
河 南	1386.52	4.57	1340.04	20.32	21.60	105.52	161.42
湖 北	1511.14	47.58	1398.35	17.44	47.77	142.31	189.59
湖 南	1212.12	18.73	1150.26	6.67	36.46	95.46	66.52
广 东	4645.97	65.29	4320.79	107.04	152.86	469.19	972.01
广 西	702.32	5.22	681.31	8.14	7.65	53.48	77.88
海 南	416.72	5.42	397.58	6.41	7.31	40.58	54.05
重 庆	1631.59	54.74	1498.62	27.39	50.84	132.92	197.54
四 川	2212.82	15.93	2108.05	17.11	71.74	173.19	220.00
贵 州	494.80	0.74	463.08	5.46	25.52	37.43	41.41
云 南	690.32	9.55	649.58	10.78	20.42	53.37	16.92
西 藏	8.00	0.02	7.90	0.07		0.38	0.76
陕 西	1055.19	2.95	1034.26	4.75	13.24	68.64	117.32
甘 肃	219.27	1.78	209.07	2.54	5.88	14.88	6.99
青 海	73.74	0.27	71.92	0.38	1.17	5.44	-3.44
宁 夏	261.16	0.80	257.72	2.12	0.52	17.75	19.85
新 疆	514.82	1.43	502.49	6.26	4.64	37.00	66.15

5-4-2 按登记注册类型分的房地产开发企业资产总计

单位：亿元

地区	总计	内资	国有	集体	股份合作	国有联营	集体联营	国有与集体联营	其他联营
全国	**284359.44**	**244074.85**	**25491.55**	**1861.97**	**653.33**	**216.77**	**36.48**	**115.53**	**68.13**
北京	29892.16	25244.75	1088.20	145.41	4.70				
天津	11204.36	10060.33	2853.70	140.39	11.17	9.26	0.31	32.37	
河北	7281.31	7066.19	81.88	8.82	28.24				
山西	2874.86	2781.84	169.89	7.11	10.55				
内蒙古	3632.73	3623.03	64.96	6.68	10.39			0.34	
辽宁	13732.88	10642.89	386.25	6.77	32.40	18.22			
吉林	2620.83	2456.05	70.19	9.93	1.73	0.26		0.76	
黑龙江	4347.00	4185.84	257.37	8.16	2.89		4.72		
上海	28986.07	23001.21	5753.73	362.29	20.96	67.55	25.40	63.64	1.91
江苏	25300.19	21489.56	3113.96	260.15	52.79	6.88	0.42	2.84	4.25
浙江	24189.73	21819.91	967.20	83.28	16.95	65.64	0.00	2.47	13.98
安徽	7562.94	7101.18	613.84	7.94	8.19	19.35		0.16	6.80
福建	10885.21	8887.81	1701.52	45.61	8.35	12.41	0.36	1.51	1.50
江西	3784.11	3434.10	547.35	1.83	13.36		1.20		3.25
山东	15242.56	13966.40	1533.70	281.74	76.46	1.13	2.08		0.88
河南	6516.87	5891.98	115.52	11.01	20.76	0.07			1.19
湖北	7578.88	6911.30	991.82	34.85	27.29			1.21	1.35
湖南	5902.60	5555.41	346.39	41.57	74.83	8.32	0.92	8.15	3.22
广东	28232.79	20213.20	1021.38	273.59	97.91		0.68		21.01
广西	4363.59	4049.09	304.76	13.69	6.12	0.70		0.53	1.98
海南	3136.17	2545.09	192.35	0.10	38.54			0.60	0.83
重庆	9932.69	8495.24	1853.89	6.01	3.70				0.14
四川	10634.59	9064.72	434.95	33.75	44.50	2.38			1.17
贵州	3023.60	2915.97	303.43	0.88	4.29	2.31			
云南	5108.10	4846.49	229.55	45.49	17.12	0.66	0.01	0.67	
西藏	43.98	43.98	4.34	1.34				0.07	0.66
陕西	3758.94	3331.50	256.24	18.61	14.80		0.38	0.21	4.04
甘肃	1174.05	1121.91	140.01	3.76	0.94				
青海	479.46	468.55	23.25		3.36	1.63			
宁夏	1178.34	1112.45	18.12	1.05					
新疆	1757.83	1746.87	51.83	0.14	0.05				

5-4-2 续表 1

单位：亿元

地 区	国有独资公司	其他有限责任公司	股份有限公司	私营独资	私营合伙	私营有限责任公司	私营股份有限公司	其他内资企业	港澳台商投资	合资经营
全 国	**10880.87**	**113426.32**	**15053.80**	**3186.64**	**588.99**	**64124.81**	**5421.28**	**2948.39**	**25631.34**	**8500.60**
北 京	1271.32	18588.08	2370.42	1.52	2.88	1698.46	73.75		2991.01	654.46
天 津	1117.53	3460.63	430.45	145.94	1.58	1675.71	48.99	132.24	530.85	226.41
河 北	33.25	3570.07	363.40	219.75	11.32	2302.27	210.30	236.89	86.70	49.21
山 西	25.96	723.00	129.63	23.69	0.99	1557.55	76.06	57.41	51.16	30.53
内蒙古	77.87	1858.10	227.48	59.69	3.59	1234.77	27.70	51.49	2.33	2.33
辽 宁	172.82	3881.65	919.91	154.43	16.92	3599.28	1331.77	122.49	1824.64	798.06
吉 林	63.40	1420.40	94.14	38.16	2.52	685.94	31.50	37.13	121.94	34.04
黑龙江	354.14	1799.71	239.91	190.70	9.47	1228.88	71.01	18.91	50.00	26.12
上 海	1563.69	8132.99	1081.27	250.16	23.37	5235.07	281.88	137.27	3554.84	1457.04
江 苏	484.42	8090.28	1035.22	593.25	94.65	6972.62	460.74	317.09	2357.66	880.26
浙 江	718.43	10741.77	999.06	172.20	25.69	7623.44	276.91	112.89	1133.93	483.25
安 徽	571.74	3442.85	272.40	149.49	42.36	1617.81	168.32	179.95	257.28	122.88
福 建	601.93	3665.37	382.18	52.25	20.68	2167.73	99.55	126.87	1622.77	536.77
江 西	135.36	1406.41	221.80	50.46	27.05	847.17	131.91	46.95	248.81	94.17
山 东	423.73	6351.22	904.87	191.98	33.93	3622.17	319.07	223.45	901.01	491.61
河 南	84.15	3458.02	381.45	90.42	23.25	1449.62	94.12	162.41	384.25	123.27
湖 北	153.20	2700.59	719.68	88.07	12.62	1797.87	164.41	218.34	409.09	173.74
湖 南	481.50	2876.31	234.92	65.14	21.66	1178.83	165.37	48.27	248.32	109.72
广 东	597.13	9818.60	2190.96	208.33	23.58	5175.51	592.81	191.72	5782.05	993.05
广 西	523.23	1154.23	171.12	77.25	9.03	1669.40	73.75	43.30	185.44	84.64
海 南	32.28	1708.49	110.10	49.87	6.57	307.34	31.95	66.08	557.36	271.54
重 庆	666.07	2654.80	289.58	32.81	13.66	2733.66	147.47	93.45	964.10	465.90
四 川	349.44	4475.74	611.68	80.50	9.68	2756.37	128.62	135.92	770.44	204.99
贵 州	32.18	1561.39	147.25	16.80	6.57	720.16	100.18	20.52	75.99	35.97
云 南	101.95	2217.30	276.09	79.96	33.88	1641.65	140.49	61.66	235.34	76.30
西 藏		12.75	0.73	3.33		19.91	0.85			
陕 西	53.29	1958.99	170.62	52.91	2.51	667.20	68.01	63.70	225.87	26.46
甘 肃	0.09	565.99	41.68	12.13	1.15	328.24	16.73	11.18	27.19	20.68
青 海	21.00	195.86	14.01	11.49	0.96	160.38	27.65	8.96	1.28	0.68
宁 夏	73.87	272.55	6.82	15.13	0.43	689.96	24.55	9.98	19.35	19.35
新 疆	95.83	662.19	14.97	8.82	106.46	759.85	34.85	11.89	10.34	7.17

5-4-2 续表 2

单位：亿元

地 区					外商投资					
	合作经营	独 资	股份有限	其 他		合资经营	合作经营	独 资	股份有限	其 他
全 国	**3269.60**	**13200.14**	**610.67**	**50.33**	**14653.26**	**4698.86**	**1462.23**	**7635.23**	**854.90**	**2.04**
北 京	971.74	1351.62	13.19		1656.41	668.83	383.60	334.78	269.20	
天 津	60.89	243.56			613.18	173.93	36.70	401.53	1.02	
河 北	0.63	36.86			128.43	18.98	5.27	104.18		
山 西	1.83	18.79			41.86	17.18		24.68		
内蒙古					7.37	3.19		4.18		
辽 宁	20.84	987.52	4.18	14.04	1265.36	492.98	153.09	594.94	23.87	0.47
吉 林	0.33	86.69	0.88		42.84	35.48	5.45	1.90		
黑龙江		19.99	3.71	0.17	111.16	41.89	4.93	64.35		
上 海	123.91	1955.48	18.41		2430.02	629.45	149.50	1318.17	332.90	
江 苏	92.01	1315.27	52.74	17.37	1452.97	560.03	77.71	802.93	12.30	
浙 江		631.68	19.01		1235.88	268.45		958.31	9.13	
安 徽	9.63	111.52	13.26		204.48	89.46		105.31	9.70	
福 建	77.89	988.69	19.43		374.63	92.83	2.63	258.30	20.88	
江 西	1.86	152.78			101.20	77.95		15.40	7.85	
山 东	92.63	315.56	1.20		375.15	201.21	47.10	126.84		
河 南	21.79	239.18	0.01		240.64	71.09		139.24	30.12	0.19
湖 北	0.37	186.11	48.87		258.49	85.26	31.80	132.88	7.16	1.39
湖 南	4.08	134.34	0.18		98.86	55.10	3.67	39.53	0.56	
广 东	1745.60	2854.82	169.84	18.74	2237.54	532.52	298.29	1368.81	37.92	
广 西	25.67	73.06	2.07		129.06	67.93	16.11	45.03		
海 南		90.36	195.46		33.72	18.03		14.53	1.16	
重 庆		498.20			473.35	146.38	74.24	179.25	73.48	
四 川	3.80	513.42	48.23		799.44	235.40	59.62	486.86	17.55	
贵 州		40.02			31.64	17.43	9.80	4.31	0.10	
云 南	0.56	158.48			26.28	11.59	14.69			
西 藏										
陕 西	13.53	185.88			201.56	42.91	87.74	70.91		
甘 肃		6.51			24.95	23.19	0.30	1.47		
青 海		0.60			9.63	9.63				
宁 夏					46.53	9.92		36.62		
新 疆		3.17			0.62	0.62				

5-4-3 按资质等级分的房地产开发企业资产总计

单位：亿元

地 区	总 计	一 级	二 级	三 级	四 级	暂 定	其 他
全 国	**284359.44**	**32231.07**	**58849.65**	**56337.33**	**27219.16**	**93235.81**	**16486.42**
北 京	29892.16	6813.06	4757.39	3477.08	7531.19	5183.13	2130.32
天 津	11204.36	1015.60	2393.35	1081.92	2249.21	4316.43	147.85
河 北	7281.31	750.54	1450.42	1526.11	1558.43	1757.99	237.82
山 西	2874.86	106.08	436.99	639.94	1119.56	556.97	15.32
内蒙古	3632.73	354.00	923.36	708.59	1013.31	569.02	64.44
辽 宁	13732.88	1339.78	1471.90	2744.34	100.96	7457.37	618.52
吉 林	2620.83	77.12	591.34	635.49	334.37	947.57	34.94
黑龙江	4347.00	235.07	1766.49	1443.40	47.86	647.88	206.29
上 海	28986.07	4917.04	5072.78	2922.53	66.85	13649.32	2357.55
江 苏	25300.19	2207.79	10988.31	3116.11	78.81	8144.51	764.65
浙 江	24189.73	2895.44	4075.32	5538.66	1005.81	7823.34	2851.17
安 徽	7562.94	184.94	1295.41	1882.85	218.28	3775.15	206.31
福 建	10885.21	1074.79	1751.28	2473.07	1594.80	3471.31	519.96
江 西	3784.11	59.20	951.55	1177.06	236.73	1239.80	119.79
山 东	15242.56	918.62	1897.46	3081.28	1687.45	6929.39	728.36
河 南	6516.87	516.28	1404.15	1048.41	218.15	3190.64	139.24
湖 北	7578.88	1245.08	2097.93	1476.13	500.03	2040.50	219.21
湖 南	5902.60	187.21	623.66	2774.96	227.40	1993.59	95.77
广 东	28232.79	3738.35	3578.41	7182.78	3486.10	6801.16	3446.00
广 西	4363.59	65.91	539.55	973.20	310.79	2096.54	377.60
海 南	3136.17	21.46	395.99	792.34	204.63	1555.95	165.78
重 庆	9932.69	1210.56	4315.69	1417.57	40.51	2939.03	9.33
四 川	10634.59	759.03	2652.97	4449.27	160.74	1985.20	627.38
贵 州	3023.60	103.08	560.35	675.07	711.65	891.19	82.25
云 南	5108.10	536.46	1004.60	666.60	1155.02	1578.55	166.88
西 藏	43.98	0.88	8.63	23.97	5.85	2.57	2.09
陕 西	3758.94	387.22	808.70	1153.53	838.73	482.37	88.39
甘 肃	1174.05	27.31	272.28	447.31	164.11	255.23	7.81
青 海	479.46	35.29	203.73	91.10	26.04	117.66	5.65
宁 夏	1178.34	176.57	324.84	216.55	131.58	318.12	10.67
新 疆	1757.83	271.31	234.79	500.11	194.19	518.33	39.10

5-4-4 按登记注册类型分的房地产开发企业负债合计

单位：亿元

地 区	总 计	内 资	国 有	集 体	股份合作	国有联营	集体联营	国有与集体联营	其他联营
全 国	**214469.96**	**187485.38**	**17652.36**	**1488.55**	**493.03**	**152.99**	**32.00**	**97.24**	**51.70**
北 京	23853.62	20245.88	835.26	132.30	4.56				
天 津	8279.11	7475.84	2208.53	91.29	7.11	8.25	0.02	32.58	
河 北	5909.82	5760.52	76.59	8.66	22.03				
山 西	2450.98	2370.95	156.87	6.44	4.57				
内蒙古	2920.70	2915.11	38.11	6.53	4.56			0.20	
辽 宁	10715.06	8978.14	319.67	6.16	29.49	15.34			
吉 林	2075.40	1941.05	54.71	9.62	1.47	0.11		0.63	
黑龙江	3148.98	3026.40	217.98	1.69	1.93		4.81		
上 海	19509.47	16171.07	3688.25	298.42	16.54	51.21	22.82	50.72	1.59
江 苏	18529.16	16187.79	2035.37	206.00	39.11	6.03	0.30	2.34	3.46
浙 江	18946.67	17298.56	752.65	70.29	13.77	34.02		0.86	13.86
安 徽	5773.92	5430.76	392.27	5.97	2.92	16.84		0.09	4.86
福 建	7823.04	6412.98	1113.71	38.31	8.15	9.46	0.25	0.85	1.02
江 西	2578.17	2320.94	195.58	1.17	10.64		1.00		0.54
山 东	12084.35	11154.68	1186.80	221.21	59.35	0.63	1.41		0.88
河 南	4859.42	4398.27	82.95	7.57	12.48				0.60
湖 北	5468.14	5036.73	799.75	28.80	19.49			0.89	0.85
湖 南	4368.33	4147.22	255.64	30.40	56.51	6.66	0.68	6.39	2.76
广 东	21823.12	15969.62	728.36	211.11	78.24		0.49		14.70
广 西	3194.20	2971.99	211.40	10.94	4.90	0.31		0.63	1.74
海 南	2521.22	2055.94	156.42		33.67			0.39	0.31
重 庆	6873.34	5975.05	1061.73	4.53	3.28				0.06
四 川	7767.01	6909.79	313.18	32.49	25.33	0.26			0.73
贵 州	2425.27	2343.65	197.23	0.58	2.08	1.73			
云 南	4066.01	3889.63	177.45	45.11	14.07	0.63	0.01	0.66	
西 藏	31.14	31.14	3.38	0.90				0.01	0.20
陕 西	2937.08	2649.88	210.90	9.21	13.50		0.21	0.01	3.55
甘 肃	882.78	843.43	106.49	2.06	0.23				
青 海	393.79	384.58	19.64		3.04	1.51			
宁 夏	948.99	886.16	16.62	0.69					
新 疆	1311.69	1301.61	38.85	0.09	0.02				

5-4-4 续表 1

单位：亿元

地区	国有独资公司	其他有限责任公司	股份有限公司	私营独资	私营合伙	私营有限责任公司	私营股份有限公司	其他内资企业	港澳台商投资	合资经营
全国	**7221.86**	**89294.21**	**10933.64**	**2391.65**	**430.36**	**50505.68**	**4488.30**	**2251.80**	**17177.61**	**5560.61**
北京	973.17	15219.94	1620.04	1.57	1.64	1395.09	62.30		2339.96	481.56
天津	767.61	2574.47	310.18	103.07	0.98	1251.88	37.62	82.25	383.44	163.55
河北	29.67	2916.21	314.24	142.77	8.21	1867.30	152.81	222.03	54.88	33.87
山西	23.88	607.43	97.61	18.83	0.23	1343.91	56.55	54.63	40.96	24.44
内蒙古	71.92	1460.70	188.21	47.90	2.02	1031.62	23.01	40.35	1.04	1.04
辽宁	163.65	3191.64	727.38	128.86	14.09	2972.64	1303.29	105.91	1010.69	451.96
吉林	43.47	1137.12	76.78	24.24	1.35	535.56	25.85	30.13	95.08	22.25
黑龙江	191.58	1343.70	185.45	104.42	4.92	903.75	52.17	14.00	32.54	15.07
上海	951.37	6074.46	675.75	190.92	17.16	3814.63	233.22	84.00	2020.07	657.97
江苏	288.66	6271.63	779.17	418.66	81.67	5468.08	369.68	217.63	1476.28	618.70
浙江	524.54	8459.51	737.20	142.36	21.16	6202.90	235.07	90.38	717.21	327.94
安徽	336.38	2727.92	210.21	118.69	34.78	1281.65	140.29	157.87	193.86	93.28
福建	426.84	2817.11	256.41	41.44	17.01	1542.70	60.40	79.31	1150.80	385.53
江西	70.69	1039.03	179.70	33.79	19.86	654.79	84.89	29.26	188.55	80.96
山东	315.39	5120.04	710.34	159.08	27.23	2911.47	259.79	181.07	646.20	361.73
河南	35.94	2615.59	279.32	62.66	15.80	1106.14	64.10	115.13	272.89	87.65
湖北	103.83	1931.26	509.09	62.65	5.51	1303.32	116.64	154.64	247.44	118.18
湖南	314.36	2190.21	169.92	49.12	16.23	901.08	113.32	33.94	150.38	79.83
广东	410.77	8004.10	1509.45	183.14	20.12	4208.35	438.54	162.26	4156.79	698.61
广西	310.39	888.44	135.51	64.98	6.84	1245.22	56.53	34.16	120.07	53.31
海南	28.83	1370.94	82.25	39.83	6.38	251.96	30.77	54.18	438.79	216.13
重庆	354.86	1982.70	204.73	30.17	12.12	2153.17	123.07	44.63	593.30	315.41
四川	225.31	3406.52	482.42	68.19	2.92	2147.99	96.28	108.15	404.87	129.86
贵州	30.22	1292.57	114.29	11.47	5.65	586.17	85.90	15.76	50.63	26.17
云南	72.25	1749.53	210.17	65.70	24.04	1355.41	125.34	49.27	162.40	54.40
西藏		10.01	0.41	0.47		15.05	0.71			
陕西	41.17	1570.93	112.88	38.70	1.53	535.14	55.66	56.49	179.29	20.03
甘肃		418.38	31.28	9.85	0.98	253.55	11.70	8.92	21.12	16.27
青海	20.48	159.24	10.98	10.39	0.18	127.28	23.98	7.85	0.80	0.37
宁夏	53.46	216.78	6.01	10.92	0.19	557.02	17.77	6.70	17.77	17.77
新疆	41.17	526.08	6.26	6.80	59.59	580.82	31.06	10.89	9.53	6.78

5-4-4 续表 2 单位：亿元

地区					外商投资					
	合作经营	独资	股份有限	其他		合资经营	合作经营	独资	股份有限	其他
全国	**2514.29**	**8668.31**	**401.56**	**32.84**	**9806.98**	**3217.08**	**974.10**	**4997.40**	**616.54**	**1.85**
北京	799.81	1050.07	8.53		1267.78	531.02	287.19	244.33	205.23	
天津	49.66	170.22			419.83	118.20	29.44	271.83	0.36	
河北	0.98	20.04			94.41	19.32	5.10	69.99		
山西	1.86	14.66			39.08	18.41		20.67		
内蒙古					4.55	1.16		3.39		
辽宁	15.81	531.11	1.21	10.60	726.24	310.00	103.50	308.00	4.38	0.35
吉林	0.23	71.73	0.87		39.27	33.23	4.52	1.52		
黑龙江		15.04	2.32	0.11	90.03	33.15	5.14	51.74		
上海	72.15	1274.58	15.37		1318.34	264.55	66.51	759.13	228.15	
江苏	47.55	776.26	25.94	7.83	865.09	359.55	56.64	440.03	8.87	
浙江		376.66	12.61		930.90	150.81		773.75	6.34	
安徽	10.54	82.77	7.26		149.30	73.64		66.49	9.18	
福建	70.63	683.34	11.30		259.27	77.93	0.68	170.34	10.33	
江西	1.17	106.42			68.68	52.04		10.03	6.61	
山东	72.44	211.83	0.20		283.47	152.64	35.65	95.18		
河南	14.73	170.52			188.25	47.69		111.91	28.57	0.08
湖北	0.03	93.25	35.98		183.97	67.50	28.23	82.22	4.59	1.43
湖南	3.22	67.24	0.09		70.73	41.20	1.76	27.60	0.17	
广东	1325.43	2024.65	93.81	14.29	1696.71	460.56	213.03	990.94	32.17	
广西	15.28	49.55	1.94		102.14	56.10	10.24	35.80		
海南		67.41	155.24		26.50	14.85		10.47	1.17	
重庆		277.88			305.00	100.26	43.14	105.71	55.89	
四川	3.17	242.95	28.90		452.34	152.89	22.98	261.95	14.53	
贵州		24.45			31.00	17.18	10.23	3.59	0.01	
云南		108.00			13.98	7.17	6.81			
西藏										
陕西	9.61	149.65			107.90	21.26	43.25	43.39		
甘肃		4.85			18.22	16.76	0.08	1.39		
青海		0.43			8.41	8.41				
宁夏					45.05	9.05		36.01		
新疆		2.75			0.55	0.55				

5-4-5 按资质等级分的房地产开发企业负债合计

单位：亿元

地 区	总 计	一 级	二 级	三 级	四 级	暂 定	其 他
全 国	**214469.96**	**23869.94**	**44336.12**	**42990.49**	**21495.87**	**69866.25**	**11911.30**
北 京	23353.62	5367.30	3867.43	2792.67	6132.23	4139.75	1554.24
天 津	8279.11	735.14	1845.52	740.45	1697.22	3151.65	109.12
河 北	5909.82	643.89	1191.41	1240.64	1273.04	1366.30	194.53
山 西	2450.98	80.59	391.98	566.56	961.77	439.39	10.70
内蒙古	2920.70	295.40	749.81	580.61	792.06	457.99	44.83
辽 宁	10715.06	1065.86	1166.42	2200.25	89.91	5767.62	425.02
吉 林	2075.40	59.09	468.59	504.23	259.77	762.08	21.65
黑龙江	3148.98	194.34	1252.86	1071.66	27.53	486.18	116.41
上 海	19509.47	3083.45	3393.11	2075.75	39.70	9395.68	1521.78
江 苏	18529.16	1639.46	8045.69	2372.43	58.44	5826.86	586.28
浙 江	18946.67	2223.41	3246.74	4346.10	776.49	6171.51	2182.41
安 徽	5773.92	148.56	941.69	1447.65	163.45	2905.40	167.16
福 建	7823.04	699.86	1357.21	1815.28	1158.91	2479.97	311.82
江 西	2578.17	40.39	618.45	734.09	169.01	940.49	75.73
山 东	12084.35	760.28	1587.21	2425.33	1272.71	5486.35	552.47
河 南	4859.42	383.55	1045.16	797.59	152.63	2380.21	100.27
湖 北	5468.14	934.07	1552.18	1063.21	353.33	1401.60	163.75
湖 南	4368.33	137.03	474.69	2009.20	160.54	1517.37	69.51
广 东	21823.12	2749.70	2742.14	5555.00	2826.85	5350.57	2598.85
广 西	3194.20	45.87	375.69	728.59	238.25	1545.07	260.74
海 南	2521.22	18.46	330.67	602.80	182.08	1258.00	129.21
重 庆	6873.34	832.25	2903.98	1048.33	26.12	2057.55	5.13
四 川	7767.01	563.41	2024.82	3313.67	116.01	1361.41	387.70
贵 州	2425.27	80.81	491.02	551.59	598.18	638.38	65.29
云 南	4066.01	420.05	785.25	561.38	908.64	1256.85	133.83
西 藏	31.14	0.91	5.68	17.02	4.39	1.27	1.87
陕 西	2937.08	309.61	664.05	869.51	653.90	363.10	76.90
甘 肃	882.78	20.00	213.47	339.13	114.80	189.64	5.73
青 海	393.79	28.48	167.96	68.68	20.90	102.97	4.80
宁 夏	948.99	143.79	263.15	184.01	105.87	244.66	7.50
新 疆	1311.69	164.91	172.11	367.08	161.15	420.39	26.05

5-4-6 按登记注册类型分的房地产开发企业所有者权益

单位：亿元

地 区	总 计	内 资							
			国 有	集 体	股份合作	国有联营	集体联营	国 有 与 集体联营	其他联营
全 国	**69889.73**	**56589.72**	**7839.19**	**373.41**	**160.29**	**63.78**	**4.48**	**18.28**	**16.43**
北 京	6038.74	4999.06	252.94	13.11	0.13				
天 津	2925.26	2584.49	645.17	49.10	4.06	1.01	0.29	-0.21	
河 北	1371.50	1305.66	5.29	0.17	6.21				
山 西	423.89	410.90	13.01	0.67	5.98				
内蒙古	712.03	707.92	26.84	0.15	5.83			0.14	
辽 宁	3017.82	1664.75	66.58	0.61	2.91	2.87			
吉 林	545.43	515.00	15.47	0.30	0.26	0.15		0.13	
黑龙江	1198.02	1159.44	39.39	6.47	0.96		-0.09		
上 海	9476.60	6830.14	2065.48	63.87	4.42	16.34	2.58	12.92	0.32
江 苏	6771.03	5301.78	1078.59	54.15	13.68	0.85	0.12	0.50	0.79
浙 江	5243.07	4521.35	214.55	12.99	3.18	31.62		1.62	0.12
安 徽	1789.03	1670.42	221.57	1.97	5.27	2.51		0.07	1.94
福 建	3062.17	2474.83	587.81	7.29	0.21	2.94	0.11	0.66	0.48
江 西	1205.95	1113.16	351.78	0.66	2.72		0.20		2.71
山 东	3158.21	2811.72	346.91	60.52	17.11	0.50	0.66		
河 南	1657.45	1493.71	32.57	3.44	8.28	0.07			0.59
湖 北	2110.74	1874.57	192.07	6.05	7.80			0.31	0.50
湖 南	1534.27	1408.19	90.75	11.17	18.32	1.66	0.25	1.76	0.46
广 东	6409.67	4243.58	293.02	62.48	19.67		0.19		6.31
广 西	1169.44	1077.15	93.36	2.75	1.22	0.40		-0.10	0.24
海 南	614.94	489.16	35.93	0.10	4.87			0.21	0.51
重 庆	3059.34	2520.18	792.15	1.48	0.43				0.08
四 川	2867.59	2154.93	121.77	1.26	19.17	2.13			0.44
贵 州	598.32	572.32	106.20	0.30	2.21	0.58			
云 南	1042.09	956.86	52.10	0.37	3.05	0.03		0.01	
西 藏	12.84	12.84	0.96	0.45				0.06	0.46
陕 西	821.86	681.62	45.35	9.41	1.30		0.17	0.20	0.48
甘 肃	291.28	278.48	33.52	1.71	0.72				
青 海	85.68	83.97	3.61		0.32	0.11			
宁 夏	229.35	226.29	1.49	0.36					
新 疆	446.14	445.26	12.98	0.05	0.03				

5-4-6 续表 1 单位：亿元

地 区	国有独资公司	其他有限责任公司	股份有限公司	私营独资	私营合伙	私营有限责任公司	私营股份有限公司	其他内资企业	港澳台商投资	合资经营
全 国	**3659.01**	**24132.31**	**4120.16**	**794.99**	**158.63**	**13619.18**	**932.99**	**696.59**	**8453.73**	**2939.99**
北 京	298.15	3368.34	750.38	-0.05	1.24	303.37	11.45		651.05	172.90
天 津	349.97	886.16	120.27	42.88	0.60	423.82	11.37	50.00	147.41	62.86
河 北	3.59	653.85	49.16	76.98	3.11	434.97	57.49	14.86	31.82	15.34
山 西	2.08	115.57	32.02	4.86	0.76	213.64	19.52	2.78	10.20	6.09
内蒙古	5.95	397.40	39.26	11.79	1.57	203.15	4.69	11.14	1.29	1.29
辽 宁	9.16	690.01	192.52	25.57	2.83	626.63	28.47	16.58	813.96	346.10
吉 林	19.93	283.29	17.36	13.91	1.17	150.38	5.65	6.99	26.86	11.79
黑龙江	162.56	456.00	54.46	86.28	4.55	325.12	18.84	4.91	17.46	11.04
上 海	612.32	2058.53	405.52	59.24	6.21	1420.44	48.66	53.27	1534.77	799.08
江 苏	195.76	1818.64	256.06	174.59	12.98	1504.54	91.06	99.46	881.38	261.56
浙 江	193.89	2282.25	261.86	29.83	4.53	1420.54	41.85	22.51	416.73	155.31
安 徽	235.36	714.92	62.19	30.79	7.57	336.16	28.02	22.08	63.43	29.59
福 建	175.09	848.26	125.77	10.80	3.67	625.03	39.14	47.56	471.98	151.24
江 西	64.67	367.38	42.10	16.67	7.19	192.37	47.02	17.69	60.26	13.21
山 东	108.34	1231.17	194.53	32.90	6.70	710.70	59.29	42.38	254.81	129.88
河 南	48.21	842.44	102.13	27.76	7.44	343.47	30.02	47.28	111.35	35.62
湖 北	49.37	769.33	210.58	25.42	7.11	494.56	47.77	63.70	161.65	55.56
湖 南	167.14	686.10	65.00	16.03	5.43	277.74	52.06	14.33	97.94	29.89
广 东	186.37	1814.50	681.51	25.20	3.46	967.16	154.27	29.46	1625.26	294.44
广 西	212.84	265.79	35.61	12.28	2.19	424.23	17.22	9.14	65.36	31.33
海 南	3.46	337.55	27.85	10.03	0.19	55.38	1.18	11.90	118.57	55.41
重 庆	311.20	672.10	84.85	2.63	1.54	580.49	24.40	48.82	370.80	150.49
四 川	124.13	1069.22	129.26	12.31	6.76	608.38	32.34	27.77	365.57	75.13
贵 州	1.96	268.82	32.97	5.33	0.93	134.00	14.28	4.76	25.36	9.79
云 南	29.70	467.77	65.92	14.26	9.85	286.25	15.15	12.39	72.93	21.90
西 藏		2.74	0.32	2.86		4.86	0.13			
陕 西	12.12	388.06	57.74	14.21	0.98	132.06	12.36	7.20	46.58	6.42
甘 肃	0.09	147.61	10.40	2.29	0.16	74.68	5.04	2.26	6.07	4.41
青 海	0.53	36.62	3.03	1.10	0.79	33.10	3.67	1.11	0.49	0.32
宁 夏	20.41	55.76	0.81	4.22	0.24	132.93	6.78	3.28	1.58	1.58
新 疆	54.66	136.10	8.71	2.02	46.87	179.03	3.80	1.00	0.81	0.39

5-4-6 续表 2

单位：亿元

地区	合作经营	独资	股份有限	其他	外商投资	合资经营	合作经营	独资	股份有限	其他
全国	**755.31**	**4531.83**	**209.11**	**17.49**	**4846.28**	**1481.78**	**488.13**	**2637.83**	**238.36**	**0.19**
北京	171.93	301.55	4.67		388.63	137.81	96.41	90.45	63.96	
天津	11.22	73.34			193.35	55.73	7.26	129.70	0.66	
河北	-0.34	16.82			34.02	-0.35	0.17	34.19		
山西	-0.03	4.14			2.79	-1.23		4.01		
内蒙古					2.82	2.03		0.79		
辽宁	5.03	456.42	2.98	3.43	539.12	182.98	49.59	286.94	19.49	0.12
吉林	0.10	14.96	0.01		3.57	2.25	0.94	0.38		
黑龙江		4.96	1.40	0.06	21.13	8.74	-0.21	12.61		
上海	51.75	680.90	3.04		1111.68	364.90	82.99	559.04	104.75	
江苏	44.46	539.01	26.80	9.54	587.88	200.48	21.06	362.90	3.43	
浙江		255.01	6.40		304.99	117.64		184.55	2.79	
安徽	-0.92	28.75	6.00		55.18	15.83		38.83	0.53	
福建	7.26	305.35	8.13		115.36	14.90	1.95	87.95	10.55	
江西	0.69	46.36			32.53	25.91		5.37	1.25	
山东	20.20	103.73	1.00		91.68	48.57	11.45	31.66		
河南	7.06	68.66	0.01		52.39	23.40		27.33	1.55	0.11
湖北	0.34	92.86	12.89		74.52	17.77	3.57	50.65	2.57	-0.04
湖南	0.87	67.11	0.08		28.14	13.90	1.91	11.93	0.39	
广东	420.17	830.17	76.03	4.45	540.83	71.95	85.26	377.87	5.75	
广西	10.39	23.51	0.13		26.92	11.82	5.87	9.23		
海南		22.95	40.21		7.22	3.18		4.05	-0.01	
重庆		220.31			168.36	46.12	31.11	73.54	17.59	
四川	0.63	270.47	19.34		347.09	82.51	36.64	224.92	3.02	
贵州		15.57			0.64	0.25	-0.43	0.72	0.10	
云南	0.56	50.47			12.30	4.42	7.87			
西藏										
陕西	3.93	36.23			93.66	21.65	44.49	27.52		
甘肃		1.66			6.73	6.43	0.22	0.08		
青海		0.17			1.22	1.22				
宁夏					1.48	0.87		0.61		
新疆		0.42			0.07	0.07				

5-4-7 按资质等级分的房地产开发企业所有者权益

单位：亿元

地 区	总 计	一 级	二 级	三 级	四 级	暂 定	其 他
全 国	**69889.73**	**8361.13**	**14513.53**	**13346.84**	**5723.29**	**23369.72**	**4575.22**
北 京	6038.74	1445.76	889.96	684.41	1398.96	1043.47	576.18
天 津	2925.26	280.46	547.83	341.47	551.98	1164.78	38.73
河 北	1371.50	106.65	259.01	285.47	285.39	391.69	43.29
山 西	423.89	25.50	45.01	73.39	157.79	117.58	4.62
内蒙古	712.03	58.60	173.55	127.99	221.26	111.04	19.61
辽 宁	3017.82	273.93	305.49	544.09	11.06	1689.76	193.50
吉 林	545.43	18.04	122.76	131.26	74.60	185.49	13.29
黑龙江	1198.02	40.73	513.63	371.75	20.33	161.70	89.89
上 海	9476.60	1833.59	1679.67	846.78	27.16	4253.64	835.76
江 苏	6771.03	568.33	2942.62	743.68	20.38	2317.65	178.37
浙 江	5243.07	672.03	828.58	1192.56	229.32	1651.82	668.76
安 徽	1789.03	36.38	353.72	435.20	54.83	869.75	39.15
福 建	3062.17	374.92	394.07	657.80	435.89	991.34	208.14
江 西	1205.95	18.80	333.10	442.97	67.72	299.30	44.06
山 东	3158.21	158.34	310.25	655.95	414.74	1443.04	175.89
河 南	1657.45	132.73	358.99	250.82	65.52	810.43	38.96
湖 北	2110.74	311.01	545.75	412.93	146.69	638.90	55.46
湖 南	1534.27	50.18	148.97	765.76	66.86	476.23	26.26
广 东	6409.67	988.65	836.27	1627.77	659.25	1450.59	847.15
广 西	1169.44	20.04	163.86	244.61	72.54	551.53	116.85
海 南	614.94	3.01	65.32	189.54	22.55	297.96	36.57
重 庆	3059.34	378.31	1411.71	369.24	14.40	881.48	4.20
四 川	2867.59	195.63	628.15	1135.60	44.74	623.80	239.68
贵 州	598.32	22.27	69.34	123.48	113.47	252.81	16.96
云 南	1042.09	116.41	219.35	105.21	246.37	321.70	33.05
西 藏	12.84	-0.03	2.95	6.95	1.46	1.30	0.21
陕 西	821.86	77.61	144.65	284.02	184.83	119.26	11.48
甘 肃	291.28	7.31	58.81	108.17	49.31	65.59	2.08
青 海	85.68	6.81	35.77	22.42	5.14	14.69	0.85
宁 夏	229.35	32.78	61.69	32.54	25.71	73.46	3.17
新 疆	446.14	106.40	62.69	133.02	33.04	97.94	13.05

5-4-8 按登记注册类型分的房地产开发企业营业利润

单位：亿元

地区	总计	内资	国有	集体	股份合作	国有联营	集体联营	国有与集体联营	其他联营
全国	**5798.58**	**4659.93**	**310.97**	**19.10**	**19.93**	**7.29**	**-0.16**	**2.87**	**1.50**
北京	467.50	372.85	1.33	2.40	-0.15				
天津	108.95	85.31	30.88	-0.13	-0.01	0.62		-0.32	
河北	97.65	92.42	2.79	-0.45	0.04				
山西	5.73	5.95	0.35	-0.19	0.30				
内蒙古	61.19	61.24	1.25	-0.05	9.61				
辽宁	270.06	184.86	3.92	0.11	-0.94	-0.10			
吉林	30.37	27.15	0.66	-0.09	-0.08	0.01		0.14	
黑龙江	82.09	82.82	1.80	1.63	0.39		-0.35		
上海	703.32	516.55	66.34	-0.31	0.09	3.81	-0.01	3.41	-0.01
江苏	639.37	510.58	39.66	1.97	3.80	-0.22	-0.03		-0.22
浙江	424.70	371.87	8.60	0.20	0.86	0.03		0.01	-0.13
安徽	154.74	138.31	10.55	-0.03	0.05	0.51			-0.12
福建	233.09	178.52	21.30	0.53	0.14	1.84	-0.01		-0.01
江西	99.36	86.01	4.10	0.04	0.20		0.06		0.65
山东	215.51	203.92	6.00	6.53	-0.08	-0.03	0.15		-0.03
河南	161.42	139.13	8.49	-0.27	0.86				0.08
湖北	189.59	165.62	20.50	-0.11	0.22			0.02	-0.09
湖南	66.52	57.36	6.39	1.23	-0.82	0.78		-0.14	0.09
广东	972.01	732.96	22.93	2.03	1.58		0.03		1.43
广西	77.88	71.52	7.38	1.57	-0.23	0.08		0.01	-0.07
海南	54.05	33.73	4.51		2.00			-0.20	
重庆	197.54	148.52	17.54	0.15					
四川	220.00	166.43	8.17	-0.50	2.38	0.02			-0.04
贵州	41.41	41.69	3.54		-0.05	-0.01			
云南	16.92	7.38	1.80	-0.14	-0.57	-0.02		-0.03	
西藏	0.76	0.76	0.35	0.08				-0.01	0.03
陕西	117.32	87.77	8.06	2.96	0.25			-0.01	-0.07
甘肃	6.99	5.24	1.15	-0.05	0.04				
青海	-3.44	-3.37	0.16		0.04	-0.03			
宁夏	19.85	20.65	-0.05	-0.01					
新疆	66.15	66.19	0.54	-0.01					

5-4-8 续表 1

单位：亿元

地 区									港澳台商投资	
	国有独资公司	其他有限责任公司	股份有限公司	私营独资	私营合伙	私营有限责任公司	私营股份有限公司	其他内资企业		合资经营
全 国	**108.16**	**2441.11**	**607.34**	**59.60**	**22.58**	**917.70**	**79.89**	**62.05**	**711.02**	**287.99**
北 京	18.77	301.26	41.51	0.00	-0.02	9.50	-1.75		56.58	18.69
天 津	-1.43	25.05	16.69	4.57	0.39	5.45	4.25	-0.71	5.60	3.88
河 北	1.02	68.68	5.20	-0.48	0.20	9.89	0.68	4.85	2.17	1.04
山 西	-0.13	4.67	0.87	-0.27	-0.03	3.30	-1.60	-1.32	0.50	0.74
内蒙古	-0.20	25.87	2.14	0.80	0.66	23.37	0.79	-3.01	0.04	0.04
辽 宁	-3.12	68.99	74.12	0.84	0.14	32.39	1.49	7.01	45.21	31.11
吉 林	-0.64	17.69	0.75	0.79	0.01	5.89	2.49	-0.44	3.15	-0.31
黑龙江	1.79	40.13	2.85	7.06	0.35	25.70	1.10	0.36	-0.38	-0.11
上 海	26.58	233.40	65.47	11.35	-0.23	99.73	1.45	5.48	114.40	83.45
江 苏	12.98	224.27	23.71	12.66	1.49	160.14	19.36	11.01	75.14	24.90
浙 江	4.72	253.48	42.17	-0.13	-0.17	58.37	-2.14	6.01	4.40	3.40
安 徽	4.57	96.38	8.92	0.35	-0.18	14.91	1.13	1.27	12.42	6.22
福 建	3.75	77.44	14.66	-0.26	-0.05	52.18	7.06	-0.05	44.78	10.07
江 西	2.57	54.43	2.40	-0.40	2.92	14.22	4.59	0.13	10.04	0.64
山 东	6.43	100.80	31.29	1.99	0.48	38.59	5.53	6.27	11.98	15.14
河 南	0.71	80.39	6.99	4.27	0.78	25.58	4.90	6.35	13.92	6.06
湖 北	1.90	61.18	52.05	1.68	1.34	17.82	4.95	4.15	11.98	1.46
湖 南	-0.02	43.27	-4.60	1.35	0.01	9.09	1.01	-0.26	5.32	0.85
广 东	16.81	335.52	186.98	3.21	-0.48	137.22	17.12	8.58	196.00	33.13
广 西	-0.32	16.85	4.09	0.36	0.21	42.24	-0.12	-0.53	2.14	2.61
海 南	-0.02	14.25	5.27	5.18	-0.04	5.32	-1.33	-1.21	17.85	18.83
重 庆	1.50	66.91	5.72	-0.28	-0.93	52.61	3.74	1.56	26.28	10.43
四 川	3.57	71.24	12.41	0.35	-0.01	61.17	0.94	6.74	31.38	12.37
贵 州	0.01	38.53	1.85	-0.14	-0.09	-4.29	3.50	-1.17	-0.11	-0.08
云 南	0.79	12.54	2.44	3.58	-0.05	-14.13	0.72	0.44	9.82	0.68
西 藏		-0.09	0.02	0.11		0.26				
陕 西	1.17	67.86	0.31	0.37	-0.13	5.28	1.16	0.58	9.94	2.84
甘 肃		5.73	0.35	0.57	-0.04	-1.13	-0.88	-0.48	0.77	0.12
青 海	-0.12	-0.13	0.17	-0.13	0.01	-2.54	-0.80			0.02
宁 夏	2.69	9.52	-0.18	0.08		7.55	0.40	0.65	-0.24	-0.24
新 疆	1.73	25.00	0.71	0.17	16.04	22.04	0.16	-0.21	-0.04	

5-4-8 续表 2

单位：亿元

地 区					外商投资					
	合作经营	独 资	股份有限	其 他		合资经营	合作经营	独 资	股份有限	其 他
全 国	**71.26**	**338.29**	**14.24**	**-0.76**	**427.62**	**155.40**	**76.52**	**181.38**	**14.28**	**0.05**
北 京	7.25	27.43	3.22		38.06	16.35	18.77	-1.82	4.75	
天 津	-0.31	2.04			18.05	7.85	-0.65	10.43	0.42	
河 北	-0.07	1.20			3.06	-0.45	-0.04	3.55		
山 西	-0.07	-0.17			-0.73	-0.65		-0.08		
内蒙古					-0.09	-0.11		0.02		
辽 宁		14.29	-0.06	-0.13	39.99	13.26	8.56	18.24	-0.18	0.11
吉 林		3.44	0.02		0.07	-0.11	0.17	0.01		
黑龙江		-0.12	-0.15	-0.01	-0.35	1.39	-0.09	-1.65		
上 海	5.56	25.83	-0.44		72.37	27.91	7.45	33.37	3.64	
江 苏	9.71	38.69	1.53	0.31	53.65	13.59	6.45	33.67	-0.05	
浙 江		1.02	-0.02		48.43	36.15		12.16	0.12	
安 徽	-0.17	6.44	-0.07		4.01	0.37		3.82	-0.17	
福 建	-0.85	34.58	0.98		9.79	-0.05	0.12	9.35	0.37	
江 西	0.04	9.36			3.30	4.29		-0.09	-0.90	
山 东	-0.73	-2.43			-0.39	0.60	0.47	-1.46		
河 南	0.61	7.25			8.38	6.14		1.90	0.32	0.02
湖 北		8.08	2.43		11.99	4.49	3.04	3.61	0.92	-0.08
湖 南	-0.14	4.60			3.84	0.37	-0.10	3.57		
广 东	49.92	105.79	8.09	-0.94	43.05	12.75	4.32	25.21	0.77	
广 西	-0.27	-0.23	0.04		4.22	1.64	0.14	2.44		
海 南		-0.10	-0.89		2.47	0.84		1.63		
重 庆		15.84			22.74	5.14	7.04	8.18	2.38	
四 川	-0.11	19.56	-0.45		22.19	-2.66	6.51	16.46	1.89	
贵 州		-0.03			-0.16	0.21	-0.37			
云 南		9.13			-0.28	-0.07	-0.20			
西 藏										
陕 西	0.89	6.22			19.61	5.30	14.92	-0.61		
甘 肃		0.65			0.98	1.01		-0.02		
青 海		-0.02			-0.06	-0.06				
宁 夏					-0.56	-0.07		-0.49		
新 疆		-0.04								

5-4-9 按资质等级分的房地产开发企业营业利润

单位：亿元

地 区	总 计	一 级	二 级	三 级	四 级	暂 定	其 他
全 国	**5798.58**	**1133.22**	**1436.94**	**1190.68**	**509.55**	**1343.46**	**184.73**
北 京	467.50	160.47	111.01	52.72	126.02	17.90	-0.62
天 津	108.95	32.12	11.76	22.33	9.80	33.79	-0.85
河 北	97.65	1.00	39.77	19.32	28.01	4.17	5.38
山 西	5.73	7.99	-0.71	4.14	2.90	-8.32	-0.28
内蒙古	61.19	24.76	8.79	1.36	15.73	7.97	2.58
辽 宁	270.06	86.74	36.67	62.51	1.42	81.40	1.32
吉 林	30.37	1.68	5.83	4.82	5.81	10.75	1.48
黑龙江	82.09	7.97	26.84	26.07	1.68	12.94	6.59
上 海	703.32	84.07	103.17	77.48	3.17	402.07	33.36
江 苏	639.37	62.18	309.46	102.89	1.76	143.22	19.86
浙 江	424.70	105.99	96.55	119.11	12.37	77.38	13.29
安 徽	154.74	7.23	55.08	57.30	1.17	29.11	4.85
福 建	233.09	36.14	50.84	73.02	46.55	27.21	-0.67
江 西	99.36	4.51	18.97	51.24	6.65	17.89	0.08
山 东	215.51	29.03	28.35	26.08	33.26	89.14	9.64
河 南	161.42	21.02	36.77	16.94	11.61	74.41	0.67
湖 北	189.59	38.43	59.98	69.25	8.95	15.43	-2.44
湖 南	66.52	3.71	23.00	18.70	1.85	19.93	-0.66
广 东	972.01	281.44	119.67	196.17	136.73	160.83	77.16
广 西	77.88	1.84	31.06	20.15	10.61	9.40	4.82
海 南	54.05	1.67	13.29	15.68	10.22	15.00	-1.81
重 庆	197.54	52.05	111.40	8.51	0.95	24.61	0.02
四 川	220.00	29.81	79.76	86.28	-0.86	21.59	3.41
贵 州	41.41	2.75	-0.73	-0.02	8.87	30.95	-0.41
云 南	16.92	10.90	17.59	-2.93	0.32	-13.73	4.76
西 藏	0.76	-0.01	0.48	0.22	-0.01	0.04	0.05
陕 西	117.32	6.05	21.60	41.72	20.59	25.03	2.34
甘 肃	6.99	1.02	2.01	2.81	3.76	-3.10	0.48
青 海	-3.44	0.09	-0.17	-0.46	-0.90	-2.05	0.06
宁 夏	19.85	5.45	5.24	2.22	0.73	5.82	0.38
新 疆	66.15	25.11	13.60	15.05	-0.18	12.66	-0.09

5-4-10 按登记注册类型分的房地产开发企业利润总额

单位：亿元

地 区	总 计	内 资							
			国 有	集 体	股份合作	国有联营	集体联营	国 有 与 集体联营	其他联营
全 国	**5847.51**	**4720.60**	**379.71**	**21.63**	**10.90**	**7.29**	**-0.14**	**3.20**	**1.74**
北 京	478.10	382.85	6.85	2.57	-0.15				
天 津	134.02	105.40	30.87	-0.03	-0.01	0.62		-0.32	
河 北	85.01	80.48	2.22	-0.43	0.13				
山 西	3.39	3.62	0.54	-0.19	0.30				
内蒙古	45.65	45.71	1.26	0.01	-0.08				
辽 宁	275.39	189.88	5.92	0.22	-0.90	-0.06			
吉 林	35.06	32.00	0.62	0.03	-0.08			0.14	
黑龙江	89.06	89.44	1.88	1.63	0.39		-0.35		
上 海	750.85	561.55	76.79	0.05	0.09	4.09	-0.01	3.55	-0.01
江 苏	619.28	499.84	41.35	2.12	2.93	-0.22	-0.03		-0.22
浙 江	454.96	402.96	10.46	0.44	2.04	0.03			-0.13
安 徽	162.98	149.41	31.72	-0.02	0.02	0.51			0.09
福 建	238.89	186.31	21.77	0.67	0.13	1.90	-0.01	-0.01	0.01
江 西	83.82	67.08	4.27	0.06	0.20		0.06		0.78
山 东	219.00	203.26	6.95	6.45	0.28	-0.03	0.15		-0.03
河 南	158.39	135.39	10.20	-0.25	1.10				0.08
湖 北	197.38	166.11	21.53	-0.11	0.15			0.02	-0.09
湖 南	32.65	23.79	5.99	3.85	-0.96	0.44		-0.14	0.09
广 东	1002.65	761.18	33.96	2.38	1.70		0.05		1.44
广 西	76.22	70.67	8.98	1.41	-0.27	0.07		0.01	-0.07
海 南	59.30	42.42	5.34		2.00				
重 庆	192.61	150.83	22.42	-0.09					
四 川	194.71	151.35	6.41	-0.49	2.37				
贵 州	46.24	46.92	10.42	0.00	-0.07	-0.01			
云 南	22.88	13.72	1.49	-0.14	-0.70	-0.02		-0.03	
西 藏	0.61	0.61	0.35	0.08				-0.01	0.03
陕 西	109.89	80.59	8.08	1.46	0.19			-0.01	-0.22
甘 肃	3.81	2.07	0.65	-0.05	0.04				
青 海	-2.82	-2.75	0.17		0.04	-0.03			
宁 夏	18.21	18.59	-0.06						
新 疆	59.31	59.34	0.34	-0.01					

5-4-10 续表 1

单位：亿元

地 区									港澳台商投资	
	国有独资公司	其他有限责任公司	股份有限公司	私营独资	私营合伙	私营有限责任公司	私营股份有限公司	其他内资企业		合资经营
全 国	**128.44**	**2444.49**	**633.26**	**52.96**	**20.86**	**889.05**	**75.10**	**52.13**	**715.46**	**291.74**
北 京	19.15	299.63	43.89		-0.03	12.68	-1.73		56.40	18.88
天 津	2.84	29.99	19.21	5.62	0.39	12.64	4.58	-1.00	9.79	4.42
河 北	1.01	70.60	2.10	-7.77	0.17	6.41	1.21	4.82	2.30	1.02
山 西	-0.28	3.23	1.13	-0.27	-0.03	2.21	-1.58	-1.43	0.50	0.74
内蒙古	-0.24	25.61	-1.13	-0.65	0.65	23.78	-0.48	-3.01	0.04	0.04
辽 宁	3.22	64.33	75.86	0.36	0.15	32.07	1.53	7.15	45.89	30.62
吉 林	-0.64	20.57	0.69	0.52	-0.02	10.20	0.40	-0.44	3.02	-0.32
黑龙江	4.66	43.81	3.01	7.01	0.33	25.63	1.06	0.36	-0.38	-0.11
上 海	32.76	255.19	66.24	11.29	-0.12	104.57	1.58	5.49	115.48	81.79
江 苏	14.19	221.31	24.88	12.68	1.38	155.70	16.47	7.30	68.40	18.38
浙 江	5.69	263.37	45.56	0.14	-0.08	69.49	-0.85	6.81	4.05	3.83
安 徽	6.18	85.94	7.69	1.43	-0.25	13.49	0.94	1.66	11.46	6.16
福 建	3.34	80.45	14.92	-0.31	-0.01	59.34	7.16	-3.53	43.19	10.53
江 西	1.59	35.72	2.46	1.75	2.80	12.79	4.28	0.23	13.43	1.48
山 东	3.73	105.79	34.18	2.05	0.52	31.31	5.63	6.30	14.73	16.54
河 南	0.50	79.24	5.59	2.42	0.61	26.02	3.94	5.85	15.22	6.34
湖 北	1.94	65.45	52.08	1.30	-0.12	14.87	5.18	3.91	19.83	9.32
湖 南	0.62	10.50	-4.61	1.26	-0.08	5.64	1.36	-0.15	5.42	0.92
广 东	13.78	346.62	202.34	2.95	-0.42	130.79	17.11	8.48	199.70	34.58
广 西	0.39	15.60	8.13	-0.32	0.21	37.04	0.32	-0.83	1.73	2.22
海 南	-0.02	26.37	3.80	5.21	-0.06	1.37	-1.39	-0.21	15.34	18.49
重 庆	3.48	67.53	7.81	-0.07	-0.98	47.64	2.13	0.97	18.90	10.42
四 川	3.23	75.14	12.09	-1.01	-0.05	46.42	0.63	6.62	31.88	12.58
贵 州	0.12	45.02	2.33	-0.23	-0.07	-9.77	3.16	-3.99	-0.53	-0.26
云 南	0.88	11.29	1.94	6.68	0.50	-10.63	1.72	0.74	9.44	0.43
西 藏		-0.09	0.02	0.09		0.32	-0.17			
陕 西	1.17	64.69	0.21	0.32	-0.13	3.25	1.13	0.46	9.77	2.84
甘 肃		2.10	0.14	0.42	-0.04	-1.13	0.06	-0.10	0.76	0.11
青 海	-0.13	0.13	0.18	-0.13	0.01	-2.43	-0.57		-0.01	0.01
宁 夏	2.71	8.80	-0.18	0.05		7.20	0.14	-0.07	-0.24	-0.24
新 疆	1.88	20.58	0.71	0.18	15.62	20.14	0.18	-0.28	-0.03	-0.01

5-4-10 续表 2　　　　单位：亿元

地 区	合作经营	独 资	股份有限	其 他	外商投资	合资经营	合作经营	独 资	股份有限	其 他
全 国	**70.20**	**340.30**	**13.98**	**-0.76**	**411.45**	**159.25**	**75.97**	**162.73**	**13.44**	**0.05**
北 京	7.29	27.09	3.13		38.85	16.73	19.05	-1.78	4.85	
天 津	-0.29	5.67			18.83	8.40	-0.65	10.66	0.42	
河 北	-0.02	1.31			2.24	-0.45	-0.04	2.73		
山 西	-0.07	-0.17			-0.73	-0.65		-0.08		
内蒙古					-0.09	-0.11		0.02		
辽 宁	-0.01	15.40		-0.13	39.62	13.81	8.75	17.06	-0.12	0.11
吉 林		3.34			0.05	-0.13	0.17	0.01		
黑龙江		-0.26		-0.01		1.37	-0.09	-1.27		
上 海	5.54	28.60	-0.44		73.82	28.66	7.45	34.09	3.62	
江 苏	8.01	40.23	1.46	0.31	51.05	12.98	6.49	31.73	-0.15	
浙 江		0.27	-0.05		47.96	36.24		11.58	0.15	
安 徽	-0.17	5.54	-0.07		2.11	1.35		0.93	-0.17	
福 建	-0.81	32.47	1.00		9.38	-0.06	0.11	8.93	0.40	
江 西	0.02	11.92			3.31	4.30		-0.09	-0.90	
山 东	-0.66	-1.15			1.01	2.08	0.55	-1.62		
河 南	0.69	8.20			7.78	5.87		1.58	0.32	0.02
湖 北	0.00	8.07	2.43		11.44	4.89	3.04	3.60		-0.08
湖 南	-0.14	4.64			3.44	0.13	-0.10	3.41		
广 东	50.30	105.80	9.95	-0.94	41.78	12.67	3.16	25.18	0.77	
广 西	-0.26	-0.27	0.04		3.82	1.70	0.13	1.99		
海 南		-0.14	-3.02		1.55	0.84		0.71		
重 庆		8.49			22.88	5.10	7.04	8.36	2.38	
四 川	-0.10	19.85	-0.45		11.48	-2.63	6.57	5.65	1.89	
贵 州		-0.27			-0.15	0.23	-0.37			
云 南		9.01			-0.28	-0.08	-0.21			
西 藏										
陕 西	0.89	6.04			19.53	5.16	14.91	-0.55		
甘 肃		0.65			0.98	1.01		-0.03		
青 海		-0.02			-0.06	-0.06				
宁 夏					-0.14	-0.09		-0.05		
新 疆		-0.03								

5-4-11 按资质等级分的房地产开发企业利润总额

单位：亿元

地区	总计	一级	二级	三级	四级	暂定	其他
全国	**5847.51**	**1171.77**	**1442.65**	**1135.05**	**504.04**	**1376.61**	**217.40**
北京	478.10	166.44	117.41	51.92	125.28	16.04	1.00
天津	134.02	36.30	16.43	21.98	21.12	38.77	-0.56
河北	85.01	2.79	41.99	9.03	27.07	-0.67	4.80
山西	3.39	8.20	-2.10	3.89	2.04	-8.37	-0.28
内蒙古	45.65	16.14	7.72	1.07	11.81	6.35	2.57
辽宁	275.39	88.34	39.34	64.71	2.18	80.54	0.27
吉林	35.06	1.66	5.24	8.87	5.85	11.91	1.52
黑龙江	89.06	7.81	33.11	25.17	1.66	13.06	8.25
上海	750.85	97.32	118.64	81.12	3.18	412.35	38.23
江苏	619.28	60.99	295.89	98.24	1.10	146.28	16.77
浙江	454.96	113.96	104.28	124.64	13.20	81.81	17.07
安徽	162.98	7.03	53.18	54.43	-0.55	43.40	5.49
福建	238.89	32.38	45.85	73.01	44.73	34.94	7.97
江西	83.82	7.08	19.88	42.72	6.28	7.77	0.09
山东	219.00	32.15	30.13	29.21	34.67	85.17	7.66
河南	158.39	20.68	37.00	17.05	13.07	70.13	0.47
湖北	197.38	36.47	60.84	73.38	7.26	21.22	-1.79
湖南	32.65	2.94	19.18	-14.10	4.68	20.42	-0.47
广东	1002.65	295.57	134.55	193.01	132.72	152.63	94.17
广西	76.22	2.04	31.66	18.87	5.12	13.07	5.45
海南	59.30	1.66	12.76	15.28	8.62	22.96	-1.97
重庆	192.61	53.97	105.51	11.37	0.94	20.82	0.01
四川	194.71	28.60	66.38	76.35	-1.72	21.91	3.18
贵州	46.24	2.97	-5.66	0.39	13.08	35.91	-0.44
云南	22.88	10.59	12.59	-1.89	-0.86	-2.68	5.13
西藏	0.61	-0.01	0.59	-0.05	-0.01	0.05	0.05
陕西	109.89	5.94	20.60	41.18	18.02	22.21	1.94
甘肃	3.81	1.01	1.14	0.16	3.46	-2.43	0.47
青海	-2.82	0.35	-0.22	-0.23	-0.91	-1.89	0.06
宁夏	18.21	5.55	5.77	1.85	0.89	3.78	0.37
新疆	59.31	24.82	12.96	12.41	0.05	9.14	-0.07

5-4-12　按登记注册类型分的房地产开发企业主营业务收入

单位：亿元

地　区	总　计	内　资	国　有	集　体	股份合作	国有联营	集体联营	国有与集体联营	其他联营
全　国	**44491.28**	**38614.83**	**2397.17**	**278.14**	**166.74**	**30.90**	**5.46**	**21.50**	**17.67**
北　京	2619.95	2229.30	65.31	7.99					
天　津	954.04	808.15	213.39	4.90		4.02	0.02		
河　北	1226.55	1194.72	27.75		3.19				
山　西	354.92	348.89	16.47	2.25	1.89				
内蒙古	910.01	909.46	12.28	0.01	34.61			0.02	
辽　宁	2294.74	1806.57	161.19	6.81	1.10	0.60			
吉　林	639.16	618.58	14.07	0.25	0.30	0.05		1.88	
黑龙江	841.90	821.35	36.31	12.99	2.48		0.22		
上　海	2967.54	2286.49	314.21	26.39	0.80	14.42	1.83	16.15	
江　苏	5085.84	4321.61	321.10	31.30	23.01	0.19	0.10		
浙　江	2972.72	2696.55	63.61	15.78	7.51	1.50		0.77	
安　徽	1538.58	1435.86	79.70	0.96	0.16	3.22		0.02	2.43
福　建	1468.74	1179.64	117.12	11.51	2.04	0.10	0.05	0.12	0.03
江　西	798.76	699.18	35.79	2.48	2.50		1.05		3.06
山　东	2781.31	2635.28	146.40	68.88	8.23		0.68		0.28
河　南	1386.52	1296.47	47.44	2.91	9.81				0.41
湖　北	1511.14	1351.96	125.63	4.85	5.86			0.39	
湖　南	1212.12	1147.68	65.22	5.65	12.85	5.19		1.01	0.30
广　东	4645.97	3423.43	123.43	42.86	18.77		1.49		9.69
广　西	702.32	661.90	42.32	5.44	1.68	0.37		0.55	0.56
海　南	416.72	347.52	24.26		10.91			0.46	
重　庆	1631.59	1339.43	110.68	2.81	0.32				
四　川	2212.82	1935.20	49.09	1.30	11.89	1.21			
贵　州	494.80	484.13	55.02	0.23	0.88				
云　南	690.32	652.43	35.72	1.01	0.46	0.02			
西　藏	8.00	8.00	1.38	0.88				0.14	0.90
陕　西	1055.19	916.55	62.60	16.04	3.36		0.02		
甘　肃	219.27	210.26	19.66	1.56	0.29				
青　海	73.74	72.64	1.90		1.79				
宁　夏	261.16	261.12	0.13	0.11					
新　疆	514.82	514.45	7.96		0.06				

5-4-12 续表 1

单位：亿元

地区	国有独资公司	其他有限责任公司	股份有限公司	私营独资	私营合伙	私营有限责任公司	私营股份有限公司	其他内资企业	港澳台商投资	合资经营
全国	**751.13**	**18837.77**	**2208.25**	**671.94**	**151.42**	**11651.88**	**928.06**	**496.79**	**3642.73**	**1385.54**
北京	101.40	1758.78	141.57		0.04	153.50	0.69		240.05	90.01
天津	18.87	301.19	75.49	24.17	1.65	125.10	28.53	10.84	81.15	27.56
河北	8.40	657.75	66.82	30.82	1.41	350.34	30.09	18.14	11.64	4.84
山西	0.01	111.16	10.88	1.11	0.02	192.79	9.49	2.81	5.99	5.12
内蒙古	1.39	432.17	33.43	30.96	1.66	348.30	7.27	7.36	0.55	0.55
辽宁	25.61	728.54	91.46	32.74	8.17	681.74	43.01	25.60	266.87	135.08
吉林	4.94	307.85	16.23	12.99	0.40	242.43	15.26	1.93	18.08	0.35
黑龙江	14.24	422.93	46.43	22.55	6.75	242.23	9.72	4.51	3.00	1.23
上海	88.27	1107.99	60.83	63.11	0.81	555.00	17.66	19.00	427.82	249.24
江苏	76.92	1668.48	197.64	130.37	27.16	1627.58	163.42	54.34	464.53	189.44
浙江	39.69	1394.34	103.29	10.59	0.92	989.14	30.33	39.09	83.46	53.68
安徽	26.62	793.20	66.15	28.05	3.54	374.48	34.91	22.42	72.07	30.28
福建	31.81	483.14	51.73	2.92	1.63	446.21	20.64	10.59	224.36	64.32
江西	6.32	357.50	47.74	14.57	12.48	169.77	39.01	6.92	71.53	29.90
山东	32.71	1239.25	235.46	37.31	8.60	711.99	85.52	59.97	107.22	81.65
河南	4.48	749.91	87.30	27.63	12.97	277.43	33.91	42.26	54.42	25.69
湖北	9.80	574.81	219.20	23.71	2.80	322.09	39.69	23.14	89.60	31.27
湖南	10.01	612.11	73.78	20.61	9.72	266.65	54.10	10.48	42.10	19.49
广东	104.16	1749.63	245.30	47.41	4.82	934.45	98.98	42.45	848.59	142.20
广西	6.61	201.65	30.60	9.89	2.78	344.52	10.93	3.98	16.73	10.86
海南	0.02	217.35	20.19	17.40	0.32	54.24	0.93	1.46	57.28	49.10
重庆	31.46	488.56	35.17	6.22	2.05	612.04	36.52	13.60	190.74	50.65
四川	26.60	927.66	152.97	19.12	0.71	663.70	34.34	46.60	139.51	58.16
贵州	8.48	281.19	19.99	3.48	0.62	88.33	24.88	1.02	7.39	1.64
云南	19.09	276.01	29.77	20.46	6.31	230.30	19.11	14.16	37.70	13.59
西藏		0.83	0.25	0.83		2.62	0.18			
陕西	5.16	576.21	36.01	21.16	0.65	170.95	14.20	10.20	74.80	17.08
甘肃		103.42	5.73	6.15	0.88	65.38	6.85	0.34	4.21	2.14
青海	1.73	38.48	3.47	1.96	0.74	19.86	2.31	0.40	0.96	0.07
宁夏	31.53	73.86	0.24	1.42	0.12	144.50	7.20	2.01		
新疆	14.79	201.81	3.14	2.21	30.69	244.26	8.39	1.15	0.37	0.37

5-4-12 续表 2

单位：亿元

地 区					外商投资					
	合作经营	独 资	股份有限	其 他		合资经营	合作经营	独 资	股份有限	其 他
全 国	**357.14**	**1808.07**	**90.74**	**1.24**	**2233.72**	**823.51**	**268.42**	**1039.82**	**100.23**	**1.74**
北 京	52.51	88.77	8.76		150.60	58.24	50.81	8.71	32.84	
天 津	0.69	52.90			64.73	26.62		36.62	1.49	
河 北	0.04	6.76			20.18	0.42	0.36	19.40		
山 西	0.67	0.19			0.03	0.03				
内蒙古										
辽 宁	0.63	130.78		0.38	221.29	89.34	33.52	96.71	0.02	1.70
吉 林		17.62	0.11		2.50	0.71	1.25	0.54		
黑龙江		1.76	0.01		17.55	16.39		1.16		
上 海	17.35	161.23			253.23	83.33	29.09	113.86	26.95	
江 苏	31.13	231.20	11.91	0.86	299.70	98.07	21.90	178.50	1.24	
浙 江		29.41	0.38		192.70	121.44		69.22	2.05	
安 徽	1.49	40.30			30.65	8.89		21.75		
福 建	3.69	148.53	7.83		64.73	8.35		55.57	0.81	
江 西	0.61	41.02			28.05	26.01		0.83	1.21	
山 东	2.48	23.10			38.81	22.77	5.49	10.54		
河 南	5.37	23.36			35.64	23.09		11.00	1.50	0.04
湖 北	0.03	46.11	12.19		69.58	18.16	12.89	34.64	3.90	
湖 南		22.60	0.01		22.34	7.94		14.35	0.06	
广 东	235.48	423.73	47.17		373.95	112.76	37.69	216.91	6.58	
广 西	0.10	5.48	0.30		23.68	7.73	1.98	13.98		
海 南		6.11	2.08		11.91	3.11		8.81		
重 庆		140.09			101.42	31.41	14.36	44.58	11.06	
四 川	0.17	81.17			138.11	26.73	24.75	76.11	10.52	
贵 州		5.74			3.29	3.22		0.07		
云 南		24.12			0.19	0.19				
西 藏										
陕 西	4.69	53.04			63.85	23.71	34.19	5.94		
甘 肃		2.07			4.80	4.65	0.15			
青 海		0.88			0.15	0.15				
宁 夏					0.04	0.04				
新 疆										

5-4-13 按资质等级分的房地产开发企业主营业务收入

单位：亿元

地区	总计	一级	二级	三级	四级	暂定	其他
全国	**44491.28**	**3816.95**	**10100.80**	**10917.12**	**5031.00**	**13151.93**	**1473.47**
北京	2619.95	565.80	573.61	329.40	786.17	286.29	78.68
天津	954.04	123.45	122.68	123.18	264.21	314.09	6.43
河北	1226.55	90.55	281.43	260.61	351.98	201.61	40.37
山西	354.92	33.63	57.34	76.84	164.96	21.74	0.42
内蒙古	910.01	107.74	116.93	174.03	322.08	172.59	16.63
辽宁	2294.74	132.05	306.66	614.29	21.46	1142.93	77.34
吉林	639.16	18.45	121.30	157.79	151.05	178.09	12.48
黑龙江	841.90	38.17	236.16	357.95	50.34	128.64	30.63
上海	2967.54	111.04	487.62	395.70	14.34	1791.69	167.16
江苏	5085.84	368.41	2251.56	809.75	21.98	1499.31	134.83
浙江	2972.72	286.53	561.21	889.79	189.61	857.21	188.37
安徽	1538.58	42.12	335.74	518.90	58.76	540.09	42.96
福建	1468.74	124.44	284.80	503.38	194.63	342.96	18.53
江西	798.76	22.00	161.72	304.15	78.73	219.13	13.03
山东	2781.31	250.60	373.14	534.93	436.61	1087.12	98.92
河南	1386.52	100.45	302.98	225.83	74.35	662.32	20.59
湖北	1511.14	198.93	460.36	420.07	148.16	255.83	27.79
湖南	1212.12	43.88	170.70	552.24	64.29	365.90	15.12
广东	4645.97	460.45	583.85	1278.05	840.36	1145.74	337.52
广西	702.32	10.70	124.02	197.00	62.03	292.47	16.09
海南	416.72	14.27	39.24	77.47	50.58	226.29	8.88
重庆	1631.59	176.47	766.28	280.92	12.71	394.53	0.67
四川	2212.82	177.32	656.86	984.55	33.58	294.26	66.25
贵州	494.80	14.69	65.09	99.65	116.49	196.12	2.76
云南	690.32	83.45	166.06	95.32	161.44	166.94	17.11
西藏	8.00		2.77	3.87	0.42	0.61	0.33
陕西	1055.19	70.21	237.34	363.52	224.68	135.47	23.98
甘肃	219.27	5.48	44.23	79.80	51.14	33.25	5.36
青海	73.74	5.98	30.56	11.94	6.93	17.35	0.98
宁夏	261.16	57.66	74.23	45.17	27.70	54.64	1.77
新疆	514.82	82.04	104.31	151.05	49.24	126.70	1.49

【主要统计指标解释】

资产总计 指企业过去的交易或者事项形成的、由企业拥有或者控制的、预期会给企业带来经济利益的资源。资产一般按流动性分为流动资产和非流动资产。其中流动资产可分为货币资金、交易性金融资产、应收票据、应收账款、预付款项、其他应收款、存货等；非流动资产可分为长期股权投资、固定资产、无形资产及其他非流动资产等。根据会计“资产负债表”中“资产总计”项目的期末余额数填报。

执行2006年《企业会计准则》的企业：资产合计＝流动资产合计＋非流动资产合计；未执行2006年《企业会计准则》的企业：资产合计＝流动资产合计＋长期投资＋固定资产合计＋无形及递延资产小计＋其他资产。

负债合计 指企业过去的交易或者事项形成的，预期会导致经济利益流出企业的现时义务。负债一般按偿还期长短分为流动负债和非流动负债。根据会计“资产负债表”中“负债合计”项目的期末余额数填报。

执行2006年《企业会计准则》的企业：负债合计＝流动负债合计＋非流动负债合计；未执行2006年《企业会计准则》的企业：负债合计＝流动负债合计＋长期负债合计。

所有者权益合计 指企业资产扣除负债后由所有者享有的剩余权益。公司的所有者权益又称股东权益。包括实收资本、资本公积、盈余公积、未分配利润等。根据会计“资产负债表”中“所有者权益合计”项目的期末余额数填报。

主营业务收入 指企业确认的销售商品、提供劳务等主营业务的收入。根据会计“主营业务收入”科目的期末贷方余额填报。执行2006年《企业会计准则》的企业，如未设置该科目，以“营业收入”代替填报。

土地转让收入 指房地产开发企业（单位）按国家规定在报告期转让已经开发的土地和未经开发的土地所得到的收入。根据会计“利润表”和相关核算资料计算填报。

商品房屋销售收入 指房地产开发企业（单位）在报告期售出商品房屋的收入，一次收款的，一次性全部计入销售收入，按合同规定分期收款的，可按合同规定的时间分次计入收入。根据会计“利润表”和相关核算资料计算填报。

房屋出租收入 指房地产开发企业（单位）在报告期内，在不改变现有财产所有权关系的条件下，将企业的全部或部分房屋出租给其他单位或个人使用所得到的租金收入。根据会计“利润表”和相关核算资料计算填报。

其他收入 指房地产开发企业（单位）在报告期内从事除以上收入外的其他业务活动所得到的收入，包括配套设施销售收入、代建工程结算收入等。根据会计“利润表”和相关核算资料计算填报。

营业利润 指企业从事生产经营活动所取得的利润。执行2006年《企业会计准则》的企业，营业利润为营业收入减去营业成本、营业税金及附加、销售费用、管理费用、财务费用、资产减值损失，再加上公允价值变动收益和投资收益。未执行2006年《企业会计准则》的企业，营业利润为主营业务收入减去主营业务成本、主营业务税金及附加，加上其他业务利润后，再减去销售费用、管理费用、财务费用后的金额。根据会计“利润表”中“营业利润”项目的本期金额数填报。

利润总额 指企业在一定会计期间的经营成果，是生产经营过程中各种收入扣除各种耗费后的盈余，反映企业在报告期内实现的亏盈总额。根据会计“利润表”中“利润总额”项目的本期金额数填报。执行2006年《企业会计准则》的企业，利润总额为营业利润加上营业外收入，减去营业外支出后的金额；未执行2006年《企业会计准则》的企业，利润总额为营业利润加上投资收益、补贴收入、营业外收入，再减去营业外支出后的金额。

5 第三产业部分行业主要财务指标

5-5 教育

简要说明

一、主要内容

教育经费资料主要反映国家教育总费用和教育支出情况。

教育经费统计资料包括教育经费总额、国家财政性教育经费、预算内教育经费、民办学校办学经费、社会捐赠经费、教育事业收入和其他教育经费等。

二、资料来源

教育经费资料由教育部提供，详细资料见《中国教育经费统计年鉴》（教育部财务司编）。

5-5-1 教育经费情况

单位：万元

年份 地区	合计	国家财政性教育经费	#预算内教育经费	民办学校办学经费	社会捐赠经费	事业收入	#学杂费	其他教育经费
1992	8670491	7287506	5387382		696285		439319	
1993	10599374	8677618	6443914	33323	701856		871477	
1994	14887813	11747396	8839795	107795	974487		1469228	
1995	18779501	14115233	10283930	203672	1628414		2012423	
1996	22623394	16717046	12119134	261999	1884190		2610361	
1997	25317326	18625416	13577262	301746	1706588		3260792	
1998	29490592	20324526	15655917	480314	1418537	6091515	3697474	1175700
1999	33490416	22871756	18157597	628957	1258694	7497174	4636108	1233835
2000	38490806	25626056	20856792	858537	1139557	9382717	5948304	1483939
2001	46376626	30570100	25823762	1280895	1128852	11575137	7456014	1821643
2002	54800278	34914048	31142383	1725549	1272791	14609169	9227792	2278722
2003	62082653	38506237	34538583	2590148	1045927	17218399	11214985	2721943
2004	72425989	44658575	40278158	3478529	934204	20114268	13465517	3240414
2005	84188391	51610759	46656939	4522185	931613	23399991	15530545	3723842
2006	98153087	63483648	57956138	5490583	899078	24073042	15523301	4206736
2007	121480663	82802142	76549082	809337	930584	31772357	21309082	5166242
2008	145007374	104496296	96855602	698479	1026663	33670711	23492983	5115225
2009	165027065	122310935	114193032	749829	1254991	35275939	25155983	5435371
2010	195618471	146700670	134895629	1054254	1078839	41060664	30155593	5724045
中　央	21583467	14920947	14035055		150934	5347866	2595393	1163719
地　方	174035004	131779723	120860573	1054254	927905	35712797	27560200	4560325
北　京	6134448	5136580	4693182	6529	48389	808000	578991	134950
天　津	2920970	2270774	2103847	1163	6218	553129	364134	89685
河　北	7192734	5647497	5178041	14598	8285	1422726	1211145	99629
山　西	4508195	3529544	3193060	26046	9295	854277	699279	89033
内蒙古	4143731	3584765	3344758	4755	2017	487251	395818	64943
辽　宁	5242615	4834720	4367511	40605	1677	1261638	1019217	103975
吉　林	3445611	2747077	2605373	7690	4103	652271	537994	34472
黑龙江	4048565	3183150	2901742	17051	2739	823012	735480	22614
上　海	5582736	4407376	3935045	7583	9541	901393	736562	256843
江　苏	13146233	9234608	8142866	14591	169548	3117810	2312625	609676
浙　江	10625688	7336561	5884177	33772	147053	2486977	1919052	621325
安　徽	5990868	4488332	4172046	63061	21938	1305908	995547	111627
福　建	5341118	3913350	3603658	100520	36973	1189237	903345	101038
江　西	4494597	3175331	2984350	65600	20595	1070547	878067	162524
山　东	10395900	8029725	7180596	29561	33420	2161674	1677026	141521
河　南	9111164	6800265	6481601	99621	8250	1980533	1581738	222495
湖　北	5869164	3838175	3584633	31095	16254	1698149	1282738	285491
湖　南	6497608	4585048	4227052	33200	16087	1655954	1288148	207319
广　东	15327348	10440230	9808383	216728	106776	4234065	3310218	329549
广　西	4941416	3990786	3739829	23755	10620	847218	673105	69037
海　南	1422673	1133239	1045956	15426	13628	234577	185043	25802
重　庆	4068437	2893208	2687127	61406	42150	841898	587059	229775
四　川	8951781	6816497	6355855	70443	111231	1850014	1127335	103596
贵　州	3669550	3139157	2954220	15861	6827	452054	327349	55652
云　南	5336317	4480463	4226247	17631	23499	671821	533736	142904
西　藏	662293	641638	625959	678	1155	18642	15583	180
陕　西	5143635	3766663	3516784	14464	8757	1241636	989373	112116
甘　肃	3106736	2648616	2532466	7953	18745	401239	331816	30183
青　海	1062206	985919	949172	1485	2596	59363	45326	12843
宁　夏	994671	843802	789385	9119	4947	115953	90675	20850
新　疆	3655998	3256626	3045655	2266	14596	313833	226675	68678

注：2007年对部分教育经费统计指标进行了修订。“民办学校办学经费”1992-2006年是指社会团体和公民个人办学总经费，2007年以后是指民办学校中举办者投入。

5-5-2 各类学校教育经费情况

单位：万元

学校类别	合计	国家财政性教育经费	#预算内教育经费	民办学校办学经费	社会捐赠经费	事业收入	#学杂费	其他教育经费
全国总计	**195618471**	**146700670**	**134895629**	**1054254**	**1078839**	**41060664**	**30155593**	**5724045**
按学校类别分组								
高等学校	56290771	29653206	27777956	269647	299818	22767733	17245423	3300367
普通高等学校	54978649	29018026	27188006	269647	296357	22165552	16760756	3229068
成人高等学校	1312122	635181	589950		3461	602181	484667	71299
中等职业学校	13573099	9682826	8325194	129023	25515	3320022	2765577	415713
中等专业学校	6065512	4151336	3694266	56022	8991	1629680	1381849	219483
职业高中	5092958	3927611	3181529	56106	14478	998793	844424	95971
技工学校	1696444	1070922	964151	10522	461	537846	447771	76692
成人中专学校	718186	532957	485247	6373	1585	153703	91533	23568
中学	54210868	44774412	41159888	244850	406119	7918407	5356601	867081
普通中学	54164955	44742044	41131373	244850	406100	7908922	5354371	863040
普通高中	20033460	13218350	11758580	98710	181846	6105258	4357491	429297
普通初中	34131495	31523694	29372793	146140	224254	1803665	996880	433743
#农村	19009185	18421822	17469915	18328	87612	303436	144594	177987
成人中学	45913	32368	28515		19	9485	2231	4041
小学	48874755	46429953	43896249	129502	260262	1529020	896042	526018
普通小学	48870719	46425984	43892287	129502	260262	1528954	896042	526017
#农村	31165811	30419740	29227117	36081	118665	346471	166854	244855
成人小学	4036	3969	3962			65		2
特殊教育学校	719083	683805	619899	112	6424	10308	561	18434
幼儿园	7280143	2443526	2187411	281120	50214	4342065	3841975	163217
教育行政单位	2906046	2605378	2258371		13959	177992		108718
教育事业单位	6269455	5200421	4313650		15895	780770		272369
其它	5494252	5227143	4357012		634	214348	49414	52128

【主要统计指标解释】

国家财政性教育经费 包括公共财政预算教育经费，各级政府征收用于教育的税费，企业办学中的企业拨款，校办产业和社会服务收入用于教育的经费，其他属于国家财政性教育经费。

公共财政预算教育经费 指中央、地方各级财政或上级主管部门在本年度内安排，并划拨到各级各类学校、教育行政单位、教育事业单位，列入国家预算支出科目的教育经费。

民办学校中举办者投入 指办学的单位或公民个人拨给民办学校的办学经费。

社会捐赠经费 指境内外社会各界及个人对教育的资助和捐赠。

事业收入 指学校和单位开展教学及其辅助活动依法取得的、经财政部门核准留用的资金，以及经财政专户核拨回的资金，包括教学事业收入和科技事业收入。

5 第三产业部分行业主要财务指标

5-6　卫生和社会工作

简要说明

一、主要内容

本篇资料主要反映国家卫生经费和医疗卫生机构财务情况，包括卫生总费用、医疗卫生机构资产与负债、医疗卫生机构收入与支出等。

二、资料来源

本篇资料由卫生部提供，详细资料见《中国卫生统计年鉴》（卫生部编）。

5-6-1 卫生总费用

年份	卫生总费用(亿元)				卫生总费用构成(%)			城乡卫生费用(亿元)		人均卫生费用(元)			卫生总费用占GDP比重(%)
	合计	政府卫生支出	社会卫生支出	个人现金卫生支出	政府卫生支出	社会卫生支出	个人现金卫生支出	城市	农村	合计	城市	农村	
1978	110.21	35.44	52.25	22.52	32.2	47.4	20.4			11.5			3.02
1979	126.19	40.64	59.88	25.67	32.2	47.5	20.3			12.9			3.11
1980	143.23	51.91	60.97	30.35	36.2	42.6	21.2			14.5			3.15
1981	160.12	59.67	62.43	38.02	37.3	39.0	23.7			16.0			3.27
1982	177.53	68.99	70.11	38.43	38.9	39.5	21.6			17.5			3.33
1983	207.42	77.63	64.55	65.24	37.4	31.1	31.5			20.1			3.48
1984	242.07	89.46	73.61	79.00	37.0	30.4	32.6			23.2			3.36
1985	279.00	107.65	91.96	79.39	38.6	33.0	28.5			26.4			3.09
1986	315.90	122.23	110.35	83.32	38.7	34.9	26.4			29.4			3.07
1987	379.58	127.28	137.25	115.05	33.5	36.2	30.3			34.7			3.15
1988	488.04	145.39	189.99	152.66	29.8	38.9	31.3			44.0			3.24
1989	615.50	167.83	237.84	209.83	27.3	38.6	34.1			54.6			3.62
1990	747.39	187.28	293.10	267.01	25.1	39.2	35.7	396.00	351.39	65.4	158.8	38.8	4.00
1991	893.49	204.05	354.41	335.03	22.8	39.7	37.5	482.60	410.89	77.1	187.6	45.1	4.10
1992	1096.86	228.61	431.55	436.70	20.8	39.3	39.8	597.30	499.56	93.6	222	54.7	4.07
1993	1377.78	272.06	524.75	580.97	19.7	38.1	42.2	760.30	617.48	116.3	268.6	67.6	3.90
1994	1761.24	342.28	644.91	774.05	19.4	36.6	43.9	991.50	769.74	146.9	332.6	86.3	3.65
1995	2155.13	387.34	767.81	999.98	18.0	35.6	46.4	1239.50	915.63	177.9	401.3	112.9	3.54
1996	2709.42	461.61	875.66	1372.15	17.0	32.3	50.6	1494.90	1214.52	221.4	467.4	150.7	3.81
1997	3196.71	523.56	984.06	1689.09	16.4	30.8	52.8	1771.40	1425.31	258.6	537.8	177.9	4.05
1998	3678.72	590.06	1071.03	2017.63	16.0	29.1	54.8	1906.92	1771.80	294.9	625.9	194.6	4.36
1999	4047.50	640.96	1145.99	2260.55	15.8	28.3	55.9	2193.12	1854.38	321.8	702	203.2	4.51
2000	4586.63	709.52	1171.94	2705.17	15.5	25.6	59.0	2624.24	1962.39	361.9	813.74	214.7	4.62
2001	5025.93	800.61	1211.43	3013.89	15.9	24.1	60.0	2792.95	2232.98	393.8	841.2	244.8	4.58
2002	5790.03	908.51	1539.38	3342.14	15.7	26.6	57.7	3448.24	2341.79	450.7	987.07	259.3	4.81
2003	6584.10	1116.94	1788.50	3678.66	17.0	27.2	55.9	4150.32	2433.78	509.5	1108.9	274.7	4.85
2004	7590.29	1293.58	2225.35	4071.35	17.0	29.3	53.6	4939.21	2651.08	583.9	1261.9	301.6	4.75
2005	8659.91	1552.53	2586.41	4520.98	17.9	29.9	52.2	6305.57	2354.34	662.3	1126.4	315.8	4.68
2006	9843.34	1778.86	3210.92	4853.56	18.1	32.6	49.3	7174.73	2668.61	748.8	1248.3	361.9	4.55
2007	11573.97	2581.58	3893.72	5098.66	22.3	33.6	44.1	8968.70	2605.27	876.0	1516.3	358.1	4.35
2008	14535.40	3593.94	5065.60	5875.86	24.7	34.9	40.4	11251.90	3283.50	1094.5	1861.8	455.2	4.63
2009	17541.92	4816.26	6154.49	6571.16	27.5	35.1	37.5	13535.61	4006.31	1314.3	2176.6	562.0	5.15
2010	19980.39	5732.49	7196.61	7051.29	28.7	36.0	35.3	15508.62	4471.77	1490.1	2315.5	666.3	4.98
2011	24268.78	7378.95	8424.55	8465.28	30.4	34.7	34.9	18542.37	5726.41	1801.2	2695.1	871.6	5.15

注：1.本表系核算数，2011年为初步测算数。
2.按当年价格计算。
3.2001年起卫生总费用不含高等医学教育经费，2006年起包括城乡医疗救助经费。

5-6-2 部分地区卫生总费用(2010年)

地区	卫生总费用(亿元)				卫生总费用构成(%)			卫生总费用占GDP比重(%)	人均卫生总费用(元)
	合计	政府卫生支出	社会卫生支出	个人现金卫生支出	政府卫生支出	社会卫生支出	个人现金卫生支出		
全　国	**19980.39**	**5732.49**	**7196.61**	**7051.29**	**28.69**	**36.02**	**35.29**	**4.98**	**1490.06**
北　京	813.64	223.98	386.86	202.80	27.53	47.55	24.92	5.76	4147.20
天　津	355.65	82.68	145.88	127.10	23.25	41.02	35.74	3.90	2737.28
河　北	901.96	266.83	247.58	387.56	29.58	27.45	42.97	4.42	1253.77
山　西	463.72	132.28	152.26	179.18	28.53	32.83	38.64	5.04	1297.45
内蒙古	436.95	139.47	105.91	191.58	31.92	24.24	43.84	3.74	1767.46
辽　宁	772.50	176.35	291.58	304.57	22.83	37.75	39.43	4.19	1765.88
吉　林	454.26	122.91	123.77	207.58	27.06	27.25	45.70	5.24	1653.88
黑龙江	605.77	151.96	198.04	255.76	25.09	32.69	42.22	5.84	1580.23
江　苏	1232.30	293.87	533.25	405.18	23.85	43.27	32.88	2.97	1565.95
浙　江	1143.30	265.40	440.63	437.27	23.21	38.54	38.25	4.12	2098.99
安　徽	721.12	214.21	257.39	249.52	29.71	35.69	34.60	5.83	1210.54
福　建	472.74	140.62	186.64	145.49	29.75	39.48	30.78	3.21	1280.11
江　西	442.67	180.17	112.41	150.36	40.70	25.33	33.97	4.68	992.04
山　东	1345.30	327.40	497.02	520.88	24.34	36.95	38.72	3.43	1403.13
河　南	1066.57	321.19	272.98	472.40	30.11	25.59	44.29	4.62	1134.04
湖　北	681.77	207.13	206.42	268.22	30.38	30.28	39.34	4.27	1191.11
湖　南	738.76	213.19	202.03	323.54	28.86	27.35	43.80	4.61	1042.05
广　东	1509.62	359.33	539.10	611.20	23.80	35.71	40.49	3.28	1445.87
广　西	514.88	191.40	159.53	163.95	37.17	30.98	31.84	5.38	1116.88
重　庆	432.97	120.45	137.22	175.31	27.82	31.69	40.49	5.46	1500.98
贵　州	329.33	153.54	73.86	101.92	46.62	22.43	30.95	7.16	946.61
云　南	509.47	199.38	147.30	162.79	39.13	28.91	31.95	7.05	1107.15
甘　肃	295.38	116.54	74.22	104.62	39.45	25.13	35.42	7.17	1153.86
新　疆	322.62	120.97	115.51	86.14	37.50	35.80	26.70	6.91	1676.79

5-6-3 政府卫生支出

年份	政府卫生支出（亿元）					占财政支出比重(%)	占卫生总费用比重(%)	占国内生产总值比重(%)
	合计	医疗卫生服务支出	医疗保障支出	行政管理事务支出	人口与计划生育事务支出			
1990	187.28	122.86	44.34	4.55	15.53	6.07	25.06	1.00
1991	204.05	132.38	50.41	5.15	16.11	6.03	22.84	0.94
1992	228.61	144.77	58.10	6.37	19.37	6.11	20.84	0.85
1993	272.06	164.81	76.33	8.04	22.89	5.86	19.75	0.77
1994	342.28	212.85	92.02	10.94	26.47	5.91	19.43	0.71
1995	387.34	230.05	112.29	13.09	31.91	5.68	17.97	0.64
1996	461.61	272.18	135.99	15.61	37.83	5.82	17.04	0.65
1997	523.56	302.51	159.77	17.06	44.23	5.67	16.38	0.66
1998	590.06	343.03	176.75	19.90	50.38	5.46	16.04	0.70
1999	640.96	368.44	191.27	22.89	58.36	4.86	15.84	0.71
2000	709.52	407.21	211.00	26.81	64.50	4.47	15.47	0.72
2001	800.61	450.11	235.75	32.96	81.79	4.24	15.93	0.73
2002	908.51	497.41	251.66	44.69	114.75	4.12	15.69	0.75
2003	1116.94	603.02	320.54	51.57	141.82	4.53	16.96	0.82
2004	1293.58	679.72	371.60	60.90	181.36	4.54	17.04	0.81
2005	1552.53	805.52	453.31	72.53	221.18	4.58	17.93	0.84
2006	1778.86	834.82	602.53	84.59	256.92	4.40	18.07	0.82
2007	2581.58	1153.30	957.02	123.95	347.32	5.19	22.31	0.97
2008	3593.94	1397.23	1577.10	194.32	425.29	5.74	24.73	1.14
2009	4816.26	2081.09	2001.51	217.88	515.78	6.31	27.46	1.41
2010	5732.49	2565.60	2331.12	247.83	587.94	6.38	28.69	1.43
2011	7378.95	3111.36	3300.67	267.42	699.51	6.77	30.41	1.56

注：1.本表按当年价格计算。
2.2011年为初步测算数。

5-6-4 医疗卫生机构资产与负债

单位：亿元

类别 地区	总资产			负债	净资产
		流动资产	固定资产		
总　计	**20854.28**	**7254.64**	**13297.38**	**7071.43**	**13782.85**
按经济类型分					
公立	19344.52	6737.79	12417.90	6338.36	13006.16
#国有	18509.47	6434.72	11903.28	6074.70	12434.77
非公立	1509.75	516.85	879.49	733.06	776.69
#私营	839.18	266.57	515.53	374.00	465.18
按主办单位分					
政府办	18159.85	6354.95	11645.22	5894.48	12265.37
#卫生部门	17664.96	6206.19	11305.93	5750.23	11914.72
社会办	1817.27	625.38	1110.51	798.08	1019.20
个人办	877.16	274.31	541.65	378.87	498.29
按地区分					
北　京	1066.11	444.07	607.61	266.83	799.28
天　津	404.74	173.79	228.86	150.38	254.36
河　北	867.18	280.26	579.56	322.14	545.04
山　西	460.39	134.29	319.27	147.08	313.31
内蒙古	353.80	122.80	227.40	124.11	229.69
辽　宁	697.30	230.16	458.72	278.84	418.47
吉　林	404.40	131.73	267.95	145.43	258.98
黑龙江	539.29	168.15	366.65	200.44	338.85
上　海	811.75	348.70	445.85	205.29	606.46
江　苏	1646.95	563.94	1059.00	587.30	1059.65
浙　江	1357.71	456.30	882.35	372.01	985.70
安　徽	705.42	258.49	437.75	286.92	418.50
福　建	685.91	229.15	443.77	158.47	527.45
江　西	427.96	152.59	267.95	147.87	280.09
山　东	1457.06	497.54	942.80	574.74	882.32
河　南	960.29	325.83	616.98	415.57	544.72
湖　北	899.56	312.51	572.92	306.57	592.99
湖　南	842.31	266.90	563.12	353.74	488.57
广　东	1976.87	647.86	1299.80	641.31	1335.55
广　西	530.29	171.90	350.72	184.51	345.78
海　南	131.91	40.75	89.59	48.93	82.98
重　庆	426.74	158.70	261.01	146.90	279.84
四　川	1026.26	399.53	609.87	305.67	720.59
贵　州	264.82	105.84	152.53	92.17	172.65
云　南	545.86	193.35	343.69	169.16	376.71
西　藏	27.31	5.18	21.90	4.19	23.12
陕　西	459.22	156.14	296.58	160.74	298.49
甘　肃	267.67	93.17	163.91	88.36	179.30
青　海	73.22	23.16	49.44	25.19	48.03
宁　夏	108.81	26.38	80.41	46.22	62.59
新　疆	427.14	135.49	289.44	114.36	312.78

注：本表不含诊所、卫生所、医务室和村卫生室数字。

5-6-5 各类医疗卫生机构资产与负债

单位：万元

卫生机构分类	总资产	流动资产	固定资产	负债	净资产
总　计	**208542773**	**72546375**	**132973828**	**70714250**	**137828523**
一、医院	**166817269**	**57909288**	**106625468**	**59988242**	**106829027**
综合医院	128506952	43454704	83459130	47105667	81401285
中医医院	17858330	6496432	11100600	6901441	10956889
中西医结合医院	1810573	665030	1132322	667121	1143452
民族医院	330309	110457	205688	93945	236364
专科医院	18212544	7124401	10689563	5198271	13014273
口腔医院	971133	390336	565501	137463	833669
眼科医院	1071781	491967	537161	412172	659609
耳鼻喉科医院	165563	72910	89211	27785	137777
肿瘤医院	3763445	1512137	2220587	1063781	2699664
心血管病医院	732580	299949	402219	270902	461679
胸科医院	458689	169509	287085	170725	287964
血液病医院	79182	30081	43867	22614	56569
妇产(科)医院	1476335	533201	896326	425893	1050442
儿童医院	2113373	776119	1324693	443555	1669818
精神病医院	2474190	1059707	1387230	623250	1850940
传染病医院	1678539	527457	1141267	482097	1196442
皮肤病医院	138838	50930	82934	31680	107158
结核病医院	347153	152540	192918	94746	252407
麻风病医院	17831	6938	10893	2416	15416
职业病医院	82898	36082	46340	18289	64609
骨科医院	798974	298642	464116	314729	484245
康复医院	418072	141204	267573	97027	321045
整形外科医院	76721	32672	35149	13304	63417
美容医院	121004	51667	49963	69635	51370
其他专科医院	1226244	490355	644530	476212	750032
护理院	98562	58265	38165	21797	76765
二、基层医疗卫生机构	**22274364**	**7825163**	**13929799**	**6567464**	**15706900**
社区卫生服务中心(站)	5525966	2119992	3274976	1622163	3903803
社区卫生服务中心	4610893	1860998	2680213	1414122	3196771
社区卫生服务站	915073	258994	594763	208042	707031
卫生院	14763424	4962615	9564886	4508237	10255188
街道卫生院	363584	100493	259894	103821	259763
乡镇卫生院	14399841	4862122	9304992	4404416	9995425
中心卫生院	6604282	2126415	4379733	2012325	4591957
乡卫生院	7795559	2735707	4925259	2392090	5403468
门诊部	1983813	742293	1089114	436949	1546864
综合门诊部	1185476	431858	671677	245852	939624
中医门诊部	173856	103185	58324	65795	108061
中西医结合门诊部	115280	24955	58148	4746	110534
民族医门诊部	251	95	157	44	207
专科门诊部	508950	182201	300809	120512	388438
护理站	1161	263	824	115	1046

注：1.本表不含诊所(医务室)和村卫生室数字。
　　2.统计范围：9.7万个医疗卫生机构。

5-6-5 续表 单位：万元

卫生机构分类	总资产	流动资产	固定资产	负债	净资产
三、专业公共卫生机构	**16501389**	**5626804**	**10752560**	**3217054**	**13284335**
疾病预防控制中心	5994985	1914495	4051425	1027244	4967741
省属	989175	451014	520422	218787	770389
地级市(地区)属	1436379	470225	964736	283494	1152885
县级市(区)属	1554853	482152	1068545	217370	1337482
县属	1177534	338250	836609	206116	971418
其他	837044	172854	661113	101477	735567
专科疾病防治院(所、站)	1045568	405624	625032	238418	807150
专科疾病防治院	468646	172136	285887	141589	327058
传染病防治院	28483	10521	17962	12479	16003
结核病防治院	88645	33927	54668	29702	58943
职业病防治院	149819	51835	95527	45328	104491
其他	201700	75854	117730	54080	147620
专科疾病防治所(站、中心)	576922	233487	339145	96829	480093
口腔病防治所(站、中心)	47598	25819	21382	6377	41222
精神病防治所(站、中心)	11438	5742	5696	2860	8578
皮肤病与性病防治所(中心)	122178	44028	77190	22832	99346
结核病防治所(站、中心)	215315	96329	118258	27664	187651
职业病防治所(站、中心)	56281	19928	35514	12507	43774
地方病防治所(站、中心)	14236	2655	11552	1643	12593
血吸虫病防治所(站、中心)	66280	25656	40543	14558	51722
药物戒毒所(中心)	7049	1463	4808	440	6609
其他	36549	11869	24202	7950	28599
健康教育所(站、中心)	28437	7624	20698	4020	24418
妇幼保健院(所、站)	6642524	2416014	4166052	1610807	5031717
省属	750590	340913	393365	145754	604837
地级市(地区)属	2349720	792292	1543086	618867	1730853
县级市(区)属	1838161	632257	1191352	439020	1399141
县属	1469193	557108	898221	370069	1099123
其他	234860	93444	140028	37098	197763
妇幼保健院	6014494	2186892	3770134	1504653	4509841
妇幼保健所	431068	153686	275645	63769	367298
妇幼保健站	195419	74894	119273	42088	153331
生殖保健中心	1543	542	1001	297	1246
急救中心(站)	371260	72283	296475	25973	345287
采供血机构	1736202	597814	1125750	231129	1505073
卫生监督所(中心)	640803	205205	433587	74527	566276
省属	69326	27721	41604	6007	63319
地级市(地区)属	193466	47059	146033	16481	176985
县级市(区)属	168446	52944	115279	20973	147473
县属	156667	57790	97611	26936	129731
其他	52898	19690	33061	4130	48768
计划生育技术服务机构	41610	7746	33540	4937	36673
四、其他医疗卫生机构	**2949752**	**1185119**	**1666001**	**941490**	**2008262**
疗养院	838773	187650	612259	326432	512341
卫生监督检验(监测)机构	10193	4495	4860	4360	5833
医学科学研究机构	906786	426122	452015	266818	639967
医学在职培训机构	657672	267997	386436	156881	500791
临床检验中心(所、站)	137230	81842	32057	73393	63838
其他	399098	217013	178375	113607	285491

5-6-6 政府办医疗卫生机构资产与负债

单位：万元

卫生机构分类	总资产	流动资产	固定资产	负债	净资产	平均每床固定资产
总　计	**181598455**	**63549496**	**116452158**	**58944762**	**122653693**	
医院	144918116	50516864	93258759	49577043	95341073	32.38
综合医院	111243655	37880960	72515853	38802056	72441600	35.48
中医医院	17082231	6207683	10702088	6545483	10536748	24.05
中西医结合医院	1470199	561247	902994	561615	908585	34.11
民族医院	305780	99696	192924	86235	219545	15.10
专科医院	14789000	5759393	8925568	3576977	11212023	25.42
护理院	27250	7884	19332	4678	22573	11.35
基层医疗卫生机构	18977982	6676400	12008722	5725320	13252662	
#社区卫生服务中心(站)	4381911	1763355	2548263	1303032	3078879	14.51
社区卫生服务中心	4170388	1706208	2411361	1267686	2902702	14.85
社区卫生服务站	211523	57146	136902	35346	176177	8.36
卫生院	14458352	4860418	9376006	4400793	10057559	9.03
街道卫生院	292397	83714	205669	84845	207552	20.05
乡镇卫生院	14165955	4776704	9170337	4315948	9850007	8.93
门诊部	137719	52628	84454	21495	116224	
专业公共卫生机构	15507704	5426697	9969523	3092066	12415638	
#专科疾病防治院(所、站)	970889	379471	579070	220900	749990	13.55
专科疾病防治院	417358	153402	254485	128311	289047	15.64
专科疾病防治所(中心)	553532	226069	324585	92589	460943	11.36
妇幼保健院(所、站)	6588623	2391812	4136525	1597000	4991623	26.73
妇幼保健院	5968768	2165299	3746162	1492515	4476253	27.91
妇幼保健所(站)	618820	226320	389520	104297	514523	14.15
急救中心(站)	352628	65427	285778	23457	329171	29.66
其他医疗卫生机构	2194653	929535	1215154	550332	1644321	
#疗养院	429243	117777	292148	96585	332658	
临床检验中心(所、站)	20813	6258	14494	3752	17062	

注：本表不含诊所、卫生所、医务室和村卫生室数字。

5-6-7 医疗卫生机构收入与支出

单位：亿元

卫生机构分类	总收入	财政补助收入	上级补助收入	业务收入/事业收入	总支出	业务支出/事业支出	财政专项支出	总支出中:人员经费支出
总计	**16472.99**	**2286.00**	**180.25**	**13926.84**	**15817.18**	**14823.58**	**712.04**	**4214.10**
按经济类型分								
公立	15247.87	2279.31	165.78	12734.00	14699.17	13808.42	706.72	3902.98
#国有	14270.41	2066.14	131.04	12010.27	13754.44	12989.72	665.76	3585.71
非公立	1225.13	6.69	14.47	1192.84	1118.02	1015.16	5.33	311.12
#私营	673.45	3.20	8.12	656.64	611.89	535.72	3.37	183.26
按主办单位分								
政府办	14163.13	2229.12	96.12	11778.94	13633.32	12849.30	685.09	3595.50
#卫生部门	13814.88	2147.46	85.88	11524.40	13304.61	12549.85	659.30	3501.12
社会办	1620.43	52.69	77.45	1474.27	1556.23	1416.25	23.31	432.05
个人办	689.44	4.19	6.67	673.63	627.64	558.03	3.64	186.55
按地区分								
北京	974.50	160.66	10.15	799.59	950.80	864.82	75.94	199.62
天津	348.00	49.14	1.34	295.79	331.12	316.69	11.87	81.88
河北	631.64	63.28	8.02	558.47	599.60	564.98	23.20	150.93
山西	320.48	60.86	8.95	248.05	318.22	291.42	19.69	86.44
内蒙古	274.39	66.27	3.12	204.58	260.09	242.14	11.40	78.86
辽宁	555.34	61.67	5.69	487.22	548.48	523.86	18.12	144.86
吉林	307.87	59.38	2.11	246.10	300.62	284.37	12.18	74.17
黑龙江	405.42	60.86	10.91	332.87	397.96	378.26	13.71	95.90
上海	864.55	110.52	8.10	741.27	842.90	802.74	36.07	251.01
江苏	1238.44	119.38	15.33	1101.56	1212.58	1155.49	40.62	304.60
浙江	1157.03	141.05	6.31	994.09	1120.77	1055.98	40.35	305.75
安徽	502.96	66.78	7.62	424.51	474.11	443.45	18.67	118.10
福建	430.43	61.58	2.44	365.01	398.25	371.91	20.01	110.39
江西	355.75	60.82	2.38	291.05	338.92	316.72	12.03	87.41
山东	1095.57	122.03	8.38	963.09	1060.44	1000.47	36.30	263.20
河南	745.16	81.30	7.96	651.51	704.00	669.01	20.23	172.34
湖北	649.32	80.83	5.22	561.82	627.96	590.47	26.45	177.87
湖南	632.35	71.61	5.15	551.87	600.22	566.90	20.83	165.94
广东	1598.71	169.03	10.82	1407.18	1544.72	1459.60	65.03	469.30
广西	427.88	65.46	3.50	355.81	400.18	369.70	22.28	110.22
海南	101.21	20.89	1.63	78.59	96.95	86.95	8.81	25.96
重庆	325.35	52.66	2.34	269.87	313.70	290.46	18.18	82.25
四川	815.15	120.52	7.75	684.76	762.32	706.78	40.38	218.00
贵州	244.32	43.18	4.58	194.82	219.85	206.34	8.74	61.55
云南	412.49	82.34	3.96	325.11	378.39	347.19	22.81	97.22
西藏	21.81	9.93	0.47	10.47	23.78	14.39	1.43	10.50
陕西	366.65	62.49	6.96	295.80	353.64	331.35	15.63	99.40
甘肃	194.01	47.66	5.30	138.62	189.65	162.62	20.45	49.74
青海	59.97	16.12	1.30	42.34	57.11	51.92	3.81	16.07
宁夏	78.30	18.65	1.50	57.60	75.61	67.58	6.78	17.11
新疆	337.94	79.05	10.94	247.44	314.26	289.00	20.04	87.50

注：本表统计范围：医疗卫生机构92.7万个。其中：社区卫生服务站1.4万个，诊所(医务室)17.1万个，村卫生室65.5万个。

5-6-8 各类医疗卫生机构收入与支出

单位：万元

卫生机构分类	总收入	财政补助收入	上级补助收入	业务收入/事业收入
总　计	**164729936**	**22859998**	**1802494**	**139268383**
一、医院	**124513803**	**10127705**	**660993**	**113725105**
综合医院	94657434	6805994	579371	87272068
中医医院	14317765	1478108	33379	12806278
中西医结合医院	1351733	115931	5009	1230793
民族医院	232071	84457	5301	142314
专科医院	13909639	1639426	37672	12232541
口腔医院	645979	57209	1988	586782
眼科医院	605154	14663	363	590127
耳鼻喉科医院	127930	13799	2	114130
肿瘤医院	2799145	128146	1873	2669125
心血管病医院	523178	28520	3727	490931
胸科医院	414103	56371	245	357487
血液病医院	84463	5460		79003
妇产(科)医院	1073060	76575	161	996323
儿童医院	1722943	168808	965	1553170
精神病医院	2078448	613755	14413	1450280
传染病医院	1204762	240014	2446	962303
皮肤病医院	109368	13346	387	95635
结核病医院	302984	53000	3307	246677
麻风病医院	14630	5923	260	8448
职业病医院	73926	12193	1661	60072
骨科医院	585283	25829	608	558846
康复医院	308033	79808	3153	225072
整形外科医院	58389	2528		55861
美容医院	137493			137493
其他专科医院	1040370	43479	2113	994778
护理院	45161	3788	261	41112
二、基层医疗卫生机构	**26383956**	**6855081**	**877132**	**18542260**
社区卫生服务中心(站)	6852920	1921952	233402	4697566
社区卫生服务中心	6102473	1843860	199396	4059217
社区卫生服务站	750447	78092	34006	638350
卫生院	13372506	4871537	233429	8267540
街道卫生院	157372	38344	2067	116962
乡镇卫生院	13215133	4833193	231362	8150578
中心卫生院	5870370	2036859	88894	3744616
乡卫生院	7344764	2796334	142468	4405962
村卫生室	3240753		287000	2871119
门诊部	1305743	61516	18562	1225665
综合门诊部	714704	43824	15978	654902
中医门诊部	256873	2343	932	253599
中西医结合门诊部	23126	60		23067
民族医门诊部	266			266
专科门诊部	310774	15290	1652	293832
诊所、卫生所、医务室、护理站	1612035	76	104740	1480370
诊所	1291048		13338	1257302
卫生所、医务室	319503		91402	221660
护理站	1483	76		1408

注：统计范围：医疗卫生机构92.7万个，其中：社区卫生服务站1.4万个，诊所(医务室)17.1万个，村卫生室65.5万个。

5-6-8 续表1

单位：万元

卫生机构分类	总支出	业务支出/事业支出	财政专项支出	总支出中:人员经费支出
总　计	**158171822**	**148235756**	**7120419**	**42141004**
一、医院	**119797385**	**115880821**	**3916564**	**29160693**
综合医院	91471247	88898173	2573075	22041328
中医医院	13864048	13204702	659346	3408249
中西医结合医院	1286160	1246367	39793	312021
民族医院	226130	203623	22506	61016
专科医院	12907790	12287399	620391	3326078
口腔医院	569578	540416	29162	233717
眼科医院	515916	508323	7593	137489
耳鼻喉科医院	119583	118051	1532	43584
肿瘤医院	2601230	2562153	39077	456963
心血管病医院	529681	496677	33004	90626
胸科医院	405009	382408	22601	90241
血液病医院	82962	80763	2200	13120
妇产(科)医院	991650	954586	37064	290184
儿童医院	1624639	1551950	72689	452840
精神病医院	1875432	1666738	208694	635725
传染病医院	1186673	1099906	86767	283893
皮肤病医院	101052	97724	3328	29331
结核病医院	284435	269756	14679	72489
麻风病医院	14391	11873	2517	4153
职业病医院	66518	64621	1897	19441
骨科医院	540628	533729	6899	129636
康复医院	275030	243183	31847	79064
整形外科医院	52326	50869	1457	18220
美容医院	119878	119851	27	23768
其他专科医院	951181	933824	17357	221594
护理院	42010	40557	1452	12002
二、基层医疗卫生机构	**25298434**	**22071052**	**1330562**	**8748550**
社区卫生服务中心(站)	6677092	6315259	361833	2155359
社区卫生服务中心	5961703	5629504	332199	1921313
社区卫生服务站	715389	685755	29634	234046
卫生院	13000748	12103644	897105	4458883
街道卫生院	161333	151179	10155	49317
乡镇卫生院	12839415	11952465	886950	4409566
中心卫生院	5757315	5409614	347702	2004866
乡卫生院	7082100	6542851	539248	2404700
村卫生室	2923184	1639262		1192833
门诊部	1285035	1213412	71623	370567
综合门诊部	729004	667146	61858	198535
中医门诊部	222119	221093	1026	52398
中西医结合门诊部	23684	23613	71	6989
民族医门诊部	227	227		73
专科门诊部	310002	301334	8668	112573
诊所、卫生所、医务室、护理站	1412375	799475	2	570908
诊所	1095582	624323		439413
卫生所、医务室	315752	174113		131254
护理站	1040	1039	2	241

5-6-8 续表2

单位：万元

卫生机构分类	总收入	财政补助收入	上级补助收入	业务收入/事业收入
三、专业公共卫生机构	**11837053**	**4877908**	**211507**	**6350205**
疾病预防控制中心	3678657	2251162	119522	1033188
省属	624848	410187	4864	75110
地级市(地区)属	1004182	686455	18892	265730
县级市(区)属	932975	570170	23231	302692
县属	951975	534327	30286	329611
其他	164677	50023	42249	60046
专科疾病防治院(所、站)	838732	324074	12869	501790
专科疾病防治院	363200	102478	5156	255566
传染病防治院	22201	3880	154	18167
结核病防治院	74294	18306	104	55884
职业病防治院	95507	29503	1703	64301
其他	171199	50790	3195	117214
专科疾病防治所(站、中心)	475532	221596	7713	246224
口腔病防治所(站、中心)	48095	7470	259	40365
精神病防治所(站、中心)	10807	4567	61	6179
皮肤病与性病防治所(中心)	110029	37278	1019	71733
结核病防治所(站、中心)	119546	62538	580	56429
职业病防治所(站、中心)	38873	16155	1557	21161
地方病防治所(站、中心)	12817	10076	103	2639
血吸虫病防治所(站、中心)	94949	67681	3415	23854
药物戒毒所(中心)	2335	1459	397	479
其他	38081	14373	322	23385
健康教育所(站、中心)	20862	18275	433	909
妇幼保健院(所、站)	5395190	1171503	52432	4171254
省属	521357	65106	1136	455114
地级市(地区)属	1832550	263087	5381	1564083
县级市(区)属	1440318	321107	20278	1098933
县属	1356946	464570	24443	867934
其他	244019	57633	1194	185191
妇幼保健院	4817586	845214	29032	3943340
妇幼保健所	353083	188556	13424	151103
妇幼保健站	222401	136861	9976	75564
生殖保健中心	2120	873		1247
急救中心(站)	186880	126802	1863	48422
采供血机构	845040	241987	4863	518716
卫生监督所(中心)	844096	729773	15560	68125
省属	51174	49012	490	112
地级市(地区)属	236790	223753	2854	5544
县级市(区)属	269449	235425	5020	17834
县属	241655	202853	4803	23029
其他	45027	18732	2394	21606
计划生育技术服务机构	27597	14332	3965	7801
四、其他医疗卫生机构	**1995124**	**999305**	**52863**	**650813**
疗养院	281898	92949	14404	174546
卫生监督检验(监测)机构	11648	4854	10	131
医学科学研究机构	465105	247875	25276	155843
医学在职培训机构	324170	158972	8719	115989
临床检验中心(所、站)	133749	2325	159	131266
其他	778554	492331	4296	73039

5-6-8 续表3

单位：万元

卫生机构分类	总支出	业务支出/事业支出	财政专项支出	总支出中：人员经费支出
三、专业公共卫生机构	**11151275**	**9006526**	**1539817**	**3690319**
疾病预防控制中心	3642745	2427275	787620	1146564
省属	572647	248747	229059	96774
地级市(地区)属	985002	700829	220819	323050
县级市(区)属	927174	708333	147833	306078
县属	982676	671075	146255	372864
其他	175246	98292	43654	47797
专科疾病防治院(所、站)	776299	671161	105137	266340
专科疾病防治院	350927	312401	38526	109164
传染病防治院	21744	21202	542	5363
结核病防治院	74365	64106	10259	17184
职业病防治院	93534	88695	4839	36308
其他	161284	138399	22885	50309
专科疾病防治所(站、中心)	425372	358760	66612	157175
口腔病防治所(站、中心)	42597	41024	1573	21809
精神病防治所(站、中心)	9562	8203	1359	3635
皮肤病与性病防治所(中心)	98211	86658	11553	27862
结核病防治所(站、中心)	114133	100233	13901	42131
职业病防治所(站、中心)	37447	32411	5036	24089
地方病防治所(站、中心)	11406	7403	4002	4274
血吸虫病防治所(站、中心)	72858	52040	20817	22258
药物戒毒所(中心)	2448	915	1533	332
其他	36712	29874	6837	10786
健康教育所(站、中心)	20808	14887	3535	8733
妇幼保健院(所、站)	4894529	4460138	434391	1564028
省属	452352	419953	32399	129265
地级市(地区)属	1683516	1596947	86570	535775
县级市(区)属	1330300	1223104	107195	438573
县属	1221606	1031246	190360	379329
其他	206755	188888	17867	81085
妇幼保健院	4391537	4074323	317214	1391413
妇幼保健所	316188	246651	69538	111450
妇幼保健站	184607	137335	47272	60580
生殖保健中心	2196	1830	366	585
急救中心(站)	175094	133366	27218	78022
采供血机构	817840	693168	59524	192415
卫生监督所(中心)	797456	589617	119871	423559
省属	51690	33511	14640	19657
地级市(地区)属	230671	180357	35324	126295
县级市(区)属	257559	198250	29314	145184
县属	214432	143766	34687	113896
其他	43105	33734	5907	18527
计划生育技术服务机构	26505	16912	2521	10659
四、其他医疗卫生机构	**1924729**	**1277358**	**333476**	**541442**
疗养院	277500	241085	36415	91732
卫生监督检验(监测)机构	12087	3490	1181	3987
医学科学研究机构	440740	315699	65815	150436
医学在职培训机构	320359	235480	49007	119688
临床检验中心(所、站)	113393	112236	1157	27688
其他	760650	369368	179902	147911

【主要统计指标解释】

卫生总费用　是以货币形式作为综合计量手段，全面反映一个国家或地区在一定时期内（通常指一年），全社会在医疗卫生服务上所消耗的资金总额。卫生费用核算结果及其基础数据，不仅为政府调整和制定卫生经济政策提供宏观经济信息，同时也是评价全社会对人类健康的重视程度，分析卫生保健体制公平与效率的重要依据。

政府卫生支出　指各级政府用于医疗卫生服务、医疗保障补助、卫生和医疗保险行政管理、人口与计划生育事务支出等各项事业的经费。

社会卫生支出　指政府支出外的社会各界对卫生事业的资金投入。包括社会医疗保障支出、商业健康保险费、社会办医支出、社会捐赠援助、行政事业性收费收入等。

个人现金卫生支出　指城乡居民在接受各类医疗卫生服务时的现金支付，包括享受各种医疗保险制度的居民就医时自付的费用。

人均卫生费用　即某年卫生总费用与同期平均人口数之比。

卫生总费用占 GDP 比重　指某年卫生总费用与同期国内生产总值（GDP）之比。是用来反映一定时期，一定经济条件下，国家对卫生工作的支持程度，全社会对卫生事业的资金投入力度以及全社会对居民卫生保健的重视程度。

医疗卫生机构　指从卫生行政部门取得《医疗机构执业许可证》，或从民政、工商行政、机构编制管理部门取得法人单位登记证书，为社会提供医疗保健、疾病控制、卫生监督服务或从事医学科研和医学在职培训等工作的单位。医疗卫生机构包括医院、基层医疗卫生机构、专业公共卫生机构、其他医疗卫生机构。

基层医疗卫生机构　包括社区卫生服务中心(站)、街道卫生院、乡镇卫生院、村卫生室、门诊部、诊所(医务室)。

专业公共卫生机构　包括疾病预防控制中心、专科疾病防治机构、妇幼保健机构、健康教育机构、急救中心(站)、采供血机构、 卫生监督机构、卫生部门主管的计划生育技术服务中心。

其他医疗卫生机构　包括疗养院、临床检验中心、医学科研机构、医学在职教育机构、医学考试中心、农村改水中心、人才交流中心、统计信息中心等卫生事业单位。

总收入　指单位为开展业务及其他活动依法取得的非偿还性资金。总收入包括财政补助收入、上级补助收入、医疗收入、药品收入和其他收入等。

财政补助收入　指单位从主管部门或主办单位取得的财政性事业经费。

业务收入　包括医疗收入、药品收入和其他收入。

总支出　指单位在开展业务及其他活动中发生的资金耗费和损失。包括医疗支出、药品支出、其他支出和财政专项支出等。

业务支出　包括医疗支出、药品支出和其他支出。其他卫生机构系“事业支出”。

人员经费支出　包括人员的基本工资、补助工资、其他工资、职工福利费、社会保障费和助学金等。

5 第三产业部分行业主要财务指标

5－7　文化、体育和娱乐业

简要说明

一、主要内容

本篇资料主要反映我国广播电视业财务情况。包括全国广播电视收入情况，全国广播电视行政事业单位财务收支、创收情况，全国广播电视企业单位经营、创收以及资产负债情况等。

二、资料来源

本篇资料由国家广播电影电视总局提供，详细资料见《全国广播电影电视业发展指标统计》（国家广播电影电视总局编）。

5-7-1 全国广播电视收入情况

单位：万元

地区	总收入	行政事业单位总收入	企业单位总收入	行政事业、企业单位创收收入	#广告收入	#广播广告收入	#电视广告收入
全国合计	**27173157**	**13479783**	**13693374**	**23711781**	**11228956**	**1233178**	**9345355**
国家广电总局直属	4838912	3274157	1564756	4136313	2705376	62234	2597505
北京	2104218	716198	1388020	1724007	796113	123540	418092
天津	395658	214328	181330	336745	72300	40440	31393
河北	473733	277354	196380	414820	214946	56930	137753
山西	270957	223740	47217	197948	96524	15725	76586
内蒙古	296063	209653	86411	148968	48651	14531	33214
辽宁	637032	265389	371643	549536	286913	65463	215431
吉林	360168	190823	169346	294483	123923	24507	99239
黑龙江	487199	430267	56932	423926	195638	44883	138827
上海	2484258	95128	2389130	2363867	784462	57879	615523
江苏	2234331	772339	1461992	2110804	943913	128557	786928
浙江	2075891	690705	1385186	1946197	680765	101822	561590
安徽	611603	439026	172577	538693	368442	27707	334104
福建	562147	326728	235419	464911	202514	24874	157320
江西	342867	181733	161134	296173	140448	12396	123937
山东	1068470	704946	363524	1036361	533487	82554	428561
河南	504462	373672	130789	407135	243995	33375	199784
湖北	651820	360824	290995	573473	230626	38440	185413
湖南	1376603	881123	495480	1300015	708114	27792	674934
广东	1983137	949008	1034128	1861563	823765	113966	670843
广西	363221	198819	164402	279784	110781	12358	95197
海南	123451	90953	32498	91338	57225	2949	48665
重庆	345846	49603	296243	280629	80389	11874	65477
四川	786052	317642	468410	617311	274879	28028	230328
贵州	376384	270046	106339	323233	81913	5529	75493
云南	423805	264387	159418	317574	142765	16422	123308
西藏	61094	61094		12972	9042	80	8962
陕西	355717	200145	155573	375387	167221	38242	128574
甘肃	157725	135927	21798	84638	28161	5116	22509
青海	61742	45601	16141	27361	4277	967	3204
宁夏	109036	72587	36448	66199	31045	1637	29008
新疆	239590	185874	53716	102286	37272	12360	24578
新疆兵团	9966	9966		7132	3073		3073

5-7-1 续表

单位：万元

地　区	网络收入	#有线广播电视收视费收入	#付费数字电视收入	#三网融合业务收入	#广播电视网络互联网收入	广播电视节目销售收入
全国合计	**5637763**	**3641728**	**376876**	**205841**	**178690**	**946620**
国家广电总局直属	206050	73522	29477	26714	26714	72023
北　京	217030	98285	4425	17007	13347	288347
天　津	82248	55787	1906	6125	6125	826
河　北	153204	127877	2194	931	931	3727
山　西	75592	62830	388			150
内蒙古	95870	67912	7614			21
辽　宁	180718	137388	4396	2815	2815	10418
吉　林	160772	123197	10192	2520	2520	342
黑龙江	182712	137741	3534	111	111	589
上　海	220999	115135	14714	3417	1303	86291
江　苏	561477	343740	34137	18808	17097	85802
浙　江	492799	255907	57132	36530	29646	149379
安　徽	106432	41260	42080	2418	2418	4522
福　建	165522	101864	12615	5605	5576	29953
江　西	110808	74494	9360	1374	1374	1524
山　东	372106	278944	7620	5245	5245	15634
河　南	97724	76726	2372	2717	2717	
湖　北	256860	192198	14227	8559	8483	26603
湖　南	225651	156314	17174	4964	2978	7561
广　东	567013	399901	21594	22687	22687	145852
广　西	130501	86227	6034			187
海　南	32431	24072	991			
重　庆	139031	81693	8009	4334	1015	6212
四　川	279725	176221	18326	13895	7315	1111
贵　州	88301	60140	9211	798	165	
云　南	142026	76968	27071	6410	6251	4001
西　藏	3001	2450	97			
陕　西	144953	96585	7744	9565	9565	4695
甘　肃	47806	40904	1736			432
青　海	16769	13520	423			
宁　夏	25800	23300				419
新　疆	51775	34566	82	2292	2292	
新疆兵团	4059	4059				

5-7-2 全国广播电视行政事业单位财务收支情况

单位：万元

地区	总收入	#财政补助收入	#事业收入	#经营收入	总支出
全国合计	**13479783**	**3140921**	**8615507**	**608253**	**12698017**
国家广电总局直属	3274157	533379	2613488	65	2852971
北京	716198	233347	418659	337	691363
天津	214328	37408	153447	1054	212944
河北	277354	71747	185714	8518	286431
山西	223740	75408	120011	1972	217473
内蒙古	209653	144546	60759	1270	195159
辽宁	265389	81601	162456	3694	378355
吉林	190823	149691	35939		191843
黑龙江	430267	78819	215537	126423	414498
上海	95128	67143	7870	1288	94544
江苏	772339	120442	460905	132764	723308
浙江	690705	107131	436750	78364	689842
安徽	439026	74328	353346	1569	424588
福建	326728	82617	205597	21470	334678
江西	181733	37649	127443	4412	175215
山东	704946	78803	585967	19980	682987
河南	373672	92893	250388	14982	374604
湖北	360824	70270	277598	1400	359519
湖南	881123	62923	723930	19381	672198
广东	949008	96345	555454	41245	926103
广西	198819	73807	112797	3902	186126
海南	90953	22490	56136	33	58734
重庆	49603	34919	6450	5715	51441
四川	317642	147385	107228	40457	302785
贵州	270046	50603	73174	7838	259600
云南	264387	104463	136408	5469	250504
西藏	61094	47404	12168	192	57076
陕西	200145	79924	48197	51459	193788
甘肃	135927	63084	54107	4970	144953
青海	45601	32956	9453	15	50853
宁夏	72587	36687	28152	1645	57635
新疆	185874	150712	19979	6374	185898
新疆兵团	9966				

5-7-3 全国广播电视行政事业单位创收情况

单位：万元

地区	合计	广告收入				网络收入	
			广播广告收入	电视广告收入	其它广告收入		有限广播电视收视费收入
全国合计	**10369321**	**8076270**	**911289**	**7040157**	**124824**	**1356846**	**1063651**
国家广电总局直属	2621904	2480887	36924	2441663	2300	70121	67792
北京	451556	417694	86647	330471	576	13	
天津	159081	70947	40226	30415	305		
河北	220685	186130	50775	127403	7952	26033	22277
山西	151637	93841	15662	75342	2837	33894	29714
内蒙古	62953	48651	14531	33214	906	9879	8615
辽宁	187006	128360	42756	83006	2598	39366	35812
吉林	131554	119989	24443	95546		6736	5588
黑龙江	355571	195408	44883	138827	11697	131907	114380
上海	15242	3889	350	3374	166	5594	2307
江苏	675598	413334	73107	322073	18154	204337	144314
浙江	567161	247315	46843	190657	9815	257975	159208
安徽	366116	337757	27605	308181	1971	15231	13336
福建	238205	142016	16204	124290	1523	78675	54285
江西	137915	127941	12396	114008	1536	4651	3781
山东	638058	475694	71837	384844	19013	129044	110514
河南	280945	232162	33375	195540	3246	36605	32146
湖北	284331	189694	38398	147641	3655	66638	55354
湖南	817015	705499	27607	672593	5299	47488	40486
广东	863659	671686	97407	570317	3962	113433	100100
广西	118392	108534	12358	95164	1012	113	113
海南	58840	57225	2949	48665	5611	653	649
重庆	13804	7903	311	6996	596	3536	1778
四川	167150	120812	13699	92114	14999	21807	17273
贵州	219878	80546	5348	74509	688	2395	170
云南	159514	141033	16422	121576	3035		
西藏	12972	9042	80	8962		3001	2450
陕西	222895	162834	38242	124334	258	4679	4675
甘肃	64466	27979	5116	22509	354	29809	24235
青海	11220	4277	967	3204	106	628	602
宁夏	32860	27606	1637	25569	400		
新疆	54008	36515	12183	24078	254	8546	7638
新疆兵团	7132	3073		3073		4059	4059

5-7-3 续表 单位：万元

地　区	付费数字电视收入	三网融合业务收入	广播电视网络互联网收入	其它网络收入	广播电视节目销售收入	其它创收收入
全国合计	**41770**	**7835**	**6957**	**243590**	**33280**	**902924**
国家广电总局直属	2329				3354	67541
北　京				13		33849
天　津					565	87570
河　北	277			3479	1526	6996
山　西	71			4109	150	23752
内蒙古	20			1245		4422
辽　宁	49			3505	2075	17205
吉　林				1148	7	4823
黑龙江	3100			14428	589	27667
上　海				3287	113	5646
江　苏	9809	996	861	49218	339	57588
浙　江	12066	2633	1904	84068	50	61822
安　徽	302	630	630	962		13128
福　建	7153	781	781	16457		17514
江　西	4			866		5324
山　东	865	151	151	17514	8469	24851
河　南	247			4212		12178
湖　北	951	472	472	9862		27999
湖　南	692	131	129	6179	7211	56816
广　东	782	1957	1957	10594	4498	74043
广　西						9745
海　南				4		962
重　庆	107	18	6	1634		2364
四　川	444	66	66	4024		24531
贵　州	1084			1141		136936
云　南					4001	14480
西　藏	97			454		929
陕　西				4	268	55114
甘　肃	1229			4345	65	6612
青　海	15			11		6314
宁　夏						5254
新　疆	76	1	1	831		8947
新疆兵团						

5-7-4 全国广播电视企业单位经营情况

单位：万元

地 区	总收入	#主营业务收入	本年应缴税金	固定资产投资额	本年新增固定资产
全国合计	**13693374**	**12650876**	**847452**	**2177377**	**2126961**
国家广电总局直属	1564756	1495478	124379	157424	153150
北 京	1388020	1231616	110951	286628	234451
天 津	181330	177532	9242	77639	27107
河 北	196380	186345	7752	44418	55934
山 西	47217	45992	1091	18041	18780
内蒙古	86411	86406	3026	23016	21462
辽 宁	371643	356251	8425	59463	37927
吉 林	169346	158724	1850	100427	100005
黑龙江	56932	54777	1616		25470
上 海	2389130	2262810	162140	166282	88318
江 苏	1461992	1379171	71900	160465	209522
浙 江	1385186	1168611	44204	295727	101179
安 徽	172577	135955	7376	55647	53246
福 建	235419	226330	14894	31329	35933
江 西	161134	144280	4103	32893	22252
山 东	363524	313163	17952	43719	122493
河 南	130789	121663	7491	15950	11930
湖 北	290995	278256	5016	73618	66834
湖 南	495480	489427	31570	77342	61239
广 东	1034128	1002857	64348	40304	165485
广 西	164402	131912	4448	50532	32959
海 南	32498	31778	482	4134	4134
重 庆	296243	211523	16246	51239	100295
四 川	468410	449011	110287	79742	207526
贵 州	106339	99727	3063	75972	39843
云 南	159418	145391	4049	89028	70948
西 藏					
陕 西	155573	151234	5516	44402	39721
甘 肃	21798	21250	955	5356	6225
青 海	16141	16314	479	3090	3090
宁 夏	36448	29779	775	4768	2411
新 疆	53716	47313	1827	8781	7092

5-7-5 全国广播电视企业单位创收情况

单位：万元

地区	合计	广告收入				网络收入	
			广播广告收入	电视广告收入	其它广告收入		有限广播电视收视费收入
全国合计	**13342460**	**3152685**	**321889**	**2305197**	**525599**	**4280916**	**2578077**
国家广电总局直属	1514409	224489	25310	155841	43338	135929	5730
北京	1272452	378419	36893	87621	253905	217017	98285
天津	177664	1353	214	978	161	82248	55787
河北	194134	28816	6154	10351	12311	127172	105600
山西	46311	2683	63	1244	1376	41698	33116
内蒙古	86016					85991	59297
辽宁	362530	158553	22707	132424	3422	141352	101576
吉林	162929	3934	64	3693	177	154036	117609
黑龙江	68355	230			230	50805	23362
上海	2348625	780573	57530	612150	110893	215405	112828
江苏	1435206	530579	55450	464855	10275	357140	199426
浙江	1379036	433450	54979	370933	7537	234824	96699
安徽	172577	30685	102	25923	4660	91201	27923
福建	226706	60497	8670	33030	18797	86847	47580
江西	158258	12508		9928	2579	106157	70713
山东	398303	57793	10718	43717	3358	243061	168430
河南	126191	11833		4244	7589	61119	44579
湖北	289143	40932	42	37773	3118	190221	136844
湖南	483000	2615	185	2341	88	178163	115828
广东	997904	152080	16560	100526	34994	453579	299801
广西	161391	2246		33	2213	130387	86114
海南	32498					31778	23423
重庆	266825	72486	11563	58480	2442	135495	79915
四川	450160	154067	14329	138215	1523	257918	158948
贵州	103355	1367	181	983	203	85906	59970
云南	158060	1732		1732		142026	76968
西藏							
陕西	152493	4387		4240	147	140274	91910
甘肃	20172	182			182	17997	16669
青海	16141					16141	12918
宁夏	33339	3439		3439		25800	23300
新疆	48279	757	177	500	80	43229	26928

5-7-5 续表 单位：万元

地区	付费数字电视收入	三网融合业务收入	#广播电视网络互联网收入	其它网络收入	广播电视节目销售收入	其它创收收入
全国合计	**335106**	**198006**	**171733**	**1169728**	**913340**	**4995519**
国家广电总局直属	27148	26714	26714	76337	68669	1085322
北京	4425	17007	13347	97301	288347	388668
天津	1906	6125	6125	18429	261	93801
河北	1917	931	931	18723	2201	35946
山西	317			8265		1930
内蒙古	7594			19100	21	4
辽宁	4347	2815	2815	32613	8343	54282
吉林	10192	2520	2520	23715	335	4624
黑龙江	434	111	111	26898		17321
上海	14714	3417	1303	84446	86178	1266469
江苏	24328	17812	16235	115574	85463	462023
浙江	45067	33896	27741	59162	149329	561434
安徽	41778	1788	1788	19712	4522	46169
福建	5462	4824	4795	28981	29953	49409
江西	9356	1374	1374	24713	1524	38070
山东	6754	5094	5094	62783	7165	90284
河南	2126	2717	2717	11698		53238
湖北	13276	8087	8011	32014	26603	31386
湖南	16482	4833	2850	41020	350	301873
广东	20812	20730	20730	112236	141354	250890
广西	6034			38240	187	28571
海南	991			7364		720
重庆	7902	4317	1009	43360	6212	52634
四川	17882	13829	7249	67260	1111	37065
贵州	8127	798	165	17011		16083
云南	27071	6410	6251	31577		14303
西藏						
陕西	7744	9565	9565	31055	4427	3405
甘肃	506			822	367	1627
青海	408			2815		
宁夏				2500	419	3681
新疆	6	2291	2291	14005		4292

5-7-6　全国广播电视企业资产负债情况

单位：万元

地　区	资产总额	#固定资产净值	负债总额	所有者权益
全国合计	**34745052**	**9727811**	**17268314**	**17476739**
国家广电总局直属	2965355	698446	1383864	1581492
北　京	4542605	766846	2437429	2105176
天　津	316224	128867	232308	83916
河　北	552135	304113	346822	205313
山　西	236498	98286	152345	84153
内蒙古	173691	92862	57727	115964
辽　宁	826059	315245	547200	278859
吉　林	554910	233119	288924	265986
黑龙江	132524	70964	95609	36914
上　海	4800783	880713	1860957	2939826
江　苏	3949246	917906	1770115	2179131
浙　江	2226154	480026	1002683	1223471
安　徽	488682	240080	310628	178053
福　建	545305	160348	286364	258941
江　西	479015	134575	345257	133758
山　东	1171022	580392	442492	728530
河　南	607053	150835	433831	173222
湖　北	980227	436281	523670	456557
湖　南	1300604	396685	699089	601515
广　东	2884448	767518	946667	1937782
广　西	444323	36587	296897	147426
海　南	150724	85304	68684	82040
重　庆	869452	264961	560261	309191
四　川	1232733	580228	955580	277153
贵　州	674113	230078	236981	437133
云　南	822967	273604	513123	309845
西　藏				
陕　西	413245	265460	245812	167433
甘　肃	58188	36625	32379	25809
青　海	42077	18819	25486	16591
宁　夏	102564	21429	52679	49885
新　疆	202124	60607	116451	85673

【主要统计指标解释】

行政事业单位总收入 行政事业单位的各项收入之和，包括财政补助收入、上级补助收入、专项拨入资金、事业收入、附属单位上缴收入、经营收入及其它收入。

财政补助收入 通过主管部门、上级单位或直接从财政部门取得的财政性收入，包括财政专项资金，不包括基建拨款。

行政事业单位总支出 单位开展业务及其它活动中发生的各项支出。包括工资福利支出、商品和业务支出、对个人和家庭补助、对企事业单位的补贴、基本建设支出、其它资本性支出、债务利息支出、债务还本支出、赠与及其它支出。

事业单位资产总额 事业单位占有或使用的能以货币计量的经济资源，包括各种财产、债权。包括流动资产、对外投资、固定资产、无形资产和其它权利等。

专业设备 指广播电视专用设备及相关设备等。

行政事业单位创收收入 除财政性资金以外的本单位全年实际创收收入，包括上缴财政统筹部分。

广告收入 广播、电视、报刊、网站、路牌等播出、刊载广告取得的收入。

广播广告收入 播出广播节目取得的广告收入。

电视广告收入 播出电视节目取得的广告收入。

网络收入 广播电视网络传输机构通过网络经营和服务取得的收入。

有线广播电视收视费收入 向有线电视用户收取的固定的基本维护费用。不包括入网费（初装费）。

付费数字电视收入 付费广播电视频道（频率）开办机构、集成运营机构、传输运营机构、用户接入运营机构通过提供专业化、对象化、个性化付费广播电视服务取得的收入。不包括机顶盒的销售收入。

三网融合业务收入 基于有线电视网络提供的互动电视类业务、网络服务业务、互联网接入业务、互联网数据传送增值业务、多媒体通信业务、媒体内容中心服务业务以及各种网络创新业务。

广播电视网络互联网收入 通过广播电视网络开展互联网业务所取得的收入。

其它网络收入 除有线广播电视收视费、付费数字电视收入之外的其它网络经营服务收入。包括入网费（初装费）、有线电视建设配套费、落地费等。

广播电视节目销售收入 广播电视机构通过销售节目取得的收入。包括电视剧、动画电视等各类电视节目。

事业单位其它创收收入 除广告收入、网络收入、新媒体业务收入、广播电视节目销售收入之外的其它创收收入。包括演出收入、报刊发行收入、音像制品销售收入，以及合作合拍收入、技术服务收入、无形资产转让收入、利息收入、捐赠收入、经营服务收入、租赁收入和其它收入以及网络电视台其它收入、电视购物销售收入、电影收入等。

企业单位总收入 指企业各项收入之和，包括企业主营业务收入、补助（贴）收入、营业外收入、其它业务收入、投资收益等。

主营业务收入 企业主营产品和服务所实现的收入。

本年固定资产投资额 本年建造和购置的固定资产总额。

企业单位资产总额 企业拥有或控制的能以货币计量的经济资源，包括流动资产、长期投资、固定资产、无形资产、递延资产。

负债总额 企业所承担的能以货币计量、需以资产或劳务偿付的债务，包括流动负债和长期负债。

所有者权益 企业投资人对企业净资产的所有权，包括企业投资人对企业的投入资本以及形成的资本公积金、盈余公积金和未分配利润。

企业实际创收收入 指企业除国家对企业的政策性补贴之外的税前各项收入之和。

5 第三产业部分行业主要财务指标

5-8 部分服务业

简要说明

一、主要内容

部分服务业主要财务情况，主要包括法人企业的营业收入。

二、调查范围及统计单位

部分服务业统计的行业范围：2010年以前包括装卸搬运和其他运输服务业、仓储业、计算机服务业、软件业、租赁业、商务服务业、科技交流和推广业、居民服务业、其他服务业、体育和娱乐业，2010年起新增中介和物业管理业，其中2009年物业管理和房地产中介服务业数据由2010年调查得出。调查对象为法人企业。

三、统计调查方法

部分服务业资料采取抽样调查，以第二次经济普查维护后的企业名录为抽样框进行抽样，根据调查的样本企业数据进行总量估计。2010年以前调查报告期为当年1-11月份，2010年及以后调查报告期为1-12月份。由于2010年首次调查全年数据且使用了最新的经普抽样框，所以根据2010年调查数据，将2010年以前数据调整为全年数据。本年鉴所列数据均为全年数据。

四、资料来源

本部分资料是国家统计局服务业统计司根据《部分服务业抽样调查统计报表制度》收集的调查资料进行加工整理而得。

5-8-1 部分服务业分行业营业收入

单位：亿元

行业	2006	2007	2008	2009	2010	2011
合计	**23814.83**	**28834.70**	**33659.35**	**38325.07**	**48196.75**	**56607.08**
装卸搬运和其他运输服务业	3460.30	4176.93	5093.76	4363.82	5943.17	6680.81
仓储业	1866.81	2281.81	2923.45	3476.27	4355.13	4453.29
计算机服务业	1624.15	1945.41	2231.97	2296.25	2665.68	3145.10
软件业	2315.29	2873.51	3426.08	3856.40	4744.39	5842.63
物业管理和房地产中介服务业				2045.85	2501.56	2909.48
租赁业	240.24	284.30	353.75	432.11	509.67	634.47
商务服务业	11850.90	14379.88	16275.15	17871.74	22812.44	27448.32
科技交流和推广服务业	921.06	1169.65	1413.17	1794.02	2142.68	2494.86
居民服务业	495.92	550.37	610.42	691.12	784.22	922.13
其他服务业	711.40	816.97	941.31	1071.87	1278.96	1533.24
体育	37.04	39.19	42.21	46.67	53.35	65.43
娱乐业	291.73	316.70	348.08	378.96	405.50	477.33

5-8-2 各地区部分服务业分行业营业收入

单位：亿元

地 区	总 计	装卸搬运和其他运输服务业	仓储业	计算机服务业	软件业	物业管理和房地产中介服务业
全 国	**56607.08**	**6680.81**	**4453.29**	**3145.10**	**5842.63**	**2909.48**
北 京	13297.35	612.48	107.80	1162.61	1811.73	499.51
天 津	1582.83	515.07	275.96	25.02	60.87	50.25
河 北	628.25	67.40	170.54	14.11	23.95	27.37
山 西	314.46	12.47	60.43	12.52	11.44	12.58
内蒙古	482.81	63.61	59.41	12.62	11.13	35.29
辽 宁	1474.38	197.62	198.22	34.67	202.18	165.92
吉 林	577.95	21.19	183.60	58.81	11.57	35.70
黑龙江	547.36	24.65	173.09	11.49	29.16	45.61
上 海	9438.51	1843.25	292.96	657.20	704.63	229.66
江 苏	3897.72	382.28	307.85	107.47	418.07	233.79
浙 江	4023.94	537.67	111.72	169.93	408.23	187.27
安 徽	782.25	113.85	132.13	16.59	21.63	34.35
福 建	1086.65	276.65	56.05	42.47	108.56	68.72
江 西	415.04	40.80	109.09	6.49	22.61	16.27
山 东	3118.95	604.08	735.96	157.49	102.91	84.75
河 南	729.23	21.58	331.36	26.84	14.61	43.17
湖 北	1029.13	123.08	112.76	46.80	100.05	83.82
湖 南	1518.30	117.88	104.42	35.16	459.24	48.23
广 东	7431.54	748.59	400.94	413.87	1161.37	642.40
广 西	446.24	89.36	71.77	15.92	7.04	27.43
海 南	123.03	13.22	8.32	4.94	4.23	15.01
重 庆	758.17	49.16	82.68	13.57	22.70	70.83
四 川	845.12	72.45	88.75	26.69	43.81	101.69
贵 州	161.34	4.44	36.40	8.02	2.13	14.39
云 南	585.58	35.93	29.44	18.63	21.23	33.76
西 藏	6.45	0.01	0.54	0.37	0.11	0.91
陕 西	646.50	31.30	88.69	27.11	50.20	50.90
甘 肃	183.47	23.77	54.20	5.55	2.36	13.59
青 海	60.50	3.97	19.90	1.40	0.27	3.47
宁 夏	64.44	1.51	16.31	2.28	1.31	9.36
新 疆	349.58	31.50	32.00	8.44	3.34	23.47

注：少部分地区行业抽样误差较大。

5-8-2 续表

单位：亿元

地　区	租赁业	商务服务业	科技交流和推广服务业	居民服务业	其他服务业	体　育	娱乐业
全　国	**634.47**	**27448.32**	**2494.86**	**922.13**	**1533.24**	**65.43**	**477.33**
北　京	83.91	7299.61	1463.56	55.00	146.17	21.40	33.54
天　津	8.52	438.19	55.91	37.54	106.29	2.03	7.19
河　北	9.99	228.55	9.33	22.39	45.65	0.85	8.10
山　西	2.57	165.54	3.79	12.11	18.85	0.41	1.75
内蒙古	12.90	243.13	8.20	14.49	18.49	0.65	2.88
辽　宁	10.74	525.90	32.20	43.98	41.09	2.60	19.27
吉　林	4.89	213.92	10.44	13.61	21.63	0.40	2.19
黑龙江	7.85	200.72	10.49	24.04	13.11	0.06	7.09
上　海	146.64	5030.39	209.62	88.81	203.45	4.88	27.01
江　苏	84.17	2079.12	65.11	64.89	104.89	4.92	45.17
浙　江	45.87	2141.37	217.32	63.59	95.35	2.32	43.29
安　徽	11.01	404.04	9.76	16.03	16.48	0.12	6.25
福　建	9.72	445.99	15.38	23.98	18.32	1.33	19.48
江　西	24.88	142.92	15.17	13.40	17.39	0.31	5.73
山　东	40.00	1035.87	87.44	116.21	108.66	4.39	41.21
河　南	10.63	208.12	13.81	30.48	21.03	0.26	7.34
湖　北	8.92	440.36	26.57	23.03	47.80	1.76	14.20
湖　南	10.07	560.06	30.54	68.09	54.70	0.40	29.54
广　东	39.86	3547.56	116.70	86.87	176.59	10.95	85.85
广　西	3.44	200.90	3.30	6.66	12.58	0.36	7.49
海　南	1.20	64.29	0.62	2.56	2.42	0.48	5.74
重　庆	9.76	452.47	7.54	22.70	18.98	0.27	7.50
四　川	22.52	374.17	37.27	15.29	40.99	2.41	19.10
贵　州	3.04	72.52	0.49	9.81	7.44	0.05	2.62
云　南	6.18	385.68	8.91	13.57	19.90	0.71	11.63
西　藏	0.63	2.90	0.01	0.16	0.67	0.08	0.06
陕　西	6.54	210.81	22.98	18.95	126.72	0.88	11.42
甘　肃	2.19	62.34	1.75	5.59	10.57		1.55
青　海	0.47	22.13	1.11	1.64	5.82		0.32
宁　夏	0.71	27.21	0.81	1.58	2.07		1.30
新　疆	4.66	221.56	8.72	5.06	9.15	0.14	1.54

【主要统计指标解释】

营业收入 指企业报告期内生产经营活动中通过销售商品、产品或提供劳务等经营业务取得的收入。

6 第三产业部分行业主要业务指标

6-1 批发和零售业

简要说明

一、主要内容

批发和零售业企业商品购销存情况。

二、统计范围

限额以上批发和零售业企业。

三、调查方法

对限额以上批发和零售业企业采用全面调查方法。

四、限额标准

批发业企业：年主营业务收入2000万元及以上。

零售业企业：年主营业务收入500万元及以上。

五、资料来源

本部分资料是国家统计局贸易外经统计司根据《批发和零售业统计报表制度》搜集的资料进行加工整理而得。

6-1-1 限额以上批发和零售业企业商品购、销、存情况（按登记注册类型分）

单位：万元

项目	商品购进额	#进口	商品销售额	#出口	期末商品库存额
总计	**3281602574**	**272306914**	**3605258987**	**177950264**	**249793231**
一、批发业	**2660771635**	**253838451**	**2887010131**	**177409164**	**183289843**
#国有控股	1182997235	88082833	1258538375	53453925	78381271
内资企业	**2346321332**	**160260092**	**2517171562**	**151550888**	**154566479**
国有企业	523670734	28173160	569649317	22165893	35737598
集体企业	19553043	1676621	20821920	1226745	2261087
股份合作企业	8093914	248195	8629296	308877	720131
联营企业	5280586	388990	6150637	457383	363201
国有联营企业	2172652	257476	2634982	166371	141937
集体联营企业	308628		421512	70484	32495
国有与集体联营企业	1794601	3064	1864700	73670	100822
其他联营企业	1004705	128449	1229443	146858	87946
有限责任公司	814734498	80937453	864851131	60095006	57161086
国有独资公司	98641586	11243459	101594975	4945503	9793407
其他有限责任公司	716092911	69693994	763256156	55149504	47367679
股份有限公司	319696805	12976221	336879099	13733195	16075188
私营企业	629021692	34491484	680274127	52388943	40653616
私营独资企业	22511012	380358	24903761	1172463	1344196
私营合伙企业	7815785	196125	8275044	497037	238795
私营有限责任公司	576269144	32437828	622075226	48866279	36844386
私营股份有限公司	22425751	1477174	25020097	1853164	2226239
其他企业	26270060	1367967	29916035	1174845	1594571
港、澳、台商投资企业	**81955476**	**17045423**	**95030527**	**7208942**	**9448587**
合资经营企业	14760132	1132117	15882675	311142	929380
合作经营企业	1092452	1594	1201850	14861	15251
独资经营企业	64585714	15895056	76154511	6866089	8308267
投资股份有限公司	1451774	16656	1722101	16850	195612
其他投资企业	65404		69389		76
外商投资企业	**232494828**	**76532937**	**274808042**	**18649334**	**19274777**
中外合资经营企业	57768364	4537357	63647131	3042428	2896199
中外合作经营企业	10271578	36925	10765102	4492	113062
外资企业	163558404	71798637	198994311	15303485	16078555
外商投资股份有限公司	862126	155758	1353335	298691	185442
其他外商投资企业	34356	4259	48163	238	1519

6-1-1 续表 单位：万元

项目	商品购进额	#进口	商品销售额	#出口	期末商品库存额
二、零售业	**620830938**	**18468463**	**718248855**	**541101**	**66503388**
#国有控股	140187101	1859415	176299380	101873	11975131
内资企业	**542314080**	**13469916**	**622051697**	**512931**	**57830612**
国有企业	45334825	565936	54040961	48534	3773948
集体企业	11455135	21919	12853673	3876	801779
股份合作企业	3224616	5998	3943342		549613
联营企业	2150990	3512	2536384		199360
国有联营企业	1132679	2138	1395503		119383
集体联营企业	298204		335333		27996
国有与集体联营企业	433348	1374	470497		26198
其他联营企业	286759		335050		25784
有限责任公司	202266237	5685253	226742421	162058	24156357
国有独资公司	2688996	131059	2843099		863564
其他有限责任公司	199577241	5554194	223899322	162058	23292793
股份有限公司	84601628	474542	109900041	60971	6513803
私营企业	180124076	6216353	196730732	229771	20506075
私营独资企业	18013783	188198	19892091	20519	1501758
私营合伙企业	3103602	7025	3425956	223	295187
私营有限责任公司	148936016	5618938	162650118	206984	17799789
私营股份有限公司	10070674	402191	10762568	2045	909341
其他企业	13156572	496404	15304142	7720	1329677
港、澳、台商投资企业	**33395124**	**3209368**	**41225885**	**1798**	**4115961**
合资经营企业	8853832	856667	11434739	564	1006893
合作经营企业	3217801		3971229		150680
独资经营企业	18614959	2260460	22937973	1234	2721308
投资股份有限公司	423659	92242	604232		87323
其他投资企业	2284873		2277712		149757
外商投资企业	**45121735**	**1789179**	**54971274**	**26373**	**4556816**
中外合资经营企业	20374772	579725	27201929	2704	1795121
中外合作经营企业	2358220	396	2933977	421	228892
外资企业	21474811	1202053	23921251	23247	2447922
外商投资股份有限公司	785464	7006	791495		66443
其他外商投资企业	128468		122621		18438

6-1-2 限额以上批发和零售业企业商品购、销、存情况（按国民经济行业分）

单位：万元

项目	商品购进额	#进口	商品销售额	#出口	期末商品库存额
总计	**3281602574**	**272306914**	**3605258987**	**177950264**	**249793231**
一、批发业	**2660771635**	**253838451**	**2887010131**	**177409164**	**183289843**
农畜产品批发	47657547	6839703	49976507	1355330	12991008
食品、饮料及烟草制品批发	191825998	6037759	236753159	5868755	21592722
#米、面制品及食用油批发	27593439	2626518	29334312	1339991	6988462
肉、禽、蛋及水产品批发	9792012	432478	10810595	1835359	447121
饮料及茶叶批发	25897975	1037933	32758779	498029	2832110
烟草制品批发	94296308	427494	124655934	445179	8470713
纺织、服装及日用品批发	134313660	13266425	159187048	60101131	10518254
#服装批发	48680789	4746050	58885311	24062237	4137145
鞋帽批发	8971495	793639	10995696	5398922	765080
文化、体育用品及器材批发	33232076	2130075	36328701	2963550	5269679
#文具用品批发	9756244	895841	10428116	588955	620501
体育用品批发	2043275	384889	2515159	691648	213852
图书批发	5147620	91393	5379701	43700	1154901
医药及医疗器材批发	94512477	7284907	104650725	2268347	9484698
#西药批发	65718637	3591489	71585989	1604316	6101813
中药材及中成药批发	19377653	673146	21653307	215078	1944957
矿产品、建材及化工产品批发	1661808005	115061062	1734697154	37265530	83340919
#煤炭及制品批发	213642171	6823971	226398533	1000421	9101897
石油及制品批发	524178198	23653671	544488103	5247172	17651670
金属及金属矿批发	636438284	54853291	657852995	14106567	37238888
建材批发	81850230	7505437	87633636	3968983	4694506
化肥批发	34065195	1393804	34720255	1181227	5531353
农药批发	2184727	322363	2717185	398072	446061
机械设备、五金交电及电子产品批发	392261541	81028110	450236214	47242929	33242265
#汽车、摩托车及零配件批发	119030256	34035869	143920740	6028668	9920764
家用电器批发	70280317	10294499	77860292	6737971	5853696
计算机、软件及辅助设备批发	44541997	11262233	48409931	3182605	2542373
通讯及广播电视设备批发	31669114	1701000	35520863	1625169	2250200
贸易经纪与代理	35411524	10222767	39953221	10810634	2293124
其他批发	69748808	11967644	75227403	9532957	4557174

6-1-2 续表

单位：万元

项目	商品购进额	#进口	商品销售额	#出口	期末商品库存额
二、零售业	**620830938**	**18468463**	**718248855**	**541101**	**66503388**
(一)按国民经济行业分					
综合零售	159735136	1196723	193278363	73439	17697700
#百货零售	83939049	840582	108278844	66548	8360265
超级市场零售	67156469	319283	75416341	299	8612910
食品、饮料及烟草制品专门零售	16512857	132346	19074834	21039	2051597
#粮油零售	4603997	3676	5137797	2187	574794
肉、禽、蛋及水产品零售	2317863	38	2755043	16196	151384
饮料及茶叶零售	2819349	11487	3325618	187	436743
烟草制品零售	1922461	100310	2319053		311910
纺织、服装及日用品专门零售	20948013	911259	26326476	100441	4330197
#服装零售	13894768	626164	17268606	39195	2704158
文化、体育用品及器材专门零售	15540843	782382	16964202	39650	4749757
#体育用品零售	769500	3718	941385	7755	295071
图书零售	7388807	136967	7405838	2046	2172252
医药及医疗器材专门零售	25580924	211193	28476972	786	3143876
#药品零售	24190955	30864	26752993	670	2949892
汽车、摩托车、燃料及零配件专门零售	298592089	14279724	339634962	198107	26744759
#汽车零售	205386948	13924385	217705528	170036	21878518
机动车燃料零售	86749450	165457	114736401	5552	3548121
家用电器及电子产品专门零售	54961395	415217	60104764	33922	5481198
#家用电器零售	37474180	48536	41474687	16497	3619899
计算机、软件及辅助设备零售	11380317	42107	12061884	11303	973505
通信设备零售	4733956	16911	5175876	5334	669749
五金、家具及室内装修材料专门零售	13960943	105019	16649059	27269	1101518
无店铺及其他零售	14998739	434602	17739225	46449	1202786
#邮购及电子销售	4893141	3274	5276544		375284
(二)按零售业态分					
有店铺零售	610745234	18368391	707631515	516581	65542241
#超市	30943949	119357	35104894	2962	4384417
大型超市	56382544	28521	63691304	41	7248489
百货店	80308366	1209102	103070048	85562	7385164
专业店	235677775	5601347	273064742	145825	23299568
专卖店	177919544	10819553	198117475	193589	20436011
无店铺零售	10085704	100072	10617341	24520	961147

6-1-3 各地区限额以上批发和零售业企业商品购、销、存情况

单位：万元

地 区	商品购进额	#进口	商品销售额	#出口	期末商品库存额
全 国	**3281602574**	**272306914**	**3605258987**	**177950264**	**249793231**
北 京	418252269	73422071	452126673	15494395	42695645
天 津	177318497	9201147	185784646	4131713	8866294
河 北	73084572	1038727	80070873	729137	4319078
山 西	69115034	686603	77794553	322338	5048248
内蒙古	31911235	1325539	34989662	423651	3928206
辽 宁	138915037	5359012	151380072	2629108	8047595
吉 林	22860982	935268	27887226	127411	1846698
黑龙江	40217695	9350783	44542026	1167004	3940409
上 海	407514831	67008659	444673635	27711180	28621220
江 苏	292881858	15382761	331948804	19794573	18269037
浙 江	274917972	19618919	303150825	36388361	18595764
安 徽	61855417	3273665	68808317	2245316	4722879
福 建	104754458	9244460	118524793	12693519	8485399
江 西	19759690	240076	25216747	675027	1505350
山 东	183062997	8198164	205867167	7124416	12086754
河 南	76288367	1281390	78881102	1504262	8328055
湖 北	89282265	3555513	100831926	1149176	6122786
湖 南	48654994	503933	52754539	724558	3789909
广 东	363978705	31119051	390015133	34524124	24388369
广 西	34038386	577844	33657157	563059	3023276
海 南	15240519	590634	16254573	283503	924885
重 庆	68376081	1441121	77408479	2254088	4782531
四 川	64092089	2143232	78796867	1351741	7677866
贵 州	17128440	410577	20004766	677586	1870944
云 南	47153891	1988546	52403071	1598123	6182783
西 藏	907177		1095416		133473
陕 西	52577021	954508	57453261	870713	2993094
甘 肃	24000760	79611	26421447	56691	2468923
青 海	5122796	9512	6651583	78486	335726
宁 夏	8290036	103485	8354454	72039	809127
新 疆	50048502	3262100	51509194	584973	4982907

6-1-4 各地区限额以上批发业企业商品购、销、存情况

单位：万元

地 区	商品购进额	#进口	商品销售额	#出口	期末商品库存额
全 国	**2660771635**	**253838451**	**2887010131**	**177409164**	**183289843**
北 京	364666532	72224589	392618963	15481714	36906106
天 津	162244926	8940596	169440086	4116064	7707701
河 北	57748982	970450	63218139	728682	2571191
山 西	56065655	503440	61008768	322338	3630353
内蒙古	19626959	1130557	20702911	421612	2435372
辽 宁	115198409	4195651	122616750	2617152	5061428
吉 林	14558853	827947	16136011	127411	920224
黑龙江	31139649	9286020	33241761	1165389	2606972
上 海	369314096	64259975	400050004	27657836	23865984
江 苏	240191627	14053154	269459128	19777745	13103407
浙 江	226978200	17285562	250440869	36312425	13049666
安 徽	44955201	3097139	49907334	2237574	2786874
福 建	85175005	8791445	93035615	12668438	6465937
江 西	13227870	57954	17623008	673454	867496
山 东	122427513	7585065	139251742	7088653	7042403
河 南	52419894	882201	52606212	1485855	5937190
湖 北	63963293	3255816	70909502	1140061	3528553
湖 南	30439711	183048	28761822	721075	2189654
广 东	303399149	27562758	320133246	34308941	17826355
广 西	26549949	355222	25449966	562670	2150582
海 南	11360681	471942	12007608	283503	557465
重 庆	50640889	1002815	57907248	2254086	2737729
四 川	40217331	1360649	48315639	1351034	4894181
贵 州	11349466	194294	13248327	677586	1284056
云 南	35292228	1489227	40007222	1592317	4781536
西 藏	332570		419977		41460
陕 西	37814744	677650	41056162	864362	1585062
甘 肃	19286787	7965	21168389	54566	1683375
青 海	4240025	214	5586939	78486	256187
宁 夏	5756284	48345	5762863	53165	470282
新 疆	44189157	3136763	44917921	584973	4345063

6-1-5 各地区限额以上零售业企业商品购、销、存情况

单位：万元

地 区	商品购进额	#进口	商品销售额	#出口	期末商品库存额
全 国	**620830938**	**18468463**	**718248855**	**541101**	**66503388**
北 京	53585737	1197482	59507710	12681	5789539
天 津	15073571	260551	16344560	15649	1158593
河 北	15335591	68277	16852735	455	1747887
山 西	13049378	183162	16785786		1417896
内蒙古	12284276	194982	14286750	2039	1492834
辽 宁	23716628	1163362	28763323	11956	2986167
吉 林	8302129	107321	11751215		926475
黑龙江	9078046	64763	11300265	1614	1333436
上 海	38200736	2748685	44623631	53344	4755236
江 苏	52690231	1329608	62489676	16828	5165630
浙 江	47939772	2333357	52709956	75936	5546098
安 徽	16900216	176526	18900983	7742	1936005
福 建	19579453	453015	25489177	25081	2019462
江 西	6531820	182122	7593739	1572	637854
山 东	60635483	613100	66615425	35763	5044351
河 南	23868474	399189	26274890	18406	2390866
湖 北	25318973	299697	29922424	9114	2594234
湖 南	18215284	320885	23992718	3483	1600254
广 东	60579556	3556294	69881887	215183	6562014
广 西	7488437	222623	8207191	388	872694
海 南	3879839	118692	4246965		367420
重 庆	17735191	438307	19501232	2	2044803
四 川	23874758	782583	30481228	707	2783685
贵 州	5778975	216283	6756439		586888
云 南	11861663	499319	12395849	5806	1401246
西 藏	574606		675439		92014
陕 西	14762277	276859	16397099	6351	1408031
甘 肃	4713973	71646	5253059	2125	785548
青 海	882771	9298	1064644		79539
宁 夏	2533752	55140	2591591	18874	338845
新 疆	5859345	125337	6591273		637845

【主要统计指标解释】

商品购进额 指从本企业以外的单位和个人购进（包括从国外直接进口）作为转卖或加工后转卖的商品金额（含增值税）。它反映批发和零售业从国内外市场上购进商品的价值总量。

进口 指直接从国外进口的商品和委托外贸部门代理进口的商品金额，商品进口不包括从国内有关单位购进的进口商品。外贸企业只能统计自主经营进口的商品，不包括受托代理进口的商品。

商品销售额 指对本企业以外的单位和个人出售的商品金额（包括售给本单位消费用的商品，含增值税）。它反映批发和零售业在国内市场上销售商品以及出口商品的价值总量。

出口 指直接向国（境）外出口商品和委托外贸企业代理出口的商品金额，商品出口不包括售给外贸企业出口或加二后出口的商品，以及在国内市场以外币销售的商品。外贸企业只统计自主经营出口的商品，不包括受托代理出口的商品。

期末商品库存额 指报告期末各种登记注册类型的批发和零售业企业（单位）已取得所有权的全部商品金额（含增值税）。它反映批发和零售业企业的商品库存情况和对市场商品供应的保证程度。

6 第三产业部分行业主要业务指标

6－2　交通运输、仓储和邮政业

简要说明

一、主要内容

1.交通运输业资料主要包括：主要运输方式的线路里程、运输设备拥有量、技术质量情况，各种运输方式完成的货物运输量和旅客运输量，规模以上港口码头长度、泊位数量及货物吞吐量，城市公共交通运营线路网长度、运营车（船）数量及客运量等资料。

2.邮政业资料主要包括：全国邮政主要业务量、营业网点及邮政邮路情况、邮政通信服务水平等。

二、调查范围及统计单位

1.铁路资料：包括国家铁路（含控股合资）、地方铁路和非控股合资铁路运营情况，不含军用铁路及由厂矿企事业单位自建的铁路专用线和专用铁路。国家铁路（含控股合资）和非控股合资铁路运营资料来源于各铁路局及所属运输企业（公司）。地方铁路运营资料来源于各省地方铁路管理部门。

2.公路、水路、港口资料：(1) 公路和水路线路里程为年末通车和通航里程数，不含未正式投入使用的公路和航道里程；(2) 民用汽车拥有量及机动车和汽车驾驶员人数，根据公安部交通管理局所属各省（自治区、直辖市）车管部门登记注册的车辆资料和驾驶员资料整理，不含军用车辆；(3) 公路营运汽车拥有量，根据各省（自治区、直辖市）道路运输主管部门登记注册的从事公路运输的营业性运输车辆资料整理，属于民用汽车的一部分；(4) 营业性民用运输船舶拥有量，根据各省（自治区、直辖市）交通运输主管部门登记注册的从事水上客、货运输的营业性船舶资料整理，不含非运输船舶及农业、渔业生产船舶；(5) 公路、水路客货运输量资料，由交通运输部负责收集整理；(6) 公路、水路运输量统计包括全面调查和非全面调查两种方式，统计范围是在各省交通运输主管部门登记注册的从事公路、水路客、货运输的营业性的车辆和船舶所完成的运输量；(7) 规模以上港口的统计范围为年通过能力在1000万吨以上的沿海港口和200万吨以上的内河港口，以及从事外贸、集装箱装卸的港口，具体范围由交通运输部划定。

3.管道运输资料：包括输原油、输成品油、输天然气及输其他气体的管道长度和完成的运输量。统计范围包括：油气田企业直接通向炼油厂、化工厂、电站等用户及装车站、油码头的管道，炼油厂通向用户（包括商业石油公司油库）的成品油管道，独立核算的管道运输企业通向用户及装车（站）栈桥、油码头的管道。管道运输资料主要来源于中国石油天然气集团公司和中国石油化工集团公司所属的管道运输企业，由两家集团公司分别负责收集审核本部门资料。

4.民航运输资料：统计对象为在我国境内注册从事民用航空运输飞行和通用航空飞行的航空运输企业和民用航空机场，不包括在我国境内运输飞行的外国航空公司。统计内容为各航空公司从事国内运输、港澳台运输、国际运输的定期航班航线条数及里程、运输量及飞机构成和运营情况、通用航空飞行完成情况等。

5.城市公共交通资料：统计范围为全国所有设市城市的城市公共交通情况。

6.邮政业资料：包括全国邮政企业及年业务收入200万元以上快递企业，为社会公众提供的各类邮政及快递服务。业务范围分为国内业务量和国际及港澳业务量（对台业务量统计在港澳中）。

三、资料来源

本篇资料由国家统计局服务业统计司负责整理、编辑。有关交通运输业资料分别来源于铁道部、交通运输部、中国民用航空局、中国石油天然气集团公司、中国石油化工集团公司和各省、自治区、直辖市统计局。有关邮政业资料来源于国家邮政局。

6-2-1 交通运输业基本情况

指　　标	2000	2004	2005	2006	2007	2008	2009	2010	2011
运输线路长度　　（万公里）									
铁路营业里程	6.87	7.44	7.54	7.71	7.80	7.97	8.55	9.12	9.32
国家铁路	5.87	6.10	6.22	6.34	6.36	6.40	6.55	6.62	6.60
合资铁路	0.52	0.85	0.85	0.89	0.95	1.08	1.59	2.06	2.28
地方铁路	0.48	0.49	0.48	0.47	0.48	0.49	0.41	0.44	0.44
公路里程	167.98	187.07	334.52	345.70	358.37	373.02	386.08	400.82	410.64
#高速公路	1.63	3.43	4.10	4.53	5.39	6.03	6.51	7.41	8.49
内河航道里程	11.93	12.33	12.33	12.34	12.35	12.28	12.37	12.42	12.46
#等级航道	6.14	6.08	6.10	6.10	6.12	6.11	6.15	6.23	6.26
定期航班航线里程	150.29	204.94	199.85	211.35	234.30	246.18	234.51	276.51	349.06
国际航线	50.84	89.42	85.59	96.62	104.74	112.02	91.99	107.02	149.44
国内航线	99.45	115.52	114.26	114.73	129.55	134.17	142.52	169.50	199.62
管道输油(气)里程	2.47	3.82	4.40	4.81	5.45	5.83	6.91	7.85	8.33
输油管	1.24	1.71	2.10	2.41	2.90	3.07	3.55	3.85	3.95
输气管	1.23	2.11	2.30	2.41	2.55	2.76	3.35	4.00	4.38
客运量总计　　（万人）	**1478573**	**1767453**	**1847018**	**2024158**	**2227761**	**2867892**	**2976898**	**3269508**	**3526319**
铁路	105073	111764	115583	125656	135670	146193	152451	167609	186226
公路	1347392	1624526	1697381	1860487	2050680	2682114	2779081	3052738	3286220
水运	19386	19040	20227	22047	22835	20334	22314	22392	24556
民航	6722	12123	13827	15968	18576	19251	23052	26769	29317
旅客周转量总计　（亿人公里）	**12261.0**	**16309.1**	**17466.7**	**19197.2**	**21592.6**	**23196.7**	**24834.9**	**27894.3**	**30984.0**
铁路	4532.6	5712.2	6062.0	6622.1	7216.3	7778.6	7878.9	8762.2	9612.3
公路	6657.4	8748.4	9292.1	10130.8	11506.8	12476.1	13511.4	15020.8	16760.2
水运	100.5	66.3	67.8	73.6	77.8	59.2	69.4	72.3	74.5
民航	970.5	1782.3	2044.9	2370.7	2791.7	2882.8	3375.2	4039.0	4537.0
货运量总计　　（万吨）	**1358682**	**1706412**	**1862066**	**2037060**	**2275822**	**2585937**	**2825222**	**3241807**	**3696961**
铁路	178581	249017	269296	288224	314237	330354	333348	364271	393263
公路	1038813	1244990	1341778	1466347	1639432	1916759	2127834	2448052	2820100
水运	122391	187394	219648	248703	281199	294510	318996	378949	425968
民航	196.7	276.7	306.7	349.4	401.8	407.6	445.5	563.0	557.5
管道	18700	24734	31037	33436	40552	43906	44598	49972	57073

注：1.从2005年起，公路里程包括村道，与以前年度数据不可比(以下相关表同)。
2.2008年，公路、水路客货运输量和周转量统计口径发生变化，不宜进行历史对比(以下相关表同)。
3.2011年起民航航线里程改为定期航班航线里程(以下相关表同)。

6-2-1 续表

指 标	2000	2004	2005	2006	2007	2008	2009	2010	2011
货物周转量总计 (亿吨公里)	**44320.5**	**69445.1**	**80258.1**	**88839.9**	**101418.8**	**110300.5**	**122133.3**	**141837.4**	**159323.6**
铁路	13770.5	19288.8	20726.0	21954.4	23797.0	25106.3	25239.2	27644.1	29465.8
公路	6129.4	7840.9	8693.2	9754.2	11354.7	32868.2	37188.8	43389.7	51374.7
水运	23734.2	41428.7	49672.3	55485.7	64284.8	50262.7	57556.7	68427.5	75423.8
民航	50.3	71.8	78.9	94.3	116.4	119.6	126.2	178.9	173.9
管道	636.2	814.9	1087.7	1551.2	1865.9	1944.0	2022.4	2197.2	2885.4
规模以上港口货物吞吐量 (万吨)	**170055**	**332488**	**394196**	**459701**	**526408**	**589080**	**697159**	**810180**	**911814**
沿海规模以上港口	125603	246074	292777	342191	388200	429599	475481	548358	616292
#外贸	52343	104706	124166	145827	165631	178271	197922	226938	252318
内河规模以上港口	44452	86414	101418	117510	138208	159481	221678	261822	295522
#外贸	4397	8458	10063	12060	14009	14288	18296	21025	23967
民用汽车拥有量 (万辆)	**1608.91**	**2693.71**	**3159.66**	**3697.35**	**4358.36**	**5099.61**	**6280.61**	**7801.83**	**9356.32**
#载客汽车	853.73	1735.91	2132.46	2619.57	3195.99	3838.92	4845.09	6124.13	7478.37
载货汽车	716.32	893.00	955.55	986.30	1054.06	1126.07	1368.60	1597.55	1787.99
#私人汽车拥有量	625.33	1481.66	1848.07	2333.32	2876.216	3501.39	4574.91	5938.71	7326.79
#载客汽车	365.09	1069.69	1383.93	1823.57	2316.908	2880.50	3808.33	4989.50	6237.46
载货汽车	259.09	402.82	452.11	494.91	539.45	596.39	753.40	931.52	1067.43
民用运输船舶拥有量 (艘)	**229676**	**210700**	**207294**	**194360**	**191771**	**184190**	**176932**	**178407**	**179242**
机动船	185018	166854	165900	157805	157544	152247	149367	155624	157950
驳船	44658	43846	41394	36555	34227	31943	27565	22783	21292
#私人运输船舶拥有量	142117	115503	95838	70292	70017	64552			
机动船	128654	91188	83380	62839	62228	57490			
驳船	13463	24315	12458	7453	7789	7062			
规模以上港口码头泊位 (个)	**8078**	**9787**	**10652**	**10848**	**12131**	**14205**	**20091**	**20333**	**20524**
沿海规模以上港口	1772	2849	3641	3804	3970	4914	5372	5529	5612
#万吨级	518	687	769	883	967	1076	1214	1293	1366
内河规模以上港口	6306	6938	7011	7044	8161	9291	14719	14804	14912
#万吨级	55	150	186	225	250	259	293	318	340
民用飞机 (架)	**982**	**1245**	**1386**	**1614**	**1813**	**1961**	**2181**	**2405**	**3191**
#运输飞机	527	754	863	998	1134	1259	1417	1597	1764
通用航空飞机	301	365	383	457	457	484	555	606	1124

6-2-2 各地区交通运输业职工人数(2011年底)

单位：人

地 区	铁路运输业	道路运输业	城市公共交通业	水上运输业	航空运输业	管道运输业
全 国	**1761542**	**1689831**	**1169084**	**460513**	**335260**	**32458**
北 京	123906	46607	214722	140	57941	2480
天 津	18118	17652	22500	22329	3055	218
河 北	60746	85674	31688	26910	1810	1669
山 西	113638	49288	17568	56	4556	
内蒙古	90998	33902	12976	166	3805	
辽 宁	105480	71020	37028	44916	15047	3535
吉 林	65005	25405	20058	743	4852	1406
黑龙江	118662	64459	16596	3463	4782	795
上 海	29494	39038	163436	55036	57018	110
江 苏	48041	93457	41710	58471	9419	10442
浙 江	25520	104126	42504	28069	9862	43
安 徽	42532	56685	24674	10859	2892	
福 建	37391	44713	30930	12227	12897	843
江 西	61098	38878	13323	3625	2689	5
山 东	71566	107995	52790	52940	10680	1469
河 南	102656	98972	42914	2800	7130	
湖 北	89021	66202	37338	16901	5445	1004
湖 南	76063	66072	30693	5412	4794	88
广 东	59636	186881	150678	62566	41449	184
广 西	54533	58675	15021	16797	6057	
海 南	4492	13015	3395	5169	10335	
重 庆	22963	54276	20634	22680	8271	
四 川	49363	79076	32658	6660	18874	775
贵 州	31854	24528	14979	744	3841	
云 南	39624	44317	14870	257	13312	253
西 藏	49	2353	1573	21		
陕 西	102569	45776	25063	209	579	1945
甘 肃	47445	24757	12774	69	1303	
青 海	15004	9952	4096		176	
宁 夏	13208	9013	4118	121	1358	
新 疆	40867	27067	15777	157	11031	5194

6-2-3 运输线路长度

单位：万公里

年 份	铁路营业里程	#国家铁路电气化里程	公路里程	#高速公路	内河航道里程	定期航班航线里程	#国际航线	管道输油(气)里程
1978	5.17	0.10	89.02		13.60	14.89	5.53	0.83
1980	5.33	0.17	88.83		10.85	19.53	8.12	0.87
1981	5.39	0.17	89.75		10.87	21.83	8.28	0.97
1982	5.33	0.18	90.70		10.86	23.27	9.99	1.04
1983	5.46	0.23	91.51		10.89	22.91	9.99	1.08
1984	5.48	0.30	92.67		10.93	26.02	10.74	1.10
1985	5.52	0.41	94.24		10.91	27.72	10.60	1.17
1986	5.58	0.44	96.28		10.94	32.43	10.76	1.30
1987	5.60	0.46	98.22		10.98	38.91	14.89	1.38
1988	5.62	0.57	99.96	0.01	10.94	37.38	12.83	1.43
1989	5.70	0.64	101.43	0.03	10.90	47.19	16.64	1.51
1990	5.79	0.69	102.83	0.05	10.92	50.68	16.64	1.59
1991	5.78	0.78	104.11	0.06	10.97	55.91	17.74	1.62
1992	5.81	0.84	105.67	0.07	10.97	83.66	30.30	1.59
1993	5.86	0.89	108.35	0.11	11.02	96.08	27.87	1.64
1994	5.90	0.90	111.78	0.16	11.02	104.56	35.19	1.68
1995	6.24	0.97	115.70	0.21	11.06	112.90	34.82	1.72
1996	6.49	1.01	118.58	0.34	11.08	116.65	38.63	1.93
1997	6.60	1.20	122.64	0.48	10.98	142.50	50.44	2.04
1998	6.64	1.30	127.85	0.87	11.03	150.58	50.44	2.31
1999	6.74	1.40	135.17	1.16	11.65	152.22	52.33	2.49
2000	6.87	1.49	167.98	1.63	11.93	150.29	50.84	2.47
2001	7.01	1.69	169.80	1.94	12.15	155.36	51.69	2.76
2002	7.19	1.74	176.52	2.51	12.16	163.77	57.45	2.98
2003	7.30	1.81	180.98	2.97	12.40	174.95	71.53	3.26
2004	7.44	1.86	187.07	3.43	12.33	204.94	89.42	3.82
2005	7.54	1.94	334.52	4.10	12.33	199.85	85.59	4.40
2006	7.71	2.34	345.70	4.53	12.34	211.35	96.62	4.81
2007	7.80	2.40	358.37	5.39	12.35	234.30	104.74	5.45
2008	7.97	2.50	373.02	6.03	12.28	246.18	112.02	5.83
2009	8.55	3.02	386.08	6.51	12.37	234.51	91.99	6.91
2010	9.12	3.27	400.82	7.41	12.42	276.51	107.02	7.85
2011	9.32	3.43	410.64	8.49	12.46	349.06	149.44	8.33

6-2-4 客运量

单位：万人

年份	总计	铁路	国家	地方	合资	公路	水运	民航
1952	24518	16352	16352			4559	3605	2
1957	63821	31262	31262			23772	8780	7
1962	122154	75003	74067	936		30737	16397	17
1965	96334	41245	40708	537		43693	11369	27
1970	130056	52455	51646	809		61812	15767	22
1975	192969	70465	69648	817		101350	21015	139
1978	253993	81491	80729	762		149229	23042	231
1980	341785	92204	91246	958		222799	26439	343
1985	620206	112110	110913	1197		476486	30863	747
1986	688211	108579	107358	1221		544259	34377	996
1987	746422	112479	111414	1065		593682	38951	1310
1988	809592	122645	121595	1050		650473	35032	1442
1989	791374	113805	112796	1009		644508	31778	1283
1990	772682	95712	94888	824		648085	27225	1660
1991	806048	95080	94208	872		682681	26109	2178
1992	860855	99693	98788	905		731774	26502	2886
1993	996634	105458	104580	878		860719	27074	3383
1994	1092882	108738	108009	729		953940	26165	4039
1995	1172596	102745	102081	664		1040810	23924	5117
1996	1245357	94797	93551	612	634	1122110	22895	5555
1997	1326094	93308	91919	659	730	1204583	22573	5630
1998	1378717	95085	92991	629	1465	1257332	20545	5755
1999	1394413	100164	97725	528	1911	1269004	19151	6094
2000	1478573	105073	101847	519	2707	1347392	19386	6722
2001	1534122	105155	101680	558	2917	1402798	18645	7524
2002	1608150	105606	101741	516	3349	1475257	18693	8594
2003	1587497	97260	93634	412	3214	1464335	17142	8759
2004	1767453	111764	107346	378	4040	1624526	19040	12123
2005	1847018	115583	110651	319	4613	1697381	20227	13827
2006	2024158	125656	119728	423	5505	1860487	22047	15968
2007	2227761	135670	128712	451	6507	2050680	22835	18576
2008	2867892	146193	144452	474	1267	2682114	20334	19251
2009	2976898	152451	150798	419	1234	2779081	22314	23052
2010	3269508	167609	164761	477	2371	3052738	22392	26769
2011	3526319	186226	179199	528	6498	3286220	24556	29317

注：从2008年起，国家铁路和合资铁路客货运输量及周转量统计口径有调整，其中国家铁路包括了国家控股合资铁路部分，合资铁路仅指非控股合资(以下相关表同)。

6-2-5 客运量构成

单位：%

年 份	总计	铁路				公路	水运	民航
			国家	地方	合资			
1952	100.0	66.7	66.7			18.6	14.7	0.01
1957	100.0	49.0	49.0			37.2	13.8	0.01
1962	100.0	61.4	60.6	0.77		25.2	13.4	0.01
1965	100.0	42.8	42.3	0.56		45.4	11.8	0.03
1970	100.0	40.3	39.7	0.62		47.5	12.1	0.02
1975	100.0	36.5	36.1	0.42		52.5	10.9	0.07
1978	100.0	32.1	31.8	0.30		58.8	9.1	0.09
1980	100.0	27.0	26.7	0.28		65.2	7.7	0.10
1985	100.0	18.1	17.9	0.19		76.8	5.0	0.12
1986	100.0	15.8	15.6	0.18		79.1	5.0	0.14
1987	100.0	15.1	14.9	0.14		79.5	5.2	0.18
1988	100.0	15.1	15.0	0.13		80.3	4.3	0.18
1989	100.0	14.4	14.3	0.13		81.4	4.0	0.16
1990	100.0	12.4	12.3	0.11		83.9	3.5	0.21
1991	100.0	11.8	11.7	0.11		84.7	3.2	0.27
1992	100.0	11.6	11.5	0.11		85.0	3.1	0.34
1993	100.0	10.6	10.5	0.09		86.4	2.7	0.34
1994	100.0	9.9	9.9	0.07		87.3	2.4	0.37
1995	100.0	8.8	8.7	0.06		88.8	2.0	0.44
1996	100.0	7.6	7.5	0.05	0.05	90.1	1.8	0.45
1997	100.0	7.0	6.9	0.05	0.06	90.8	1.7	0.42
1998	100.0	6.9	6.7	0.05	0.11	91.2	1.5	0.42
1999	100.0	7.2	7.0	0.04	0.14	91.0	1.4	0.44
2000	100.0	7.1	6.9	0.04	0.18	91.1	1.3	0.45
2001	100.0	6.9	6.6	0.04	0.19	91.4	1.2	0.49
2002	100.0	6.6	6.3	0.03	0.21	91.7	1.2	0.53
2003	100.0	6.1	5.9	0.03	0.20	92.2	1.1	0.55
2004	100.0	6.3	6.1	0.02	0.23	91.9	1.1	0.69
2005	100.0	6.3	6.0	0.02	0.25	91.9	1.1	0.75
2006	100.0	6.2	5.9	0.02	0.27	91.9	1.1	0.79
2007	100.0	6.1	5.8	0.02	0.29	92.1	1.0	0.83
2008	100.0	5.1	5.0	0.02	0.04	93.5	0.7	0.67
2009	100.0	5.1	5.1	0.01	0.04	93.4	0.7	0.77
2010	100.0	5.1	5.0	0.01	0.07	93.4	0.7	0.82
2011	100.0	5.3	5.1	0.01	0.18	93.2	0.7	0.83

6-2-6 旅客周转量

单位：亿人公里

年份	总计	铁路	国家	地方	合资	公路	水运	民航
1952	248.02	200.64	200.64			22.64	24.50	0.24
1957	496.55	361.30	361.30			88.07	46.38	0.80
1962	1085.56	859.01	857.26	1.75		141.46	83.92	1.17
1965	697.04	478.99	477.81	1.18		168.20	47.37	2.48
1970	1031.05	718.19	715.94	2.25		240.06	71.01	1.79
1975	1434.55	954.09	952.59	1.50		374.48	90.59	15.39
1978	1743.07	1093.22	1090.81	2.41		521.30	100.63	27.92
1980	2281.34	1383.16	1380.37	2.79		729.50	129.12	39.56
1985	4436.39	2416.14	2412.51	3.63		1724.88	178.65	116.72
1986	4896.51	2586.71	2583.11	3.60		1981.74	182.06	146.00
1987	5418.18	2843.06	2840.00	3.06		2190.43	195.92	188.77
1988	6208.91	3260.31	3257.31	3.00		2528.24	203.92	216.44
1989	6074.56	3037.41	3034.37	3.04		2662.11	188.27	186.77
1990	5628.35	2612.64	2610.11	2.53		2620.32	164.91	230.48
1991	6178.32	2828.05	2824.84	3.21		2871.74	177.21	301.32
1992	6949.38	3152.24	3148.29	3.95		3192.64	198.38	406.12
1993	7858.00	3483.30	3479.38	3.92		3700.70	196.40	477.60
1994	8591.42	3636.04	3632.81	3.23		4220.30	183.50	551.58
1995	9001.90	3545.70	3542.61	3.09		4603.10	171.80	681.30
1996	9164.80	3347.60	3322.02	3.36	22.22	4908.79	160.57	747.84
1997	10055.48	3584.86	3543.53	4.72	36.61	5541.40	155.70	773.52
1998	10636.74	3773.42	3690.97	5.01	77.44	5942.81	120.27	800.24
1999	11299.74	4135.94	4046.27	4.40	85.27	6199.20	107.30	857.30
2000	12261.05	4532.59	4414.68	4.59	113.32	6657.42	100.50	970.54
2001	13155.13	4766.82	4636.55	5.20	125.07	7207.08	89.88	1091.35
2002	14125.63	4969.38	4803.05	5.26	161.07	7805.77	81.78	1268.70
2003	13810.50	4788.61	4622.79	3.99	161.83	7695.60	63.10	1263.19
2004	16309.08	5712.17	5511.96	3.98	196.23	8748.38	66.25	1782.28
2005	17466.74	6061.96	5833.20	3.53	225.23	9292.08	67.77	2044.93
2006	19197.21	6622.12	6353.27	4.66	264.19	10130.85	73.58	2370.66
2007	21592.58	7216.31	6896.18	5.32	314.81	11506.77	77.78	2791.73
2008	23196.70	7778.60	7739.15	5.85	33.60	12476.11	59.18	2882.80
2009	24834.94	7878.89	7840.09	5.63	33.16	13511.44	69.38	3375.24
2010	27894.26	8762.18	8725.72	6.31	30.15	15020.81	72.27	4039.00
2011	30984.03	9612.29	9582.71	6.62	22.97	16760.25	74.53	4536.96

6-2-7 旅客周转量构成

单位：%

年份	总计	铁路	国家	地方	合资	公路	水运	民航
1952	100.0	80.9	80.9			9.1	9.9	0.1
1957	100.0	72.8	72.8			17.7	9.3	0.2
1962	100.0	79.1	79.0	0.16		13.0	7.7	0.1
1965	100.0	68.7	68.5	0.17		24.1	6.8	0.4
1970	100.0	69.7	69.4	0.22		23.3	6.9	0.2
1975	100.0	66.5	66.4	0.10		26.1	6.3	1.1
1978	100.0	62.7	62.6	0.14		29.9	5.8	1.6
1980	100.0	60.6	60.5	0.12		32.0	5.7	1.7
1985	100.0	54.5	54.4	0.08		38.9	4.0	2.6
1986	100.0	52.8	52.8	0.07		40.5	3.7	3.0
1987	100.0	52.5	52.4	0.06		40.4	3.6	3.5
1988	100.0	52.5	52.5	0.05		40.7	3.3	3.5
1989	100.0	50.0	50.0	0.05		43.8	3.1	3.1
1990	100.0	46.4	46.4	0.04		46.6	2.9	4.1
1991	100.0	45.8	45.7	0.05		46.5	2.9	4.9
1992	100.0	45.4	45.3	0.06		45.9	2.9	5.8
1993	100.0	44.3	44.3	0.05		47.1	2.5	6.1
1994	100.0	42.3	42.3	0.04		49.1	2.1	6.4
1995	100.0	39.4	39.4	0.03		51.1	1.9	7.6
1996	100.0	36.5	36.2	0.04	0.24	53.6	1.8	8.2
1997	100.0	35.7	35.2	0.05	0.36	55.1	1.5	7.7
1998	100.0	35.5	34.7	0.05	0.73	55.9	1.1	7.5
1999	100.0	36.6	35.8	0.04	0.75	54.9	0.9	7.6
2000	100.0	37.0	36.0	0.04	0.92	54.3	0.8	7.9
2001	100.0	36.2	35.2	0.04	0.95	54.8	0.7	8.3
2002	100.0	35.2	34.0	0.04	1.14	55.3	0.6	9.0
2003	100.0	34.7	33.5	0.03	1.17	55.7	0.5	9.1
2004	100.0	35.0	33.8	0.02	1.20	53.6	0.4	10.9
2005	100.0	34.7	33.4	0.02	1.29	53.2	0.4	11.7
2006	100.0	34.5	33.1	0.02	1.38	52.8	0.4	12.3
2007	100.0	33.4	31.9	0.02	1.46	53.3	0.4	12.9
2008	100.0	33.5	33.4	0.03	0.14	53.8	0.3	12.4
2009	100.0	31.7	31.6	0.02	0.13	54.4	0.3	13.6
2010	100.0	31.4	31.3	0.02	0.11	53.8	0.3	14.5
2011	100.0	31.0	30.9	0.02	0.07	54.1	0.2	14.6

6-2-8　旅客运输平均运距

单位：公里

年　份	总计	铁路				公路	水运	民航
			国家	地方	合资			
1952	101	123	123			50	68	1200
1957	78	116	116			37	53	1143
1962	89	115	116	19		46	51	688
1965	72	116	117	22		38	42	919
1970	79	137	139	28		39	45	814
1975	74	135	137	18		37	43	1107
1978	69	134	135	32		35	44	1208
1980	67	150	151	29		33	49	1153
1985	72	216	218	30		36	58	1563
1986	71	238	241	29		36	53	1466
1987	73	253	255	29		37	50	1441
1988	77	266	268	29		39	58	1501
1989	77	267	269	30		41	59	1456
1990	73	273	275	31		40	61	1388
1991	77	297	300	37		42	68	1383
1992	81	316	319	44		44	75	1407
1993	79	330	333	45		43	73	1412
1994	79	334	336	44		44	70	1366
1995	77	345	347	46		44	72	1331
1996	74	353	355	55	350	44	70	1346
1997	76	384	386	72	502	46	69	1374
1998	77	397	397	80	529	47	59	1391
1999	81	413	414	83	446	49	56	1407
2000	83	431	433	89	419	49	52	1444
2001	86	453	456	93	429	51	48	1450
2002	88	471	472	102	481	53	44	1476
2003	87	492	494	97	504	53	37	1442
2004	92	511	513	105	486	54	35	1470
2005	95	524	527	111	488	55	34	1479
2006	95	527	531	110	480	54	33	1485
2007	97	532	536	118	484	56	34	1503
2008	81	532	536	124	265	47	29	1497
2009	83	517	520	134	269	49	31	1464
2010	85	523	530	132	127	49	32	1509
2011	88	516	535	125	35	51	30	1548

6-2-9 货运量

单位：万吨

年 份	总计	铁路				公路	水运	民航	管道
			国家	地方	合资				
1952	31516	13217	13217			13158	5141	0.2	
1957	80365	27421	27421			37505	15438	0.8	
1962	85521	35261	34598	663		32794	17464	1.8	
1965	121083	49100	48358	742		48987	22993	2.7	
1970	150359	68132	66552	1580		56779	25444	3.7	
1975	202478	88955	86746	2209		72499	34987	4.7	6032
1978	248946	110119	107492	2627		85182	43292	6.4	10347
1980	546537	111279	108584	2695		382048	42676	8.9	10525
1985	745763	130709	127516	3193		538062	63322	19.5	13650
1986	853557	135635	132219	3416		620113	82962	22.4	14825
1987	948229	140653	136949	3704		711424	80979	29.9	15143
1988	982195	144948	140553	4395		732315	89281	32.8	15618
1989	988435	151489	146804	4685		733781	87493	31.0	15641
1990	970602	150681	146209	4472		724040	80094	37.0	15750
1991	985793	152893	147898	4995		733907	83370	45.2	15578
1992	1045899	157627	152317	5310		780941	92490	57.5	14783
1993	1115902	162794	156791	6003		840256	97938	69.4	14845
1994	1180396	163216	157278	5938		894914	107091	82.9	15092
1995	1234938	165982	159473	6509		940387	113194	101.1	15274
1996	1298421	171024	161787	7125	2112	983860	127430	115.0	15992
1997	1278218	172149	162010	7854	2285	976536	113406	124.7	16002
1998	1267427	164309	153435	8035	2839	976004	109555	140.1	17419
1999	1293008	167554	157239	7296	3019	990444	114608	170.4	20232
2000	1358682	178581	166056	8369	4156	1038813	122391	196.7	18700
2001	1401786	193189	179201	9542	4446	1056312	132675	171.0	19439
2002	1483447	204956	187578	11241	6137	1116324	141832	202.1	20133
2003	1564492	224248	199814	13064	11370	1159957	158070	219.0	21998
2004	1706412	249017	217816	14924	16277	1244990	187394	276.7	24734
2005	1862066	269296	231839	17802	19655	1341778	219648	306.7	31037
2006	2037060	288224	245476	19593	23154	1466347	248703	349.4	33436
2007	2275822	314237	262400	24390	27447	1639432	281199	401.8	40552
2008	2585937	330354	275243	27128	27983	1916759	294510	407.6	43906
2009	2825222	333348	277572	23873	31903	2127834	318996	445.5	44598
2010	3241807	364271	309541	19089	35641	2448052	378949	563.0	49972
2011	3696961	393263	329535	22179	41549	2820100	425968	557.5	57073

注：1.从1979年起，公路运输包括社会车辆完成数量；从1984年起，还包括私营运输完成的数量(后相同)，从2008年起公路运输量统计原则上为营运车辆。水路运输量统计范围为在交通运输主管部门审批、备案、从事营业性货物运输生产的船舶。

2.1993年及以后年份，铁路货物运输指标口径有调整，增加了行包运量(后相同)。

6-2-10 货运量构成

单位：%

年 份	总计	铁路				公路	水运	民航	管道
			国家	地方	合资				
1952	100.0	41.9	41.9			41.7	16.3		
1957	100.0	34.1	34.1			46.7	19.2		
1962	100.0	41.3	40.5	0.8		38.3	20.4		
1965	100.0	40.5	39.9	0.6		40.5	19.0		
1970	100.0	45.4	44.3	1.1		37.8	16.9		
1975	100.0	43.9	42.8	1.1		35.8	17.3		3.0
1978	100.0	44.3	43.2	1.1		34.2	17.4		4.2
1980	100.0	20.4	19.9	0.5		69.9	7.8		1.9
1985	100.0	17.5	17.1	0.4		72.1	8.5		1.6
1986	100.0	15.9	15.5	0.4		72.7	9.7		1.7
1987	100.0	14.8	14.4	0.4		75.0	8.5		1.6
1988	100.0	14.7	14.3	0.4		74.6	9.1		1.6
1989	100.0	15.4	14.9	0.5		74.2	8.9		1.6
1990	100.0	15.6	15.1	0.5		74.6	8.3		1.6
1991	100.0	15.5	15.0	0.5		74.4	8.5		1.6
1992	100.0	15.1	14.6	0.5		74.7	8.8		1.4
1993	100.0	14.6	14.1	0.5		75.3	8.8	0.01	1.3
1994	100.0	13.8	13.3	0.5		75.8	9.1	0.01	1.3
1995	100.0	13.4	12.9	0.5		76.1	9.2	0.01	1.2
1996	100.0	13.2	12.5	0.5	0.2	75.8	9.8	0.01	1.2
1997	100.0	13.5	12.7	0.6	0.2	76.4	8.9	0.01	1.3
1998	100.0	13.0	12.1	0.6	0.2	77.0	8.6	0.01	1.4
1999	100.0	13.0	12.2	0.6	0.2	76.6	8.9	0.01	1.6
2000	100.0	13.1	12.2	0.6	0.3	76.5	9.0	0.01	1.4
2001	100.0	13.8	12.8	0.7	0.3	75.4	9.5	0.01	1.4
2002	100.0	13.8	12.6	0.8	0.4	75.3	9.6	0.01	1.4
2003	100.0	14.3	12.8	0.8	0.7	74.1	10.1	0.01	1.4
2004	100.0	14.6	12.8	0.9	1.0	73.0	11.0	0.02	1.4
2005	100.0	14.5	12.4	1.0	1.1	72.1	11.8	0.02	1.7
2006	100.0	14.1	12.1	1.0	1.1	72.0	12.2	0.02	1.6
2007	100.0	13.8	11.5	1.1	1.2	72.0	12.4	0.02	1.8
2008	100.0	12.8	10.6	1.0	1.1	74.1	11.4	0.02	1.7
2009	100.0	11.8	9.8	0.8	1.1	75.3	11.3	0.02	1.6
2010	100.0	11.2	9.5	0.6	1.1	75.5	11.7	0.02	1.5
2011	100.0	10.6	8.9	0.6	1.1	76.3	11.5	0.02	1.5

6-2-11 货物周转量

单位：亿吨公里

年 份	总计	铁路	国家	地方	合资	公路	水运	民航	管道
1952	762	601.6	601.6			14.5	145.8		
1957	1810	1345.9	1345.9			48.0	415.6	0.08	
1962	2236	1721.1	1719.1	2.0		62.1	452.6	0.15	
1965	3464	2698.7	2696.4	2.3		95.1	670.2	0.25	
1970	4566	3496.0	3491.4	4.6		138.1	931.3	0.35	
1975	7296	4255.6	4246.1	9.5		202.7	2574.7	0.60	262
1978	9829	5345.2	5333.5	11.7		274.1	3779.2	0.97	430
1980	12027	5717.5	5707.3	10.2		764.0	5052.8	1.41	491
1985	18365	8125.7	8111.6	14.1		1903.2	7729.3	4.15	603
1986	20147	8764.8	8750.1	14.7		2118.0	8647.9	4.81	612
1987	22229	9471.5	9455.7	15.8		2660.4	9465.1	6.52	625
1988	23826	9877.6	9860.2	17.4		3220.4	10070.4	7.32	650
1989	25592	10394.2	10373.0	21.2		3374.8	11186.8	6.93	629
1990	26208	10622.4	10601.2	21.2		3358.1	11591.9	8.18	627
1991	27987	10972.0	10948.1	23.9		3428.0	12955.5	10.10	621
1992	29218	11575.6	11548.5	27.0		3755.4	13256.2	13.42	617
1993	30647	12090.9	12059.7	31.2		4070.5	13860.8	16.61	608
1994	33435	12632.0	12600.6	31.4		4486.3	15686.6	18.58	612
1995	35909	13049.5	13015.2	34.2		4694.9	17552.2	22.30	590
1996	36590	13106.2	12935.0	48.6	122.5	5011.2	17862.5	24.93	585
1997	38385	13269.9	13063.0	50.7	156.2	5271.5	19235.0	29.10	579
1998	38089	12560.1	12304.5	50.7	204.8	5483.4	19405.8	33.45	606
1999	40568	12910.3	12649.8	37.6	222.9	5724.3	21263.0	42.34	628
2000	44321	13770.5	13444.0	43.6	282.9	6129.4	23734.2	50.27	636
2001	47710	14694.1	14368.8	55.4	270.0	6330.4	25988.9	43.72	653
2002	50686	15658.4	15219.1	62.8	376.5	6782.5	27510.6	51.55	683
2003	53859	17246.7	16475.6	69.0	702.1	7099.5	28715.8	57.90	739
2004	69445	19288.8	18285.5	89.1	914.2	7840.9	41428.7	71.80	815
2005	80258	20726.0	19533.4	99.2	1093.5	8693.2	49672.3	78.90	1088
2006	88840	21954.4	20557.2	105.7	1291.6	9754.2	55485.7	94.28	1551
2007	101419	23797.0	22112.5	132.7	1551.8	11354.7	64284.8	116.39	1866
2008	110300	25106.3	23648.9	150.9	1306.5	32868.2	50262.7	119.60	1944
2009	122133	25239.2	23649.9	126.6	1462.7	37188.8	57556.7	126.23	2022
2010	141837	27644.1	25937.3	116.1	1590.7	43389.7	68427.5	178.90	2197
2011	159324	29465.8	27631.7	138.7	1695.4	51374.7	75423.8	173.91	2885

6-2-12 货物周转量构成

单位：%

年份	总计	铁路	国家	地方	合资	公路	水运	民航	管道
1952	100.0	79.0	79.0			1.9	19.1		
1957	100.0	74.4	74.4			2.7	23.0		
1962	100.0	77.0	76.9	0.1		2.8	20.2	0.01	
1965	100.0	77.9	77.8	0.1		2.7	19.3	0.01	
1970	100.0	76.6	76.5	0.1		3.0	20.4	0.01	
1975	100.0	58.3	58.2	0.1		2.8	35.3	0.01	3.6
1978	100.0	54.4	54.3	0.1		2.8	38.4	0.01	4.4
1980	100.0	47.5	47.5	0.1		6.4	42.0	0.01	4.1
1985	100.0	44.2	44.2	0.1		10.4	42.1	0.02	3.3
1986	100.0	43.5	43.4	0.1		10.5	42.9	0.02	3.0
1987	100.0	42.6	42.5	0.1		12.0	42.6	0.03	2.8
1988	100.0	41.5	41.4	0.1		13.5	42.3	0.03	2.7
1989	100.0	40.6	40.5	0.1		13.2	43.7	0.03	2.5
1990	100.0	40.5	40.5	0.1		12.8	44.2	0.03	2.4
1991	100.0	39.2	39.1	0.1		12.2	46.3	0.04	2.2
1992	100.0	39.6	39.5	0.1		12.9	45.4	0.05	2.1
1993	100.0	39.5	39.4	0.1		13.3	45.2	0.05	2.0
1994	100.0	37.8	37.7	0.1		13.4	46.9	0.06	1.8
1995	100.0	36.3	36.2	0.1		13.1	48.9	0.06	1.6
1996	100.0	35.8	35.4	0.1	0.3	13.7	48.8	0.07	1.6
1997	100.0	34.6	34.0	0.1	0.4	13.7	50.1	0.08	1.5
1998	100.0	33.0	32.3	0.1	0.5	14.4	50.9	0.09	1.6
1999	100.0	31.8	31.2	0.1	0.5	14.1	52.4	0.10	1.5
2000	100.0	31.1	30.3	0.1	0.6	13.8	53.6	0.11	1.4
2001	100.0	30.8	30.1	0.1	0.6	13.3	54.5	0.09	1.4
2002	100.0	30.9	30.0	0.1	0.7	13.4	54.3	0.10	1.3
2003	100.0	32.0	30.6	0.1	1.3	13.2	53.3	0.11	1.4
2004	100.0	27.8	26.3	0.1	1.3	11.3	59.7	0.10	1.2
2005	100.0	25.8	24.3	0.1	1.4	10.8	61.9	0.10	1.4
2006	100.0	24.7	23.1	0.1	1.5	11.0	62.5	0.11	1.7
2007	100.0	23.5	21.8	0.1	1.5	11.2	63.4	0.11	1.8
2008	100.0	22.8	21.4	0.1	1.2	29.8	45.6	0.11	1.8
2009	100.0	20.7	19.4	0.1	1.2	30.4	47.1	0.10	1.7
2010	100.0	19.5	18.3	0.1	1.1	30.6	48.2	0.13	1.5
2011	100.0	18.5	17.3	0.1	1.1	32.2	47.3	0.11	1.8

6-2-13 货物运输平均运距

单位：公里

年份	总计	铁路	国家	地方	合资	公路	水运	民航	管道
1952	242	455	455			11	284		
1957	225	491	491			13	269	1000	
1962	261	488	497	30		19	259	833	
1965	286	550	558	31		19	291	930	
1970	304	513	525	29		24	366	951	
1975	360	478	489	43		28	736	1280	434
1978	395	485	496	45		32	873	1516	416
1980	220	514	526	38		20	1184	1580	467
1985	246	622	636	44		35	1221	2129	442
1986	236	646	662	43		34	1042	2146	413
1987	234	673	690	43		37	1169	2182	413
1988	243	681	702	40		44	1128	2231	416
1989	259	686	707	45		46	1279	2237	402
1990	270	705	725	47		46	1447	2211	398
1991	284	718	740	48		47	1554	2234	399
1992	279	734	758	51		48	1433	2335	417
1993	275	743	769	52		48	1415	2394	410
1994	283	774	801	53		50	1465	2241	406
1995	291	786	816	53		50	1551	2206	386
1996	282	766	800	68	580	51	1402	2168	366
1997	300	771	806	65	684	54	1696	2334	362
1998	301	764	802	63	721	56	1771	2388	348
1999	314	771	804	51	738	58	1855	2485	310
2000	326	771	810	52	681	59	1939	2555	340
2001	340	761	802	58	607	60	1959	2556	336
2002	342	764	811	56	614	61	1940	2551	339
2003	344	769	825	53	617	61	1817	2643	336
2004	407	775	839	60	562	63	2211	2595	329
2005	431	770	843	56	556	65	2261	2572	350
2006	436	762	837	54	558	67	2231	2698	464
2007	446	757	843	54	565	69	2286	2896	460
2008	427	760	859	56	467	171	1707	2934	443
2009	432	757	852	53	458	175	1804	2833	453
2010	438	759	838	61	446	177	1806	3177	440
2011	431	749	839	63	408	182	1771	3120	506

6-2-14 各地区客运量

单位：万人

地 区	总计	铁路	国家	地方	合资	公路	水运
全 国	**3526319**	**186226**	**179199**	**528**	**6498**	**3286220**	**24556**
北 京	139718	9800	9758	42		129918	
天 津	24934	2829	2829			22054	51
河 北	99458	7601	7601			91857	
山 西	39208	6219	6207		11	32866	123
内蒙古	26014	4207	4158		49	21807	
辽 宁	98606	12044	12020	24		86013	549
吉 林	68190	6141	6141			61830	219
黑龙江	50481	10745	10574	171		39424	312
上 海	10033	6198	6198			3477	358
江 苏	246855	10603	10603			235673	579
浙 江	230769	8888	8342		546	218415	3466
安 徽	185575	5980	5980			179440	155
福 建	79549	4695	4695			73259	1595
江 西	78930	6152	6152			72527	251
山 东	251187	7327	7039	287		241457	2403
河 南	193285	8804	8800	4		184213	268
湖 北	112422	7083	7083			104971	368
湖 南	171371	8064	8064			161980	1327
广 东	510653	14441	14084		357	493618	2594
广 西	83100	3383	3383			79300	417
海 南	46224	1074	1074			43677	1473
重 庆	140398	2934	2934			136142	1322
四 川	258845	13147	7639		5507	242615	3083
贵 州	72428	3939	3939			66303	2186
云 南	44963	2727	2727			41394	842
西 藏	3769	110	110			3659	
陕 西	107032	5614	5586		28	101062	356
甘 肃	60902	2451	2451			58355	96
青 海	11870	520	520			11308	42
宁 夏	15104	543	543			14440	121
新 疆	35130	1964	1964			33166	
不分地区	29317						

注：不分地区合计数为民航完成客运量。

6-2-15 各地区旅客周转量

单位：亿人公里

地区	总计	铁路	国家	地方	合资	公路	水运
全国	**30984.03**	**9612.29**	**9582.71**	**6.62**	**22.97**	**16760.25**	**74.53**
北京	412.33	108.66	108.61	0.05		303.67	
天津	285.10	150.85	150.85			133.92	0.33
河北	1306.58	784.50	784.50			522.08	
山西	415.81	195.78	194.90		0.88	219.91	0.12
内蒙古	410.45	169.28	168.80		0.48	241.17	
辽宁	955.80	549.07	548.99	0.08		399.68	7.04
吉林	515.76	228.94	228.94			286.53	0.29
黑龙江	541.60	267.35	264.30	3.04		273.89	0.37
上海	170.87	63.11	63.11			106.74	1.02
江苏	1709.70	400.84	400.84			1307.32	1.53
浙江	1296.25	381.66	362.31		19.35	908.15	6.44
安徽	1627.16	475.24	475.24			1151.60	0.32
福建	534.85	172.30	172.30			360.15	2.41
江西	941.38	600.18	600.18			340.90	0.30
山东	1740.41	471.62	468.20	3.42		1256.91	11.88
河南	1989.06	777.13	777.10	0.03		1211.28	0.65
湖北	1236.19	533.53	533.53			700.06	2.60
湖南	1565.38	784.59	784.59			778.04	2.74
广东	2600.23	507.93	505.90		2.03	2082.68	9.63
广西	973.00	194.48	194.48			776.51	2.01
海南	170.92	21.48	21.48			146.34	3.11
重庆	536.00	116.02	116.02			408.91	11.07
四川	1198.35	295.04	295.04			900.68	2.63
贵州	552.91	204.58	204.58			343.17	5.15
云南	521.99	95.46	95.46			424.57	1.96
西藏	32.88	10.38	10.38			22.50	
陕西	868.80	405.37	405.14		0.23	462.89	0.54
甘肃	629.48	364.19	364.19			265.07	0.22
青海	105.44	49.75	49.75			55.64	0.06
宁夏	113.86	41.36	41.36			72.37	0.13
新疆	488.53	191.61	191.61			296.92	
不分地区	4536.96						

注：不分地区合计数为民航完成旅客周转量。

6-2-16 各地区货运量

单位：万吨

地　区	总计	铁路				公路	水运
			国家	地方	合资		
全　国	**3696961**	**393263**	**329535**	**22179**	**41549**	**2820100**	**425968**
北　京	24663	1387	1380	8		23276	
天　津	43601	7346	7346			23505	12750
河　北	189799	20447	18050	2376	20	166680	2672
山　西	134436	69194	66173	889	2132	65201	41
内蒙古	168320	64669	42934	3599	18136	103651	
辽　宁	184982	21577	18716	2860		151773	11632
吉　林	47451	7875	7505	371		39308	268
黑龙江	63216	17678	16827	851		44420	1118
上　海	92962	888	888			42685	49389
江　苏	202528	7713	7282	431		140803	54012
浙　江	186376	4850	4093	69	687	108654	72872
安　徽	268413	12507	12507			219467	36439
福　建	75191	3762	3762			52558	18871
江　西	111851	6046	5765	281		98358	7447
山　东	318407	23156	19942	3214		279380	15871
河　南	241017	14368	12995	924	449	220122	6527
湖　北	106913	6431	5966	464		82741	17741
湖　南	168516	6321	6024	298		144241	17954
广　东	224394	8971	7698	911	363	166567	48856
广　西	136132	6770	6770			113549	15813
海　南	25115	694	694			15095	9326
重　庆	96771	2191	2094	97		82818	11762
四　川	155310	9172	8058	1114		139771	6367
贵　州	44890	7219	7219			36684	987
云　南	60170	5545	5210	335		54186	439
西　藏	1028	49	49			979	
陕　西	120908	30299	10549		19750	90419	190
甘　肃	35269	6446	6446			28790	33
青　海	12586	3634	3634			8952	
宁　夏	36864	7848	4760	3087		29016	
新　疆	53252	6801	6801			46451	
不分地区	65632	1411	1399		12		6591

注：不分地区合计数中包括铁路行包运量、民航、管道及中国远洋运输集团总公司海外公司完成货运量。

6-2-17 各地区货物周转量

单位：亿吨公里

地 区	总计	铁路				公路	水运
			国家	地方	合资		
全 国	**159323.62**	**29465.80**	**27631.67**	**138.72**	**1695.40**	**51374.74**	**75423.84**
北 京	999.60	867.27	867.26	0.01		132.33	
天 津	10337.29	519.97	504.62		15.35	266.70	9550.62
河 北	9630.43	3916.11	3279.62	13.90	622.58	5219.28	495.04
山 西	3062.51	2015.39	1466.64	1.71	547.05	1047.12	
内蒙古	5422.33	2684.72	2358.46	27.74	298.51	2737.61	
辽 宁	10404.55	1546.68	1541.89	4.79		2328.52	6529.35
吉 林	1452.57	635.36	633.20	2.16		816.00	1.21
黑龙江	1968.24	1117.36	1109.19	8.17		843.45	7.43
上 海	20309.56	20.60	20.60			283.76	20005.20
江 苏	6957.99	405.80	405.29	0.52		1315.27	5236.91
浙 江	8634.91	312.34	286.81	0.10	25.44	1434.82	6887.75
安 徽	8446.36	1013.37	1013.37			6123.22	1309.77
福 建	3396.78	182.93	182.93			659.52	2554.34
江 西	2985.10	715.00	714.08	0.92		2066.83	203.27
山 东	12684.26	1626.68	1592.67	34.01		6624.35	4433.23
河 南	8530.79	2180.42	2168.21	8.99	3.21	5949.04	401.32
湖 北	3798.84	941.59	939.75	1.84		1277.71	1579.54
湖 南	3369.97	1071.14	1070.72	0.42		1878.57	420.26
广 东	6904.99	327.31	321.92	3.88	1.52	2150.04	4427.64
广 西	3478.23	895.38	895.38			1494.04	1088.81
海 南	1368.48	8.83	8.83			97.14	1262.51
重 庆	2528.71	191.27	190.93	0.33		779.77	1557.67
四 川	2016.17	786.94	781.79	5.15		1139.07	90.16
贵 州	1060.69	696.36	696.36			350.09	14.23
云 南	1024.40	398.94	396.80	2.14		617.27	8.19
西 藏	40.02	12.92	12.92			27.10	
陕 西	2824.67	1354.25	1172.82		181.43	1469.68	0.74
甘 肃	2037.18	1389.76	1389.76			647.41	
青 海	486.38	228.34	228.34			258.04	
宁 夏	933.03	324.92	302.99	21.93		608.12	
新 疆	1475.22	742.35	742.35			732.87	
不分地区	10753.39	335.49	335.17	0.01	0.31		7358.60

注：不分地区合计数中包括铁路行包运量、民航、管道及中国远洋运输集团总公司海外公司完成货物周转量。

6-2-18 全国铁路基本情况

指 标	2005	2006	2007	2008	2009	2010	2011
运输线路里程 （公里）							
营业里程	**75437.6**	**77083.8**	**77965.9**	**79687.3**	**85517.9**	**91178.5**	**93249.6**
国家铁路	62200.0	63411.7	63636.5	63974.9	65491.2	66239.0	66049.8
合资铁路	8462.3	8934.9	9516.6	10799.4	15887.5	20577.2	22766.1
地方铁路	4775.3	4737.2	4812.8	4913.0	4139.2	4362.3	4433.8
复线里程	**25566.0**	**26403.9**	**27030.9**	**28855.6**	**33194.7**	**37487.2**	**39499.7**
国家铁路	24497.2	25243.8	25793.9	26598.9	28682.0	29683.6	29883.9
合资铁路	1055.2	1146.5	1215.3	2235.0	4512.7	7799.0	9590.3
地方铁路	13.6	13.6	21.7	21.7		4.6	25.4
电气化铁路里程	**20150.6**	**24432.8**	**25456.5**	**27555.0**	**35653.0**	**42464.4**	**46064.0**
国家铁路	19408.2	23435.4	24046.6	25007.3	30242.7	32717.2	34330.4
合资铁路	742.4	927.4	1339.9	2477.7	5337.7	9674.5	11572.0
地方铁路		70.0	70.0	70.0	72.6	72.6	161.6
正线延展里程	**102924.5**	**105315.2**	**106757.1**	**110712.9**	**119661.5**	**129438.8**	**133839.0**
国家铁路	88561.2	90465.6	91383.1	92671.5	95997.8	97608.1	97751.0
合资铁路	9535.2	10061.0	10443.9	13049.5	19523.8	27467.5	31653.1
地方铁路	4828.1	4788.6	4930.1	4991.9	4139.9	4363.2	4434.9
运输设备							
机车拥有量 （台）	**17473**	**17799**	**18306**	**18437**	**18922**	**19431**	**20721**
国家铁路	16547	16904	17311	17336	17825	18349	19590
合资铁路	578	581	660	755	826	803	836
地方铁路	348	314	335	346	271	279	295
客车拥有量 （辆）	**41974**	**42659**	**44243**	**45076**	**49354**	**52275**	**54731**
国家铁路	40328	40945	42471	43215	47436	50391	52838
合资铁路	1518	1578	1639	1739	1803	1753	1743
地方铁路	128	136	133	122	115	131	150
货车拥有量 （辆）	**548368**	**564899**	**577521**	**591793**	**601412**	**625110**	**651175**
国家铁路	541824	558483	571078	584961	594388	622284	644677
合资铁路	4521	4360	4409	4752	4902	1125	4930
地方铁路	2023	2056	2034	2080	2122	1701	1568
客货运输							
客运量 （万人）	**115583**	**125656**	**135670**	**146193**	**152451**	**167609**	**186226**
国家铁路	110651	119728	128712	144452	150798	164761	179199
合资铁路	4613	5505	6507	1267	1234	2371	6498
地方铁路	319	423	451	474	419	477	528
旅客周转量 （亿人公里）	**6061.96**	**6622.12**	**7216.31**	**7778.60**	**7878.89**	**8762.18**	**9612.29**
国家铁路	5833.20	6353.27	6896.18	7739.15	7840.09	8725.72	9582.71
合资铁路	225.23	264.19	314.81	33.60	33.16	30.15	22.97
地方铁路	3.53	4.66	5.32	5.85	5.63	6.31	6.62
货运量 （万吨）	**269296**	**288224**	**314237**	**330354**	**333348**	**364271**	**393263**
国家铁路	231839	245476	262400	275243	277572	309541	329535
合资铁路	19655	23154	27447	27983	31903	35641	41549
地方铁路	17802	19593	24390	27128	23873	19089	22179
货物周转量 （亿吨公里）	**20726.02**	**21954.41**	**23797.00**	**25106.29**	**25239.17**	**27644.13**	**29465.79**
国家铁路	19533.35	20557.16	22112.46	23648.91	23649.88	25937.35	27631.67
合资铁路	1093.47	1291.59	1551.84	1306.46	1462.71	1590.72	1695.40
地方铁路	99.20	105.66	132.70	150.92	126.59	116.07	138.72

注：2010年合资铁路客、货车拥有量仅指非控股合资铁路客、货车拥有量。

6-2-19 各地区铁路线路年末里程

单位：公里

地区	铁路营业里程合计	国家铁路				合资铁路			地方铁路	
		营业里程	正线延展里程	复线里程	电气化里程	营业里程	复线里程	电气化里程	营业里程	正线延展里程
全国	**93249.6**	**66049.8**	**97751.0**	**29883.9**	**34330.4**	**22766.1**	**9590.3**	**11572.0**	**4433.8**	**4434.9**
北京	1228.4	1101.2	1793.0	560.7	587.9	111.0	109.0	109.0	16.2	16.2
天津	866.9	544.8	1063.8	375.3	404.5	322.1	214.2	167.7		
河北	5170.5	3707.5	6317.1	2445.5	2469.6	1083.4	875.6	935.9	379.6	379.6
山西	3773.7	2510.8	4096.0	1382.9	1630.5	1053.9	550.7	671.6	209.0	209.0
内蒙古	9161.9	4870.2	7034.0	2083.8	914.7	4130.1	355.3	708.1	161.6	161.6
辽宁	4302.3	4023.6	6180.4	2025.9	1666.0	43.8			234.9	234.9
吉林	3988.1	3523.5	4306.9	791.2	285.4	316.8	111.0	111.0	147.8	147.8
黑龙江	5945.3	4954.4	6751.0	1650.0	87.4	240.3			750.6	750.8
上海	461.3	276.7	453.7	133.2	161.1	184.6	143.4	143.4		
江苏	2349.6	793.4	1515.9	624.9	637.4	1543.7	715.8	716.0	12.5	12.5
浙江	1779.1	798.8	1404.2	598.1	473.9	966.6	586.7	602.8	13.7	13.7
安徽	3120.8	2226.6	3584.7	1284.2	611.9	894.2	544.9	545.7		
福建	2110.3	1052.8	1084.0	20.8	824.0	1057.5	484.9	673.7		
江西	2834.5	2546.7	3969.7	1368.6	1534.9	162.8	127.7	162.8	125.0	125.0
山东	4200.3	2701.5	4723.6	1775.0	1850.9	962.7	750.5	821.6	536.1	536.6
河南	4261.1	2847.9	5116.0	2075.0	2336.2	605.1	352.2	359.9	808.0	808.0
湖北	3354.9	2386.8	4109.9	1806.5	2069.0	835.6	616.4	792.9	132.5	132.5
湖南	3696.3	2788.3	4049.2	1237.9	1735.7	862.8	604.0	604.0	45.1	45.1
广东	2832.1	631.2	1517.1	546.6	470.1	1910.3	827.6	617.8	290.6	290.6
广西	3194.2	2671.8	3155.0	455.7	708.8	522.4		70.6		
海南	693.7					693.7	308.1	308.1		
重庆	1373.4	1252.8	1306.5	51.1	1176.8	86.0		86.0	34.6	34.6
四川	3516.4	2702.1	3575.6	916.3	2355.1	531.4	242.5	479.9	283.0	283.4
贵州	2070.0	1848.7	2500.9	643.1	1705.0	221.3		221.3		
云南	2491.3	2051.2	2282.7	236.1	1189.4	384.1		209.3	55.9	55.9
西藏	531.5	531.5	525.5							
陕西	4083.4	2537.3	3436.8	900.9	2045.6	1546.1	1069.8	1129.7		
甘肃	2441.5	2280.1	3871.6	1574.7	2075.4	161.5				
青海	1857.6	1662.9	2458.1	861.7	938.6	194.7				
宁夏	1266.5	719.0	863.8	133.2	719.0	323.5		323.5	224.0	197.1
新疆	4319.7	3505.5	4704.3	1325.0	665.6	814.2				

6-2-20 国家铁路基本情况

指　　标		1985	1990	1995	2000	2005	2006	2007	2008	2009	2010	2011
营业里程	**（公里）**	**52119**	**53378**	**54616**	**58656**	**62200**	**63412**	**63637**	**63975**	**65491**	**66239**	**66050**
正式营业		49433	50310	50866	51262	57589	58901	60032	60139	63789	64537	65488
临时营业		2686	3068	3750	7394	4611	4511	3604	3836	1702	1702	562
正式营业里程比重	(%)	94.8	94.3	93.1	87.4	92.6	92.9	94.3	94.0	97.4	97.4	99.1
复线里程	**（公里）**	**9989**	**13024**	**16909**	**21408**	**24497**	**25244**	**25794**	**26599**	**28682**	**29684**	**29884**
占营业里程比重	(%)	19.2	24.4	31.0	36.5	39.4	39.8	40.5	41.6	43.8	44.8	45.2
电气化铁路里程	**（公里）**	**4151**	**6941**	**9703**	**14864**	**19408**	**23435**	**24047**	**25007**	**30243**	**32717**	**34330**
占营业里程比重	(%)	8.0	13.0	17.8	25.3	31.2	37.0	37.8	39.1	46.2	49.4	52.0
内燃牵引里程	**（公里）**	**10822**	**16097**	**24749**	**39497**	**42792**	**39976**	**39590**	**38968**	**35249**	**33522**	**31719**
占营业里程比重	(%)	20.8	30.2	45.3	67.3	68.8	63.0	62.2	60.9	53.8	50.6	48.0
调度集中里程	**（公里）**	**1307**	**1169**	**1226**	**1200**	**1828**	**4181**	**5322**	**5541**	**11588**	**17977**	**14821**
自动闭塞里程	**（公里）**	**6921**	**10370**	**12910**	**18318**	**24149**	**25630**	**26526**	**28100**	**31619**	**37500**	**34175**
半自动闭塞里程	**（公里）**	**42625**	**38832**	**40859**	**41695**	**39390**	**39145**	**38563**	**37337**	**38615**	**37468**	**38270**
无缝线路里程	**（公里）**	**10439**	**14644**	**21854**	**29975**	**47965**	**53296**	**57409**	**62159**	**68167**	**62954**	**75400**
继电集中车站	**（个）**	**2320**	**3535**	**4587**	**5232**	**4512**	**4121**	**3923**	**3849**	**3449**	**3065**	**2814**
占营业车站比重	(%)	46.9	62.9	73.9	90.4	81.1	73.9	70.8	63.8	56.7	51.4	54.1
计算机联锁车站	**（个）**					**944**	**1299**	**1487**	**1888**	**2356**	**2792**	**2601**
占营业车站比重	(%)					17.0	23.3	26.8	31.3	38.7	46.9	50.0

6-2-21 全国铁路机、客、货车拥有量

车类名称		1995	2000	2001	2005	2006	2007	2008	2009	2010	2011
机车	**（台）**	**15554**	**15253**	**15756**	**17473**	**17799**	**18306**	**18437**	**18922**	**19431**	**20721**
蒸汽机车		**4626**	**911**	**699**	**193**	**133**	**124**	**118**	**107**	**72**	**15**
国家铁路		4347	601	381	94	91	89	89	83	51	
合资铁路			151	151	40	11	11	9	9	9	9
地方铁路		279	159	167	59	31	24	20	15	12	6
内燃机车		**8411**	**10826**	**11081**	**12114**	**12148**	**12111**	**12021**	**11805**	**10990**	**11081**
国家铁路		8282	10355	10598	11331	11348	11229	11041	10844	10041	10095
合资铁路			303	302	494	521	578	661	712	689	716
地方铁路		129	168	181	289	279	304	319	249	260	270
电力机车		**2517**	**3516**	**3976**	**5166**	**5518**	**6071**	**6298**	**7010**	**8369**	**9625**
国家铁路		2517	3516	3976	5122	5465	5993	6206	6898	8257	9495
合资铁路					44	49	71	85	105	105	111
地方铁路						4	7	7	7	7	19
客车	**（辆）**	**32663**	**37249**	**38780**	**41974**	**42659**	**44243**	**45076**	**49354**	**52275**	**54731**
国家铁路		32404	35989	37214	40328	40945	42471	43215	47436	50391	52838
合资铁路			1057	1396	1518	1578	1639	1739	1803	1753	1743
地方铁路		259	203	170	128	136	133	122	115	131	150
货车	**（辆）**	**436414**	**443902**	**453620**	**548368**	**564899**	**577521**	**591793**	**601412**	**625110**	**651175**
国家铁路		432731	439943	449921	541824	558483	571078	584961	594388	622284	644677
合资铁路			937	1125	4521	4360	4409	4752	4902	1125	4930
地方铁路		3683	3022	2574	2023	2056	2034	2080	2122	1701	1568

注：2010年合资铁路客、货车拥有量仅指非控股合资铁路客、货车拥有量。

6-2-22 国家铁路客、货车拥有量

车类名称	1995	2000	2005	2006	2007	2008	2009	2010	2011
客车　（辆）	**32404**	**35989**	**40328**	**40945**	**42471**	**43215**	**47436**	**50391**	**52838**
软卧车	1537	2055	3109	3209	3363	3472	3976	4071	4104
硬卧车	7607	10139	12942	13315	13786	13975	15249	16486	16981
软座车	574	764	759	794	1611	2113	2603	3874	4675
硬座车	18076	17571	16900	16991	16748	16641	17938	17954	18228
软硬座车	35	25	2						
餐　车	1695	1847	2108	2136	2178	2185	2391	2517	2617
行李车	1949	2144	2480	2349	2411	2207	2448	2365	2195
公务车	87	69	78	85	82	77	87	61	74
其　他	844	1375	1950	2066	2292	2545	2744	3063	3964
货车　（辆）	**432731**	**439943**	**541824**	**558483**	**571078**	**584961**	**594388**	**622284**	**644677**
按车型分									
棚　车	80437	92569	99206	99399	102192	103449	103850	101481	101967
敞　车	268179	252977	343480	360500	366767	379050	388118	418778	443666
平　车	27461	24685	30290	32222	36336	37665	38766	39654	39543
毒品车	1580	1578	2056	2056	2056	2056	2056	2056	2056
罐　车	37119	37778	38331	35654	34592	33593	32346	30522	31448
冷藏车	7030	7909	7419	7393	7196	6588	6587	6153	6152
其　他	10925	22447	21042	21259	21939	22560	22665	23640	19845
按载重量分									
50吨及以下	58763	23564	19583	19483	20029	19964	19542	19680	19649
51-59吨	27951		52565	49878	50185	48246	47121	44640	42120
60吨	342086	307521	265154	258081	238911	219422	205182	198749	192080
61-69吨	3546	103431	195911	196511	197099	198340	196778	196554	195194
70吨及以上	385	5427	8611	34530	64854	98989	125765	162661	195634
货车总标记载重量　（万吨）	**2502.9**	**2619.9**	**3294.5**	**3422.1**	**3526.3**	**3645.4**	**3729.7**	**3934.3**	**4102.6**
平均每辆车标记载重量　（吨）	**57.9**	**59.6**	**60.8**	**61.3**	**61.7**	**62.3**	**62.7**	**63.2**	**63.6**

6-2-23 铁路主要干线客货运输量

线路名称	货运量 (万吨)	货物周转量 (百万吨公里)	线路名称	客运量 (万人)	旅客周转量 (百万人公里)
京哈线	1408	58594	京沪线	8692	66534
京广线	7413	140406	新石线	685	2565
京沪线	5733	90206	沪昆线	9234	87430
京九线	4170	111881	鹰厦线	1337	6023
京包线	13231	77055	京九线	6805	66214
滨洲线	7127	57784	京广线	15850	135675
滨绥线	1623	20630	石太线	921	957
沈山线	1023	40897	石德线	581	3813
沈大线	2550	44525	焦柳线	1837	16035
大秦线	2730	247898	京包线	2244	9120
石太线	5985	23641	包兰线	962	5118
石德线	575	19414	北同蒲线	1339	2962
北同蒲线	16271	29397	南同蒲线	2057	6344
南同蒲线	5553	25162	陇海线	9416	64887
包兰线	10039	45039	宝中线	193	2326
新石线	6313	63321	兰新线	2158	32916
侯月线	2420	26327	兰青、青藏线	768	6873
太焦线	6910	9420	宝成、成渝线	3424	13134
焦柳线	3894	86922	襄渝线	1572	16521
胶济线	1194	33214	南昆线	684	4589
陇海线	9207	156789	成昆线	1634	7962
沪昆线	8185	140935	京哈线	7486	54337
鹰厦线	2189	11225	宁蓉线合宁客专	137	2683
湘桂线	1697	31303	胶济客专	2674	10438
黎湛线	3130	17976	京津城际	2144	2688
宝成线	842	21826	石太客专	848	5327
南昆线	2033	31761	宁蓉线合武客专	349	3739
襄渝线	1454	40828	沪深线甬厦段	3506	11884
成渝线	719	12563			
川黔线	1443	9446			
成昆线	3236	35774			
兰新线	5282	138383			
兰青线	332	6917			
青藏线(全)	2229	17622			

6-2-24 铁路主要车站旅客发送量

单位：万人

车站名称	2000	2001	2002	2003	2004	2005	2006	2007	2008	2009	2010	2011
哈尔滨	1252	1342	1345	1249	1448	1569	1827	2255	2413	2615	2805	3006
沈阳	1168	1303	1235	1077	1176	1182	1272	1280	1473	1509	1433	1500
鞍山	295	309	306	288	327	312	291	333	419	477	485	462
长春	1062	1085	1069	793	1147	1222	1316	1490				
本溪	574	685	617	585	684	724	775	957	1050	1232	1179	850
锦州	421	429	424	371	415	411	407	395	465	482	465	476
吉林	397	443	417	373	438	449	460	495	531	375	229	114
北京	1997	2115	2163	1795	2278	2478	2709	2998	3066	2785	2774	2749
北京南	382	438	436	374	379	337	113			966	1408	1909
北京西		1652	2102	1896	2429	2622	3150	3632	3865	4090	4403	4682
天津	1004	1019	1005	855	1040	1099	1076	905	1342	1770	2101	2251
石家庄	864	927	956	877	1098	1178	1312	1405	1589	1681	1578	1593
太原	679	767	798	719	879	936	1045	1197	1368	1686	1991	2350
郑州	1333	1440	1548	1475	1797	1924	2094	2207	2547	2679	2993	3240
武昌	821	864	883	826	973	1062	1052	998	1346	1705	1888	2000
洛阳	353	397	375	335	418	440	504	539	594	619	620	615
西安	1063	1211	1245	1196	1517	1669	2029	2360	2633	2543	2812	2790
济南	702	728	707	673	787	802	854	1042	1166	1225	1335	1287
徐州	632	680	647	611	696	714	795	884	247	1125	1187	1158
南京	897	932	995	940	1069	969	1322	1659	2063	2208	2470	2247
蚌埠	412	442	433	406	460	444	487	506	546	568	592	553
镇江	327	342	352	323	365	379	390	370	407	416	448	479
常州	4524	560	581	558	659	694	722	731	816	835	873	934
无锡	704	768	802	785	956	1026	1065	1025	1118	1119	1186	1231
苏州	703	776	843	859	1018	1142	1191	1103	1277	1336	1418	1455
上海	2595	2860	3118	3031	3648	3866	3786	3439	3612	3368	3252	2455
杭州	1061	1025	1192	1129	1406	1462	1453	1578	1798	1751	2235	2230
南昌	795	943	1013	968	1148	1218	1277	1441	1671	1764	1861	2105
广州	1776	1838	2001	2005	2336	2508	2594	2866	3170	2969	2993	3109
深圳	758	902	966	940	1189	1250	1319	1433	1724	1778	1942	2105
柳州	335	323	271	246	257	290	365	396	433	489	522	565
成都	1042	1141	1282	1107	1344	1416	1659	1896	1972	2190	2687	2888
重庆	651	776	754	708	779	801	913	667	533	1061	1222	1578
贵阳	598	610	614	553	605	694	810	917	989	962	1041	1287
兰州	444	515	523	477	552	560	608	650	749	839	939	1006
乌鲁木齐	399	398	410	359	407	450	514	565	587	621	666	865

注：2009年起重庆站为重庆北站数据，2010年起吉林站为吉林西站数据。

6-2-25 铁路主要车站货物发送量

单位：万吨

车站名称	2000	2001	2002	2003	2004	2005	2006	2007	2008	2009	2010	2011
峻　　德	418	478	538	572	742	733	705	633	605	945	496	475
鹤　　岗	822	787	803	843	952	1019	836	785	731	736	661	691
双 鸭 山	751	831	832	1011	1103	1181	1197	1280	1213	1343	1010	962
七 台 河	1338	1333	1314	1304	1477	1474	1350	1427	1586	1791	1621	1653
恒　　山	371	441	519	614	579	660	577	549	534	530	474	477
大 官 屯	657	683	670	662	748	755	629	579	588	656	571	513
本　　溪	405	391	518	483	508	589	736	893	1188	1003	1076	1078
灵　　山	999	956	935	907	1086	1136	1449	1591	1709	1703	1571	1270
霍 林 河	466	572	669	766	1079	1453	1780	2429	3133	6834	4652	2590
阜　　新	531	571	573	529	575	578	674	647	741	997	819	782
新　　港	717	852	1223	1290	1227	1270	1262	1063	1119	1244	1168	1258
古　　冶	866	849	873	843	813	798	818	838	826	1075	856	939
阳　　泉	1213	1288	1374	1494	1518	1667	1684	1606	1717	2801	1760	1859
白 羊 墅	985	1082	1090	1052	1192	978	1141	1413	1490	2461	1664	1663
云 岗 西	845	919	1020	1158	1147	1173	1053	1102	1083	1087	536	1042
新 高 山	942	1076	1160	1225	1423	1589	1636	1815	1801	1686	1307	1692
大 同 东	740	978	1186	1401	1722	2127	2899	3341	3891	9896	5545	5997
口　　泉	2089	2207	2337	2595	2499	2638	2295	2366	2092	3094	1605	1568
北 周 庄	62	65	101	160	450	654	1186	1877	1491	747	830	1534
大　　新	2955	3635	4060	4785	5523	5648	6788	7325	7473	14864	7326	7369
古　　交	724	803	912	1031	1064	1242	1274	1370	1396	1178	960	901
玉 门 沟	918	932	1113	1108	1172	1311	1232	1260	1263	1513	1088	885
介　　休	574	634	587	653	709	837	885	1009	919	841	745	773
白云鄂博	739	794	850	918	1027	1111	1164	1171	1123	1110	1290	1327
万 水 泉	876	1075	1209	1217	1218	1523	1777	1803	2265	3605	3236	3304
嘉　　峰	153	211	249	438	664	1359	1252	1346	1419	2003	1571	1674
晋 城 北	1293	1471	1381	1279	1285	1235	1263	1247	1241	1467	1181	1195
长 治 北	952	1032	1038	1155	1201	1249	1337	1292	1371	2034	1442	1383
平顶山东	1934	2146	2309	2453	2453	2595	2649	2820	2973	4275	3041	2326
武 昌 东	429	463	428	469	505	631	671	732	816	830	852	771
黄　　岛				1530	1578	1671	2048	1975	2097	2710	3635	4139
日　　照	152	226	358	454	640	1350	1829	2328	2589	3794	3757	4372
中　　云	238	470	596	663	696	972	1104	1213	1006		2278	2648
潘 集 西	491	706	970	1193	1334	1549	1421	1202	1549	3626	2158	2283
湛　　江	210	300	421	515	669	906	1110	1176	1221	1405	1550	1454

6-2-26 按货类分国家铁路货物运输量

货类名称	2010			2011		
	货运量(万吨)	货物周转量(百万吨公里)	平均运距(公里)	货运量(万吨)	货物周转量(百万吨公里)	平均运距(公里)
总　计	**308209**	**2562619**	**831**	**328136**	**2729649**	**832**
煤	156020	1001551	642	172126	1124668	653
石油	12847	120986	942	12564	112788	898
焦碳	9494	93953	990	9895	102006	1031
金属矿石	38088	248432	652	39148	261942	669
钢铁及有色金属	22428	245146	1093	22779	248284	1090
非金属矿石	8707	61365	705	9515	67362	708
磷矿石	1395	17663	1266	1681	22498	1338
矿建材料	12553	45493	362	12440	46395	373
水泥	3526	18373	521	3639	16719	460
木材	2501	34041	1361	2814	31053	1104
粮食	9692	174666	1802	9578	171938	1795
棉花	397	15014	3779	276	10506	3810
化肥和农药	8179	119353	1459	8308	131288	1580
盐	1379	10094	732	1699	11900	700
化工品	5339	87737	1643	5141	89351	1738
金属制品	284	5012	1765	290	5465	1887
工业机械	412	7752	1881	404	7657	1895
电子电气	87	1975	2270	117	1842	1573
农业机具	2	38	2359	2	40	2108
鲜活易腐货物	285	7005	2454	238	5603	2353
农副土特产品	279	5530	1985	266	4779	1797
饮食品及烟草制品	1779	31585	1776	1788	31376	1755
纺织品	52	1000	1934	40	806	1994
文教用品	590	11130	1887	575	11263	1957
医药品	100	2036	2044	96	2001	2079
其他	3545	58727	1657	3530	59777	1694
零担	12	157	1349	2	40	2064
集装箱	8237	136804	1661	9185	150306	1637

6-2-27 国家铁路运输主要技术经济指标

指　　标	2001	2002	2003	2004	2005	2006	2007	2008	2009	2010	2011
货运机车日产量 (万吨公里)	99.9	102.2	105.8	108.7	110.6	114.3	120.4	123.6	128.6	135.0	138.5
内燃机车	100.7	99.3	101.4	103.4	105.6	108.5	110.4	110.3	110.9	130.0	109.5
电力机车	100.7	106.8	112.8	117.1	118.3	122.7	132.8	139.5	145.2	184.4	155.1
货运机车平均牵引总重 (吨)	2760	2789	2829	2934	3038	3105	3193	3289	3391	3467	3508
内燃机车	2668	2648	2679	2768	2848	2887	2920	2970	3002	3584	2964
电力机车	2985	3028	3071	3198	3335	3425	3528	3654	3736	4522	3790
货运机车日车公里 (公里)	437	445	450	455	458	465	480	483	487	489	494
客运机车日车公里 (公里)	533	557	562	612	650	671	758	812	860	882	888
内燃机车每万吨公里耗油 (公斤)	25.7	25.9	25.4	25.0	24.6	24.3	24.6	24.9	25.2	26.4	26.5
电力机车每万吨公里耗电 (千瓦小时)	113.1	110.8	110.0	111.2	111.8	110.0	109.5	110.6	107.9	102.4	100.6
货物列车出发正点率 (%)	97.2	97.3	96.9	96.5	97.0	97.4	97.2	96.9	96.5	95.8	95.7
货物列车运行正点率 (%)	96.8	96.7	96.5	96.2	96.9	97.3	97.0	96.8	96.4	95.2	95.3
旅客列车出发正点率 (%)	99.8	99.8	99.7	99.8	99.5	99.8	99.8	99.7	99.8	99.7	99.9
旅客列车运行正点率 (%)	96.9	97.6	96.5	95.9	98.4	99.4	99.1	98.9	99.0	99.0	99.2
旅客列车技术速度 (公里/小时)	69.5	71.4	71.7	73.7	74.2	74.7	78.8	80.1	80.3	80.6	81.0
旅客列车旅行速度 (公里/小时)	60.5	62.0	62.2	64.4	65.2	65.4	68.9	69.6	70.2	70.8	71.5
客运密度 (万人公里/公里)	785	807	765	903	938	1002	1084	1210	1197	1194	1235
货物列车技术速度 (公里/小时)	46.7	47.1	47.1	46.7	46.3	46.2	47.6	47.2	47.6	47.9	48.4
货物列车旅行速度 (公里/小时)	39.5	32.4	32.8	32.2	32.1	32.1	33.2	32.8	32.8	33.4	34.0
货运密度 (万吨公里/公里)	2412	2533	2726	2997	3140	3242	3475	3697	3611	3747	3929
货车周转时间 (天)	5.08	5.10	5.10	4.94	4.90	4.87	4.76	4.73	4.68	4.48	4.45
一次货物作业时间 (小时)	22.0	21.2	20.9	17.2	15.2	15.2	15.5	17.6	16.9	16.2	16.1
货车中转停留时间 (小时)	4.6	4.6	4.5	4.4	4.3	4.4	4.3	4.6	4.7	4.5	4.5
货车静载重(准轨) (吨)	58.1	58.2	58.3	59.3	60.1	60.9	61.3	62.0	62.6	63.1	63.6
货车载重力利用率 (%)	97.3	96.7	96.5	98.0	98.7	99.2	99.2	99.4	99.7	99.8	100.0

6-2-28 公路线路年末里程

单位：万公里

指　　标	2002	2003	2004	2005	2006	2007	2008	2009	2010	2011
公路线路里程	**176.52**	**180.98**	**187.07**	**334.52**	**345.70**	**358.37**	**373.02**	**386.08**	**400.82**	**410.64**
按技术等级分										
等级公路	138.29	143.87	151.58	213.99	228.29	253.54	277.85	305.63	330.47	345.36
高速公路	2.51	2.97	3.43	4.10	4.53	5.39	6.03	6.51	7.41	8.49
一级公路	2.75	2.99	3.35	4.17	4.53	5.01	5.42	5.95	6.44	6.81
二级公路	19.71	21.19	23.17	24.82	26.27	27.64	28.52	30.07	30.87	32.05
三级公路	31.51	32.48	33.53	34.72	35.47	36.39	37.42	37.90	38.80	39.36
四级公路	81.80	84.24	88.10	146.18	157.48	179.10	200.46	225.20	246.95	258.64
等外公路	38.23	37.11	35.48	120.53	117.41	104.83	95.16	80.46	70.35	65.28
按路面类型分										
有铺装路面里程		34.43	44.17	83.99	99.65	125.03	146.48	172.00	191.80	210.34
简易铺装路面里程		44.38	45.53	52.35	52.86	52.62	53.08	53.25	52.42	51.23
未铺装路面里程		102.17	97.37	198.17	193.19	180.72	173.45	160.83	156.60	149.07
按行政等级分										
国道	12.50	12.79	12.98	13.27	13.34	13.71	15.53	15.85	16.40	16.94
省道	21.62	22.34	22.79	23.38	23.96	25.52	26.32	26.60	26.98	30.40
县道	47.12	47.29	47.94	50.75	50.65	51.44	51.23	51.95	55.40	53.36
乡道	86.56	89.83	94.52	98.79	98.76	99.84	101.11	101.96	105.48	106.60
专用公路	8.71	8.73	8.84	6.34	5.80	5.71	6.72	6.72	6.77	6.90
村道				141.99	153.20	162.15	172.10	183.00	189.77	196.44
公路晴雨通车里程	155.31	159.92	165.44	172.08	265.30	282.74	304.52	329.64	353.24	
公路养护里程	166.12	170.58	178.88	184.01	268.21	304.00	350.59	368.83	387.59	398.04
公路绿化里程	93.99	95.80	99.39	102.63	123.58	142.39	167.69	177.29	194.34	204.45

注：统计指标“公路晴雨通车里程”、“公路养护里程”和“公路绿化里程”2005年及以前年份数据不包括村道上的该类基础设施，因统计范围不同，故2006年及以后年份数据与历史数据不可比；“公路晴雨通车里程”2011年起已不纳入统计。

6-2-29　各地区公路线路年末里程

单位：公里

年份 地区	总计	等级公路						等外公路
			高速	一级	二级	三级	四级	
1995	1157009	910754	2141	9580	84910	207282	606841	246255
1996	1185789	946418	3422	11779	96990	216619	617608	239371
1997	1226405	997496	4771	14637	111564	230787	635737	228909
1998	1278474	1069243	8733	15277	125245	257947	662041	209231
1999	1351691	1156736	11605	17716	139957	269078	718380	194955
2000	1679848	1315931	16285	25219	177787	305435	791206	363916
2001	1698012	1336044	19437	25214	182102	308626	800665	361968
2002	1765222	1382926	25130	27468	197143	315141	818044	382296
2003	1809828	1438738	29745	29903	211929	324788	842373	371090
2004	1870661	1515826	34288	33522	231715	335347	880954	354835
2005	3345187	2139887	41005	41687	248199	347160	1461835	1205299
2006	3456999	2282872	45339	45289	262678	354734	1574833	1174128
2007	3583715	2535383	53913	50093	276413	363922	1791042	1048332
2008	3730164	2778521	60302	54216	285226	374215	2004563	951642
2009	3860823	3056265	65055	59462	300686	379023	2252038	804558
2010	4008229	3304709	74113	64430	308743	387967	2469456	703520
2011	4106387	3453590	84946	68119	320536	393613	2586377	652796
北　京	21347	21155	912	999	3279	3679	12285	193
天　津	15163	15163	1103	1127	3244	1264	8425	
河　北	156965	149057	4756	4302	16728	16482	106789	7908
山　西	134808	131002	4005	2070	14421	17527	92979	3806
内蒙古	160995	147946	2874	3710	13689	27961	99712	13049
辽　宁	104026	87650	3300	3023	17250	31957	32121	16376
吉　林	91754	83790	2252	1880	8756	10627	60274	7964
黑龙江	155592	124132	3708	1289	8849	32298	77989	31460
上　海	12084	12084	806	422	3069	2616	5170	
江　苏	152247	144113	4122	9949	21779	15314	92948	8134
浙　江	111776	107880	3500	4565	9224	7779	82812	3896
安　徽	149535	143403	3009	627	10640	15722	113406	6131
福　建	92322	73669	2652	683	7510	6998	55826	18653
江　西	146632	114463	3603	1428	9464	6867	93100	32169
山　东	233190	231428	4350	8710	24151	24290	169927	1761
河　南	247587	191234	5196	564	24981	18985	141508	56353
湖　北	212747	196452	4006	2354	17135	12093	160864	16295
湖　南	232190	198903	2649	1009	9406	6203	179636	33287
广　东	190724	172382	5049	10339	19044	16996	120955	18342
广　西	104889	87296	2754	944	9132	8261	66205	17592
海　南	22916	22104	660	267	1359	1372	18446	812
重　庆	118562	83614	1861	565	7522	5191	68475	34948
四　川	283268	220947	3009	2834	13140	11664	190300	62321
贵　州	157820	79643	2022	164	3831	8368	65258	78177
云　南	214524	165843	2746	842	9553	8407	144295	48681
西　藏	63108	38911			956	7112	30843	24198
陕　西	151986	139453	3803	839	7611	14752	112449	12533
甘　肃	123696	91692	2343	170	5856	13918	69406	32003
青　海	64280	49971	1133	312	5289	5733	37505	14309
宁　夏	24506	23875	1306	696	2567	6421	12884	631
新　疆	155150	104336	1459	1433	11099	26760	63585	50814

注：以《1949-2010年全国交通运输统计摘要》为准，1996和2000年的数据有所调整。

6-2-30 民用汽车拥有量

年 份 地 区	民用汽车总计 (万辆)	载客汽车 (万辆)	大型	中型	小型	微型
1978	135.84	25.90				
1980	178.29	35.08				
1985	321.12	79.45				
1990	551.36	162.19				
1995	1040.00	417.90				
1996	1100.08	488.02				
1997	1219.09	580.56				
1998	1319.30	654.83				
1999	1452.94	740.23				
2000	1608.91	853.73				
2001	1802.04	993.96				
2002	2053.17	1202.37	75.48	104.80	789.74	232.34
2003	2382.93	1478.81	75.76	115.96	1017.21	269.88
2004	2693.71	1735.91	78.06	124.54	1248.89	284.42
2005	3159.66	2132.46	82.13	131.65	1618.35	300.32
2006	3697.35	2619.57	87.34	137.00	2083.40	311.83
2007	4358.36	3195.99	93.82	140.52	2646.47	315.18
2008	5099.61	3838.92	100.39	143.19	3271.14	324.19
2009	6280.61	4845.09	107.95	145.80	4246.90	344.44
2010	7801.83	6124.13	116.44	146.07	5498.36	363.25
2011	9356.32	7478.37	126.54	147.41	6827.54	376.88
北 京	470.53	444.16	4.78	10.70	410.45	18.22
天 津	190.78	167.85	2.23	2.73	152.08	10.82
河 北	607.19	463.41	4.71	4.10	407.74	46.86
山 西	295.33	231.62	2.78	2.88	204.13	21.84
内蒙古	233.15	176.10	2.70	2.11	161.99	9.30
辽 宁	356.75	276.16	6.26	10.00	251.70	8.20
吉 林	183.00	144.54	3.27	2.61	130.57	8.09
黑龙江	231.10	173.37	4.77	4.06	155.31	9.23
上 海	194.75	163.91	4.41	5.58	150.48	3.44
江 苏	675.18	586.59	8.35	10.83	547.38	20.03
浙 江	656.80	555.58	5.64	7.15	525.37	17.41
安 徽	258.62	181.33	4.16	4.88	164.66	7.63
福 建	239.93	186.30	2.68	4.02	173.75	5.85
江 西	171.55	122.93	2.53	2.78	112.91	4.70
山 东	851.12	696.07	8.90	10.07	627.60	49.50
河 南	501.28	390.20	6.90	8.39	348.99	25.92
湖 北	249.49	186.72	4.85	5.26	172.94	3.67
湖 南	258.22	201.44	4.22	4.96	186.36	5.91
广 东	910.93	745.35	14.88	20.01	699.08	11.39
广 西	187.75	142.58	3.42	2.44	127.02	9.70
海 南	47.81	37.11	1.28	0.94	34.37	0.52
重 庆	129.68	99.31	2.49	1.54	92.86	2.42
四 川	422.17	341.48	6.01	3.36	297.44	34.66
贵 州	136.37	101.14	1.82	2.36	90.73	6.24
云 南	280.04	206.70	2.21	3.31	185.15	16.02
西 藏	19.92	12.26	0.84	0.82	9.58	1.02
陕 西	236.43	191.55	3.01	3.50	173.76	11.28
甘 肃	105.59	73.30	1.97	1.51	67.67	2.14
青 海	39.85	28.60	0.67	0.70	26.54	0.70
宁 夏	53.35	35.93	0.86	0.70	33.48	0.89
新 疆	161.66	114.79	2.95	3.13	105.45	3.25

注：1.小轿车包括在载客汽车中（下表同）。
2.从2002年起，载客汽车和载货汽车的分项、其他汽车统计口径有调整，与以前年份不可比（下表同）。

6-2-30 续表

年份 地区	载货汽车 (万辆)	重型	中型	轻型	微型	其他汽车 (万辆)	机动车驾驶员 (万人)	#汽车驾驶员
1978	100.17							192.45
1980	129.90							245.23
1985	223.20							462.44
1990	368.48						1635.85	790.96
1995	585.43						3501.52	1673.39
1996	575.03						4275.26	2100.74
1997	601.23						5206.79	2619.25
1998	627.89						5944.58	2974.06
1999	676.95						6727.49	3361.12
2000	716.32						7655.56	3746.51
2001	765.24						8455.04	4462.68
2002	812.22	148.28	218.69	360.58	84.66	38.58	9362.03	4827.08
2003	853.51	136.79	243.70	390.79	82.22	50.61	10611.04	5368.07
2004	893.00	153.90	233.94	425.74	79.43	64.80	11769.04	7101.64
2005	955.55	168.07	236.66	484.51	66.31	71.66	13069.52	8017.76
2006	986.30	174.01	235.39	532.13	44.76	91.49	14213.87	9317.24
2007	1054.06	186.74	243.46	587.22	36.63	108.31	15363.88	10567.15
2008	1126.07	200.84	249.73	644.96	30.54	134.62	17336.56	12276.80
2009	1368.60	315.08	262.21	765.33	25.97	66.92	19167.58	13740.73
2010	1597.55	394.80	269.75	911.88	21.12	80.14	20068.47	15129.89
2011	1787.99	460.58	267.80	1042.07	17.54	89.96	22817.62	17416.76
北京	21.49	4.50	3.30	13.69		4.89	678.86	661.78
天津	21.34	4.28	1.84	15.14	0.07	1.59	280.90	277.90
河北	137.15	49.37	11.41	75.45	0.93	6.63	1204.34	1100.43
山西	61.27	22.92	7.12	29.83	1.40	2.44	518.57	482.93
内蒙古	54.52	24.09	4.95	24.97	0.51	2.53	456.21	391.07
辽宁	76.85	22.34	7.27	46.86	0.38	3.74	808.64	705.84
吉林	36.98	11.22	5.31	20.17	0.28	1.48	470.84	378.26
黑龙江	55.27	18.59	9.00	27.02	0.66	2.46	492.88	446.63
上海	24.83	5.73	10.85	7.82	0.43	6.01	501.73	468.97
江苏	82.39	26.97	18.52	36.63	0.27	6.19	1701.45	1243.31
浙江	97.00	11.63	9.50	73.60	2.27	4.22	1197.49	962.55
安徽	74.51	24.27	11.36	38.41	0.47	2.79	769.58	555.17
福建	51.77	7.60	4.78	38.57	0.83	1.85	753.72	461.83
江西	46.76	15.93	7.90	22.69	0.24	1.87	775.07	453.18
山东	149.06	43.25	14.89	90.01	0.91	5.99	1749.40	1487.14
河南	106.35	36.69	15.26	53.42	0.98	4.74	1405.64	1107.56
湖北	59.72	10.84	12.56	35.94	0.38	3.05	865.88	617.04
湖南	54.92	9.86	12.53	32.32	0.21	1.86	787.30	516.55
广东	159.92	19.15	18.83	118.70	3.24	5.65	2142.68	1544.40
广西	42.90	10.44	7.67	23.94	0.84	2.27	943.78	460.29
海南	10.17	1.32	1.39	7.41	0.06	0.53	148.70	93.26
重庆	28.34	6.29	6.46	15.58	0.02	2.04	407.39	245.45
四川	77.49	14.36	18.24	44.52	0.38	3.20	1254.23	856.99
贵州	34.23	5.11	6.87	21.81	0.45	0.99	359.80	275.68
云南	71.66	10.33	17.47	43.67	0.19	1.68	757.96	455.98
西藏	7.42	2.69	1.42	3.10	0.21	0.24	20.82	18.65
陕西	41.74	12.50	8.08	20.86	0.30	3.14	588.84	502.48
甘肃	31.00	7.40	4.88	18.64	0.08	1.29	237.06	206.71
青海	10.62	2.47	1.37	6.71	0.07	0.63	91.67	72.64
宁夏	16.51	4.94	1.56	9.90	0.12	0.90	102.99	90.35
新疆	43.79	13.49	5.21	24.70	0.39	3.09	343.20	275.71

6-2-31 私人汽车拥有量

单位：万辆

年份 地区	私人汽车总计	载客汽车					载货汽车					其他汽车
			大型	中型	小型	微型		重型	中型	轻型	微型	
1985	28.49	1.93					26.48					
1990	81.62	24.07					57.48					
1995	249.96	114.15					131.83					
1996	289.67	143.04					142.78					
1997	358.36	191.27					163.19					
1998	423.65	230.65					192.03					
1999	533.88	304.09					228.68					
2000	625.33	365.09					259.09					
2001	770.78	469.85					298.95					
2002	968.98	623.76	9.89	35.87	408.49	169.51	341.29	48.27	84.40	158.67	49.95	3.94
2003	1219.23	845.87	7.36	42.51	586.90	209.10	367.35	44.47	95.20	176.58	51.09	6.00
2004	1481.66	1069.69	7.20	46.95	786.63	228.91	402.82	53.40	94.69	203.85	50.87	9.15
2005	1848.07	1383.93	7.61	50.88	1079.78	245.66	452.11	62.50	100.34	243.29	45.98	12.04
2006	2333.32	1823.57	11.19	56.20	1491.18	265.00	494.91	64.23	108.64	288.94	33.09	14.84
2007	2876.22	2316.91	7.91	55.73	1984.29	268.98	539.45	68.89	110.44	332.69	27.43	19.86
2008	3501.39	2880.50	8.57	57.97	2533.28	280.68	596.39	73.28	115.68	384.12	23.31	24.50
2009	4574.91	3808.33	8.72	59.96	3436.26	303.39	753.40	108.73	129.59	494.97	20.12	13.17
2010	5938.71	4989.50	9.34	61.00	4593.46	325.70	931.52	141.44	140.52	632.77	16.78	17.69
2011	7326.79	6237.46	9.99	62.34	5823.62	341.52	1067.43	164.28	144.52	744.39	14.24	21.90
北京	387.29	378.50	0.20	6.60	354.23	17.47	7.86	1.31	0.85	5.70		0.93
天津	155.46	140.98	0.11	1.19	129.53	10.15	14.09	1.51	0.93	11.58	0.07	0.39
河北	510.61	416.19	0.71	1.85	368.91	44.73	92.28	24.18	7.67	59.66	0.78	2.13
山西	230.20	193.16	0.22	0.91	172.81	19.22	36.40	8.92	4.14	22.17	1.18	0.63
内蒙古	188.08	151.93	0.35	0.94	142.11	8.53	35.20	11.17	3.55	20.06	0.42	0.95
辽宁	250.59	217.15	0.64	4.15	205.20	7.15	32.73	4.15	2.72	25.59	0.27	0.70
吉林	141.36	117.39	0.52	1.11	108.42	7.33	23.57	5.49	3.51	14.35	0.22	0.41
黑龙江	172.02	137.29	0.95	1.86	126.85	7.64	34.20	7.92	5.66	20.14	0.48	0.53
上海	119.75	119.57	0.08	1.79	114.58	3.12	0.14	0.02	0.05	0.06		0.04
江苏	528.86	488.13	0.21	4.71	465.06	18.14	39.11	10.76	7.49	20.66	0.20	1.62
浙江	534.70	472.85	0.14	2.47	453.93	16.31	61.21	2.96	4.26	52.12	1.87	0.64
安徽	178.46	144.79	0.41	2.21	135.50	6.68	33.00	3.35	4.15	25.13	0.37	0.67
福建	189.60	155.04	0.08	1.34	148.17	5.45	34.13	1.87	2.50	29.00	0.75	0.42
江西	117.18	95.26	0.12	0.71	90.69	3.74	21.52	2.67	2.81	15.86	0.18	0.40
山东	708.53	607.87	1.31	4.60	556.21	45.75	98.57	18.27	9.83	69.69	0.78	2.09
河南	383.63	322.71	0.77	3.35	296.01	22.57	59.22	9.42	8.12	40.88	0.81	1.70
湖北	185.38	147.32	0.28	2.13	141.57	3.33	37.39	4.10	7.59	25.40	0.30	0.67
湖南	212.89	168.21	0.35	2.00	160.41	5.45	43.94	5.99	10.01	27.75	0.18	0.74
广东	745.37	645.00	1.16	12.03	620.80	11.00	98.86	6.99	10.76	78.25	2.85	1.52
广西	140.40	115.40	0.12	0.73	106.59	7.96	24.57	3.85	4.02	15.98	0.72	0.43
海南	35.51	27.65	0.15	0.32	26.72	0.46	7.73	0.78	1.19	5.70	0.05	0.13
重庆	89.89	78.30	0.02	0.23	75.84	2.21	11.45	0.36	1.19	9.89	0.01	0.13
四川	342.29	290.08	0.18	0.87	257.62	31.41	51.26	5.04	10.41	35.47	0.34	0.95
贵州	106.26	81.34	0.11	0.36	75.49	5.39	24.66	2.62	4.52	17.14	0.38	0.26
云南	228.11	170.91	0.07	0.62	156.07	14.15	56.64	5.84	13.50	37.15	0.16	0.56
西藏	13.09	7.60	0.18	0.40	6.41	0.61	5.46	1.86	1.21	2.26	0.14	0.02
陕西	185.39	157.30	0.22	1.05	146.01	10.02	27.24	4.82	5.61	16.56	0.25	0.85
甘肃	69.65	50.28	0.12	0.38	48.41	1.38	19.06	3.06	2.93	13.01	0.06	0.30
青海	27.48	20.55	0.03	0.18	19.80	0.55	6.78	0.96	0.89	4.88	0.05	0.15
宁夏	41.42	29.11	0.06	0.23	28.05	0.77	11.98	2.71	1.16	8.01	0.10	0.33
新疆	107.37	89.60	0.14	1.01	85.62	2.83	17.18	1.34	1.29	14.27	0.28	0.59

6-2-32 进口汽车拥有量

单位：辆

年份 地区	汽车总计	载客汽车	大型	中型	小型	微型	载货汽车	重型	中型	轻型	微型	其他汽车
2002	1361750	1025959	24798	69266	897362	34533	314172	87422	48797	165326	12627	21619
2003	1445408	1155590	21686	75699	1034475	23730	264075	73361	31510	150120	9084	25743
2004	1360832	1129985	19009	66065	1029846	15065	207798	49963	22836	129021	5978	23049
2005	1697266	1454215	18754	79698	1337564	18199	213621	48905	22078	139741	2897	29430
2006	1780998	1590420	16159	69930	1487474	16857	160552	33594	9808	116610	540	30026
2007	1964763	1799331	15628	67223	1701016	15464	134672	28896	7452	98032	292	30760
2008	2225960	2098630	14896	63790	2005820	14124	96597	20698	5318	70335	246	30733
2009	2527684	2449870	14700	61961	2357902	15307	57515	22788	3534	31009	184	20299
2010	3162537	3098870	15062	59691	3005826	18291	41073	19921	2532	18459	161	22594
2011	3982087	3925188	15799	57520	3825373	26496	34567	18134	1991	14329	113	22332
北京	332010	329484	886	2241	324360	1997	629	78	29	522		1897
天津	66636	65585	323	1074	63836	352	416	296	34	86		635
河北	116630	113488	415	784	109092	3197	1318	720	33	565		1824
山西	78375	77258	357	596	75458	847	713	393	19	301		404
内蒙古	121608	120376	355	652	119124	245	906	342	16	547	1	326
辽宁	214497	210448	1256	3317	205397	478	2693	1311	32	1346	4	1356
吉林	71800	70838	353	643	69749	93	661	212	77	372		301
黑龙江	98268	94686	501	1242	92754	189	2871	1101	118	1604	48	711
上海	154032	148501	1212	1808	144712	769	2818	1787	579	429	23	2713
江苏	250404	248165	700	3516	242018	1931	1132	490	38	604		1107
浙江	421887	420094	651	2584	413305	3554	1315	836	25	454		478
安徽	48329	47681	194	959	46365	163	428	173	18	237		220
福建	150408	148082	477	3486	143449	670	1740	630	19	1091		586
江西	33238	32495	146	514	31611	224	475	396	4	75		268
山东	196602	194075	914	4444	188133	584	1592	386	54	1148	4	935
河南	89524	87602	373	1560	84102	1567	1471	682	127	658	4	451
湖北	72962	72176	267	1226	70426	257	378	159	51	162	6	408
湖南	81347	80142	232	801	78942	167	864	652	50	161	1	341
广东	702353	694292	2975	15926	672804	2587	5553	4305	236	1006	6	2508
广西	80298	79191	687	1672	74612	2220	591	255	63	272	1	516
海南	38665	38268	548	1195	36473	52	180	59	2	119		218
重庆	57492	56161	89	334	55660	78	640	584	3	53		691
四川	126204	125181	291	1021	122041	1828	580	309	25	246		443
贵州	32530	31928	76	352	30976	524	485	185	35	263	2	117
云南	106738	105232	386	1436	102240	1170	1237	594	68	563	12	269
西藏	12355	12168	119	333	11317	399	172	41	59	72		15
陕西	98549	97479	225	1125	95930	199	502	118	103	281		568
甘肃	30158	29559	131	664	28708	56	187	32	4	151		412
青海	13439	13160	96	385	12672	7	134	18	11	105		145
宁夏	22286	21798	97	318	21358	25	290	54	25	210	1	198
新疆	62462	59595	467	1312	57749	67	1596	936	34	626		1271

注：表头分组——载客汽车：大型、中型、小型、微型；载货汽车：重型、中型、轻型、微型。

6-2-33　新注册民用汽车数量

单位：辆

年份/地区	新注册民用汽车	载客汽车	大型	中型	小型	微型	载货汽车	重型	中型	轻型	微型	其他汽车
2002	3371951	2294649	97200	145062	1491479	560908	993761	186498	220969	501985	84309	83541
2003	4337485	3160859	100284	157523	2421951	481101	1075692	168363	259173	576073	72083	100934
2004	4511823	3332297	96462	138357	2841668	255810	1029497	228523	194438	564061	42475	150029
2005	5286287	4157504	99489	105314	3712056	240645	1024034	162859	175576	639557	46042	104749
2006	5730432	4678667	95428	82758	4382206	118275	925294	139120	147689	616910	21575	126471
2007	6079209	5000042	91087	72059	4772468	64428	917603	155155	157867	591014	13567	161564
2008	7631839	6226814	112811	64024	5928095	121884	1168226	236749	185338	733343	12796	236799
2009	12459452	10248554	114984	69548	9794452	269570	2148355	500593	242679	1391249	13834	62543
2010	15288186	12546891	148234	76519	12086273	235865	2637605	769644	238595	1614803	14563	103690
2011	16242474	13694540	163258	76472	13244774	210036	2442601	726854	173140	1535590	7017	105333
北　京	400722	365137	3968	7109	350724	3336	31414	7205	2174	22035		4171
天　津	326849	297220	2781	1191	289983	3265	27912	7414	1097	19379	22	1717
河　北	1116874	906238	4979	2583	863013	35663	204034	75918	6262	121630	224	6602
山　西	516291	431586	4174	1823	412244	13345	81633	38673	1516	41365	79	3072
内蒙古	463634	383335	3090	1109	372535	6601	75904	27739	1668	46330	167	4395
辽　宁	609866	502539	6947	3483	486013	6096	103132	33716	5427	63918	71	4195
吉　林	310168	257880	4323	1469	248391	3697	49805	16297	2990	30442	76	2483
黑龙江	367182	291175	5383	2151	280819	2822	72711	24816	5646	42182	67	3296
上　海	311060	281002	3670	2998	272528	1806	23053	10729	5518	6806		7005
江　苏	1311206	1187725	11616	4887	1157369	13853	116062	50109	13710	52191	52	7419
浙　江	1244864	1113357	7712	3714	1087585	14346	127328	21302	5151	100139	736	4179
安　徽	519071	407665	5987	2685	393794	5199	107810	43868	4116	59713	113	3596
福　建	439619	359823	4247	2796	348020	4760	77541	13627	3092	60809	13	2255
江　西	342984	268893	3696	1509	261264	2424	71407	21754	7265	42381	7	2684
山　东	1396950	1213957	11491	4122	1171030	27314	176362	59478	12303	104494	87	6631
河　南	801527	668760	7838	3239	647300	10383	128027	51074	5997	70774	182	4740
湖　北	388799	323100	5506	2073	313010	2511	62201	14040	7285	40813	63	3498
湖　南	498028	415271	6123	4975	399301	4872	80294	17028	8406	54696	164	2463
广　东	1374512	1200470	21917	3613	1162659	12281	168793	26485	13141	124635	4532	5249
广　西	348347	280018	4106	1386	271761	2765	66526	15157	7433	43858	78	1803
海　南	87694	69385	2069	733	65943	640	17435	2135	1845	13437	18	874
重　庆	305314	250135	4055	1779	243505	796	54886	15660	5896	33328	2	293
四　川	776920	665120	8829	2735	644141	9415	108188	32196	10590	65356	46	3612
贵　州	274260	215798	3149	2335	208259	2055	56078	10507	6776	38785	10	2384
云　南	485430	386831	2631	1942	376892	5366	96022	18242	9908	67841	31	2577
西　藏	21584	13164	446	460	11527	731	8073	1684	1020	5343	26	347
陕　西	496039	420303	4305	2661	405385	7952	70878	23284	5463	42059	72	4858
甘　肃	205179	151731	2725	1097	146216	1693	51872	12101	3686	36081	4	1576
青　海	85101	65226	725	572	63116	813	19010	4349	1352	13287	22	865
宁　夏	115562	82279	1080	380	79907	912	31842	9116	1463	21239	24	1441
新　疆	300838	219417	3690	2863	210540	2324	76368	21151	4944	50244	29	5053

6-2-34 公路营运汽车拥有量

年份 地区	汽车总计 (万辆)	载客汽车 辆数 (万辆)	载客汽车 客位 (万客位)	载货汽车 辆数 (万辆)	#普通载货汽车	载货汽车 吨位 (万吨)	#普通载货汽车
1990	31.30	10.76	468.92	20.22	19.82	131.61	127.06
1995	27.49	13.73	480.61	13.75	13.12	103.13	94.56
1996	28.81	15.41	499.58	13.40	12.74	102.08	91.83
1997	29.89	17.01	519.10	12.88	12.22	95.31	85.09
1998	31.88	19.40	536.43	12.48	11.81	90.02	79.51
1999	501.77	92.14	1409.86	409.62	401.28	1481.02	1406.00
2000	702.82	216.81	2524.45	486.02	475.24	1667.70	1573.73
2001	764.39	255.12	2701.68	509.27	496.65	1733.58	1621.40
2002	826.34	289.55	2972.32	536.78	520.27	1808.45	1674.79
2003	924.64	352.19	3430.64	572.45	553.23	1941.52	1788.86
2004	1067.18	439.09	3872.21	628.09	604.93	2338.61	2119.64
2005	733.22	128.40	1859.28	604.82	580.28	2537.75	2282.15
2006	802.58	161.92	2312.41	640.66	598.43	2822.69	2343.13
2007	849.22	164.73	2428.81	684.49	648.01	3135.69	2643.74
2008	930.61	169.64	2560.36	760.97	720.18	3686.20	3139.76
2009	1087.35	180.79	2799.71	906.56	859.27	4655.23	4002.80
2010	1133.32	83.13	2017.09	1050.19	996.43	5999.82	5223.23
2011	1263.75	84.34	2086.66	1179.41	1116.36	7261.20	6273.51
北京	18.60	4.29	64.58	14.32	12.82	62.21	42.92
天津	10.94	0.93	34.58	10.01	9.29	25.39	20.06
河北	93.44	2.99	73.58	90.45	86.54	802.41	743.87
山西	40.84	1.52	39.48	39.32	38.40	367.21	356.31
内蒙古	33.73	1.23	37.84	32.50	31.38	282.40	268.62
辽宁	62.44	2.70	72.00	59.74	55.78	369.23	309.86
吉林	28.38	1.31	36.83	27.06	26.11	162.46	151.58
黑龙江	43.49	2.01	51.63	41.48	40.52	261.70	248.06
上海	19.19	2.07	55.78	17.12	13.71	159.93	82.89
江苏	63.00	4.09	154.71	58.91	51.76	482.32	387.21
浙江	52.36	3.50	108.83	48.86	44.74	234.46	153.93
安徽	55.12	3.77	90.82	51.35	49.61	336.62	312.12
福建	23.92	2.02	51.07	21.90	19.73	128.57	78.50
江西	28.96	1.86	46.46	27.09	25.93	143.73	130.57
山东	104.16	3.44	97.10	100.72	94.71	782.61	662.70
河南	93.74	4.86	135.74	88.88	87.05	587.78	561.22
湖北	37.38	4.16	87.47	33.22	31.37	137.05	114.79
湖南	40.99	4.63	103.94	36.36	34.17	146.50	119.83
广东	98.11	4.21	153.59	93.90	86.89	476.64	339.84
广西	34.98	3.34	85.44	31.64	30.57	165.26	147.71
海南	5.97	0.58	15.24	5.39	5.26	19.98	18.65
重庆	28.19	2.18	54.31	26.01	24.85	107.72	96.90
四川	59.97	5.09	109.88	54.88	52.71	210.52	186.15
贵州	22.91	2.87	56.35	20.04	19.46	66.35	61.48
云南	51.19	4.77	75.17	46.42	45.61	170.05	162.07
西藏	2.83	0.51	9.72	2.33	2.22	15.96	14.51
陕西	33.69	2.97	58.69	30.73	29.57	176.95	161.70
甘肃	20.77	1.86	40.87	18.92	18.23	87.92	79.69
青海	8.10	0.50	9.96	7.60	7.23	39.29	34.28
宁夏	11.66	0.60	15.67	11.06	10.74	82.69	77.64
新疆	34.72	3.50	59.30	31.22	29.42	169.29	147.85

注：1.小轿车包括在载客汽车中。
2.1999年以前数据仅为公路部门营运汽车，1999年为全国营运汽车。2000年起为全国运输汽车(含营运和非营运汽车)。2005年起为全国营运汽车（不含非营运汽车）。

6-2-35 内河航道年末里程

单位：公里

地区	2005	#等级航道	2008	#等级航道	2009	#等级航道	2010	#等级航道	2011	#等级航道
全国	**123263**	**61013**	**122763**	**61093**	**123683**	**61546**	**124242**	**62290**	**124612**	**62648**
北京										
天津	88	88	88	88	88	88	88	88	88	88
河北										
山西	467	139	467	139	467	139	467	139	467	139
内蒙古	2403	2380	2403	2380	2403	2380	2403	2380	2403	2380
辽宁	413	413	413	413	413	413	413	413	413	413
吉林	1456	1381	1456	1381	1456	1381	1456	1381	1456	1381
黑龙江	5131	4756	5131	4756	5131	4756	5098	4723	5098	4723
上海	2223	842	2226	845	2226	845	2226	845	2226	845
江苏	24349	7517	23596	7381	24224	7559	24228	7649	24252	7694
浙江	9652	4756	9695	4821	9703	4832	9703	4832	9750	4913
安徽	5587	4997	5576	5004	5596	5006	5596	5006	5596	5006
福建	3245	1269	3245	1269	3245	1269	3245	1269	3245	1269
江西	5638	2349	5638	2349	5638	2349	5638	2349	5638	2349
山东	1012	892	1012	892	1012	892	1150	1035	1150	1035
河南	1267	1150	1267	1150	1267	1150	1267	1150	1267	1150
湖北	8181	5685	8181	5685	8247	5780	8260	5792	8260	5792
湖南	11495	4126	11495	4126	11495	4126	11495	4126	11495	4126
广东	11844	4306	11844	4306	11844	4306	11844	4306	11850	4312
广西	5413	3331	5413	3331	5433	3351	5433	3352	5433	3352
海南	343	76	343	76	343	76	343	76	343	76
重庆	4103	1753	4218	1757	4331	1759	4331	1801	4331	1801
四川	10720	3825	10720	3825	10720	3825	10720	3825	10720	3825
贵州	3323	1846	3425	1984	3442	2094	3442	2094	3442	2094
云南	2539	1810	2539	1810	2532	1810	2877	2206	3158	2422
西藏										
陕西	1066	558	1066	558	1066	558	1066	558	1066	558
甘肃	860	347	860	347	914	381	914	381	914	381
青海	329	318	329	318	329	318	421	409	421	409
宁夏	117	105	117	105	117	105	117	105	130	115
新疆										

6-2-36 民用运输船舶拥有量

年 份 地 区	机动船					驳 船		
	艘数 (艘)	净载重量 (吨)	载客量 (客位)	总功率 (千瓦)	#拖船功率	艘数 (艘)	净载重量 (吨)	载客量 (客位)
1995	299717	40940087	979985		1707115	57998	9449652	17722
1996	269879	39774235	988046		1616594	56128	9315335	15148
1997	215814	38749289	1022970	19585843	1468612	49983	9064891	13879
1998	212093	38896576	983630	18431582	1584601	48115	9019417	14914
1999	194590	38911462	929138	18605574	1494500	47453	8981998	10306
2000	185018	42640605	1014013	19354496	1439743	44658	8640504	18258
2001	169329	45526726	1048915	20884813	1370221	41457	8968670	27902
2002	165936	48372587	945387	21995838	1433547	37041	8683075	33405
2003	163813	60745234	971514	26156815	1269607	40457	9871079	30631
2004	166854	75114059	961562	30527287	1197191	43846	11058522	34666
2005	165900	90756392	977846	36399287	1480381	41394	11030057	33496
2006	157805	98241489	1025861	39068361	1538957	36555	12015595	33355
2007	157544	106441173	1004546	39366720	1520924	34227	12373412	22316
2008	152247	111047702	994495	43550959	1564439	31943	13121439	14050
2009	149367	133384848	979384	46209122	1120381	27565	12702991	2166
2010	155624	168985654	1001395	53304379	1410719	22783	11422911	2260
2011	157950	202602789	1004622	59496603	1600896	21292	10040453	3768
北 京								
天 津	432	8084138	3118	1782042	427735	19	144459	
河 北	144	3451286		524999		3	3980	
山 西	244	3314	2841	13372				
内蒙古								
辽 宁	554	7623190	27216	1392652	9682	10	32719	
吉 林	829	22276	18653	36264	4112	29	15650	
黑龙江	1233	25412	23247	121174	42866	359	215206	
上 海	1914	33741706	67074	11955703	109179	107	159924	
江 苏	39374	33568546	55236	9186819	323190	9925	3703496	
浙 江	19383	20668556	75769	6092342	83711	770	109515	
安 徽	27591	25233638	16391	8089280	49320	2037	759670	
福 建	2383	6153825	28433	1967412	10687	345	10758	
江 西	4127	2083039	11614	824210	1845	38	16840	
山 东	6499	9172710	53007	2772355	303322	4875	3789976	
河 南	4855	4465849	12062	1433410	3253	133	46873	
湖 北	4884	7392408	38724	1926695	122693	621	697817	
湖 南	8607	2683183	75855	1110400	7200	124	51772	1253
广 东	8657	15291361	72935	4799071	70278	21	33083	
广 西	8668	6209481	103264	1730830	1018	7	6138	
海 南	512	2235746	23171	632213				
重 庆	3980	4436023	100707	1328526	13144	180	166284	
四 川	7502	891346	104644	435715	14325	1190	58398	
贵 州	2158	100313	38490	135730	2130	100	15450	80
云 南	894	100623	17656	78000	396	2	164	
西 藏								
陕 西	1236	27734	20034	43144	282	180	540	796
甘 肃	512	2705	9710	28808		45	368	1639
青 海	35		810	6387				
宁 夏	543		3961	24726	528	172	1373	
新 疆								
不分地区	100	8934381		1024324				

注：不分地区数据为中国远洋运输集团总公司海外公司数。

6-2-37 沿海规模以上港口码头泊位数(2011年底)

港口	总计			生产用			非生产用	
	码头长度(米)	泊位个数(个)	#万吨级	码头长度(米)	泊位个数(个)	#万吨级	码头长度(米)	泊位个数(个)
总计	**688779**	**5612**	**1366**	**617746**	**4733**	**1366**	**71033**	**879**
#大连	37855	223	79	33978	198	79	3877	25
营口	15465	76	44	14731	69	44	734	7
秦皇岛	16068	86	42	14750	66	42	1318	20
天津	32714	154	98	31366	143	98	1348	11
烟台	17270	92	53	16140	82	53	1130	10
威海	3225	15	10	3225	15	10		
青岛	20518	81	59	19500	75	59	1018	6
日照	12295	49	41	11989	48	41	306	1
上海	119704	1164	150	72742	606	150	46962	558
连云港	10455	55	38	10158	53	38	297	2
宁波-舟山	76141	687	129	73755	625	129	2386	62
台州	10849	173	6	10813	172	6	36	1
温州	16570	243	15	16449	239	15	121	4
福州	16681	130	43	16480	125	43	201	5
厦门	23905	145	60	23238	134	60	667	11
汕头	9715	91	18	9444	86	18	271	5
深圳	31461	172	68	30055	160	68	1406	12
广州	47834	533	65	44398	487	65	3436	46
湛江	17458	184	31	15757	153	31	1701	31
北海	5142	53	8	5082	52	8	60	1
防城	12194	115	26	12134	110	26	60	5
海口	5838	53	10	5647	52	10	191	1
八所	1924	11	8	1754	10	8	170	1

注：1.从2006年起，宁波－舟山港统计范围包括原宁波港和舟山港。
2.从2007年起，烟台港包括原烟台港和龙口港。

6-2-38 内河规模以上港口码头泊位数(2011年底)

港口	总计			生产用			非生产用	
	码头长度(米)	泊位个数(个)	#万吨级	码头长度(米)	泊位个数(个)	#万吨级	码头长度(米)	泊位个数(个)
总计	**904494**	**14912**	**340**	**854821**	**14170**	**340**	**49673**	**742**
#上海(内河)	92328	1919		91661	1906		667	13
南京	31895	301	52	30303	278	52	1592	23
江阴	11501	68	27	11351	66	27	150	2
常州	3281	22	5	3281	22	5		
南通	16413	94	47	15858	88	47	555	6
扬州	5187	39	13	5187	39	13		
泰州	15021	114	51	15021	114	51		
镇江	17357	179	35	17237	177	35	120	2
芜湖	10278	114	3	10278	114	3		
马鞍山	6505	95		6455	94		50	1
铜陵	5496	102		5431	101		65	1
安庆	11081	162		9372	134		1709	28
池州	8032	100		8032	100			
九江	13510	146		11485	118		2025	28
武汉	23171	265		20169	231		3002	34
黄石	8018	138		7588	132		430	6
宜昌	7870	50		6222	39		1648	11
重庆	94710	1244		73938	880		20772	364

注：从2009年起，重庆港统计范围发生变化，包括原重庆、涪陵、万州、重庆航管处四个港区，与历史数据不可比。

6-2-39　沿海规模以上港口货物吞吐量

单位：万吨

港　口	1985	1990	1995	2000	2005	2006	2007	2008	2009	2010	2011
总　计	**31154**	**48321**	**80166**	**125603**	**292777**	**342191**	**388200**	**429599**	**475481**	**548358**	**616292**
#大　连	4381	4952	6417	9084	17085	20046	22286	24588	27203	31399	33691
营　口	98	237	1156	2268	7537	9477	12207	15085	17603	22579	26085
秦皇岛	4419	6945	8382	9743	16900	20489	24893	25231	24942	26297	28770
天　津	1856	2063	5787	9566	24069	25760	30946	35593	38111	41325	45338
烟　台	689	668	1361	1774	4506	6076	10129	11189	12351	15033	18029
青　岛	2611	3034	5103	8636	18678	22415	26502	30029	31546	35012	37230
日　照		925	1452	2674	8421	11007	13063	15102	18131	22597	25260
上　海	11291	13959	16567	20440	44317	47040	49227	50808	49467	56320	62432
连云港	929	1137	1716	2708	6016	7232	8507	10060	10843	12739	15627
宁波-舟山	1040	2554	6853	11547	26881	42387	47336	52048	57684	63300	69393
台　州				950	2067	2107	3312	3898	4294	4706	5099
温　州			601	859	3097	3275	3496	4263	5999	6408	6950
厦　门			1314	1965	4771	7792	8117	9702	11096	12728	15654
汕　头	201	279	716	1284	1736	2015	2301	2806	3102	3509	4005
深　圳				5697	15351	17598	19994	21125	19365	22098	22325
广　州	1772	4163	7299	11128	25036	30282	34325	34700	36395	41095	43149
湛　江	1231	1557	1885	2038	4647	5664	6075	6682	11838	13638	15539
北　海				265	437	476	594	620	1015	1251	1591
海　口	170	288	468	808	2118	2127	2373	2614	4855	5700	6549
八　所	388	431	275	378	486	479	546	554	652	893	997
三　亚	78	37	42	48	49	50	43	75			

注：1.从2006年起，宁波-舟山港统计范围包括原宁波港和舟山港，以往年度数据为原宁波港数据。
　　2.从2007年起，烟台港统计范围包括原烟台港和龙口港，以往年度数据为原烟台港数据。

6-2-40　内河规模以上港口货物吞吐量

单位：万吨

港　口	2000	2001	2002	2003	2004	2005	2006	2007	2008	2009	2010	2011
总　计	**44452**	**49002**	**56701**	**66224**	**86414**	**101418**	**117510**	**138208**	**159481**	**221678**	**261822**	**295522**
#上海(内河)	5853	7660	8613	9857	10575	10749	6 709	6918	7362	9738	9019	10326
南　京	6679	5789	6108	6620	9589	10686	10091	10859	11125	12146	14719	17333
江　阴	666	1024	1357	2150	2683	4278	5739	7218	8740	10103	12522	12934
常　州	379	492	562	754	540	805	2347	2029	2282	2724	3156	2769
苏　州	364	397	410	6282	9059	11919	15085	18377	20348	24634		
南　通	2748	3511	3746	5010	7218	8327	10386	12339	13214	13641	15070	17331
扬　州	419	469	615	860	889	1179	1398	1591	1938	2938	3642	4370
泰　州	187	244	329	806	1285	1581	2787	2128	2592	7467	9890	12038
镇　江	2153	2217	2630	3046	4839	5847	6318	7824	8705	8713	10634	11806
芜　湖	830	903	1138	1410	1831	1850	3934	4681	5514	5710	6609	7473
马鞍山	626	747	888	1052	1713	2011	2393	3684	4697	4191	4826	5306
铜　陵	314	289	312	305	380	352	2405	2860	2872	3157	3914	4729
安　庆	729	668	846	1043	1479	1835	2839	2852	2800	2554	2813	3010
池　州	155	184	258	422	1073	1752	1952	2101	2250	2244	2576	3137
九　江	623	574	573	614	842	928	760	733	596	2852	3291	3907
武　汉	1738	1653	1773	3124	4281	4939	5034	5278	5592	5409	6620	7602
黄　石	227	439	515	585	675	1003	1195	962	1032	1520	1605	1781
宜　昌	217	213	182	212	305	226	518	734	715	653	818	770
重　庆	781	701	638	641	820	950	1073	1317	1470	8612	9668	11606
万　州	252	258	290	274	446	490	641	713	822			

注：从2009年起,重庆港统计范围发生变化，包括原重庆、涪陵、万州、重庆航管处四个港区，与历史数据不可比。

6-2-41 沿海规模以上港口分货类吞吐量

单位：万吨

货类名称	2009			2010			2011		
	合计	出港	进港	合计	出港	进港	合计	出港	进港
总计	**475481**	**202273**	**273208**	**548358**	**237778**	**310580**	**616292**	**270162**	**346131**
煤炭	94902	52548	42354	116258	63856	52402	136949	75729	61221
石油	52685	18690	33995	60786	20958	39827	63982	21200	42782
#原油	30419	6846	23573	35985	8007	27978	38080	8377	29703
金属矿石	86569	15221	71349	93143	18621	74522	101537	19508	82029
钢铁	19081	11112	7969	21226	12689	8537	22481	13647	8834
矿建材料	31245	10572	20674	33729	11555	22175	38114	13724	24390
水泥	2620	886	1735	3048	849	2199	4521	1242	3279
木材	2162	525	1637	3343	671	2671	4347	661	3686
非金属矿石	5846	2423	3423	7827	3109	4718	9272	3314	5958
化肥和农药	1310	751	559	1973	1344	629	2063	1281	782
盐	413	59	354	631	67	564	708	73	635
粮食	10483	3606	6877	12504	4036	8468	12176	4258	7918
机械、设备、电器	16026	8322	7704	16243	8487	7756	16333	8979	7353
化工原料及制品	7103	2274	4829	8625	3163	5462	9075	3557	5518
有色金属	786	146	640	747	211	536	721	193	528
轻工、医药产品	7977	4256	3721	7786	4259	3527	7509	3891	3618
农林牧渔业产品	2741	1087	1653	3374	1376	1999	2287	722	1566
其他	133530	69797	63733	157115	82529	74587	184215	98182	86033

6-2-42 内河规模以上港口分货类吞吐量

单位：万吨

货类名称	2009			2010			2011		
	合 计	出 港	进 港	合 计	出 港	进 港	合 计	出 港	进 港
总计	**221678**	**96004**	**125675**	**261822**	**114677**	**147145**	**295522**	**125381**	**170141**
煤炭	37384	12879	24505	48359	16563	31795	57399	18403	38997
石油	9558	3884	5674	10420	4139	6282	10815	4226	6589
#原油	2592	716	1876	2832	779	2053	2874	822	2051
金属矿石	27124	7775	19349	32783	8917	23867	36967	10196	26771
钢铁	13844	6389	7455	17901	9413	8488	19390	10085	9305
矿建材料	76910	34130	42780	87016	39569	47447	97543	42430	55113
水泥	13720	10240	3480	15609	11731	3878	17585	13240	4345
木材	1388	358	1031	1779	422	1356	1977	430	1547
非金属矿石	8844	5503	3342	10718	7087	3630	12081	7550	4532
化肥和农药	1763	1261	502	1569	966	603	1733	957	775
盐	694	242	452	667	265	402	547	201	346
粮食	3544	1113	2431	4357	1304	3053	4466	1324	3142
机械、设备、电器	808	517	291	714	457	258	803	601	202
化工原料及制品	6217	2429	3788	7283	2814	4470	8346	3188	5159
有色金属	235	86	150	173	75	98	171	88	83
轻工、医药产品	1604	805	800	1606	786	821	1590	787	803
农林牧渔业产品	787	269	519	716	209	507	1026	351	675
其他	17252	8124	9128	20152	9962	10190	23082	11323	11759

6-2-43 民用航空航线及飞机年末数

指　标	2000	2005	2006	2007	2008	2009	2010	2011
定期航班航线条数　（条）	**1165**	**1257**	**1336**	**1506**	**1532**	**1592**	**1880**	**2290**
国际航线	133	233	268	290	297	263	302	443
国内航线	1032	1024	1068	1216	1235	1329	1578	1847
#港澳地区航线	42	43	43	48	49	72	85	91
定期航班航线里程　（公里）	**1502887**	**1998501**	**2113505**	**2342961**	**2461840**	**2345085**	**2765147**	**3490571**
国际航线	508405	855932	966168	1047418	1120166	919899	1070167	1494387
国内航线	994482	1142569	1147337	1295543	1341674	1425186	1694980	1996184
#港澳地区航线	55759	61056	62846	71169	68592	107262	121437	135103
定期航班通航机场　（个）	**139**	**135**	**142**	**148**	**152**	**165**	**175**	**178**
民用飞机期末架数　（架）	**982**	**1386**	**1614**	**1813**	**1961**	**2181**	**2405**	**3191**
运输飞机	527	863	998	1134	1259	1417	1597	1764
大中型飞机	462	785	921	1050	1155	1297	1453	1601
#B737	186	358	418	486	527	593	650	700
B747	19	22	30	35	37	37	40	40
B757	48	64	60	56	52	51	48	51
B767	16	27	29	22	22	19	18	15
MD11	6	7	8	9	10	10	7	3
MD90	22	22	22	22	22	22	11	
MD82	27	15	12	12				
A300	18	21	16	14	15	15	14	10
A310	3	3						
A320	60	115	141	160	186	219	281	357
A340	8	16	16	16	17	19	19	19
小型飞机	65	78	77	84	104	120	144	163
通用航空飞机	301	383	457	457	484	555	606	1124
教学校验飞机	154	140	159	222	218	209	202	303

注：2011年起民用航空航线条数改为定期航班航线条数，民航通航机场改为定期航班通航机场。

6-2-44 民用航空运输量及通用航空飞行时间

指标	2000	2005	2006	2007	2008	2009	2010	20111
客运量 （万人）	**6722**	**13827**	**15968**	**18576**	**19251**	**23052**	**26769**	**29317**
国际航线	690	1225	1415	1692	1519	1474	1931	2118
国内航线	6031	12602	14553	16884	17732	21578	24838	27199
#港澳地区航线	403	509	536	541	500	517	672	760
旅客周转量 （万人公里）	**9705437**	**20449288**	**23706600**	**27917258**	**28827993**	**33752354**	**40389960**	**45369629**
国际航线	2328154	4524063	5239061	6184134	5772650	5662080	7589325	8780512
国内航线	7377283	15925225	18467539	21733123	23055343	28090274	32800635	36589118
#港澳地区航线	502405	709205	758073	767865	718211	749114	981817	1116167
货(邮)运量 （吨）	**1967123**	**3067168**	**3494320**	**4018485**	**4076376**	**4455347**	**5630371**	**5574779**
国际航线	492356	771551	921738	1173063	1194708	1260983	1926315	1780427
国内航线	1474767	2295618	2572582	2845422	2881668	3194364	3704056	3794352
#港澳地区航线	135442	169247	179164	166813	156221	159019	216603	210028
货邮周转量 （万吨公里）	**502683**	**788954**	**942753**	**1163867**	**1196023**	**1262307**	**1788982**	**1739131**
国际航线	291550	452450	564128	748134	773683	794325	1253028	1187527
国内航线	211133	336504	378625	415733	422340	467982	535954	551604
#港澳地区航线	19495	26263	28264	26129	24089	22743	28700	27607
运输总周转量 （万吨公里）	**1225007**	**2612724**	**3057979**	**3652993**	**3767652**	**4270726**	**5384490**	**5774427**
国际航线	465190	855235	1031319	1299921	1288988	1299511	1929689	1968352
国内航线	759818	1757488	2026659	2353072	2478663	2971215	3454801	3806075
#港澳地区航线	56878	89509	95743	94370	87925	89293	115895	126425
通用航空飞行时间 （小时）	**48707**	**84859**	**91901**	**109570**	**110706**	**123838**	**391135**	**502731**
#农林业航空作业	22922	25428	27675	28001	24691	26309	29619	33158
#航空护林	3927	6508	6789	7088	6000	7340	7748	9211
播种造林	4060	1929	2027	1698	1555	1534	1419	2010
工业航空作业	25785	36514	38316	44873	50591	52916	65430	56682

6-2-45 民用航空主要机型运用情况

机型	期末飞机架数 (架)	运输飞行小时 (小时)	运输飞行里程 (万公里)	平均每可用机年生产飞行小时 (小时/架)	平均每可用机日生产飞行小时 (小时/架/日)	正班平均载运率 (%)
总计	**2888**	**6097632**	**347943.6**	**2774**	**7.6**	**72.0**
#B747-400	4	12447	1201.5	3401	9.3	65.4
B747-400COM	5	24190	2049.3	5316	14.6	67.7
B747-400F	28	102878	7911.9	3849	10.5	74.1
B737-800	424	1430612	86983.3	3711	10.2	76.0
B737-400	8	26718	1576.8	3294	9.0	81.1
B737-300	79	267146	15341.3	3553	9.7	82.5
B767-300	15	53923	3865.1	4167	11.4	63.6
B757-200	44	145736	9239.8	3568	9.8	70.7
B777-200A	14	53459	3696.2	4125	11.3	66.2
B777-200B	6	30673	2441.4	5381	14.7	54.6
A321	131	436859	26450.8	3631	10.0	71.3
A320	357	1143814	70640.5	3762	10.3	78.9
A319	152	514069	31108.6	3606	9.9	69.1
A300-600	7	21931	1388.3	3328	9.1	65.8
A330-200	51	207703	15725.2	4767	13.1	60.2
A330-300	33	111325	7328.5	3690	10.1	60.8
A340-300	11	46116	3575	4677	12.8	65.4

注：期末飞机架数不含教学校验飞机。

6-2-46 各地区城市公共交通运营线路总长度(2011年底)

单位：公里

地 区	公共汽车、无轨电车	公交专用车道长度	轨道交通	地铁	轻轨	有轨电车
全 国	**519554**	**4343**	**1699**	**1403**	**172**	**40**
北 京	19460	325	372	372		
天 津	12606	65	84	27	49	8
河 北	17512	57				
山 西	12592	52				
内蒙古	9673	51				
辽 宁	20136	242	115	28	63	24
吉 林	10327	93	39		31	8
黑龙江	13661	52				
上 海	22906	162	454	425		
江 苏	47383	520	85	85		
浙 江	39982	137				
安 徽	9551	129				
福 建	15209	87				
江 西	10968	21				
山 东	41492	455				
河 南	17035	40				
湖 北	16427	60	29		29	
湖 南	15631	149				
广 东	79085	830	413	413		
广 西	8360	90				
海 南	4737					
重 庆	8880		70	15		
四 川	16729	287	19	19		
贵 州	5201	13				
云 南	16240	119				
西 藏	790					
陕 西	8837	217	20	20		
甘 肃	4513					
青 海	1870					
宁 夏	4658	32				
新 疆	7103	61				

注：上海市轨道交通合计中包括磁悬浮运营线路总长度29公里。

6-2-47 各地区城市公共交通运营车(船)拥有量(2011年底)

单位：辆

地区	公共汽(电)、轨道运营车辆合计	公共汽电车	#天然气燃料车	液化石油气燃料车	无轨电车	轨道交通	地铁	轻轨	有轨电车	出租汽车	轮渡运营船数(艘)
全国	**412590**	**402645**	**64848**	**9435**	**1651**	**9945**	**8947**	**647**	**125**	**1002306**	**864**
北京	24478	21628	2854		460	2850	2850			66646	
天津	7954	7628	583			326	150	152	24	31940	
河北	15503	15503	3339							47441	
山西	7226	7226	390		131					29116	
内蒙古	5646	5646	318							37520	
辽宁	20514	20160	408	252	61	354	138	144	72	79248	
吉林	10521	10273	17			248		219	29	54922	
黑龙江	14241	14241	2464	555						62092	215
上海	19488	16589	140		224	2899	2885			50438	58
江苏	29655	29205	2835			450	450			46342	74
浙江	21927	21927	633	76	54					33285	189
安徽	11035	11035	1766							36525	6
福建	11203	11203	1097							17491	25
江西	7297	7297								11444	
山东	31230	31230	4902	12	140					58462	38
河南	17601	17601	656	14	112					44539	
湖北	16590	16458	1727	424	196	132		132		30845	56
湖南	12600	12600	519							23648	15
广东	51736	49532	3626	7679	273	2204	2204			60624	154
广西	7208	7208	10							14139	
海南	2356	2356	763	423						4651	18
重庆	8118	7822	7629			296	84			15004	16
四川	17699	17597	12162			102	102			29495	
贵州	4879	4879	1482							10260	
云南	7531	7531	113							15415	
西藏	366	366								1379	
陕西	10692	10608	3265			84	84			22385	
甘肃	4965	4965	2676							19465	
青海	2038	2038	1808							7119	
宁夏	2570	2570	1626							12827	
新疆	7723	7723	5040							27599	

注：轨道交通车辆中包括上海磁悬浮车辆14辆。

6-2-48 各地区城市公共交通客运量

单位：万人次

地 区	客运总量	公共汽电车	轨道交通	出租汽车	客运轮渡
全 国	**10483624**	**6725785**	**713400**	**3028809**	**15630**
北 京	792152	503272	219280	69600	
天 津	157363	114798	7565	35000	
河 北	302097	197470		104627	
山 西	203220	124029		79191	
内蒙古	173983	92547		81436	
辽 宁	680959	411312	15439	254208	
吉 林	355890	152458	4495	198937	
黑龙江	434065	220063		213513	489
上 海	603193	281075	210105	110003	2010
江 苏	580569	408572	34370	135792	1835
浙 江	428106	300425		125141	2540
安 徽	337450	198662		138658	130
福 建	282099	216866		62704	2529
江 西	169777	122042		47735	
山 东	525513	380085		144637	791
河 南	378025	256311		121714	
湖 北	436895	309524	7737	118091	1543
湖 南	391388	265211		126073	104
广 东	1070566	685606	198930	182632	3398
广 西	182250	143137		39113	
海 南	53060	39908		12999	153
重 庆	257225	174930	8332	73855	108
四 川	436877	313943	5528	117406	
贵 州	194133	122646		71487	
云 南	191987	137730		54257	
西 藏	15315	7251		8064	
陕 西	328411	241279	1618	85514	
甘 肃	155363	96662		58701	
青 海	61963	39158		22805	
宁 夏	74775	30427		44348	
新 疆	228958	138388		90570	

6-2-49 省会城市和计划单列市公共交通运营线路总长度(2011年底)

单位：公里

城　市	公共汽车、无轨电车	公交专用车道长度	轨道交通	地铁	轻轨	有轨电车
北　京	19460	325	372	372		
天　津	12606	65	84	27	49	8
石家庄	2833	27				
太　原	2502	49				
呼和浩特	1581	17				
沈　阳	3741	134	28	28		
大　连	3197	43	87		63	24
长　春	4409	80	39		31	8
哈尔滨	3861	31				
上　海	22906	162	454	425		
南　京	7242	73	85	85		
杭　州	11106	100				
宁　波	7168	23				
合　肥	1970	22				
福　州	2821	16				
厦　门	5076	63				
南　昌	3836	12				
济　南	3839	113				
青　岛	4536	79				
郑　州	3721	30				
武　汉	5919	33	29		29	
长　沙	3195	130				
广　州	13767	200	236	236		
深　圳	17596	512	177	177		
南　宁	2304	60				
海　口	3095					
重　庆	8880		70	15		
成　都	6309	263	19	19		
贵　阳	2831	13				
昆　明	10568	118				
拉　萨	500					
西　安	5584	202	20	20		
兰　州	1227					
西　宁	1196					
银　川	1173	32				
乌鲁木齐	2154	41				

注：上海市轨道交通合计中包括磁悬浮运营线路总长度29公里。

6-2-50 省会城市和计划单列市公共交通运营车(船)拥有量(2011年底)

单位：辆

地区	公共汽电车、轨道运营车辆合计	公共汽电车	#天然气燃料车	液化石油气燃料车	无轨电车	轨道交通	地铁	轻轨	有轨电车	出租汽车	轮渡运营船数(艘)
北京	24478	21628	2854		460	2850	2850			66646	
天津	7954	7628	583			326	150	152	24	31940	
石家庄	3699	3699	2400							6826	
太原	2298	2298	41		131					8292	
呼和浩特	1411	1411								5642	
沈阳	5414	5276	183	252		138	138			19640	
大连	5307	5091	149		61	216		144	72	10242	
长春	4721	4473	17			248		219	29	16967	
哈尔滨	5395	5395	2062	555						15435	69
上海	19488	16589	140		224	2899	2885			50438	58
南京	6762	6312	1049			450	450			10195	19
杭州	7543	7543	196		54					10048	58
宁波	3757	3757	264	76						3851	3
合肥	3082	3082	678							8395	
福州	3120	3120	545							5245	5
厦门	3770	3770	404							4825	20
南昌	3300	3300								4345	
青岛	5658	5658	1344							9697	38
济南	4173	4173	1117		140					8357	
郑州	5111	5111			35					10607	
武汉	7597	7465	1019	424	196	132		132		14120	34
长沙	3651	3651	392							6280	
广州	13037	11745		7679	273	1292	1292			18852	24
深圳	16277	15365	580			912	912			14735	
南宁	2698	2698								5140	
海口	1408	1408	583	107						2352	16
重庆	8118	7822	7629			296	84			15004	16
成都	8804	8702	7750			102	102			13270	
贵阳	2561	2561	1417							4401	
昆明	4656	4656	76							7353	
拉萨	325	325								1160	
西安	7746	7662	3005			84	84			12932	
兰州	2549	2549	2533							6995	
西宁	1828	1828	1808							5516	
银川	1255	1255	1255							5006	
乌鲁木齐	3732	3732	3522							9963	

注:轨道交通车辆中包括上海磁悬浮车辆14辆。

6-2-51 省会城市和计划单列市公共交通客运量

单位：万人次

城市	客运总量	公共汽电车	轨道交通	出租汽车	客运轮渡
北京	792152	503272	219280	69600	
天津	157363	114798	7565	35000	
石家庄	80840	58962		21878	
太原	74450	53186		21264	
呼和浩特	42160	34142		8018	
沈阳	179984	118639	7268	54077	
大连	160195	108516	8171	43508	
长春	141222	67392	4495	69335	
哈尔滨	162106	113044		48664	398
上海	603193	281075	210105	110003	2010
南京	167862	103478	34370	28992	1022
杭州	162154	126999		35099	56
宁波	58716	43943		14453	320
合肥	96460	62461		33999	
福州	85849	67263		18557	29
厦门	104932	80238		22194	2500
南昌	77383	59248		18135	
青岛	113460	89614		23055	791
济南	104995	84578		20417	
郑州	130042	99191		30851	
武汉	194300	147295	7737	38152	1116
长沙	104933	75433		29500	
广州	483056	250208	164466	66611	1771
深圳	277321	207320	34464	35537	
南宁	73929	61031		12898	
海口	33112	26253		6804	55
重庆	257225	174930	8332	73855	108
成都	177858	141262	5528	31068	
贵阳	90162	60947		29215	
昆明	108322	86543		21779	
拉萨	13469	6890		6579	
西安	222022	173727	1618	46677	
兰州	90318	68464		21854	
西宁	56950	38572		18378	
银川	38682	19921		18761	
乌鲁木齐	96867	74386		22481	

6-2-52 邮政主要业务量

指 标		2005	2006	2007	2008	2009	2010	2011
邮政业务总量	(亿元)	625.5	730.5	1213.7	1401.8	1639.9	1985.3	1607.7
函件	(万件)	735114.8	713123.2	695034.4	736334.7	753244.8	740141.0	737840.5
国内函件		731112.5	709041.4	690401.3	729734.1	744846.9	731656.6	727362.0
国际及港澳台函件		4002.4	4041.8	4633.1	6600.6	8397.9	8484.4	10478.4
包裹	(万件)	9531.8	9317.5	9103.3	7936.7	7229.6	6642.5	6883.0
国内包裹		9375.1	9158.8	8939.6	7783.1	7084.2	6496.0	6729.9
国际及港澳台包裹		156.7	158.7	163.7	153.6	145.5	146.5	153.1
快递	(万件)	22880.3	26988.0	120189.6	151329.3	185784.8	233892.0	367311.1
国内同城快递		4780.2	5892.7	33312.5	40223.4	43728.3	53605.8	81818.3
国内异地快递		17401.4	20179.2	77157.0	100465.6	130803.6	167324.7	272742.1
国际及港澳台快递		698.8	916.1	9720.1	10640.4	11253.9	12961.4	12750.7
汇票	(万笔)	16052.0	18928.0	22875.2	26404.2	27177.4	28043.2	26474.3
国内汇票		16034.1	18900.5	22827.0	26373.3	27149.6	28032.4	26544.6
国际汇票		17.9	27.5	48.2	30.9	27.8	10.8	29.3
订销报纸累计份数	(万份)	1502669.3	1314762.8	1505639.6	1626004.2	1621040.2	1717080.6	1817050.7
订销杂志累计份数	(万份)	100314.6	53185.7	98104.1	104220.0	102073.1	104756.3	107701.6
报纸期发份数	(万份)	8020.4	7904.1	7219.5	8954.5	7592.7	9598.9	8752.8
杂志期发份数	(万份)	6580.9	6468.6	5811.1	6703.8	6316.8	7559.4	6254.8
集邮邮票	(万枚)	121213.5	104580.9	113656.7	131872.6	110088.5	114622.5	102857.5
集邮品册数	(万册)	2940.8	2689.9	3017.2	4121.9	3748.4	4687.5	6431.9
邮政储蓄平均余额	(亿元)	12123.1	15017.5	16774.6	19260.3	22549.8	26546.4	31546.7
邮政储蓄期末余额	(亿元)	13599.0	16019.6	17217.0	20799.2	24050.1	28471.4	34037.3

注：1.邮政业务总量、快递的统计口径2006年及以前为中国邮政集团，2007年起数据包括邮政企业和年业务收入200万元以上快递企业(下表同)。

2.邮政业务总量2010年及以前按2000年不变价格计算；2011年按2010年不变价格计算，按可比价格比上年增长25.0%。

6-2-53 各地区邮政主要业务量

地 区	邮政业务总量（亿元）	函 件（万件）	包 裹（万件）	快 递（万件）	汇 票（万笔）	订销报纸累计份数（万份）	订销杂志累计份数（万份）	报刊期发数（万份）	集邮邮票（万枚）	邮政储蓄期末余额（亿元）
全 国	**1607.7**	**737840.5**	**6883.0**	**367311.1**	**26474.3**	**1817050.7**	**107701.6**	**15007.7**	**102857.5**	**34036.8**
北 京	130.2	70828.1	614.6	33663.4	1027.7	77549.1	5336.0	725.1	10836.3	986.4
天 津	23.1	11250.4	115.6	5130.6	300.8	22196.5	1318.9	199.2	1801.9	571.0
河 北	48.3	23815.5	400.6	8660.4	589.3	78696.0	4621.5	617.1	2206.2	1519.0
山 西	26.3	6667.1	123.4	2098.5	795.7	51943.4	2701.2	367.3	1518.2	1406.7
内蒙古	13.6	3031.8	107.1	1995.0	678.3	28155.3	1815.5	284.6	1536.9	420.3
辽 宁	38.2	8776.0	235.7	6211.5	1039.6	49430.9	3150.4	554.6	5002.5	1563.7
吉 林	18.4	6579.4	128.5	2647.3	479.1	26060.8	1221.1	187.6	2304.2	755.4
黑龙江	30.1	7772.0	253.4	3066.0	487.5	46371.1	2587.4	446.3	3751.4	1413.6
上 海	148.1	130368.1	529.1	40914.9	888.8	122179.0	4830.6	944.4	3447.2	919.2
江 苏	154.1	93924.9	422.2	38509.0	1963.4	168285.1	8162.3	1198.6	7330.0	2734.2
浙 江	150.9	84740.0	478.4	49660.8	2107.2	146689.8	7352.9	1135.0	5930.7	1550.4
安 徽	36.8	17401.2	148.9	6628.3	341.3	56222.2	5137.1	521.8	952.8	1453.9
福 建	59.3	24543.1	169.0	15764.9	1049.9	67164.0	4007.5	531.9	3995.9	840.3
江 西	28.2	13168.6	126.1	3716.1	429.2	53567.0	2605.4	394.8	4252.5	1100.0
山 东	81.4	46029.2	354.6	18439.0	1106.9	125332.5	5496.5	795.7	8463.3	2268.9
河 南	62.8	32328.2	264.5	8377.9	1422.8	117801.5	5756.4	1062.3	5572.3	2070.8
湖 北	42.9	10541.2	197.4	8282.1	655.5	56060.9	6930.4	600.3	4923.9	1645.1
湖 南	39.5	8758.3	181.3	6342.7	765.0	60748.3	4694.4	671.9	2832.6	1495.9
广 东	270.8	80943.0	681.2	75689.7	5190.2	94307.5	7009.8	797.9	8474.7	2338.1
广 西	21.9	6388.3	125.0	3495.7	308.1	30578.7	3714.9	389.9	984.2	784.9
海 南	7.1	1489.9	42.6	953.5	235.9	14271.4	679.8	98.4	425.5	287.3
重 庆	25.9	6147.5	105.7	4068.3	403.0	29618.1	2254.9	280.6	1000.5	1050.7
四 川	56.5	18801.2	262.5	10216.3	1045.9	84769.2	3766.2	626.4	3913.2	1969.8
贵 州	15.0	5040.6	58.4	1533.9	581.2	32096.9	2958.7	278.9	1345.6	431.6
云 南	16.3	4134.4	133.9	3041.4	461.1	43577.6	2640.8	318.5	2088.9	406.5
西 藏	1.7	237.3	40.4	284.3	140.7	8286.8	316.3	47.0	229.3	33.7
陕 西	28.9	5876.7	199.5	3941.6	595.3	43641.7	2429.9	335.0	2971.1	1081.0
甘 肃	11.1	3678.3	91.9	1135.2	353.1	31435.5	1143.8	201.1	1887.6	289.3
青 海	2.4	442.1	36.7	244.5	150.3	7110.2	330.7	48.5	570.7	87.7
宁 夏	3.6	938.7	30.6	679.0	141.6	6577.9	419.9	50.4	337.5	94.2
新 疆	14.5	3199.6	224.2	1919.6	740.0	36325.7	2310.4	296.4	1942.0	467.3
不分地区									27.9	

6-2-54 邮政邮路

指　　标		2003	2004	2005	2006	2007	2008	2009	2010	2011
邮路总条数	**(条)**	**21075**	**21350**	**20846**	**20757**	**21034**	**21077**	**20838**	**20904**	**21385**
#国际及港澳邮路	(条)	105	111	124	130	143		169	126	151
全国干线邮路	(条)	1235	1248	1258	1274	1315		1514	2035	2462
省内干线邮路	(条)	1261	1317	1424	1442	1449		1779	2424	2250
航空邮路	(条)	1010	1003	1034	1040	1070	1088	1204	1634	1842
铁路邮路	(条)	168	164	164	163	155	168	175	181	200
汽车邮路	(条)	13938	14404	14721	14833	15197	15369	15832	15816	16458
水路邮路	(条)	154	156	137	142	135		115	103	117
其他邮路	(条)	5805	5623	4790	4579	4477		3512	3170	2768
总数中：快速邮路	(条)	626	676	763	711	737		973		
城市投递段道	(条)	44408	45415	47841	49831	52307	55017	57304	53603	53786
农村投递路线	(条)			96363	98046	98822	99962	98759	99610	93661
邮路总长度(单程)	**(公里)**	**3270209**	**3336446**	**3406226**	**3369392**	**3532980**	**3693464**	**4027751**	**4635569**	**5140272**
#国际及港澳邮路	(公里)	425901	454424	500104	474463	557625		706058	518609	484228
全国干线邮路	(公里)	1673451	1661102	1652859	1645944	1673123		1954567	2564072	2917349
省内干线邮路	(公里)	260668	278652	303855	297805	319445		381098	590472	788243
航空邮路	(公里)	1756337	1762990	1813959	1777368	1855335	1908316	2178332	2529232	2718292
铁路邮路	(公里)	191351	195998	200180	204733	211534	236860	248876	269700	309027
汽车邮路	(公里)	1137480	1194578	1229802	1230633	1302915	1385102	1450782	1753027	2017483
水路邮路	(公里)	51456	51404	50394	50732	57561		69132	3695	10529
其他邮路	(公里)	133585	131476	111891	105926	105635		80627	79914	84941
总数中：快速邮路	(单程)	166916	147702	169969	140140	137365		192744		
城市投递段道(单程)	(公里)			941286	985785	1024046	1111749	1324378	1461321	1171464
农村投递路线(单程)	(公里)	3531832	3530508	3565226	3566982	3637553	3656936	3676051	3690561	3632579

6-2-55 分地区邮政邮路

地 区	邮 路 总条数 (条)	#航空邮路	#铁路邮路	#汽车邮路	城市投递段道 (条)	农村投递路线 (条)	邮 路 总长度 (单程) (公里)	#航空邮路	#铁路邮路	#汽车邮路	城市投递段道 (单程) (公里)	农村投递路线 (单程) (公里)
全 国	**21385**	**1842**	**200**	**16458**	**53786**	**93661**	**5140272**	**2718292**	**309027**	**2017483**	**1171464**	**3632579**
北 京	1218	71	19	956	3000	423	376504	227446	35315	85135	47252	17906
天 津	183	34	3	144	739	265	94118	68480	6195	16273	12180	17576
河 北	589	4	2	583	2457	3261	71367	5775	3671	61921	59745	200035
山 西	533	40	6	354	1467	2517	106655	51268	8033	40697	31406	116345
内蒙古	709	34	12	569	1292	1607	110792	46224	5720	56798	36842	112903
辽 宁	589	64	6	495	2375	2753	136099	67744	7774	57749	51417	95574
吉 林	310	28	8	272	905	1632	91456	55131	11594	24703	26981	97283
黑龙江	587	37	16	505	1725	3070	114962	57085	14241	43365	33832	111132
上 海	640	47	10	442	4171	777	259717	195651	19212	43645	59807	26211
江 苏	976	91	4	879	3174	5278	211468	97225	5811	108358	92399	267426
浙 江	1310	123	5	798	2780	4923	260054	160849	9238	80628	74415	184497
安 徽	504		3	481	1737	2794	65219		2292	62490	43521	132819
福 建	768	115	8	576	1730	3340	195662	130913	13416	50566	34808	89999
江 西	585	22	5	541	1207	3208	93086	25952	7119	59710	24276	96330
山 东	921	259	6	651	3588	5270	302217	219856	10491	71689	82097	252438
河 南	868	42	6	779	2892	4468	149659	45831	9275	93487	50364	193183
湖 北	618	116	8	492	2131	3974	191578	128991	10605	51961	58371	179515
湖 南	672	39	2	623	1902	6038	115765	44205	3016	68286	36151	191837
广 东	1157	129	11	969	3862	4496	710690	276967	22675	408749	110601	214587
广 西	904	52	6	754	1216	3955	131334	69280	9002	51757	27255	116945
海 南	148	40		103	354	500	93432	80385		12650	8082	21216
重 庆	507	43	2	277	925	1796	103923	59770	3549	35556	18886	60528
四 川	2076	52	8	927	2242	9977	190342	78336	8737	85439	34710	179834
贵 州	678	26	6	623	769	2144	99155	34120	6413	58062	11916	53806
云 南	1183	55	10	1035	1196	4762	178708	74821	20989	80971	20229	158640
西 藏	62	4	1	57	145	2996	25098	7086	2188	15824	2898	117432
陕 西	752	153	12	521	1374	2757	237536	159234	17890	57723	31498	136369
甘 肃	595	37	5	447	886	2707	104936	55629	6010	39319	16358	112023
青 海	56	11	2	43	275	153	34684	19043	3504	12137	4158	4987
宁 夏	153	22	1	111	137	191	46423	34796	2315	7870	3274	12816
新 疆	534	52	7	451	1133	1629	237636	140199	22737	73967	25735	60387

6-2-56 邮政业营业网点

年份 地区	邮政业营业网点(处)	邮政局所总数(处)				邮政代办点(处)	信筒信箱(个)	邮政储蓄点(处)
			设在农村	电子化支局	邮政支局(处)			
2002	75358	56861	40419	17662	22227	19497	217541	34444
2003	63555	56426	39911	18428	22207	7129	275962	33540
2004	66393	55747	38721	20026	22413	10646	222946	34424
2005	65917	55444	37930	24124	22910	10473	202259	35024
2006	62799	54310	36387	33234	23233	8489	197491	35704
2007	70655	53569	35364	35875	23281	6317	195336	36016
2008	69146	51255	34843	37529	24171	5946	224023	
2009	65672	48687	33303	37419	23489	5443	206597	36869
2010	75739	47446	32624	38674	23997	3770	171043	37439
2011	78667	46850	31865	38612	24857	5201	148206	38117
北京	2447	746	168	689	167	62	6231	531
天津	702	386	123	378	121	1	2561	400
河北	2492	1617	1024	1431	1247	226	4486	1357
山西	1582	1203	678	901	480	84	2747	1169
内蒙古	1662	1480	965	878	737		2368	753
辽宁	2339	1554	900	1507	1117	26	5666	1621
吉林	1500	964	700	756	756		4631	1056
黑龙江	2112	1537	947	1394	997	50	4418	1616
上海	5078	544	177	537	189	145	3482	456
江苏	5551	2494	1806	2385	2210	70	8287	2442
浙江	3755	1636	1095	1431	758	109	15041	1615
安徽	2809	1696	1190	1509	902	548	4554	1683
福建	2067	1289	927	1120	881	59	14352	971
江西	2271	1657	1226	1391	486	44	3672	1409
山东	3891	2851	2013	2815	2671	33	5407	2866
河南	4366	2553	1825	2498	1582	712	4614	2228
湖北	2455	1662	1106	1534	1213	117	3497	1569
湖南	3046	1957	1481	1718	1166	642	4008	2006
广东	6552	3132	1641	2735	1330	46	9667	1923
广西	1972	1469	1136	1187	567	43	7720	943
海南	630	418	305	306	210	1	672	338
重庆	3299	1639	1270	1296	478	1098	2785	1680
四川	5930	4790	4079	2765	1464	388	7314	2972
贵州	1934	1290	950	1190	726	382	2511	858
云南	2293	1765	1303	1213	591	28	2875	818
西藏	240	203	86	138	89		362	69
陕西	1974	1415	933	1070	608	51	3896	1231
甘肃	1515	1190	833	689	367	116	7097	562
青海	192	180	55	139	75	1	349	167
宁夏	455	301	173	188	33	68	634	193
新疆	1556	1232	750	824	639	51	2302	615

注：营业网点1998年及以前为邮电局所，1999-2006年为邮政局所，统计口径从2002年起为邮政局所和邮政代办点，2007年邮政业营业网点数据包括邮政企业和年业务收入200万元以上快递企业。

6-2-57 邮政通信服务水平

指　　标		2003	2004	2005	2006	2007	2008	2009	2010	2011
已通邮的行政村	(个)	672147	665892	645939	638096	623507	614592	614729	606922	599228
开办邮政储蓄业务的乡(镇)	(个)	21519	20985	20850	20244	21053	20513	18871	18139	18018
城区每日平均投递次数	(次)	2.1	2.2	2.1	2.1	2.1	2.1	2.0	2.1	2.1
农村每周平均投递次数	(次)	5.0	5.1	5.0	4.9	4.9	5.0	5.0	4.9	5.0
城区局内信箱(筒)每日开箱次数	(次)	2.1	2.2	2.2	2.2	2.2	2.1	2.1	2.1	1.9
城区局外信箱(筒)每日开箱次数	(次)	1.4	1.6	1.5	1.5	1.5	1.5	1.5	1.4	1.4
邮政储蓄市场占有率	(%)	8.7	9.0	9.6	9.9	10.0	9.6	9.2	9.4	9.9
平均每一营业网点服务面积	(平方公里)	151.1	142.4	145.6	152.9	135.9	138.8	146.2	126.8	122.0
平均每一营业网点服务人口	(万人)	2.0	1.9	2.0	2.1	1.9	1.9	2.0	1.8	1.7
平均每人每年发函件数	(件)	8.1	6.4	5.7	5.5	5.3	5.6	5.7	5.5	5.5
平均每百人每年订报刊数	(份)	13.0	11.4	11.2	11.2	9.9	11.9	10.4	12.8	11.1

6-2-58 各地区邮政通信服务水平

地 区	平均每一营业网点服务人口（万人）	城区每日平均投递次数（次）	农村每周平均投递次数（次）	邮政储蓄市场占有率（%）
全 国	**1.7**	**2.1**	**5.0**	**9.9**
北 京	0.8	3.0	7.0	5.2
天 津	1.9	2.7	6.8	9.3
河 北	2.9	2.0	6.0	8.5
山 西	2.3	2.0	5.0	13.5
内蒙古	1.5	2.0	3.0	7.8
辽 宁	1.9	2.3	4.6	10.2
吉 林	1.8	2.0	4.0	13.0
黑龙江	1.8	1.0	4.0	17.4
上 海	0.5	3.0	7.0	5.3
江 苏	1.4	2.3	6.0	10.6
浙 江	1.5	2.0	5.1	6.6
安 徽	2.1	2.0	6.0	15.8
福 建	1.8	1.7	6.0	9.3
江 西	2.0	1.9	4.6	15.4
山 东	2.5	2.0	6.0	10.2
河 南	2.2	1.9	5.5	14.1
湖 北	2.3	2.0	6.0	14.6
湖 南	2.2	1.9	3.8	14.1
广 东	1.6	2.2	8.0	5.8
广 西	2.4	2.0	5.0	11.8
海 南	1.4	2.0	6.0	15.3
重 庆	0.9	2.0	6.0	15.0
四 川	1.4	2.4	4.1	12.2
贵 州	1.8	2.0	3.0	11.0
云 南	2.0	2.0	3.0	6.1
西 藏	1.3	2.0	1.0	10.6
陕 西	1.9	2.0	5.0	11.8
甘 肃	1.7	2.0	5.0	6.8
青 海	3.0	2.0	3.0	8.4
宁 夏	1.4	3.0	6.0	7.0
新 疆	1.4	1.0	4.0	10.6

【主要统计指标解释】

铁路营业里程 又称营业长度（包括正式营业里程和临时营业里程），指办理客货运输业务的铁路正线总长度。凡是全线或部分建成双线及以上的线路，以第一线的实际长度计算；复线、站线、段管线、岔线和特殊用途线以及不计算运费的联络线都不计算营业里程。

电气化铁路里程 指在全部铁路营业里程中已安装了供电线路及设备，可以供电力机车牵引列车运行的区段的总里程。

铁路自动、半自动闭塞里程 为保证列车安全运行，在一个区间、同一时间内，一般只允许一列列车运行，这种保证列车在这个区间安全间隔运行的技术方法称为“闭塞”。自动或半自动闭塞里程是指装有列车自动或人工完成闭塞状态的铁路设备里程。

公路里程 指报告期末公路的实际长度。统计范围：包括城间、城乡间、乡（村）间能行驶汽车的公共道路，公路通过城镇街道的里程，公路桥梁长度、隧道长度、渡口宽度。不包括城市街道里程，断头路里程，农（林）业生产用道路里程，工（矿）企业等内部道路里程。统计原则：按已竣工验收或交付使用的实际里程计算；两条或多条公路共同经由同一路段的重复里程，只计算一次。

内河航道里程 指报告期末在江河、湖泊、水库、渠道和运河水域内，船舶、排筏在不同水位期可以通航的实际航道里程数。内河航道里程按主航道中心线实际长度计算。两省以河为界的航道里程，双方均按一半计算。

定期航班航线里程 指定期航班营运里程的总长度，以万公里为计算单位。航线里程的统计分为按重复距离计算和按不重复距离计算两种形式。“按重复距离计算”是指不同航线的相同航段距离可以重复累加；“按不重复距离计算”则不同航线相同航段只统计一次。

输油（气）管道长度 也称输油（气）里程，指油品（或天然气）的实际输送距离，一般按输油（气）管道的单线长度计算。若包括复线和备用线长度则称为输油（气）管道延展长度，是指管道铺设的实际长度。通常使用的是不包括复线的“输油（气）管道里程”。

货（客）运量 指在一定时期内，各种运输工具实际运送的货物（旅客）数量。货运按吨计算，客运按人计算。货物不论运输距离长短、货物类别，均按实际重量统计。旅客不论行程远近或票价多少，均按一人一次客运量统计；半价票、小孩票也按一人统计。

货物（旅客）周转量 指在一定时期内，由各种运输工具运送的货物（旅客）数量与其相应运输距离的乘积之总和。计算货物（旅客）周转量通常按发出站与到达站之间的最短距离，也就是计费距离计算。计算公式：货物（旅客）周转量＝Σ（货物（旅客）运输量×运输距离）。

货（客）运密度 指报告期内某种运输方式在营运线路的某一区段平均每公里线路通过的货物（旅客）运输周转量。计算公式：货（客）运密度＝货物（旅客）周转量/营业线路长度。

旅客运输平均运距 指报告期内平均每一位旅客的旅行距离。计算公式：旅客运输平均运距＝旅客周转量/客运量。

货物运输平均运距 指报告期内平均每一吨货物的运输距离。计算公式：货物运输平均运距＝货物周转量/货运量。

铁路货车平均静载重 指铁路货车在始发站静止状态下平均每车装载的货物重量，用以分析货车完成装车时车辆载重力的利用情况。计算公式：货车平均静载量＝货物发送吨数/装车数。

静载重的多少取决于运送货物的性质、种类、车辆的类型和装载技术的高低。根据货车的平均标记载重与静载重进行对比，可以反映货车载重能力的利用程度。计算公式：货车载重力利用率（%）＝货车平均静载重/货车平均标记载重×100%。

铁路货运机车日产量 指在一定时期内，平均每台货运机车在一昼夜内所完成的总重吨公里数，包括载运货物的重量和车辆本身的自重。该指标从时间和牵引能力两方面反映了机车运用效率。计算公式：货运机车平均日产量＝货运总重吨公里数/货运机车台日数。

民用汽车拥有量 指报告期末，在公安交通管理部门按照《机动车注册登记工作规范》，已注册登记领有民用车辆牌照的全部汽车数量。汽车拥有量统计的主要分类：根据汽车结构分为载客汽车、载货汽车及其他汽车；根据汽车所有者不同分为个人（私人）汽车、单位汽车；根据汽车的使用性质分为营运汽车、非营运汽车；根据汽车大小规格不同，载客汽车分为大型、中型、小型和微型，载货汽车分为重型、中型、轻型和微型。

机动船 又称自航船，指装有各种发动机推进装置，以机械动力行驶的船舶。

驳船 指本身无动力装置，或只设简易动力装置，依靠拖船或推船带动的平底船。

拖船 指专门拖带其它船舶、船队、木排的船舶。

船舶净载重量 指报告期末所拥有船舶的总载重量减去燃（物）料、淡水、粮食及供应品、人员及其行李等的重量及船舶常数后，能够装载货物的实际重量。

沿海港口 指位于海沿岸，具有一定设施和条件，供船舶停靠、旅客上下、货物装卸、生活物料供应等作业的港口。

内河港口 指位于江、河、湖沿岸，具有一定设施和条件，供船舶停靠、旅客上下、货物装卸、生活物料供应等作业的港口。

港口货物吞吐量 指经由水路进出港区范围，并经过装卸的货物数量。按货物流向分为进港吞吐量和出港吞吐量；按货物贸易性质分为内贸货物吞吐量和外贸货物吞吐量；按货物的类别分，可根据现行的交通行业标准《运输货物分类和代码》分类。

定期航班航线条数 指定期航班营运的航线条数。按国内航线（其中：港澳航线）、国际航线分类统计。

国际航线 指航线中任一航段的起讫点（技术经停点除外）在外国领土上的航线。

国内航线 指航线中各航段的起讫点（技术经停点除外）都在国内的航线。

地区航线 指航线中任一航段的起讫点在香港、澳门或台湾的航线（经香港、澳门、台湾飞往外国的航线统计为国际航线）。

飞机架数 指报告期末实有在册飞机数量，包括停场待修、在厂检修的飞机和租借飞机。

运输飞机 从事公共航空运输的民用飞机。分为大中型飞机和小型飞机，大中型飞机指100座及以上的运输飞机，小型飞机指100座以下的运输飞机。

正班平均载运率 指报告期内正班飞行所完成的运输总周转量与可提供周转量之比。

城市公共交通 指城市中供公众乘用的、经济方便的各种交通方式的总称。包括公共汽车、电车、轨道交通（地铁、轻轨、有轨电车、磁悬浮、索道、缆车等）、出租汽车、公共轮渡等客运交通设施。

运营线路网长度 指公共交通线路所通过的运营线路净长度。计算公式：运营线路网长度=运营线路总长度－Σ重复的线路长度

运营线路总长度 指全部运营线路长度之和。计算公式：运营线路长度＝Σ各条运营线路长度＝Σ〔1/2（上行起点至终点里程＋下行起点至终点里程＋上下行终点掉头里程〕。

单向行驶的环行线路长度等于起点至终点里程与终点下客站至起点里程之和的一半，不包括折返、试车、联络线等非运营线路。

公交专用车道 指为了调整公共交通车辆与其他社会车辆的路权使用分配关系，提高公共交通车辆运营速度和道路资源利用率，而科学、合理设置的公共交通优先车道、专用车道（路）、路口专用线（道）、专用街道、单向优先专用线（道）等。

运营车数 指城市中用于公共交通运营业务的全部车辆数。地铁和轻轨在统计时一自然节为一辆。出租汽车指已经领取出租汽车专用牌照的运营车辆，包括技术完好的、在修的、长期行驶的以及拟报废尚未经上级机关批准的车辆。

轮渡运营船数 指用于城市客渡运营业务的全部船舶数。不含旅游客轮（长途旅游、市内供游人游览江、河、湖泊的船只）。

城市公共交通客运总量 指报告期内城市公共交通各种运输方式运送乘客的总人次。

邮政业务总量 指以货币形式表示的邮政行业企业为社会提供各类邮政服务或其他服务的总数量，是用于观察邮政业务发展变化总趋势的综合性总量指标。邮政业务总量是以各类业务的实物量分别乘以相应的不变单价，求出各类业务的货币量加总求得。

营业网点 指拥有固定地址、直接对外营业，可收寄邮件和快件的营业场所和服务机构数量。

邮政局所 指经邮政部门审批许可，有固定的局所地址、领有上级发给的日戳或戳记，直接对外营业，至少办理出售邮票和收寄挂号信函两种业务的服务机构。按级别可分为邮政支局、自办邮政所、代办邮政所和其他局所。

邮路 指各邮政局所之间，邮政局所与车站、码头、机场、转运站、邮件处理中心、报刊社之间，邮区中心局与邮政局所及各邮区中心局之间由自办或委办人员按固定班期规定路线交换邮件（包括机要文件，下同）、报刊的路线。包括农村地区运邮兼投递的路线，不包括城市、农村地区纯投递路线。按运输方式可分为航空邮路、铁路邮路、汽车邮路、水路邮路和其他邮路等。

农村投递路线 指农村邮政支局所自编或委办人员按固定班期、规定路线至农村乡（镇）、行政村等收件单位投递邮件、报刊所走的路线。

营业网点服务面积 指报告期行政区域平均每一营业网点服务的面积。计算公式：

$$\text{每一营业网点服务面积}=\frac{\text{行政区域土地面积（平方公里）}}{\text{营业网点总数（处）}}$$

营业网点服务人口 指报告期行政区域平均每一营业网点服务的人口数。计算公式：

$$\text{每一营业网点服务人口}=\frac{\text{行政区域总人口数（万人）}}{\text{营业网点总数（处）}}$$

6 第三产业部分行业主要业务指标

6-3　住宿和餐饮业

简要说明

一、主要内容

住宿和餐饮业企业经营情况。

二、统计范围

限额以上住宿和餐饮业企业。

三、调查方法

对限额以上住宿和餐饮业企业采用全面调查方法。

四、限额标准

住宿业企业：年主营业务收入200万元及以上。

餐饮业企业：年主营业务收入200万元及以上。

五、资料来源

本部分资料是国家统计局贸易外经统计司根据《住宿和餐饮业统计报表制度》搜集的资料进行加工整理而得。

6-3-1 限额以上住宿和餐饮业企业经营情况

单位：万元

项 目	营业额	#客房收入	#餐费收入
总 计	**70709417**	**17378437**	**47557566**
一、住宿业	**32618930**	**15353203**	**13219823**
#国有控股	9861027	4390876	3948035
(一)按登记注册类型分			
内资企业	**27067339**	**12700074**	**11134757**
国有企业	6082458	2693910	2512857
集体企业	793890	341351	343346
股份合作企业	221330	105901	85545
联营企业	131615	61425	52784
国有联营企业	60376	30776	21504
集体联营企业	22019	10736	10164
国有与集体联营企业	25428	8722	10693
其他联营企业	23793	11190	10423
有限责任公司	9411406	4465569	3840406
国有独资公司	380021	174750	151565
其他有限责任公司	9031386	4290819	3688841
股份有限公司	1267296	561661	502653
私营企业	8187516	3993212	3403047
私营独资企业	1446489	710595	601036
私营合伙企业	346040	179594	137744
私营有限责任公司	5874258	2857612	2439754
私营股份有限公司	520730	245411	224514
其他企业	971827	477047	394121
港、澳、台商投资企业	**3200515**	**1507781**	**1206953**
合资经营企业	1655286	807376	619711
合作经营企业	453351	197161	172824
独资经营企业	996047	454150	377636
投资股份有限公司	89259	45571	34152
其他投资企业	6572	3523	2630
外商投资企业	**2351076**	**1145349**	**878113**
中外合资经营企业	1100901	522441	392565
中外合作经营企业	358547	168406	150294
外资企业	834497	432279	311875
外商投资股份有限公司	45746	19131	16257
其他外商投资企业	11385	3092	7122
(二)按国民经济行业分			
旅游饭店	27520492	12356093	11642867
一般旅馆	4523871	2686026	1385088
其他住宿服务	574567	311084	191867

6-3-1 续表 单位：万元

项目	营业额	#客房收入	#餐费收入
二、餐饮业	**38090487**	**2025234**	**34337743**
#国有控股	2017022	266160	1512386
(一)按登记注册类型分			
内资企业	**28150753**	**1925717**	**24664623**
国有企业	982252	207481	683758
集体企业	351337	43061	278233
股份合作企业	296093	21955	245415
联营企业	48962	1317	38483
国有联营企业	2745	464	2133
集体联营企业	31035	15	22146
国有与集体联营企业	2151	84	2019
其他联营企业	13032	754	12185
有限责任公司	6726728	546050	5693158
国有独资公司	107456	5172	69146
其他有限责任公司	6619272	540878	5624012
股份有限公司	1177840	83449	990901
私营企业	17241862	911455	15586248
私营独资企业	3898726	216922	3478524
私营合伙企业	680513	46015	603366
私营有限责任公司	11768513	602300	10706773
私营股份有限公司	894110	46218	797585
其他企业	1325679	110949	1148427
港、澳、台商投资企业	**3038182**	**55931**	**2890449**
合资经营企业	834434	21004	781004
合作经营企业	175347	2223	159672
独资经营企业	1920710	31202	1846399
投资股份有限公司	106296	1502	102172
其他投资企业	1396		1202
外商投资企业	**6901552**	**43586**	**6782671**
中外合资经营企业	1786135	31652	1727820
中外合作经营企业	136510	2027	119834
外资企业	4913761	9230	4874470
外商投资股份有限公司	48829	386	44608
其他外商投资企业	16317	292	15939
(二)按国民经济行业分			
正餐服务	28961830	1976324	25427559
快餐服务	7476175	9465	7400405
饮料及冷饮服务	399531	987	369863
其他餐饮服务	1252951	38459	1139916

6-3-2 各地区限额以上住宿和餐饮业企业经营情况

单位：万元

地 区	合 计			住宿业			餐饮业		
	营业额	#客房收入	#餐费收入	营业额	#客房收入	#餐费收入	营业额	#客房收入	#餐费收入
全 国	**70709417**	**17378437**	**47557566**	**32618930**	**15353203**	**13219823**	**38090487**	**2025234**	**34337743**
北 京	8305076	1756278	5660592	3500274	1712774	1074761	4804801	43504	4585830
天 津	1297550	212526	1001961	379265	185726	139850	918284	26801	862110
河 北	1274166	381573	792392	814925	327708	406733	459241	53865	385659
山 西	1452610	411543	938940	642686	289585	286840	809923	121958	652100
内蒙古	1000341	303010	639978	473076	220790	211702	527265	82221	428276
辽 宁	2339446	549433	1654836	1043796	516925	416455	1295650	32508	1238381
吉 林	493507	172163	281804	301309	138169	135442	192199	33994	146361
黑龙江	584646	200437	327451	322574	185192	112760	262072	15246	214692
上 海	5655318	1052413	4239707	1953069	999058	671144	3702249	53355	3568563
江 苏	5111290	1042234	3714447	2137657	833252	1050328	2973632	208982	2664118
浙 江	5576709	1368350	3828499	2918609	1204884	1438997	2658100	163466	2389502
安 徽	1394655	363076	893889	672410	295704	311581	722246	67372	582308
福 建	2379476	569217	1619276	1203277	505099	558527	1176200	64118	1060749
江 西	808174	282561	448225	487880	253817	186906	320294	28745	261320
山 东	5043759	1092962	3472793	1881603	831174	848122	3162156	261788	2624671
河 南	2546139	707708	1620198	1222777	609005	469726	1323362	98703	1150472
湖 北	2174409	547501	1479674	864139	450559	321280	1310269	96942	1158395
湖 南	2125854	669296	1287032	1274594	592436	558962	851260	76860	728070
广 东	9684410	2237370	6627338	4519863	2071403	1800722	5164547	165966	4826616
广 西	848208	291897	484193	570092	274393	232717	278116	17504	251476
海 南	1086819	600988	396904	954988	597389	279173	131831	3599	117730
重 庆	1825091	339128	1344744	609106	271245	256938	1215986	67883	1087806
四 川	2947853	736811	1975495	1271691	665313	451990	1676162	71498	1523505
贵 州	429522	168530	229297	275464	157576	95786	154059	10954	133511
云 南	968984	358667	504838	637187	349957	202767	331796	8710	302072
西 藏	55367	27860	20157	47997	27860	12787	7370		7370
陕 西	2050165	521875	1341143	896332	421704	393472	1153833	100170	947671
甘 肃	475084	144601	302943	237729	126387	89525	237355	18214	213418
青 海	99396	43220	49604	64574	38896	20140	34822	4324	29464
宁 夏	196467	52744	123877	71846	35570	27133	124621	17175	96744
新 疆	478929	172467	255340	368142	163655	156557	110787	8811	98783

【主要统计指标解释】

营业额 指住宿和餐饮业法人企业（单位）在经营活动中因提供服务或销售商品等取得的全部收入，包括客房收入、餐费收入、商品销售额（含增值税）和其他收入。

客房收入 指住宿和餐饮业法人企业（单位）在经营活动中因提供住宿服务取得的收入。

餐费收入 指住宿和餐饮业法人企业（单位）因为顾客提供就餐服务取得的收入，包括经烹饪、调制加工后出售的各种食品，如主食、炒菜、凉拌菜等的收入。

6 第三产业部分行业主要业务指标

6-4 信息传输、软件和信息技术服务业

简要说明

一、主要内容

电信资料主要包括：电信主要电路及设备拥有量、电信主要业务量、电信主要通信能力、电信通信服务水平等。

二、统计范围

包括从事电信运营的中国电信、中国移动、中国联通三家基础电信企业，不含专用网业务资料。业务范围分为国内业务量和国际及港澳业务量（对台业务量统计在港澳中）。

三、资料来源

本篇资料由国家统计局服务业统计司负责整理、编辑。资料来源于工业和信息化部。

6-4-1 电信主要业务量

指 标		2003	2004	2005	2006	2007	2008	2009	2010	2011
电信业务总量	(亿元)	6478.8	9148.0	11403.0	14595.4	18591.3	22247.7	25553.6	29993.2	11725.8
固定电话用户合计	(万户)	26274.7	31175.6	35044.5	36778.6	36563.7	34035.9	31373.2	29434.2	28509.8
#无线市话用户		3729.1	6487.4	8530.0	9062.9	8456.2	6893.1	4599.4	2863.2	1785.2
公用电话用户		1561.4	2215.0	2681.2	2960.7	2991.9	2771.5	2708.8	2595.9	2468.3
城市电话用户		17109.7	21025.1	23975.3	25132.9	24859.8	23155.9	21190.0	19658.1	19121.7
#住宅电话用户		12533.9	15246.5	17201.2	17697.6	16988.2	15588.3	12969.5	11973.4	11411.6
农村电话用户		9165.0	10150.5	11069.2	11645.6	11704.0	10880.0	10183.2	9776.1	9388.1
#住宅电话用户		8389.7	9240.5	10023.9	10561.5	10533.1	9612.2	8813.3	8325.0	7861.2
移动电话用户合计	(万户)	26995.3	33482.4	39340.6	46105.8	54730.6	64124.5	74721.4	85900.3	98625.3
#3G移动电话用户								1232.2	4705.1	12842.4
互联网拨号用户	(万户)	5653.1	5122.3	3559.5	2644.6	1941.0	1227.8	754.4	590.1	550.7
互联网宽带接入用户	(万户)	1114.7	2487.5	3735.0	5085.3	6641.4	8287.9	10397.8	12629.1	15000.1
#xDSL用户			1720.3	2654.0	3709.8	5221.3	6701.7	8378.2	10071.6	11467.7
固定本地电话通话量	(亿次)	6988.4	7225.7	7399.8	7008.0	6771.4	6185.9	5401.8	4369.1	3581.7
本地网内区间电话通话量		597.4	770.3	829.1	775.9	790.6	746.4	666.3	569.1	486.3
本地网内区内电话通话量		5296.9	5893.7	6222.4	6014.0	5796.8	5324.3	4646.6	3752.8	3071.0
本地网内拨号上网通话量		1094.1	561.7	348.3	218.2	184.1	115.2	88.9	47.1	24.5
固定长途电话通话时长合计	(亿分钟)	587.5	741.6	894.2	1742.6	1756.7	1655.8	1314.6	1068.9	856.9
移动电话通话时长合计	(亿分钟)	6308.9	9454.7	12507.4	16870.7	23061.3	29355.6	35351.0	43261.2	50472.6
#去话通话时长						11224.6	14378.5	17070.3	21129.0	25056.0
IP电话通话时长合计	(亿分钟)	834.2	1149.0	1340.2	1492.2	1494.9	1399.3	1164.8	988.8	855.9
IP电话国内长途通话时长		814.6	1127.7	1314.4	1469.5	1473.8	1380.6	1150.3	978.3	845.9
IP电话国际通话时长		8.5	10.3	14.1	12.2	12.1	11.4	8.8	6.6	6.2
IP电话港澳台通话时长		11.1	11.0	11.6	10.5	8.9	7.4	5.7	3.9	3.8
移动短信业务量	(亿条)	1386.3	2170.5	3046.3	4295.4	5945.8	6996.9	7726.5	8277.5	8790.0
卫星移动通信系统用户	(户)	3355	3661	6403	8310	10876	11395	11633	14663	16362
卫星移动电话通话时长	(万分钟)	39.0	36.2	149.4	278.3	425.8	621.7	778.0	953.0	1733.4

注：1.电信业务总量2010年及以前按2000年不变价格计算；2011年按2010年不变价格计算，按可比价格比上年增长15.2%。
2.固定长途电话通话时长合计2005年及以前不含固定IP电话通话时长。

6-4-2 各地区电信主要业务量

单位：万户

地　区	电信业务总量(亿元)	固定电话用户	城市电话用户	#住宅电话	农村电话用户	#住宅电话	移动电话用户
全　国	**11725.8**	**28509.8**	**19121.7**	**11411.6**	**9388.1**	**7861.2**	**98625.3**
北　京	436.3	883.9	700.7	421.6	183.2	146.5	2576.0
天　津	153.2	333.9	329.7	225.8	4.1	0.6	1235.6
河　北	491.3	1242.7	814.2	460.7	428.6	403.7	5094.5
山　西	279.3	682.2	468.0	329.4	214.3	187.7	2446.9
内蒙古	231.5	379.5	318.9	188.7	60.6	48.8	2316.2
辽　宁	434.4	1352.1	934.9	722.7	417.2	398.2	3836.5
吉　林	220.3	579.3	434.0	294.7	145.3	134.5	2004.1
黑龙江	277.7	793.5	608.0	448.3	185.4	170.1	2376.6
上　海	415.3	926.4	915.4	560.8	11.1		2620.6
江　苏	832.5	2370.9	1392.5	807.7	978.4	802.1	6684.8
浙　江	750.4	1947.9	1168.2	556.0	779.7	565.1	5756.0
安　徽	332.3	1243.9	661.5	408.0	582.5	522.0	3259.4
福　建	451.5	1015.0	623.6	326.9	391.4	310.5	3553.2
江　西	251.0	673.9	421.9	230.9	252.0	214.5	2322.1
山　东	727.7	1896.6	1088.0	658.7	808.6	715.8	7118.1
河　南	540.9	1341.4	845.4	608.0	495.9	413.5	5062.0
湖　北	388.9	1020.3	681.3	384.1	338.9	293.1	3953.7
湖　南	400.5	1011.6	666.7	378.6	344.9	283.4	3749.1
广　东	1617.2	3147.1	2206.1	1162.3	941.0	690.2	10792.8
广　西	304.7	650.9	399.6	213.5	251.3	222.3	2532.7
海　南	86.7	175.0	122.7	66.4	52.2	40.3	671.6
重　庆	218.0	571.3	384.5	259.2	186.7	168.0	1801.2
四　川	550.3	1382.9	922.8	559.6	460.0	403.1	4817.9
贵　州	204.4	404.0	254.9	155.1	149.1	130.8	2044.3
云　南	307.8	540.1	361.4	197.9	178.7	137.9	2589.5
西　藏	23.9	40.5	39.0	21.4	1.6	0.7	196.4
陕　西	319.7	775.5	531.1	284.9	244.4	207.9	2907.2
甘　肃	161.1	396.4	269.9	145.9	126.5	104.9	1614.7
青　海	45.9	104.2	84.6	50.1	19.6	17.2	463.5
宁　夏	54.0	108.5	81.3	46.8	27.1	22.8	520.5
新　疆	217.4	518.3	390.8	236.8	127.5	104.9	1670.9
不分地区							36.7

6-4-2 续表

地 区	互联网宽带接入用户(万户)	固定本地电话通话量(亿次)	固定长途电话通话时长(亿分钟)	移动电话通话时长(亿分钟)	IP电话通话时长(亿分钟)	移动短信业务量(亿条)
全 国	**15000.1**	**3581.7**	**856.9**	**50472.6**	**855.9**	**8790.0**
北 京	510.8	173.8	49.6	1380.3	59.1	410.1
天 津	186.7	56.8	7.8	629.4	17.6	130.2
河 北	824.5	147.2	24.6	2350.1	4.6	319.4
山 西	416.1	73.8	10.7	1262.5	3.1	249.7
内蒙古	231.0	39.9	7.6	1203.0	4.6	177.6
辽 宁	655.1	170.1	27.4	1857.5	16.3	260.1
吉 林	307.4	65.8	9.4	1128.4	3.2	177.9
黑龙江	385.4	92.6	13.7	1373.4	7.4	179.8
上 海	493.5	207.9	56.7	1205.2	132.3	316.5
江 苏	1171.0	222.0	53.9	3183.9	15.4	689.7
浙 江	1019.7	178.5	44.3	2984.2	13.3	734.5
安 徽	432.6	122.9	22.1	1343.8	33.8	288.4
福 建	605.2	120.2	25.0	1925.6	16.2	357.9
江 西	313.0	67.0	14.0	1153.0	6.0	167.4
山 东	1154.1	197.9	32.4	3249.4	31.9	460.3
河 南	784.5	249.4	28.1	2526.7	5.9	327.9
湖 北	580.1	90.5	28.2	1555.5	30.3	293.0
湖 南	483.1	123.4	21.6	1868.0	25.5	321.7
广 东	1643.9	485.8	227.9	6395.4	208.7	992.2
广 西	414.8	116.1	20.8	1318.1	4.9	200.8
海 南	80.4	22.9	5.5	446.8	3.4	55.1
重 庆	319.9	70.0	7.7	1069.8	23.1	142.8
四 川	668.4	142.1	30.0	2570.8	59.7	430.9
贵 州	204.8	30.9	11.1	1107.6	8.3	129.3
云 南	298.0	56.8	15.6	1463.7	24.4	310.9
西 藏	12.8	6.0	2.5	104.6	1.3	15.6
陕 西	369.8	86.7	17.8	1490.3	39.2	263.4
甘 肃	133.6	44.9	9.4	777.4	2.8	204.4
青 海	41.6	12.3	5.1	203.9	1.7	33.2
宁 夏	52.2	11.5	3.0	257.2	1.5	49.5
新 疆	206.1	96.2	23.6	1087.2	50.2	99.8

6-4-3 各地区固定电话用户情况

单位：万户

地 区	2003	2004	2005	2006	2007	2008	2009	2010	2011
全 国	**26274.7**	**31175.6**	**35044.5**	**36778.6**	**36563.7**	**34035.9**	**31373.2**	**29434.2**	**28509.8**
北 京	683.7	847.5	943.7	905.2	914.6	884.9	893.1	885.6	883.9
天 津	360.1	407.0	428.9	424.8	398.0	396.6	385.3	366.8	333.9
河 北	1339.0	1554.9	1581.6	1600.6	1526.7	1457.5	1343.9	1251.4	1242.7
山 西	674.3	770.9	873.2	853.6	823.1	803.0	758.8	720.7	682.2
内蒙古	427.7	492.2	525.5	519.6	503.2	462.5	441.6	414.1	379.5
辽 宁	1278.7	1470.1	1626.6	1647.2	1667.1	1604.3	1529.1	1428.0	1352.1
吉 林	594.6	655.6	756.0	718.7	729.8	621.7	581.3	595.2	579.3
黑龙江	874.4	1082.6	1056.5	1051.3	1081.2	1028.0	870.2	813.5	793.5
上 海	733.9	868.2	996.7	1112.3	1022.0	1015.4	935.5	931.8	926.4
江 苏	2043.9	2582.4	3059.1	3224.9	3224.1	2968.3	2662.4	2498.8	2370.9
浙 江	1656.5	1974.8	2231.7	2390.8	2407.9	2297.6	2130.9	1985.5	1947.9
安 徽	997.9	1191.6	1349.5	1501.4	1496.2	1379.9	1267.3	1231.0	1243.9
福 建	1122.7	1264.7	1398.5	1474.5	1482.5	1431.0	1244.8	1045.7	1015.0
江 西	630.3	693.4	829.3	880.6	885.2	846.9	748.5	709.6	673.9
山 东	2088.8	2464.1	2637.9	2544.1	2493.9	2421.1	2217.3	1992.2	1896.6
河 南	1362.6	1583.9	1796.3	1945.4	1854.6	1562.4	1460.6	1426.8	1341.4
湖 北	889.8	1072.9	1236.4	1325.0	1280.2	1171.8	1088.3	1026.4	1020.3
湖 南	941.9	1085.3	1227.8	1341.3	1321.7	1257.3	1166.9	1077.0	1011.6
广 东	2567.0	2954.9	3442.5	3633.5	3750.2	3573.3	3366.7	3169.1	3147.1
广 西	638.5	810.9	869.5	916.3	891.0	848.4	787.6	708.9	650.9
海 南	162.8	197.3	230.3	249.0	240.1	224.7	182.8	179.8	175.0
重 庆	533.4	642.4	688.9	725.5	722.5	678.9	627.7	582.7	571.3
四 川	1128.2	1369.9	1577.4	1711.3	1755.1	1660.4	1551.2	1419.1	1382.9
贵 州	332.4	387.6	466.5	493.9	521.2	499.6	451.1	431.2	404.0
云 南	483.2	547.4	597.8	644.2	628.7	616.3	583.1	562.5	540.1
西 藏	27.4	37.7	52.0	67.8	67.3	70.7	53.9	43.9	40.5
陕 西	671.9	791.9	859.3	914.5	925.7	881.2	815.0	781.9	775.5
甘 肃	399.8	477.3	548.0	607.4	585.3	519.0	453.9	411.9	396.4
青 海	76.4	94.4	113.5	125.4	123.1	119.4	109.3	103.2	104.2
宁 夏	100.3	119.6	138.9	143.9	140.3	121.5	114.5	111.9	108.5
新 疆	412.0	495.2	592.7	688.0	678.1	612.2	550.5	528.0	518.3
不分地区	40.6	187.2	312.2	396.6	423.2				

6-4-4 各地区移动电话用户情况

单位：万户

地 区	2003	2004	2005	2006	2007	2008	2009	2010	2011
全 国	**26995.3**	**33482.4**	**39340.6**	**46105.8**	**54730.6**	**64124.5**	**74721.4**	**85900.3**	**98625.3**
北 京	1108.9	1340.7	1459.4	1571.0	1598.3	1616.3	1825.5	2129.8	2576.0
天 津	383.4	423.6	502.6	601.2	738.3	865.0	992.5	1089.8	1235.6
河 北	1253.2	1512.9	1785.5	2251.0	2814.8	3214.1	3783.2	4353.6	5094.5
山 西	600.9	753.8	906.2	989.6	1420.4	1698.5	1952.3	2205.2	2446.9
内蒙古	479.1	594.6	712.3	874.1	1046.9	1344.4	1616.0	2034.0	2316.2
辽 宁	1080.3	1194.4	1358.2	1611.0	1958.9	2421.5	2882.1	3341.8	3836.5
吉 林	633.2	763.8	915.7	1137.8	1311.1	1362.9	1574.2	1805.4	2004.1
黑龙江	856.5	1017.1	1132.3	1266.6	1449.2	1646.3	1865.9	2072.0	2376.6
上 海	1098.6	1311.3	1444.2	1609.5	1776.5	1880.9	2113.2	2361.6	2620.6
江 苏	1926.3	2232.9	2550.0	2873.0	3313.2	3957.0	4940.3	5923.1	6684.8
浙 江	1955.2	2322.5	2686.3	3012.3	3529.2	3976.7	4456.3	5047.4	5756.0
安 徽	697.9	873.4	1046.9	1216.7	1410.0	1715.1	2154.6	2798.7	3259.4
福 建	946.5	1138.1	1302.3	1538.9	1808.7	2368.1	2639.1	3021.8	3553.2
江 西	532.1	671.3	798.4	933.3	1182.4	1277.3	1548.0	1811.3	2322.1
山 东	1510.2	1909.4	2347.3	2916.0	3738.1	4627.9	5334.5	6190.4	7118.1
河 南	1072.6	1392.3	1815.0	2353.3	2914.5	3501.0	3987.2	4402.0	5062.0
湖 北	874.2	1129.8	1401.3	1683.3	1940.6	2528.7	3136.9	3454.7	3953.7
湖 南	846.2	1036.4	1266.2	1494.5	1798.0	2240.3	2752.4	3257.0	3749.1
广 东	4007.0	5373.9	6406.6	7117.5	7842.1	8395.7	8923.3	9624.6	10792.8
广 西	649.8	874.5	1021.1	1204.1	1384.3	1623.9	1960.1	2214.5	2532.7
海 南	136.3	165.0	203.9	239.9	324.8	397.8	496.4	594.3	671.6
重 庆	619.4	811.6	943.4	1064.6	1176.9	1281.7	1440.9	1664.4	1801.2
四 川	1195.4	1514.6	1689.7	1976.8	2400.4	2852.3	3466.9	4156.4	4817.9
贵 州	331.1	440.0	509.4	648.8	834.0	1179.0	1453.4	1800.6	2044.3
云 南	628.4	732.4	898.8	1068.9	1346.4	1635.9	1936.4	2244.5	2589.5
西 藏	33.1	39.7	46.9	60.5	73.7	87.0	124.0	157.6	196.4
陕 西	617.6	788.7	938.1	1183.6	1612.7	1912.2	2337.4	2518.2	2907.2
甘 肃	277.7	358.0	408.4	545.9	686.4	895.3	1194.7	1390.1	1614.7
青 海	100.0	117.7	131.6	172.6	221.7	247.2	301.0	397.8	463.5
宁 夏	123.0	158.6	181.1	218.6	269.8	323.3	382.8	437.3	520.5
新 疆	421.2	489.7	531.3	671.1	808.3	1051.3	1113.0	1359.9	1670.9
不分地区							37.0	40.5	36.7

6-4-5 电信主要通信能力

指标		2005	2006	2007	2008	2009	2010	2011
长途电路								
固定长途电话业务电路	(2M)	257513	301933	321437	294675	220595	202952	240105
移动长途电话业务电路	(2M)	410276	665512	1458271	2684392	4481076	5960404	7844771
数据通信网长途电路	(2M)	1979146	3899215	7867080	15834357	25954606	35945777	53435922
长途传输出租电路	(2M)	178720	229485	331405	453969	430563	658704	1469513
长途线路								
长途光缆线路长度	(公里)	723040	722439	792154	797979	831011	818133	842341
长途光缆纤芯长度	(芯公里)	17565191	18259128	19391462	20052791	21632574	20747246	21745271
本地线路								
本地网中继光缆线路长度	(公里)	2401411	2631108	3388943	3975988	4481447	5350106	6170014
本地网中继光缆纤芯长度	(芯公里)	41906041	49150766	59070152	71049329	84541665	108108853	129712593
接入网光缆线路长度	(公里)	948336	926012	1596192	2004529	2982106	3794228	5106948
接入网光缆纤芯长度	(芯公里)	16494639	22571610	28489459	36508987	52878769	66727725	90298384
长途通信								
长途电话交换机容量	(万路端)	1371.6	1442.3	1709.2	1690.7	1684.9	1641.5	1602.3
地面通信卫星地球站点	(个)	1282	1276	1265	1265	1262	1238	1237
地面通信卫星地球容量	(门)	61697	43772	30332	31022	36135	34039	34593
本地网通信								
局用交换机容量	(万门)	47196.1	50279.9	51034.6	50863.2	49265.6	46537.3	43428.8
互联网及其他数据通信								
互联网宽带接入端口	(万个)	4874.7	6486.4	8539.3	10890.4	13835.7	18781.1	23239.4
其中：xDSL端口	(万个)	3853.4	5233.5	7084.3	9205.6	11310.7	14013.3	15542.1
移动通信								
移动电话交换机容量	(万户)	48241.7	61032.0	85496.1	114531.4	144084.7	150284.9	171636.0
卫星通信								
VSAT双向小站	(个)	967	1910	2098	3445	4002	4371	4344

6-4-6 各地区电信主要通信能力

地区	固定长途电话交换机容量（万路端）	局用交换机容量（万门）	移动电话交换机容量（万户）	互联网宽带接入端口（万个）	长途光缆线路长度（公里）
全国	**1602.3**	**43428.4**	**171636.0**	**23239.4**	**842341**
北京	55.1	1329.7	4474.0	801.8	4074
天津	13.7	485.9	2080.0	367.9	3106
河北	34.3	1405.5	9435.0	1150.4	31882
山西	30.7	957.2	4477.2	639.2	27596
内蒙古	20.3	675.5	4200.1	409.3	56076
辽宁	43.3	1857.8	6185.8	981.3	25035
吉林	22.5	793.4	3550.0	498.8	21844
黑龙江	46.5	1230.5	4976.2	640.6	40112
上海	79.1	1328.0	3978.0	706.4	4729
江苏	109.5	4132.4	9536.0	2064.2	32841
浙江	84.8	2985.8	9605.2	1458.2	23792
安徽	71.7	1443.6	6912.0	732.8	25794
福建	65.0	1747.5	7179.9	910.3	21622
江西	43.8	851.9	3811.0	562.0	21336
山东	45.7	2471.4	10822.4	1756.4	33050
河南	151.1	1857.3	8428.4	1104.1	30519
湖北	49.1	1575.4	6245.3	746.1	27117
湖南	50.6	1545.8	5358.9	780.3	36189
广东	264.4	4781.5	19076.7	2519.4	46813
广西	61.7	1175.6	3746.1	590.2	34725
海南	9.2	289.6	1347.4	127.6	3302
重庆	21.9	1100.9	2976.0	482.7	6088
四川	34.0	1955.2	12192.5	979.1	53528
贵州	28.5	990.5	3601.1	427.0	34671
云南	32.1	1033.0	5276.2	443.8	40070
西藏	3.5	127.0	230.0	26.7	24804
陕西	44.2	1215.4	4306.8	621.2	27437
甘肃	33.7	783.7	2234.0	251.4	27655
青海	13.3	161.2	649.0	62.0	28026
宁夏	6.1	220.0	1035.8	79.0	10244
新疆	28.5	918.2	3709.0	319.1	38265
不分地区	4.6	2.0			

注：电话交换机容量中不包括用户交换机容量。

6-4-7 电信通信服务水平

指　　标		2003	2004	2005	2006	2007	2008	2009	2010	2011
固定电话普及率	(部/百人)	21.1	24.1	27.0	28.1	27.8	25.8	23.6	22.1	21.3
城市固定电话普及率	(部/百人)	31.3	35.9	40.3	41.7	40.6	37.4	33.9	31.2	30.0
移动电话普及率	(部/百人)	21.0	25.9	30.3	35.3	41.6	48.5	56.3	64.4	73.6
平均每千人拥有公用电话数	(部/千人)	12.2	17.1	20.6	22.6	22.8	21.0	20.4	19.5	18.4
互联网普及率	(%)	6.2	7.3	8.5	10.5	16.0	22.6	28.9	34.3	38.3
移动电话漫游国家和地区										
中国电信	(个)						211	211	220	258
中国移动	(个)	155	184	203	219	231	237	237	237	237
中国联通	(个)	67	113	118	170	179	204	217	239	246
开通互联网业务的行政村比重	(%)								94.8	94.8
开通互联网宽带业务的行政村比重	(%)								80.1	84.0

6-4-8 各地区电信通信服务水平

地　区	固定电话普及率（部/百人）	城市固定电话普及率（部/百人）	移动电话普及率（部/百人）	每千人公用电话（部/千人）	互联网普及率（%）	开通互联网业务的行政村比重（%）	开通互联网宽带业务的行政村比重（%）
全　国	**21.3**	**30.0**	**73.6**	**18.4**	**38.3**	**94.8**	**84.0**
北　京	45.0	58.8	131.3	48.5	70.3	100.0	100.0
天　津	25.7	40.6	95.1	21.8	55.6	100.0	100.0
河　北	17.3	30.5	70.8	10.5	36.1	100.0	95.7
山　西	19.1	33.9	68.5	17.4	39.3	99.9	99.9
内蒙古	15.4	36.2	93.7	11.3	34.6	100.0	47.0
辽　宁	30.9	30.9	87.7	21.8	47.8	100.0	100.0
吉　林	21.1	23.1	73.0	16.6	35.2	100.0	91.4
黑龙江	20.7	26.4	62.0	15.0	31.5	100.0	92.0
上　海	40.2	68.1	113.8	17.4	66.2	100.0	100.0
江　苏	30.1	27.4	85.0	20.9	46.8	100.0	100.0
浙　江	35.8	36.6	105.7	39.9	56.1	100.0	100.0
安　徽	20.9	29.0	54.7	12.5	26.6	100.0	100.0
福　建	27.5	34.6	96.2	21.0	57.0	96.0	96.0
江　西	15.1	26.9	52.0	13.4	24.4	99.9	97.3
山　东	19.8	20.2	74.2	18.1	37.8	100.0	100.0
河　南	14.3	23.0	53.8	14.3	27.5	100.0	100.0
湖　北	17.8	17.2	69.0	18.1	37.2	96.2	90.0
湖　南	15.4	27.4	57.1	14.6	29.5	99.0	87.0
广　东	30.1	38.1	103.4	35.7	60.4	100.0	100.0
广　西	14.1	21.2	54.9	10.3	29.4	98.0	84.6
海　南	20.1	22.3	77.3	17.1	38.9	90.0	90.0
重　庆	19.8	24.6	62.4	11.6	37.0	100.0	94.5
四　川	17.2	27.6	59.9	11.4	27.7	86.0	61.0
贵　州	11.6	24.0	58.8	10.0	24.2	100.0	53.8
云　南	11.7	34.5	56.3	14.6	24.8	68.0	68.0
西　藏	13.5	133.5	65.2	11.6	29.9	26.9	26.9
陕　西	20.8	37.3	77.8	17.0	38.3	75.0	71.6
甘　肃	15.5	30.8	63.1	19.6	27.4	98.0	46.0
青　海	18.5	77.0	82.3	10.1	36.9	78.1	78.1
宁　夏	17.1	26.0	82.2	12.6	32.8	100.0	100.0
新　疆	23.7	45.1	76.5	21.8	40.4	71.8	71.8

6-4-9 各地区互联网上网人数

单位：万人

地区	2003	2004	2005	2006	2007	2008	2009	2010	2011
全国	**7950**	**9400**	**11100**	**13700**	**21000**	**29800**	**38400**	**45730**	**51310**
北京	398	402	428	468	737	980	1103	1218	1379
天津	145	193	229	260	287	485	564	648	719
河北	289	387	486	631	762	1334	1842	2197	2597
山西	149	211	269	380	536	819	1064	1250	1405
内蒙古	75	93	116	160	322	385	575	747	854
辽宁	292	322	372	483	783	1138	1595	1916	2092
吉林	147	179	201	271	434	520	726	882	966
黑龙江	226	278	316	366	476	620	912	1127	1206
上海	432	441	463	510	830	1110	1171	1239	1525
江苏	611	661	790	1027	1757	2084	2765	3306	3685
浙江	451	534	707	977	1509	2108	2452	2786	3052
安徽	184	240	276	337	587	723	1069	1392	1585
福建	318	326	397	516	866	1379	1629	1848	2102
江西	169	156	187	285	511	610	790	950	1088
山东	627	848	988	1126	1256	1983	2769	3332	3625
河南	226	305	396	517	956	1283	2007	2417	2582
湖北	381	429	463	532	706	1050	1469	1902	2129
湖南	265	312	348	408	690	999	1406	1747	1936
广东	950	1188	1486	1831	3344	4554	4860	5324	6300
广西	229	285	330	374	560	734	1030	1226	1353
海南	40	47	69	117	144	216	244	303	338
重庆	177	181	189	220	356	598	803	990	1068
四川	424	523	609	690	809	1103	1635	1998	2229
贵州	83	98	109	142	224	433	573	751	840
云南	166	206	241	275	303	548	844	1021	1140
西藏	9	7	9	16	36	47	53	81	90
陕西	197	258	314	395	517	790	995	1295	1429
甘肃	122	120	125	152	219	327	535	655	700
青海	20	20	29	37	60	130	154	188	208
宁夏	33	31	32	42	61	102	141	175	207
新疆	118	119	126	155	363	625	634	819	882

【主要统计指标解释】

电信业务总量 指以货币形式表示的电信企业为社会提供各类电信服务的总数量，是用于观察电信业务发展变化总趋势的综合性总量指标。电信业务总量是以各类业务的实物量分别乘以相应的不变单价，求出各类业务的货币量加总求得。

移动短信业务量 指移动电话用户通过移动通信网络短信平台使用短信业务的通信量。

移动电话用户 指在电信企业营业网点办理开户登记手续，通过移动电话交换机进入移动电话网，占用移动电话号码的各类电话用户。包括各类签约用户、智能网预付费用户、无线上网卡用户。

固定电话用户 指在电信企业营业网点办理开户登记手续并已接入固定电话网上的全部电话用户。包括普通电话用户、无线市话用户、公共电话用户、窄带综合业务数字网（N-ISDN）用户、智能网专用接入终端用户等。

城市电话用户 指按行政区划属于中央直辖市、省辖市、地级市、县级市的市区、市郊区及县城区范围内的电话用户数。包括分布在农村地区但以县团级以上建制的独立工矿区、林区、驻军的电话用户。

农村电话用户 指按行政区划属于城市范围以外的乡（镇）、村电话用户。

住宅电话用户 指私人付费或安装在居民住宅并按照私人或住宅电话用户登记注册和收费的各类电话用户。

局用交换机容量 指安装在电信企业内用于接续本地固定电话的电话交换机容量。包括接入网设备容量（安装在电信运营企业用于连接话音用户的远端节点的设备容量）。

移动电话交换机容量 指移动电话交换机根据一定话务模型和交换机处理能力计算出来的最大同时服务用户的数量。按报告期末已割接入网正式投入使用的设备实际容量统计。

互联网宽带接入端口 指用于接入互联网用户的各类实际安装运行的接入端口的数量，包括 xDSL 用户接入端口、LAN 接入端口、其他类型接入端口等，不包括窄带拨号接入端口。

电话普及率 指报告期行政区域总人口中，平均每百人拥有的话机数。计算公式：

$$\text{电话普及率}=\frac{\text{电话机总数（包括移动电话）（部）}}{\text{行政区域总人口数（人）}}\times 100$$

互联网上网人数 指过去半年内使用过互联网的6周岁及以上中国居民人数。

6 第三产业部分行业主要业务指标

6–5 金融业

简要说明

一、主要内容

本篇反映我国金融、证券和保险业发展情况。有以下四个部分：一是金融机构金融活动情况；二是存贷款利率调整情况；三是直接融资情况；四是保险业务情况。

二、资料来源

1.反映金融机构活动情况的资料包括："金融机构人民币信贷资金平衡表（资金来源）","金融机构人民币信贷资金平衡表（资金运用）"，"金融机构现金投放与回笼"，"货币供应量（年底余额）"，"货币供应量同比增长率"，"黄金和外汇储备"，"货币当局资产负债表（年底余额）"，"其他存款性公司资产负债表（年底余额）"，"外资银行资产负债表（年底余额）"，"社会融资规模及构成"。金融机构信贷资金平衡表及现金收支表的统计范围包括中国人民银行、国家政策性银行、国有商业银行、其他商业银行、城市信用合作社、农村信用合作社、外资银行、财务公司、信托投资公司、金融租赁公司、邮政储蓄机构。中国人民银行总行根据金融机构的基层单位全面填报、并按各自系统汇总的资料，进行归并和汇总，最后得到金融机构的信贷收支及现金收支表。黄金和外汇储备表中的资料取自于中国人民银行的资产负债表，由该行有关部门提供。

2.反映存贷款利率调整情况的"金融机构法定存款利率","金融机构法定贷款利率表"，数据来自中国人民银行总行规定的、并对外发布的存贷款利率。

3.反映直接融资情况的"证券市场基本情况"，"上市公司数量"，"上市公司地区分布"，"股票发行量和筹资额"，"股票交易情况"，"全国期货交易所市场概况"，"全国交易所上市基金成交概况"资料取自中国证券监督管理委员会编制的《中国证券期货统计年鉴》。

4.反映保险业务情况的"保险公司业务经济技术指标"，"保险公司资产情况"，"保险公司资金运用情况"，"各地区原保险保费收入和赔付支出情况"等，数据取自中国保险监督管理委员会编制的保险统计资料。

6-5-1 金融机构人民币信贷资金平衡表(年底余额)

单位：亿元

项 目	2011	项 目	2011
资金来源		**资金运用**	
资金来源合计	**913226.33**	**资金运用合计**	**913226.33**
各项存款	809368.33	各项贷款	547946.69
单位存款	410912.05	境内贷款	546398.25
个人存款	353536.43	短期贷款	203132.62
财政性存款	26223.07	中长期贷款	323806.52
临时性存款	1570.14	融资租赁	4151.70
委托存款	308.47	票据融资	15124.45
其他存款	16818.18	各项垫款	182.96
金融债券	10038.83	境外贷款	1548.44
流通中货币	50748.46	有价证券	96479.39
对国际金融机构负债	776.46	股权及其他投资	12824.72
其他	42294.24	黄金占款	669.84
		外汇占款	253587.01
		在国际金融机构资产	1718.67

注：1.本表统计口径包括中国人民银行、政策性银行、国有商业银行、股份制商业银行、城市商业银行、农村商业银行、农村合作银行、城市信用社、农村信用社、信托投资公司、财务公司、租赁公司、外资金融机构、中国邮政储蓄银行（下表同）。

2.2011年起，《金融机构人民币信贷收支》分类项目调整，部分数据与2010年以前不可比。

6-5-2 金融机构现金投放与回笼

单位：亿元

年 份	现金收入	现金支出	投放
1957	516.7	512.2	-4.5
1962	633.2	614.0	-19.2
1965	675.7	686.5	10.8
1970	812.8	799.3	-13.5
1975	1128.2	1134.2	6.0
1978	1336.0	1352.6	16.6
1979	1626.4	1682.1	55.7
1980	2033.2	2111.7	78.5
1985	5499.1	5694.8	195.7
1986	6613.3	6843.9	230.6
1987	8779.6	9015.7	236.1
1988	12810.5	13490.0	679.5
1989	15057.6	15267.6	210.0
1990	17171.1	17471.4	300.4
1991	21465.1	21998.5	533.4
1992	31248.0	32406.2	1158.2
1993	48883.8	50412.5	1528.7
1994	71247.1	72671.0	1423.9
1995	96725.5	97322.3	596.8
1996	120263.3	121179.9	916.6
1997	141612.6	142988.3	1375.7
1998	203966.5	204993.1	1026.6
1999	233399.0	235650.4	2251.3
2000	277067.1	278264.3	1197.2
2001	321380.2	322416.3	1036.1
2002	365593.0	367182.2	1589.2
2003	455527.9	457995.9	2468.0
2004	567879.2	569601.5	1722.3
2005	626978.5	629541.8	2563.4
2006	705733.1	708774.1	3041.0
2007	824836.1	828138.7	3302.6
2008	807612.5	811456.2	3843.7
2009	866418.2	870445.2	4027.0
2010			6382.2
2011			6120.3

注：投放栏中的负数表示现金回笼。

6-5-3 货币供应量(年底余额)

单位：亿元

年份	货币和准货币(M_2)	货币(M_1)	流通中现金	活期存款	准货币	定期存款	储蓄存款	其他存款
1990	15293.4	6950.7	2644.4	4306.3	8342.7			
1991	19349.9	8633.3	3177.8	5455.5	10716.6			
1992	25402.2	11731.5	4336.0	7395.2	13670.7			
1993	34879.8	16280.4	5864.7	10415.7	18599.4	1247.9	15203.5	2148.0
1994	46923.5	20540.7	7288.6	13252.1	26382.8	1943.1	21518.8	2920.9
1995	60750.5	23987.1	7885.3	16101.8	36763.4	3324.2	29662.2	3777.0
1996	76094.9	28514.8	8802.0	19712.8	47580.1	5041.9	38520.8	4017.4
1997	90995.3	34826.3	10177.6	24648.7	56169.1	6738.5	46279.8	3150.7
1998	104498.5	38953.7	11204.2	27749.5	65544.9	8301.9	53407.5	3835.5
1999	119897.9	45837.3	13455.5	32381.8	74060.6	9476.8	59621.8	4962.0
2000	134610.3	53147.2	14652.7	38494.5	81463.1	11261.1	64332.4	5869.7
2001	158301.9	59871.6	15688.8	44182.8	98430.3	14180.1	73762.4	10487.8
2002	185007.0	70881.8	17278.0	53603.8	114125.2	16433.8	86910.7	10780.7
2003	221222.8	84118.6	19745.9	64372.6	137104.3	20940.4	103617.7	12546.2
2004	254107.0	95969.7	21467.3	74501.4	158137.2	25382.2	119555.4	13199.7
2005	298755.7	107278.8	24031.7	83247.1	191476.9	33100.0	141051.0	17325.9
2006	345603.6	126035.1	27072.6	98962.5	219568.5	38732.1	161587.3	19249.1
2007	403442.2	152560.1	30375.2	122184.9	250882.1	46932.5	172534.2	31415.4
2008	475166.6	166217.1	34219.0	131998.2	308949.5	60103.1	217885.4	30961.1
2009	606225.0	220001.5	38246.0	181755.5	386223.5	82284.9	260771.7	43166.9
2010	725851.8	266621.5	44628.2	221993.4	459230.3	105858.7	303302.5	50069.1
2011	851590.9	289847.7	50748.5	239099.2	561743.2	166616.0	352797.5	42329.7

注：2001年6月起，已将证券公司客户保证金计入货币供应量(M_2)，含在其他存款项内。

6-5-4 货币供应量同比增长率

单位：%

年份	货币和准货币(M_2)	货币(M_1)	流通中现金	活期存款	准货币	定期存款	储蓄存款	其他存款
1991	26.5	24.2	20.2	26.7	28.5			
1992	31.3	35.9	36.4	35.6	27.6			
1993								
1994	34.5	26.2	24.3	27.2	41.9	55.7	41.5	36.0
1995	29.5	16.8	8.2	21.5	39.4	71.1	37.9	29.3
1996	25.3	18.9	11.6	22.4	29.4	51.7	29.9	6.4
1997	17.3	16.5	15.6	16.9	17.8	24.5	19.3	-8.9
1998	14.8	11.9	10.1	12.6	16.7	23.2	15.4	21.7
1999	14.7	17.7	20.1	16.7	13.0	14.2	11.6	29.3
2000	12.3	16.0	8.9	18.9	10.0	18.8	7.9	18.3
2001	17.6	12.7	7.1	14.8	15.5	25.9	14.7	9.1
2002	16.8	16.8	10.1	19.2	16.8	21.8	17.8	2.8
2003	19.6	18.7	14.3	20.3	20.1	27.4	19.2	16.4
2004	14.7	13.6	8.7	15.1	15.3	21.2	15.4	5.2
2005	17.6	11.8	11.9	11.7	21.1	30.4	18.0	31.3
2006	17.0	17.5	12.7	18.9	16.7	17.2	14.6	36.3
2007	16.7	21.1	12.2	23.5	14.3	21.2	6.8	63.2
2008	17.8	9.1	12.7	8.2	23.2	28.1	26.3	-1.5
2009	27.7	32.4	11.8	37.7	25.2	37.7	19.7	39.4
2010	19.7	21.2	16.7	22.1	18.9	28.7	16.3	16.0
2011	13.6	7.9	13.8	6.7	16.8	18.1	16.2	17.7

注：1.同期比增长率是按可比口径计算的。因1992年以前口径与1993年口径不一致，故1993年未计算增长率。
2.2001年6月起，已将证券公司客户保证金计入货币供应量(M_2)，含在其他存款内。
3.1997年初，中国人民银行对金融统计制度进行了调整，因此自1997年起的数据与历史数据不完全可比。

6-5-5 金融机构法定存款利率

单位：年利率%

调整时间	活期	定期					
		三个月	半年	一年	二年	三年	五年
1990.04.15	2.88	6.30	7.74	10.08	10.98	11.88	13.68
1990.08.21	2.16	4.32	6.48	8.64	9.36	10.08	11.52
1991.04.21	1.80	3.24	5.40	7.56	7.92	8.28	9.00
1993.05.15	2.16	4.86	7.20	9.18	9.90	10.80	12.06
1993.07.11	3.15	6.66	9.00	10.98	11.70	12.24	13.86
1996.05.01	2.97	4.86	7.20	9.18	9.90	10.80	12.06
1996.08.23	1.98	3.33	5.40	7.47	7.92	8.28	9.00
1997.10.23	1.71	2.88	4.14	5.67	5.94	6.21	6.66
1998.03.25	1.71	2.88	4.14	5.22	5.58	6.21	6.66
1998.07.01	1.44	2.79	3.96	4.77	4.86	4.95	5.22
1998.12.07	1.44	2.79	3.33	3.78	3.96	4.14	4.50
1999.06.10	0.99	1.98	2.16	2.25	2.43	2.70	2.88
2002.02.21	0.72	1.71	1.89	1.98	2.25	2.52	2.79
2004.10.29	0.72	1.71	2.07	2.25	2.70	3.24	3.60
2006.08.19	0.72	1.80	2.25	2.52	3.06	3.69	4.14
2007.03.18	0.72	1.98	2.43	2.79	3.33	3.96	4.41
2007.05.19	0.72	2.07	2.61	3.06	3.69	4.41	4.95
2007.07.21	0.81	2.34	2.88	3.33	3.96	4.68	5.22
2007.08.22	0.81	2.61	3.15	3.60	4.23	4.95	5.49
2007.09.15	0.81	2.88	3.42	3.87	4.50	5.22	5.76
2007.12.21	0.72	3.33	3.78	4.14	4.68	5.40	5.85
2008.10.09	0.72	3.15	3.51	3.87	4.41	5.13	5.58
2008.10.30	0.72	2.88	3.24	3.60	4.14	4.77	5.13
2008.11.27	0.36	1.98	2.25	2.52	3.06	3.60	3.87
2008.12.23	0.36	1.71	1.98	2.25	2.79	3.33	3.60
2010.10.20	0.36	1.91	2.20	2.50	3.25	3.85	4.20
2010.12.26	0.36	2.25	2.50	2.75	3.55	4.15	4.55
2011.02.09	0.40	2.60	2.80	3.00	3.90	4.50	5.00
2011.04.06	0.50	2.85	3.05	3.25	4.15	4.75	5.25
2011.07.07	0.50	3.10	3.30	3.50	4.40	5.00	5.50

注：金融机构以中国人民银行规定的人民币存款基准利率为上限，下限为0。

6-5-6 金融机构法定贷款利率

单位：年利率%

调整时间	短期贷款		中长期贷款		
	六个月以内（含六个月）	六个月至一年（含一年）	一年至三年（含三年）	三年至五年（含五年）	五年以上
1991.04.21	8.10	8.64	9.00	9.54	9.72
1993.05.15	8.82	9.36	10.80	12.06	12.24
1993.07.11	9.00	10.98	12.24	13.86	14.04
1995.01.01	9.00	10.98	12.96	14.58	14.76
1995.07.01	10.08	12.06	13.50	15.12	15.30
1996.05.01	9.72	10.98	13.14	14.94	15.12
1996.08.23	9.18	10.08	10.98	11.70	12.42
1997.10.23	7.65	8.64	9.36	9.90	10.53
1998.03.25	7.02	7.92	9.00	9.72	10.35
1998.07.01	6.57	6.93	7.11	7.65	8.01
1998.12.07	6.12	6.39	6.66	7.20	7.56
1999.06.10	5.58	5.85	5.94	6.03	6.21
2002.02.21	5.04	5.31	5.49	5.58	5.76
2004.10.29	5.22	5.58	5.76	5.85	6.12
2006.04.28	5.40	5.85	6.03	6.12	6.39
2006.08.19	5.58	6.12	6.30	6.48	6.84
2007.03.18	5.67	6.39	6.57	6.75	7.11
2007.05.19	5.85	6.57	6.75	6.93	7.20
2007.07.21	6.03	6.84	7.02	7.20	7.38
2007.08.22	6.21	7.02	7.20	7.38	7.56
2007.09.15	6.48	7.29	7.47	7.65	7.83
2007.12.21	6.57	7.47	7.56	7.74	7.83
2008.09.16	6.21	7.20	7.29	7.56	7.74
2008.10.09	6.12	6.93	7.02	7.29	7.47
2008.10.30	6.03	6.66	6.75	7.02	7.20
2008.11.27	5.04	5.58	5.67	5.94	6.12
2008.12.23	4.86	5.31	5.40	5.76	5.94
2010.10.20	5.10	5.56	5.60	5.96	6.14
2010.12.26	5.35	5.81	5.85	6.22	6.40
2011.02.09	5.60	6.06	6.10	6.45	6.60
2011.04.06	5.85	6.31	6.40	6.65	6.80
2011.07.07	6.10	6.56	6.65	6.90	7.05

6-5-7 黄金和外汇储备

年 份	黄金储备(万盎司)	外汇储备(亿美元)	年 份	黄金储备(万盎司)	外汇储备(亿美元)
1978	1280	1.67	1995	1267	735.97
1979	1280	8.40	1996	1267	1050.29
1980	1280	-12.96	1997	1267	1398.90
1981	1267	27.08	1998	1267	1449.59
1982	1267	69.86	1999	1267	1546.75
1983	1267	89.01	2000	1267	1655.74
1984	1267	82.20	2001	1608	2121.65
1985	1267	26.44	2002	1929	2864.07
1986	1267	20.72	2003	1929	4032.51
1987	1267	29.23	2004	1929	6099.32
1988	1267	33.72	2005	1929	8188.72
1989	1267	55.50	2006	1929	10663.40
1990	1267	110.93	2007	1929	15282.49
1991	1267	217.12	2008	1929	19460.30
1992	1267	194.43	2009	3389	23991.52
1993	1267	211.99	2010	3389	28473.38
1994	1267	516.20	2011	3389	31811.48

6-5-8 货币当局资产负债表(年底余额)

单位：亿元

项 目	2010	2011
总资产	**259274.9**	**280977.6**
国外资产	215419.6	237898.1
外汇	206766.7	232388.7
货币黄金	669.8	669.8
其他国外资产	7983.1	4839.5
对政府债权	15421.1	15399.7
对其他存款性公司债权	9485.7	10247.5
对其他金融性公司债权	11325.8	10644.0
对非金融性公司债权	25.0	25.0
其他资产	7597.7	6763.3
总负债	**259274.9**	**280977.6**
储备货币	185311.1	224641.8
货币发行	48646.0	55850.1
金融性公司存款	136665.1	
其他存款性公司存款	136480.9	168791.7
其他金融性公司存款	184.2	
非金融性公司存款		
不计入储备货币的金融性公司存款	657.2	908.4
债券发行	40497.2	23336.7
国外负债	720.1	2699.4
政府存款	24277.3	22733.7
自有资金	219.8	219.8
其他负债	7592.2	6438.0

注：1.自2011年1月起，中国人民银行采用国际货币基金组织关于储备货币的定义，不再将其他金融性公司在货币当局的存款计入储备货币。
2.自2011年1月起，境外金融机构在中国人民银行存款数据计入国外负债项目，不再计入其他存款性公司存款。

6-5-9 其他存款性公司资产负债表(年底余额)

单位：亿元

项　　目	2010	2011
总资产	**961608.6**	**1137867.1**
国外资产	18524.8	24211.7
储备资产	136835.0	173004.1
准备金存款	132817.1	167902.5
库存现金	4017.9	5101.6
对政府债权	43460.5	49697.8
对中央银行债权	40274.2	22324.0
对其他存款性公司债权	134452.8	179466.0
对其他金融性公司债权	19735.5	34329.2
对非金融性公司债权	409539.1	465395.2
对其他居民部门债权	112094.4	135214.4
其他资产	46692.4	54224.7
总负债	**961608.6**	**1137867.1**
对非金融机构及住户负债	684857.8	780043.9
纳入广义货币的存款	668318.5	758512.7
单位活期存款	221993.4	239099.2
单位定期存款	143232.1	166616.0
个人存款	303093.0	352797.5
不纳入广义货币的存款	13566.1	16809.1
可转让存款	6081.9	7118.5
其他存款	7484.2	9690.6
其他负债	2973.2	4722.1
对中央银行负债	5629.0	6763.9
对其他存款性公司负债	55748.4	85082.0
对其他金融性公司负债	44255.2	52210.9
#计入广义货币的存款	12905.2	42329.7
国外负债	7179.4	7765.9
债券发行	59105.2	75409.7
实收资本	26506.8	28642.0
其他负债	78326.9	101948.9

注：2011年企业活期存款改为“单位活期存款”，企业定期存款改为“单位定期存款”，居民储蓄存款改为“个人存款”，与上年统计口径一致。

6-5-10 外资银行资产负债表(年底余额)

单位：亿元

项 目	2010	2011
总资产	**19016.2**	**23383.7**
国外资产	1280.4	1296.2
储备资产	2023.7	2966.5
准备金存款	2014.6	2955.7
库存现金	9.1	10.8
对政府债权	1004.5	1541.5
对中央银行债权		
对其他存款性公司债权	3630.1	5041.8
对其他金融性公司债权	245.0	493.3
对非金融性公司债权	8236.3	8981.3
对其他居民部门债权	409.0	462.2
其他资产	2187.3	2601.0
总负债	**19016.2**	**23383.7**
对非金融机构及住户负债	9677.7	12202.2
纳入广义货币的存款	7808.8	9787.7
企业活期存款	2272.8	2610.7
企业定期存款	4962.5	5419.7
居民储蓄存款	573.5	1757.2
不纳入广义货币的存款	1868.9	2414.6
可转让存款	999.5	1091.4
其他存款	869.5	1323.1
其他负债		
对中央银行负债		3.5
对其他存款性公司负债	1212.9	1617.6
对其他金融性公司负债	531.5	542.0
#计入广义货币的存款		
国外负债	3341.7	4148.2
债券发行		11.1
实收资本	1515.2	1622.5
其他负债	2737.2	3236.7

6-5-11　社会融资规模及构成

单位：亿元人民币

年份	社会融资规模	#人民币贷款	#外币贷款(折合人民币)	#委托贷款	#信托贷款	#未贴现银行承兑汇票	#企业债券	#非金融企业境内股票融资
2002	20112	18475	731	175		-695	367	628
2003	34113	27652	2285	601		2010	499	559
2004	28629	22673	1381	3118		-290	467	673
2005	30008	23544	1415	1961		24	2010	339
2006	42696	31523	1459	2695	825	1500	2310	1536
2007	59663	36323	3864	3371	1702	6701	2284	4333
2008	69802	49041	1947	4262	3144	1064	5523	3324
2009	139104	95942	9265	6780	4364	4606	12367	3350
2010	140191	79451	4855	8748	3865	23346	11063	5786
2011	128286	74715	5712	12962	2034	10271	13658	4377

注：1.社会融资规模是指一定时期内实体经济从金融体系获得的资金总额，是增量概念。
2.当期数据为初步统计数。
3.表中的人民币贷款为历史公布数。

6-5-12　证券市场基本情况

项　　目		2010	2011
境内上市公司数(A、B股)	(家)	2063	2342
境内上市外资股公司数(B股)	(家)	108	108
境外上市公司数(H股)	(家)	165	171
股票总发行股本	(亿股)	33184	36096
#流通股本	(亿股)	25642	28850
股票市价总值	(亿元)	265423	214758
#股票流通市值	(亿元)	193110	164921
股票成交量	(亿股)	42151.98	33957.51
股票成交金额	(亿元)	545634	421650
上证综合指数	(收盘)	2808.08	2199.42
深证综合指数	(收盘)	1290.86	866.65
股票有效账户数	(万户)	13391	14050
平均市盈率			
上海		21.61	13.40
深圳		44.69	23.11
平均换手率	(%)		
上海		198.00	124.80
深圳		557.00	340.49
国债发行额	(亿元)	19778.30	17100.00
企业债发行额	(亿元)	15491.45	21850.71
债券成交额	(亿元)	76206.00	216349.52
国债现货成交金额	(亿元)	1661.64	1253.32
国债回购成交金额	(亿元)	65877.79	204621.27
证券投资基金只数	(只)	704	914
证券投资基金规模	(亿元)	24228.35	26510.37
证券投资基金成交金额	(亿元)	8996.00	6347.41
期货总成交量	(万手)	312890.02	105413.75
期货总成交额	(亿元)	2959480.02	1375162.44

注：1.股票总发行股本中含(A+H)股公司发行的H股。
2.换手率=全年成交金额/[(本年末流通市值+上年末流通市值)/2]×100%
3.企业债包含企业债券、短期融资券、超短期融资券、中期票据及中小企业集合票据、非公开定向债务融资工具。
4.期货总成交量和期货总成交额统计范围包括大连商品交易所、上海期货交易所、郑州商品交易所和中国金融期货交易所。

6-5-13 上市公司数量

单位：个

年 份	全国合计	上交所	深交所	发A股公司	发B股公司	同时发A股、B股公司
1990	10	8	2			
1991	14	8	6			
1992	53	29	24			
1993	183	106	77	177	41	35
1994	291	171	120	287	58	54
1995	323	188	135	311	70	58
1996	530	293	237	514	85	69
1997	745	383	362	720	101	76
1998	851	438	413	825	106	80
1999	949	484	465	922	108	81
2000	1088	572	516	1060	114	86
2001	1160	646	514	1140	112	92
2002	1224	715	509	1213	111	100
2003	1287	780	507	1277	111	101
2004	1377	837	540	1363	110	96
2005	1381	834	547	1358	109	86
2006	1434	842	592	1411	109	86
2007	1550	860	690	1527	109	86
2008	1625	864	761	1602	109	86
2009	1718	870	848	1696	108	86
2010	2063	894	1169	2041	108	86
2011	2342	931	1411	2320	108	86

6-5-14 上市公司地区分布

单位：个

地　区	上市公司家数	上交所	深交所
全　国	**2342**	**931**	**1411**
北　京	194	95	99
天　津	35	17	18
河　北	47	18	29
山　西	33	17	16
内蒙古	22	15	7
辽　宁	65	27	38
吉　林	37	17	20
黑龙江	30	23	7
上　海	199	149	50
江　苏	214	77	137
浙　江	224	73	151
安　徽	77	29	48
福　建	83	32	51
江　西	31	16	15
山　东	147	50	97
河　南	62	22	40
湖　北	81	36	45
湖　南	69	21	48
广　东	339	39	300
广　西	29	12	17
海　南	25	8	17
重　庆	37	17	20
四　川	86	34	52
贵　州	19	9	10
云　南	29	13	16
西　藏			
陕　西	37	17	20
甘　肃	24	11	13
青　海	9	6	3
宁　夏	12	4	8
新　疆	37	21	16

数据来源：上海、深圳证券交易所。

6-5-15 股票发行量和筹资额

年 份	股票发行量(亿股)	A 股	H股,N股	B 股	股票筹资额(亿元)	A 股	#配股	H股,N股	B 股
1991	5.00	5.00			5.00	5.00			
1992	20.75	10.00		10.75	94.09	50.00			44.09
1993	95.79	42.59	40.41	12.79	375.47	276.41	81.58	60.93	38.13
1994	91.26	10.97	69.89	10.40	326.78	99.78	50.16	188.73	38.27
1995	31.60	5.32	15.38	10.90	150.32	85.51	62.83	31.46	33.35
1996	86.11	38.29	31.77	16.05	425.08	294.34	69.89	83.56	47.18
1997	267.63	105.65	136.88	25.10	1293.82	825.92	170.86	360.00	107.90
1998	109.06	86.30	12.86	9.90	841.52	778.02	334.97	37.95	25.55
1999	122.93	98.11	23.05	1.77	944.56	893.60	320.97	47.17	3.79
2000	512.04	145.68	359.26	7.10	2103.24	1527.03	519.46	562.21	13.99
2001	141.48	93.00	48.48		1252.34	1182.13	430.63	70.21	
2002	291.74	134.20	157.54		961.75	779.75	56.61	181.99	
2003	281.43	83.64	196.79	1.00	1357.75	819.56	74.79	534.65	3.54
2004	227.92	54.88	171.51	1.53	1510.94	835.71	104.54	648.08	27.16
2005	567.05	13.80	553.25		1882.51	338.13	2.62	1544.38	
2006	1287.77	351.11	936.66		5594.29	2463.70	4.32	3130.59	
2007	637.24	413.27	223.97		8680.17	7722.99	227.68	957.18	
2008	180.29	114.91	65.38		3852.21	3457.75	151.57	317.26	
2009	415.96	260.38	155.58		6124.69	5004.90	105.97	1073.18	
2010	928.37	561.33	367.04		11971.93	9606.31	1438.25	2365.62	
2011	367.19	258.82	108.37		5814.19	5073.07	421.96	741.12	

6-5-16 股票交易情况

项目	2002	2003	2004	2005	2006	2007	2008	2009	2010	2011
会员总数	**437**	**382**	**350**	**328**	**329**	**265**	**233**	**211**	**219**	**228**
上市公司数目 （家）	1224	1287	1377	1381	1434	1550	1625	1718	2063	2342
上市股票数目 （只）	1310	1372	1463	1467	1520	1636	1711	1804	2159	2428
A股	1199	1261	1353	1358	1411	1527	1602	1696	2051	2320
B股	111	111	110	109	109	109	109	108	108	108
股票总发行股本 （亿股）	**5462.99**	**5997.93**	**6714.74**	**7163.54**	**12683.99**	**17000.45**	**18900.12**	**20606.26**	**26984.49**	**29745.11**
A股	5283.64	5808.31	6505.83	6936.08	12445.65	16746.62	18629.77	20332.77	26701.51	29448.59
B股	179.34	189.62	208.91	227.47	238.34	253.84	270.35	273.49	282.98	296.52
流通股本 （亿股）	**1679.94**	**1897.32**	**2194.15**	**2498.89**	**3444.50**	**4933.64**	**6964.97**	**14200.19**	**19442.15**	**22499.86**
A股	1508.43	1717.93	1996.65	2280.84	3215.54	4682.77	6696.76	13928.17	19160.47	22204.54
B股	171.51	179.39	197.50	218.05	228.96	250.87	268.21	271.48	281.68	295.32
股票市价总值 （亿元）	**38329**	**42458**	**37056**	**32430**	**89404**	**327141**	**121366**	**243939**	**265423**	**214758**
A股	37527	41520	36309	31811	88114	324588	120567	242127	263221	213310
B股	803	937	746	620	1290	2553	800	1812	2202	1448
股票流通市值 （亿元）	**12485**	**13179**	**11689**	**10631**	**25004**	**93064**	**45214**	**151259**	**193110**	**164921**
A股	11719	12306	10998	10028	23731	90527	44419	149456	190917	163479
B股	766	873	690	602	1272	2538	795	1803	2193	1442
股票成交金额 （亿元）	**27990**	**32115**	**42334**	**31665**	**90469**	**460556**	**267113**	**535987**	**545634**	**421650**
A股	27142	31270	41576	31099	89217	454771	265890	533889	563466	420339
B股	848	845	758	565	1252	5785	1222	2097	2168	1305
总成交股数 （亿股）	**3016.19**	**4163.08**	**5827.73**	**6623.73**	**16145.23**	**36403.75**	**24131.39**	**51107.00**	**42151.98**	**33958.00**
A股	2859.49	3992.28	5672.91	6470.87	15808.6	35683.9	23912.8	50648.9	41806.4	33749
B股	156.70	170.80	154.83	152.86	336.61	719.82	218.62	458.09	345.56	208
上证综合指数										
最高	1748.89	1649.60	1783.01	1328.53	2698.90	6124.04	5522.78	3478.01	3306.75	3067.46
最低	1339.20	1307.40	1259.43	998.23	1161.91	2541.53	1664.93	1844.09	2319.74	2134.02
收盘	1357.65	1497.04	1266.50	1161.06	2675.47	5261.56	1820.81	3277.14	2808.08	2199.42
深证综合指数										
最高	512.38	449.42	470.55	333.28	552.93	1567.74	1584.40	1240.64	1412.64	1316.19
最低	371.79	350.74	315.17	237.18	278.99	547.89	452.33	557.69	890.24	828.83
收盘	388.76	378.63	315.81	278.75	550.59	1447.02	553.30	1201.34	1290.86	866.65

注：本表股票总发行股本不含(A+H)股公司发行的H股。

6-5-17 全国期货交易所市场概况

年 份	全年总成交额（亿元）	全年总成交量（万手）	全年总实物交割额（亿元）	全年总实物交割量（万手）
1993	5521.99	890.69		
1994	31601.41	12110.72		
1995	100565.30	63612.07	181.52	83.09
1996	84119.16	34256.77	174.13	78.33
1997	61170.66	15876.32	93.75	38.18
1998	36967.24	10445.57	48.04	20.56
1999	22343.01	7363.91	109.41	16.12
2000	16082.29	5461.07	65.11	8.40
2001	30144.98	12046.35	57.54	64.85
2002	39490.28	13943.37	101.44	141.16
2003	108396.59	27992.43	127.34	129.54
2004	146935.32	30569.76	181.68	31.32
2005	134463.38	32287.41	141.87	29.23
2006	210063.37	44950.82	216.93	28.68
2007	409740.77	72846.08	275.49	230.88
2008	719173.33	136396.00	323.52	51.29
2009	1305142.92	215751.76	266.73	45.95
2010	2269852.25	304194.19	474.31	65.29
2011	937503.89	100372.56	461.94	60.05

注：本表数据仅反映商品期货市场情况。

6-5-18 全国交易所上市基金成交概况

项 目	2011	2010	增减(%)
交易日数 (天)	244	242	0.83
基金上市品种 (个)	187	118	58.47
#ETF	37	15	146.67
LOFE	78	55	41.82
基金成交金额 (亿元)	6365.81	8996.44	-29.24
#ETF	4213.25	6450.8	-34.69
LOFE	214.16	307.07	-30.26
基金日均成交金额 (亿元)	26.09	37.18	-29.83
基金成交股数 (亿股)	6125.9	6582.01	-6.93
#ETF	3933.13	4020.86	-2.18
ETF	238.34	324.26	-26.50
基金成交笔数 (百万笔)	16.71	23.42	-28.65
#ETF	6.76	9.92	-31.85
LOFE	1.03	1.94	-46.91
上证基金指数开市	4580.4	4785.956	-4.29
上证基金指数最高	4854.299	5038.23	-3.65
上证基金指数最低	3516.424	3752.775	-6.30
上证基金指数收市	3592.262	4557.662	-21.18
深证基金指数开市	5672.33	4739.89	19.67
深证基金指数最高	6005.05	5976.42	0.48
深证基金指数最低	4200.91	4191.79	0.22
深证基金指数收市	4274.31	5655.98	-24.43

注：ETF是交易所交易基金的简称，LOFE是一种可以在交易所挂牌交易的开放式基金。
数据来源：上海、深圳证券交易所。

6-5-19 保险系统机构、人员数(年底数)

项目	2010			2011		
	机构数(个)	职工人数(人)	#女职工	机构数(个)	职工人数(人)	#女职工
总计	**142**	**685856**	**355099**	**152**	**776258**	**383349**
保险集团公司	**8**	**2208**	**908**	**10**	**2573**	**1064**
中资保险公司	**81**	**649976**	**333696**	**90**	**743596**	**366693**
#总公司	81	24375	10968	90	30883	14216
省级分公司	1126	165387	85093	1259	188270	95765
中心支分公司	5812	246310	134238	6378	293880	152131
支公司	13176	138885	67088	15710	153636	69197
营业部	2535	15339	7119	2506	15611	6980
营销服务部	45519	59475	29190	43413	61316	28404
中外合资公司	**53**	**33672**	**20495**	**51**	**30089**	**15592**
总公司	53	10903	6513	51	10182	5164
省级分公司	168	10191	6133	360	11852	6103

注：1.职工人数不包括营销、代理人员。
2.机构数总计中包括慈溪市龙山镇伏龙农村保险互助社，未在保险集团、中资保险公司、中外合资公司中列示。其他总计项目为保险集团公司、中资保险公司及中外合资保险公司各项指标的简单合计。

6-5-20 保险公司业务经济技术指标

单位：亿元

项　　目	保　费	赔款及给付
合　　计	**14339.25**	**3929.37**
财产保险公司	**4779.06**	**2249.17**
企业财产保险	329.81	129.44
家庭财产保险	23.32	6.06
机动车辆保险	3504.56	1750.92
工程保险	73.76	27.21
责任保险	148.01	57.07
信用保险	115.46	56.83
保证保险	56.51	3.83
船舶保险	55.87	27.31
货物运输保险	97.83	34.79
特殊风险保险	35.43	11.02
农业保险	174.03	81.78
健康险	56.12	32.91
意外伤害保险	105.12	29.32
其他险	3.23	0.69
人寿保险公司	**9560.19**	**1680.20**
寿险	8695.59	1300.93
健康险	229.00	52.52
人身意外伤害险	635.61	326.75

注：本表人寿保险公司中包括中华控股寿险业务。

6-5-21 保险公司资产情况

单位：亿元

年份	总资产	#财产险公司	#寿险公司	#再保险公司	#中资公司	#外资公司
2002	6320.00	948.00	5161.00	211.00		
2003	9088.00	1176.00	7657.00	255.00		
2004	11953.68	1411.38	8352.9	262.37	11540.63	413.05
2005	15286.44	1718.81	13458.27	292.7	14630.97	665.64
2006	19704.19	2340.45	17446.26	311.31	18862.6	862.66
2007	28912.78	3880.51	23249.16	877.26	27656.26	1256.51
2008	33418.83	4687.03	27138.45	994.45	31893.93	1524.91
2009	40634.75	4892.62	33655.05	1162.01	38582.37	2052.39
2010	50481.61	5833.52	42642.66	1151.79	47860.49	2621.12
2011	59828.94	7919.95	49798.19	1579.11	56822.12	3006.83

6-5-22 保险公司资金运用情况

单位：亿元

年份	资金运用余额	#银行存款	#国债	#金融债券	#企业债券	#证券投资基金
2004	10778.62	5071.10	2618.44	1026.25	639.73	666.32
2005	14092.69	5165.55	3590.65	1804.71	1204.55	1107.00
2006	17785.40	5989.11	3647.01	2754.25	2121.56	912.08
2007	26647.81	6503.44	3956.56	4897.84	2799.76	2519.41
2008	30552.83	8087.49	4208.26	8754.06	4598.46	1646.46
2009	37417.12	10519.68	4053.82	8746.10	6074.56	2758.78
2010	46046.62	13909.97	4815.78	10038.75	7935.69	2620.73
2011	55192.98	17692.69	4741.90	12418.80	8755.86	2909.92

6-5-23 各地区原保险保费收入和赔付支出情况

单位：亿元

地　区	原保险保费收入			赔付支出		
	小计	财产险业务	人身险业务	小计	财产险业务	人身险业务
全　国	**14339.25**	**4617.82**	**9721.43**	**3929.37**	**2186.93**	**1742.44**
北　京	820.91	232.56	588.35	232.80	119.04	113.76
天　津	211.74	75.10	136.64	66.17	35.51	30.66
河　北	364.67	113.28	251.39	103.53	52.31	51.22
山　西	732.89	222.92	509.97	183.47	103.06	80.42
内蒙古	229.78	116.69	113.09	71.22	51.09	20.13
辽　宁	376.26	134.61	241.65	130.89	69.31	61.59
吉　林	223.36	69.00	154.36	59.97	30.96	29.01
黑龙江	317.79	84.49	233.30	86.81	35.82	50.99
上　海	753.11	233.39	519.71	260.71	104.32	156.38
江　苏	1200.02	379.93	820.10	324.41	178.49	145.92
浙　江	730.67	310.32	420.35	208.02	149.97	58.05
安　徽	432.30	142.82	289.48	125.44	71.11	54.33
福　建	350.38	116.36	234.02	101.94	59.24	42.70
江　西	252.23	85.13	167.10	74.31	41.19	33.12
山　东	890.31	276.28	614.02	224.85	129.72	95.13
河　南	839.82	163.33	676.49	171.14	80.54	90.60
湖　北	501.82	114.71	387.11	101.09	52.91	48.18
湖　南	443.53	123.18	320.35	112.45	57.30	55.15
广　东	1219.06	367.74	851.32	312.89	174.81	138.08
广　西	212.65	79.06	133.59	58.81	35.55	23.26
海　南	53.75	21.78	31.97	15.88	10.42	5.46
重　庆	311.81	81.63	230.19	73.98	39.31	34.66
四　川	778.70	225.09	553.61	191.15	109.42	81.73
贵　州	131.81	59.03	72.78	39.52	25.30	14.22
云　南	241.10	109.17	131.93	79.89	47.38	32.52
西　藏	7.60	5.73	1.87	3.34	2.96	0.38
陕　西	343.72	101.51	242.21	86.52	48.31	38.20
甘　肃	140.93	46.49	94.43	38.20	19.40	18.80
青　海	27.89	13.72	14.17	8.16	5.52	2.64
宁　夏	55.34	21.88	33.46	14.75	9.01	5.74
新　疆	203.62	78.51	125.11	57.48	34.24	23.24
大　连	148.83	52.17	96.66	44.64	21.69	22.95
宁　波	148.60	77.29	71.31	48.19	37.47	10.72
厦　门	82.03	34.69	47.34	21.96	13.64	8.33
青　岛	145.73	55.98	89.74	46.38	28.73	17.65
深　圳	359.90	139.80	220.11	85.77	57.50	28.27
集团、总公司本级	54.59	52.43	2.16	62.64	44.39	18.25

【主要统计指标解释】

信贷资金 指金融机构以信用方式积聚和分配的货币资金。金融机构信贷资金的来源有各项存款、金融债券、对国际金融机构负债、流通中现金等；信贷资金的运用有各项贷款、有价证券及投资、金银占款、外汇占款、财政借款及在国际金融机构中的资产等。

存款 指企业、机关、团体或居民根据资金必须收回的原则，把货币资金存入银行或其他信贷机构保管并取得一定利息的一种信用活动形式。根据存款对象或性质的不同可划分为企业存款、财政存款、机关团体存款、城乡储蓄存款、农业存款、其他存款等科目。它是银行信贷资金的主要来源。

贷款 指银行或其他信贷机构根据资金必须归还的原则，按一定利率，为企业、个人等提供资金的一种信用活动形式。我国银行贷款分为短期贷款、中长期贷款、委托及信托类贷款、其他类贷款等。

保险公司 指在中国境内的、经过保险监督管理部门批准设立，并依法登记注册的各类商业保险公司。

保险金额 指保险人承担赔偿或者给付保险金责任的最高限额。

保费 指投保人为取得保险人在约定范围内所承担赔偿责任而支付给保险人的费用。

赔款 指保险人根据保险合同的规定，向被保险人支付的赔偿保险责任损失的金额。

给付 包括死伤医疗给付和满期给付。死伤医疗给付是指保险人根据人寿保险及长期健康保险合同的规定,因被保险人在保险期内发生保险责任范围内的保险事故支付给被保险人（或受益人）的金额。满期给付是指被保险人生存期满，保险人按人寿保险合同规定支付给被保险人的满期保险金额。

社会融资规模 是指一定时期内实体经济从金融体系获得的资金总额，是增量概念。主要包括人民币贷款、外币贷款（折合人民币）、委托贷款、信托贷款、未贴现的银行承兑汇票、企业债券、非金融企业境内股票融资、投资性房地产、保险公司赔偿等。

6 第三产业部分行业主要业务指标

6-6　房地产业

简要说明

本篇资料仅包含房地产业中的房地产开发经营部分资料。

房地产开发统计资料来自2011年全国房地产开发企业上报的基层库，除个别指标外，均为自年初累计数据。主要内容包括：历年房地产开发企业基本情况；房屋开竣工面积、商品房销售及土地购置情况。主要分组包括按地区、用途、登记注册类型、资质等级等。

数据口径变化：2004年数据，除平均销售价格、住宅竣工与销售套数为经济普查数据外，其他指标数据均为当年快报数据。

指标变化：2004年以前的商品房销售面积和销售额为实际销售口径；2005年以后的销售面积和销售额包括期房和现房。

6-6-1 房地产开发企业土地开发及购置

年份 地区	土地购置费用 (亿元)	待开发土地面积 (万平方米)	本年土地购置面积 (万平方米)
1997	247.6	17670.1	6641.7
1998	375.4	13530.7	10109.3
1999	500.0	13505.2	11958.9
2000	733.9	14754.8	16905.2
2001	1038.8	14582.1	23409.0
2002	1445.8	19178.7	31356.8
2003	2055.2	21782.6	35696.5
2004	2574.5	39635.3	39784.7
2005	2904.4	27522.0	38253.7
2006	3814.5	37523.7	36573.6
2007	4873.2	41484.0	40245.8
2008	5995.6	48161.1	39353.4
2009	6023.7	32816.5	31909.5
2010	9999.9	31458.0	39953.1
2011	11527.3	40220.8	44327.4
北　京	1301.2	199.8	507.0
天　津	82.8	750.9	756.9
河　北	409.0	790.2	2799.6
山　西	94.3	528.7	697.7
内蒙古	185.2	516.1	1634.7
辽　宁	522.6	1805.7	3446.3
吉　林	186.8	272.6	1516.4
黑龙江	153.0	505.2	1860.7
上　海	422.0	318.0	636.3
江　苏	1257.4	4504.8	2693.7
浙　江	1379.7	2614.0	2188.8
安　徽	567.3	2369.7	3295.0
福　建	794.6	1257.0	1540.3
江　西	160.9	932.3	1067.8
山　东	695.4	3429.3	3691.1
河　南	292.7	964.3	1565.9
湖　北	379.0	1367.1	1582.3
湖　南	318.2	2338.0	1292.4
广　东	792.2	4135.8	2436.6
广　西	234.9	855.8	978.9
海　南	67.0	559.2	399.6
重　庆	374.8	3166.2	1664.5
四　川	415.2	1664.7	1054.7
贵　州	65.6	1171.2	882.8
云　南	142.7	1264.9	1623.3
西　藏	0.5	11.8	5.8
陕　西	102.0	382.2	528.5
甘　肃	38.5	209.2	304.3
青　海	18.8	27.7	140.1
宁　夏	30.2	769.2	554.7
新　疆	42.5	539.1	980.9

6-6-2 按资质等级分房地产开发企业土地购置面积

单位：平方米

地区	总计	一级	二级	三级	四级	暂定	其他
全国	**443274420**	**14463222**	**53502875**	**74677243**	**47193057**	**233654410**	**19783613**
北京	5070439	1239904	222766	392751	603610	2209426	401982
天津	7568912	899411	121412	1866035	1478342	3203712	
河北	27995870	476164	2626573	3404469	5406671	14940985	1141008
山西	6976911	258600	507098	791574	2858463	2516976	44200
内蒙古	16346616	62308	2413542	1789398	6610106	5246005	225257
辽宁	34462683	489882	2511489	5761716	781405	23483594	1434597
吉林	15164039	229570	1813516	3182836	2089564	7475335	373218
黑龙江	18606548	3135078	3760732	6389520	671141	4408967	241110
上海	6363461	223466	392289	593502		4950924	203280
江苏	26936689	436724	11686071	2822026	262587	10667614	1061667
浙江	21888002	380755	2014232	5189462	1749989	9916214	2637350
安徽	32949901	278872	2981122	3627106	1133522	23732268	1197011
福建	15402594	168216	260704	3287051	669657	10004059	1012907
江西	10678014	228867	1044986	2386230	935136	5435441	647354
山东	36911136	2157056	2379113	4680730	4439212	21119868	2135157
河南	15659172	294778	2046534	1964962	603127	9877257	872514
湖北	15822655	217555	1129831	4659009	2062071	6796836	957353
湖南	12924496	140525	884122	3059894	437743	7710971	691241
广东	24366399	296851	655821	2312043	2289216	17805404	1007064
广西	9788550	7103	1048100	1629728	504099	6070426	529094
海南	3995744		17956	125853	891250	2483651	477034
重庆	16645458	981564	6375458	2767705	192724	6328007	
四川	10547322	398410	1195762	4461634	762183	3123385	605948
贵州	8827809	57528	1159285	1557837	1206148	3803993	1043018
云南	16232748	490858	1729461	1247638	3368224	9276668	119899
西藏	57667					57667	
陕西	5284808	13697	423666	963953	1905057	1631174	347261
甘肃	3042768	7113	220655	809097	930661	1014377	60865
青海	1400963	106827	214045	475362	34555	539507	30667
宁夏	5547356	354866	1283410	1096692	808071	1885650	118667
新疆	9808690	430674	383124	1381430	1508523	5938049	166890

6-6-3 房地产开发企业房屋建筑面积和造价

年份 地区	房屋施工面积（万平方米）	房屋竣工面积（万平方米）	房屋建筑面积竣工率（%）	房屋竣工价值（亿元）	房屋竣工造价（元/平方米）
1997	44985.5	15819.7	35.2	1859.25	1175
1998	50770.1	17566.6	34.6	2139.19	1218
1999	56857.6	21410.8	37.7	2467.58	1152
2000	65896.9	25104.9	38.1	2859.35	1139
2001	79411.7	29867.4	37.6	3369.45	1128
2002	94104.0	34975.8	37.2	4141.69	1184
2003	117526.0	41464.1	35.3	5279.95	1273
2004	140451.4	42464.9	30.2	5952.48	1402
2005	166053.3	53417.0	32.2	7752.24	1451
2006	194786.4	55830.9	28.7	8729.35	1564
2007	236318.2	60606.7	25.6	10039.89	1657
2008	283266.2	66544.8	23.5	11947.57	1795
2009	320368.2	72677.4	22.7	14689.37	2021
2010	405356.4	78743.9	19.4	17542.73	2228
2011	506775.5	92619.9	18.3	21975.91	2373
北京	12065.4	2245.2	18.6	629.99	2806
天津	9234.0	2102.8	22.8	663.07	3153
河北	26670.8	5180.5	19.4	1282.08	2475
山西	9308.0	2110.4	22.7	391.88	1857
内蒙古	15895.3	2519.4	15.8	510.91	2028
辽宁	34364.3	6322.8	18.4	1517.64	2400
吉林	9123.4	1878.9	20.6	381.89	2032
黑龙江	12122.9	3231.3	26.7	536.33	1660
上海	13033.2	2384.3	18.3	1143.52	4796
江苏	40500.3	8448.2	20.9	2242.01	2654
浙江	29927.4	4528.6	15.1	1251.92	2764
安徽	20785.8	3628.7	17.5	803.05	2213
福建	18938.0	2651.7	14.0	533.83	2013
江西	8461.4	1906.1	22.5	348.36	1828
山东	36339.5	6356.8	17.5	1348.32	2121
河南	25343.3	5527.4	21.8	923.85	1671
湖北	13922.1	3221.0	23.1	805.82	2502
湖南	20341.8	4146.3	20.4	869.57	2097
广东	36137.1	6140.6	17.0	1780.19	2899
广西	14264.0	2303.4	16.1	393.12	1707
海南	3609.8	449.3	12.4	145.39	3236
重庆	20397.2	3424.3	16.8	923.78	2698
四川	27121.8	4232.5	15.6	910.47	2151
贵州	10260.6	1455.2	14.2	262.71	1805
云南	11010.4	1572.1	14.3	325.91	2073
西藏	48.7	21.7	44.5	5.32	2452
陕西	12221.9	1128.3	9.2	295.96	2623
甘肃	4099.4	743.8	18.1	158.40	2130
青海	1666.0	520.5	31.2	126.84	2437
宁夏	4080.3	967.3	23.7	256.43	2651
新疆	5481.4	1270.5	23.2	207.34	1632

6-6-4 各地区房地产开发企业住宅建筑面积和造价

年份 地区	住宅施工面积(万平方米)	住宅竣工面积(万平方米)	住宅建筑面积竣工率(%)	住宅竣工价值(亿元)	住宅竣工造价(元/平方米)
1997	30374.7	12464.7	41.0	1269.91	1019
1998	36223.0	14125.7	39.0	1484.13	1051
1999	42590.3	17640.7	41.4	1831.35	1038
2000	50498.3	20603.3	40.8	2173.60	1055
2001	61583.0	24625.4	40.0	2622.41	1065
2002	73208.7	28524.7	39.0	3190.99	1119
2003	91390.5	33374.6	37.0	4128.94	1222
2004	108196.5	34677.2	32.1	4688.36	1352
2005	129078.4	43682.9	33.8	6060.13	1387
2006	151742.7	45471.7	30.0	6717.23	1477
2007	186788.4	49831.3	26.7	7853.07	1576
2008	222891.8	54334.1	24.4	9295.26	1711
2009	251328.8	59628.7	23.7	11500.24	1929
2010	314760.1	63443.1	20.2	13527.53	2132
2011	387706.0	74319.1	19.2	16947.74	2280
北京	7168.1	1316.1	18.4	340.30	2586
天津	6624.0	1645.1	24.8	513.78	3123
河北	21320.2	4273.7	20.0	1036.74	2426
山西	7714.3	1888.2	24.5	345.93	1832
内蒙古	10900.6	1984.3	18.2	393.32	1982
辽宁	26644.9	5225.2	19.6	1188.91	2275
吉林	7265.1	1548.2	21.3	306.46	1979
黑龙江	9662.9	2598.0	26.9	428.60	1650
上海	8449.9	1645.5	19.5	758.07	4607
江苏	30260.4	6476.8	21.4	1673.87	2584
浙江	19692.8	3053.6	15.5	796.95	2610
安徽	16036.7	2886.3	18.0	624.41	2163
福建	13578.7	2007.3	14.8	398.68	1986
江西	6999.8	1622.7	23.2	292.67	1804
山东	29047.3	5311.8	18.3	1078.62	2031
河南	20620.7	4806.8	23.3	778.02	1619
湖北	11013.3	2728.4	24.8	657.90	2411
湖南	16409.9	3436.4	20.9	702.44	2044
广东	27377.9	4884.2	17.8	1396.51	2859
广西	11407.9	1936.9	17.0	326.27	1684
海南	3141.0	404.1	12.9	128.12	3170
重庆	15923.8	2826.8	17.8	752.51	2662
四川	21437.7	3455.7	16.1	715.57	2071
贵州	7689.3	1102.1	14.3	186.24	1690
云南	8354.9	1262.7	15.1	243.39	1927
西藏	36.3	19.3	53.2	5.18	2688
陕西	10530.1	1002.5	9.5	255.47	2548
甘肃	3370.4	629.0	18.7	128.22	2039
青海	1365.6	448.3	32.8	106.78	2382
宁夏	3086.9	785.0	25.4	210.48	2681
新疆	4574.7	1108.0	24.2	177.33	1600

6-6-5 按用途分房地产开发企业房屋施工面积

单位：万平方米

年份 地区	房屋 施工面积	住宅	#别墅、高档公寓	办公楼	商业营业用房	其他
1997	44985.46	30374.66	1759.19	5335.15	6507.95	2767.34
1998	50770.10	36223.00	2032.10	5072.70	6551.30	2923.10
1999	56857.63	42590.34	1982.21	4383.17	6812.69	3071.43
2000	65896.92	50498.25	2986.69	4058.51	7825.67	3514.48
2001	79411.68	61582.99	3734.88	4120.00	9573.81	4134.88
2002	94104.01	73208.65	5009.23	4392.30	11501.45	5001.61
2003	117525.99	91390.49	5796.55	5088.41	14708.90	6338.19
2004	140451.39	108196.54	6598.11	5982.43	18293.23	7979.20
2005	166053.26	129078.38	8556.24	6618.80	20926.59	9429.49
2006	194786.42	151742.72	11471.45	7395.39	23712.76	11935.55
2007	236318.24	186788.43	14150.10	8321.51	25941.12	15267.18
2008	283266.18	222891.80	14608.82	9582.06	30465.05	20329.71
2009	320368.16	251328.78	14313.93	9996.19	34543.72	24499.46
2010	405356.40	314760.12	16579.52	12144.40	44631.92	33819.96
2011	506775.48	387705.98	18679.25	15991.01	55949.59	47128.90
北京	12065.38	7168.12	754.77	1422.66	1187.48	2287.11
天津	9233.98	6623.95	352.36	722.86	1072.77	814.40
河北	26670.81	21320.17	372.22	570.13	2879.51	1901.01
山西	9307.96	7714.33	80.12	166.04	827.40	600.19
内蒙古	15895.28	10900.58	276.88	704.83	2977.83	1312.04
辽宁	34364.26	26644.94	1132.89	608.65	4977.15	2133.51
吉林	9123.41	7265.11	289.01	166.13	1131.86	560.31
黑龙江	12122.94	9662.86	74.61	122.03	1371.04	967.01
上海	13033.17	8449.90	1661.47	1148.10	1372.90	2062.26
江苏	40500.27	30260.37	2413.07	1346.07	5472.76	3421.07
浙江	29927.39	19692.77	1299.47	1947.98	3185.93	5100.71
安徽	20785.80	16036.69	439.68	533.96	2823.63	1391.53
福建	18937.98	13578.69	514.23	773.88	1933.46	2651.95
江西	8461.38	6999.76	276.21	131.03	885.61	444.99
山东	36339.49	29047.32	769.40	787.27	4073.51	2431.39
河南	25343.32	20620.70	209.84	770.11	2344.21	1608.30
湖北	13922.07	11013.30	245.40	330.08	1639.44	939.25
湖南	20341.84	16409.92	665.66	279.22	1894.23	1758.48
广东	36137.07	27377.88	2724.33	1171.30	2979.52	4608.37
广西	14264.02	11407.86	217.28	239.64	1291.58	1324.94
海南	3609.77	3140.97	738.50	42.92	198.33	227.55
重庆	20397.24	15923.84	877.66	386.84	1956.25	2130.30
四川	27121.77	21437.73	650.54	598.23	2377.63	2708.18
贵州	10260.58	7689.26	63.86	162.76	1280.21	1128.35
云南	11010.43	8354.94	904.95	304.57	1291.52	1059.40
西藏	48.73	36.28	11.45	0.76	11.69	
陕西	12221.95	10530.08	234.88	240.55	890.25	561.06
甘肃	4099.43	3370.43	2.35	68.57	404.63	255.79
青海	1666.05	1365.58	8.27	27.19	164.48	108.80
宁夏	4080.26	3086.92	66.03	106.50	509.67	377.17
新疆	5481.44	4574.72	351.87	110.12	543.12	253.49

6-6-6 按用途分房地产开发企业房屋新开工面积

单位：万平方米

年份 地区	本年房屋新开工面积	住宅	#别墅、高档公寓	办公楼	商业营业用房	其他
1997	14026.98	10996.64	1720.57	872.44	1462.45	695.44
1998	20387.90	16637.50	3466.40	871.50	1938.65	940.25
1999	22579.41	18797.94	3970.36	690.29	2198.56	892.62
2000	29582.64	24401.15	5313.32	898.81	3034.77	1247.91
2001	37394.18	30532.72	5795.97	1072.98	4105.40	1683.08
2002	42800.52	34719.35	5279.68	1254.24	4926.48	1900.45
2003	54707.53	43853.88	5330.58	1466.89	6706.80	2679.96
2004	60413.86	47949.01	4257.49	1704.19	7790.81	2969.85
2005	68064.44	55185.07	3513.45	1671.10	7675.47	3532.79
2006	79252.83	64403.80	4379.03	2134.94	8473.23	4240.86
2007	95401.53	78795.51	4810.26	2141.44	9093.89	5370.70
2008	102553.37	83642.12	4336.97	2471.95	10040.69	6398.62
2009	116422.05	93298.41	3649.80	2860.76	12415.03	7847.84
2010	163646.87	129359.31	5080.05	3668.07	17472.58	13146.91
2011	191236.87	147163.11	5653.01	5399.20	20730.78	17943.77
北京	4246.05	2596.45	165.52	489.40	306.43	853.77
天津	3295.56	2402.43	141.40	240.29	373.09	279.75
河北	11182.80	8925.24	172.98	246.12	1177.27	834.16
山西	2849.44	2429.54	9.42	29.50	199.76	190.63
内蒙古	8236.26	5733.40	114.47	305.64	1505.52	691.71
辽宁	12444.28	9910.01	340.30	112.68	1581.53	840.07
吉林	4991.45	3986.88	77.13	72.74	645.01	286.81
黑龙江	7274.22	5819.60	45.30	74.10	826.38	554.15
上海	3726.14	2514.33	430.41	255.19	253.80	702.81
江苏	14720.76	11093.09	845.65	518.19	1882.69	1226.79
浙江	10210.60	6652.13	360.14	595.93	1048.16	1914.37
安徽	8658.67	6748.80	129.79	150.18	1138.93	620.77
福建	7069.47	4880.09	164.66	300.84	839.91	1048.63
江西	3486.67	2824.01	129.50	61.11	391.60	209.94
山东	14065.34	11356.52	294.09	366.01	1351.10	991.71
河南	9890.83	8201.42	43.95	265.59	851.67	572.15
湖北	5577.11	4432.08	61.37	108.25	697.34	339.44
湖南	7318.64	5872.14	319.58	111.69	713.65	621.16
广东	12013.99	9273.40	784.41	304.83	897.89	1537.87
广西	3991.65	3143.06	31.34	99.72	338.56	410.30
海南	1629.06	1416.32	172.95	21.89	91.35	99.50
重庆	6824.36	5214.42	179.56	154.44	708.12	747.38
四川	8435.82	6538.14	107.08	140.72	825.57	931.39
贵州	2885.07	2170.66	21.49	13.61	407.20	293.60
云南	4907.07	3614.95	289.66	154.72	628.11	509.28
西藏	4.53	0.04	0.04		4.50	
陕西	4027.44	3510.75	34.88	78.15	267.13	171.41
甘肃	1777.56	1464.44	0.03	25.22	179.16	108.73
青海	532.33	447.77	0.29	6.51	43.73	34.32
宁夏	1989.20	1480.33	26.11	55.06	251.14	202.66
新疆	2974.51	2510.68	159.54	40.87	304.46	118.50

6-6-7 按用途分房地产开发企业房屋竣工面积

单位：万平方米

年份 地区	本年房屋竣工面积	住宅	#别墅、高档公寓	办公楼	商业营业用房	其他
1997	15819.70	12464.70	554.22	1057.66	1628.44	668.89
1998	17566.60	14125.70	609.00	996.40	1791.50	652.90
1999	21410.83	17640.67	646.03	979.19	2011.84	779.13
2000	25104.86	20603.32	959.34	952.01	2561.97	987.57
2001	29867.36	24625.40	1183.56	974.03	3111.66	1156.27
2002	34975.75	28524.70	1625.58	1013.65	3939.75	1497.65
2003	41464.06	33774.61	1735.87	1077.14	4825.06	1787.25
2004	42464.87	34677.18	2115.31	1034.60	4945.95	1807.14
2005	53417.04	43682.85	2538.79	1416.70	5888.03	2429.46
2006	55830.92	45471.75	2652.85	1393.71	6285.75	2679.72
2007	60606.68	49831.35	3033.34	1545.02	6096.49	3133.82
2008	66544.77	54334.10	2988.71	1824.64	6410.65	3975.38
2009	72677.43	59628.71	3020.47	1652.55	6823.72	4572.46
2010	78743.88	63443.10	3266.37	1815.85	8282.63	5202.30
2011	92619.94	74319.05	3335.27	2266.79	9472.65	6561.45
北京	2245.24	1316.13	133.01	245.17	232.43	451.51
天津	2102.80	1645.10	116.13	143.49	148.35	165.85
河北	5180.51	4273.69	62.96	110.95	472.77	323.10
山西	2110.43	1888.20	2.41	23.66	109.89	88.67
内蒙古	2519.38	1984.31	35.83	28.81	394.16	112.10
辽宁	6322.78	5225.20	159.17	72.42	721.39	303.77
吉林	1878.93	1548.22	46.28	19.45	207.28	103.98
黑龙江	3231.34	2597.98	24.01	21.95	434.43	176.98
上海	2384.33	1645.47	390.65	174.79	257.74	306.33
江苏	8448.24	6476.75	507.78	249.36	1107.04	615.08
浙江	4528.59	3053.61	188.89	303.30	486.73	684.95
安徽	3628.73	2886.33	96.46	86.26	518.78	137.36
福建	2651.71	2007.34	78.00	54.75	286.07	303.55
江西	1906.06	1622.69	41.76	7.12	215.59	60.67
山东	6356.76	5311.77	139.81	116.54	613.39	315.05
河南	5527.42	4806.79	18.97	85.76	450.32	184.55
湖北	3221.05	2728.39	67.74	46.83	294.26	151.57
湖南	4146.31	3436.42	112.80	42.31	389.54	278.04
广东	6140.56	4884.18	539.79	175.13	431.79	649.47
广西	2303.35	1936.94	32.22	21.83	197.88	146.69
海南	449.25	404.09	69.29	1.32	28.71	15.13
重庆	3424.33	2826.78	121.05	44.77	298.79	253.99
四川	4232.53	3455.67	102.46	61.71	371.47	343.69
贵州	1455.24	1102.14	9.79	30.45	194.96	127.69
云南	1572.07	1262.75	96.99	27.64	166.46	115.22
西藏	21.69	19.28	4.70	0.20	2.21	
陕西	1128.26	1002.52	0.87	12.65	85.92	27.16
甘肃	743.77	628.96		10.61	87.58	16.62
青海	520.46	448.30	0.47	5.49	41.82	24.85
宁夏	967.32	785.01	28.51	23.15	115.23	43.94
新疆	1270.48	1108.02	106.49	18.92	109.66	33.87

6-6-8 按用途分房地产开发企业房屋竣工价值

单位：万元

年份 地区	房屋竣工价值	住宅	#别墅、高档公寓	办公楼	商业营业用房	其他
1998	21391927	14841274	1797188	2696191	2908120	946342
1999	24675822	18313466	3243105	2307508	2821830	1233018
2000	28593463	21736046	4167662	1887549	3435603	1534265
2001	33694469	26224110	4653653	1794697	3972859	1702803
2002	41416949	31909883	4603868	1821081	5421762	2264223
2003	52799528	41289403	3861036	2179823	6707887	2622415
2004	59524820	46883710	3355237	2334105	7443231	2863774
2005	77522369	60601314	6585999	3330709	9442203	4148143
2006	87293459	67172276	7067080	3812779	11523290	4785114
2007	100398923	78530678	7956405	4117505	11996464	5754276
2008	119475659	92952620	7845093	4996314	13651868	7874857
2009	146893651	115002390	8769854	5233193	16690159	9967909
2010	175427347	135275286	10971101	6039054	22433546	11679461
2011	219759131	169477370	12621063	8319008	26176483	15786270
北京	6299868	3403040	548661	973396	757678	1165754
天津	6630733	5137797	365585	463332	460157	569447
河北	12820847	10367352	197959	305338	1367861	780296
山西	3918820	3459302	6980	61419	251390	146709
内蒙古	5109079	3933230	83000	72374	909117	194358
辽宁	15176420	11889090	590641	239513	2277790	770027
吉林	3818877	3064584	94520	41839	502026	210428
黑龙江	5363254	4285996	55719	36087	741593	299578
上海	11435218	7580683	2939365	1179412	1519785	1155338
江苏	22420141	16738686	1811646	882783	3211902	1586770
浙江	12519240	7969543	614946	1081070	1572134	1896493
安徽	8030481	6244120	290305	231511	1251622	303228
福建	5338342	3986799	156256	119686	653390	578467
江西	3483590	2926747	95280	15439	442578	98826
山东	13483211	10786152	382928	442445	1511221	743393
河南	9238540	7780230	44163	218116	903048	337146
湖北	8058166	6578975	128450	222930	893098	363163
湖南	8695690	7024444	475357	109896	1008638	552712
广东	17801871	13965078	1987020	754448	1456004	1626341
广西	3931192	3262656	57156	37555	389043	241938
海南	1453930	1281161	304841	3364	127907	41498
重庆	9237814	7525073	481942	144260	1015000	553481
四川	9104701	7155731	380713	233526	961922	753522
贵州	2627085	1862403	22936	73660	455625	235397
云南	3259139	2433865	217999	133321	439578	252375
西藏	53181	51830	16000	253	1098	
陕西	2959647	2554729	1568	53522	279853	71543
甘肃	1583987	1282233		41178	223901	36675
青海	1268417	1067803	950	26163	109636	64815
宁夏	2564285	2104787	72957	82784	284423	92291
新疆	2073365	1773251	195220	38388	197465	64261

6-6-9 房地产开发企业商品房销售情况

年 份 地 区	商品房销售面积 (万平方米)	#住 宅	商品房销售额 (亿元)	#住 宅
1991	3025.46	2745.17	237.86	207.60
1992	4288.86	3812.21	426.59	379.85
1993	6687.91	6035.19	863.71	729.19
1994	7230.35	6118.03	1018.50	730.52
1995	7905.94	6787.03	1257.73	1024.07
1996	7900.41	6898.46	1427.13	1106.90
1997	9010.17	7864.30	1799.48	1407.56
1998	12185.30	10827.10	2513.30	2006.87
1999	14556.53	12997.87	2987.87	2413.73
2000	18637.13	16570.28	3935.44	3228.60
2001	22411.90	19938.75	4862.75	4021.15
2002	26808.29	23702.31	6032.34	4957.85
2003	33717.63	29778.85	7955.66	6543.45
2004	38231.64	33819.89	10375.71	8619.37
2005	55486.22	49587.83	17576.13	14563.76
2006	61857.07	55422.95	20825.96	17287.81
2007	77354.72	70135.88	29889.12	25565.81
2008	65969.83	59280.35	25068.18	21196.00
2009	94755.00	86184.89	44355.17	38432.90
2010	104764.65	93376.60	52721.24	44120.65
2011	109366.75	96528.41	58588.86	48198.32
北 京	1439.20	1034.96	2425.34	1606.04
天 津	1594.57	1365.71	1394.41	1167.36
河 北	5888.33	5293.18	2345.23	1993.81
山 西	1284.78	1170.88	441.03	378.36
内蒙古	3509.09	2911.16	1327.46	972.52
辽 宁	7541.48	6624.05	3569.12	3009.23
吉 林	2432.61	2122.39	1061.56	883.16
黑龙江	3432.84	2947.84	1361.60	1085.62
上 海	1790.86	1500.00	2615.23	2034.87
江 苏	7970.49	6767.25	5224.19	4158.61
浙 江	3531.36	2757.18	3474.17	2702.36
安 徽	4605.58	3991.99	2199.67	1745.00
福 建	2706.72	2213.30	2101.58	1649.34
江 西	2416.85	2156.77	1002.44	824.32
山 东	9576.01	8741.16	4259.15	3757.63
河 南	6275.16	5725.12	2196.81	1788.04
湖 北	4187.62	3788.68	1878.73	1569.32
湖 南	4900.33	4455.59	1857.35	1569.99
广 东	7427.87	6706.60	5852.54	5070.76
广 西	2964.15	2749.33	1118.22	977.10
海 南	865.74	819.02	774.27	743.93
重 庆	4533.50	4063.42	2146.09	1825.41
四 川	6543.55	5826.52	3218.04	2677.36
贵 州	1882.10	1698.52	731.91	592.73
云 南	3222.89	2829.58	1171.64	958.78
西 藏	18.25	17.29	6.34	5.73
陕 西	3051.77	2874.51	1510.38	1352.54
甘 肃	838.82	758.15	278.34	237.30
青 海	359.56	342.56	116.79	105.85
宁 夏	846.46	705.13	315.91	239.00
新 疆	1728.23	1570.56	613.31	516.24

6-6-10 房地产开发企业成套住宅竣工与销售情况

单位：套

年 份 地 区	住宅竣工套数 合 计	#别墅、高档公寓	住宅销售套数 合 计	#别墅、高档公寓
1999	1946358	44025		
2000	2139702	59880		
2001	2414392	72207		
2002	2629616	97751		
2003	3021134	108525		
2004	4042219	144949		
2005	3682523	135276	4235372	295302
2006	4005305	139632	5049094	219982
2007	4401203	159423	6251263	257776
2008	4939189	144618	5565827	157455
2009	5548897	143621	8040470	240129
2010	6019767	163207	8817526	223596
2011	7219163	155923	9139672	191881
北 京	133039	4533	102908	4168
天 津	177568	8490	138500	5193
河 北	418562	3105	509061	2947
山 西	240524	253	103243	80
内蒙古	195520	1775	274011	3565
辽 宁	595948	6800	728142	7777
吉 林	173541	1950	235733	8140
黑龙江	318079	1118	338373	841
上 海	154830	20298	158557	17260
江 苏	569392	22870	597058	17492
浙 江	252715	5455	232191	5426
安 徽	279577	4417	386037	3030
福 建	188878	2760	203238	2841
江 西	145004	1661	189219	2304
山 东	497106	6996	795823	8804
河 南	438967	1261	497709	3207
湖 北	264566	3090	349587	2912
湖 南	290536	4185	375580	7721
广 东	405551	23721	588089	31071
广 西	215576	1226	253029	1280
海 南	50028	5872	94958	10310
重 庆	309859	6232	434791	8965
四 川	333379	4164	586364	4613
贵 州	90389	420	148705	929
云 南	100312	3784	223928	17999
西 藏	1313	249	1423	175
陕 西	93960	26	270372	4314
甘 肃	59619		72205	12
青 海	41008	12	28726	6
宁 夏	72941	1620	67580	1295
新 疆	110876	7580	154532	7204

6-6-11 按用途分房地产开发企业商品房销售面积

单位：万平方米

年份 地区	商品房销售面积	住宅	#别墅、高档公寓	办公楼	商业营业用房	其他
1997	9010.17	7864.30	254.25	341.43	634.06	170.38
1998	12185.30	10827.10	345.30	400.60	810.80	146.80
1999	14556.53	12997.87	435.74	403.43	1003.17	152.06
2000	18637.13	16570.28	640.72	436.98	1399.31	230.56
2001	22411.90	19938.75	878.19	502.57	1696.15	274.44
2002	26808.29	23702.31	1241.26	538.92	2218.58	348.47
2003	33717.63	29778.85	1449.87	630.49	2833.10	475.19
2004	38231.64	33819.89	2323.05	692.84	3100.29	618.62
2005	55486.22	49587.83	2818.44	1096.23	4081.38	720.78
2006	61857.07	55422.95	3336.97	1231.04	4337.79	865.29
2007	77354.72	70135.88	4581.31	1465.23	4644.61	1109.01
2008	65969.83	59280.35	2865.25	1157.05	4206.06	1326.37
2009	94755.00	86184.89	4626.05	1544.43	5328.03	1697.65
2010	104764.65	93376.60	4219.10	1889.97	6994.84	2503.24
2011	109366.75	96528.41	3729.93	2004.97	7868.65	2964.71
北京	1439.20	1034.96	93.27	211.24	108.69	84.31
天津	1594.57	1365.71	93.54	67.14	126.29	35.43
河北	5888.33	5293.18	69.13	59.24	366.01	169.91
山西	1284.78	1170.88	1.61	14.28	82.14	17.48
内蒙古	3509.09	2911.16	77.63	38.50	384.39	175.04
辽宁	7541.48	6624.05	147.85	52.42	583.55	281.46
吉林	2432.61	2122.39	114.76	9.97	239.04	61.21
黑龙江	3432.84	2947.84	19.82	7.91	360.38	116.72
上海	1790.86	1500.00	254.24	141.11	90.26	59.49
江苏	7970.49	6767.25	409.77	219.87	851.66	131.71
浙江	3531.36	2757.18	166.52	216.49	368.27	189.40
安徽	4605.58	3991.99	55.01	93.69	478.32	41.58
福建	2706.72	2213.30	78.46	109.17	183.86	200.40
江西	2416.85	2156.77	55.08	21.28	192.24	46.56
山东	9576.01	8741.16	160.52	71.40	604.02	159.44
河南	6275.16	5725.12	47.16	149.18	326.49	74.37
湖北	4187.62	3788.68	62.36	35.68	281.51	81.74
湖南	4900.33	4455.59	164.36	51.62	303.94	89.17
广东	7427.87	6706.60	646.60	140.73	320.55	259.99
广西	2964.15	2749.33	36.36	17.50	122.66	74.65
海南	865.74	819.02	113.52	6.10	25.76	14.86
重庆	4533.50	4063.42	142.19	43.88	266.32	159.89
四川	6543.55	5826.52	110.88	85.43	400.93	230.67
贵州	1882.10	1698.52	23.60	27.03	124.83	31.72
云南	3222.89	2829.58	405.04	41.93	252.33	99.04
西藏	18.25	17.29	3.48		0.95	0.01
陕西	3051.77	2874.51	60.24	37.53	108.36	31.36
甘肃	838.82	758.15	0.50	8.05	62.29	10.33
青海	359.56	342.56	0.26	1.47	14.81	0.71
宁夏	846.46	705.13	18.64	9.27	114.71	17.35
新疆	1728.23	1570.56	97.52	15.86	123.12	18.69

6-6-12 按用途分房地产开发企业商品房平均销售价格

单位：元/平方米

年份 地区	商品房平均销售价格	住宅	#别墅、高档公寓	办公楼	商业营业用房	其他
1997	1997	1790	5382	4677	3090	2129
1998	2063	1854	4596	5552	3170	1837
1999	2053	1857	4503	5265	3333	1804
2000	2112	1948	4288	4751	3260	1864
2001	2170	2017	4348	4588	3274	2033
2002	2250	2092	4154	4336	3489	1919
2003	2359	2197	4145	4196	3675	2241
2004	2778	2608	5576	5744	3884	2235
2005	3168	2937	5834	6923	5022	2829
2006	3367	3119	6585	8053	5247	3131
2007	3864	3645	7471	8667	5774	3351
2008	3800	3576	7801	8378	5886	3219
2009	4681	4459	9662	10608	6871	3671
2010	5032	4725	10934	11406	7747	4099
2011	5357	4993	10994	12327	8488	4182
北京	16852	15518	28543	23702	24920	5667
天津	8745	8548	11154	8907	11222	7207
河北	3983	3767	8319	6900	7059	3071
山西	3433	3231	3250	7092	5787	2862
内蒙古	3783	3341	7122	6673	6704	4087
辽宁	4733	4543	8551	5867	6989	4309
吉林	4364	4161	10584	8346	5947	4562
黑龙江	3966	3683	8172	4850	6210	4141
上海	14603	13566	26396	25997	19527	6266
江苏	6554	6145	11643	9635	9375	4200
浙江	9838	9801	14922	11903	11766	4267
安徽	4776	4371	7888	6780	7913	3045
福建	7764	7452	14286	10354	14347	3763
江西	4148	3822	6730	9138	7492	3144
山东	4448	4299	8157	7697	6445	3592
河南	3501	3123	6194	9303	7524	3271
湖北	4486	4142	8547	8089	8503	5039
湖南	3790	3524	7425	8550	7070	3178
广东	7879	7561	9661	17213	11877	6108
广西	3772	3554	7393	8007	8376	3264
海南	8943	9083	23565	9582	7055	4257
重庆	4734	4492	8795	11687	8132	3304
四川	4918	4595	10038	9723	9064	4084
贵州	3889	3490	6976	6041	8634	4748
云南	3635	3388	3693	5260	6368	3041
西藏	3475	3312	2598		6372	11159
陕西	4949	4705	9024	8672	10124	4971
甘肃	3318	3130	5081	7772	5152	2605
青海	3248	3090	5264	1750	7019	3936
宁夏	3732	3389	4806	7254	5640	3166
新疆	3549	3287	4290	7433	6335	3904

【主要统计指标解释】

房屋施工面积 指报告期内施工的全部房屋建筑面积。包括本期新开工的面积、上期跨入本期继续施工的房屋面积、上期停缓建在本期恢复施工的房屋面积、本期竣工的房屋面积以及本期施工后又停缓建的房屋面积。多层建筑应填各层建筑面积之和。

房屋新开工面积 指报告期内新开工建设的房屋面积，以单位工程为核算对象。不包括在上期开工跨入报告期继续施工的房屋建筑面积和上期停缓建而在本期复工的建筑面积。房屋的开工应以房屋正式开始破土刨槽（地基处理或打永久桩）的日期为准。房屋新开工面积指整栋房屋的全部建筑面积，不能分割计算。

房屋竣工面积 指报告期内房屋建筑按照设计要求已全部完工，达到住人和使用条件，经验收鉴定合格或达到竣工验收标准，可正式移交使用的各栋房屋建筑面积的总和。

商品房销售面积 指报告期内出售商品房屋的合同总面积（即双方签署的正式买卖合同中所确定的建筑面积）。由现房销售面积和期房销售面积两部分组成。

（1）现房销售面积：指在报告期内正式签订买卖合同、已经竣工达到入住条件的商品房屋建筑面积。包括以一次性付款方式和分期付款方式销售的现房建筑面积。

（2）期房销售面积：指在报告期内正式签订买卖合同、正在建设尚未竣工交付使用的商品房屋建筑面积。包括以一次性付款方式和分期付款方式销售的商品房屋建筑面积。期房销售建筑面积竣工后不再结转为现房销售建筑面积。

商品房销售额 指报告期内出售商品房屋的合同总价款（即双方签署的正式买卖合同中所确定的合同总价）。该指标与商品房销售面积同口径，由现房销售额和期房销售额两部分组成。

（1）现房销售额：指报告期内销售的已竣工商品房屋的合同总价款。包括现房销售前期预收的定金、预收款、首付款及全部按揭贷款的本金等款项。该指标与现房销售面积同口径。

（2）期房销售额：指报告期内销售的正在建设尚未竣工的商品房屋的合同总价款。包括预售房屋前期预收的定金、预收款、首付款及全部按揭贷款的本金等项。该指标与期房销售面积同口径。

商品住宅竣工套数 指报告期内按照设计要求已全部完工，经验收合格，达到住人或使用条件的正式交给开发公司的成套住宅数量（以设计图纸为准）。

商品住宅销售套数 指报告期内出售商品房屋合同中总的成套住宅数量（即双方签署的正式买卖合同中所确定的成套住宅数量）。由现房销售套数和期房销售套数两部分组成。

房屋竣工价值 指报告期内按规定已经上报竣工的房屋本身的建造价值。一般按房屋设计和预算规定的内容计算。包括竣工房屋本身的基础、结构、屋面、装修以及水、电、卫等附属工程的建筑价值，也包括作为房屋建筑组成部分而列入房屋建筑工程预算内的设备（如电梯、通风设备等）的购置和安装费用；不包括厂房内的工艺设备、工艺管线的购置和安装，工艺设备基础的建造；室外的水、暖、电、卫、道路工程、挡土墙等环境工程的费用，办公和生活用家具的购置等费用；购置土地的费用；迁移补偿费和场地平整的费用及城市建设配套投资。

房屋竣工价值不仅包括该竣工房屋在报告期内完成的价值，也包括跨年施工的房屋在本期以前完成的价值。未竣工而转让给其他单位的房屋建筑工程，出让单位不计算竣工价值，待接受单位继续施工并符合竣工条件后，由接受单位计算其竣工价值，包括出让单位在出让前所完成的价值。房屋竣工价值一般按结算价格计算。

待开发土地面积 指经有关部门批准，通过各种方式获得土地使用权，但尚未开工建设的土地面积。

本年土地购置面积 指在本年内通过各种方式获得土地使用权的土地面积。

6 第三产业部分行业主要业务指标

6-7　租赁和商务服务业

简要说明

该行业为《国民经济行业分类》(GB/T 4754-2002)的门类，本年鉴列示了2007-2011年数据。

本资料由国家统计局国民经济核算司加工整理。

6-7-1 各地区租赁和商务服务业总产出

地 区	2007		2008		2009		2010		2011	
	总量(亿元)	指数(%)	总量(亿元)	指数(%)	总量(亿元)	指数(%)	总量(亿元)	指数(%)	总量(亿元)	指数(%)
北 京	2680.08	124.0	3141.49	117.8	3052.36	102.5	3890.70	119.0	4600.05	114.7
天 津	217.77	119.7	319.01	123.6	393.44	132.4	543.25	115.3	709.00	126.7
河 北	249.64	118.8	286.55	112.2	329.78	103.0	335.29	106.1	441.27	120.9
山 西	149.91	107.4	120.09	120.8	128.05	70.8	152.17	117.1	175.97	111.0
内蒙古	179.35	124.9	188.83	84.4	211.98	113.6	285.54	99.2	371.78	126.5
辽 宁	388.27	121.3	467.48	119.2	535.68	108.3	664.67	122.2	812.92	118.4
吉 林	188.82	116.4	220.91	116.2	263.29	114.1	410.77	126.2	567.17	133.8
黑龙江	189.49	101.1	193.73	108.5	220.73	112.7	228.64	102.5	248.12	104.3
上 海	2267.64	131.3	2738.26	127.2	2999.90	109.8	3438.02	109.7	4366.52	125.2
江 苏	1162.05	129.0	1684.65	121.1	1738.35	104.2	2680.42	108.4	3691.02	122.4
浙 江	1084.26	114.8	1097.70	102.0	1177.76	106.7	1486.67	114.6	1899.11	113.6
安 徽	438.96	133.1	373.44	83.8	479.51	111.3	587.04	108.6	681.00	108.5
福 建	397.44	125.3	389.02	106.9	454.32	120.2	523.20	107.5	753.61	106.9
江 西	119.52	105.2	149.47	114.5	161.13	110.7	170.97	110.7	214.42	122.2
山 东	590.67	110.4	708.93	117.6	813.40	105.9	1046.09	125.7	1314.33	104.5
河 南	404.36	119.5	251.96	61.0	307.26	126.0	370.58	118.4	466.53	121.3
湖 北	390.36	116.6	420.07	99.7	497.50	111.2	748.40	124.0	915.36	104.5
湖 南	294.59	129.3	370.51	116.4	380.43	102.0	475.88	116.8	581.15	115.9
广 东	2220.00	109.6	2503.22	108.2	2743.53	98.5	3253.41	109.8	4019.83	112.5
广 西	195.48	118.3	192.18	97.2	206.92	109.9	268.63	106.0	344.26	133.4
海 南	44.51	109.5	57.35	113.3	62.69	110.2	76.65	122.5	100.23	128.2
重 庆	197.19	104.6	202.87	103.7	215.86	105.8	263.71	112.8	367.57	116.7
四 川	308.65	114.9	398.98	101.5	448.45	117.3	415.36	116.9	480.70	108.3
贵 州	105.01	131.6	133.13	124.9	153.44	112.1	179.87	108.8	264.40	121.2
云 南	324.54	110.0	239.93	104.2	253.53	103.4	296.46	113.5	547.40	129.7
西 藏	2.93	111.6	4.04	131.4	7.49	165.1	10.72	163.6	17.71	146.4
陕 西	125.03	120.3	186.57	140.7	187.29	100.1	208.66	107.9	233.16	106.9
甘 肃	43.41	108.2	39.96	120.5	48.82	127.3	60.92	119.7	80.64	112.9
青 海	16.92	115.3	21.55	123.4	28.86	131.7	33.21	109.2	40.86	117.1
宁 夏	16.24	115.6	20.77	110.6	27.57	116.0	42.49	108.7	63.66	113.0
新 疆	171.79	107.4	133.18	76.3	137.27	95.5	127.64	99.6	163.30	120.3

注：总量按当年价格计算。指数按不变价格计算，以上年为100。

【主要统计指标解释】

总产出 指一定时期内一个国家（或地区）常住单位生产的所有货物和服务的价值，既包括新增价值，也包括被消耗的货物和服务价值以及固定资产的转移价值。总产出反映常住单位生产活动的总规模。

6 第三产业部分行业主要业务指标

6-8 科学研究和技术服务业

简要说明

一、主要内容

科技活动基本情况，包括R&D人员、R&D经费、科技成果和专利情况；气象、地震、测绘、质量监督检验检疫等综合技术服务部门业务活动情况；全国技术市场成交合同额情况等。

二、统计范围

科技活动统计资料范围为全社会有研究与试验发展（R&D）活动的企事业单位，具体包括工业企业、政府部门属研究机构、普通高等学校以及研究与试验发展（R&D）活动相对密集行业（包括农、林、牧、渔业，建筑业，交通运输、仓储和邮政业，信息传输、计算机服务和软件业，金融业，租赁和商务服务业，科学研究、技术服务和地质勘查业，水利、环境和公共设施管理业，卫生、社会保障和社会福利业，文化、体育和娱乐业等）中从事研究与试验发展（R&D）活动的企事业单位以及从事综合技术服务活动的单位等。

三、资料来源

科技活动基本情况资料由国家统计局、科技部、国防科技工业局、教育部、国家知识产权局等部门调查提供；研究与试验发展（R&D）课题学科分组情况由科技部、国防科技工业局、教育部调查提供；气象、地震、测绘、产品质量监督抽查等资料，分别由中国气象局、中国地震局、国家测绘地理信息局、国家质量监督检验检疫总局等部门调查提供；技术市场资料由科技部调查提供。

四、统计调查方法

研究与试验发展(R&D)活动情况采用全面调查取得；科协、测绘、气象、地震、产品质量监督抽查、专利资料采用抽样等多种调查方法取得。

五、科技活动统计资料口径变动说明

2000年以前科技活动统计资料只包括大中型工业企业、政府部门属研究机构、普通高等学校，2000年及以后年份扩大到了全社会范围。

6-8-1 科技活动基本情况

指　　标	2005	2006	2007	2008	2009	2010	2011
研究与试验发展(R&D)投入情况							
R&D人员全时当量　（万人年）	**136.5**	**150.2**	**173.6**	**196.5**	**229.1**	**255.4**	**288.3**
#基础研究	11.5	13.1	13.8	15.4	16.5	17.4	19.3
应用研究	29.7	30.0	28.6	28.9	31.5	33.6	35.3
试验发展	95.2	107.1	131.2	152.2	181.1	204.5	233.7
R&D经费内部支出　（亿元）	**2450.0**	**3003.1**	**3710.2**	**4616.0**	**5802.1**	**7062.6**	**8687.0**
#基础研究	131.2	155.8	174.5	220.8	270.3	324.5	411.8
应用研究	433.5	489.0	492.9	575.2	730.8	893.8	1028.4
试验发展	1885.2	2358.4	3042.8	3820.0	4801.0	5844.3	7246.8
#政府资金	645.4	742.1	913.5	1088.9	1358.3	1696.3	1883.0
企业资金	1642.5	2073.7	2611.0	3311.5	4162.7	5063.1	6420.6
R&D经费内部支出相当于国内生产总值比例　（%）	**1.32**	**1.39**	**1.40**	**1.47**	**1.70**	**1.76**	**1.84**
科技成果及获奖数　（项）							
科技成果登记数	32359	33644	34170	35971	38688	42108	44208
国家技术发明奖	40	56	51	55	55	46	55
国家科学技术进步奖	236	241	255	254	282	273	283
技术市场成交额　（亿元）	**1551**	**1818**	**2227**	**2665**	**3039**	**3907**	**4764**
专利申请受理数　（件）	**476264**	**573178**	**693917**	**828328**	**976686**	**1222286**	**1633347**
发明	173327	210490	245161	289838	314573	391177	526412
实用新型	139566	161366	181324	225586	310771	409836	585467
外观设计	163371	201322	267432	312904	351342	421273	521468
专利申请授权数　（件）	**214003**	**268002**	**351782**	**411982**	**581992**	**814825**	**960513**
发明	53305	57786	67948	93706	128489	135110	172113
实用新型	79349	107655	150036	176675	203802	344472	408110
外观设计	81349	102561	133798	141601	249701	335243	380290

6-8-2 全国研究与试验发展(R&D)经费内部支出

单位：亿元，%

年 份	R&D经费内部支出	基础研究	应用研究	试验发展	占国内生产总值比重	R&D经费内部支出现价增长
1995	348.7	18.1	92.0	238.6	0.57	
1996	404.5	20.2	99.1	285.1	0.57	16.0
1997	509.2	27.4	132.5	349.3	0.64	25.9
1998	551.1	29.0	124.6	397.5	0.65	8.2
1999	678.9	33.9	151.6	493.5	0.76	23.2
2000	895.7	46.7	151.9	697.0	0.90	31.9
2001	1042.5	55.6	184.9	802.0	0.95	16.4
2002	1287.6	73.8	246.7	967.2	1.07	23.5
2003	1539.6	87.7	311.4	1140.5	1.13	19.6
2004	1966.3	117.2	400.5	1448.7	1.23	27.7
2005	2450.0	131.2	433.5	1885.2	1.32	24.6
2006	3003.1	155.8	489.0	2358.4	1.39	22.6
2007	3710.2	174.5	492.9	3042.8	1.40	23.5
2008	4616.0	220.8	575.2	3820.0	1.47	24.4
2009	5802.1	270.3	730.8	4801.0	1.70	25.7
2010	7062.6	324.5	893.8	5844.3	1.76	21.7
2011	8687.0	411.8	1028.4	7246.8	1.84	23.0

6-8-3 全国研究与试验发展(R&D)人员全时当量

单位：万人年，%

年 份	R&D人员全时当量	基础研究	比重	应用研究	比重	试验发展	比重
1992	67.43	5.84	8.66	20.90	30.99	40.70	60.36
1993	69.78	6.33	9.07	21.49	30.80	41.96	60.13
1994	78.32	7.64	9.76	24.20	30.90	46.48	59.35
1995	75.17	6.66	8.87	22.79	30.32	45.71	60.81
1996	80.40	6.96	8.65	23.65	29.42	49.79	61.93
1997	83.12	7.17	8.63	25.27	30.40	50.68	60.97
1998	75.52	7.87	10.42	24.97	33.06	42.68	56.51
1999	82.17	7.60	9.25	24.15	29.39	50.42	61.36
2000	92.21	7.96	8.63	21.96	23.82	62.28	67.54
2001	95.65	7.88	8.24	22.60	23.63	65.17	68.13
2002	103.51	8.40	8.12	24.73	23.89	70.39	68.00
2003	109.48	8.97	8.19	26.03	23.77	74.49	68.03
2004	115.26	11.07	9.61	27.86	24.17	76.33	66.22
2005	136.48	11.54	8.46	29.71	21.77	95.23	69.78
2006	150.25	13.13	8.74	29.97	19.95	107.14	71.31
2007	173.62	13.81	7.95	28.60	16.47	131.21	75.57
2008	196.54	15.40	7.83	28.94	14.72	152.20	77.44
2009	229.13	16.46	7.18	31.53	13.76	181.14	79.06
2010	255.38	17.37	6.80	33.56	13.14	204.46	80.06
2011	288.29	19.32	6.70	35.28	12.24	233.73	81.07

6-8-4 各地区研究与试验发展(R&D)经费内部支出

单位：万元，%

地 区	R&D经费内部支出	基础研究	应用研究	试验发展	R&D经费内部支出占国内(地区)生产总值的比重
全 国	**86870093**	**4118143**	**10283899**	**72468051**	**1.84**
北 京	9366439	1085319	2280064	6001059	5.76
天 津	2977580	130040	372977	2474566	2.63
河 北	2013377	63349	257792	1692230	0.82
山 西	1133926	27463	171677	934788	1.01
内蒙古	851685	16306	61628	773750	0.59
辽 宁	3638348	116268	527147	2994935	1.64
吉 林	891337	89293	268497	533549	0.84
黑龙江	1287788	125096	190439	972253	1.02
上 海	5977131	377819	924252	4675064	3.11
江 苏	10655109	234922	567979	9852207	2.17
浙 江	5980824	136506	348300	5496022	1.85
安 徽	2146439	177150	191711	1777579	1.40
福 建	2215151	40653	117655	2056846	1.26
江 西	967529	26696	69080	871750	0.83
山 东	8443667	188278	541744	7713651	1.86
河 南	2644923	45774	107104	2492048	0.98
湖 北	3230129	139258	471734	2619142	1.65
湖 南	2332181	79544	318658	1933982	1.19
广 东	10454872	313873	531362	9609638	1.96
广 西	810205	46124	121830	642253	0.69
海 南	103717	20385	13776	69556	0.41
重 庆	1283560	89403	206510	987649	1.28
四 川	2941009	207079	796042	1937889	1.40
贵 州	363089	29227	38962	294900	0.64
云 南	560797	66315	129858	364624	0.63
西 藏	11530	1892	4442	5196	0.19
陕 西	2493548	129869	461563	1902111	1.99
甘 肃	485261	68419	91861	324979	0.97
青 海	125756	11140	19267	95349	0.75
宁 夏	153183	13815	14375	124994	0.73
新 疆	330031	20891	65634	243509	0.50

6-8-5 各地区研究与试验发展(R&D)人员全时当量

单位：人年

地 区	R&D人员全时当量	#研究人员	基础研究	应用研究	试验发展
全 国	**2882903**	**1318086**	**193215**	**352777**	**2337287**
北 京	217255	121814	31734	54754	130782
天 津	74293	34048	5342	10654	58303
河 北	73025	41826	4445	10560	58027
山 西	47355	27142	3348	8780	35233
内蒙古	27604	14973	2022	4328	21260
辽 宁	80977	49316	7371	14498	59116
吉 林	44815	27582	9150	12492	23174
黑龙江	66599	42883	7691	8415	50494
上 海	148500	69710	14539	24879	109105
江 苏	342765	123113	9964	17833	314979
浙 江	253687	74707	5935	11398	236360
安 徽	81087	37109	6976	9800	64314
福 建	96884	31705	3575	8537	84776
江 西	37517	19177	1944	4466	31109
山 东	228608	99719	11126	19897	197591
河 南	118041	53334	2788	6516	108750
湖 北	113920	59605	6978	16393	90550
湖 南	85783	38670	5551	12130	68110
广 东	410805	168108	12166	25197	373506
广 西	40135	20436	5696	11348	23095
海 南	5397	2170	858	779	3762
重 庆	40698	19883	4187	6232	30281
四 川	82485	44005	9930	16694	56065
贵 州	15886	8861	2436	2337	11114
云 南	25092	14337	4009	6668	14419
西 藏	1081	676	312	517	253
陕 西	73501	44139	6859	14701	51948
甘 肃	21332	12991	2525	5302	13508
青 海	5006	3189	716	1215	3077
宁 夏	7358	3224	1145	1206	5010
新 疆	15451	9664	1924	4290	9238

6-8-6 国家财政科技支出

单位：亿元，%

年 份	国家财政总支出	国家财政科技拨款	中 央	地 方	科技拨款占财政总支出的比重
1980	1228.8	64.6			5.26
1981	1138.4	61.6			5.41
1982	1230.0	65.3			5.31
1983	1409.5	79.0			5.61
1984	1701.0	94.7			5.57
1985	2004.3	102.6			5.12
1986	2204.9	112.6			5.11
1987	2262.2	113.8			5.03
1988	2491.2	121.1			4.86
1989	2823.8	127.9			4.53
1990	3083.6	139.1	97.6	41.6	4.51
1991	3386.6	160.7	115.4	45.3	4.74
1992	3742.2	189.3	133.6	55.7	5.06
1993	4642.3	225.6	167.6	58.0	4.86
1994	5792.6	268.3	199.0	69.3	4.63
1995	6823.7	302.4	215.6	86.8	4.43
1996	7937.6	348.6	242.8	105.8	4.39
1997	9233.6	408.9	273.9	134.0	4.43
1998	10798.2	438.6	289.7	148.9	4.06
1999	13187.7	543.9	355.6	188.3	4.12
2000	15886.5	575.6	349.6	226.0	3.62
2001	18902.6	703.3	444.3	258.9	3.72
2002	22053.2	816.2	511.2	305.0	3.70
2003	24650.0	944.6	609.9	335.6	3.83
2004	28486.9	1095.3	692.4	402.9	3.84
2005	33930.3	1334.9	807.8	527.1	3.93
2006	40422.7	1688.5	1009.7	678.8	4.18
2007	49781.4	2113.5	1043.0	1070.5	4.25
2008	62592.7	2581.8	1285.2	1296.6	4.12
2009	76299.9	3224.9	1648.6	1576.3	4.23
2010	89874.2	4114.4	2046.4	2068.0	4.58
2011	109247.8	4902.6	2469.0	2433.6	4.49

6-8-7 研究与开发机构基本情况

指标		2005	2006	2007	2008	2009	2010	2011
机构基本情况								
机构数	(个)	3901	3803	3775	3727	3707	3696	3673
中央属		679	673	674	678	691	686	686
地方属		3222	3130	3101	3049	3016	3010	2987
研究与试验发展(R&D)投入情况								
R&D人员	(万人)	24.1	25.7	29.0	30.4	32.3	34.2	36.2
R&D人员全时当量	(万人年)	21.5	23.1	25.5	26.0	27.7	29.3	31.6
基础研究		2.8	3.2	3.6	3.8	4.1	4.2	5.0
应用研究		8.3	8.9	9.3	9.7	10.3	10.9	11.3
试验发展		10.4	11.0	12.6	12.5	13.4	14.2	15.2
R&D经费内部支出	(亿元)	513.1	567.3	687.9	811.3	996.0	1186.4	1306.7
#基础研究		58.0	67.9	74.7	92.7	110.6	129.9	160.2
应用研究		176.3	196.2	227.1	271.3	350.9	387.6	417.2
试验发展		278.7	303.2	386.1	447.2	534.4	668.9	729.3
#政府资金		424.7	481.2	592.9	699.7	849.5	1036.5	1106.1
企业资金		17.6	17.3	26.2	28.2	29.8	34.2	39.9
国外资金		1.8	2.6	3.4	4.0	4.2	3.4	4.9
其他资金		68.1	66.1	65.3	79.3	112.4	112.2	155.8
研究与试验发展(R&D)项目(课题)情况								
R&D项目(课题)数	(项)	39072	42262	49453	54900	61135	67050	70967
R&D项目(课题)人员全时当量	(万人年)	17.6	20.2	22.2	22.9	23.7	25.4	27.3
R&D项目(课题)经费内部支出	(亿元)	353.5	365.4	451.7	537.7	579.8	681.5	807.1
科技产出及成果情况								
发表科技论文	(篇)	109995	118211	126527	132072	138119	140818	148039
#国外发表		15638	17597	19596	21498	25882	26862	31598
出版科技著作	(种)	3578	3791	4134	4691	4788	3922	4292
专利申请受理数	(件)	6814	8026	9802	12536	15773	19192	24059
#发明专利		5064	6200	7782	9864	12361	14979	18227
专利申请授权数	(件)	3234	3499	4036	5048	6391	8698	12126
#发明专利		2088	2191	2467	3102	4077	5249	7862

6-8-8 研究与开发机构研究与试验发展(R&D)课题学科分组情况

学　　科	R&D课题数 (个)	R&D课题参加人员全时当量 (人年)	R&D项目(课题)经费内部支出 (万元)
全　　国	**70967**	**273374**	**8070514**
数　学	422	677	18484
信息科学与系统科学	540	3557	88760
力　学	424	843	26434
物理学	2933	8194	291040
化　学	2542	5875	149055
天文学	839	1047	38845
地球科学	7672	11903	349215
生物学	6332	11456	259614
心理学	146	369	3628
农　学	11115	22974	293729
林　学	1979	4260	44167
畜牧、兽医科学	1927	4621	57447
水产学	1297	2104	33829
基础医学	884	2265	37923
临床医学	1916	5635	62165
预防医学与卫生学	910	3247	36984
军事医学与特种医学	24	79	728
药　学	753	1737	61188
中医学与中药学	1831	3897	39390
工程与技术科学基础学科	1378	18607	441530
信息与系统科学相关工程与技术	349	1167	32183
自然科学相关工程与技术	772	1795	43156
测绘科学技术	700	1841	52917
材料科学	2203	8208	212276
矿山工程技术	146	413	9043
冶金工程技术	134	409	12859
机械工程	378	1842	33932
动力与电气工程	571	5499	132866
能源科学技术	643	2233	39042
核科学技术	541	10113	488278
电子、通信与自动控制技术	3044	39380	1443344

6-8-8 续表

学　　科	R&D课题数(个)	R&D课题参加人员全时当量(人年)	R&D项目(课题)经费内部支出(万元)
计算机科学技术	1180	4955	117112
化学工程	517	1276	32949
产品应用相关工程与技术	131	270	4910
纺织科学技术	31	85	726
食品科学技术	363	858	9531
土木建筑工程	232	529	8700
水利工程	843	1376	38583
交通运输工程	653	2936	110991
航空、航天科学技术	1853	56007	2524720
环境科学技术	2528	5637	129114
安全科学技术	447	1208	24295
管理学	577	1380	95431
马克思主义	191	216	2572
哲　学	197	286	5796
宗教学	172	226	3177
语言学	152	163	2167
文　学	250	352	4168
艺术学	121	412	4389
历史学	623	872	12113
考古学	281	476	7890
经济学	1657	3149	37945
政治学	397	517	6306
法　学	409	586	8718
军事学	6	32	2164
社会学	592	774	7867
民族学	301	400	4011
新闻学与传播学	89	96	1236
图书馆、情报与文献学	321	1175	19415
教育学	371	578	5393
体育科学	97	241	2943
统计学	40	64	1134

6-8-9 高等学校科技活动情况

指　　标		2005	2006	2007	2008	2009	2010	2011
高等学校基本情况								
学校数	(个)	1792	1867	1908	2263	2305	2358	2409
#理工农医		786	800	786	827	1003	970	975
人文社科		815	843	840	869	954	963	997
R&D机构	(个)	3936	4154	4502	5159	5784	7833	8630
研究与试验发展(R&D)投入情况								
R&D人员	(万人)	38.7	42.1	44.8	47.8	50.9	59.4	63.2
R&D人员全时当量	(万人年)	22.7	24.2	25.4	26.6	27.5	29.0	29.9
基础研究		7.8	9.0	9.4	10.9	11.3	12.0	12.9
应用研究		11.1	11.3	12.0	13.7	14.1	14.8	15.0
试验发展		3.9	3.9	4.0	2.0	2.1	2.1	2.0
R&D经费内部支出	(亿元)	242.3	276.8	314.7	390.2	468.2	597.3	688.8
#基础研究		56.7	71.4	86.8	114.8	145.5	179.9	226.7
应用研究		125.0	137.3	161.8	208.9	250.0	337.0	372.4
试验发展		60.6	68.2	66.1	66.5	72.6	80.3	89.8
#政府资金		133.1	151.5	177.7	225.5	262.2	358.8	405.1
企业资金		88.9	101.2	110.3	134.9	171.7	198.5	242.9
研究与试验发展(R&D)项目(课题)情况								
R&D项目(课题)数	(项)	280327	365294	375425	429096	476708	547717	604107
R&D项目(课题)人员全时当量	(万人年)	22.5	26.8	25.2	26.6	27.4	28.9	29.9
R&D项目(课题)经费内部支出	(亿元)	193.5	287.0	258.2	323.2	363.5	467.0	535.3
科技产出及成果情况								
发表科技论文	(篇)	728082	830948	905985	964877	1016354	1062512	1109965
#国外发表		69857	90722	108727	134058	156750	182247	218301
出版科技著作	(种)	33064	34633	35733	37541	40919	38101	37472
专利申请受理数	(件)	20094	24490	29860	40610	56641	72744	95592
#发明专利		14673	18059	21864	29337	36241	44132	54362
专利申请授权数	(件)	8843	12043	14111	19248	25570	37490	53055
#发明专利		4715	6650	8251	10216	14408	18055	25064

6-8-10 高等学校研究与试验发展(R&D)课题学科分组情况

学　　科	R&D课题数(个)	R&D课题参加人员全时当量(人年)	R&D项目(课题)经费内部支出(万元)
全　　国	**604107**	**299013**	**5353388**
数　学	8891	5093	62398
信息科学与系统科学	5805	3648	115473
力　学	2079	1161	29243
物理学	10202	6124	134362
化　学	15749	9668	197308
天文学	308	148	2899
地球科学	11476	5272	201898
生物学	17404	10683	226323
心理学	247	101	2638
农　学	13456	7764	193169
林　学	3404	2416	41708
畜牧、兽医科学	4975	3087	75330
水产学	1958	935	16716
基础医学	13818	12813	98894
临床医学	36708	39183	226330
预防医学与公共卫生学	2735	2105	21544
军事医学与特种医学	101	91	1138
药　学	4799	3547	56611
中医学与中药学	14061	11705	66706
工程与技术科学基础学科	3387	1959	74949
信息与系统科学相关工程技术	2096	1302	32380
自然科学相关工程与技术	1435	784	25205
测绘科学技术	1457	767	27104
材料科学	17298	10227	318738
矿山工程技术	7806	3667	164294
冶金工程技术	1578	951	30001
机械工程	18021	12050	327534
动力与电气工程	8849	5242	182671
能源科学技术	4274	2406	96700
核科学技术	741	433	18524
电子、通信与自动控制技术	22054	13000	443909

6-8-10 续表

学　　科	R&D课题数（个）	R&D课题参加人员全时当量（人年）	R&D项目(课题)经费内部支出（万元）
计算机科学技术	18750	10715	281226
化学工程	9649	5570	154992
产品应用相关工程与技术	484	302	16410
纺织科学技术	1625	1036	21587
食品科学技术	4225	2309	45459
土木建筑工程	12882	6941	203405
水利工程	3987	1864	78858
交通运输工程	7239	4533	164749
航空、航天科学技术	4011	1720	125268
环境科学技术	12697	6325	174349
安全科学技术	950	547	14465
管理学	58270	17694	191298
马克思主义	7652	2345	6911
哲　学	4832	1403	8224
宗教学	804	232	1665
语言学	17030	5351	14488
文　学	14495	4131	14352
艺术学	18783	5430	48477
历史学	7771	2155	13140
考古学	861	244	6524
经济学	42252	12082	102400
政治学	7052	1919	10627
法　学	17529	4504	25043
军事学	7	2	32
社会学	15105	4073	27652
民族学与文化学	2598	833	4552
新闻学与传播学	5920	1549	12059
图书馆、情报与文献学	4948	1583	9127
教育学	31748	9312	38355
体育科学	10795	3349	10760
统计学	1811	508	3928
其他	173	123	10308

6-8-11 全国气象部门基本情况

项目		2000	2005	2006	2007	2008	2009	2010	2011
气象观测业务台站	**(个)**								
地面观测		2819	2405	2418	2431	2438	2416	2418	2419
高空探测		156	120	122	123	121	118	120	120
自动气象站		550	7813	16775	23130	28235	31553	30693	33259
天气雷达观测		238	253	252	304	313	330	342	259
大气成分观测			21	73	31	35	35	28	28
太阳辐射观测		99	105	110	103	142	157	100	100
农业气象观测		1125	769	771	739	635	653	653	653
生态与农业气象观测试验		68	67	68	69	67	68	68	68
卫星云图接收		319	435	384	496	621	311	361	363
大气本底站		4	6	7	7	7	7	7	7
雷电定位监测			234	292	354	387	417	425	319
沙尘暴监测			85	86	31	194	182	29	29
紫外线观测			178	178	174	203	149	164	160
酸雨观测		82	299	513	334	330	337	342	342
臭氧观测		3	14	18	4	20	17	22	36
海洋气象台站		140	125	100	105	102	102	109	90
气象科学数据共享服务数据量	**(GB)**		**2089**	**218784**	**112505.9**	**51985**	**245740**	**358319**	**398134**
装备									
拥有计算机数	(台)	27724	50683	57007	63350.3	72137	79349	90040	98101
高性能计算机			62	53	65	61	72	106	108
服务器及工作站	(套)		768	941	1046	1196	1751	2428	3124
PC服务器			1903	2142	2629	3021	3776	4762	5339
PC机(含PC工作站)			47950	53871	59610.3	67859	73750	82744	89530
云图接收机数	(台)	354	506	423	438	453	407	421	453
电视会商系统设备	(套)		729	877	1041	1296	1805	1895	2071
人工影响天气作业设备									
高炮	(门)		6393	6800	6969	6311	6973	6902	6636
火箭发射系统	(部)		4129	4936	5039	4862	6355	7034	7109
人员	**(人)**								
全国气象部门职工总数		59113	53214	53137	53321	53265	53180	53606	53665

注：2006年起气象科学数据共享服务数据量是全国气象部门利用网络向社会提供气象资料的数据量，2005年以前是国家气象信息中心气象科学数据共享服务网的数据量。

6-8-12　各地区气象业务站点及观测项目情况

单位：个

地　区 和单位	地面观 测业务	高空探 测业务	自动 气象站	天气雷达 观测业务	大气成分 观测业务	农业气象 观测业务	生态与农业 气象试验业务	大气 本底站
全　国	**2419**	**120**	**33259**	**255**	**28**	**653**	**68**	**7**
北　京	20	1	212	3	1	7		1
天　津	14		225	1		5		
河　北	142	3	1673	5	1	30		
山　西	109	1	1128	8	1	31		
内蒙古	119	12	458	12	4	29	6	
辽　宁	61	2	1051	12	5	25	3	
吉　林	54	3	827	6		22	3	
黑龙江	83	4	864	12		36	3	1
上　海	14	1	258	3	1	1		
江　苏	70	3	1071	11		19	3	
浙　江	71	3	1458	8		13	1	1
安　徽	81	2	1377	10		22	3	
福　建	70	3	1107	7		23	4	
江　西	87	2	1765	7	1	18	1	
山　东	123	3	1372	13	1	19	1	
河　南	119	3	1952	12	1	35	3	
湖　北	81	3	1330	11		30	2	1
湖　南	97	3	2691	9	1	22	4	
广　东	86	4	1143	12	1	26	2	
广　西	92	6	1261	9	2	24	5	
海　南	21	3	311	3		6	1	
重　庆	35	1	890	4		13		
四　川	156	7	2357	11	1	45	2	
贵　州	85	2	1868	8		18	1	
云　南	125	5	1627	8		22	4	1
西　藏	39	5	15	6	1	4	1	
陕　西	100	4	1321	8	2	21	1	
甘　肃	81	9	1020	6	2	23	4	
青　海	52	7	106	4		17	2	1
宁　夏	25	1	236	3		7	3	
新　疆	105	14	285	14	2	40	4	1
大连市								
宁波市				2				
青岛市								
厦门市								
极　地	2							
气象探测中心				1				
气象科学研究院							1	
新疆生产建设兵团				4				
黑龙江农垦总局				2				

6-8-12 续表　　单位：个

地　区 和单位	海洋气 象台站	雷电定位 监测业务	太阳辐射 观测业务	沙尘暴 监测业务	紫外线 观测业务	酸雨观 测业务	臭氧观 测业务	卫星云图 接收业务
全　国	**93**	**319**	**100**	**29**	**160**	**342**	**36**	**363**
北　京		1	1	1	3	3	5	3
天　津	1	1	1	1		3		2
河　北	2	11	1	1	10	5		6
山　西		7	3	2	2	5		13
内蒙古		20	9	8	1	8		6
辽　宁	6	9	3	2	4	26	4	16
吉　林		7	2	1	3	12		6
黑龙江		21	5		7	16	2	7
上　海	1		1		3	2	10	6
江　苏	19	9	3		13	24	2	5
浙　江	2	11	2		6	13	2	30
安　徽		7	2		8	7		5
福　建	23	9	2		2	4		18
江　西		12	2		12	12		9
山　东	13	7	3	2	16	19	1	15
河　南		10	4		18	18		28
湖　北		13	2		1	32		16
湖　南		10	3			6		7
广　东	7	11	2		8	7	6	9
广　西	9	11	3			10		12
海　南		6	3			4		5
重　庆		5	7		1	35		4
四　川		24	1		1	10		14
贵　州		12	1			10		13
云　南		22	5		1	6		26
西　藏		18	4		4	4	1	9
陕　西		9	3	2	1	15		20
甘　肃		6	4	4	13	6		17
青　海		10	5		3	7	2	16
宁　夏		5	2	1	5	6		5
新　疆		15	11	4	13	7	1	15
大连市	8				1			
宁波市	1							
青岛市	1							
厦门市								
极　地								
气象探测中心								
气象科学研究院								
新疆生产建设兵团								
黑龙江农垦总局								

6-8-13 地震台、网基本情况

地区	国家地震观测台、网			国家地震遥测台、网		市、县地震台		
	国家级台	省级台	强震观测点	台网	子台	市、县级台	企业台	宏观观测点
全　国	**187**	**211**	**2209**	**135**	**977**	**1033**	**186**	**37518**
北　京	10	2	243	3	27	86	1	242
天　津	5	5	110	1	33			1769
河　北	8	21	65	4	53	45	12	2755
山　西	6	4	40	6	37	64	25	6044
内蒙古	6	17	32	1	39	35		540
辽　宁	7	11	70	3	37	28	5	936
吉　林	5	6	10	2	37	21		386
黑龙江	9	2	106	7	35	49	1	4515
上　海	2		63	1	33	7		10
江　苏	9	6	85	12	15	78	2	1211
浙　江	5	1	16	4	24	32		24
安　徽	3	9	13	4	10	15	1	645
福　建	4	10	40	6	33	28	8	339
江　西	2	4	6	1	24			475
山　东	6	20	146	16	66	41	7	3436
河　南	3	7	20	12	9	31	4	879
湖　北	5	8	2	2	13	27		157
湖　南	4	3	2	1	21	25	2	236
广　东	6	7	112	8	51	32	5	148
广　西	1	7	21	6	22	34	3	895
海　南	2	4	14	1	25	14		2715
重　庆	1			1	23	24		17
四　川	12	13	219	12	60	78	36	2505
贵　州								
云　南	16	15	315	5	55	110	33	1659
西　藏	10	1	2	1	19			
陕　西	6	9	30	3	30	34	9	3831
甘　肃	9	10	166	5	44	44	10	267
青　海	5	2	40	3	30	10	20	87
宁　夏	4	3	51	1	13	11		266
新　疆	16	4	170	3	59	30	2	529

6-8-14 各地区测绘生产完成情况

地区和单位	大地测量		地理信息数据生产	地图编制		
	GPS测量（点）	水准测量（公里）	（幅）	地形图（幅）	专题地图（种）	地图集（种）
全国	**22998**	**106707**	**791088**	**101720**	**30775**	**591**
北京	1664	2162	1246		21	5
天津		5517	25960	258	3	
河北	1750	7854	121173		15	2
山西	1939	3244	25958	6690	91	3
内蒙古	1093	1357	9940	458	17	
辽宁	159	1635	32367	9863	21	1
吉林		1534	4513	616	105	
黑龙江	843	10403	78115	3035	158	14
上海		7300	49599	491	2	1
江苏	116	1102	18265		12	2
浙江	1651	6545	23423	9208	72	14
安徽	831	2964	33185		26	85
福建	400	1507	1024		111	11
江西	75	943	30213	194	60	
山东	138	520	19164		244	86
河南	754	6584	40483	5580	5	2
湖北	1242	4935	10916	1313		4
湖南	211	981	18284	8330	72	18
广东	207	5412	40974	17423	11	1
广西	3266	2361	10036	1609	48	1
海南	133	750	6405	1038	201	36
重庆	392	661	13852	583	1289	40
四川	402	6292	41456	3773	115	79
贵州	186	532	13099	2300	14	1
云南	136	1180	7192	4076	62	2
西藏		103	94	35		
陕西	1530	8340	31694	11923	105	42
甘肃	43	772	12408	59	18	
青海	308	658	1826	1982	50	8
宁夏			2265	2		1
新疆	449	988	11633	4060	16	2
青岛						
大连						
宁波						
深圳						
厦门						
重庆测绘院	913	4900	779	1053	1705	
中国地图出版集团				354	544	127
中国测绘科学研究院			29629	59	192	
国家基础地理信息中心					25356	1
卫星测绘应用中心						

6-8-15 各地区测绘成果提供情况

地 区 和单位	地形图合计 (张)	1:10000	1:50000	测绘基准成果 (点)	航摄成果 (片)	专题地图 (张)	地图集 (册)
全 国	**451513**	**151035**	**56911**	**178232**	**514225**	**61590**	**9279**
东部地区	270645	27597	12697	66429	282216	13076	5109
中部地区	63293	51908	10394	24464	208690	11327	2228
西部地区	117575	71530	33820	87339	23319	37187	1942
北 京	15292	193		13862			
天 津	2			206			
河 北	2910	2505	344	1396			
山 西	5116	4167	888	1994		1751	
内蒙古	11470	2934	5770	13948	7503	270	156
辽 宁	2724	2278	409	1170	431	870	
吉 林	13880	12289	1301	4369		7475	1674
黑龙江	9554	3638	5594	7849	188527		
上 海	194555	84		4015			
江 苏	1868	1592	244	3630			76
浙 江	12216	11410	787	2742			
安 徽	6075	5690	354	2622		413	
福 建	5217	4266	757	2518	9851	273	
江 西	8320	7498	655	3687	7994		
山 东	4295	3619	498	3309			
河 南	3606	3325	187	1097	2725	1686	553
湖 北	2762	2464	292	2133	4760	2	1
湖 南	13980	12837	1123	713	4684		
广 东	1174	951	169	1276	23464		
广 西	9688	8326	1325	5414	371	690	38
海 南	70	37		475		1197	33
重 庆	9396	8484	685	849		960	960
四 川	9765	6372	2482	4556		26	
贵 州	12631	10454	1955	3774	486		
云 南	10169	7744	1711	31804	9677	30595	2
西 藏	3168	23	622	456		671	376
陕 西	13942	11877	1914	2409	253		
甘 肃	8630	4118	3882	3179		1016	243
青 海	4992	361	3550	4256		567	53
宁 夏	3432	2735	624	1345	5029		
新 疆	20292	8102	9300	15349		2392	114
青 岛	3597	623		61		720	
大 连							
宁 波	13197	24		246		16	
深 圳	234	15		21		10000	5000
厦 门	977						
国家基础 地理信息中心	12317		9489	31502	248470		

6-8-16 产品质量国家监督抽查情况

项　目	抽查产品(种)	抽查企业(家)	抽查产品(批)	不合格产品(批)
合　计	**156**	**19328**	**20965**	**2621**
食　品	29	3889	4154	203
日用消费品	55	4951	5434	736
建筑与装饰装修材料	24	5820	5858	700
农业生产资料	11	1094	1110	142
工业生产资料	37	3574	4409	840

6-8-17 各地区产品质量情况

单位：%

地　区	产品质量等级品率			质量损失率
	优等品率	一等品率	合格品率	
全　国	**57.64**	**32.90**	**9.46**	**0.25**
北　京	74.92	23.69	1.39	0.54
天　津	71.10	22.92	5.98	0.10
河　北	28.55	63.99	7.45	0.08
山　西	25.80	30.73	43.47	0.05
内蒙古	50.31	22.55	27.14	0.07
辽　宁				
吉　林				
黑龙江	20.30	39.51	40.19	0.18
上　海				
江　苏	34.41	35.39	30.20	0.10
浙　江	44.54	48.26	7.21	0.20
安　徽	46.46	41.78	11.77	0.12
福　建	67.14	28.34	4.52	0.34
江　西	58.14	41.86		0.06
山　东	44.69	30.63	24.69	0.47
河　南	51.51	21.81	26.68	0.19
湖　北	45.41	29.99	24.60	0.32
湖　南	58.90	29.17	11.93	0.73
广　东	66.14	27.45	6.42	0.13
广　西	22.34	72.76	4.90	
海　南	84.79	1.97	13.24	0.03
重　庆				
四　川	49.59	42.36	8.05	0.46
贵　州	95.52	2.02	2.46	0.02
云　南	23.41	71.58	5.01	0.07
西　藏				
陕　西				
甘　肃	14.23	85.13	0.64	0.02
青　海	18.53	21.90	59.57	0.09
宁　夏	23.55	36.06	40.39	0.10
新　疆	78.56	21.23	0.21	0.01

注：本资料由75个重点工业城市抽样数据汇总而成。

6-8-18 产品质量省级监督抽查情况

地 区	抽查产品（种）	抽查企业（家）	抽查产品（批）	不合格产品（批）
全 国	**4178**	**210584**	**296594**	**24631**
北 京	167	4133	6370	591
天 津	40	2331	4132	159
河 北	86	5946	6859	1201
山 西	61	3662	5680	481
内蒙古	85	2822	3442	339
辽 宁	67	2478	2760	215
吉 林	28	598	625	29
黑龙江	354	663	5681	227
上 海	219	5737	6659	728
江 苏	308	25989	33507	1074
浙 江	474	26593	26615	1731
安 徽	126	8837	15012	846
福 建	158	7175	8019	333
江 西	54	1810	1989	302
山 东	85	9746	11907	1322
河 南	101	19481	26964	1728
湖 北	74	4153	6270	563
湖 南	85	19225	31549	2950
广 东	67	3944	5189	1135
广 西	50	1809	1951	207
海 南	17	416	544	88
重 庆	403	7718	17585	2025
四 川	635	21989	30028	2025
贵 州	45	1677	4153	360
云 南	65	8861	15409	2029
西 藏	52	482	522	90
陕 西	117	6737	9856	838
甘 肃	46	1709	2492	489
青 海	52	860	1071	102
宁 夏	26	1046	1586	65
新 疆	31	1957	2168	359

6-8-19 各地区出入境货物检验检疫情况

地区	总计				工业品检验检疫			
	批次(批)	#不合格	货值(万美元)	#不合格	批次(批)	#不合格	货值(万美元)	#不合格
总计	**18170715**	**167246**	**153866466**	**9801809**	**14248265**	**68200**	**131263190**	**5534521**
北京	233136	2234	1870195	5622	185329	1380	1688658	3380
天津	595703	11813	8012242	757153	494681	6266	6851558	385119
河北	170411	2251	4029308	947600	113968	1742	3622750	882374
山西	16616	92	264632	3028	12402	69	233395	2918
内蒙古	298505	210	1044416	594	98291	20	763395	104
辽宁	448478	3455	7190033	440680	270423	2585	5896383	230942
吉林	73318	247	634870	937	33943	120	371005	760
黑龙江	174265	674	1596868	379	51226	14	1369181	25
上海	2203022	27073	20014207	375805	1807251	4824	17731551	59176
江苏	1967079	12791	15103168	1413008	1757144	7051	12643453	838931
浙江	2480588	12285	19070654	1107416	2177914	8767	17555427	803647
#宁波市	754861	4364	9635396	455042	689425	2845	9215723	356964
安徽	146434	533	1091452	4749	113959	462	932955	1747
福建	993606	4803	6596665	455689	775628	2930	5375304	280903
#厦门市	427800	2761	2735674	140227	318568	1587	2211710	89361
江西	134682	1266	786884	10396	109360	1048	699746	9969
山东	1433916	22444	16888325	2694829	883362	6904	12568473	1429532
河南	87773	375	1295287	3467	52316	128	1045664	1485
湖北	101460	571	829368	7050	72534	129	613483	1351
湖南	93683	708	530850	2262	59170	581	401161	1637
广东	5884119	41527	38967034	1021829	4815682	16151	34382762	363816
#深圳市	1387047	13618	10909783	214465	1063790	3996	9990046	57020
珠海市	428087	418	3671830	1397	370658	129	3563307	542
广西	157588	6866	2215831	434424	47582	572	1587983	161217
海南	17037	295	1036196	16351	4623	189	907513	15353
重庆	53945	119	539889	4335	48091	101	498576	4133
四川	70896	152	997329	873	57721	71	889483	611
贵州	6466	36	77370	137	5602	21	54226	112
云南	91613	8100	465772	36269	19256	98	200622	1723
西藏	5072	5	28273	11	4373	5	23967	11
陕西	30906	118	317556	4697	13505	66	217554	2312
甘肃	13410	52	154682	215	5745	10	117171	39
青海	2664	19	38364	918	2492	15	36432	909
宁夏	4563	80	105724	1739	3143	50	87351	1553
新疆	179761	6052	2073020	49348	151549	5831	1896007	48733

注：国家出入境货物检验检疫数据是由全国直属的35个检验检疫局直报国家质检总局汇总得到。其中：浙江包括浙江局和宁波局；福建包括福建局和厦门局；广东包括广东局、深圳局和珠海局。

6-8-19 续表

地 区	动物及动物产品检验检疫				植物及植物产品检验检疫				食品及化妆品检验检疫			
	批 次(批)	#不合格	货 值(万美元)	#不合格	批 次(批)	#不合格	货 值(万美元)	#不合格	批 次(批)	#不合格	货 值(万美元)	#不合格
总 计	**685057**	**19003**	**4588622**	**265707**	**1826963**	**67992**	**11093409**	**3896503**	**1410430**	**12051**	**6921244**	**105077**
北 京	14189	352	35489	298	11118	298	31086	1845	22500	204	114962	99
天 津	31472	2006	198527	12644	44295	2408	665407	341896	25255	1133	296750	17494
河 北	10002	47	103268	654	21593	388	168415	63787	24848	74	134875	786
山 西	232	2	2345	29	715		4342		3267	21	24550	81
内蒙古	1462		12240		193907	180	233501	476	4845	10	35281	14
辽 宁	64032	46	493816	385	75743	567	617231	208582	38280	257	182603	771
吉 林	2583	4	16035	9	25043	105	200274	154	11749	18	47557	14
黑龙江	1556	1	13054		115923	653	187419	349	5560	6	27213	4
上 海	90065	8503	477857	117239	138633	9260	890221	176499	167073	4486	914578	22890
江 苏	38581	228	370206	3311	107525	5277	1679879	537992	63829	235	409629	32774
浙 江	32484	836	356146	17690	132388	1819	601199	282424	137802	863	557881	3656
#宁波市	5382	218	78968	4694	15902	895	146616	91365	44152	406	194088	2020
安 徽	2009	6	15553	16	11702	48	57036	2908	18764	17	85909	78
福 建	34103	179	375411	1656	83565	1130	425152	172015	100310	564	420798	1115
#厦门市	15342	105	98970	520	39465	863	213690	50051	54425	206	211304	295
江 西	8728	40	11294	35	6857	116	25355	209	9737	62	50489	183
山 东	96741	4214	912251	86297	231286	10340	2414402	1163048	222527	986	993198	15952
河 南	9296	65	86542	569	9438	150	62337	1291	16723	32	100745	122
湖 北	4062	17	19360	191	3221	393	39028	5158	21643	32	157498	350
湖 南	3776	18	37618	1	8375	49	29034	514	22362	60	63037	110
广 东	212289	2342	858066	23775	435433	20323	1869651	626802	420715	2711	1856556	7437
#深圳市	66632	172	155527	507	189307	7839	482508	152086	67318	1611	281702	4852
珠海市	16218	44	35790	134	17700	62	9453	223	23511	183	63280	498
广 西	7183	7	58671	10	73704	6194	444489	272912	29119	93	124689	285
海 南	7080	43	67114	529	3576	26	44438	260	1758	37	17131	209
重 庆	1118	12	10502	187	770	2	13472	11	3966	4	17338	4
四 川	2599	3	36482	54	3162	56	19936	138	7414	22	51428	70
贵 州	17		49		485	2	9470	7	362	13	13624	18
云 南	6531	21	6896	78	58773	7962	211669	34325	7053	19	46585	142
西 藏	34		260		422		3808		243		238	
陕 西	299	1	1124	1	12968	50	38321	2383	4134	1	60558	
甘 肃	380	1	3513	13	5075	18	20920	67	2210	23	13077	96
青 海	25		252		95	2	970	9	52	2	710	
宁 夏	26		481		717	26	5421	162	677	4	12471	24
新 疆	2103	9	8201	36	10456	150	79525	281	15653	62	89287	298

6-8-20 各地区技术市场成交额

单位：万元

地区	2000	2005	2006	2007	2008	2009	2010	2011
全国	**6507519**	**15513694**	**18181813**	**22265261**	**26652288**	**30390024**	**39065753**	**47635589**
北京	1402871	4895922	6973256	8825603	10272173	12362450	15795367	18902752
天津	262581	507093	588624	723356	866122	1054611	1193390	1693819
河北	94143	103827	156099	164329	165906	172112	192931	262471
山西	5258	47980	59213	82677	128425	162068	184911	224825
内蒙古	60287	109939	107127	109835	94423	147651	271464	226719
辽宁	347817	865167	806494	929290	997290	1197095	1306811	1596633
吉林	71390	122261	153666	174845	196066	197598	188090	262614
黑龙江	152382	142585	156934	350209	412565	488550	529123	620682
上海	738952	2317328	3095095	3548877	3861695	4354108	4314374	4807491
江苏	449568	1008296	688297	784173	940246	1082184	2493406	3334316
浙江	276275	386954	399618	453474	589189	564581	603478	718968
安徽	61012	142553	184921	264515	324865	356174	461470	650337
福建	172601	171959	113187	145579	179690	232594	356569	345712
江西	69299	111227	93135	99533	77641	97893	230479	341861
山东	288135	983614	232005	450275	660126	719391	1006769	1263778
河南	211621	263737	237288	261907	254425	263046	272002	387602
湖北	276000	501823	444427	522146	628971	770329	907218	1256876
湖南	286833	417394	455281	460816	477024	440432	400940	353901
广东	482104	1124740	1070257	1328448	2016319	1709850	2358949	2750647
广西	17741	94059	9423	9970	26996	17662	41362	56377
海南		10007	8535	7327	35602	5556	32651	34584
重庆	296594	357059	553479	395658	621884	383158	794410	681453
四川	104150	190823	259323	303878	435313	545977	547393	678330
贵州	620	10488	5361	6560	20356	17806	77191	136483
云南	187742	159175	82747	97496	50547	102469	108827	117144
陕西	92560	188977	179485	301710	438300	698074	1024140	2153664
甘肃	26413	172736	214534	262107	297560	356287	430845	526386
青海		11812	24665	53017	77033	84967	114051	168443
宁夏	6402	14131	5349	6641	8898	8982	9972	39447
新疆	66168	80029	76084	71724	73963	12078	45188	43783
港澳台			15557	24308	49309	124063	126750	249756
国外			732342	1044979	1373366	1660227	2645234	2747738

【主要统计指标解释】

研究与试验发展(R&D) 指在科学技术领域，为增加知识总量，以及运用这些知识去创造新的应用进行的系统的、创造性的活动，包括基础研究、应用研究、试验发展三类活动 。

基础研究 指为了获得关于现象和可观察事实的基本原理的新知识（揭示客观事物的本质、运动规律，获得新发现、新学说）而进行的实验性或理论性研究，它不以任何专门或特定的应用或使用为目的。

应用研究 指为获得新知识而进行的创造性研究，主要针对某一特定的目的或目标。应用研究是为了确定基础研究成果可能的用途，或是为达到预定的目标探索应采取的新方法（原理性）或新途径。

试验发展 指利用从基础研究、应用研究和实际经验所获得的现有知识，为产生新的产品、材料和装置，建立新的工艺、系统和服务，以及对已产生和建立的上述各项作实质性的改进而进行的系统性工作。

研究与试验发展人员全时当量 是国际上通用的、用于比较科技人力投入的指标。指R&D全时人员（全年从事R&D活动累积工作时间占全部工作时间的90%及以上人员）工作量与非全时人员按实际工作时间折算的工作量之和。例如：有2个R&D全时人员（工作时间分别为0.9年和1年）和3个R&D非全时人员（工作时间分别为0.2年、0.3年和0.7年），则R&D人员全时当量为1+1+0.2+0.3+0.7=3.2人年。

政府资金 指调查单位R&D经费内部支出中来自各级政府部门的各类资金，包括财政科学技术拨款、科学基金、教育等部门事业费以及政府部门预算外资金的实际支出。

企业资金 指调查单位R&D经费内部支出中来自本企业的自有资金和接受其他企业委托而获得的经费，以及科研院所、高校等事业单位从企业获得的资金的实际支出。

专利 是专利权的简称，是对发明人的发明创造经审查合格后，由专利局依据专利法授予发明人和设计人对该项发明创造享有的专有权。包括发明、实用新型和外观设计。

发明专利 指对产品、方法或者其改进所提出的新的技术方案。

实用新型专利 指对产品的形状、构造或者其结合所提出的适于实用的新的技术方案。

外观设计专利 指对产品的形状、图案、色彩或者其结合所作出的富有美感并适于工业上应用的新设计。

6 第三产业部分行业主要业务指标

6-9 水利、环境和公共设施管理业

简要说明

一、主要内容

本篇主要反映我国水环境、大气环境、工业固体废物、生态环境、自然灾害和突发环境事件、环境污染治理投资、城市环境、农村环境等情况。

二、资料来源

水资源、供水和用水情况由水利部提供；“三废”排放及处理、工业污染治理投资、空气质量、噪声监测、自然保护区和突发环境事件等情况由环境保护部提供；海水水质和海洋灾害情况由国家海洋局提供；湿地、森林火灾和森林病虫鼠害情况由国家林业局提供；城市环境和城市基础设施建设投资情况由住房和城乡建设部提供；农村环境、地质灾害、公共交通等情况分别由卫生部、农业部、国土资源部、交通运输部提供。

6-9-1 环境保护基本情况

指 标		2003	2004	2005	2006	2007	2008	2009	2010	2011
水环境										
水资源总量	(亿立方米)	27460.2	24129.6	28053.1	25330.1	25255.2	27434.3	24180.2	30906.4	23256.7
地表水		26250.7	23126.4	26982.4	24358.1	24242.5	26377.0	23125.2	29797.6	22213.6
地下水		8299.3	7436.3	8091.1	7642.9	7617.2	8122.0	7267.0	8417.0	7214.5
地表水与地下水资源重复量		7089.9	6433.1	7020.4	6670.8	6604.5	7064.7	6212.1	7308.2	6171.4
人均水资源量	(立方米/人)	2131.3	1856.3	2151.8	1932.1	1916.3	2071.1	1816.2	2310.4	1730.2
供水总量	(亿立方米)	5320.4	5547.8	5633.0	5795.0	5818.7	5910.0	5965.2	6022.0	6107.2
#地表水		4286.0	4504.2	4572.2	4706.8	4723.9	4796.4	4839.5	4881.6	4953.3
地下水		1018.1	1026.4	1038.8	1065.5	1069.1	1084.8	1094.5	1107.3	1109.1
用水总量	(亿立方米)	5320.4	5547.8	5633.0	5795.0	5818.7	5910.0	5965.2	6022.0	6107.2
#农业		3432.8	3585.7	3580.0	3664.4	3599.5	3663.5	3723.1	3689.1	3743.6
工业		1177.2	1228.9	1285.2	1343.8	1403.0	1397.1	1390.9	1447.3	1461.8
生活		630.9	651.2	675.1	693.8	710.4	729.3	748.2	765.8	789.9
废水排放总量	(亿吨)	459	482	525	537	557	572	589	617	659
#工业废水排放量		212	221	243	240	247	242	234	237	231
生活污水排放量		247	261	281	297	310	330	355	380	428
工业废水排放达标量	(亿吨)	189	201	222	218	226	223	221	226	
工业废水排放达标率	(%)	89.2	90.7	91.2	90.7	91.7	92.4	94.2	95.3	
化学需氧量排放量	(万吨)	1333	1339	1414	1428	1382	1321	1278	1238	2500
#工业		512	510	555	542	511	458	440	435	355
生活		821	829	859	887	871	863	838	803	939
氨氮排放量	(万吨)	130	133	150	141	132	127	123	120	260
#工业		40	42	53	42	34	30	27	27	28
生活		89	91	97	99	98	97	95	93	148
大气环境										
工业废气排放量	(亿标立方米)	198906	237696	268988	330990	388169	403866	436064	519168	674509
#燃料燃烧		116447	139726	155238	181636	209922	229535	241201	303897	
生产工艺		82459	97971	113749	149354	178247	174331	194862	215271	
二氧化硫排放量	(万吨)	2159	2255	2549	2589	2468	2321	2214	2185	2218
#工业		1792	1891	2168	2235	2140	1991	1866	1864	2017
生活		367	364	381	354	328	330	348	321	200
烟尘排放量	(万吨)	1049	1095	1183	1089	987	902	848	829	
#工业		846	887	949	864	771	671	604	603	
生活		202	209	234	224	216	231	243	226	
工业粉尘排放量	(万吨)	1021	905	911	808	699	585	524	449	
工业二氧化硫去除量	(万吨)	749	890	1090	1439	1943	2286	2890	3304	
工业烟尘去除量	(万吨)	15649	18075	20587	23565	25166	30543	32848	38941	
工业粉尘去除量	(万吨)	5995	8529	6454	7280	7670	8471	8723	9502	

注：2011年环境保护部对统计制度中的指标体系、调查方法及相关技术规定等进行了修订，统计范围扩展为工业源、农业源、城镇生活源、机动车、集中式污染治理设施5个部分。

6-9-1 续表 1

指 标	2003	2004	2005	2006	2007	2008	2009	2010	2011
固体废物									
工业固体废物产生量 (万吨)	100428	120030	134449	151541	175632	190127	203943	240944	
#危险废物	1170	995	1162	1084	1079	1357	1430	1587	
工业固体废物综合利用量 (万吨)	56040	67796	76993	92601	110311	123482	138186	161772	
工业固体废物综合利用率 (%)	54.8	55.7	56.1	60.2	62.1	64.3	67.0	66.7	
工业固体废物排放量 (万吨)	1941	1762	1655	1302	1197	782	710	498	
“三废”综合利用产品产值 (亿元)	441	573	756	1027	1351	1621	1608	1779	
生态环境									
森林面积 (万公顷)	17491	19545	19545	19545	19545	19545	19545	19545	19545
森林覆盖率 (%)	18.21	20.36	20.36	20.36	20.36	20.36	20.36	20.36	20.36
当年造林面积 (万公顷)	912	680	540	384	391	535	626	591	600
自然保护区数 (个)	1999	2194	2349	2395	2531	2538	2541	2588	2640
#国家级	226	226	243	265	303	303	319	319	335
自然保护区面积 (万公顷)	14398	14823	14995	15154	15188	14894	14775	14944	14971
自然保护区面积占辖区面积比重(%)	14.4	14.8	15.0	15.2	15.2	14.9	14.7	14.9	14.9
湿地面积 (万公顷)	3848.6	3848.6	3848.6	3848.6	3848.6	3848.6	3848.6	3848.6	3848.6
湿地面积占国土面积比重 (%)	4.0	4.0	4.0	4.0	4.0	4.0	4.0	4.0	4.0
自然灾害									
发生地质灾害起数 (次)	15489	13555	17751	102804	25364	26580	10580	30670	15804
#滑坡	10240	9130	9367	88523	15478	13450	6310	22250	11504
崩塌	2604	2593	7654	13160	7722	8080	2378	5688	2445
泥石流	1549	1157	566	417	1215	843	1442	1981	1358
发生地震灾害次数 (次)	21	11	13	10	3	17	8	12	18
#5.0级以上	17	9	11	9	2	12	7	5	14
海洋赤潮发生次数 (次)	119	96	82	93	82	68	68	69	55
森林火灾次数 (次)	10463	13466	11542	8170	9260	14144	8859	7723	5550
#重大	14	38	16	7	4	13	35	22	9
特大	7	3	3	5			1	4	
森林火灾受害森林面积 (万公顷)	45.1	14.2	7.4	40.8	2.9	5.3	4.6	4.6	2.7
森林病虫鼠害发生面积 (万公顷)	888.7	944.8	961.0	1100.7	1209.7	1141.8	1142.0	1164.2	1168.1
森林病虫鼠害防治面积 (万公顷)	582.9	639.5	640.7	735.5	801.2	784.0	819.4	812.4	728.5
森林病虫鼠害防治率 (%)	65.6	68.0	66.7	66.8	66.2	68.7	71.8	69.8	62.4
环境污染									
突发环境事件次数 (次)	1843	1441	1406	842	462	474	418	420	542
#水污染	1042	753	693	482	178	198	116	135	
大气污染	654	569	538	232	134	141	130	157	
固体废物污染	56	47	48	45	58	45	55	35	
噪声与震动危害	50	36	63	6	7			1	
其他	41	25	64	77	85	90	117	92	
突发环境事件直接经济损失 (万元)	3374.9	36365.7	10515.0	13471.1	3016.5	18185.6	43354.4		
突发环境事件赔款总额 (万元)	1999.1	3487.2	2373.8	7396.5	480.9	337.8	1842.0		
突发环境事件罚款总额 (万元)	392.4	476.7	708.3	1019.4	325.8	589.4	326.1		

注：森林面积和森林覆盖率2003年为第六次全国森林资源清查数(1999-2003年)，包括香港、澳门特别行政区和台湾省数据；2004-2010年为第七次清查数(2004-2008年)，包括香港、澳门特别行政区和台湾省数据。2007年起，造林总面积中增加无林地和疏林地新封山育林面积。

6-9-1 续表 2

指　　标	2003	2004	2005	2006	2007	2008	2009	2010	2011
环境污染治理投资									
环境污染治理投资总额（亿元）	1627.7	1909.8	2388.0	2566.0	3387.3	4490.3	4525.3	6654.2	6026.2
环境污染治理投资总额占国内生产总值比重（%）	1.20	1.19	1.30	1.22	1.36	1.49	1.33	1.66	1.27
城市环境基础设施建设投资额（亿元）	1072.4	1141.2	1289.7	1314.9	1467.5	1801.0	2512.0	4224.2	3469.4
#燃气	133.5	148.3	142.4	155.0	160.1	163.5	182.2	290.8	331.4
集中供热	145.8	173.4	220.2	223.6	230.0	269.7	368.7	433.2	437.6
排水	375.2	352.3	368.0	331.5	410.0	496.0	729.8	901.6	770.1
园林绿化	321.9	359.5	411.3	429.0	525.6	649.8	914.9	2297.0	1546.2
市容环境卫生	96.0	107.8	147.8	175.8	141.8	222.0	316.5	301.6	384.1
工业污染治理投资（亿元）	221.8	308.1	458.2	483.9	552.4	542.6	442.6	397.0	444.4
#治理废水	87.4	105.6	133.7	151.1	196.1	194.6	149.5	129.6	157.7
治理废气	92.1	142.8	213.0	233.3	275.3	265.7	232.5	188.2	211.7
治理固体废物	16.2	22.6	27.4	18.3	18.3	19.7	21.9	14.3	31.4
治理噪声	1.0	1.3	3.1	3.0	1.8	2.8	1.4	1.4	2.2
治理其他	25.1	35.7	81.0	78.3	60.7	59.8	37.4	62.0	41.4
建设项目“三同时”环保投资（亿元）	333.5	460.5	640.1	767.2	1367.4	2146.7	1570.7	2033.0	2112.4
城市环境情况									
城市个数（个）	660	661	661	656	655	655	655	657	657
城区面积（万平方公里）	39.9	39.5	41.3	16.7	17.6	17.8	17.5	17.9	18.4
城市建设用地面积（万平方公里）	2.9	3.1		3.2	3.6	3.9	3.9	4.0	4.2
城市污水处理率（%）	42.1	45.7	52.0	55.7	62.9	70.2	75.3	82.3	83.6
城市燃气普及率（%）	76.7	81.5	82.1	79.1	87.4	89.6	91.4	92.0	92.4
生活垃圾清运量（万吨）	14857	15509	15577	14841	15215	15438	15734	15805	16395
生活垃圾无害化处理率（%）	50.8	52.1	51.7	52.2	62.0	66.8	71.4	77.9	79.7
人均公园绿地面积（平方米）	6.49	7.39	7.89	8.30	8.98	9.71	10.66	11.18	11.80
城市公园个数（个）	5832	6427	7077	6908	7913	8557	9050	9955	10780
农村环境情况									
农村改水累计受益人口（万人）	87387	88616	88893	86629	87859	89447	90251	90834	89971
累计受益率（%）	92.7	93.8	94.1	91.1	92.1	93.6	94.3	94.9	94.2
累计使用卫生厕所户数（万户）	12624	13192	13740	13873	14442	15166	16056	17138	18019
卫生厕所普及率（%）	50.9	53.1	55.3	55.0	57.0	59.7	63.2	67.4	69.2
累计使用卫生公厕户数（万户）	1080.6	1095.2	1034.1	2126.3	2049.0	2739.5	2970.7	2827.7	2972.8
农村沼气池产气量（亿立方米）	47.5	55.7	72.9	83.6	101.7	118.4	130.8	139.6	152.8
太阳能热水器（万平方米）	2464.8	2845.9	3205.6	3941.0	4286.4	4758.7	4997.1	5488.9	6231.9
太阳灶（台）	526177	577625	685552	865238	1118763	1356755	1484271	1617233	2139454

6-9-2 水资源情况

地 区	水资源总量（亿立方米）	地表水资源量	地下水资源量	地表水与地下水资源重复量	人均水资源量（立方米/人）
全 国	**23256.7**	**22213.6**	**7214.5**	**6171.4**	**1730.2**
北 京	26.8	9.2	21.2	3.5	134.7
天 津	15.4	10.9	5.2	0.7	116.0
河 北	157.2	69.8	126.2	38.9	217.7
山 西	124.3	76.6	95.0	47.3	347.0
内蒙古	419.0	298.2	213.4	92.5	1691.6
辽 宁	294.8	260.5	111.9	77.6	673.2
吉 林	315.9	262.9	112.9	59.9	1149.5
黑龙江	629.5	512.5	237.2	120.3	1642.0
上 海	20.7	16.2	7.4	2.9	89.1
江 苏	492.4	399.0	115.1	21.7	624.6
浙 江	745.0	733.3	184.2	172.5	1365.7
安 徽	602.1	544.2	143.5	85.6	1009.8
福 建	774.9	773.5	243.4	242.1	2090.5
江 西	1037.9	1018.9	315.2	296.3	2319.1
山 东	347.6	237.5	195.9	85.8	361.6
河 南	328.0	222.5	191.8	86.3	349.0
湖 北	757.5	725.4	251.9	219.8	1319.1
湖 南	1126.9	1120.7	279.9	273.7	1711.9
广 东	1471.3	1461.3	362.1	352.1	1404.8
广 西	1350.0	1350.0	271.2	271.2	2917.4
海 南	484.1	478.8	111.6	106.3	5545.6
重 庆	514.6	514.6	98.3	98.3	1773.3
四 川	2239.5	2238.3	578.2	577.1	2782.9
贵 州	624.3	624.3	216.4	216.4	1797.3
云 南	1480.2	1480.2	548.1	548.1	3206.5
西 藏	4402.7	4402.7	990.9	990.9	145779.8
陕 西	604.4	575.5	164.3	135.4	1616.6
甘 肃	242.2	233.0	129.3	120.1	945.4
青 海	733.1	715.1	331.1	313.1	12956.8
宁 夏	8.8	6.9	21.6	19.7	137.7
新 疆	885.7	841.0	540.2	495.5	4031.3

6-9-3 供水用水情况

地 区	供水总量 (亿立方米)	地表水	地下水	其 他	用水总量 (亿立方米)	农 业	工 业	生 活	生 态	人均用水量 (立方米/人)
全 国	**6107.2**	**4953.3**	**1109.1**	**44.8**	**6107.2**	**3743.6**	**1461.8**	**789.9**	**111.9**	**454.4**
北 京	36.0	8.1	20.9	7.0	36.0	10.2	5.0	16.3	4.5	180.7
天 津	23.1	16.8	5.8	0.5	23.1	11.6	5.0	5.4	1.1	174.0
河 北	196.0	38.5	154.9	2.6	196.0	140.5	25.7	26.1	3.6	271.5
山 西	74.2	32.7	38.6	2.9	74.2	43.4	14.3	13.1	3.4	207.0
内蒙古	184.7	91.1	92.5	1.1	184.7	135.9	23.6	15.1	10.0	745.7
辽 宁	144.5	76.7	64.3	3.6	144.5	89.7	24.0	25.9	4.9	330.1
吉 林	131.2	87.4	43.7	0.2	131.2	81.6	26.6	15.1	7.9	477.6
黑龙江	352.4	201.4	149.9	1.1	352.4	272.3	53.2	21.2	5.6	919.1
上 海	124.5	124.4	0.1		124.5	16.5	82.6	24.9	0.5	535.5
江 苏	556.2	546.1	10.1		556.2	307.6	192.9	52.4	3.3	705.4
浙 江	198.5	193.7	4.2	0.7	198.5	92.1	61.8	40.0	4.6	364.0
安 徽	294.6	259.9	33.4	1.3	294.6	168.4	90.6	31.7	4.0	494.1
福 建	208.8	203.5	5.0	0.3	208.8	98.6	83.5	25.2	1.5	563.4
江 西	262.9	252.7	10.2		262.9	171.7	60.6	28.4	2.1	587.4
山 东	224.1	127.4	89.3	7.4	224.0	148.9	29.8	38.2	7.2	233.1
河 南	229.1	96.9	131.3	0.9	229.1	124.6	56.8	37.4	10.3	243.8
湖 北	296.7	286.2	9.7	0.8	296.7	142.3	120.4	33.8	0.3	516.7
湖 南	326.5	308.9	17.4	0.1	326.5	183.1	95.6	45.2	2.6	495.9
广 东	464.2	443.4	19.4	1.5	464.2	224.2	133.6	97.3	9.1	443.3
广 西	301.8	286.9	10.8	4.1	301.8	193.2	57.3	45.7	5.6	652.2
海 南	44.5	41.1	3.3	0.1	44.5	33.8	3.9	6.7	0.1	509.5
重 庆	86.8	84.9	1.8	0.1	86.8	23.6	43.3	19.1	0.7	299.2
四 川	233.5	212.1	18.1	3.2	233.5	128.4	64.6	38.3	2.2	290.1
贵 州	95.9	93.2	1.1	1.7	95.9	49.7	30.7	14.9	0.6	276.1
云 南	146.8	141.1	4.8	0.9	146.8	96.1	25.2	24.4	1.0	318.0
西 藏	31.0	28.1	2.8		31.0	27.4	1.7	1.9		1025.1
陕 西	87.8	54.5	32.7	0.5	87.8	56.2	13.2	16.2	2.1	234.7
甘 肃	122.9	97.0	24.4	1.4	122.9	93.8	15.4	10.6	3.0	479.6
青 海	31.1	25.8	5.3	0.1	31.1	23.5	3.5	3.7	0.5	550.5
宁 夏	73.6	68.0	5.6		73.6	66.1	4.6	1.9	1.0	1157.0
新 疆	523.5	425.0	97.8	0.8	523.5	488.4	12.6	13.8	8.7	2382.9

6-9-4 各地区废水中主要污染物排放情况

地区	废水排放总量(万吨)	废水中主要污染物排放量											
		COD(万吨)	氨氮(万吨)	总氮(万吨)	总磷(万吨)	石油类(吨)	挥发酚(吨)	铅(千克)	汞(千克)	镉(千克)	六价铬(千克)	总铬(千克)	砷(千克)
全国	**6591922**	**2499.9**	**260.4**	**447.1**	**55.3**	**21012.1**	**2430.6**	**155242**	**1387**	**35899**	**106395**	**293166**	**146616**
北京	145469	19.3	2.1	3.3	0.4	82.1	0.9	186	2	12	340	509	28
天津	67147	23.6	2.6	3.7	0.5	199.6	1.3	1459	1	10	106	285	23
河北	278551	138.9	11.4	45.0	6.8	1302.2	308.8	566	5	34	3141	8480	78
山西	116132	49.0	5.9	8.8	1.0	1489.1	1048.0	663	5	831	491	520	755
内蒙古	100389	91.9	5.4	15.9	1.7	808.1	5.9	3087	43	549	31	114	4930
辽宁	232247	134.3	11.1	20.0	2.8	897.6	70.0	982	11	96	463	692	479
吉林	116162	82.5	5.8	11.0	1.4	287.5	4.7	268	8	35	131	200	1029
黑龙江	150661	157.7	9.6	26.9	2.9	1252.1	25.7	38	2	6	195	875	79
上海	214155	24.9	5.0	1.5	0.2	777.0	5.8	176	3	18	1025	2549	38
江苏	592774	124.6	15.7	17.6	1.9	1578.9	63.3	3608	98	148	5400	12318	804
浙江	420134	81.8	11.5	9.2	1.1	981.3	23.7	568	8	281	10009	21660	218
安徽	243265	95.3	11.0	18.9	3.0	785.2	7.0	3026	10	778	5744	6965	7166
福建	316178	67.9	9.5	9.5	1.3	455.0	16.7	5104	55	422	2907	15328	1505
江西	194432	76.8	9.3	9.5	1.4	706.9	76.8	9402	95	2792	17353	22669	10852
山东	443331	198.2	17.3	56.0	6.5	725.7	48.6	1097	48	1098	754	13959	2178
河南	378785	143.7	15.4	41.5	4.9	1266.5	160.1	7141	27	2781	1607	37380	1811
湖北	293064	110.5	13.1	19.8	2.5	1144.2	22.8	4167	223	847	16645	17457	11962
湖南	278811	130.5	16.5	23.1	2.8	880.4	104.5	42466	280	14518	3336	34606	55705
广东	785587	188.4	23.1	12.5	2.0	837.1	13.2	11512	66	1148	27987	75254	2288
广西	222439	79.3	8.4	11.6	1.4	563.8	64.5	15640	81	2498	4300	4667	9070
海南	35725	20.0	2.3	3.9	0.6	4.6	0.1	33		6		138	29
重庆	131450	41.7	5.5	5.5	0.7	522.8	35.0	188	4	12	304	741	1418
四川	279852	130.2	14.4	23.0	2.7	552.7	55.6	1761	71	183	542	1809	3596
贵州	77927	34.2	4.0	4.4	0.5	483.8	1.0	537	40	124	202	269	620
云南	147523	55.5	5.9	8.1	0.9	494.4	3.9	27947	57	3344	47	135	15581
西藏	4635	2.7	0.3	0.5	0.1	0.4						1	2721
陕西	121815	55.8	6.3	10.2	1.0	851.5	199.2	4242	33	965	263	1655	966
甘肃	59232	39.7	4.3	5.2	0.5	333.7	11.1	6885	72	1425	240	4672	5736
青海	21292	10.3	1.0	0.8	0.1	321.2	1.7	1120	11	148	1018	1033	2068
宁夏	39432	23.4	1.8	3.1	0.3	146.2	9.5	111	4	29	113	452	213
新疆	83329	67.3	4.7	17.1	1.4	280.6	41.0	1264	24	761	1700	5773	2673

6-9-5 全海域海水水质评价结果

单位：平方公里

海　区	第二类水质海域面积	第三类水质海域面积	第四类水质海域面积	劣于第四类水质海域面积
全　国	**47840**	**34310**	**18340**	**43800**
渤　海	14690	8950	3790	4210
黄　海	13780	7170	4240	9540
东　海	15430	10820	9150	27270
南　海	3940	7370	1160	2780

6-9-6 主要城市空气质量指标

单位：毫克/立方米

城　市	可吸入颗粒物 (PM_{10})	二氧化硫 (SO_2)	二氧化氮 (NO_2)	空气质量达到及好于二级的天数（天）
北　京	0.113	0.028	0.056	286
天　津	0.093	0.042	0.038	320
石家庄	0.099	0.052	0.041	320
太　原	0.084	0.064	0.023	308
呼和浩特	0.076	0.054	0.039	347
沈　阳	0.096	0.059	0.033	332
长　春	0.091	0.026	0.043	345
哈尔滨	0.099	0.041	0.046	317
上　海	0.080	0.029	0.051	337
南　京	0.097	0.034	0.049	317
杭　州	0.093	0.039	0.058	333
合　肥	0.113	0.022	0.025	303
福　州	0.069	0.009	0.032	360
南　昌	0.088	0.056	0.038	347
济　南	0.104	0.051	0.036	320
郑　州	0.103	0.051	0.047	318
武　汉	0.100	0.039	0.056	306
长　沙	0.083	0.040	0.047	341
广　州	0.069	0.028	0.049	360
南　宁	0.073	0.026	0.033	351
海　口	0.041	0.008	0.016	365
重　庆	0.093	0.038	0.031	324
成　都	0.100	0.031	0.051	322
贵　阳	0.079	0.049	0.030	349
昆　明	0.065	0.037	0.044	365
拉　萨	0.040	0.009	0.023	364
西　安	0.118	0.042	0.041	305
兰　州	0.138	0.048	0.042	244
西　宁	0.105	0.043	0.026	316
银　川	0.095	0.038	0.030	333
乌鲁木齐	0.132	0.079	0.068	276

6-9-7 各地区废气中主要污染物排放情况

地区	废气中主要污染物排放量		
	二氧化硫 (万吨)	氮氧化物 (万吨)	烟(粉)尘 (万吨)
全国	**2217.91**	**2404.27**	**1278.83**
北京	9.79	18.83	6.58
天津	23.09	35.89	7.59
河北	141.21	180.11	132.25
山西	139.91	128.60	112.99
内蒙古	140.94	142.19	73.99
辽宁	112.62	106.28	69.32
吉林	41.32	60.47	43.22
黑龙江	52.19	78.38	65.59
上海	24.01	43.54	8.98
江苏	105.38	153.57	52.74
浙江	66.20	85.91	32.33
安徽	52.95	95.91	45.22
福建	38.92	49.45	22.53
江西	58.41	61.23	39.60
山东	182.74	179.03	78.38
河南	137.05	166.54	66.82
湖北	66.56	66.96	34.61
湖南	68.55	66.64	38.44
广东	84.77	138.82	32.43
广西	52.10	49.40	28.83
海南	3.26	9.54	1.58
重庆	58.69	40.26	18.10
四川	90.20	67.49	38.59
贵州	110.43	55.32	30.35
云南	69.12	54.85	38.22
西藏	0.42	4.06	1.00
陕西	91.68	83.17	46.34
甘肃	62.39	48.09	23.62
青海	15.66	12.41	13.83
宁夏	41.04	45.82	21.55
新疆	76.31	75.51	53.19

6-9-8 各地区固体废物处理利用情况

单位：万吨

地区	一般工业固体废物产生量	一般工业固体废物综合利用量	一般工业固体废物处置量	一般工业固体废物贮存量	一般工业固体废物倾倒丢弃量
全国	**322772**	**195215**	**70465**	**60424**	**433.3**
北京	1126	749	349	28	
天津	1752	1749	9		
河北	45129	18821	6806	20184	0.4
山西	27556	15818	9187	2578	29.1
内蒙古	23584	13701	7429	2647	3.1
辽宁	28270	10748	13394	4335	8.2
吉林	5379	3171	920	1290	
黑龙江	6017	4139	643	1308	6.7
上海	2442	2358	75	11	0.5
江苏	10475	9997	335	220	
浙江	4446	4092	310	51	0.4
安徽	11473	9366	1761	1096	
福建	4415	3024	1304	98	0.9
江西	11372	6305	652	4420	15.4
山东	19533	18298	1106	350	
河南	14574	10964	2602	1200	2.1
湖北	7596	6007	1424	268	16.6
湖南	8487	5679	2215	696	9.3
广东	5849	5119	810	75	3.4
广西	7438	4292	2050	1516	2.6
海南	421	201	182	42	0.1
重庆	3299	2585	518	199	24.2
四川	12684	6002	3988	2773	6.0
贵州	7598	4015	2033	1552	28.9
云南	17335	8728	4969	3687	168.7
西藏	301	8	16	284	
陕西	7118	4266	1836	1008	9.1
甘肃	6524	3342	2041	1143	6.6
青海	12017	6785	14	5226	0.5
宁夏	3344	2048	865	435	1.7
新疆	5219	2838	621	1702	88.7

6-9-8 续表

地区	危险废物产生量	危险废物综合利用量	危险废物处置量	危险废物贮存量
全国	**3431.22**	**1773.05**	**916.48**	**823.73**
北京	11.92	5.05	6.86	
天津	10.27	3.09	7.18	
河北	52.04	33.27	18.79	
山西	22.21	18.06	4.11	0.04
内蒙古	111.88	54.43	49.93	11.65
辽宁	78.49	59.86	25.30	0.09
吉林	90.04	60.13	29.90	0.03
黑龙江	19.56	3.70	15.16	0.73
上海	56.36	30.13	26.01	0.34
江苏	188.94	95.29	93.33	1.01
浙江	78.47	31.83	46.08	1.31
安徽	24.28	21.27	2.95	0.19
福建	10.31	4.38	5.71	0.27
江西	23.24	17.89	5.20	0.19
山东	937.84	657.52	290.96	0.26
河南	47.62	39.42	7.05	1.37
湖北	40.53	26.85	20.85	0.32
湖南	246.68	194.38	44.22	23.15
广东	126.79	70.20	56.91	0.46
广西	22.94	13.49	5.71	7.44
海南	0.71	0.12	0.52	0.07
重庆	46.50	5.64	43.61	0.51
四川	115.85	77.97	46.75	1.12
贵州	38.89	12.95	1.05	25.69
云南	134.10	87.74	19.51	27.05
西藏				
陕西	33.15	17.32	9.86	6.06
甘肃	24.68	10.88	17.92	8.06
青海	355.98	56.36	6.10	298.06
宁夏	10.81	9.81	0.64	0.36
新疆	470.14	54.01	8.33	407.91

6-9-9 各地区城市生活垃圾清运和处理情况

地 区	生活垃圾清运量(万吨)	无害化处理厂数(座)	#卫生填埋	#焚烧	#其他	无害化处理能力(吨/日)	#卫生填埋	#焚烧	#其他
全 国	**16395.3**	**677**	**547**	**109**	**21**	**409119**	**300195**	**94114**	**14810**
北 京	634.4	21	15	2	4	16930	12080	2200	2650
天 津	189.9	9	6	3		9500	6200	3300	
河 北	584.6	29	23	4	2	13163	9174	2589	1400
山 西	420.0	16	12	3	1	10646	4546	2600	3500
内蒙古	340.0	18	18			8788	8788		
辽 宁	876.0	28	28			18200	18200		
吉 林	493.0	13	11	2		8643	6603	2040	
黑龙江	796.6	22	20	2		10954	10454	500	
上 海	704.0	5	3	1	1	7850	5350	1500	1000
江 苏	1119.8	51	30	21		42170	21465	20705	
浙 江	1018.1	50	29	21		35067	16806	18261	
安 徽	435.1	20	16	4		11530	8980	2550	
福 建	433.5	26	18	8		15385	8685	6700	
江 西	306.6	16	16			8215	8215		
山 东	959.5	54	44	7	3	32878	26318	5000	1560
河 南	729.5	40	37	2	1	21036	18236	2400	400
湖 北	736.3	25	21	4		13832	9423	4409	
湖 南	531.6	26	26			11500	11500		
广 东	1978.8	47	31	14	2	42578	27983	12575	2020
广 西	255.8	21	17	2	2	8241	7061	600	580
海 南	113.6	7	6	1		2789	2564	225	
重 庆	281.6	13	12	1		6465	5265	1200	
四 川	669.0	34	29	4	1	15182	12682	1800	700
贵 州	218.3	13	13			5568	5568		
云 南	300.2	15	11	3	1	6018	2858	2960	200
西 藏	17.3								
陕 西	428.3	17	15		2	11609	11409		200
甘 肃	276.2	13	13			3230	3230		
青 海	83.1	3	3			1600	1600		
宁 夏	120.5	6	6			2548	2548		
新 疆	344.5	19	18		1	7004	6404		600

6-9-9 续表

地 区	无害化处理量 (万吨)	#卫生填埋	#焚烧	#其他	粪便清运量 (万吨)	粪便处理量 (万吨)	生活垃圾无害化处理率 (%)
全 国	**13089.6**	**10063.7**	**2599.3**	**426.6**	**1962.9**	**652.8**	**79.7**
北 京	623.2	429.6	94.5	99.2	207.5	186.8	98.2
天 津	189.9	120.7	69.3		24.8	6.3	100.0
河 北	424.2	294.2	92.2	37.9	91.9	32.3	72.6
山 西	325.5	121.2	54.3	150.0	79.1	0.8	77.5
内蒙古	283.8	283.8			147.1	21.7	83.5
辽 宁	704.7	704.7			118.5	25.7	80.5
吉 林	242.6	197.7	44.9		72.4	53.7	49.2
黑龙江	348.1	338.7	9.4		175.5	47.6	43.7
上 海	429.7	362.7	59.2	7.8	207.0		61.0
江 苏	1050.0	502.2	547.8		95.2	35.3	93.8
浙 江	981.7	513.8	468.0		77.1	50.2	96.4
安 徽	378.5	318.0	60.4		64.0	9.6	87.0
福 建	409.9	263.5	146.4		1.2		94.6
江 西	270.6	270.6			36.8	8.2	88.3
山 东	887.9	702.1	148.9	36.9	125.1	44.2	92.5
河 南	615.9	538.0	70.7	7.1	52.9	14.1	84.4
湖 北	449.3	315.6	133.7		62.0	4.7	61.0
湖 南	459.0	459.0			2.9	0.3	86.4
广 东	1449.0	1094.2	326.4	28.4	104.6	40.4	72.1
广 西	244.3	219.1	10.4	14.8	22.0	9.5	95.5
海 南	103.8	97.7	6.1		13.2		91.4
重 庆	280.3	217.5	62.8		75.3		99.6
四 川	591.6	520.7	70.9		20.6	6.1	88.4
贵 州	193.3	193.3			3.5	2.7	88.6
云 南	222.6	94.1	123.2	5.3	19.5	10.5	74.1
西 藏							
陕 西	386.6	364.0		22.6	37.2	27.0	90.3
甘 肃	115.2	115.2			17.7	9.6	41.7
青 海	74.3	74.3			1.2		89.5
宁 夏	80.7	80.7			3.9	2.9	67.0
新 疆	273.8	257.0		16.8	3.4	2.9	79.5

6-9-10 环保重点城市道路交通噪声监测情况

城　市	等效声级 dB(A)	城　市	等效声级 dB(A)	城　市	等效声级 dB(A)
北　京	69.6	温　州	70.8	深　圳	69.0
天　津	67.5	湖　州	67.4	珠　海	68.0
石家庄	68.8	绍　兴	67.6	汕　头	68.8
唐　山	65.2	合　肥	67.4	湛　江	66.9
秦皇岛	67.1	芜　湖	66.5	南　宁	69.6
邯　郸	67.7	马鞍山	67.4	柳　州	66.7
保　定	67.9	福　州	69.4	桂　林	68.0
太　原	67.9	厦　门	67.8	北　海	64.0
大　同	67.3	泉　州	68.5	海　口	67.7
阳　泉	65.5	南　昌	67.4	重　庆	68.1
长　治	67.5	九　江	66.2	成　都	69.1
临　汾	67.8	济　南	69.5	自　贡	67.9
呼和浩特	69.3	青　岛	68.3	攀枝花	67.8
包　头	66.5	淄　博	67.9	泸　州	67.7
赤　峰	66.0	枣　庄	68.6	德　阳	66.9
沈　阳	69.5	烟　台	68.4	绵　阳	67.9
大　连	68.2	潍　坊	66.6	南　充	67.4
鞍　山	66.4	济　宁	65.0	宜　宾	66.4
抚　顺	68.9	泰　安	67.9	贵　阳	67.7
本　溪	65.0	日　照	65.1	遵　义	67.7
锦　州	68.3	郑　州	67.9	昆　明	68.4
长　春	68.5	开　封	67.7	曲　靖	67.4
吉　林	69.6	洛　阳	68.2	玉　溪	66.3
哈尔滨	67.9	平顶山	68.7	拉　萨	65.7
齐齐哈尔	68.3	安　阳	67.3	西　安	68.6
牡丹江	66.7	焦　作	66.2	铜　川	65.6
上　海	70.0	三门峡	65.9	宝　鸡	67.6
南　京	67.9	武　汉	69.5	咸　阳	66.3
无　锡	66.8	宜　昌	68.5	渭　南	65.3
徐　州	66.3	荆　州	68.0	延　安	64.3
常　州	67.5	长　沙	69.9	兰　州	68.0
苏　州	67.2	株　洲	64.2	金　昌	66.7
南　通	67.9	湘　潭	67.2	西　宁	69.7
连云港	67.3	岳　阳	68.7	银　川	68.2
扬　州	66.8	常　德	67.9	石嘴山	66.1
镇　江	68.0	张家界	69.8	乌鲁木齐	67.0
杭　州	68.3	广　州	68.9	克拉玛依	65.7
宁　波	69.3	韶　关	64.5		

6-9-11 环保重点城市区域环境噪声监测情况

城　市	等效声级 dB(A)	城　市	等效声级 dB(A)	城　市	等效声级 dB(A)
北　京	53.7	温　州	58.0	深　圳	56.7
天　津	54.4	湖　州	54.0	珠　海	55.1
石家庄	54.1	绍　兴	54.8	汕　头	55.7
唐　山	52.4	合　肥	55.7	湛　江	53.7
秦皇岛	52.2	芜　湖	55.2	南　宁	53.6
邯　郸	51.8	马鞍山	55.2	柳　州	53.6
保　定	54.9	福　州	56.7	桂　林	53.9
太　原	53.2	厦　门	56.0	北　海	53.9
大　同	53.4	泉　州	54.7	海　口	55.6
阳　泉	54.8	南　昌	53.5	重　庆	54.1
长　治	51.8	九　江	53.2	成　都	53.6
临　汾	53.1	济　南	53.8	自　贡	54.2
呼和浩特	54.6	青　岛	53.7	攀枝花	51.6
包　头	54.4	淄　博	52.3	泸　州	54.2
赤　峰	55.3	枣　庄	56.1	德　阳	49.3
沈　阳	53.8	烟　台	54.1	绵　阳	52.7
大　连	54.3	潍　坊	52.2	南　充	51.6
鞍　山	55.7	济　宁	51.1	宜　宾	52.0
抚　顺	53.1	泰　安	55.3	贵　阳	56.0
本　溪	54.5	日　照	53.7	遵　义	55.8
锦　州	52.9	郑　州	54.9	昆　明	53.0
长　春	53.1	开　封	51.6	曲　靖	53.1
吉　林	53.1	洛　阳	53.5	玉　溪	50.5
哈尔滨	55.9	平顶山	53.5	拉　萨	46.8
齐齐哈尔	51.2	安　阳	53.7	西　安	55.3
牡丹江	55.2	焦　作	53.0	铜　川	57.4
上　海	55.0	三门峡	51.8	宝　鸡	54.8
南　京	54.3	武　汉	55.8	咸　阳	55.8
无　锡	55.4	宜　昌	54.6	渭　南	53.8
徐　州	53.0	荆　州	52.9	延　安	57.4
常　州	54.1	长　沙	54.6	兰　州	57.3
苏　州	54.4	株　洲	54.5	金　昌	53.0
南　通	55.0	湘　潭	51.2	西　宁	53.6
连云港	53.8	岳　阳	51.8	银　川	53.3
扬　州	53.9	常　德	52.5	石嘴山	52.5
镇　江	54.1	张家界	52.7	乌鲁木齐	52.6
杭　州	57.0	广　州	54.9	克拉玛依	53.2
宁　波	54.5	韶　关	55.1		

6-9-12 各地区湿地面积

地 区	湿地面积（千公顷）							湿地面积占国土面积比重（%）
		天然湿地					人工湿地	
			近岸及海岸	河 流	湖 泊	沼 泽		
全 国	**38485.5**	**36200.6**	**5941.7**	**8207.0**	**8351.6**	**13700.3**	**2285.0**	**4.01**
北 京	34.4	5.0		5.0			29.4	1.93
天 津	171.8	133.7	58.1	55.1	12.3	8.2	38.1	14.95
河 北	1081.9	1042.3	278.8	319.3	307.2	136.9	39.6	5.82
山 西	499.9	462.2		454.1	8.1		37.7	3.19
内蒙古	4245.0	4200.8		607.5	495.2	3098.1	44.3	3.66
辽 宁	1219.6	1106.8	738.1	252.2	6.3	110.2	112.9	8.37
吉 林	1203.4	1016.4	5.8	581.4	74.5	354.7	187.0	6.37
黑龙江	4314.8	4182.8		460.7	401.9	3320.3	132.0	9.49
上 海	319.7	319.4	305.4	7.2	6.8		0.3	53.68
江 苏	1674.7	1651.1	843.5	203.3	604.2		23.6	16.32
浙 江	802.2	695.9	574.3	118.5	3.0	0.1	106.3	7.88
安 徽	653.9	590.0		239.5	350.5		63.9	4.73
福 建	443.0	421.2	370.6	31.1	19.5		21.8	3.65
江 西	998.8	872.9		314.9	443.2	114.8	125.9	5.99
山 东	1784.1	1681.4	1210.9	301.1	165.5	3.9	102.7	11.72
河 南	624.1	482.2		472.7	2.6	6.9	141.9	3.74
湖 北	927.3	730.5		377.4	294.7	58.4	196.9	4.99
湖 南	1226.9	1047.5		683.1	359.3	5.1	179.5	5.79
广 东	1398.1	1252.0	1017.8	231.7	1.5	1.0	146.0	7.86
广 西	656.1	567.5	348.4	219.1			88.6	2.76
海 南	311.5	256.6	190.0	38.3	17.3	11.0	54.9	9.13
重 庆	43.2	31.9		31.6	0.3		11.3	0.52
四 川	961.7	919.5		563.9	13.4	342.3	42.1	1.98
贵 州	79.4	65.9		58.0	2.3	5.7	13.5	0.45
云 南	235.3	220.3		119.8	96.5	4.0	15.0	0.61
西 藏	5232.0	5231.5		231.1	2538.6	2461.7	0.5	4.26
陕 西	292.9	277.2		252.1	7.3	17.8	15.7	1.42
甘 肃	1258.1	1131.4		565.6	44.3	521.5	126.7	2.80
青 海	4126.0	4087.7		107.5	1232.0	2748.1	38.3	5.72
宁 夏	255.6	252.4		104.1	148.3		3.2	3.85
新 疆	1410.2	1264.6		200.2	694.9	369.5	145.5	0.86

注：本表为中国首次湿地调查（1995-2003）资料，不包括台湾省、香港和澳门特别行政区；湿地面积不包括水稻田湿地。

6-9-13 各地区自然保护基本情况

地 区	自然保护区数（个）	#国家级	#省级	自然保护区面积（万公顷）	#国家级	#省级	保护区面积占辖区面积比重（%）
全 国	**2640**	**335**	**870**	**14971.1**	**9315.3**	**4152.6**	**14.9**
北 京	20	2	12	13.4	2.6	7.1	8.0
天 津	8	3	5	9.1	3.8	5.3	8.1
河 北	35	12	19	58.7	23.8	33.0	3.1
山 西	46	5	41	115.7	8.3	107.4	7.4
内蒙古	184	24	60	1380.5	395.0	698.4	11.7
辽 宁	101	13	30	271.5	94.8	87.4	12.8
吉 林	38	14	15	230.4	94.6	131.4	12.3
黑龙江	221	24	87	660.5	240.0	298.4	14.5
上 海	4	2	2	9.4	6.6	2.8	5.2
江 苏	30	3	10	56.5	33.6	8.5	4.1
浙 江	32	10	8	19.7	14.7	1.3	1.5
安 徽	102	7	26	52.5	13.9	28.2	3.8
福 建	92	12	26	44.5	20.6	13.1	3.0
江 西	195	9	34	119.1	15.6	40.0	7.1
山 东	86	7	33	109.8	22.0	49.9	4.8
河 南	34	11	21	73.5	42.6	30.7	4.4
湖 北	64	11	18	95.9	26.1	37.5	5.2
湖 南	123	18	32	125.0	51.8	44.7	5.9
广 东	368	11	66	355.3	22.6	59.8	6.7
广 西	78	16	50	145.3	30.8	90.4	6.0
海 南	50	9	24	273.5	10.7	261.5	7.0
重 庆	57	4	18	85.0	21.9	27.6	10.3
四 川	167	24	68	899.4	277.1	316.7	18.6
贵 州	129	8	4	95.2	24.4	5.7	5.4
云 南	163	17	42	297.8	144.4	86.7	7.8
西 藏	47	9	14	4136.9	3715.3	420.9	33.9
陕 西	55	14	34	117.2	46.7	60.9	5.7
甘 肃	59	16	39	734.7	482.5	240.7	16.2
青 海	11	5	6	2182.2	2025.2	157.0	30.2
宁 夏	14	6	8	53.6	42.7	10.9	10.3
新 疆	27	9	18	2149.4	1360.6	788.8	13.0

6-9-14 地质灾害及防治情况

年份 地区	发生地质灾害起数（次）	#滑坡	#崩塌	#泥石流	#地面塌陷	人员伤亡（人）	#死亡人数	直接经济损失（万元）	地质灾害防治项目数（个）	地质灾害防治投资（万元）
全　国	**15804**	**11504**	**2445**	**1358**	**386**	**413**	**244**	**413124**	**20871**	**928086**
北　京	13	2	8		3			4	3	868
天　津									4	344
河　北	18	4	3	5	3			2201	110	19836
山　西	14	6	4		4	23	19	1472	54	21112
内蒙古	8		2		5			810	34	18200
辽　宁	291	19	15	253	4			10081	83	26622
吉　林	15	3	9	2	1			151	10	3862
黑龙江	1	1						1	15	3629
上　海									1	6064
江　苏	52	42	7	2	1			2556	171	16856
浙　江	679	467	162	46	4	4	3	3550	872	35274
安　徽	175	102	60	6	7	2	2	1570	332	27289
福　建	102	44	54	4		8	8	1949	226	22132
江　西	660	307	315	12	26	5	3	4077	140	33782
山　东	27	7	6	1	11	6	6	162	137	15169
河　南	49	14	7		26	1	1	13959	58	9068
湖　北	580	401	112	26	39	41	23	23647	917	19600
湖　南	8844	7518	697	497	78	19	11	24648	684	33717
广　东	100	26	50	2	18	2	2	2745	2137	116867
广　西	411	128	220		56	48	31	1083	551	59009
海　南	107	7	96		2			684	8	3657
重　庆	133	78	43	1	11	6	2	6400	37	20000
四　川	1997	1418	226	330	15	70	28	191824	10520	201031
贵　州	214	153	45	2	9	10	5	12825	1481	52518
云　南	346	234	43	53	4	50	17	27565	2152	77981
西　藏	139	32	30	77		3	1	5237	4	5001
陕　西	667	396	197	18	53	85	69	21864	70	21061
甘　肃	115	62	24	18	5	15	4	51428	23	29777
青　海	19	12	6	1		6	1	78	30	22937
宁　夏	4	2		1	1			350	2	1514
新　疆	24	19	4	1		9	8	203	5	3310

6-9-15 各地区森林火灾情况

地区	森林火灾次数(次)	一般火灾	较大火灾	重大火灾	特别重大火灾	火场总面积(公顷)	受害森林面积(公顷)	#天然林	#人工林	伤亡人数(人)	#死亡人数	其他损失折款(万元)
全国	**5550**	**2993**	**2548**	**9**		**63416**	**26950**	**1696**	**23916**	**91**	**45**	**20173**
北京	3	3				2	2	1	1	1	1	
天津	5	5				24	9		9			20
河北	108	94	13	1		2169	354	3	350	3	2	12
山西	40	18	18	4		6372	3397	108	3289			4428
内蒙古	57	21	36			1741	1089	452	189			39
辽宁	54	40	14			577	155	1	154			16
吉林	58	47	11			240	55		18	1	1	405
黑龙江	43	40	3			1741	58	41	17			
上海												
江苏	54	51	3			142	52		52			5
浙江	433	83	350			4708	2090		1475	12	6	8
安徽	250	179	71			752	255	3	252	2	2	60
福建	407	18	387	2		9366	6503	180	6323	20	3	222
江西	151	37	114			3828	1435	44	1391	4	3	579
山东	32	25	5	2		897	861		861			8944
河南	622	398	224			2103	890		890			55
湖北	510	379	131			3114	677	25	652			20
湖南	873	407	466			5824	3605	265	3341	7	5	741
广东	239	76	163			3367	1476	68	1407	1		521
广西	350	171	179			5072	883	8	876	1	1	236
海南	42	27	15			140	118		118			8
重庆	162	115	47			753	296	28	266	2	1	183
四川	309	245	64			3450	551	140	410	4	2	550
贵州	430	300	130			2626	910	90	820	10	7	778
云南	115	64	51			2429	694	13	538	19	10	515
西藏	3	3				10	1					3
陕西	125	92	33			988	265	97	150	3	1	80
甘肃	7	4	3			144	24	14	10			300
青海	7	4	3			114	88		24			2
宁夏	2	1	1			10	9					14
新疆	59	46	13			714	150	114	36	1		1427

6-9-16 森林病虫鼠害防治情况

地区	合计			森林病害		
	发生面积(公顷)	防治面积(公顷)	防治率(%)	发生面积(公顷)	防治面积(公顷)	防治率(%)
全国	**11681424**	**7284974**	**62.4**	**1197227**	**792275**	**66.2**
北京	38297	38096	99.5	2588	2588	100.0
天津	45055	45049	100.0	5970	5970	100.0
河北	557708	461006	82.7	40742	37545	92.2
山西	242007	93146	38.5	3061	2179	71.2
内蒙古	1157556	432820	37.4	55763	24896	44.6
辽宁	724334	654632	90.4	71364	57561	80.7
吉林	244917	215851	88.1	17363	16414	94.5
黑龙江	425342	365554	85.9	47740	36891	77.3
上海	5591	5474	97.9	817	816	99.9
江苏	81400	68611	84.3	11000	7611	69.2
浙江	66488	61847	93.0	16514	14849	89.9
安徽	400865	330058	82.3	52746	43366	82.2
福建	196918	144656	73.5	12745	11362	89.1
江西	359877	129693	36.0	54004	12691	23.5
山东	612673	579370	94.6	117200	107052	91.3
河南	514435	455922	88.6	113139	99765	88.2
湖北	302310	199187	65.9	47748	18088	37.9
湖南	398002	186028	46.7	6901	1514	21.9
广东	339163	102164	30.1	17182	13308	77.5
广西	362520	74978	20.7	30869	2525	8.2
海南	9925	845	8.5	111	16	14.4
重庆	278723	210547	75.5	20583	6761	32.8
四川	698971	341546	48.9	89143	33816	37.9
贵州	271803	119014	43.8	15877	4276	26.9
云南	311037	268246	86.2	46130	39521	85.7
西藏	269334	159333	59.2	76000	60000	78.9
陕西	416533	250009	60.0	18753	14712	78.5
甘肃	298238	141203	47.3	65668	30935	47.1
青海	293439	174375	59.4	31211	13037	41.8
宁夏	286067	130691	45.7	3001	1835	61.1
新疆	1342102	818388	61.0	83600	64872	77.6
大兴安岭	129794	26635	20.5	21694	5503	25.4

6-9-16 续表

地 区	森林虫害			森林鼠害		
	发生面积（公顷）	防治面积（公顷）	防治率（%）	发生面积（公顷）	防治面积（公顷）	防治率（%）
全 国	**8459102**	**5465759**	**64.6**	**2025095**	**1026940**	**50.7**
北 京	35709	35508	99.4			
天 津	39085	39079	100.0			
河 北	504643	411997	81.6	12323	11464	93.0
山 西	192385	78381	40.7	46561	12586	27.0
内蒙古	782781	289179	36.9	319012	118745	37.2
辽 宁	644526	589600	91.5	8444	7471	88.5
吉 林	196688	171296	87.1	30866	28141	91.2
黑龙江	180076	162046	90.0	197526	166617	84.4
上 海	4774	4658	97.6			
江 苏	70400	61000	86.6			
浙 江	49967	46991	94.0	7	7	100.0
安 徽	348119	286692	82.4			
福 建	184173	133294	72.4			
江 西	305873	117002	38.3			
山 东	495473	472318	95.3			
河 南	401296	356157	88.8			
湖 北	253280	180244	71.2	1282	855	66.7
湖 南	391101	184514	47.2			
广 东	321981	88856	27.6			
广 西	331651	72453	21.8			
海 南	9814	829	8.4			
重 庆	188044	151240	80.4	70096	52546	75.0
四 川	576398	295917	51.3	33430	11813	35.3
贵 州	240688	113902	47.3	15238	836	5.5
云 南	260500	224467	86.2	4407	4258	96.6
西 藏	142667	77333	54.2	50667	22000	43.4
陕 西	281054	178699	63.6	116726	56598	48.5
甘 肃	135475	72314	53.4	97095	37954	39.1
青 海	114610	60566	52.8	147618	100772	68.3
宁 夏	110116	23061	20.9	172950	105795	61.2
新 疆	626388	480393	76.7	632114	273123	43.2
大兴安岭	39367	5773	14.7	68733	15359	22.3

6-9-17 地震灾害情况

年 份 地 区	地震灾害次数 (次)	5.0-5.9级	6.0-6.9级	7.0级以上	人员伤亡 (人)	#死亡人数	直接经济损失 (万元)
2000	10	7	2		2987	10	146792
2001	12	8	2	1	750	9	148449
2002	5	4			362	2	14774
2003	21	10	6	1	7465	319	466040
2004	11	8	1		696	8	94959
2005	13	9	2		882	15	262811
2006	10	9			229	25	79962
2007	3	1	1		422	3	201922
2008	17	6	4	2	446293	69283	85949594
2009	8	5	2		407	3	273782
2010	12	4		1	13795	2705	2361077
2011	18	11	2	1	540	32	6020873
安 徽	1						232351
江 西	1						5380
河 南	1						1895
四 川	1	1			4		178580
云 南	3	3			351	25	2813100
甘 肃	1				2		2696
青 海	1	1					65028
新 疆	7	6	1		28		1050593
缅 甸*	1			1	12		337600
印 度*	1		1		143	7	1333650

注：*表示造成我国境内人员伤亡和经济损失，但震中在境外的地震。

6-9-18 主要海洋灾害情况

灾 种	发生次数 (次)	人员死亡、失踪 (人)	直接经济损失 (亿元)
合 计	**114**	**76**	**62.07**
风暴潮	22		48.81
赤 潮	55		0.03
海 浪	37	68	4.42
海 冰			8.81
涌 潮		8	

6-9-19 各地区突发环境事件情况

地区	突发环境事件次数(次)	特别重大环境事件	重大环境事件	较大环境事件	一般环境事件	未定级环境事件
全国	**542**		**6**	**10**	**465**	**61**
北京	36				36	
天津	1				1	
河北	16			2	14	
山西	11				11	
内蒙古	14				14	
辽宁	2				2	
吉林	2					2
黑龙江	5				5	
上海	197				197	
江苏	27			1	26	
浙江	31			3	28	
安徽	12			1	11	
福建	8				8	
江西	8			1	7	
山东	8					8
河南	25		1		24	
湖北	7					7
湖南	9					9
广东	26		3		23	
广西	31					31
海南	1				1	
重庆	18				18	
四川	25		1	1	23	
贵州	7		1	1	5	
云南	1				1	
西藏						
陕西	2				2	
甘肃	4					4
青海	1				1	
宁夏	1				1	
新疆	6				6	

6-9-20 各地区城市市政设施情况

地 区	道路长度 (公里)	道路面积 (万平方米)	城市桥梁 (座)	城市道路照明灯 (千盏)	排水管道长度 (公里)	防洪堤长度 (公里)
全 国	**308897**	**562523**	**53386**	**19492**	**414074**	**35051**
北 京	6258	9164	1885	236	11086	
天 津	5991	10492	584	246	16551	2011
河 北	12286	27935	1483	664	15435	913
山 西	6059	11349	502	446	6086	282
内蒙古	6782	13257	344	609	9314	583
辽 宁	14468	24727	1549	1446	14906	1483
吉 林	7687	13305	681	563	8194	783
黑龙江	10629	15296	850	521	8106	804
上 海	4708	9481	2152	471	17599	1119
江 苏	32491	58405	12130	2331	51735	8707
浙 江	16819	31998	8275	1190	28103	1705
安 徽	10854	22722	1176	659	16380	1222
福 建	7238	13908	1292	457	10767	471
江 西	6086	12329	573	502	8580	647
山 东	34681	66123	4359	1446	40110	2511
河 南	9859	23393	1084	693	15836	808
湖 北	14887	26341	1772	449	17351	2362
湖 南	9893	18234	700	530	10897	691
广 东	42875	59215	5645	2267	48185	3810
广 西	6823	13029	650	492	7264	339
海 南	2013	4133	149	157	2788	9
重 庆	5435	10870	1211	268	8163	222
四 川	10192	20258	1615	751	15742	1335
贵 州	2419	3884	408	251	3695	227
云 南	4569	9507	672	321	4761	619
西 藏	378	658	30	19	293	28
陕 西	4964	10966	600	553	5809	324
甘 肃	3503	6913	379	216	3144	587
青 海	738	1430	82	100	1115	50
宁 夏	1832	4238	145	217	1487	144
新 疆	5476	8964	409	424	4592	255

6-9-21 各地区城市污水处理情况

地区	污水处理厂(座)	污水处理厂污水处理能力(万立方米/日)	污水处理厂污水处理量(万立方米)	其他污水处理设施处理能力(万立方米/日)	其他污水处理设施处理量(万吨)	污水再生利用量(万吨)	城市污水处理率(%)	#污水处理厂集中处理率
全国	**1588**	**11303.4**	**3152039**	**2000.7**	**224070**	**268343**	**83.63**	**78.08**
北京	37	369.4	117366	12.2	1519	71012	81.68	80.64
天津	33	229.6	57712	2.6	564	2287	86.75	85.91
河北	73	508.6	136032	18.2	2216	32995	93.93	92.42
山西	38	182.5	49684	13.5	2617	7235	86.54	82.21
内蒙古	35	158.4	40304			7161	83.85	83.85
辽宁	65	547.2	166088	88.2	10114	28441	84.14	79.31
吉林	30	226.8	61088	5.7	899	654	82.86	81.66
黑龙江	45	304.7	59471	32.5	8904	3517	57.28	49.82
上海	49	694.3	195358				84.42	84.42
江苏	178	997.6	267676	557.9	72110	31379	89.92	70.84
浙江	70	598.5	173895	64.1	8504	2820	85.09	81.12
安徽	47	333.5	100490	157.3	15317	980	91.09	79.04
福建	50	298.6	83721	33.9	4441	216	85.29	80.99
江西	32	208.0	62051	18.0	1031	765	85.08	83.69
山东	130	811.8	242085	83.6	5263	31620	93.18	91.19
河南	62	488.3	133757	10.0	2172	5572	89.04	87.62
湖北	70	486.4	137650	75.4	9988	16289	86.49	80.64
湖南	54	377.0	102938	178.0	28126	638	82.82	65.04
广东	187	1637.5	467214	78.5	12393	3763	79.11	77.06
广西	33	256.5	65176	449.2	13605		64.05	52.99
海南	15	76.8	18031			521	73.14	73.14
重庆	36	215.0	64405	4.7	1016	387	94.62	93.15
四川	64	348.7	105846	42.3	9042	26	78.32	72.16
贵州	28	122.8	34674			4497	90.69	90.69
云南	30	204.3	60250	27.0	4524	1138	94.62	88.01
西藏								
陕西	28	208.5	55447	4.0	1114	2954	83.96	82.31
甘肃	19	109.6	23474	27.2	4268	1329	68.82	58.23
青海	6	32.1	9469			20	60.99	60.99
宁夏	12	79.5	18955	10.0	3213	1676	80.19	68.57
新疆	32	190.9	41732	6.7	1110	8451	77.03	75.04

6-9-22 各地区城市绿地和园林

地区	城市绿地面积(公顷)	#公园绿地	公园(个)	公园面积(公顷)	建成区绿化覆盖率(%)
全国	**2242856**	**482620**	**10780**	**285751**	**39.22**
北京	63540	19728	218	10325	45.60
天津	21728	6341	77	1680	34.53
河北	71103	22321	397	13326	42.07
山西	32513	10295	193	6571	38.29
内蒙古	41059	12161	193	9617	34.09
辽宁	95968	23174	322	11693	39.78
吉林	38740	11776	153	4611	34.17
黑龙江	72166	15664	296	9339	36.32
上海	122283	16446	153	2151	38.22
江苏	237486	35634	701	15687	42.12
浙江	105200	21480	954	13511	38.39
安徽	75977	15001	265	9576	39.47
福建	50802	12111	451	9681	41.39
江西	45063	11546	264	7501	46.81
山东	165577	44800	660	22919	41.51
河南	69596	19207	267	9414	36.64
湖北	62062	18010	275	9844	38.35
湖南	49593	11790	175	7395	36.84
广东	410600	67958	2811	60802	41.10
广西	64461	10012	168	7205	37.35
海南	49784	2807	49	1892	41.81
重庆	43854	18626	248	8895	40.18
四川	77406	17902	377	9423	38.21
贵州	30521	4255	59	4087	32.31
云南	31940	8154	535	5872	38.73
西藏	2943	524	75	681	24.06
陕西	28164	9118	130	3217	38.68
甘肃	16337	4570	92	2572	27.85
青海	3894	1229	26	904	31.06
宁夏	18399	3795	59	2086	37.45
新疆	44097	6185	137	3274	36.64

6-9-23 各地区城市设施水平

地 区	城市用水普及率(%)	城市燃气普及率(%)	每万人拥有公共交通车辆(标台)	人均城市道路面积(平方米)	人均公园绿地面积(平方米)	每万人拥有公共厕所(座)
全 国	**97.04**	**92.41**	**11.81**	**13.75**	**11.80**	**2.95**
北 京	100.00	100.00	22.38	5.26	11.33	3.36
天 津	100.00	100.00	15.19	17.05	10.30	2.00
河 北	100.00	99.86	10.44	17.84	14.26	4.23
山 西	97.48	94.63	7.87	11.21	10.17	3.14
内蒙古	91.39	82.23	7.20	15.77	14.47	5.11
辽 宁	98.36	95.46	11.03	11.27	10.56	2.67
吉 林	92.71	88.28	9.31	11.90	10.53	3.91
黑龙江	90.78	81.41	11.14	11.20	11.47	5.33
上 海	100.00	99.87	11.79	4.04	7.01	2.46
江 苏	99.58	99.03	13.21	21.86	13.34	3.79
浙 江	99.84	99.34	13.55	17.53	11.77	4.20
安 徽	96.55	93.35	9.74	18.00	11.88	2.45
福 建	99.11	98.67	11.86	13.46	11.72	2.83
江 西	97.94	94.31	9.78	14.40	13.49	2.35
山 东	99.74	99.48	12.41	23.62	16.00	2.03
河 南	92.64	76.19	8.68	10.83	8.90	3.33
湖 北	98.25	93.89	11.17	14.78	10.11	2.85
湖 南	95.68	88.45	10.36	13.62	8.81	2.19
广 东	98.39	91.30	12.90	12.51	14.35	2.02
广 西	93.91	91.08	8.90	14.34	11.02	2.32
海 南	96.09	93.59	10.76	18.42	12.51	1.73
重 庆	93.41	93.03	8.80	10.43	17.87	1.76
四 川	91.83	87.09	12.60	12.14	10.73	2.82
贵 州	91.55	71.56	8.70	6.63	7.26	2.05
云 南	95.09	74.21	10.06	11.97	10.26	2.19
西 藏	91.93	83.44	9.02	13.48	10.73	3.38
陕 西	95.72	92.09	15.59	13.72	11.41	3.52
甘 肃	92.50	75.62	9.76	12.58	8.32	2.34
青 海	99.86	92.10	16.94	11.22	9.65	4.65
宁 夏	95.45	88.38	11.24	17.90	16.03	3.23
新 疆	99.17	96.19	13.46	13.74	9.48	3.26

【主要统计指标解释】

水资源总量 指当地降水形成的地表和地下产水量，即地表径流量与降水入渗补给量之和，不包括过境水量。

地表水资源量 指河流、湖泊、冰川等地表水体中由当地降水形成的、可以逐年更新的动态水量，即天然河川径流量。

地下水资源量 指当地降水和地表水对饱水岩土层的补给量。

地表水与地下水资源重复量 指地表水和地下水相互转化的部分，即在河川径流量中包括一部分地下水排泄量，地下水补给量中包括一部分来源于地表水的入渗量。

供水总量 指各种水源工程为用户提供的包括输水损失在内的毛供水量。

地表水源供水量 指地表水体工程的取水量，按蓄、引、提、调四种形式统计。从水库、塘坝中引水或提水，均属蓄水工程供水量；从河道或湖泊中自流引水的，无论有闸或无闸，均属引水工程供水量；利用扬水站从河道或湖泊中直接取水的，属提水工程供水量；跨流域调水指水资源一级区或独立流域之间的跨流域调配水量，不包括在蓄、引、提水量中。

地下水源供水量 指水井工程的开采量，按浅层淡水、深层承压水和微咸水分别统计。城市地下水源供水量包括自来水厂的开采量和工矿企业自备井的开采量。

其他水源供水量 包括污水处理再利用、集雨工程、海水淡化等水源工程的供水量。

用水总量 指分配给用户的包括输水损失在内的毛用水量。按用户特性分为农业、工业、生活和生态用水四大类。

农业用水 包括农田灌溉和林牧渔业用水。林牧渔业用水指林果地灌溉、草地灌溉和鱼塘补水。

工业用水 按新水取用量计，不包括企业内部的重复利用水量。

生活用水 包括城镇生活用水和农村生活用水。城镇生活用水由居民用水和公共用水（含服务业、餐饮业、货运邮电业及建筑业等用水）组成；农村生活用水除居民生活用水外，还包括畜用水在内。

生态环境补水 仅包括人为措施供给的城镇环境用水和部分河湖、湿地补水。

一般工业固体废物产生量 系指未被列入《国家危险废物名录》或者根据国家规定的危险废物鉴别标准（GB5085）、固体废物浸出毒性浸出方法（GB5086）及固体废物浸出毒性测定方法（GB／T 15555）鉴别方法判定不具有危险特性的工业固体废物。计算公式为：

一般工业固体废物产生量=（一般工业固体废物综合利用量-其中：综合利用往年贮存量）+一般工业固体废物贮存量+（一般工业固体废物处置量-其中：处置往年贮存量）+一般工业固体废物倾倒丢弃量

一般工业固体废物综合利用量 指报告期内企业通过回收、加工、循环、交换等方式，从固体废物中提取或者使其转化为可以利用的资源、能源和其他原材料的固体废物量（包括当年利用的往年工业固体废物累计贮存量）。如用作农业肥料、生产建筑材料、筑路等。综合利用量由原产生固体废物的单位统计。

一般工业固体废物处置量 指报告期内企业将工业固体废物焚烧和用其他改变工业固体废物的物理、化学、生物特性的方法，达到减少或者消除其危险成分的活动，或者将工业固体废物最终置于符合环境保护规定要求的填埋场的活动中，所消纳固体废物的量。

一般工业固体废物贮存量 指报告期内企业以综合利用或处置为目的，将固体废物暂时贮存或堆存在专设的贮存设施或专设的集中堆存场所内的量。专设的固体废物贮存场所或贮存设施必须有防扩散、防流失、防渗漏、防止污染大气、水体的措施。

一般工业固体废物倾倒丢弃量 指报告期内企业将所产生的固体废物倾倒或者丢弃到固体废物污染防治设施、场所以外的量。

危险废物产生量 指当年全年调查对象实际产生的危险废物的量。危险废物指列入国家危险废物名录或者根据国家规定的危险废物鉴别标准和鉴别方法认定的，具有爆炸性、易燃性、易氧化性、毒性、腐蚀性、易传染性疾病等危险特性之一的废物。按《国家危险废物名录》（环境保护部、国家发展和改革委员会2008部令第1号）填报。

危险废物综合利用量 指当年全年调查对象从危险废物中提取物质作为原材料或者燃料的活动中消纳危险废物的量。包括本单位利用或委托、提供给外单位利用的量。

危险废物处置量 指报告期内企业将危险废物焚烧和用其他改变工业固体废物的物理、化学、生物特性的方法，达到减少或者消除其危险成分的活动，或者将危险废物最终置于符合环境保护规定要求的填埋场的活动中，所消纳危险废物的量。处置量包括处置本单位或委托给外单位处置的量。

危险废物贮存量 指将危险废物以一定包装方式暂时存放在专设的贮存设施内的量。专设的贮存设施指对危险废物的包装、选址、设计、安全防护、监测和关闭等符合《危险废物贮存污染控制标准》（GB18597-2001）等相关环保法律法规要求，具有防扩散、防流失、防渗漏、防止污染大气和水体措施的设施。

自然保护区 指对有代表性的自然生态系统、珍稀濒危野生动植物物种的天然分布区、水源涵养区、有特殊意义的自然历史遗迹等保护对象所在的陆地、陆地水体或海域，依法划出一定面积进行特殊保护和管理的区域。以县及县以上各级人民政府正式批准建立的自然保护区为准。风景名胜区、文物保护区不计在内。

湿地 指天然或人工、长久或暂时性的沼泽地、泥炭地或水域地带，包括静止或流动、淡水、半咸水、咸水体，低潮时水深不超过6米的水域以及海岸地带地区的珊瑚滩和海草床、滩涂、红树林、河口、河流、淡水沼泽、沼泽森林、湖泊、盐沼及盐湖。

突发环境事件 指突然发生，造成或者可能造成重大人员伤亡、重大财产损失和对全国或者某一地区的经济社会稳定、政治安定构成重大威胁和损害，有重大社会影响的涉及公共安全的环境事件。

环境污染治理投资 指在工业污染源治理和城市环境基础设施建设的资金投入中，用于形成固定资产的资金。包括工业新老污染源治理工程投资、建设项目“三同时”环保投资，以及城市环境基础设施建设所投入的资金。

全年供水总量 指报告期供水企业(单位)供出的全部水量。包括有效供水量和漏损水量。

燃气普及率 指报告期末使用燃气的城市人口数与城市人口总数的比率。计算公式为：

$$\text{燃气普及率}=\frac{\text{城市用气人口数}}{\text{城市人口总数}}\times 100\%$$

生活垃圾清运量 指报告期内收集和运送到垃圾处理厂（场）的生活垃圾数量。生活垃圾指城市日常生活或为城市日常生活提供服务的活动中产生的固体废物以及法律行政规定的视为城市生活垃圾的固体废物。包括：居民生活垃圾、商业垃圾、集市贸易市场垃圾、街道清扫垃圾、公共场所垃圾和机关、学校、厂矿等单位的生活垃圾。

生活垃圾无害化处理率 指报告期生活垃圾无害化处理量与生活垃圾产生量比率。在统计上，由于生活垃圾产生量不易取得，可用清运量代替。计算公式为：

$$\text{生活垃圾无害化处理率}=\frac{\text{生活垃圾无害化处理量}}{\text{生活垃圾产生量}}\times 100\%$$

公园绿地 指城市中向公众开放的，以游憩为主要功能，有一定的游憩设施和服务设施，同时兼有健全生态、美化景观、防灾减灾等综合作用的绿化用地。

农村改水累计受益人口 指各种改水形式的受益人口。

卫生厕所 指有完整下水道系统的水冲式、三格化粪池式、净化沼气池式、多翁漏斗式公厕以及粪便及时清理并进行高温堆肥无害化处理的非水冲式公厕。

累计使用卫生公厕户数 指农民因某种原因没有兴建自己的卫生厕所，而使用村内卫生公厕户数。

6 第三产业部分行业主要业务指标

6-10　居民服务、修理和其他服务业

简要说明

该行业为《国民经济行业分类》(GB/T 4754-2002)的门类，本年鉴列示了2007—2011年数据。

本资料由国家统计局国民经济核算司加工整理。

6-10-1 各地区居民服务和其他服务业总产出

地 区	2007		2008		2009		2010		2011	
	总量(亿元)	指数(%)	总量(亿元)	指数(%)	总量(亿元)	指数(%)	总量(亿元)	指数(%)	总量(亿元)	指数(%)
北 京	266.25	82.2	186.42	70.9	172.50	97.6	225.88	122.3	240.41	105.9
天 津	277.84	114.7	367.76	127.1	385.13	110.1	450.63	117.1	515.46	117.3
河 北	393.93	121.0	480.49	117.4	516.91	100.7	600.46	117.8	692.31	113.2
山 西	94.23	98.9	134.38	111.9	165.00	156.6	189.06	112.9	210.01	109.6
内蒙古	179.88	110.3	182.79	102.6	205.22	113.3	276.76	133.8	355.57	124.9
辽 宁	510.55	103.2	537.60	104.3	619.48	115.5	706.20	112.3	823.59	112.9
吉 林	200.14	110.0	260.45	129.8	306.32	112.0	333.94	108.0	439.39	121.3
黑龙江	227.20	98.6	194.98	85.5	232.61	118.2	279.10	118.7	382.37	131.7
上 海	285.10	112.4	327.74	113.1	367.82	113.8	424.47	113.1	492.51	115.2
江 苏	549.85	102.5	566.31	101.4	589.58	104.4	863.15	114.9	1093.87	113.2
浙 江	421.92	123.2	487.85	116.6	532.86	111.2	659.44	115.4	748.36	110.0
安 徽	185.30	85.5	151.21	80.4	169.99	114.1	189.74	117.3	228.72	109.6
福 建	282.05	113.2	384.82	155.7	510.72	133.7	514.54	100.3	607.53	114.4
江 西	125.32	106.2	176.57	114.3	202.39	117.7	238.86	111.0	291.98	115.1
山 东	530.15	107.6	545.53	101.7	611.76	110.8	701.17	113.6	888.18	122.4
河 南	281.98	104.3	174.92	60.7	227.51	134.3	253.55	109.4	311.85	118.5
湖 北	238.48	105.5	162.05	62.9	201.40	115.3	254.58	110.3	365.48	138.3
湖 南	583.43	118.1	697.80	108.4	762.21	108.2	928.05	113.5	1114.01	112.3
广 东	944.09	118.0	1177.33	119.6	1221.70	106.2	1309.02	105.6	1537.47	113.7
广 西	105.59	129.4	154.45	144.7	132.96	87.8	162.01	121.4	172.05	104.2
海 南	29.49	111.3	37.94	113.0	43.74	115.6	54.42	124.2	64.04	115.4
重 庆	87.39	107.5	103.59	117.9	113.27	109.7	120.26	101.9	145.08	105.0
四 川	391.24	110.8	409.04	104.9	459.76	111.3	608.30	118.3	704.92	110.6
贵 州	103.68	132.4	137.76	124.9	146.59	102.6	162.96	109.6	231.23	117.1
云 南	70.78	105.4	77.55	102.5	93.66	108.0	101.39	103.3	129.60	85.1
西 藏	7.42	97.5	7.55	97.0	8.30	110.3	11.65	137.6	15.85	126.4
陕 西	109.80	111.2	94.55	79.5	94.32	101.1	101.99	105.0	119.52	114.5
甘 肃	51.92	108.3	58.58	120.5	69.28	123.3	89.15	122.7	113.57	114.9
青 海	12.48	101.8	13.48	105.3	14.47	105.6	16.65	109.3	20.49	116.9
宁 夏	28.53	109.9	41.78	105.5	54.11	132.0	75.66	138.9	101.36	129.2
新 疆	69.08	113.8	143.69	204.6	163.43	113.6	179.17	108.0	208.14	143.3

注：总量按当年价格计算。指数按不变价计算，以上年为100。

【主要统计指标解释】

总产出 指一定时期内一个国家（或地区）常住单位生产的所有货物和服务的价值，既包括新增价值，也包括被消耗的货物和服务价值以及固定资产的转移价值。总产出反映常住单位生产活动的总规模。

6 第三产业部分行业主要业务指标

6-11 教育

简要说明

一、主要内容

本篇资料主要反映我国教育事业的发展情况。

教育统计资料包括公办教育和民办教育、学历教育和非学历教育。具体有高等教育（研究生教育、普通高等教育和成人高等教育）、中等教育（高中阶段教育和初中阶段教育）、初等教育（小学）、学前教育、特殊教育（盲聋哑和弱智儿童学校等）等资料。主要指标包括学校数、在校学生数、招生数、毕业生数、教职工数和专任教师数等。

二、资料来源

教育事业统计资料由教育部提供；技工学校的资料由人力资源和社会保障部提供。教育事业详细资料见《中国教育事业统计年鉴》（教育部发展规划司编）。

6-11-1 各级各类学校、教职工和专任教师情况

项　目	学校数(所)	教职工数(人)	专任教师(人)
高等教育	**2762**	**2308631**	**1449686**
研究生培养机构	(755)		
普通高校	(481)		
科研机构	(274)		
普通高等学校	2409	2204819	1392676
本科院校	1129	1585694	976937
#独立学院	309	181039	132733
高职(专科)院校	1280	614717	412624
其他机构(教学点)	(47)	4408	3115
成人高等学校	353	69032	40903
民办的其他高等教育机构	(830)	34780	16107
中等教育	**83810**	**7598937**	**5976024**
高中阶段教育	27638	3645725	2444548
高中	14545	2434528	1562610
普通高中	13688	2427386	1556829
完全中学	6357	1100491	523198
高级中学	6532	1182946	995434
十二年一贯制学校	799	143949	38197
成人高中	857	7142	5781
中等职业教育	13093	1211197	881938
普通中专	3753	435030	303864
成人中专	1614	81292	55192
职业高中	4802	406722	315472
技工学校	2924	266116	192575
其他机构(教学点)	(642)	22037	14835
初中阶段教育	56172	3953212	3531476
普通初中	54063	3942471	3522976
初级中学	40759	2993587	2655000
九年一贯制学校	13304	948884	414894
十二年一贯制学校			36824
完全中学			416258
职业初中	54	1698	1541
成人初中	2055	9043	6959
初等教育	**271804**	**5650416**	**5638560**
普通小学	241249	5584868	5604861
小学	241249	5584868	5163882
九年一贯制学校			409103
十二年一贯制学校			31876
成人小学	30555	65548	33699
#扫盲班	20179	49516	23233
工读学校	**76**	**2573**	**1764**
特殊教育	**1767**	**51189**	**41311**
学前教育	**166750**	**2204367**	**1315634**

注：1.普通高中的教职工数中包含普通初中的教职工数。
2.括号内数据均不计校数。

6-11-2 各级各类学历教育学生情况

单位：人

项　目	招生数	在校学生数	毕业生数	女学生占学生总数的比重(%)
高等教育				
研究生	560168	1645845	429994	48.46
博　士	65559	271261	50289	36.13
硕　士	494609	1374584	379705	50.89
普通本专科	6815009	23085078	6081565	51.14
本　科	3566411	13496577	2796229	50.40
专　科	3248598	9588501	3285336	52.17
成人本专科	2185141	5474962	1906640	53.85
本　科	897241	2336132	755402	55.84
专　科	1287900	3138830	1151238	52.36
其他高等学历教育				
在职人员攻读博士、硕士学位	134061	461693		36.09
网络本专科生	1871519	4924833	1299253	47.83
本　科	643993	1754760	460149	50.84
专　科	1227526	3170073	839104	46.16
中等教育	**32993759**	**98078540**	**32665962**	
高中阶段教育	16646463	46866060	14702827	
高中	8507799	24812760	8099367	
普通高中	8507799	24548227	7877401	48.98
完全中学	2950612	8391776	2618833	
高级中学	5354128	15591233	5088191	
十二年一贯制学校	203059	565218	170377	
成人高中		264533	221966	56.54
中等职业教育	8138664	22053300	6603460	45.71
普通中专	2995725	8552071	2702302	53.28
成人中专	1039639	2387275	530942	44.65
职业高中	2464262	6809722	2178008	46.95
技工学校	1639038	4304232	1192208	28.96
初中阶段教育	16347296	51212480	17963135	
普通初中	16347296	50668024	17366786	47.13
初级中学	12079662	37697057	13097178	
九年一贯制学校	1824936	5513859	1790288	
十二年一贯制学校	196210	586326	185730	
完全中学	2239280	6844816	2281767	
职业初中	7208	25966	11823	
成人初中		544456	596349	51.04
初等教育	**17367980**	**100942847**	**18417800**	**46.23**
普通小学	17367980	99263674	16628054	51.30
小学	15989257	91115452	15201478	
九年一贯制学校	1282216	7565579	1326111	
十二年一贯制学校	96507	582643	100465	
成人小学		1679173	1789746	55.10
#扫盲班		748890	818150	
工读学校	**5664**	**8976**	**4378**	**15.60**
特殊教育	**64086**	**398736**	**44194**	**33.96**
学前教育	**18273104**	**34244456**	**11847124**	**46.11**

注：特殊教育学生数中包括普通中小学随班就读的学生。

6-11-3 各级各类非学历教育学生情况

单位：人

项　　目	结业生数	注册生数
总　　计	**65196816**	**58382188**
高等教育	6771796	4051425
研究生课程进修班	48873	67112
自考助学班	242067	470423
普通预科生		32274
进修及培训	6480856	3481616
#资格证书培训	2017012	893784
岗位证书培训	1785514	976309
中等职业教育	58425020	54330763
#资格证书培训	7614303	6461557
岗位证书培训	9798624	8441784
中等职业学校	6959144	4119561
#资格证书培训	2646761	1630942
岗位证书培训	2018994	1055320
职业技术培训机构	51465876	50211202
#资格证书培训	4967542	4830615
岗位证书培训	7779630	7386464

6-11-4 各级各类民办教育基本情况

单位：人

项　　目	学校数（所）	毕业生数	招生数	在校生数	教职工数	专任教师	其　他
民办高等教育							
民办高校	698	1229577	1537292	5050687	371554	252441	260042
本　科		579675	883191	3118236			
专　科		649902	654101	1932451			
独立学院	309	542638	746028	2674448	181039	132733	29128
本　科		479562	689278	2498710			
专　科		63076	56750	175738			
民办其他高等教育机构	(830)				34780	16107	881399
民办中等教育							
高中阶段教育	5250	1642019	1792777	5042345	754757	547750	
民办普通高中	2394	724905	835370	2349833	606071	452249	
民办中等职业教育	2856	917114	957407	2692512	148686	95501	376946
初中阶段教育	4282	1311881	1536479	4425616			
民办普通初中	4282	1311881	1536479	4425616			
民办职业初中							
民办普通小学	**5186**	**885433**	**1008252**	**5678255**	**186026**	**134809**	
民办幼儿园	**115404**	**4671427**	**8133958**	**16942090**	**1436575**	**807772**	
另：民办培训机构	**(21403)**				**250825**	**147525**	**9554560**

注：1."其他"包括：学历文凭考试学生、自考助学班学生、预科生、进修及培训学生数。
2.民办普通高中的教职工和专任教师数中包含民办普通初中的教职工和专任教师数。
3.括号内数据不计校数。

6-11-5 各级各类学校数

单位：所

年 份	普通高等学校	普通中学	高 中	初 中	职业中学	普通小学	特殊教育学校	学前教育
1978	598	162345	49215	113130		949323	292	163952
1980	675	118377	31300	87077	3314	917316	292	170419
1985	1016	93221	17318	75903	8070	832309	375	172262
1986	1054	92967	17111	75856	8187	820846	423	173376
1987	1063	92857	16930	75927	8381	807406	504	176775
1988	1075	91492	16524	74968	8954	793261	577	171845
1989	1075	89575	16050	73525	9173	777244	662	172634
1990	1075	87631	15678	71953	9164	766072	746	172322
1991	1075	85851	15243	70608	9572	729158	886	164465
1992	1053	84021	14850	69171	9860	712973	1077	172506
1993	1065	82795	14380	68415	9985	696681	1123	165197
1994	1080	82358	14242	68116	10217	682588	1241	174657
1995	1054	81020	13991	67029	10147	668685	1379	180438
1996	1032	79967	13875	66092	10049	645983	1428	187324
1997	1020	78642	13880	64762	10047	628840	1440	182485
1998	1022	77888	13948	63940	10074	609626	1535	181368
1999	1071	77213	14127	63086	9636	582291	1520	181136
2000	1041	77268	14564	62704	8849	553622	1539	175836
2001	1225	80432	14907	65525	7802	491273	1531	111706
2002	1396	80067	15406	64661	7402	456903	1540	111752
2003	1552	79490	15779	63711	6843	425846	1551	116390
2004	1731	79058	15998	63060	6478	394183	1560	117899
2005	1792	77977	16092	61885	6423	366213	1593	124402
2006	1867	76703	16153	60550	6100	341639	1605	130495
2007	1908	74790	15681	59109	6191	320061	1618	129086
2008	2263	72907	15206	57701	6128	300854	1640	133722
2009	2305	70774	14607	56167	5805	280184	1672	138209
2010	2358	68881	14058	54823	5273	257410	1706	150420
2011	2409	67751	13688	54063	4856	241249	1767	166750

注：职业中学包括职业高中和职业初中(以下各表同)。

6-11-6　各级各类学校专任教师数

单位：万人

年　份	普通高等学　　校	普通中学	高　中	初　中	职业中学	普通小学	特殊教育学　　校	学前教育
1978	20.6	318.2	74.1	244.1		522.6	0.4	27.7
1980	24.7	302.0	57.1	244.9	2.3	549.9	0.5	41.1
1985	34.4	265.2	49.2	216.0	14.1	537.7	0.7	55.0
1986	37.2	275.8	51.8	223.9	16.4	541.4	0.8	60.5
1987	38.5	287.0	54.4	232.7	18.5	543.4	0.9	65.1
1988	39.3	296.0	55.7	240.3	20.3	550.1	1.1	67.0
1989	39.7	298.0	55.4	242.7	21.4	554.4	1.2	70.9
1990	39.5	303.3	56.2	247.0	22.4	558.2	1.4	75.0
1991	39.1	309.0	57.3	251.7	23.5	553.2	1.6	76.9
1992	38.8	314.1	57.6	256.5	24.8	552.7	1.9	81.5
1993	38.8	316.7	55.9	260.8	26.2	555.2	2.0	83.6
1994	39.6	323.4	54.7	268.7	27.7	561.1	2.3	86.2
1995	40.1	333.4	55.1	278.4	29.2	566.4	2.5	87.5
1996	40.3	346.5	57.2	289.3	30.8	573.6	2.7	88.9
1997	40.5	358.7	60.5	298.2	32.2	579.4	2.9	88.4
1998	40.7	369.7	64.2	305.5	33.6	581.9	3.0	87.5
1999	42.6	384.1	69.2	314.8	33.6	586.1	3.1	87.2
2000	46.3	400.5	75.7	324.9	32.0	586.0	3.2	85.6
2001	53.2	418.8	84.0	334.8	30.6	579.8	2.9	63.0
2002	61.8	437.6	94.6	343.0	31.0	577.9	3.0	57.1
2003	72.5	453.7	107.1	346.7	28.9	570.3	3.0	61.3
2004	85.8	466.8	119.1	347.7	29.4	562.9	3.1	65.6
2005	96.6	477.1	129.9	347.2	30.3	559.2	3.2	72.2
2006	107.6	485.1	138.7	346.3	30.7	558.8	3.3	77.6
2007	116.8	490.7	144.3	346.4	31.7	561.3	3.5	82.7
2008	123.7	494.4	147.6	346.9	32.6	562.2	3.6	89.9
2009	129.5	500.7	149.3	351.3	32.6	563.3	3.8	98.6
2010	134.3	504.2	151.8	352.3	30.9	561.7	4.0	114.4
2011	139.3	508.0	155.7	352.3	31.7	560.5	4.1	131.6

6-11-7 各级各类学校招生数

单位：万人

年份	普通高等学校	普通中学	高中	初中	职业中学	普通小学	特殊教育学校
1978	40.2	2698.9	692.9	2006.0		3315.4	0.6
1980	28.1	1934.3	383.4	1550.9	30.7	2942.3	0.6
1985	61.9	1606.9	257.5	1349.4	116.1	2298.2	0.9
1986	57.2	1643.9	257.3	1386.6	112.8	2258.2	1.1
1987	61.7	1649.5	255.2	1394.3	113.2	2094.6	1.2
1988	67.0	1584.8	244.3	1340.5	119.5	2123.3	1.2
1989	59.7	1551.5	242.1	1309.4	118.3	2151.5	1.4
1990	60.9	1619.6	249.8	1369.9	123.2	2064.0	1.6
1991	62.0	1655.2	243.8	1411.3	137.8	2072.7	2.0
1992	75.4	1699.7	234.7	1465.0	152.1	2183.2	3.0
1993	92.4	1707.3	228.3	1479.0	161.5	2353.5	3.4
1994	90.0	1859.8	243.4	1616.4	175.3	2537.0	4.0
1995	92.6	2025.9	273.6	1752.3	190.1	2531.8	5.6
1996	96.6	2042.9	282.2	1760.7	188.9	2524.7	4.8
1997	100.0	2128.2	322.6	1805.6	211.2	2462.0	4.6
1998	108.4	2321.0	359.6	1961.4	217.6	2201.4	4.9
1999	159.7	2546.0	396.3	2149.7	194.1	2029.5	5.0
2000	220.6	2736.0	472.7	2263.3	182.7	1946.5	5.3
2001	268.3	2815.9	558.0	2257.9	185.0	1944.2	5.6
2002	320.5	2929.0	676.7	2252.3	216.9	1952.8	5.3
2003	382.2	2947.4	752.1	2195.3	222.1	1829.4	4.9
2004	447.3	2899.7	821.5	2078.2	229.1	1747.0	5.1
2005	504.5	2854.3	877.7	1976.5	259.3	1671.7	4.9
2006	546.1	2794.8	871.2	1923.6	294.0	1729.4	5.0
2007	565.9	2703.9	840.2	1863.7	306.9	1736.1	6.3
2008	607.7	2693.2	837.0	1856.2	294.1	1695.7	6.2
2009	639.5	2616.7	830.3	1786.4	315.2	1637.8	6.4
2010	661.8	2551.7	836.2	1715.5	279.8	1691.7	6.5
2011	681.5	2484.8	850.8	1634.0	247.1	1736.8	6.4

6-11-8 各级各类学校在校学生数

单位：万人

年 份	普通高等学校	普通中学			职业中学	普通小学	特殊教育学校	学前教育
			高 中	初 中				
1978	85.6	6548.3	1553.1	4995.2		14624.0	3.1	787.7
1980	114.4	5508.1	969.8	4538.3	45.4	14627.0	3.3	1150.8
1985	170.3	4706.0	741.1	3964.8	229.5	13370.2	4.2	1479.7
1986	188.0	4889.9	773.4	4116.6	256.0	13182.5	4.7	1629.0
1987	195.9	4948.1	773.7	4174.4	267.6	12835.9	5.3	1807.8
1988	206.6	4761.5	746.0	4015.5	279.4	12535.8	5.8	1854.5
1989	208.2	4554.0	716.1	3837.9	282.3	12373.1	6.4	1847.7
1990	206.3	4586.0	717.3	3868.7	295.0	12241.4	7.2	1972.2
1991	204.4	4683.5	722.9	3960.6	315.6	12164.2	8.5	2209.3
1992	218.4	4770.8	704.9	4065.9	342.8	12201.3	13.0	2428.2
1993	253.6	4739.1	656.9	4082.2	362.6	12421.2	16.9	2552.5
1994	279.9	4981.7	664.9	4316.7	405.6	12822.6	21.1	2630.3
1995	290.6	5371.0	713.2	4657.8	448.3	13195.2	29.6	2711.2
1996	302.1	5739.7	769.3	4970.4	473.3	13615.0	32.1	2666.3
1997	317.4	6017.9	850.1	5167.8	511.9	13995.4	34.1	2519.0
1998	340.9	6301.0	938.0	5363.0	541.6	13953.8	35.8	2403.0
1999	413.4	6771.3	1049.7	5721.6	533.9	13548.0	37.2	2326.3
2000	556.1	7368.9	1201.3	6167.6	503.2	13013.3	37.8	2244.2
2001	719.1	7836.0	1405.0	6431.1	466.4	12543.5	38.6	2021.8
2002	903.4	8287.9	1683.8	6604.1	511.5	12156.7	37.5	2036.0
2003	1108.6	8583.2	1964.8	6618.4	528.2	11689.7	36.5	2003.9
2004	1333.5	8695.4	2220.4	6475.0	569.4	11246.2	37.2	2089.4
2005	1561.8	8580.9	2409.1	6171.8	625.6	10864.1	36.4	2179.0
2006	1738.8	8451.9	2514.5	5937.4	676.2	10711.5	36.3	2263.9
2007	1884.9	8243.3	2522.4	5720.9	740.5	10564.0	41.9	2348.8
2008	2021.0	8050.5	2476.3	5574.2	761.1	10331.5	41.7	2475.0
2009	2144.7	7867.9	2434.3	5433.6	785.7	10071.5	42.8	2657.8
2010	2231.8	7703.2	2427.3	5275.9	729.8	9940.7	42.6	2976.7
2011	2308.5	7519.0	2454.8	5064.2	683.6	9926.4	39.9	3424.4

6-11-9 各级各类学校毕业生数

单位：万人

年份	普通高等学校	普通中学	高中	初中	职业中学	普通小学	特殊教育学校
1978	16.5	2375.3	682.7	1692.6		2287.9	0.3
1980	14.7	1581.0	616.2	964.7	7.9	2053.3	0.4
1985	31.6	1194.9	196.6	998.3	41.3	1999.9	0.4
1986	39.3	1281.0	224.0	1057.0	57.9	2016.1	0.5
1987	53.2	1364.1	246.8	1117.3	75.0	2043.0	0.4
1988	55.3	1407.8	250.6	1157.2	81.0	1930.3	0.5
1989	57.6	1377.5	243.2	1134.3	86.3	1857.1	0.5
1990	61.4	1342.1	233.0	1109.1	89.3	1863.1	0.5
1991	61.4	1308.5	222.9	1085.5	94.5	1896.7	0.6
1992	60.4	1328.4	226.1	1102.3	96.7	1872.4	0.9
1993	57.1	1365.9	231.7	1134.2	102.5	1841.5	1.2
1994	63.7	1361.9	209.3	1152.6	107.6	1899.6	1.4
1995	80.5	1429.0	201.6	1227.4	124.0	1961.5	1.9
1996	83.9	1484.0	204.9	1279.0	139.6	1934.1	2.4
1997	82.9	1664.0	221.7	1442.4	150.1	1960.1	2.8
1998	83.0	1832.0	251.8	1580.2	162.8	2117.4	3.5
1999	84.8	1852.7	262.9	1589.8	167.8	2313.7	3.8
2000	95.0	1908.6	301.5	1607.1	176.3	2419.2	4.3
2001	103.6	2047.4	340.5	1707.0	166.5	2396.9	4.6
2002	133.7	2263.6	383.8	1879.9	145.4	2351.9	4.4
2003	187.7	2453.7	458.1	1995.6	135.5	2267.9	4.5
2004	239.1	2617.4	546.9	2070.4	142.5	2135.2	4.7
2005	306.8	2768.1	661.6	2106.5	170.0	2019.5	4.3
2006	377.5	2789.5	727.1	2062.4	179.5	1928.5	4.5
2007	447.8	2745.2	788.3	1956.8	197.7	1870.2	5.0
2008	511.9	2699.0	836.1	1862.9	216.7	1865.0	5.2
2009	531.1	2618.4	823.7	1794.7	232.1	1805.2	5.7
2010	575.4	2543.0	794.4	1748.6	232.0	1739.6	5.9
2011	608.2	2523.2	787.7	1735.5	219.0	1662.8	4.4

6-11-10 研究生和留学生数

单位：人

年 份	研究生数			出国留学人员	学成回国留学人员
	招生数	在校人数	毕业生数		
1978	10708	10934	9	860	248
1980	3616	21604	476	2124	162
1985	46871	87331	17004	4888	1424
1986	41310	110371	16950	4676	1388
1987	39017	120191	27603	4703	1605
1988	35645	112776	40838	3786	3000
1989	28569	101339	37232	3329	1753
1990	29649	93018	35440	2950	1593
1991	29679	88128	32537	2900	2069
1992	33439	94164	25692	6540	3611
1993	42145	106771	28214	10742	5128
1994	50864	127935	28047	19071	4230
1995	51053	145443	31877	20381	5750
1996	59398	163322	39652	20905	6570
1997	63749	176353	46539	22410	7130
1998	72508	198885	47077	17622	7379
1999	92225	233513	54670	23749	7748
2000	128484	301239	58767	38989	9121
2001	165197	393256	67809	83973	12243
2002	202611	500980	80841	125179	17945
2003	268925	651260	111091	117307	20152
2004	326286	819896	150777	114682	24726
2005	364831	978610	189728	118515	34987
2006	397925	1104653	255902	134000	42000
2007	418612	1195047	311839	144000	44000
2008	446422	1283046	344825	179800	69300
2009	510953	1404942	371273	229300	108300
2010	538177	1538416	383600	284700	134800
2011	560168	1645845	429994	339700	186200

6-11-11 分学科研究生情况

单位：人

项目	招生数	硕士	博士	在校学生数	硕士	博士	毕业生数	硕士	博士
分学科研究生数（总计）	**560168**	**494609**	**65559**	**1645845**	**1374584**	**271261**	**429994**	**379705**	**50289**
哲学	4699	3885	814	15482	11947	3535	4851	4095	756
经济学	25301	22481	2820	67503	55563	11940	19773	17390	2383
法学	40446	36920	3526	121760	107695	14065	37086	34576	2510
教育学	27112	25751	1361	71423	66684	4739	19769	18848	921
文学	48042	45165	2877	136101	124694	11407	37735	35494	2241
历史学	5705	4767	938	18229	14236	3993	5329	4493	836
理学	57688	44894	12794	181072	134463	46609	47731	37850	9881
工学	195082	170478	24604	587587	476320	111267	145303	127600	17703
农学	20063	17084	2979	56119	44396	11723	12845	10604	2241
医学	60831	52721	8110	181129	152497	28632	49039	42048	6991
军事学	261	217	44	854	648	206	211	177	34
管理学	74938	70246	4692	208586	185441	23145	50322	46530	3792
专业学位	159942	158499	1443	338042	333037	5005	51239	50095	1144
分学科研究生数（普通高校）	**541077**	**482195**	**58882**	**1588462**	**1340435**	**248027**	**415687**	**371223**	**44464**
哲学	4551	3790	761	15019	11663	3356	4708	3994	714
经济学	24680	22118	2562	65659	54561	11098	19232	17061	2171
法学	39581	36202	3379	119286	105691	13595	36451	34063	2388
教育学	27027	25706	1321	71179	66568	4611	19706	18817	889
文学	47770	44984	2786	135225	124110	11115	37496	35320	2176
历史学	5623	4702	921	17981	14059	3922	5258	4441	817
理学	50954	41408	9546	160049	124579	35470	42711	35692	7019
工学	187520	165058	22462	564892	461474	103418	139653	123849	15804
农学	19115	16415	2700	53402	42576	10826	12164	10135	2029
医学	59946	52068	7878	178601	150714	27887	48342	41565	6777
军事学	260	216	44	851	645	206	209	175	34
管理学	74050	69528	4522	206318	183795	22523	49757	46111	3646
专业学位	157738	156295	1443	333352	328347	5005	50937	49793	1144
分学科研究生数（科研机构）	**19091**	**12414**	**6677**	**57383**	**34149**	**23234**	**14307**	**8482**	**5825**
哲学	148	95	53	463	284	179	143	101	42
经济学	621	363	258	1844	1002	842	541	329	212
法学	865	718	147	2474	2004	470	635	513	122
教育学	85	45	40	244	116	128	63	31	32
文学	272	181	91	876	584	292	239	174	65
历史学	82	65	17	248	177	71	71	52	19
理学	6734	3486	3248	21023	9884	11139	5020	2158	2862
工学	7562	5420	2142	22695	14846	7849	5650	3751	1899
农学	948	669	279	2717	1820	897	681	469	212
医学	885	653	232	2528	1783	745	697	483	214
军事学	1	1		3	3		2	2	
管理学	888	718	170	2268	1646	622	565	419	146
专业学位	2204	2204		4690	4690		302	302	

6-11-12 高等教育学校(机构)数

单位：所

项　目	总 计	中央部委			地方部门				民 办
			教育部	其他部委		教育部门	非教育部门	地方企业	
研究生培养机构	**(755)**	**333**	**73**	**260**	**422**	**363**	**58**	**1**	
普通高校	(481)	98	73	25	383	362	21		
科研机构	(274)	235		235	39	1	37	1	
普通高校	**2409**	**111**	**73**	**38**	**1602**	**969**	**583**	**50**	**696**
本科院校	1129	108	73	35	633	574	58	1	388
专科院校	1280	3		3	969	395	525	49	308
#职业技术学院	1143	2		2	840	333	458	49	301
成人高等学校	**353**	**14**	**1**	**13**	**337**	**123**	**169**	**45**	**2**
民办的其他高等教育机构	**(830)**								**830**

注：括号内数据均不计校数。

6-11-13 高等教育学校（机构）学生数

单位：人

项　目	招生数	在校学生数	毕(结)业生数	授予学位数
研究生	560168	1645845	429994	426778
博　士	65559	271261	50289	48551
硕　士	494609	1374584	379705	378227
普通本科、专科生	6815009	23085078	6081565	2707934
本　科	3566411	13496577	2796229	2707934
专　科	3248598	9588501	3285336	
成人本科、专科生	2185141	5474962	1906640	99984
本　科	897241	2336132	755402	99984
专　科	1287900	3138830	1151238	
网络本科、专科生	1871519	4924833	1299253	30979
本　科	643993	1754760	460149	30979
专　科	1227526	3170073	839104	
在职人员攻读博士硕士学位	134061	461693		107304
自考助学班		244868	123660	
研究生课程进修班		67112	48873	
普通预科生		32274		
进修及培训		2825772	5757813	
留学生	94692	147549	73693	15197

6-11-14 成人本科分学科学生数

单位：人

项 目	招生数	在校学生数	毕业生数
总 计	**897241**	**2336132**	**755402**
成人高等学校办	**19286**	**49928**	**18780**
哲 学			
经济学	615	1518	476
法 学	2330	4861	1508
教育学	5186	13713	4968
文 学	4386	13673	7095
#外语	1367	3928	1755
艺术	433	1205	567
历史学	46	138	89
理 学	642	2063	809
工 学	660	2081	804
农 学		127	40
医 学	2842	5003	1140
管理学	2579	6751	1851
#师 范	6519	18861	8217
普通高等学校办	**877955**	**2286204**	**736622**
哲 学	20	167	24
经济学	28669	83050	27272
法 学	47709	123353	49000
教育学	42945	113834	43626
文 学	113802	332402	140292
#外语	29079	92673	40744
艺术	17883	52618	17666
历史学	1635	5248	2949
理 学	23655	68188	32127
工 学	214648	539077	161206
农 学	14300	34547	10845
医 学	166100	422216	102048
管理学	224472	564122	167233
#师 范	108577	301429	136693

6-11-15 成人专科分学科学生数

单位：人

项　目	招生数	在校学生数	毕业生数
总　计	**1287900**	**3138830**	**1151238**
成人高等学校办	**155375**	**378467**	**171072**
农林牧渔大类	756	1970	705
交通运输大类	4869	11472	7069
生化与药品大类	899	3255	1328
资源开发与测绘大类	4552	10291	2306
材料与能源大类	1673	4940	1933
土建大类	8400	18435	6675
水利大类	720	1183	856
制造大类	19724	57779	27392
电子信息大类	10868	28173	12922
环保、气象与安全大类	660	977	183
轻纺食品大类	519	1247	382
财经大类	44926	109390	55174
医药卫生大类	15797	38833	13497
旅游大类	3080	6525	2709
公共事业大类	5937	13856	6581
文化教育大类	23624	49476	20558
艺术设计传媒大类	5995	13804	6004
公安大类	12	147	164
法律大类	2364	6714	4634
#师　范	10255	22058	8760
普通高等学校办	**1132525**	**2760363**	**980166**
农林牧渔大类	25288	58961	17202
交通运输大类	39589	94395	28819
生化与药品大类	13014	36289	12526
资源开发与测绘大类	33081	76623	32235
材料与能源大类	10875	34884	18062
土建大类	84319	188844	54006
水利大类	5424	11589	4205
制造大类	139845	355745	128202
电子信息大类	85517	230028	85866
环保、气象与安全大类	2167	5369	1833
轻纺食品大类	7553	17877	5996
财经大类	306850	744593	296122
医药卫生大类	173913	431231	124502
旅游大类	19121	44911	14275
公共事业大类	31513	72538	25938
文化教育大类	112944	259342	94840
艺术设计传媒大类	27154	60334	19322
公安大类	1248	4839	2577
法律大类	13110	31971	13638
#师　范	67062	147640	52617

6-11-16 普通本科分学科学生数

单位：人

项　目	招生数	在校学生数	毕业生数
总　计	**3566411**	**13496577**	**2796229**
#师范	347198	1350393	302990
哲　学	2647	9187	2167
经济学	213366	805844	172583
法　学	129428	501979	117923
教育学	133587	474661	95140
文　学	672496	2534078	537958
#外语	199946	799245	185771
艺术	312523	1115002	216458
历史学	18281	67854	14309
理　学	341487	1287275	279101
工　学	1134270	4275808	884542
农　学	60835	235342	51148
医　学	217290	942912	168582
管理学	642724	2361637	472776

6-11-17 普通专科分学科学生数

单位：人

项　目	招生数	在校学生数	毕业生数
总　计	**3248598**	**9588501**	**3285336**
#师　范	179603	524926	198650
农林牧渔大类	57103	172439	59580
交通运输大类	142769	401420	116379
生化与药品大类	76758	237580	85344
资源开发与测绘大类类	49534	140031	40777
材料与能源大类	45655	137167	46523
土建大类	363343	950137	252816
水利大类	14003	37400	11036
制造大类	422391	1279609	457549
电子信息大类	313628	1006014	394674
环保、气象与安全大类	15516	45397	15955
轻纺食品大类	56745	178163	64209
财经大类	689471	2032080	668498
医药卫生大类	311438	863942	276239
旅游大类	108430	323212	106716
公共事业大类	32815	97928	32915
文化教育大类	343259	1059178	430851
艺术设计传媒大类	155198	463522	152434
公安大类	11095	36524	24066
法律大类	39447	126758	48775

6-11-18 网络本科分学科学生数

单位：人

项　目	招生数	在校学生数	毕业生数
总　计	**643993**	**1754760**	**460149**
#师范			
哲　学			
经济学	34711	107152	26685
法　学	66924	209866	55954
教育学	25925	59607	25612
文　学	52912	175964	57543
#外语	11781	41846	11877
历史学	579	1167	481
理　学	7369	19218	6660
工　学	120311	286590	68600
农　学	4267	10618	2335
医　学	52344	119525	26997
管理学	278651	765053	189282

6-11-19 网络专科分学科学生数

单位：人

项　目	招生数	在校学生数	毕业生数
总　计	**1227526**	**3170073**	**839104**
#师　范	29833	52299	13973
农林牧渔大类	62403	189416	59936
交通运输大类	29172	61402	16932
生化与药品大类	3484	8676	2324
资源开发与测绘大类类	12174	23784	6499
材料与能源大类	6609	14797	5947
土建大类	100235	218003	48585
水利大类	5941	17783	3717
制造大类	55933	132861	31531
电子信息大类	51214	157007	41571
环保、气象与安全大类	1947	4388	1144
轻纺食品大类	1080	1863	904
财经大类	383550	1022089	284262
医药卫生大类	51826	149372	28370
旅游大类	4768	16606	4878
公共事业大类	234139	577559	145321
文化教育大类	129892	301493	77786
艺术设计传媒大类	7475	29315	7754
公安大类	1050	2195	909
法律大类	84634	241464	70734

6-11-20　中等职业学校(机构)数

单位：个

项　　目	总　计	中央部委	地方部门				民　办
				教育部门	非教育部门	地方企业	
中等职业学校	**10169**	**30**	**7283**	**5669**	**1510**	**104**	**2856**
普通中等专业学校	3753	22	2750	1711	998	41	981
成人中等专业学校	1614	4	1452	1152	274	26	158
职业高中学校	4802	4	3081	2806	238	37	1717
其他机构(教学点)(不计校数)	**642**	**3**	**515**	**353**	**151**	**11**	**124**

注：中等职业学校未含技工学校数据（以下各表同)。

6-11-21　中等职业学校（机构)学生分科类情况

单位：人

项　　目	招生数	在校学生数	毕业生数	
				#获得职业资格证书
总　　计	**6499626**	**17749068**	**5411252**	**3384287**
农林牧渔类	854314	2259595	351875	184656
资源环境类	49497	108134	55738	22605
能源与新能源类	34555	90926	39229	22050
土木水利类	247204	589347	151897	92935
加工制造类	1050657	2989952	1160033	833267
石油化工类	46351	128352	54485	37446
轻纺食品类	78749	211447	65187	37981
交通运输类	398086	1011086	254702	169349
信息技术类	1218685	3420989	1239731	831043
医药卫生类	530467	1650724	504644	179303
休闲保健类	30896	89743	13293	7313
财经商贸类	677896	1868180	608103	401571
旅游服务类	257635	731429	212307	144294
文化艺术类	300566	841541	252848	151098
体育与健身	47042	123992	37201	21261
教育类	495174	1117272	243766	157587
司法服务类	28717	79001	27142	11330
公共管理与服务类	77353	224445	76038	44693
其他	75782	212913	63033	34505

6-11-22 职业技术培训机构基本情况

单位：人

项目	学校数(所)	注册学生数	结业学生数	教职工数	#专任教师
总计	**129530**	**50211202**	**51465876**	**521758**	**298332**
职工技术培训学校(机构)	3049	3365040	3302902	67470	47898
教育部门和集体办	1392	1811091	1803700	45820	33833
其他部门办	919	1193335	1140310	12473	8002
民办	738	360614	358892	9177	6063
农村成人文化技术培训学校(机构)	103420	34969530	37946868	188523	94474
教育部门和集体办	100206	34024779	36791291	180779	89546
#县办	2403	2797667	3092944	17877	11281
乡办	16419	16749524	18342746	67599	37844
村办	81384	14477588	15355601	95303	40421
其他部门办	2434	759777	974045	3432	1882
民办	780	184974	181532	4312	3046
其他培训机构(含社会培训机构)	23061	11876632	10216106	265765	155960
教育部门和集体办	922	1037320	991477	10872	7965
其他部门办	2254	1830340	1795570	17557	9579
民办	19885	9008972	7429059	237336	138416

6-11-23 普通高中学校和学生情况

项目	学校数(所)	高级中学	完全中学	十二年一贯制学校	招生数(人)	在校学生数(人)	毕业生数(人)
总计	**13688**	**6532**	**6357**	**799**	**8507799**	**24548227**	**7877401**
教育部门	11087	5650	5222	215	7599180	21985780	7083189
其他部门	177	72	70	35	66445	192639	62252
地方企业	30	7	18	5	6804	19975	7055
民办	2394	803	1047	544	835370	2349833	724905
城市	6389	2906	2996	487	3746924	10987519	3530749
教育部门	4879	2399	2331	149	3286926	9664166	3122017
其他部门	97	34	42	21	33637	100459	33057
地方企业	12	3	9		2595	8298	3068
民办	1401	470	614	317	423766	1214596	372607
县镇	6451	3280	2926	245	4394533	12527046	4010813
教育部门	5549	2949	2549	51	4001881	11444593	3675414
其他部门	76	37	27	12	30860	87426	27789
地方企业	17	4	8	5	4029	11191	3843
民办	809	290	342	177	357763	983836	303767
农村	848	346	435	67	366342	1033662	335839
教育部门	659	302	342	15	310373	877021	285758
其他部门	4	1	1	2	1948	4754	1406
地方企业	1		1		180	486	144
民办	184	43	91	50	53841	151401	48531

6-11-24 初中学校和学生情况

项目	学校数(所)	初级中学	九年一贯制	职业初中	招生数(人)	在校学生数(人)	毕业生数(人)
总计	**54063**	**40759**	**13304**	**54**	**16347296**	**50668024**	**17366786**
教育部门	39105	39052	10121	53	14694298	45876709	15931572
其他部门	219	218	348	1	107040	335626	112902
地方企业	17	17	25		9479	30073	10431
民办	1472	1472	2810		1536479	4425616	1311881
城市	7437	7433	3321	4	4693012	14363980	4640192
教育部门	6775	6772	1853	3	3889596	12049436	3957574
其他部门	78	77	85	1	39427	120832	39826
地方企业	3	3	9		3238	10300	3763
民办	581	581	1374		760751	2183412	639029
县镇	18241	18214	4121	27	7939411	24674229	8553130
教育部门	17525	17498	2921	27	7249219	22665947	7940281
其他部门	111	111	216		58829	186933	64038
地方企业	12	12	10		5795	18216	6178
民办	593	593	974		625568	1803133	542633
农村	15135	15112	5862	23	3714873	11629815	4173464
教育部门	14805	14782	5347	23	3555483	11161326	4033717
其他部门	30	30	47		8784	27861	9038
地方企业	2	2	6		446	1557	490
民办	298	298	462		150160	439071	130219

6-11-25 普通小学学校和学生情况

项目	学校数(所)	招生数(人)	在校学生数(人)	毕业生数(人)
总计	**241249**	**17367980**	**99263674**	**16628054**
教育部门	235269	16257270	92964233	15629604
其他部门	717	94541	571292	103839
地方企业	77	7917	49894	9178
民办	5186	1008252	5678255	885433
城市	26227	4691107	26069589	4219876
教育部门	24027	4095206	22887298	3733466
其他部门	217	30968	194833	35480
地方企业	20	2452	14151	2584
民办	1963	562481	2973307	448346
县镇	45977	5517580	32542101	5596606
教育部门	44089	5181127	30421434	5235505
其他部门	258	49805	298544	55232
地方企业	37	4595	29508	5395
民办	1593	282053	1792615	300474
农村	169045	7159293	40651984	6811572
教育部门	167153	6980937	39655501	6660633
其他部门	242	13768	77915	13127
地方企业	20	870	6235	1199
民办	1630	163718	912333	136613

6-11-26 技工学校数、学生数和教职工数

年　份	学校数（所）	招生数（万人）	在校学生数（万人）	毕业生数（万人）	教职工数（万人）
1985	3548	35.5	74.2	22.6	21.5
1986	3765	39.4	89.2	23.3	24.4
1987	3952	42.3	103.1	26.5	26.2
1988	3996	46.1	116.1	31.1	28.0
1989	4102	47.0	125.8	36.8	29.6
1990	4184	50.6	133.2	41.3	30.8
1991	4269	54.4	142.2	45.4	32.5
1992	4392	60.2	155.6	45.7	33.6
1993	4477	66.4	171.7	49.7	33.5
1994	4430	71.4	187.1	55.7	34.0
1995	4521	74.0	188.6	68.1	33.7
1996	4467	72.7	191.8	68.1	33.5
1997	4395	73.4	193.1	69.9	31.0
1998	4362	59.4	181.3	68.2	31.0
1999	4098	51.5	156.0	66.2	26.9
2000	3792	50.4	140.1	64.6	24.0
2001	3470	55.1	134.7	47.7	22.0
2002	3075	73.3	153.0	45.4	20.3
2003	2970	91.6	193.1	45.3	20.2
2004	2884	109.7	234.5	53.5	20.5
2005	2855	118.4	275.3	69.0	20.4
2006	2880	134.8	320.8	86.4	21.5
2007	2995	158.5	367.1	99.7	24.0
2008	3075	161.4	397.5	109.0	24.7
2009	3077	156.7	415.3	115.5	26.0
2010	3008	159.0	422.1	121.6	26.6
2011	2924	163.9	430.4	119.2	26.6

6-11-27 各类技工学校情况

单位：万人

指　　标	合　计	国务院各部门	省、自治区、直辖市
学校数（所）	2914	59	2855
在校学生数	429.4	9.7	419.7
教职工数	26.5	0.6	25.9
专任教师数	19.2	0.5	18.7
文化技术理论课指导教师	12.9	0.3	12.6
生产实习课指导教师	6.3	0.1	6.1
理论实习一体化教师	5.8	0.1	5.7

注：本表未含上海数据。

6-11-28 学龄儿童入学率和各级普通学校毕业生升学率

单位：%

年 份	学龄儿童净入学率	小学升学率	初中升学率	高中升学率
1990	97.8	74.6	40.6	27.3
1991	97.8	77.7	42.6	28.7
1992	97.2	79.7	43.6	34.9
1993	97.7	81.8	44.1	43.3
1994	98.4	86.6	47.8	46.7
1995	98.5	90.8	50.3	49.9
1996	98.8	92.6	49.8	51.0
1997	98.9	93.7	51.5	48.6
1998	98.9	94.3	50.7	46.1
1999	99.1	94.4	50.0	63.8
2000	99.1	94.9	51.2	73.2
2001	99.1	95.5	52.9	78.8
2002	98.6	97.0	58.3	83.5
2003	98.7	97.9	59.6	83.4
2004	98.9	98.1	63.8	82.5
2005	99.2	98.4	69.7	76.3
2006	99.3	100.0	75.7	75.1
2007	99.5	99.9	80.5	70.3
2008	99.5	99.7	82.1	72.7
2009	99.4	99.1	85.6	77.6
2010	99.7	98.7	87.5	83.3
2011	99.8	98.3	88.9	86.5

注：1.初中升高级中学包含升入技工学校。
2.高中升学率为普通高校招生数（含电大普通班）与普通高中毕业生数之比。

6-11-29 各地区高等学校普通本、专科学校和学生情况

单位：人

地区	学校数(所)	招生数	专科	本科	在校学生数	专科	本科
全国	**2483**	**6815009**	**3248598**	**3566411**	**23085078**	**9588501**	**13496577**
北京	87	156862	36497	120365	587887	112395	475492
天津	56	131227	53011	78216	449702	156167	293535
河北	119	349000	197100	151900	1149252	557265	591987
山西	78	178393	90317	88076	594469	272316	322153
内蒙古	47	114076	58916	55160	384440	173018	211422
辽宁	114	259816	98256	161560	902231	277685	624546
吉林	59	160052	48931	111121	562831	138275	424556
黑龙江	82	195176	67947	127229	709968	220433	489535
上海	66	137811	50497	87314	511283	154065	357218
江苏	156	436056	195595	240461	1659415	691318	968097
浙江	103	267493	125106	142387	907482	361191	546291
安徽	116	308035	169184	138851	991267	472667	518600
福建	87	201449	95049	106400	674779	278686	396093
江西	90	246027	132192	113835	828599	399999	428600
山东	146	480753	256706	224047	1645589	779231	866358
河南	123	448850	244939	203911	1500142	741381	758761
湖北	127	409497	198546	210951	1340298	569438	770860
湖南	124	306088	152068	154020	1067852	474624	593228
广东	134	468685	241430	227255	1527254	684907	842347
广西	74	184639	107616	77023	600094	315408	284686
海南	17	46416	22393	24023	156700	68773	87927
重庆	60	177615	75948	101667	567813	206281	361532
四川	95	343631	169818	173813	1139316	455801	683515
贵州	48	106810	49216	57594	344100	139995	204105
云南	64	159349	68796	90553	487552	191689	295863
西藏	6	9401	4269	5132	32374	12475	19899
陕西	98	292105	125084	167021	964773	369590	595183
甘肃	44	123481	55478	68003	405306	149626	255680
青海	9	13990	5968	8022	45721	15948	29773
宁夏	16	28203	11956	16247	87870	30898	56972
新疆	38	74023	39769	34254	258719	116956	141763

注：学校数为普通高校数。学生数包括成人高校的普通本专科学生数。

6-11-29 续表　　　　单位：人

地区	预计毕业生数	专科	本科	毕(结)业生数	专科	本科	授予学位数
全国	**6361179**	**3248092**	**3113087**	**6081565**	**3285336**	**2796229**	**2707934**
北京	160529	42304	118225	153663	42415	111248	108719
天津	116487	51546	64941	108723	51580	57143	55244
河北	318931	183503	135428	311141	190865	120276	117660
山西	163162	90667	72495	152680	87563	65117	62894
内蒙古	105869	58950	46919	95957	54636	41321	40261
辽宁	240881	89325	151556	236341	96324	140017	137482
吉林	147616	48685	98931	141569	49819	91750	86502
黑龙江	205943	86613	119330	196075	88195	107880	105945
上海	143309	52383	90926	139027	54853	84174	80860
江苏	484568	245211	239357	477137	251627	225510	211624
浙江	253883	123204	130679	238448	121607	116841	113238
安徽	268320	152077	116243	256135	150244	105891	103187
福建	183030	91497	91533	173702	94270	79432	79428
江西	233187	137193	95994	225802	140788	85014	82914
山东	479119	270381	208738	472882	293593	179289	176331
河南	436815	266552	170263	432994	278994	154000	150720
湖北	357818	187694	170124	362991	205436	157555	149843
湖南	309014	174779	134235	284178	164329	119849	117476
广东	416739	229664	187075	357521	195266	162255	158942
广西	167226	103265	63961	151052	94215	56837	55120
海南	42344	24187	18157	39150	23345	15805	14755
重庆	141690	64120	77570	130702	60683	70019	66043
四川	296176	135607	160569	289165	151406	137759	134535
贵州	87573	46813	40760	83016	45167	37849	34845
云南	120661	60483	60178	109531	59012	50519	49226
西藏	7817	3299	4518	8159	3606	4553	4315
陕西	267898	132863	135035	258878	138292	120586	116127
甘肃	104468	46012	58456	99042	47877	51165	50288
青海	11951	5253	6698	12582	6553	6029	5953
宁夏	21183	9072	12111	19524	9496	10028	9877
新疆	66972	34890	32082	63798	33280	30518	27580

6-11-30 各地区普通高等学校（机构）教职工情况

单位：人

地区	教职工数	校本部教职工	专任教师	正高级	副高级	中级	初级	无职称	行政人员	教辅人员	工勤人员
全国	**2204819**	**2077080**	**1392676**	**159691**	**394689**	**549921**	**218431**	**69944**	**304026**	**205157**	**175221**
北京	131583	113055	59592	12340	20173	22213	3109	1757	21362	16582	15519
天津	45894	44208	28919	4275	9446	10704	3518	976	7042	4510	3737
河北	96315	92578	62751	7938	17458	24254	9529	3572	13558	7828	8441
山西	57849	55089	37527	2781	9680	13482	8578	3006	7395	5468	4699
内蒙古	37381	36321	24160	2210	7339	8654	4287	1670	5616	3885	2660
辽宁	94834	90411	58742	7815	18432	23282	7645	1568	14109	9123	8437
吉林	61429	57710	35647	5123	10975	12991	5733	825	8357	6484	7222
黑龙江	76205	72784	44821	6611	13291	17551	6008	1360	11149	7744	9070
上海	74065	66565	39626	6461	12113	16422	3410	1220	11685	8442	6812
江苏	161062	150722	103939	11347	30741	44919	14097	2835	21967	14084	10732
浙江	81384	76394	52296	6783	15631	23028	4638	2216	12776	7430	3892
安徽	73176	70487	51185	3811	13292	19681	11347	3054	7941	6294	5067
福建	61042	58175	39747	4186	10608	14799	8161	1993	8969	5834	3625
江西	70472	68118	49970	4862	13475	19008	10228	2397	8517	5409	4222
山东	142698	136659	94621	9720	25981	38594	17033	3293	18862	12683	10493
河南	117117	112257	82037	6478	21300	32540	17620	4099	12173	8738	9309
湖北	127353	118868	78952	9378	23013	29013	13475	4073	17870	12152	9894
湖南	95652	89744	61156	6508	17633	24519	9185	3311	13372	8933	6283
广东	125388	119351	82916	9798	21610	33193	10386	7929	18281	11902	6252
广西	52830	47063	33459	3069	8630	12859	5469	3432	6273	3958	3373
海南	12913	12581	8027	782	1862	2649	1931	803	1934	1387	1233
重庆	50119	47977	33110	3506	9393	13517	4881	1813	7416	3911	3540
四川	103433	97214	67448	6711	17433	27660	11949	3695	12414	8776	8576
贵州	31121	30682	21855	2022	6465	8731	3308	1329	4509	2612	1706
云南	43195	41891	29501	3057	7991	11438	4909	2106	5448	3430	3512
西藏	3460	3428	2288	114	575	966	369	264	528	304	308
陕西	99010	93213	59171	7129	15775	23826	10161	2280	14256	10312	9474
甘肃	33886	31355	22066	2221	6308	8656	3529	1352	3983	2753	2553
青海	6677	5957	3735	647	1310	1076	542	160	759	831	632
宁夏	9637	9167	6156	856	1743	2138	992	427	1456	870	685
新疆	27629	27056	17256	1152	5013	7558	2404	1129	4049	2488	3263

6-11-31 各地区中等职业学校（机构）学生情况

单位：人

地 区	招生数	在校学生数	毕业生数	#获得职业资格证书	预 计 毕业生数
全 国	**6499626**	**17749068**	**5411252**	**3384287**	**5734745**
北 京	61507	168982	51112	28439	57886
天 津	35046	108094	40355	18597	38588
河 北	356853	1065994	355816	180710	392227
山 西	176188	508529	193887	115261	188591
内蒙古	105862	307919	91335	43558	110039
辽 宁	134577	407577	142226	68826	139150
吉 林	91656	265952	96934	40878	88556
黑龙江	109287	323219	123316	54093	126828
上 海	48149	154008	51325	40509	45260
江 苏	307406	926984	290081	196954	255029
浙 江	238150	652001	188650	164371	205125
安 徽	405504	947984	289204	203690	287795
福 建	251705	573082	162006	123509	196742
江 西	211902	587317	193413	108136	197055
山 东	444703	1177130	386564	251782	380641
河 南	569553	1567770	529025	296117	545275
湖 北	212318	720915	307701	192697	285419
湖 南	279918	778750	225490	157944	252298
广 东	550297	1520525	366543	245112	453448
广 西	317077	841953	180013	117351	232763
海 南	57964	148743	32182	16293	43113
重 庆	146484	379534	118634	78477	115026
四 川	523302	1266229	340512	244196	382662
贵 州	148242	379908	90966	58055	113255
云 南	184875	578273	129480	80941	163840
西 藏	5368	19767	8625	2574	9267
陕 西	236407	603772	207571	130317	194465
甘 肃	119116	332561	102760	56560	104269
青 海	29600	80057	21620	15147	25540
宁 夏	50433	112500	29398	15113	32480
新 疆	90177	243039	64508	38080	72113

注：中等职业学校未含技工学校数据（下表同）。

6-11-32 各地区中等职业学校（机构）教职工数

单位：人

地区	教职工数	校本部教职工	专任教师	行政人员	教辅人员	工勤人员	校办企业职工	其他附设机构人员	聘请校外教师
全国	**945081**	**931124**	**689363**	**96551**	**68319**	**76891**	**6678**	**7279**	**102321**
北京	13332	13172	7787	2607	1179	1599	18	142	1534
天津	10662	10558	7437	1685	657	779	56	48	1049
河北	64403	63963	48323	6418	4607	4615	239	201	4130
山西	34321	33634	24471	3608	2674	2881	270	417	4012
内蒙古	20970	20714	15127	2191	1892	1504	139	117	1305
辽宁	32101	31876	21801	4535	2457	3083	159	66	3745
吉林	26978	26832	18533	3651	2802	1846	71	75	1333
黑龙江	25402	25165	17967	2969	1843	2386	176	61	1636
上海	13750	13668	8175	2178	1501	1814	80	2	1290
江苏	56101	55726	43909	3668	3788	4361	230	145	5773
浙江	37905	37202	30998	2155	2242	1807	176	527	6249
安徽	41908	40767	32112	3297	2376	2982	396	745	3994
福建	22712	22519	17781	2003	1380	1355	56	137	4144
江西	26458	25512	19026	2987	1371	2128	740	206	3255
山东	74232	73224	53569	7792	6763	5100	669	339	3659
河南	79010	77157	58334	7414	5749	5660	807	1046	8649
湖北	36980	36261	26208	4113	2879	3061	439	280	4641
湖南	40070	39556	27977	4891	3426	3262	325	189	3437
广东	60632	60038	45993	5631	3668	4746	208	386	6879
广西	30433	28920	20610	2884	2146	3280	388	1125	4237
海南	6484	6400	4289	783	493	835	9	75	666
重庆	18307	18226	13911	1738	1196	1381	62	19	2799
四川	54691	54067	39933	5158	3631	5345	301	323	5112
贵州	15680	15425	11635	1953	661	1176	188	67	3671
云南	27879	27625	20989	1978	1526	3132	120	134	5254
西藏	740	740	595	50	51	44			119
陕西	30029	29714	20582	4217	2604	2311	182	133	3569
甘肃	21334	21068	15886	1913	1424	1845	78	188	1476
青海	3222	3174	2549	225	174	226	40	8	526
宁夏	3419	3371	2474	294	236	367	33	15	496
新疆	14936	14850	10382	1565	923	1980	23	63	3682

6-11-33 各地区普通高中基本情况

单位：人

地 区	学校数(所)	招生数	在校学生数	毕业生数	教职工数	#专任教师
全 国	**13688**	**8507799**	**24548227**	**7877401**	**2427386**	**1556829**
北 京	290	64146	195072	58275	49726	20317
天 津	209	60705	185461	60204	30224	15160
河 北	598	397819	1233223	427876	123456	83476
山 西	519	286680	852689	270072	91003	56150
内蒙古	279	169674	493476	168114	50698	31304
辽 宁	422	236157	712632	233805	61021	45965
吉 林	248	168965	478783	155349	41859	27554
黑龙江	411	207742	622251	204287	59972	41698
上 海	247	52224	161056	58523	30301	16596
江 苏	618	408844	1286951	466131	138024	97149
浙 江	569	300521	899016	277131	86461	63360
安 徽	734	441743	1278903	424199	114370	69577
福 建	559	240621	709515	226312	97896	52375
江 西	438	308930	783497	251060	79176	47583
山 东	565	560488	1564212	501759	148000	113427
河 南	792	646263	1895068	665464	138525	104288
湖 北	585	361978	1167697	429063	95092	71333
湖 南	594	369889	1013814	325598	106050	67552
广 东	1012	777547	2204135	630863	225361	137112
广 西	446	283282	773562	238408	65974	43069
海 南	102	60609	168529	51487	21291	9865
重 庆	263	226743	648720	189652	62638	34234
四 川	740	535394	1512025	452646	146473	82768
贵 州	447	277290	689042	180203	58350	36223
云 南	444	243767	660291	192310	71058	42935
西 藏	30	16720	44676	13165	4204	3398
陕 西	544	336071	969167	309328	84064	55444
甘 肃	436	221551	657086	202234	60585	38593
青 海	112	35377	106911	36114	12846	7702
宁 夏	67	53562	148043	48291	12466	9364
新 疆	368	156497	432724	129478	60222	31258

注：教职工数为普通高中和普通初中之和。

6-11-34 各地区初中基本情况

单位：人

地 区	学校数（所）	招生数	在校学生数	毕业生数	专任教师
全 国	**54117**	**16347296**	**50668024**	**17366786**	**3524517**
北 京	342	100636	302269	97587	30539
天 津	316	82553	261954	90486	25860
河 北	2534	727190	2150335	752512	172505
山 西	2093	509272	1643113	555758	119314
内蒙古	808	256646	791411	259992	62565
辽 宁	1637	376932	1195997	435895	101483
吉 林	1230	232122	751532	285578	67090
黑龙江	1685	335172	1223979	398552	100563
上 海	507	116210	430585	96244	34506
江 苏	2100	649616	2111249	838269	185110
浙 江	1745	499789	1546002	575871	119270
安 徽	2962	760861	2498800	922116	161604
福 建	1271	363390	1157266	463505	97795
江 西	2117	675593	2009641	631353	122811
山 东	3004	1057830	3451577	1076260	263333
河 南	4596	1616241	4679780	1554530	282202
湖 北	2122	619213	2040702	771362	154295
湖 南	3310	734924	2163402	692709	173343
广 东	3316	1540940	4790565	1619069	268008
广 西	1939	688646	2008317	624461	119248
海 南	406	125529	392397	141635	25104
重 庆	996	372073	1190197	428823	76717
四 川	3964	1058072	3266108	1153686	202987
贵 州	2194	745660	2138054	650596	111173
云 南	1711	687209	2052586	670529	119266
西 藏	93	44567	136371	44370	9121
陕 西	1819	458592	1498841	586760	115434
甘 肃	1577	406700	1285392	458253	84462
青 海	304	76548	223398	63632	14720
宁 夏	262	102617	299635	97927	18846
新 疆	1157	325953	976569	328466	85243

6-11-35 各地区普通小学基本情况

单位：人

地 区	学校数(所)	招生数	在校学生数	毕业生数	教职工数	#专任教师
全 国	**241249**	**17367980**	**99263674**	**16628054**	**5584868**	**5604861**
北 京	1090	132719	680457	101678	54781	50867
天 津	874	100097	518531	84602	41825	37457
河 北	13274	1038453	5410910	732753	325542	316537
山 西	10936	440802	2771927	527818	190646	188820
内蒙古	2613	246419	1405322	254920	126569	113734
辽 宁	5118	370138	2168074	377227	137851	145457
吉 林	5600	250353	1439237	226712	132521	121854
黑龙江	5620	333945	1874996	336006	152915	147697
上 海	764	169430	731131	130857	48151	46254
江 苏	4325	761815	4095995	649684	253834	250123
浙 江	3818	628821	3440635	517786	169565	174379
安 徽	13343	791856	4435804	769388	237290	243319
福 建	5947	447904	2460858	371976	158592	155337
江 西	11633	777955	4340255	667802	195620	204248
山 东	12047	1193990	6440742	1068186	393612	386280
河 南	27793	1934351	10928960	1676067	504697	495824
湖 北	7415	692317	3773446	583417	197395	194851
湖 南	10824	869687	4903095	730155	235769	250333
广 东	15148	1408922	8220577	1619684	430652	432451
广 西	13789	726689	4270002	702614	235149	218967
海 南	2210	123955	765619	131762	49546	51583
重 庆	5248	338693	1954818	363073	116397	115343
四 川	8847	996827	5798017	1042069	264869	305508
贵 州	12008	626379	4087382	773003	195168	197094
云 南	13320	653821	4240837	729118	238762	234758
西 藏	860	49536	294725	48319	19200	19077
陕 西	8867	407696	2535962	464579	173769	171011
甘 肃	10907	338176	2200743	426257	135559	141324
青 海	1533	82562	511867	80162	20916	25897
宁 夏	1942	111236	643293	112676	32179	33295
新 疆	3536	322436	1919457	327704	115527	135182

6-11-36 各地区特殊教育基本情况

单位：人

地 区	学校数（所）	招生数	在校学生数	毕业生数	教职工数	#专任教师
全 国	**1767**	**64086**	**398736**	**44194**	**51189**	**41311**
北 京	21	1049	8037	1691	1159	862
天 津	20	333	2647	270	710	535
河 北	148	1982	12566	1183	3444	2800
山 西	51	1339	8311	805	1580	1300
内蒙古	34	879	4286	292	1183	982
辽 宁	74	1069	8935	926	2642	1965
吉 林	46	887	6015	547	1752	1316
黑龙江	73	1736	12963	821	2308	1872
上 海	29	1178	8260	1505	1577	1158
江 苏	108	3693	25517	3270	3844	3036
浙 江	78	2174	13048	1544	2095	1794
安 徽	63	1701	12635	1244	1480	1239
福 建	71	4570	28738	3649	1762	1554
江 西	75	3593	22577	1917	990	885
山 东	146	3387	21745	2463	5731	4585
河 南	127	3151	19463	1697	3547	2961
湖 北	76	1622	12893	1535	1811	1527
湖 南	58	2358	12673	1049	1656	1325
广 东	80	3581	25022	3212	2902	2158
广 西	60	2411	13861	1129	1447	1138
海 南	3	336	1678	206	153	110
重 庆	36	3485	16978	1585	895	763
四 川	107	6767	40898	5486	2036	1784
贵 州	52	2858	14474	1244	1026	901
云 南	30	3736	19329	2563	955	772
西 藏	2	63	485	20	64	55
陕 西	44	1309	6837	665	1007	777
甘 肃	22	1457	9455	708	586	484
青 海	11	247	2142	230	171	140
宁 夏	7	196	1535	86	245	217
新 疆	15	939	4733	652	431	316

6-11-37 各地区各级普通学校生师比

(教师人数=1)

年份/地区	小学	初中	普通高中	职业高中	普通中专	普通高校	本科院校	专科院校
2004	19.98	18.65	18.65	19.10	28.13	16.22	17.44	13.15
2005	19.43	17.80	18.54	20.62	31.02	16.85	17.75	14.78
2006	19.17	17.15	18.13	22.16	31.67	17.80	17.61	18.26
2007	18.82	16.52	17.48	23.50	31.39	17.28	17.31	17.20
2008	18.38	16.07	16.78	23.47	31.27	17.23	17.21	17.27
2009	17.88	15.47	16.30	23.65	27.82	17.27	17.23	17.35
2010	17.70	14.98	15.99	23.66	26.10	17.33	17.38	17.21
2011	17.71	14.38	15.77	21.59	31.53	17.42	17.48	17.28
北京	13.38	9.90	9.60	12.82	25.65	16.18	16.39	14.47
天津	13.84	10.13	12.23	12.44	15.18	17.03	16.95	17.27
河北	17.09	12.47	14.77	17.70	31.35	17.89	17.99	17.68
山西	14.68	13.77	15.19	20.76	24.61	17.03	16.91	17.29
内蒙古	12.36	12.65	15.76	16.02	30.09	17.63	18.15	16.94
辽宁	14.91	11.79	15.50	16.77	18.66	16.95	17.29	15.67
吉林	11.81	11.20	17.38	16.41	21.01	17.36	17.60	16.05
黑龙江	12.69	12.17	14.92	14.70	27.47	16.16	16.71	14.53
上海	15.81	12.48	9.70	12.21	20.55	16.92	16.91	16.96
江苏	16.38	11.41	13.25	16.75	23.43	15.65	16.32	14.64
浙江	19.73	12.96	14.19	20.81	23.11	17.21	16.98	17.73
安徽	18.23	15.46	18.38	25.80	28.98	18.77	18.65	18.96
福建	15.84	11.83	13.55		32.23	17.19	17.19	17.21
江西	21.25	16.36	16.47	27.92	42.54	16.85	17.04	16.50
山东	16.67	13.11	13.79	18.21	26.16	17.06	16.88	17.43
河南	22.04	16.58	18.17	23.66	42.13	17.83	18.13	17.34
湖北	19.37	13.23	16.37	25.79	29.09	17.53	17.62	17.31
湖南	19.59	12.48	15.01	21.01	59.12	18.42	18.30	18.61
广东	19.01	17.87	16.08	22.78	36.78	18.88	18.91	18.83
广西	19.50	16.84	17.96		40.88	17.45	17.53	17.33
海南	14.84	15.63	17.08	22.75	54.10	18.80	18.90	18.61
重庆	16.95	15.51	18.95	26.53	43.32	17.43	17.90	16.33
四川	18.98	16.09	18.27	25.94	35.39	18.31	18.40	18.09
贵州	20.74	19.23	19.02	28.35	41.90	17.47	17.12	18.17
云南	18.06	17.21	15.38	26.24	39.74	18.49	18.12	19.23
西藏	15.45	14.95	13.15		32.68	15.51	14.03	19.35
陕西	14.83	12.98	17.48	27.81	37.72	17.92	17.66	18.84
甘肃	15.57	15.22	17.03	17.32	21.79	18.73	19.09	17.99
青海	19.77	15.18	13.88	12.59	34.03	13.98	13.49	15.28
宁夏	19.32	15.90	15.81	26.12	65.18	18.19	17.10	20.40
新疆	14.20	11.46	13.84	26.93	22.42	16.65	16.00	17.72

注：普通高校生师比中专任教师数包括聘请校外教师。

6-11-38 每十万人口各级学校平均在校生数

单位：人

年 份 地 区	幼儿园	小 学	初中阶段	高中阶段	高等学校
2004	1617	8725	5058	2824	1420
2005	1676	8358	4781	3070	1613
2006	1731	8192	4557	3321	1816
2007	1787	8037	4364	3409	1924
2008	1873	7819	4227	3463	2042
2009	2001	7584	4097	3495	2128
2010	2230	7448	3955	3499	2189
2011	2554	7403	3779	3489	2253
北 京	1587	3468	1541	2104	5613
天 津	1740	3992	2017	2441	4329
河 北	2550	7521	2989	3427	2006
山 西	2296	7756	4597	4134	2202
内蒙古	1813	5685	3202	3330	1920
辽 宁	1970	4956	2734	2797	2712
吉 林	1676	5239	2736	2874	2807
黑龙江	1465	4892	3193	3034	2409
上 海	1929	3175	1870	1430	3556
江 苏	2764	5205	2683	3312	2824
浙 江	3436	6317	2838	3134	2218
安 徽	1961	7446	4195	3858	2007
福 建	3572	6664	3134	3924	2200
江 西	3261	9727	4504	3392	2212
山 东	2524	6718	3600	3257	2191
河 南	3001	11620	4976	4026	1901
湖 北	2313	6588	3563	3597	2991
湖 南	2492	7463	3293	3032	2054
广 东	2948	7873	4588	4384	1978
广 西	3129	9262	4356	3756	1688
海 南	2410	8810	4516	3984	2079
重 庆	2921	6776	4125	3983	2522
四 川	2623	7207	4060	3623	1904
贵 州	2523	11749	6146	3178	1254
云 南	2360	9215	4460	2905	1520
西 藏	1386	9792	4531	2141	1446
陕 西	2752	6790	4013	4865	3378
甘 肃	1688	8597	5021	4237	2041
青 海	2380	9092	3968	3720	1082
宁 夏	2353	10163	4734	4308	1912
新 疆	2980	8785	4469	3292	1521

注：1.高等学校包括普通高等学校和成人高等学校。
2.高中阶段合计数据包括普通高中、成人高中、普通中专、职业高中、技工学校和成人中专。
3.初中阶段包括普通初中和职业初中。

【主要统计指标解释】

普通高等学校 指按国家规定的设置标准和审批程序批准举办的，通过全国普通高等教育统一招生考试，招收高中毕业生为主要培养对象，实施高等学历教育的全日制大学、独立设置的学院和高等专科学校、高等职业学校及其他机构（独立学院和分校、大专班）。

大学、独立设置的学院主要实施本科及本科层次以上教育，高等专科学校、高等职业学校实施专科层次教育，其他机构是承担国家普通招生计划任务不计校数的机构，包括独立学院、普通高等学校分校、大专班和批准筹建的普通高等学校等。独立学院指由普通本科高校按新机制、新模式举办的本科层次的二级学院。一些普通本科高校按公办机制和模式建立的二级学院、“分校”或其他类似的二级办学机构不属此范畴。

成人高等学校 指按照国家规定的设置标准和审批程序批准举办的，通过全国成人高等学校统一招生考试，招收具有高中毕业或同等学历的在职从业人员为主要培养对象，利用函授、业余、脱产等多种形式对其实施高等学历教育的学校。包括职工高等学校、农民高等学校、管理干部学院、教育学院、独立函授学院、广播电视大学、其他机构等。其他机构是承担国家成人招生计划任务不计校数的机构。

小学学龄儿童净入学率 指调查范围内已入小学学习的学龄儿童占校内外学龄儿童总数的比重。计算公式为：

$$\text{小学学龄儿童净入学率}=\frac{\text{已入学的小学学龄儿童数}}{\text{校内外小学学龄儿童总数}}\times 100\%$$

6 第三产业部分行业主要业务指标

6-12　卫生和社会工作

简要说明

一、主要内容

本篇资料主要包括卫生事业、民政事业、残疾人事业等内容。

卫生事业发展情况主要包括卫生机构、人员、设施、医疗服务、农村和社区卫生、妇幼保健、人民健康水平、居民病伤死亡原因等情况。

民政事业统计资料主要包括社会服务企事业机构、人员情况，优抚安置和社会救助情况，社区服务设施，婚姻服务情况，殡葬服务等情况。

残疾人资料主要包括残疾人康复、教育、就业、扶贫和残联组织建设等情况。

二、资料来源

卫生部分的资料来自卫生部。详细资料见《中国卫生统计年鉴》（卫生部信息中心编）。

民政事业统计资料详见《中国民政统计年鉴》（民政部规划财务司编）。

残疾人资料由中国残疾人联合会整理提供。

6-12-1 医疗卫生机构

单位：个

年 份	合 计	医 院	#综合医院	#中医医院	#专科医院	基层医疗卫生机构	#社区卫生服务中心(站)	#乡镇卫生院
1949	3670	2600						
1950	8915	2803	2692	4	85			
1955	67725	3648	3351	67	188			
1960	261195	6020	5173	330	401			24849
1965	224266	5330	4747	131	339			36965
1970	149823	5964	5353	117	385			56568
1975	151733	7654	6817	160	543			54026
1978	169732	9293	7539	447	643			55018
1980	180553	9902	7859	678	694			55413
1981	800205	10252	8044	781	718			55500
1982	801869	10471	8146	878	731			55496
1983	870686	10901	8370	1009	772			55559
1984	905424	11381	8545	1218	810			55549
1985	978540	11955	9197	1485	938			47387
1986	999102	12442	9363	1646	1030			46967
1987	1012804	12962	9657	1790	1097			47177
1988	1012485	13544	9916	1932	1190			47529
1989	1027522	14090	10242	2046	1265			47523
1990	1012690	14377	10424	2115	1362			47749
1991	1003769	14628	10562	2195	1345			48140
1992	1001310	14889	10774	2269	1376			46117
1993	1000531	15436	11426	2298	1438			45024
1994	1005271	15595	11549	2336	1440			51929
1995	994409	15663	11586	2361	1445			51797
1996	1078131	15833	11696	2405	1473			51277
1997	1048657	15944	11771	2413	1488			50981
1998	1042885	16001	11779	2443	1495			50071
1999	1017673	16678	11868	2441	1533			49694
2000	1034229	16318	11872	2453	1543	1000169		49229
2001	1029314	16197	11834	2478	1576	995670		48090
2002	1005004	17844	12716	2492	2237	973098	8211	44992
2003	806243	17764	12599	2518	2271	774693	10101	44279
2004	849140	18393	12900	2611	2492	817018	14153	41626
2005	882206	18703	12982	2620	2682	849488	17128	40907
2006	918097	19246	13120	2665	3022	884818	22656	39975
2007	912263	19852	13372	2720	3282	878686	27069	39876
2008	891480	19712	13119	2688	3437	858015	24260	39080
2009	916571	20291	13364	2728	3716	882153	27308	38475
2010	936927	20918	13681	2778	3956	901709	32739	37836
2011	954389	21979	14328	2831	4283	918003	32860	37295

注：1.村卫生室数计入卫生机构数中。
2.2008年社区卫生服务中心(站)减少的原因是江苏省约5000家农村社区卫生服务站划归村卫生室。
3.2002年起，卫生机构数不再包括高中等医学院校本部、药检机构、国境卫生检疫所和非卫生部门举办的计划生育指导站。
4.1996年以前卫生院指乡镇卫生院，门诊部(所)不包括私人诊所。

6-12-1 续表

单位：个

年份	#村卫生室	#门诊部(所)	专业公共卫生机构	#疾病预防控制中心	#专科疾病防治院(所/站)	#妇幼保健院(所/站)	#卫生监督所(中心)
1949		769			11	9	
1950		3356		61	30	426	
1955		51600		315	287	3944	
1960		213823		1866	683	4213	
1965		170430		2499	822	2910	
1970		79600		1714	607	1124	
1975		80739		2912	683	2128	
1978		94395		2989	887	2571	
1980		102474		3105	1138	2745	
1981	610079	111189		3202	1197	2789	
1982	608431	113916		3271	1272	2827	
1983	674669	115826		3274	1326	2851	
1984	707168	117028		3339	1458	2955	
1985	777674	126604		3410	1566	2996	
1986	795963	127575		3475	1635	3059	
1987	807844	128459		3512	1697	3082	
1988	806497	128422		3532	1727	3103	
1989	820798	128112		3591	1747	3112	
1990	803956	129332		3618	1781	3148	
1991	794733	128665		3652	1818	3187	
1992	796523	125873		3673	1845	3187	
1993	806945	115161		3729	1872	3115	
1994	813529	105984		3711	1905	3190	
1995	804352	104406		3729	1895	3179	
1996	755565	237153		3737	1887	3172	
1997	733624	229474		3747	1893	3180	
1998	728788	229349		3746	1889	3191	
1999	716677	226588		3763	1877	3180	
2000	709458	240934	11386	3741	1839	3163	
2001	698966	248061	11471	3813	1783	3132	
2002	698966	219907	10787	3580	1839	3067	571
2003	514920	204468	10792	3584	1749	3033	838
2004	551600	208794	10878	3588	1583	2998	1284
2005	583209	207457	11177	3585	1502	3021	1702
2006	609128	212243	11269	3548	1402	3003	2097
2007	613855	197083	11528	3585	1365	3051	2553
2008	613143	180752	11485	3534	1310	3011	2675
2009	632770	182448	11665	3536	1291	3020	2809
2010	648424	181781	11835	3513	1274	3025	2992
2011	662894	184287	11926	3484	1294	3036	3022

6-12-2 各地区医疗卫生机构

单位：个

地区	合计	医院	综合医院	中医医院	中西医结合医院	民族医院	专科医院	护理院	基层医疗卫生机构	社区卫生服务中心
总计	**954389**	**21979**	**14328**	**2831**	**277**	**200**	**4283**	**60**	**918003**	**7861**
北京	9495	550	313	104	8	3	120	2	8718	312
天津	4428	296	195	30	6		65		3981	95
河北	80185	1247	824	179	35		209		78246	234
山西	40339	1206	632	199	13		362		38587	194
内蒙古	22908	488	308	61	7	44	68		21905	274
辽宁	35229	831	515	98	5	2	211		33712	279
吉林	19785	560	343	75	8	2	131	1	18882	178
黑龙江	21749	911	635	122	7	4	143		20142	413
上海	4740	308	180	17	5		91	15	4289	301
江苏	31580	1283	849	86	14		308	26	29659	484
浙江	30515	731	368	113	16		230	4	29207	508
安徽	22884	916	644	88	13		168	3	21434	402
福建	27147	482	307	71	8	2	93	1	26287	208
江西	39154	542	356	97	8		81		38063	149
山东	68275	1490	974	157	9		347	3	65954	473
河南	76128	1220	797	197	8		217	1	74208	302
湖北	35625	608	393	91	11	2	111		34509	331
湖南	59634	782	486	129	13	3	151		58214	261
广东	45930	1125	694	141	9		278	3	44034	1002
广西	34026	465	292	85	8	4	76		33132	123
海南	4816	190	148	19	3		20		4513	13
重庆	17650	433	307	43	8		75		17037	161
四川	75815	1387	925	173	18	22	249		73646	346
贵州	25943	621	472	67	4	4	73	1	24957	111
云南	23248	845	586	101	17	4	137		21800	135
西藏	6602	103	83			19	1		6356	1
陕西	36396	871	622	142	5		102		35033	224
甘肃	26632	385	258	68	3	11	45		25884	176
青海	5887	131	79	13	1	26	12		5608	16
宁夏	4132	152	102	19	3	2	26		3886	10
新疆	17412	820	641	46	4	46	83		16120	145

6-12-2 续表 1　　单位：个

地　区	社区卫生服务站	街　道卫生院	乡　镇卫生院	村卫生室	门诊部	诊所(医务室、护理站)	专业公共卫生机构	疾病预防控制中心	专科疾病防治院(所、站)	健康教育所(站)
总　计	**24999**	**667**	**37295**	**662894**	**9218**	**175069**	**11926**	**3484**	**1294**	**147**
北　京	1381			2968	814	3243	121	32	28	1
天　津	441	1	164	2157	262	861	95	24	17	1
河　北	885		1960	65375	160	9632	598	196	8	2
山　西	584	484	1202	28471	287	7365	469	146	11	11
内蒙古	874	3	1323	14433	106	4892	446	121	50	21
辽　宁	759	29	990	21031	423	10201	492	131	90	10
吉　林	360	1	766	11612	431	5534	260	67	53	4
黑龙江	361	9	958	13107	133	5161	646	188	109	
上　海	670			1384	468	1466	101	21	19	2
江　苏	2067	3	1220	16694	708	8483	497	129	53	3
浙　江	6018	8	1197	13851	746	6879	372	100	25	3
安　徽	1522	2	1395	15321	138	2654	443	124	52	2
福　建	303		873	19862	472	4569	304	96	25	1
江　西	468	9	1582	32040	89	3726	474	115	110	6
山　东	1808		1645	51277	185	10566	681	184	132	3
河　南	715		2068	64074	101	6948	560	180	20	3
湖　北	947	34	1161	25204	190	6642	425	112	83	1
湖　南	336	2	2310	45389	201	9715	526	146	86	2
广　东	1386	34	1252	28971	1975	9414	670	136	147	33
广　西	139		1280	23381	79	8130	389	106	41	1
海　南	105	3	300	2527	59	1506	102	26	24	1
重　庆	307	8	966	10577	162	4856	160	43	16	3
四　川	527	1	4618	54015	336	13803	701	205	38	13
贵　州	287	14	1436	20260	51	2798	333	103	9	
云　南	272	2	1386	13292	101	6612	515	150	30	4
西　藏	7		673	5232		443	141	81		
陕　西	301	2	1655	27174	213	5464	384	122	6	4
甘　肃	391	9	1370	16574	51	7313	329	103	7	6
青　海	153		404	4289	12	734	144	56	1	2
宁　夏	87		228	2527	18	1016	84	25		4
新　疆	538	9	913	9825	247	4443	464	216	4	

6-12-2 续表 2　　　　单位: 个

地　区	妇幼保健院(所、站)	急救中心(站)	采供血机构	卫生监督所(中心)	计划生育技术服务机构	其他机构	疗养院	医　学科研机构	医学在职培训机构	其他
总　计	**3036**	**270**	**525**	**3022**	**148**	**2481**	**201**	**210**	**466**	**1604**
北　京	19	12	7	20	2	106	2	28	9	67
天　津	23	3	6	19	2	56	3	8	16	29
河　北	185	5	14	185	3	94	5	2		87
山　西	131	11	18	130	11	77	9	7	3	58
内蒙古	117	6	18	112	1	69	6	6	9	48
辽　宁	110	12	23	110	6	194	22	5	3	164
吉　林	70	6	20	40		83	11	5	2	65
黑龙江	150	13	26	156	4	50	4	11	8	27
上　海	21	11	8	19		42	2	8	8	24
江　苏	106	32	30	111	33	241	17	8	36	180
浙　江	85	29	21	100	9	205	12	8	44	141
安　徽	119	11	23	111	1	91	8	11	28	44
福　建	87	8	9	77	1	74	12	7	25	30
江　西	110	8	13	109	3	75	3	5	3	64
山　东	158	15	25	162	2	150	21	7	25	97
河　南	166	10	20	158	3	140	5	7	86	42
湖　北	100	7	22	98	2	83		1	22	60
湖　南	139	2	15	130	6	112	2	3	2	105
广　东	124	14	42	140	34	101	14	19	20	48
广　西	103	2	26	110		40	5	14	1	20
海　南	24	3	2	21	1	11	2	1		8
重　庆	42		11	42	3	20	4	1	6	9
四　川	198	16	24	204	3	81	6	8	21	46
贵　州	94	4	24	96	3	32	2	2	15	13
云　南	148	18	16	146	3	88	8	10	8	62
西　藏	57		1	2		2	1		1	
陕　西	117	4	10	115	6	108	5	12	49	42
甘　肃	100	2	17	91	3	34	5	5	14	10
青　海	21		9	55		4		1	1	2
宁　夏	22	2	5	25	1	10	1		1	8
新　疆	90	4	20	128	2	8	4			4

6-12-3 各类医疗卫生机构

单位：个

卫生机构分类	合计	按城乡分		按经济类型分		
		城市	农村	公立	国有	集体
总　　计	**954389**	**134841**	**819548**	**497395**	**112998**	**384397**
一、医院	**21979**	**11642**	**10337**	**13539**	**12312**	**1227**
综合医院	14328	7299	7029	9166	8376	790
中医医院	2831	1091	1740	2318	2182	136
中西医结合医院	277	180	97	114	93	21
民族医院	200	23	177	179	176	3
专科医院	4283	2996	1287	1740	1469	271
口腔医院	317	253	64	158	133	25
眼科医院	288	204	84	53	34	19
耳鼻喉科医院	58	41	17	13	11	2
肿瘤医院	118	94	24	74	64	10
心血管病医院	60	41	19	23	17	6
胸科医院	21	19	2	16	15	1
血液病医院	8	6	2	2	1	1
妇产(科)医院	442	325	117	63	52	11
儿童医院	79	65	14	59	50	9
精神病医院	690	394	296	579	528	51
传染病医院	164	135	29	160	160	
皮肤病医院	101	77	24	38	31	7
结核病医院	38	29	9	38	37	1
麻风病医院	30	11	19	30	30	
职业病医院	19	18	1	18	17	1
骨科医院	422	208	214	73	41	32
康复医院	301	190	111	146	112	34
整形外科医院	42	40	2	3	1	2
美容医院	110	102	8	1	1	
其他专科医院	975	744	231	193	134	59
护理院	60	53	7	22	16	6
二、基层医疗卫生机构	**918003**	**117636**	**800367**	**469624**	**86707**	**382917**
社区卫生服务中心(站)	32860	22674	10186	25615	14682	10933
社区卫生服务中心	7861	5891	1970	7419	5475	1944
社区卫生服务站	24999	16783	8216	18196	9207	8989
卫生院	37962	155	37807	37652	26970	10682
街道卫生院	667	155	512	657	265	392
乡镇卫生院	37295		37295	36995	26705	10290
中心卫生院	10590		10590	10574	9192	1382
乡卫生院	26705		26705	26421	17513	8908
村卫生室	662894		662894	371024	24820	346204
门诊部	9218	7087	2131	2766	1733	1033
综合门诊部	5445	3921	1524	2079	1294	785
中医门诊部	848	747	101	154	80	74
中西医结合门诊部	253	210	43	45	16	29
民族医门诊部	12	5	7	3	2	1
专科门诊部	2660	2204	456	485	341	144
诊所、卫生所、医务室、护理站	175069	87720	87349	32567	18502	14065
诊所	141883	70013	71870	7524	2487	5037
卫生所、医务室	33128	17682	15446	25042	16014	9028
护理站	58	25	33	1	1	

注：1.城市包括直辖市区、地级市辖区；农村包括县和县级市、农村乡镇卫生院和村卫生室。
2.社会办包括企业、事业单位、社会团体和其他社会组织办的卫生机构。

6-12-3 续表 1

单位：个

卫生机构分类	非公立	#联营	#私营	按主办单位分 政府办	#卫生部门	社会办	个人办
总　计	**456994**	**27880**	**366463**	**141274**	**136818**	**483755**	**329360**
一、医院	**8440**	**132**	**6137**	**9579**	**8605**	**5926**	**6474**
综合医院	5162	87	3743	5646	4896	4773	3909
中医医院	513	8	383	2245	2228	161	425
中西医结合医院	163		130	91	88	45	141
民族医院	21	1	15	173	172	9	18
专科医院	2543	34	1839	1412	1213	921	1950
口腔医院	159		110	136	134	61	120
眼科医院	235	4	146	42	39	93	153
耳鼻喉科医院	45		31	9	9	19	30
肿瘤医院	44	2	23	63	63	30	25
心血管病医院	37		27	14	14	19	27
胸科医院	5		3	13	13	2	6
血液病医院	6		3	1	1	3	4
妇产(科)医院	379	4	274	53	48	108	281
儿童医院	20		16	51	51	10	18
精神病医院	111	2	91	526	419	63	101
传染病医院	4		2	154	153	7	3
皮肤病医院	63	1	49	32	32	14	55
结核病医院				35	35	3	
麻风病医院				28	26	2	
职业病医院	1			11	10	8	
骨科医院	349	5	272	47	45	82	293
康复医院	155	3	106	81	33	111	109
整形外科医院	39		27	1	1	11	30
美容医院	109	2	69			40	70
其他专科医院	782	11	590	115	87	235	625
护理院	38	2	27	12	8	17	31
二、基层医疗卫生机构	**448379**	**27740**	**360264**	**118108**	**114996**	**477068**	**322827**
社区卫生服务中心(站)	7245	393	5363	19821	18619	6922	6117
社区卫生服务中心	442	5	243	6569	6227	974	318
社区卫生服务站	6803	388	5120	13252	12392	5948	5799
卫生院	310	1	221	37420	37178	298	244
街道卫生院	10		5	570	558	87	10
乡镇卫生院	300	1	216	36850	36620	211	234
中心卫生院	16		15	10562	10506	13	15
乡卫生院	284	1	201	26288	26114	198	219
村卫生室	291870	26791	216689	56128	56128	431019	175747
门诊部	6452	31	5164	654	543	3164	5400
综合门诊部	3366	19	2788	513	435	2093	2839
中医门诊部	694	4	497	32	30	243	573
中西医结合门诊部	208	1	194	6	6	56	191
民族医门诊部	9		8			2	10
专科门诊部	2175	7	1677	103	72	770	1787
诊所、卫生所、医务室、护理站	142502	524	132827	4085	2528	35665	135319
诊所	134359	345	128412	1213	1074	9991	130679
卫生所、医务室	8086	179	4360	2872	1454	25672	4584
护理站	57		55			2	56

6-12-3 续表 2　　单位：个

卫生机构分类	合计	按城乡分		按经济类型分		
		城市	农村	公立	国有	集体
三、专业公共卫生机构	**11926**	**4535**	**7391**	**11845**	**11673**	**172**
疾病预防控制中心	3484	1272	2212	3483	3460	23
省属	31	31		31	31	
地级市(地区)属	399	350	49	399	399	
县级市(区)属	1138	758	380	1138	1135	3
县属	1658		1658	1658	1656	2
其他	258	133	125	257	239	18
专科疾病防治院(所、站)	1294	490	804	1268	1195	73
专科疾病防治院	209	112	97	203	190	13
传染病防治院	11	2	9	10	9	1
结核病防治院	27	18	9	27	27	
职业病防治院	32	30	2	30	29	1
其他	139	62	77	136	125	11
专科疾病防治所(站、中心)	1085	378	707	1065	1005	60
口腔病防治所(站、中心)	112	69	43	99	53	46
精神病防治所(站、中心)	27	7	20	26	22	4
皮肤病与性病防治所(中心)	238	50	188	237	233	4
结核病防治所(站、中心)	360	126	234	360	359	1
职业病防治所(站、中心)	37	34	3	36	35	1
地方病防治所(站、中心)	34	8	26	34	33	1
血吸虫病防治所(站、中心)	179	44	135	179	178	1
药物戒毒所(中心)	13	12	1	11	9	2
其他	85	28	57	83	83	
健康教育所(站、中心)	147	97	50	145	141	4
妇幼保健院(所、站)	3036	1042	1994	3029	3010	19
省属	26	26		26	26	
地级市(地区)属	359	324	35	359	359	
县级市(区)属	990	627	363	990	979	11
县属	1551		1551	1551	1546	5
其他	110	65	45	103	100	3
妇幼保健院	1826	583	1243	1821	1809	12
妇幼保健所	600	280	320	600	598	2
妇幼保健站	605	175	430	604	600	4
生殖保健中心	5	4	1	4	3	1
急救中心(站)	270	186	84	265	262	3
采供血机构	525	330	195	488	481	7
卫生监督所(中心)	3022	1065	1957	3021	3011	10
省属	31	31		31	31	
地级市(地区)属	384	340	44	384	383	1
县级市(区)属	1006	659	347	1006	1003	3
县属	1532		1532	1532	1526	6
其他	69	35	34	68	68	
计划生育技术服务机构	148	53	95	146	113	33
四、其他机构	**2481**	**1028**	**1453**	**2387**	**2306**	**81**
疗养院	201	124	77	191	187	4
卫生监督检验(监测)机构	53	17	36	50	49	1
医学科学研究机构	210	183	27	209	208	1
医学在职培训机构	466	125	341	466	461	5
临床检验中心(所、站)	59	57	2	24	20	4
其他	1492	522	970	1447	1381	66

6-12-3 续表 3 单位：个

卫生机构分类	非公立	#联营	#私营	按主办单位分 政府办	#卫生部门	社会办	个人办
三、专业公共卫生机构	**81**	**6**	**24**	**11452**	**11185**	**452**	**22**
疾病预防控制中心	1			3357	3246	127	
省属				31	31		
地级市(地区)属				399	399		
县级市(区)属				1138	1138		
县属				1658	1658		
其他	1			131	20	127	
专科疾病防治院(所、站)	26		13	1184	1165	94	16
专科疾病防治院	6		2	188	186	18	3
传染病防治院	1			9	9	2	
结核病防治院				27	27		
职业病防治院	2			22	21	10	
其他	3		2	130	129	6	3
专科疾病防治所(站、中心)	20		11	996	979	76	13
口腔病防治所(站、中心)	13		8	88	88	14	10
精神病防治所(站、中心)	1			21	19	6	
皮肤病与性病防治所(中心)	1		1	225	221	12	1
结核病防治所(站、中心)				344	343	16	
职业病防治所(站、中心)	1			19	19	18	
地方病防治所(站、中心)				32	32	2	
血吸虫病防治所(站、中心)				177	175	2	
药物戒毒所(中心)	2			9	2	4	
其他	2		2	81	80	2	2
健康教育所(站、中心)	2		2	142	139	3	2
妇幼保健院(所、站)	7	1	2	2972	2938	62	2
省属				26	26		
地级市(地区)属				359	359		
县级市(区)属				990	990		
县属				1551	1551		
其他	7	1	2	46	12	62	2
妇幼保健院	5	1	2	1806	1791	18	2
妇幼保健所				589	588	11	
妇幼保健站	1			574	558	31	
生殖保健中心	1			3	1	2	
急救中心(站)	5		2	235	232	33	2
采供血机构	37	5	5	469	463	56	
卫生监督所(中心)	1			2998	2977	24	
省属				31	31		
地级市(地区)属				384	384		
县级市(区)属				1006	1006		
县属				1532	1532		
其他	1			45	24	24	
计划生育技术服务机构	2			95	25	53	
四、其他机构	**94**	**2**	**38**	**2135**	**2032**	**309**	**37**
疗养院	10		2	98	45	102	1
卫生监督检验(监测)机构	3		2	46	44	5	2
医学科学研究机构	1		1	177	173	32	1
医学在职培训机构				454	448	12	
临床检验中心(所、站)	35	2	19	12	11	29	18
其他	45		14	1348	1311	129	15

6-12-4 基层医疗卫生机构情况

单位：个

医疗机构分类	2005	2006	2007	2008	2009	2010	2011
总　　计	**849488**	**884818**	**878686**	**858015**	**882153**	**901709**	**918003**
按经济类型分							
公立	485113	510608	430711	415870	432803	460927	469624
非公立	364375	374210	447975	442145	449350	440782	448379
按主办单位分							
政府办	105213	108212	93906	92431	99573	111290	118108
社会办	419736	440864	457584	455971	460083	470858	477068
个人办	324539	335742	327196	309613	322497	319561	322827
按管理类别分							
非营利性			370304	431074	531661	675760	693102
营利性			211370	202537	212229	225949	224901
其它			297012	224404	138263		
按机构类别分							
社区卫生服务中心(站)	17128	22656	27069	24260	27308	32739	32860
社区卫生服务中心	1382	2077	3160	4036	5216	6903	7861
社区卫生服务站	15746	20579	23909	20224	22092	25836	24999
卫生院	41694	40791	40679	39860	39627	38765	37962
街道卫生院	787	816	803	780	1152	929	667
乡镇卫生院	40907	39975	39876	39080	38475	37836	37295
村卫生室	583209	609128	613855	613143	632770	648424	662894
门诊部	5895	6429	7124	6975	7639	8291	9218
诊所(医务室)	201562	205814	189959	173777	174749	173434	175069

6-12-5 专业公共卫生机构情况

单位：个

医疗机构分类	2005	2006	2007	2008	2009	2010	2011
总　　计	**11177**	**11269**	**11528**	**11485**	**11665**	**11835**	**11926**
按经济类型分							
公立	11127	11225	11454	11407	11526	11764	11845
非公立	50	44	74	78	139	71	81
按主办单位分							
政府办	10513	10658	10885	10889	11148	11421	11452
社会办	650	599	622	570	493	396	452
个人办	14	12	21	26	24	18	22
按机构类别分							
疾病预防控制中心	3585	3548	3585	3534	3536	3513	3484
专科疾病防治院(所/站)	1502	1402	1365	1310	1291	1274	1294
健康教育所(站)	134	135	135	129	137	139	147
妇幼保健院(所/站)	3021	3003	3051	3011	3020	3025	3036
急救中心(站)	141	160	202	217	245	245	270
采供血机构	577	559	535	520	526	530	525
卫生监督所(中心)	1702	2097	2553	2675	2809	2992	3022
计划生育技术服务机构	515	365	102	89	101	117	148

注：计划生育技术服务机构指卫生部门主办的计划生育技术服务机构。

6-12-6　各地区医院等级情况

单位：个

地　区	合计	三级				二级				一级				未定级
			甲等	乙等	丙等		甲等	乙等	丙等		甲等	乙等	丙等	
总　计	**21979**	**1399**	**881**	**326**	**21**	**6468**	**3634**	**1908**	**78**	**5636**	**2265**	**532**	**147**	**8476**
北　京	550	51	37	1	8	89	52	8	11	348	90	11	65	62
天　津	296	34	22	11		50	34	7	1	124	32	6		88
河　北	1247	44	35	1		418	332	48	2	402	173	14	5	383
山　西	1206	47	27	18		237	115	93	1	189	111	13	3	733
内蒙古	488	33	14	10	6	206	72	106	8	130	59	12	3	119
辽　宁	831	86	46	20	1	272	176	56	2	249	110	12	5	224
吉　林	560	29	22	5	1	200	66	117	14	79	53	20	2	252
黑龙江	911	70	43	15	2	319	90	195	4	285	148	55	9	237
上　海	308	36	29	5		112	45	45	1	12	7			148
江　苏	1283	97	52	25		259	130	67	4	581	177	138	12	346
浙　江	731	82	46	36		216	111	96	6	18	9	1		415
安　徽	916	39	27	6		248	128	67	2	368	107	53	1	261
福　建	482	43	26	14		148	85	56	1	60	31	4	1	231
江　西	542	46	40	6		181	152	21	1	58	19	2	1	257
山　东	1490	81	39	32	1	387	280	63	3	412	198	27	4	610
河　南	1220	56	39			429	219	80	5	430	166	22	1	305
湖　北	608	64	50	8		238	167	55		133	69	9	5	173
湖　南	782	49	32	2		284	181	51	4	190	95	20	6	259
广　东	1125	93	70	3		303	231	22	2	199	134	3		530
广　西	465	50	40	8	1	176	145	19		70	40	2	5	169
海　南	190	6	6			24	16	7		25	22			135
重　庆	433	18	13	1		109	56	42		73	30	4		233
四　川	1387	67	41	26		386	171	205		151	68	44	1	783
贵　州	621	27	9	7	1	152	37	83		173	14	7	5	269
云　南	845	40	10	28		229	56	144	2	100	18	10	3	476
西　藏	103	2	2			10	8			44	42	1		47
陕　西	871	46	29	14		267	162	65		179	61	26	2	379
甘　肃	385	31	12	18		156	114	24	1	15	5	1		183
青　海	131	10	8	2		82	53	23	1					
宁　夏	152	4	3	1		60	27	12		42	2		1	46
新　疆	820	18	12	3		221	123	31	2	497	175	15	7	84

6-12-7 村卫生室

年份 地区	村卫生室（个）	村办	乡卫生院设点	联合办	私人办	其他	设卫生室的村数占行政村数%
1985	777674	305537	29769	88803	323904	29661	87.4
1990	803956	266137	29963	87149	381844	38863	86.2
1995	804352	297462	36388	90681	354981		88.9
2000	709458	300864	47101	89828	255179	16486	89.8
2005	583209	313633	32396	38561	180403	18216	85.8
2006	609128	333790	34803	36805	186524	17206	88.1
2007	613855	340082	33633	33649	186841	19650	88.7
2008	613143	342692	40248	31698	180157	18348	89.4
2009	632770	350515	45434	31035	183699	22087	90.4
2010	648424	365153	49678	32650	177080	23863	92.3
2011	662894	372661	56128	33639	175747	24719	93.4
北京	2968	2602	5	4	331	26	75.3
天津	2157	869	343	202	249	494	57.0
河北	65375	28847	1842	1287	32156	1243	100.0
山西	28471	21475	932	910	3803	1351	100.0
内蒙古	14433	6538	1760	307	5449	379	100.0
辽宁	21031	10524	332	936	9106	133	100.0
吉林	11612	4382	833	1322	4660	415	100.0
黑龙江	13107	9987	851	202	1378	689	100.0
上海	1384	1080	228	63	1	12	81.3
江苏	16694	8817	4640	2539	62	636	100.0
浙江	13851	9700	1026	259	2414	452	48.1
安徽	15321	7534	4053	1120	1156	1458	100.0
福建	19862	12783	375	263	5057	1384	100.0
江西	32040	14744	216	1560	13615	1905	100.0
山东	51277	26413	15034	4590	3651	1589	71.6
河南	64074	38114	567	3940	20661	792	100.0
湖北	25204	15928	3935	2595	1974	772	98.3
湖南	45389	34594	1264	1068	7729	734	100.0
广东	28971	23270	1249	199	3690	563	100.0
广西	23381	8406	523	853	12764	835	100.0
海南	2527	724	45	22	1627	109	98.4
重庆	10577	6325	1132	411	1945	764	100.0
四川	54015	26899	1603	3222	19409	2882	100.0
贵州	20260	8204	1644	453	8653	1306	100.0
云南	13292	9105	1508	1124	569	986	100.0
西藏	5232	1767	2716	170		579	99.5
陕西	27174	19955	593	811	5252	563	100.0
甘肃	16574	8448	1201	1052	5510	363	100.0
青海	4289	2056	419	735	944	135	100.0
宁夏	2527	882	139	119	1303	84	100.0
新疆	9825	1689	5120	1301	629	1086	100.0

6-12-8 卫生人员

单位：人

年 份	卫生人员总计	卫生技术人员	#执业(助理)医师	#执业医师	#注册护士	#药师(士)	#检验师(士)	乡村医生和卫生员	其他技术人员	管理人员	工勤技能人员
1949	541240	505040	363400	314000	32800	3357				11877	24323
1950	611240	555040	380800	327400	37800	8080				21877	34323
1955	1052787	874063	500398	402409	107344	60974	15394			86465	92259
1960	1769205	1504894	596109	427498	170143	119293				132034	132277
1965	1872300	1531600	762804	510091	234546	117314			10996	168845	160899
1970	6571795	1453247	702304	446251	295147			4779280	10813	156862	171593
1975	7435212	2057068	877716	521617	379545	219904	77506	4841695	14122	251420	270907
1978	7883041	2463931	978152	609608	405223	266570	98806	4777469	22950	298104	320587
1980	7355483	2798241	1153234	709473	465798	308438	114290	3820776	27834	310805	397827
1981	7199133	3011038	1243787	620291	525311	323786	123652	3403012	29622	318721	436740
1982	6954413	3142943	1307205	668010	563912	342451	130625	2996609	32207	326883	455771
1983	6757244	3252836	1352651	704060	595569	351002	136630	2667214	37830	326927	472437
1984	6622973	3343998	1381456	716365	616080	358969	140728	2409327	42539	341271	485838
1985	5606105	3410910	1413281	724238	636974	365145	145217	1293094	46052	358812	497237
1986	5725854	3506517	1444150	745592	680583	372760	150132	1279935	50957	370056	518389
1987	5842621	3608618	1481754	777333	717596	382121	156878	1278499	57255	371167	527082
1988	5924557	3723756	1618174	1095926	829261	394287	161615	1247045	65063	368227	520466
1989	6028234	3809097	1718018	1257668	921687	401098	166383	1241275	73530	384890	519442
1990	6137711	3897921	1763086	1302997	974541	405978	170371	1231510	85504	396694	526082
1991	6278458	3984974	1779545	1310933	1011943	409325	176832	1253324	91265	408819	540076
1992	6409307	4073986	1808194	1327875	1039674	413598	180754	1269061	99177	417670	549413
1993	6540522	4117067	1831665	1372471	1056096	413025	183657	1325106	113138	432903	552311
1994	6630710	4199217	1882180	1425375	1093544	417166	186415	1323701	116921	438084	552787
1995	6704395	4256923	1917772	1454926	1125661	418520	189488	1331017	120782	450013	545660
1996	6735097	4311845	1941235	1475232	1162609	424952	192873	1316095	125480	444571	537106
1997	6833962	4397805	1984867	1505342	1198228	428295	198016	1317786	133369	448047	536955
1998	6863315	4423721	1999521	1513975	1218836	423644	200846	1327633	145060	435507	531394
1999	6894985	4458669	2044672	1561584	1244844	418574	201272	1324937	150041	434997	526341
2000	6910383	4490803	2075843	1603266	1266838	414408	200900	1319357	157533	426789	515901
2001	6874527	4507700	2099658	1637337	1286938	404087	203378	1290595	157961	412757	505514
2002	6528674	4269779	1843995	1463573	1246545	357659	209144	1290595	179962	332628	455710
2003	6216971	4380878	1942364	1534046	1265959	357378	209616	867778	199331	318692	450292
2004	6332739	4485983	1999457	1582442	1308433	355451	211553	883075	209422	315595	438664
2005	6447246	4564050	2042135	1622684	1349589	349533	211495	916532	225697	312826	428141
2006	6681184	4728350	2099064	1678031	1426339	353565	218771	957459	235466	323705	436204
2007	6964389	4913186	2122925	1715460	1558822	325212	206487	931761	243460	356569	519413
2008	7251803	5174478	2201904	1791881	1678091	330525	212618	938313	255149	356854	527009
2009	7781448	5535124	2329206	1905436	1854818	341910	220695	1050991	275006	362665	557662
2010	8207502	5876158	2413259	1972840	2048071	353916	230572	1091863	290161	370548	578772
2011	8616040	6202858	2466094	2020154	2244020	363993	238874	1126443	305981	374885	605873

注：①卫生人员和卫生技术人员包括公务员中卫生监督员1万名；②2002年起不包括高中等医学院校本部、药检机构、国境卫生检疫所和非卫生部门举办的计划生育指导站人员数，2007年起包括返聘本单位半年以上人员；③2007起卫生技术人员不包括药剂员和检验员等技能人员数，2007年以前药师(士)包括药剂员，检验师(士)包括检验员；④执业(助理)医师数包括村卫生室数字。2002年以前执业(助理)医师系医生数，执业医师系医师数,注册护士系护师(士)数；⑤2006年及以前工勤技能人员系工勤人员数，不包括药剂员和检验员等技能人员；⑥1985年以前乡村医生和卫生员系赤脚医生数。

6-12-9 各地区卫生人员

单位：人

地区	卫生人员总计	卫生技术人员	执业(助理)医师	#执业医师	注册护士	药师(士)	检验师(士)	其他	乡村医生和卫生员	其他技术人员	管理人员	工勤技能人员
全国	**8616040**	**6202858**	**2466094**	**2020154**	**2244020**	**363993**	**347607**	**781144**	**1126443**	**305981**	**374885**	**605873**
北京	235652	181936	69747	65439	72812	10871	10123	18383	3692	12534	14993	22497
天津	100169	73318	29831	27406	25814	4699	4293	8681	4759	4903	9607	7582
河北	449108	301672	136801	103565	93520	13888	16762	40701	85639	18901	14803	28093
山西	271627	191416	84818	70404	64810	9934	10204	21650	43354	9926	11074	15857
内蒙古	175226	131603	57145	48340	42494	9276	7020	15668	20061	6337	7233	9992
辽宁	319116	235623	97744	86959	91912	13329	13964	18674	27045	12380	16548	27520
吉林	192940	139010	59581	52593	47938	8094	7786	15611	19411	8090	11801	14628
黑龙江	266066	195029	76780	65365	66144	11145	11904	29056	26299	8695	15281	20762
上海	176632	140740	53751	49505	58885	7929	8104	12071	982	8773	9882	16255
江苏	481818	350544	134683	120387	135602	22122	19966	38171	54999	16247	22968	37060
浙江	374157	306922	124497	103554	109275	20339	16126	36685	10833	15014	14015	27373
安徽	315382	217591	84696	64883	84454	11002	13572	23867	55284	11529	11768	19210
福建	217586	158791	62484	54152	62463	10727	8197	14920	28574	7085	6237	16899
江西	244570	165938	62839	53026	64440	12407	10900	15352	48417	6725	7449	16041
山东	689628	481738	186034	155280	170968	28827	26348	69561	135861	24467	19095	28467
河南	623494	396300	156664	111308	137124	20721	24399	57392	132205	24031	24269	46689
湖北	365175	268122	102094	85317	102114	17689	15826	30399	44098	14712	16869	21374
湖南	387975	282511	112630	83239	101867	20359	16432	31223	49299	13410	17498	25257
广东	626571	485585	186161	148539	182660	32608	25994	58162	35194	20944	28457	56391
广西	283543	204011	74153	58275	76506	10998	10168	32186	37436	6802	11084	24210
海南	56893	43295	15527	12265	18200	2161	2329	5078	2796	1780	3083	5939
重庆	170799	120151	49571	36657	42765	6437	5792	15586	24179	4893	8239	13337
四川	505712	352259	153795	122451	121266	19417	17280	40501	75626	16123	25190	36514
贵州	169098	113801	45415	36549	41589	4898	6279	15620	34587	5760	7244	7706
云南	215335	150982	64684	53790	52315	6783	8132	19068	35672	7589	6880	14212
西藏	22234	10782	4175	3178	2140	495	513	3459	9125	601	566	1160
陕西	275464	197173	65740	53671	70225	11522	12220	37466	38817	4550	18099	16825
甘肃	145699	105908	40870	33216	33673	5301	5779	20285	21043	3878	4642	10228
青海	38785	27520	11396	9663	9660	1478	1612	3374	6369	1247	1505	2144
宁夏	41758	31983	12258	10913	11625	2054	1857	4189	3910	1151	1669	3045
新疆	167828	130604	49530	40265	48760	6483	7726	18105	10877	6904	6837	12606

6-12-10 各地区社区卫生服务中心(站)人员

单位：人

地区	总计	卫生技术人员							其他技术人员	管理人员	工勤技能人员
			执业(助理)医师	#执业医师	注册护士	药师(士)	技师(士)	其他			
总计	**432923**	**367972**	**158554**	**126029**	**119834**	**29743**	**18611**	**41230**	**16840**	**19558**	**28553**
北京	27507	22601	9956	8140	6231	2294	1107	3013	1474	1181	2251
天津	6541	5177	2093	1824	1499	592	330	663	272	680	412
河北	14666	12749	6116	4784	4219	688	643	1083	558	640	719
山西	11712	10209	4789	3957	3677	584	444	715	403	585	515
内蒙古	11971	10405	4916	4036	3323	908	425	833	515	547	504
辽宁	13499	11325	4889	4236	4532	858	631	415	599	777	798
吉林	6223	5144	2132	1801	1597	377	253	785	235	360	484
黑龙江	16753	14100	5840	5040	4880	1014	866	1500	659	966	1028
上海	31081	25370	11394	9716	8472	2151	1461	1892	1362	1364	2985
江苏	37396	31058	12668	10821	9593	2773	1633	4391	1440	1912	2986
浙江	37444	32930	15079	10487	7648	3013	1598	5592	1442	938	2134
安徽	17250	15031	6627	4795	5307	845	754	1498	579	829	811
福建	8984	7719	3395	2736	2483	724	284	833	341	250	674
江西	7815	6804	2759	2425	2625	597	460	363	208	362	441
山东	28268	25053	10068	7906	7968	2018	1147	3852	1234	896	1085
河南	15954	13103	5823	4613	4734	692	638	1216	790	894	1167
湖北	18882	16013	6323	5223	5960	1276	883	1571	817	893	1159
湖南	12402	10708	4470	3233	3562	986	610	1080	457	511	726
广东	40489	34623	14968	10887	11610	3172	1486	3387	1208	1311	3347
广西	5603	4934	2096	1817	1838	322	225	453	150	199	320
海南	1451	1226	469	356	515	63	43	136	46	102	77
重庆	7416	6114	2625	1747	1929	492	288	780	201	380	721
四川	17541	14547	6396	5077	4676	1234	742	1499	739	1031	1224
贵州	5090	4340	1704	1376	1652	210	221	553	216	291	243
云南	4916	4218	1833	1496	1536	271	208	370	178	228	292
西藏	36	32	20	18	6			6			4
陕西	9406	7907	2889	2189	2482	582	446	1508	167	737	595
甘肃	6471	5795	2542	2113	2055	381	313	504	144	212	320
青海	1663	1417	580	494	513	157	48	119	78	94	74
宁夏	793	743	305	268	282	59	28	69	15	15	20
新疆	7700	6577	2790	2418	2430	410	396	551	313	373	437

6-12-11 各地区乡镇卫生院人员

单位：人

地 区	总 计	卫生技术人员							其他技术人员	管理人员	工勤技能人员	每千农业人口乡镇卫生院人员数
			执业(助理)医师	#执业医师	注册护士	药剂人员	技师(士)	其他				
总 计	**1165996**	**981227**	**408587**	**239306**	**230339**	**72487**	**51776**	**218038**	**53166**	**43775**	**87828**	**1.32**
北 京												
天 津	5105	4437	2558	1863	797	302	220	560	62	311	295	1.33
河 北	55076	45685	22768	11397	5637	2577	2300	12403	3945	1676	3770	1.10
山 西	25307	21840	10752	6642	4197	1494	976	4421	1415	643	1409	1.08
内蒙古	20094	17631	9145	5598	2766	1208	758	3754	718	732	1013	1.38
辽 宁	24780	19040	8833	5784	4750	1500	1190	2767	1272	1453	3015	1.19
吉 林	24469	19479	8396	5885	4741	1393	997	3952	1041	1470	2479	1.71
黑龙江	23336	19268	8136	5100	3542	1430	971	5189	949	1305	1814	1.18
上 海												
江 苏	70642	57080	24112	19132	16394	5249	3655	7670	3211	3238	7113	2.05
浙 江	40611	35608	15665	9626	7340	3489	1694	7420	1670	956	2377	1.24
安 徽	46778	39776	17641	9464	9787	2442	2655	7251	1922	1596	3484	0.88
福 建	28105	23469	9100	6604	7350	2326	1150	3543	1107	559	2970	1.20
江 西	43915	37795	14643	10049	11004	4072	2653	5423	1457	801	3862	1.26
山 东	110408	99444	36419	23742	22357	7982	5601	27085	4393	2434	4137	1.96
河 南	98204	76651	31901	14476	16471	4850	5090	18339	6869	4072	10612	1.15
湖 北	67768	57207	21959	14062	16254	4915	3380	10699	3226	2956	4379	1.68
湖 南	76696	65469	28992	14143	13599	7089	3619	12170	3760	2587	4880	1.38
广 东	78883	65235	27579	13188	17555	4991	2767	12343	3768	2667	7213	1.91
广 西	55527	47187	15979	8433	13381	2948	2230	12649	1837	1443	5060	1.28
海 南	9004	6666	2207	1177	2302	431	306	1420	440	549	1349	1.60
重 庆	31207	25838	11778	6327	5681	1441	896	6042	1137	1267	2965	1.52
四 川	88175	71895	34330	20313	15141	4327	2939	15158	4363	5655	6262	1.34
贵 州	23047	20604	9239	4612	4271	595	887	5612	880	901	662	0.65
云 南	26325	23174	10626	6435	6362	700	914	4572	965	601	1585	0.69
西 藏	2831	2576	427	232	193	82	8	1866	165	36	54	1.13
陕 西	34736	29840	9005	5350	5958	2199	1862	10816	772	2342	1782	1.38
甘 肃	26480	24071	7444	4598	5705	1209	846	8867	715	338	1356	1.31
青 海	4231	3583	1412	968	870	187	127	987	134	409	105	1.14
宁 夏	3864	3504	1724	1278	691	299	170	620	109	73	178	0.97
新 疆	20392	17175	5817	2828	5243	760	915	4440	864	705	1648	1.62

6-12-12 各地区村卫生室人员

单位：人

地 区	总 计	执业(助理)医师	注册护士	乡村医生和卫生员			平均每村村卫生室人员	平均每千农业人口村卫生室人员数
					乡村医生	卫生员		
总 计	**1350222**	**193277**	**30502**	**1126443**	**1060548**	**65895**	**2.29**	**1.53**
北 京	4342	535	115	3692	3594	98	1.10	1.64
天 津	5647	817	71	4759	4673	86	1.49	1.47
河 北	104475	17566	1270	85639	82527	3112	2.13	2.09
山 西	49867	5916	597	43354	41038	2316	1.77	2.13
内蒙古	24108	3420	627	20061	18974	1087	2.12	1.65
辽 宁	32926	4687	1194	27045	26007	1038	2.85	1.58
吉 林	22670	2985	274	19411	18583	828	2.47	1.59
黑龙江	31937	5399	239	26299	25174	1125	3.55	1.62
上 海	4699	3673	44	982	911	71	2.76	3.10
江 苏	61192	5003	1190	54999	53404	1595	3.92	1.77
浙 江	21061	9070	1158	10833	10415	418	0.73	0.64
安 徽	70428	13075	2069	55284	52877	2407	4.73	1.33
福 建	33895	4787	534	28574	28049	525	2.35	1.45
江 西	54965	5473	1075	48417	47570	847	3.25	1.58
山 东	152441	12992	3588	135861	131143	4718	2.13	2.70
河 南	161153	23766	5182	132205	123281	8924	3.40	1.89
湖 北	53435	7786	1551	44098	42865	1233	2.08	1.32
湖 南	60886	10982	605	49299	45619	3680	1.43	1.10
广 东	47645	9186	3265	35194	31623	3571	2.50	1.15
广 西	43213	5210	567	37436	34072	3364	3.01	1.00
海 南	3858	733	329	2796	2494	302	1.50	0.69
重 庆	29112	4668	265	24179	22897	1282	3.39	1.42
四 川	96371	19853	892	75626	71962	3664	2.07	1.46
贵 州	37563	2479	497	34587	26527	8060	2.14	1.06
云 南	38436	2143	621	35672	33178	2494	3.11	1.01
西 藏	9278	84	69	9125	6997	2128	1.76	3.71
陕 西	44354	4762	775	38817	36010	2807	1.64	1.76
甘 肃	23906	2337	526	21043	19449	1594	1.52	1.19
青 海	8366	1625	372	6369	5524	845	2.01	2.25
宁 夏	4319	370	39	3910	3277	633	1.88	1.08
新 疆	13674	1895	902	10877	9834	1043	1.55	1.09

注：本表包括乡镇卫生院在村卫生室工作的执业(助理)医师和注册护士数。

6-12-13 乡村医生和卫生员

单位：人

年 份	合 计			平均每村乡村医生和卫生员	平均每千农业人口乡村医生和卫生员
		乡村医生	卫生员		
1980	1463406	607879	2357370	2.10	1.79
1985	1293094	643022	650072	1.80	1.55
1990	1231510	776859	454651	1.64	1.38
1991	1253324	794507	458817	1.69	1.39
1992	1269061	816557	452504	1.73	1.41
1993	1325106	910664	414442	1.81	1.47
1994	1323701	933386	390351	1.81	1.47
1995	1331017	955933	375084	1.81	1.48
1996	1316095	954630	361465	1.79	1.46
1997	1317786	972288	345498	1.80	1.45
1998	1327633	990217	337416	1.81	1.46
1999	1324937	1009665	315272	1.82	1.45
2000	1319357	1019845	299512	1.81	1.44
2001	1290595	1021542	269053	1.82	1.41
2002					
2003	867778	791956	75822	1.31	0.98
2004	883075	825672	57403	1.37	1.00
2005	916532	864168	52364	1.46	1.05
2006	957459	906320	51139	1.53	1.10
2007	931761	882218	49543	1.52	1.06
2008	938313	893535	44778	1.55	1.06
2009	1050991	995449	55542	1.75	1.19
2010	1091863	1031828	60035	1.68	1.23
2011	1126443	1060548	65895	1.91	1.27

注：1985年以前的乡村医生系赤脚医生。

6-12-14 每千人口卫生技术人员

单位：人

年 份	卫生技术人员			执业(助理)医师			其中:执业医师	注册护士		
	合计	城市	农村	合计	城市	农村		合计	城市	农村
1949	0.93	1.87	0.73	0.67	0.70	0.66	0.58	0.06	0.25	0.02
1955	1.42	3.49	1.01	0.81	1.24	0.74	0.70	0.14	0.64	0.04
1960	2.37	5.67	1.85	1.04	1.97	0.90	0.79	0.23	1.04	0.07
1965	2.11	5.37	1.46	1.05	2.22	0.82	0.70	0.32	1.45	0.10
1970	1.75	4.88	1.22	0.85	1.97	0.66	0.43	0.29	1.10	0.14
1975	2.24	6.92	1.41	0.95	2.66	0.65	0.57	0.41	1.74	0.18
1980	2.85	8.03	1.81	1.17	3.22	0.76	0.72	0.47	1.83	0.20
1985	3.28	7.92	2.09	1.36	3.35	0.85	0.70	0.61	1.85	0.30
1990	3.45	6.59	2.15	1.56	2.95	0.98	1.15	0.86	1.91	0.43
1995	3.59	5.36	2.32	1.62	2.39	1.07	1.23	0.95	1.59	0.49
1998	3.64	5.30	2.35	1.65	2.34	1.11	1.25	1.00	1.64	0.51
1999	3.64	5.24	2.38	1.67	2.33	1.14	1.27	1.02	1.64	0.52
2000	3.63	5.17	2.41	1.68	2.31	1.17	1.30	1.02	1.64	0.54
2001	3.62	5.15	2.38	1.69	2.32	1.17	1.32	1.03	1.65	0.54
2002	3.41			1.47			1.17	1.00		
2003	3.48	4.88	2.26	1.54	2.13	1.04	1.22	1.00	1.59	0.50
2004	3.53	4.99	2.24	1.57	2.18	1.04	1.25	1.03	1.63	0.50
2005	3.57	5.82	2.69	1.60	2.46	1.26	1.27	1.06	2.10	0.65
2006	3.66	6.09	2.70	1.63	2.56	1.26	1.30	1.10	2.22	0.66
2007	3.76	6.44	2.69	1.62	2.61	1.23	1.31	1.19	2.42	0.70
2008	3.92	6.68	2.80	1.67	2.68	1.26	1.36	1.27	2.54	0.76
2009	4.15	7.15	2.94	1.75	2.83	1.31	1.43	1.39	2.82	0.81
2010	4.37	7.62	3.04	1.79	2.97	1.32	1.47	1.52	3.09	0.89
2011	4.58	7.90	3.19	1.82	3.00	1.33	1.49	1.66	3.29	0.98

注：1.2002年以前，执业(助理)医师数系医生，执业医师数系医师，注册护士数系护师(士)。
2.城市包括直辖市区和地级市辖区，农村包括县及县级市。

6-12-15 各地区每千人口卫生技术人员

单位：人

地区	卫生技术人员			执业(助理)医师			其中：执业医师			注册护士		
	合计	城市	农村	合计	城市	农村	合计	城市	农村	合计	城市	农村
总计	**4.58**	**7.90**	**3.19**	**1.82**	**3.00**	**1.33**	**1.49**	**2.78**	**0.96**	**1.66**	**3.29**	**0.98**
北京	14.20	14.58	7.72	5.45	5.56	3.49	5.11	5.23	2.96	5.68	5.88	2.37
天津	7.33	7.78	5.28	2.98	3.03	2.76	2.74	2.87	2.15	2.58	2.87	1.26
河北	4.11	9.37	2.97	1.86	3.89	1.42	1.41	3.54	0.95	1.27	3.78	0.73
山西	5.47	10.01	3.71	2.42	4.11	1.77	2.01	3.76	1.33	1.85	4.08	0.99
内蒙古	5.34	9.30	3.87	2.32	3.76	1.78	1.96	3.52	1.38	1.72	3.64	1.01
辽宁	5.54	8.35	3.28	2.30	3.29	1.50	2.04	3.11	1.19	2.16	3.61	1.00
吉林	5.10	7.06	4.18	2.19	3.04	1.79	1.93	2.88	1.48	1.76	2.77	1.29
黑龙江	5.09	8.17	3.41	2.00	3.01	1.45	1.70	2.79	1.11	1.73	3.30	0.87
上海	9.92	10.03	7.71	3.79	3.75	4.55	3.49	3.56	2.05	4.15	4.25	2.07
江苏	4.67	6.48	3.61	1.79	2.38	1.45	1.60	2.24	1.23	1.80	2.74	1.26
浙江	6.42	9.58	4.96	2.60	3.66	2.11	2.17	3.32	1.63	2.29	3.78	1.59
安徽	3.16	5.55	2.25	1.23	2.01	0.93	0.94	1.82	0.61	1.23	2.52	0.74
福建	4.47	8.69	2.99	1.76	3.39	1.19	1.52	3.18	0.94	1.76	3.65	1.09
江西	3.49	7.00	2.66	1.32	2.51	1.04	1.12	2.37	0.82	1.36	3.17	0.93
山东	5.02	6.95	4.23	1.94	2.72	1.61	1.62	2.52	1.24	1.78	2.87	1.33
河南	3.63	7.75	2.67	1.43	2.85	1.11	1.02	2.58	0.66	1.26	3.33	0.77
湖北	4.35	6.93	3.16	1.66	2.59	1.23	1.38	2.42	0.91	1.66	3.01	1.03
湖南	3.96	8.08	3.00	1.58	2.91	1.27	1.17	2.66	0.82	1.43	3.70	0.90
广东	5.62	9.75	2.96	2.16	3.55	1.26	1.72	3.21	0.76	2.11	3.96	0.92
广西	3.80	6.39	2.91	1.38	2.33	1.05	1.09	2.17	0.71	1.43	2.71	0.98
海南	4.77	8.78	3.48	1.71	3.05	1.28	1.35	2.85	0.87	2.00	3.98	1.37
重庆	3.61	4.27	3.02	1.49	1.65	1.35	1.10	1.42	0.82	1.28	1.76	0.86
四川	3.89	6.25	3.03	1.70	2.45	1.43	1.35	2.28	1.02	1.34	2.64	0.86
贵州	2.68	7.29	1.99	1.07	2.78	0.81	0.86	2.62	0.60	0.98	3.26	0.64
云南	3.31	8.06	2.58	1.42	3.49	1.10	1.18	3.26	0.86	1.15	3.00	0.86
西藏	3.57	13.02	2.94	1.38	5.78	1.09	1.05	5.11	0.78	0.71	4.55	0.45
陕西	5.04	7.72	3.70	1.68	2.67	1.18	1.37	2.41	0.85	1.80	3.20	1.09
甘肃	3.88	6.09	2.97	1.50	2.45	1.10	1.22	2.24	0.79	1.23	2.41	0.75
青海	4.94	13.78	3.21	2.04	5.08	1.45	1.73	4.71	1.15	1.73	5.80	0.94
宁夏	4.91	7.52	2.88	1.88	2.63	1.30	1.67	2.44	1.08	1.78	3.02	0.83
新疆	5.93	10.58	4.96	2.25	4.16	1.85	1.83	3.88	1.40	2.21	4.30	1.78

6-12-16 医疗卫生机构床位

单位：万张

年 份	合 计	医 院				基层医疗卫生机构			专业公共卫生机构			其他机构
			综合医院	中医医院	专科医院		社区卫生服务中心(站)	乡 镇卫生院		妇幼保健院(所、站)	专科疾病防治院(所、站)	
1949	8.46	8.00										
1950	11.91	9.71	8.46	0.01	0.74					0.27		
1955	36.28	21.53	17.08	0.14	2.80					0.57		
1960	97.68	59.14	44.74	1.42	7.95			4.63		0.88	1.74	
1965	103.33	61.20	48.04	1.04	7.49			13.25		0.92		
1970	126.15	70.50	57.21	1.01	7.79			36.80		0.70		
1975	176.43	94.02	76.33	1.37	11.11			62.03		0.97	2.88	
1978	204.17	110.00	87.33	3.40	12.10			74.73		1.16	2.63	
1980	218.44	119.58	94.11	5.00	12.87			77.54		1.64	2.73	
1981	223.38	124.09	96.80	5.79	13.49			76.31		1.97	2.71	
1982	228.03	128.52	99.83	6.40	13.90			75.32		2.33	2.73	
1983	234.16	134.53	103.99	7.24	14.58			74.62		2.75	2.85	
1984	241.24	141.24	108.00	8.65	15.29			73.14		3.18	2.96	
1985	248.71	150.86	112.77	11.23	16.56			72.06		3.46	2.95	
1986	256.25	155.98	117.52	12.52	17.71			71.12		3.67	3.06	
1987	268.50	165.34	123.71	14.21	19.03			72.30		4.00	3.07	
1988	279.49	174.70	129.06	15.55	20.23			72.61		4.35	3.00	
1989	286.70	181.46	133.60	16.60	20.93			72.30		4.50	3.10	
1990	292.54	186.89	136.90	17.57	21.95			72.29		4.66	3.10	
1991	299.19	192.61	140.55	18.82	22.26			72.92		4.80	3.17	
1992	304.94	197.66	144.10	20.04	22.71			73.28		5.00	3.22	
1993	309.90	203.64	156.63	21.35	24.37			73.08		4.50	3.03	
1994	313.40	207.04	158.70	22.18	24.85			73.24		4.80	2.98	
1995	314.06	206.33	158.72	22.72	24.51			73.31		5.13	3.07	
1996	309.96	209.65	159.73	23.75	24.86			73.47		5.60	2.83	
1997	313.45	211.92	161.21	24.46	24.97			74.24		6.02	3.06	
1998	314.30	213.41	162.00	24.95	25.01			73.77		6.30	2.90	
1999	315.90	215.07	163.25	25.33	25.03			73.40		6.63	2.93	
2000	317.70	216.67	164.09	25.93	25.08	76.65		73.48	11.86	7.12	2.84	12.52
2001	320.12	215.56	150.50	24.60	25.65	77.14		74.00	12.02	7.40	2.70	15.40
2002	313.61	222.18	168.38	24.67	26.21	71.05	1.20	67.13	12.37	7.98	3.18	8.01
2003	316.40	226.95	171.34	26.02	26.72	71.05	1.21	67.27	12.61	8.09	3.38	5.79
2004	326.84	236.35	177.68	27.55	28.26	71.44	1.81	66.89	12.73	8.70	3.12	6.32
2005	336.75	244.50	183.47	28.77	29.21	72.58	2.50	67.82	13.58	9.41	3.34	6.09
2006	351.18	256.04	190.29	30.32	32.05	76.19	4.12	69.62	13.50	9.93	2.80	5.45
2007	370.11	267.51	197.16	32.16	34.37	85.03	7.66	74.72	13.29	10.62	2.59	4.28
2008	403.87	288.29	211.28	35.03	37.77	97.10	9.80	84.69	14.66	11.73	2.64	3.82
2009	441.66	312.08	227.11	38.56	41.67	109.98	13.13	93.34	15.40	12.61	2.71	4.21
2010	478.68	338.74	244.95	42.42	45.95	119.22	16.88	99.43	16.45	13.44	2.93	4.26
2011	515.99	370.51	267.07	47.71	49.65	123.37	18.71	102.63	17.81	14.59	3.14	4.29

6-12-17 各地区医疗卫生机构床位

单位：张

地区	合计	医院							基层医疗卫生机构	
			综合医院	中医医院	中西医结合医院	民族医院	专科医院	护理院		社区卫生服务中心
总计	**5159889**	**3705118**	**2670729**	**477078**	**38787**	**13484**	**496475**	**8565**	**1233721**	**157322**
北京	94735	87596	56312	10608	1099	117	19440	20	4423	4423
天津	49423	40787	23320	4353	1197		11917		6883	2851
河北	266479	187504	141006	23203	4483		18812		67942	4952
山西	157132	110741	77940	12879	482		19440		40348	4268
内蒙古	100633	72871	54794	7246	791	2578	7462		23992	3914
辽宁	215815	171032	119186	16784	268	180	34614		34236	4673
吉林	121240	94636	67509	11497	1298	80	14072	180	21040	2791
黑龙江	165255	129449	95957	14277	612	165	18438		27081	6541
上海	107130	87548	53910	5199	1916		23018	3505	17955	17932
江苏	296390	221674	149049	27187	2446		38967	4025	68097	15703
浙江	194759	162905	112954	23699	2622		23481	149	23967	9262
安徽	204210	140997	107434	15733	1237		16407	186	56291	7145
福建	124232	89947	64603	11596	2219	70	11439	20	27626	2430
江西	135570	87184	62603	14276	743		9562		38211	2369
山东	416148	280385	205041	39047	1599		34538	160	112951	11058
河南	349612	239793	177661	36167	858		25087	20	94056	7185
湖北	223980	152062	114013	20289	2602	269	14889		62330	9722
湖南	257687	168428	113815	32275	1123	30	21185		77251	6214
广东	325038	246050	181693	30345	915		32857	240	59128	6946
广西	152039	95752	66828	15180	2605	233	10906		46534	806
海南	28465	21367	16845	2554	85		1883		5831	110
重庆	115627	74827	52318	9460	935		12114		37196	4488
四川	334663	211524	147052	30173	3087	438	30774		113909	8497
贵州	117534	78368	62005	9406	430	306	6161	60	34259	1915
云南	173434	126318	95776	14716	1144	296	14386		40488	3015
西藏	9592	6314	5280			929	105		2861	
陕西	153847	114339	88081	16985	876		8397		31260	3119
甘肃	94907	66661	50719	11220	430	503	3789		25154	1860
青海	23117	18586	14123	1808	30	1202	1423		4325	478
宁夏	25805	22037	17738	2774	86	20	1419		2781	40
新疆	125391	97436	75164	6142	569	6068	9493		25315	2615

6-12-17 续表

单位：张

地区	社区卫生服务站	街道卫生院	乡镇卫生院	门诊部	护理站	专业公共卫生机构	专科疾病防治院(所、站)	妇幼保健院(所、站)	急救中心(站)	其他机构
总计	**29810**	**10961**	**1026251**	**9258**	**119**	**178132**	**31431**	**145866**	**835**	**42918**
北京						2239	568	1671		477
天津			3874	158		1352	686	666		401
河北	3527		58777	686		9618	700	8819	99	1415
山西	994	5907	28518	661		3831	258	3541	32	2212
内蒙古	2886	17	16892	279	4	3130	227	2903		640
辽宁	1292	550	26995	726		2735	1423	1212	100	7812
吉林	520	17	17548	155	9	2836	985	1851		2728
黑龙江	1421	28	18732	359		6076	2941	3131	4	2649
上海				23		1362	160	1202		265
江苏	728	85	51247	228	106	4026	1067	2956	3	2593
浙江	163	115	14159	268		6474	610	5845	19	1413
安徽	1529	128	47189	300		5704	2150	3551	3	1218
福建	37		25096	63		4674	995	3648	31	1985
江西	1197	55	34287	303		8365	1940	6425		1810
山东	3856		97391	646		17412	3791	13273	348	5400
河南	832		84963	1076		14918	1078	13790	50	845
湖北	713	1273	50467	155		9588	1980	7608		
湖南	697	100	69832	408		11839	3229	8610		169
广东	26	1649	50371	136		18093	3376	14717		1767
广西	67		45526	135		8762	397	8365		991
海南	79	50	5536	56		1067	76	991		200
重庆	98	677	31638	295		2684	127	2557		920
四川	2083	36	102586	707		8775	1001	7749	25	455
贵州	1985	120	29541	698		4678	280	4398		229
云南	1134		36116	223		5409	423	4927	59	1219
西藏			2861			377		377		40
陕西	1235	15	26797	94		6486	860	5626		1762
甘肃	939	79	22176	100		2402	28	2362	12	690
青海	501		3314	32		206	35	171		
宁夏	195		2537	9		887		887		100
新疆	1076	60	21285	279		2127	40	2037	50	513

6-12-18 每千人口医疗卫生机构床位

单位：张

年份 地区	医疗卫生机构床位	城市	农村	每千人口医疗卫生机构床位	城市	农村	医院和卫生院床位	每千人口医院和卫生院床位	每千农业人口乡镇卫生院床位
2005	3367502	1507714	1627216	2.63	4.03	1.74	3134930	2.45	0.78
2006	3511779	1580724	1689986	2.72	4.23	1.81	3270710	2.53	0.80
2007	3701076	1831308	1869768	2.83	4.90	2.00	3438260	2.63	0.85
2008	4038707	1963581	2075126	3.06	5.17	2.20	3748245	2.84	0.96
2009	4416612	2126302	2290310	3.31	5.54	2.41	4080662	3.06	1.05
2010	4786831	2302297	2484534	3.56	5.94	2.60	4401512	3.27	1.12
2011	5159889	2475222	2684667	3.81	6.24	2.80	4742330	3.50	1.16
北　京	94735	92247	2488	7.40	7.62	3.51	87596	6.84	
天　津	49423	42866	6557	4.94	5.23	3.64	44661	4.46	1.01
河　北	266479	101484	164995	3.63	7.78	2.73	246281	3.35	1.18
山　西	157132	73993	83139	4.49	7.57	3.30	145166	4.15	1.22
内蒙古	100633	48344	52289	4.08	7.25	2.91	89780	3.64	1.16
辽　宁	215815	141951	73864	5.07	7.49	3.13	198577	4.67	1.30
吉　林	121240	59572	61668	4.45	6.84	3.32	112201	4.12	1.23
黑龙江	165255	100702	64553	4.31	7.46	2.60	148209	3.87	0.95
上　海	107130	103697	3433	7.55	7.68	4.99	87548	6.17	
江　苏	296390	147016	149374	3.94	5.32	3.14	273006	3.63	1.49
浙　江	194759	100046	94713	4.07	6.61	2.90	177179	3.71	0.43
安　徽	204210	95700	108510	2.97	5.04	2.17	188314	2.73	0.89
福　建	124232	55021	69211	3.50	5.96	2.63	115043	3.24	1.07
江　西	135570	51097	84473	2.85	5.62	2.20	121526	2.56	0.99
山　东	416148	165555	250593	4.34	5.89	3.69	377776	3.94	1.72
河　南	349612	144958	204654	3.20	7.03	2.31	324756	2.97	1.00
湖　北	223980	117440	106540	3.63	6.05	2.52	203802	3.31	1.25
湖　南	257687	98475	159212	3.61	7.28	2.75	238360	3.34	1.26
广　东	325038	211456	113582	3.76	6.24	2.16	298070	3.45	1.22
广　西	152039	60781	91258	2.83	4.41	2.29	141278	2.63	1.05
海　南	28465	11760	16705	3.14	5.33	2.43	26953	2.97	0.99
重　庆	115627	59659	55968	3.47	3.78	3.19	107142	3.22	1.54
四　川	334663	127144	207519	3.69	5.26	3.12	314146	3.47	1.56
贵　州	117534	34774	82760	2.77	6.24	2.25	108029	2.55	0.83
云　南	173434	48730	124704	3.80	7.97	3.16	162434	3.56	0.95
西　藏	9592	1741	7851	3.17	9.27	2.77	9175	3.04	1.15
陕　西	153847	76976	76871	3.94	5.88	2.96	141151	3.61	1.06
甘　肃	94907	41048	53859	3.48	5.13	2.79	88916	3.26	1.10
青　海	23117	10315	12802	4.15	11.34	2.74	21900	3.93	0.89
宁　夏	25805	16852	8953	3.96	5.92	2.44	24574	3.77	0.64
新　疆	125391	33822	91569	5.69	8.94	5.02	118781	5.39	1.69

6-12-19 城乡居民医疗保健支出

单位：元

年份 地区	城镇居民 人均年消费支出	城镇居民 人均医疗保健支出	城镇居民 医疗保健支出占消费性支出比重(%)	农村居民 人均年消费支出	农村居民 人均医疗保健支出	农村居民 医疗保健支出占消费性支出比重(%)
1990	1278.9	25.7	2.0	374.7	19.0	5.1
1995	3537.6	110.1	3.1	859.4	42.5	4.9
2000	4998.0	318.1	6.4	1670.1	87.6	5.2
2005	7942.9	600.9	7.6	2555.4	168.1	6.6
2006	8696.6	620.5	7.1	2829.0	191.5	6.8
2007	9997.5	699.1	7.0	3223.9	210.2	6.5
2008	11242.9	786.2	7.0	3660.7	246.0	6.7
2009	12264.6	856.4	7.0	3993.5	287.5	7.2
2010	13471.5	871.8	6.5	4381.8	326.0	7.4
2011	15160.9	969.0	6.4	5221.1	436.8	8.4
北京	19934.5	1327.2	6.7	9254.8	840.6	9.1
天津	16561.8	1275.6	7.7	4936.7	360.5	7.3
河北	10318.3	923.8	9.0	3844.9	344.3	9.0
山西	9792.7	774.9	7.9	3663.9	328.9	9.0
内蒙古	13994.6	1126.0	8.0	4460.8	468.0	10.5
辽宁	13280.0	1079.8	8.1	4489.5	413.8	9.2
吉林	11679.0	1171.3	10.0	4147.4	462.4	11.1
黑龙江	10683.9	948.4	8.9	4391.2	443.2	10.1
上海	23200.4	1005.5	4.3	10210.5	584.5	5.7
江苏	14357.5	805.7	5.6	6542.9	362.3	5.5
浙江	17858.2	1033.7	5.8	8928.9	709.3	7.9
安徽	11512.6	737.1	6.4	4013.3	264.4	6.6
福建	14750.0	617.4	4.2	5498.3	251.4	4.6
江西	10618.7	524.2	4.9	3911.6	243.8	6.2
山东	13118.2	885.8	6.8	4807.2	383.9	8.0
河南	10838.5	941.3	8.7	3682.2	287.8	7.8
湖北	11451.0	709.6	6.2	4090.8	295.2	7.2
湖南	11825.3	776.9	6.6	4310.4	293.6	6.8
广东	18489.5	929.5	5.0	5515.6	307.4	5.6
广西	11490.1	625.5	5.4	3455.3	229.0	6.6
海南	10926.7	579.9	5.3	3446.2	138.4	4.0
重庆	13335.0	1021.5	7.7	3624.6	270.3	7.5
四川	12105.1	661.0	5.5	3897.5	276.1	7.1
贵州	10058.3	546.8	5.4	2852.5	178.1	6.2
云南	11074.1	637.9	5.8	3398.3	239.9	7.1
西藏	9685.5	385.6	4.0	2666.9	71.2	2.7
陕西	11821.9	935.4	7.9	3793.8	376.2	9.9
甘肃	9895.4	828.6	8.4	2942.0	203.1	6.9
青海	9613.8	718.8	7.5	3774.5	307.9	8.2
宁夏	11334.4	890.1	7.9	4013.2	417.9	10.4
新疆	10197.1	708.2	6.9	3457.9	314.7	9.1

注：1.本表按当年价格计算。
2.分地区系2010年数字。

6-12-20 医院门诊和出院病人人均医药费用

级别 年份	门诊病人次均医药费(元)			占门诊医药费比重(%)		出院病人人均医药费(元)				占住院医药费比重(%)		
		#药费	#检查治疗费	#药费	#检查治疗费		#药费	#检查治疗费	#手术费	#药费	#检查治疗费	#手术费
医院合计												
2007	124.7	63.2	37.6	50.6	30.2	4733.5	2014.8	1175.9	479.8	42.6	24.8	10.1
2008	138.3	71.0	41.2	51.3	29.8	5234.1	2276.3	1301.7	504.1	43.5	24.9	9.6
2009	152.0	78.3	44.7	51.5	29.4	5684.0	2480.6	1428.7	515.0	43.6	25.1	9.1
2010	166.8	85.6	49.4	51.3	29.6	6193.9	2670.2	1589.8	536.9	43.1	25.7	8.7
2011	179.8	90.9	53.5	50.5	29.7	6632.2	2770.5	1742.7	550.2	41.8	26.3	8.3
#公立医院												
2007	125.0	64.2	37.5	51.3	30.0	4834.5	2069.6	1208.0	477.8	42.8	25.0	9.9
2008	138.8	72.3	41.1	52.1	29.6	5363.3	2349.1	1342.9	499.0	43.8	25.0	9.3
2009	152.5	80.0	44.5	52.5	29.2	5856.2	2573.0	1482.9	510.3	43.9	25.3	8.7
2010	167.3	87.4	49.3	52.3	29.5	6415.9	2784.3	1664.5	533.4	43.4	25.9	8.3
2011	180.2	92.8	53.5	51.5	29.7	6909.9	2903.7	1841.7	546.3	42.0	26.7	7.9
#三级医院												
2007	170.4	89.2	49.2	52.4	28.9	8087.0	3456.3	2077.8	758.8	42.7	25.7	9.4
2008	187.9	100.3	53.0	53.4	28.2	8969.1	3906.8	2326.0	800.9	43.6	25.9	8.9
2009	203.7	109.3	56.9	53.6	27.9	9753.0	4231.9	2567.2	823.9	43.4	26.3	8.4
2010	220.2	117.6	62.1	53.4	28.2	10442.4	4440.9	2835.9	857.0	42.5	27.2	8.2
2011	231.8	122.0	66.0	52.6	28.5	10935.9	4480.4	3061.2	860.2	41.0	28.0	7.9
二级医院												
2007	106.1	53.0	33.7	50.0	31.8	3294.8	1426.3	796.8	343.6	43.3	24.2	10.4
2008	116.7	58.9	37.0	50.5	31.7	3647.2	1618.3	990.6	355.0	44.4	27.2	9.7
2009	128.0	65.1	39.8	50.8	31.1	3973.8	1784.0	952.5	358.4	44.9	24.0	9.0
2010	139.3	70.5	43.9	50.6	31.5	4338.6	1944.8	1052.8	365.4	44.8	24.3	8.4
2011	147.6	73.6	46.8	49.9	31.7	4564.2	1999.2	1125.3	362.5	43.8	24.7	7.9
一级医院												
2007	69.3	38.2	18.6	55.2	26.8	2331.4	987.6	549.5	246.4	42.4	23.6	10.6
2008	77.3	41.8	21.0	54.1	27.1	2550.4	1111.7	573.6	271.3	43.6	22.5	10.6
2009	83.9	46.3	21.8	55.1	26.0	2609.6	1128.2	603.8	253.2	43.2	23.1	9.7
2010	93.1	51.6	24.2	55.4	26.0	2844.3	1243.7	662.8	251.6	43.7	23.3	8.8
2011	103.9	56.1	27.5	54.0	26.5	3121.3	1364.4	706.7	260.1	43.7	22.6	8.3

注：本表按当年价格计算。

6-12-21 各地区医院门诊和出院病人人均医药费用

单位：元

地区	门诊病人次均医药费	#药费	#检查治疗费	出院病人人均医药费	#药费	#检查治疗费	#手术费
总计	**179.8**	**90.9**	**53.5**	**6632.2**	**2770.5**	**1742.7**	**550.2**
北京	352.5	223.0	74.1	16630.7	5948.1	5822.5	917.8
天津	234.4	151.9	40.8	12428.9	4973.7	3534.4	505.8
河北	164.1	74.5	58.3	5661.5	2633.9	1482.9	368.0
山西	170.0	73.3	58.9	6170.9	2630.2	1622.0	401.3
内蒙古	172.2	71.9	66.0	6532.4	3004.5	1930.3	340.0
辽宁	203.1	92.9	70.6	7175.9	3086.9	1802.3	597.6
吉林	171.4	71.0	67.3	6674.6	3034.1	2025.1	504.8
黑龙江	189.3	80.3	69.8	6760.9	3366.8	1485.6	320.2
上海	257.7	141.9	52.7	12966.5	4737.2	1699.1	2245.5
江苏	190.5	97.5	54.3	8431.3	3892.0	2048.3	531.1
浙江	189.9	109.5	38.6	8922.9	3977.5	1263.3	755.6
安徽	155.1	73.0	53.0	5627.8	2448.1	1464.7	397.6
福建	149.4	72.2	44.1	6152.3	2614.1	1511.0	573.6
江西	145.1	74.0	47.4	5024.3	2282.1	1291.2	462.6
山东	174.9	86.3	58.1	6308.3	2908.3	1701.2	607.0
河南	122.4	53.1	46.2	5221.3	2179.5	1554.3	414.0
湖北	167.0	84.8	56.4	6243.2	2383.6	1956.7	624.8
湖南	192.1	89.8	61.7	5675.8	2430.3	1367.7	397.6
广东	161.8	76.5	52.3	7853.2	2730.1	2425.9	855.1
广西	131.0	62.0	44.5	5614.0	2114.8	1768.8	331.7
海南	161.0	80.3	52.9	7049.7	2929.5	1912.7	487.1
重庆	192.2	90.9	61.1	6126.8	2562.3	1778.5	507.7
四川	152.7	67.6	53.6	5617.9	2094.1	1764.3	442.8
贵州	164.6	64.8	61.3	4411.4	1596.1	1301.3	428.5
云南	126.8	57.9	44.7	4766.6	1958.1	1294.5	363.2
西藏	75.4	38.4	16.0	4182.7	1816.3	659.8	237.3
陕西	156.0	72.2	56.2	5182.7	2159.8	1154.3	534.9
甘肃	120.3	58.2	38.4	4458.2	1889.2	1133.4	406.2
青海	117.2	55.5	34.4	5706.2	2833.5	1095.3	305.5
宁夏	139.7	70.2	43.9	5489.7	2398.2	1245.7	408.6
新疆	153.7	77.0	47.8	5159.5	2141.2	1337.5	352.5

6-12-22 综合医院出院病人人均医药费用

级别 年份	出院病人人均医药费(元)	#药费	#检查治疗费	#手术费	占住院医药费比重(%) #药费	#检查治疗费	#手术费
医院合计							
2007	4973.8	2148.9	1231.8	502.8	43.2	24.8	10.1
2008	5463.8	2400.4	1361.1	525.9	43.9	24.9	9.6
2009	5951.8	2619.8	1502.0	533.8	44.0	25.2	9.0
2010	6525.6	2834.4	1691.5	559.4	43.4	25.9	8.6
2011	7027.7	2939.7	1879.2	576.0	41.8	26.7	8.2
卫生部属							
2007	13117.4	5360.8	3326.4	1402.4	40.9	25.4	10.7
2008	13980.7	5677.5	3761.1	1379.2	40.6	26.9	9.9
2009	15197.3	6226.8	4215.0	1460.1	41.0	27.7	9.6
2010	16383.6	6620.1	4632.7	1613.9	40.4	28.3	9.9
2011	17473.7	6698.8	5299.6	1631.2	38.3	30.3	9.3
省属							
2007	10200.6	4340.5	2462.8	1085.6	42.6	24.1	10.6
2008	11084.1	4849.0	2712.1	1137.6	43.7	24.5	10.3
2009	12121.6	5303.3	2979.4	1169.7	43.8	24.6	9.6
2010	12938.7	5549.5	3316.1	1220.8	42.9	25.6	9.4
2011	13783.0	5674.2	3676.9	1256.8	41.2	26.7	9.1
地级市属							
2007	5892.5	2515.5	1568.9	540.2	42.7	26.6	9.2
2008	6557.1	2844.6	1739.3	572.8	43.4	26.5	8.7
2009	7214.9	3108.3	1951.6	585.4	43.1	27.0	8.1
2010	8100.0	3433.0	2266.0	615.4	42.4	28.0	7.6
2011	8732.5	3568.6	2488.5	634.9	40.9	28.5	7.3
县级市属							
2007	3774.9	1693.3	873.6	384.0	44.9	23.1	10.2
2008	4115.3	1852.0	945.9	404.5	45.0	23.0	9.8
2009	4381.1	1996.1	1014.9	395.8	45.6	23.2	9.0
2010	4891.5	2190.7	1159.1	424.3	44.8	23.7	8.7
2011	5328.5	2299.0	1315.0	445.2	43.1	24.7	8.4
县属							
2007	2491.9	1107.6	574.5	276.5	44.4	23.1	11.1
2008	2712.0	1236.5	631.9	280.0	45.6	23.3	10.3
2009	2978.6	1373.5	692.5	285.4	46.1	23.2	9.6
2010	3261.8	1506.0	766.7	286.3	46.2	23.5	8.8
2011	3549.3	1584.6	856.3	289.9	44.6	24.1	8.2

注：1.本表系卫生部门数字。
2.本表按当年价格计算。

6-12-23 30种疾病平均住院医药费用

疾病名称(ICD-10)	出院人数(人)	出院者平均住院日(日)	出院者人均医药费(元)	#床位费	#药费	#手术费	#检查治疗费
内科							
病毒性肝炎	194220	17.9	7683.9	499.8	4847.8	453.1	832.6
浸润性肺结核	158350	14.8	6434.8	401.5	3287.6	549.2	1178.3
急性心肌梗塞	107261	10.1	16793.1	422.4	4736.9	6468.4	4929.5
充血性心力衰竭	9082	10.9	6732.1	331.0	3357.6	225.3	1397.1
细菌性肺炎	57190	9.7	4803.4	303.6	2495.2	268.2	861.7
慢性肺源性心脏病	69963	11.9	6487.6	320.1	3552.3	118.9	1360.6
急性上消化道出血	29687	8.4	7202.8	273.1	3564.6	1231.7	1349.6
原发性肾病综合征	70955	13.7	6542.2	397.2	3457.2	638.9	984.7
甲状腺功能亢进	69779	9.9	4832.1	281.2	1867.7	2010.2	1093.0
脑出血	357106	14.9	11802.1	502.1	5984.6	1382.2	2686.5
脑梗塞	1351752	12.7	7325.3	365.3	4240.7	232.6	1429.4
再生障碍性贫血	41780	9.4	6859.0	280.5	3231.3	1749.9	907.6
急性白血病	54198	15.9	12989.3	579.5	7447.8	824.5	1548.0
外科							
结节性甲状腺肿	125156	8.4	8050.1	294.9	2145.5	2214.4	1498.6
急性阑尾炎	482386	7.3	4757.8	193.3	2020.9	991.3	740.8
急性胆囊炎	70509	9.3	6606.4	259.1	3367.3	2026.1	1105.5
腹股沟疝	359670	7.4	4869.1	204.4	1214.5	1273.0	843.4
胃恶性肿瘤	179913	14.7	15459.2	501.3	7398.6	3255.1	2769.6
肺恶性肿瘤	275036	14.9	11536.4	467.0	5933.7	1486.8	2528.8
食管恶性肿瘤	111004	17.3	14631.2	501.2	6442.7	2836.1	3674.2
心肌梗塞冠状动脉搭桥	4177	14.2	38802.2	489.7	7273.2	7846.6	9177.2
膀胱恶性肿瘤	38030	15.2	13424.0	526.1	5902.4	2450.5	2620.8
前列腺增生	159156	12.8	9046.0	392.7	3549.4	2127.1	1726.7
颅内损伤	560106	12.7	9098.5	370.8	4707.8	1506.4	1845.7
腰椎间盘突出症	179075	12.5	7614.8	323.0	2298.2	2669.8	1940.9
儿科							
支气管肺炎	1059835	7.1	2127.4	177.8	1054.6	92.9	392.0
感染性腹泻	26510	5.1	1824.6	129.4	834.5	200.9	319.2
妇产科							
子宫平滑肌瘤	239212	9.8	7547.0	314.3	2129.9	1837.4	1419.9
剖宫产	1490895	7.1	4759.3	359.8	1257.5	1097.2	862.2
眼科							
老年性白内障	281513	5.0	5004.3	132.8	515.9	1959.3	1104.4

注：本表系卫生部门综合医院数字。

6-12-24 五级医院30种疾病平均住院医药费用

疾病名称 (ICD-10)	出院者人均医药费(元)					出院者平均住院日(日)				
	中央属	省属	地级市属	县级市属	县属	中央属	省属	地级市属	县级市属	县属
内科										
病毒性肝炎	12794.5	9686.3	8367.6	7223.6	5458.9	13.8	15.7	20.0	18.9	17.0
浸润性肺结核	12767.7	10144.3	8145.5	5610.8	4359.4	12.2	18.4	16.8	14.2	12.7
急性心肌梗塞	29434.2	27707.8	20566.6	11696.2	6544.5	9.0	9.7	11.0	10.5	10.1
充血性心力衰竭	17832.4	8511.7	8140.0	5548.0	3996.6	13.7	12.4	11.7	10.3	9.0
细菌性肺炎	10836.8	9020.7	5705.2	3145.3	2399.4	11.4	11.6	11.0	8.4	7.9
慢性肺源性心脏病	16386.5	13162.0	9369.9	6200.4	4616.2	10.3	13.6	14.3	11.6	10.9
急性上消化道出血	14467.7	11561.2	8694.3	5945.8	4390.5	8.2	9.7	9.3	8.2	7.7
原发性肾病综合征	8329.7	8343.7	6617.8	5360.6	3874.1	12.5	13.5	15.3	13.4	11.5
甲状腺功能亢进	7621.2	5606.1	4993.8	4512.2	3546.3	9.9	9.7	10.4	9.5	9.6
脑出血	19419.9	18321.4	15345.8	11651.3	8708.0	13.2	15.6	17.0	15.1	14.3
脑梗塞	13952.0	12345.0	9124.0	6247.1	4785.3	13.5	13.6	14.3	12.1	11.4
再生障碍性贫血	12904.6	10350.9	8047.4	5439.9	3607.8	10.4	10.8	11.0	9.2	6.1
急性白血病	17127.2	15668.3	13324.5	10667.8	6533.2	15.8	16.4	16.8	15.6	11.4
外科										
结节性甲状腺肿	11818.4	9620.9	8069.3	6810.5	4984.6	8.7	8.3	8.6	8.1	8.3
急性阑尾炎	8471.9	7409.8	5811.3	4660.5	3767.6	6.7	7.2	7.3	7.1	7.5
急性胆囊炎	15054.0	11935.1	8516.0	5464.6	4078.7	11.0	10.1	10.2	8.6	8.8
腹股沟疝	7287.2	7647.6	6002.8	4612.6	3629.8	5.1	7.1	7.7	7.4	7.5
胃恶性肿瘤	25506.4	23126.2	17445.8	11972.5	8305.7	12.9	14.9	16.1	14.2	13.3
肺恶性肿瘤	18546.2	16468.0	12524.3	8807.5	5973.3	13.2	14.4	16.2	14.8	13.6
食管恶性肿瘤	25815.9	22109.0	17314.3	11528.9	7836.7	13.9	17.6	19.3	17.4	14.6
心肌梗塞冠状动脉搭桥	50153.8	42728.5	38580.8	39570.4	33577.9	14.1	13.8	13.6	16.1	9.8
膀胱恶性肿瘤	16899.7	16832.1	14152.8	10744.1	8335.2	11.8	14.7	16.8	15.0	14.5
前列腺增生	13282.3	12502.0	10531.0	7997.9	6280.9	11.5	13.3	14.0	12.4	11.4
颅内损伤	19865.1	16377.2	11920.8	9024.1	6601.7	12.5	14.1	14.4	12.4	11.6
腰椎间盘突出症	20478.1	14291.6	8676.9	5463.4	3990.5	13.0	13.2	13.6	12.0	10.9
儿科										
支气管肺炎	4220.0	4039.2	2828.6	1983.4	1569.9	8.0	8.3	7.8	6.8	6.6
感染性腹泻	7120.5	3524.2	2533.5	1814.5	1290.2	8.2	5.8	6.3	4.9	4.4
妇产科										
子宫平滑肌瘤	10486.6	10473.0	8528.5	6836.9	5217.3	8.0	9.6	10.1	9.8	9.6
剖宫产	7893.1	7599.8	5989.1	4668.0	3609.0	7.0	7.4	7.4	6.9	6.9
眼科										
老年性白内障	7413.9	7119.4	6075.1	4569.0	2992.7	3.4	4.9	5.3	4.7	5.1

注：本表系卫生部门综合医院数字。

6-12-25 各地区医院住院服务情况

地区	入院人数（万人）	公立	民营	出院人数（万人）	公立	民营	住院病人手术人次（万人次）	公立	民营
总计	**10754.74**	**9707.46**	**1047.28**	**10724.23**	**9678.41**	**1045.81**	**3049.89**	**2709.15**	**340.75**
北京	188.26	171.04	17.22	187.88	170.77	17.11	82.84	77.11	5.73
天津	103.71	97.54	6.16	104.00	97.45	6.55	36.10	35.48	0.64
河北	567.51	517.88	49.63	566.67	518.24	48.43	141.83	129.36	12.48
山西	233.27	208.97	24.30	233.78	209.04	24.74	61.62	54.47	7.15
内蒙古	174.79	165.05	9.74	178.13	168.26	9.86	44.84	42.44	2.39
辽宁	403.22	370.71	32.51	401.75	369.54	32.21	95.98	87.15	8.83
吉林	225.93	209.05	16.88	225.36	208.33	17.03	53.81	46.94	6.87
黑龙江	299.30	283.24	16.06	298.69	282.53	16.16	87.14	81.32	5.82
上海	228.28	218.33	9.94	227.94	218.04	9.90	98.46	93.25	5.21
江苏	643.38	517.66	125.72	640.47	515.66	124.81	204.04	158.52	45.53
浙江	489.93	447.69	42.24	488.57	446.56	42.02	176.55	155.34	21.21
安徽	439.15	373.97	65.19	438.12	372.13	65.99	120.04	98.12	21.92
福建	308.76	280.85	27.92	308.18	280.39	27.80	87.04	77.22	9.82
江西	300.10	271.13	28.96	300.98	271.02	29.96	74.49	65.72	8.77
山东	835.42	764.52	70.90	832.27	762.22	70.04	206.32	184.99	21.34
河南	704.36	665.17	49.19	699.74	651.01	48.73	173.25	158.61	14.64
湖北	480.51	455.07	25.44	481.61	455.10	26.51	131.46	121.44	10.02
湖南	539.40	500.79	38.61	535.27	496.68	38.59	129.04	120.13	8.92
广东	799.31	726.63	72.68	797.09	724.88	72.22	332.02	296.19	35.83
广西	325.84	314.81	11.03	324.29	313.28	11.01	83.68	80.86	2.82
海南	61.16	59.35	1.82	60.95	59.15	1.80	12.08	11.08	1.00
重庆	211.66	186.33	25.33	211.76	185.76	25.99	62.62	51.23	11.40
四川	648.93	551.93	97.00	646.19	549.42	96.77	186.24	157.32	28.92
贵州	243.34	196.85	46.48	240.59	194.61	45.98	60.35	49.08	11.26
云南	373.65	316.59	57.06	374.77	317.02	57.75	96.11	80.39	15.72
西藏	12.08	11.25	0.82	11.98	11.16	0.82	2.54	2.21	0.33
陕西	323.67	293.58	30.10	320.80	291.01	29.79	83.07	75.06	8.00
甘肃	171.08	161.64	9.44	169.75	160.30	9.45	39.10	36.55	2.56
青海	46.98	44.27	2.71	46.55	43.72	2.83	10.36	9.77	0.59
宁夏	60.22	55.53	4.70	60.24	55.61	4.63	14.92	13.85	1.08
新疆	311.54	280.04	31.51	309.85	279.52	30.32	61.92	57.98	3.94

6-12-26 各地区社区卫生服务中心(站)医疗服务情况

年份 地区	社区卫生服务中心						社区卫生服务站	
	诊疗人次(万人次)	入院人数(人)	病床使用率(%)	平均住院日(日)	医师日均担负诊疗人次(人次)	医师日均担负住院床日(日)	诊疗人次(万人次)	医师日均担负诊疗人次(人次)
2004	4615.59	151965	61.2	21.0	13.0	0.7	5095.52	11.1
2005	5938.52	266215	60.7	17.2	13.7	0.8	6281.45	11.0
2006	8285.48	436288	57.9	15.5	13.0	0.8	9378.94	13.1
2007	12712.45	743186	59.6	13.1	13.1	0.8	9874.97	14.6
2008	17247.30	1032788	58.7	13.4	12.9	0.8	8425.09	12.5
2009	26080.24	1642427	59.8	10.6	14.0	0.7	11617.25	13.7
2010	34740.41	2180577	56.1	10.4	13.6	0.7	13711.14	13.6
2011	40949.95	2473426	54.4	10.2	14.0	0.7	13703.79	13.7
北京	3119.64	36832	34.2	12.3	13.7	0.2	367.67	16.9
天津	1313.43	11219	19.9	13.3	25.2	0.3	8.60	68.5
河北	467.75	65723	52.9	7.6	7.0	0.8	869.18	10.2
山西	323.27	38706	46.5	13.0	4.7	0.6	378.55	7.6
内蒙古	314.68	47603	45.1	6.8	4.7	0.5	439.41	8.4
辽宁	547.21	58532	48.1	10.6	7.2	0.7	446.61	10.1
吉林	216.07	30035	36.5	8.4	4.8	0.5	86.72	13.3
黑龙江	475.54	57807	47.3	13.2	4.2	0.5	198.72	7.4
上海	7449.40	110764	86.5	48.3	26.1	1.3		
江苏	4257.25	268399	49.9	9.4	16.1	0.7	1192.30	23.3
浙江	7222.64	102019	40.0	11.9	21.5	0.3	643.20	18.4
安徽	718.13	97404	39.8	7.4	8.5	0.7	823.56	10.9
福建	895.07	67844	46.3	5.2	14.0	0.4	281.00	13.8
江西	279.04	36365	42.4	6.0	7.5	0.6	347.18	11.4
山东	1152.46	190483	50.5	8.2	7.7	0.8	1191.12	12.3
河南	627.17	105581	47.2	9.1	6.7	0.9	654.26	12.8
湖北	1264.71	210064	68.9	8.8	10.4	1.2	584.32	16.7
湖南	513.34	139493	59.4	8.4	6.1	0.9	191.83	7.2
广东	6441.08	155802	50.7	7.5	21.8	0.3	2684.98	33.9
广西	360.99	13201	52.7	10.5	9.5	0.3	141.07	10.1
海南	19.14	2413	85.0	8.4	9.0	1.0	134.96	14.0
重庆	462.17	141637	66.0	6.5	8.2	1.3	107.66	14.9
四川	1162.79	195842	60.7	8.2	9.9	1.0	388.86	10.9
贵州	120.64	108273	56.2	2.5	6.5	1.2	220.01	9.6
云南	247.91	57647	58.5	7.4	9.5	1.3	217.73	11.5
西藏	0.02				0.2		3.50	8.7
陕西	369.31	45257	38.1	9.4	7.5	0.6	241.38	11.6
甘肃	202.33	28581	57.4	6.1	6.3	0.6	317.55	10.5
青海	69.04	5957	60.7	10.0	14.6	1.1	124.93	12.8
宁夏	13.81	235	41.2	9.6	8.1	0.2	65.67	11.1
新疆	323.93	43708	53.5	9.8	9.1	0.9	351.28	10.6

6-12-27 乡镇卫生院医疗服务情况

年 份	诊疗人次（亿人次）	入院人数（万人）	病床周转次数（次）	病床使用率（%）	平均住院日（日）
1981	14.38	2123	29.5	53.5	6.3
1982	14.19	2228	31.0	54.2	6.0
1983	13.65	2373	33.4	56.6	5.9
1984	12.65	1893	27.9	49.1	6.0
1985	11.00	1771	26.4	46.0	5.9
1986	11.18	1782	26.9	46.0	5.9
1987	11.30	1959	28.5	47.4	5.6
1988	11.36	2031	29.2	47.3	5.6
1989	10.60	1935	28.3	44.6	5.4
1990	10.65	1958	28.6	43.4	5.2
1991	10.82	2016	29.1	43.5	5.1
1992	10.34	1960	28.7	42.9	5.1
1993	8.98	1855	27.9	38.4	4.6
1994	9.73	1913	29.4	40.5	4.6
1995	9.38	1960	29.9	40.2	4.6
1996	9.44	1916	28.6	37.0	4.4
1997	9.16	1918	26.0	34.5	4.5
1998	8.74	1751	24.4	33.3	4.6
1999	8.38	1688	24.2	32.8	4.6
2000	8.24	1708	24.8	33.2	4.6
2001	8.24	1700	23.7	31.3	4.5
2002	7.10	1625	28.0	34.7	4.0
2003	6.91	1608	28.1	36.2	4.2
2004	6.81	1599	27.0	37.1	4.4
2005	6.79	1622	25.8	37.7	4.6
2006	7.01	1836	28.8	39.4	4.6
2007	7.59	2662	36.7	48.4	4.8
2008	8.27	3313	42.0	55.8	4.4
2009	8.77	3808	42.9	60.7	4.8
2010	8.74	3630	38.4	59.0	5.2
2011	8.66	3449	35.2	58.1	5.6
中心卫生院	3.56	1571	36.7	60.8	5.6
乡卫生院	5.10	1878	34.1	56.1	5.5

注：1993年以前的诊疗人次及入院人数系推算数字。

6-12-28 监测地区5岁以下儿童和孕产妇死亡率

年份	新生儿死亡率(‰)			婴儿死亡率(‰)			5岁以下儿童死亡率(‰)			孕产妇死亡率(1/10万)		
	合计	城市	农村	合计	城市	农村	合计	城市	农村	合计	城市	农村
1991	33.1	12.5	37.9	50.2	17.3	58.0	61.0	20.9	71.1	80.0	46.3	100.0
1992	32.5	13.9	36.8	46.7	18.4	53.2	57.4	20.7	65.6	76.5	42.7	97.9
1993	31.2	12.9	35.4	43.6	15.9	50.0	53.1	18.3	61.6	67.3	38.5	85.1
1994	28.5	12.2	32.3	39.9	15.5	45.6	49.6	18.0	56.9	64.8	44.1	77.5
1995	27.3	10.6	31.1	36.4	14.2	41.6	44.5	16.4	51.1	61.9	39.2	76.0
1996	24.0	12.2	26.7	36.0	14.8	40.9	45.0	16.9	51.4	63.9	29.2	86.4
1997	24.2	10.3	27.5	33.1	13.1	37.7	42.3	15.5	48.5	63.6	38.3	80.4
1998	22.3	10.0	25.1	33.2	13.5	37.7	42.0	16.2	47.9	56.2	28.6	74.1
1999	22.2	9.5	25.1	33.3	11.9	38.2	41.4	14.3	47.7	58.7	26.2	79.7
2000	22.8	9.5	25.8	32.2	11.8	37.0	39.7	13.8	45.7	53.0	29.3	69.6
2001	21.4	10.6	23.9	30.0	13.6	33.8	35.9	16.3	40.4	50.2	33.1	61.9
2002	20.7	9.7	23.2	29.2	12.2	33.1	34.9	14.6	39.6	43.2	22.3	58.2
2003	18.0	8.9	20.1	25.5	11.3	28.7	29.9	14.8	33.4	51.3	27.6	65.4
2004	15.4	8.4	17.3	21.5	10.1	24.5	25.0	12.0	28.5	48.3	26.1	63.0
2005	13.2	7.5	14.7	19.0	9.1	21.6	22.5	10.7	25.7	47.7	25.0	53.8
2006	12.0	6.8	13.4	17.2	8.0	19.7	20.6	9.6	23.6	41.1	24.8	45.5
2007	10.7	5.5	12.8	15.3	7.7	18.6	18.1	9.0	21.8	36.6	25.2	41.3
2008	10.2	5.0	12.3	14.9	6.5	18.4	18.5	7.9	22.7	34.2	29.2	36.1
2009	9.0	4.5	10.8	13.8	6.2	17.0	17.2	7.6	21.1	31.9	26.6	34.0
2010	8.3	4.1	10.0	13.1	5.8	16.1	16.4	7.3	20.1	30.0	29.7	30.1
2011	7.8	4.0	9.4	12.1	5.8	14.7	15.6	7.1	19.1	26.1	25.2	26.5

6-12-29 孕产妇保健情况

年份	活产数	高危产妇比重(%)	建卡率(%)	系统管理率(%)	产前检查率(%)	产后访视率(%)	住院分娩率(%)			新法接生率(%)		
							合计	市	县	合计	市	县
1980										91.4	98.7	90.3
1985							43.7	73.6	36.4	94.5	98.7	93.5
1990	14517207						50.6	74.2	45.1	94.0	98.6	93.9
1991	15293237						50.6	72.8	45.5	93.7	98.1	93.2
1992	11746275		76.6		69.7	69.7	52.7	71.7	41.2	84.1	91.2	82.0
1993	10170690		75.7		72.2	71.0	56.5	68.3	51.0	83.6	81.1	84.7
1994	11044607		79.1		76.3	74.5	65.6	76.4	50.4			87.4
1995	11539613		81.4		78.7	78.8	58.0	70.7	50.2			87.6
1996	11412028	7.3	82.4	65.5	83.7	80.1	60.7	76.5	51.7			95.5
1997	11286021	8.1	84.5	68.3	85.9	82.3	61.7	76.4	53.0			91.8
1998	10961516	8.6	86.2	72.3	87.1	83.9	66.2	79.0	58.1			92.6
1999	10698467	9.2	87.9	75.4	89.3	85.9	70.0	83.3	61.5	96.8	98.9	95.4
2000	10987691	10.0	88.6	77.2	89.4	86.2	72.9	84.9	65.2	96.6	98.8	95.2
2001	10690630	11.1	89.4	78.6	90.3	87.2	76.0	87.0	69.0	97.3	99.0	96.1
2002	10591949	11.9	89.2	78.2	90.1	86.7	78.7	89.4	71.6	96.7	98.6	95.4
2003	10188005	11.8	87.6	75.5	88.9	85.4	79.4	89.9	72.6	95.9	98.5	94.1
2004	10892614	12.4	88.3	76.4	89.7	85.9	82.8	91.4	77.1	97.3	98.9	96.2
2005	11415809	12.8	88.5	76.7	89.8	86.0	85.9	93.2	81.0	97.5	98.7	96.7
2006	11770056	13.0	88.2	76.5	89.7	85.7	88.4	94.1	84.6	97.8	98.7	97.2
2007	12506498	13.7	89.3	77.3	90.9	86.7	91.7	95.8	88.8	98.4	99.1	97.9
2008	13307045	15.7	89.3	78.1	91.0	87.0	94.5	97.5	92.3	99.1	99.6	98.7
2009	13825431	16.4	90.9	80.9	92.2	88.7	96.3	98.5	94.7	99.3	99.8	99.0
2010	14218657	17.1	92.9	84.1	94.1	90.8	97.8	99.2	96.7	99.6	99.9	99.4
2011	14507141	17.7	93.8	85.2	93.7	91.0	98.7	99.6	98.1	99.7	99.9	99.6

6-12-30 甲乙类法定报告传染病发病率、死亡率及病死率排序

顺位	发病		死亡		病死	
	疾病名称	发病率(1/10万)	疾病名称	死亡率(1/10万)	疾病名称	病死率(%)
1	病毒性肝炎	102.34	艾滋病	0.6879	鼠疫	100.00
2	肺结核	71.09	新生儿破伤风	0.0031	人感染高致病性禽流感	100.00
3	梅毒	29.47	肺结核	0.2118	狂犬病	98.02
4	细菌性和阿米巴性痢疾	17.74	狂犬病	0.1401	艾滋病	45.11
5	淋病	7.31	病毒性肝炎	0.0619	流脑	10.96
6	猩红热	4.76	流行性出血热	0.0089	新生儿破伤风	6.62
7	新生儿破伤风	0.05	梅毒	0.0056	脊髓灰质炎	5.00
8	布鲁氏菌病	2.85	甲型H1N1流感	0.0056	流行性乙型脑炎	3.88
9	艾滋病	1.53	流行性乙型脑炎	0.0047	钩端螺旋体病	1.26
10	伤寒和副伤寒	0.88	疟疾	0.0022	流行性出血热	1.10
11	流行性出血热	0.80	流脑	0.0019	炭疽	0.97
12	麻疹	0.74	细菌性和阿米巴性痢疾	0.0018	甲型H1N1流感	0.80
13	甲型H1N1流感	0.70	麻疹	0.0007	疟疾	0.73
14	血吸虫病	0.33	钩端螺旋体病	0.0004	病毒性肝炎	0.34
15	疟疾	0.30	炭疽	0.0002	肺结核	0.30
16	百日咳	0.19	百日咳	0.0001	麻疹	0.10
17	狂犬病	0.14	血吸虫病	0.0001	百日咳	0.08
18	流行性乙型脑炎	0.12	鼠疫	0.0001	血吸虫病	0.04
19	钩端螺旋体病	0.03	淋病	0.0001	梅毒	0.02
20	炭疽	0.02	脊髓灰质炎	0.0001	细菌性和阿米巴性痢疾	0.01
21	流脑	0.02	猩红热	0.0001	伤寒和副伤寒	0.01
22	登革热	0.01	人感染高致病性禽流感	0.0001	猩红热	0.002
23	霍乱	0.0018	伤寒和副伤寒	0.0001	淋病	0.001
24	脊髓灰质炎	0.0015	霍乱		霍乱	
25	鼠疫	0.0001	布鲁氏菌病		布鲁氏菌病	
26	人感染高致病性禽流感	0.0001	登革热		登革热	
27	传染性非典型肺炎		传染性非典型肺炎		传染性非典	
28	白喉		白喉		白喉	

注：新生儿破伤风发病率和死亡率单位为‰。

6-12-31 城市居民主要疾病死亡率及死因构成

疾病名称	合计			男			女		
	粗死亡率(1/10万)	构成(%)	位次	粗死亡率(1/10万)	构成(%)	位次	粗死亡率(1/10万)	构成(%)	位次
传染病(不含呼吸道结核)	3.15	0.51	11	4.22	0.60	11	2.06	0.38	13
呼吸道结核	2.14	0.35	14	3.43	0.49	13	0.83	0.15	18
寄生虫病	0.23	0.04	19	0.24	0.03	19	0.22	0.04	19
恶性肿瘤	172.33	27.79	1	215.19	30.70	1	128.86	23.95	1
血液、造血器官及免疫疾病	1.44	0.23	18	1.46	0.21	17	1.42	0.26	17
内分泌、营养和代谢疾病	18.64	3.01	6	17.16	2.45	7	20.15	3.74	6
精神障碍	2.47	0.40	13	2.31	0.33	14	2.63	0.49	11
神经系统疾病	7.63	1.23	9	8.01	1.14	8	7.25	1.35	9
心脏病	132.04	21.30	2	136.72	19.51	2	127.29	23.66	2
脑血管病	125.37	20.22	3	135.74	19.37	3	114.85	21.35	3
呼吸系统疾病	65.47	10.56	4	74.62	10.65	4	56.19	10.44	4
消化系统疾病	16.35	2.64	7	19.73	2.82	6	12.92	2.40	7
肌肉骨骼和结缔组织疾病	1.51	0.24	17	1.10	0.16	18	1.92	0.36	14
泌尿生殖系统疾病	6.60	1.06	10	6.98	1.00	10	6.21	1.16	10
妊娠、分娩产褥期并发症	0.07	0.01	20				0.14	0.03	20
围生期疾病	1.89	0.30	15	2.19	0.31	15	1.58	0.29	16
先天畸形、变形和染色体异常	1.79	0.29	16	1.93	0.28	16	1.64	0.31	15
诊断不明	2.81	0.45	12	3.55	0.51	12	2.06	0.38	12
其他疾病	9.93	1.60	8	7.90	1.13	9	11.98	2.23	8
损伤和中毒外部原因	33.93	5.47	5	43.42	6.19	5	24.31	4.52	5

6-12-32 农村居民主要疾病死亡率及死因构成

疾病名称	合计			男			女		
	粗死亡率(1/10万)	构成(%)	位次	粗死亡率(1/10万)	构成(%)	位次	粗死亡率(1/10万)	构成(%)	位次
传染病(不含呼吸道结核)	4.53	0.71	11	5.95	0.81	10	3.04	0.56	12
呼吸道结核	2.09	0.33	15	3.01	0.41	12	1.13	0.21	17
寄生虫病	0.13	0.02	20	0.18	0.02	19	0.08	0.01	20
恶性肿瘤	150.83	23.62	1	196.39	26.75	1	103.12	19.15	3
血液、造血器官及免疫疾病	0.88	0.14	18	0.91	0.12	18	0.85	0.16	18
内分泌、营养和代谢疾病	10.56	1.65	7	9.29	1.27	7	11.88	2.21	6
精神障碍	3.15	0.49	12	2.91	0.40	13	3.41	0.63	11
神经系统疾病	4.85	0.76	10	4.93	0.67	11	4.76	0.88	10
心脏病	123.69	19.37	3	128.13	17.45	3	119.04	22.10	2
脑血管病	138.68	21.72	2	150.69	20.52	2	126.11	23.42	1
呼吸系统疾病	84.97	13.31	4	92.18	12.56	4	77.43	14.38	4
消化系统疾病	13.84	2.17	6	17.86	2.43	6	9.63	1.79	8
肌肉骨骼和结缔组织疾病	1.32	0.21	17	1.08	0.15	17	1.58	0.29	16
泌尿生殖系统疾病	6.50	1.02	9	7.69	1.05	8	5.26	0.98	9
妊娠、分娩产褥期并发症	0.18	0.03	19				0.36	0.07	19
围生期疾病	2.27	0.36	13	2.79	0.38	14	1.73	0.32	14
先天畸形、变性和染色体异常	1.89	0.30	16	2.15	0.29	16	1.62	0.30	15
诊断不明	2.17	0.34	14	2.48	0.34	15	1.84	0.34	13
其他疾病	8.83	1.38	8	7.04	0.96	9	10.69	1.99	7
损伤和中毒外部原因	56.50	8.85	5	75.39	10.27	5	36.73	6.82	5

6-12-33 民政部门医疗救助情况

年份 地区	城市医疗救助		农村医疗救助		城市医疗救助支出（万元）	农村医疗救助支出（万元）
	医疗救助人次	资助参加医疗保险人数	医疗救助人次	资助参加合作医疗人数		
2005	1150000				32000.0	57000.0
2006	1872000		2413000	13171000	81240.9	114198.1
2007	4420227		3770970	25173413	144379.2	280508.0
2008	4436000	6426000	7595000	34324000	297000.0	383000.0
2009	4103725	10958912	7299800	40591380	412043.1	646245.8
2010	4600756	14612455	10192429	46154190	495203.0	834810.0
2011	6721549	15498059	14718336	48252969	676408.4	1199610.4
北京	34403	60542	50946	78449	9145.6	2908.7
天津	62337	57612	24212	228159	4211.4	4621.1
河北	101723	194502	271698	1848292	18233.3	37094.2
山西	146397	567134	122989	726381	21936.4	26719.8
内蒙古	157526	373986	281386	695192	20795.4	26817.1
辽宁	368401	476184	248013	645004	15478.7	14253.2
吉林	302429	1596975	282623	1210016	32715.1	30100.8
黑龙江	404832	1355396	286875	1253482	58149.2	47040.8
上海	67168	114258	20435		19552.5	11498.1
江苏	280868	429117	945032	1390858	28983.7	52742.0
浙江	47533	51978	273464	812194	10182.5	41095.5
安徽	161366	430276	462076	2545808	24670.9	67090.2
福建	47216	114292	153078	819959	4775.7	13842.8
江西	365362	983701	632236	1664037	44415.2	64959.6
山东	56175	215981	141922	1942281	18491.8	40409.6
河南	120567	926096	549722	3737863	21027.4	62121.5
湖北	163572	1388986	317323	2381807	32109.3	44179.2
湖南	426670	813382	1143548	2330483	37394.7	61571.0
广东	342146	330245	548759	1638170	21982.2	31078.2
广西	76350	239185	336141	2238492	9187.5	41749.2
海南	50932	174309	128872	305164	4594.4	10659.0
重庆	436375	768340	927237	1524323	20734.4	34482.6
四川	1125069	911143	2981856	4316802	56389.1	113241.9
贵州	146465	375841	859133	4509552	11790.7	66053.2
云南	177027	991192	656955	5107334	20768.1	69579.2
西藏	1521	335	19291	6098	680.1	4359.4
陕西	110656	110952	448046	1096018	27376.4	56289.4
甘肃	156156	162266	386221	825059	20275.3	60149.5
青海	250946	221506	475900	428805	14311.3	19907.2
宁夏	215234	157687	408284	382688	7119.5	12862.8
新疆	318127	904660	334063	1564199	38930.6	30133.6

注：本表数据来源于民政部。

6-12-34　公共场所卫生监督处罚案件

单位：件

指　　标	总 计	住宿场所	沐浴场所	游泳场所	美容美发场　所	候车(机/船)场　所	其 他
案件数	11000	3049	845	173	4733	10	2190
结案数	10280	2956	814	160	4352	10	1988
违法事实							
未取得卫生许可证擅自营业的单位	3963	1097	294	39	1712	1	820
卫生质量不符合国家卫生标准和要求，而继续营业的单位	896	329	103	50	302	1	111
未获得“健康合格证”，从事直接为顾客服务的单位	5947	1534	486	52	2621	6	1248
拒绝卫生监督的单位	36	8	7		14		7
其他违法行为	1289	396	67	32	495	3	296
处罚程序							
简易程序	3712	1122	250	73	1634	6	627
一般程序	6568	1834	564	87	2718	3	1362
#听证	2269	537	196	37	1071		428
处罚决定							
责令限期改正	4982	1521	440	88	1993	7	933
警告	4656	1311	332	104	1861	5	1043
罚款	8851	2554	771	103	3688	6	1729
#罚款金额（万元）	790.2	242.6	68.7	13.6	230.4	1.0	234.0
责令停止营业	61	12	3	4	33		9
吊销卫生许可证	1	1					
其他	35	10	2		14		9
行政复议	4	2			1		1
行政诉讼							
结案情况							
自觉履行	10148	2924	797	158	4294	9	1966
强制执行	43	6	7		27		3
不作行政处罚	107	29	4	6	45		23

6-12-35　饮用水卫生监督处罚案件

单位：件

指　　标	总 计	集中式供水			二次供水	涉水产品
			市政	乡镇		
案件数	340	271	62	209	62	7
结案数	316	253	66	187	56	7
违法事实						
违反供、管水人员健康管理有关规定	30	23	7	16	7	
新改扩建项目未经选址、设计审查和竣工验收	4	4	2	2		
未取得卫生许可证	103	47	13	34	56	
生产或者销售无卫生许可批件的涉水产品	7	2	1	1		5
生活饮用水不符合卫生标准	198	194	43	151	4	2
其他违法行为	27	21	4	17	4	
处罚程序						
简易程序	63	42	20	22	21	
一般程序	253	211	46	165	35	7
#听证	53	52	25	27	1	
处罚决定						
责令限期改进	214	162	25	137	47	5
罚款	236	175	27	148	54	7
#罚款金额（万元）	41.3	30.3	10.8	19.5	8.5	2.6
其他	12	10	1	9	2	
行政复议						
行政诉讼						
结案情况						
自觉履行	331	262	70	192	62	7
强制执行	1	1		1		
不作行政处罚	52	52	28	24		

6-12-36 医疗卫生监督处罚案件

单位：件

指标	总计	医疗机构							
		合计	医院	妇幼保健院	社区卫生服务机构	卫生院	疗养院	门诊部	诊所
案件数	14125	12233	2542	58	508	425	3	801	4178
结案数	13484	11793	2399	58	470	403	4	764	4052
违法事实									
未取得执业许可证擅自执业	697	541	16		16	4		12	296
逾期不校验医疗机构执业许可证	42	42	3			2		2	25
出卖/转让/出借医疗机构执业许可证	48	48	28	1	2	4		1	12
诊疗活动超出登记范围	2506	2506	376	9	104	72	1	167	1116
使用非卫生技术人员	3701	3701	960	26	206	209	1	270	1501
出具虚假证明文件	12	9	5			1			2
违法发布医疗广告	823	823	648	4	6	2		111	43
使用未取得护士执业证书人员或使用未变更执业地点、延续执业注册有效期的护士从事护理活动	307	307	55	1	17	17		37	152
造成、发生医疗事故	63	58	45	4		1		1	3
未取得母婴保健技术许可擅自从事母婴保健技术服务	160	158	66	2	10	8		34	30
未获许可开展人类辅助生殖技术	6	6	3					1	1
擅自购置、违规使用大型医用设备	12	12	3		2	1		1	2
以不正当手段，非法取得执业证书									
违反医疗技术规范	1								
未取得资格证或未注册从事医疗工作	14								
其他违法行为	6499	4972	709	27	191	225	2	149	1368
处罚程序									
简易程序	4798	4597	837	6	116	101	1	191	1483
一般程序	8686	7196	1562	52	354	302	3	573	2569
#听证	1169	1009	300	8	33	39	1	172	290
处罚决定									
警告	3526	3484	1052	17	123	155		298	867
罚款	11335	9762	1388	46	403	311	3	512	3700
#罚款金额（万元）	2280.0	1750.7	631.9	18.4	89.4	113.6	0.7	165.5	633.0
没收违法所得	418	156	57	1	4	7		30	35
#没收金额（万元）	95.0	59.1	38.5	0.04	0.6	1.6		8.5	5.6
没收药品器械	920	164	7		3			7	83
责令停止执业	2060	794	134	3	23	35		50	318
责令限期补办校验手续	63	63	11		1	4		4	31
责令暂停执业活动	194	185	43	1	13	12		11	70
取缔	666	76	5		1	1			47
其他	1172	1163	215	5	32	54	1	53	393
行政复议	13	13	2		1	9			1
行政诉讼									
结案情况									
自觉履行	13016	11345	2170	57	461	379	4	739	3956
强制执行	55	31	9		1	1		1	13
不作行政处罚	382	379	209	1	8	21		16	75

6-12-36 续表　　　　单位：件

指　　标	医疗机构		非医疗机构	卫生技术人员						非卫生技术人员
	村卫生室	其他		合计	医师	药师	护士	医技	乡村医生	
案件数	3397	321	1656	105	74		6		25	131
结案数	3333	310	1477	97	69		5		23	117
违法事实										
未取得执业许可证擅自执业	62	135	156							
逾期不校验医疗机构执业许可证	8	2								
出卖/转让/出借医疗机构执业许可证										
诊疗活动超出登记范围	622	39								
使用非卫生技术人员	454	74								
出具虚假证明文件		1		2	2					1
违法发布医疗广告	1	8								
使用未取得护士执业证书人员或使用未变更执业地点、延续执业注册有效期的护士从事护理活动	25	3								
造成、发生医疗事故	4			3	3					2
未取得母婴保健技术许可擅自从事母婴保健技术服务	4	4		2	2					
未获许可开展人类辅助生殖技术	1									
擅自购置、违规使用大型医用设备	3									
以不正当手段，非法取得执业证书			156							
违反医疗技术规范				1	1					
未取得资格证或未注册从事医疗工作				14	7				7	
其他违法行为	2227	74	1344	82	57		6		19	101
处罚程序										
简易程序	1783	79	186	3	3					12
一般程序	1550	231	1291	94	66		5		23	105
#听证	110	56	143	7	6				1	10
处罚决定										
警告	913	59		32	29		1		2	10
罚款	3146	253	1399	67	39		4		24	107
#罚款金额（万元）	34.6	63.7	475.6	30.1	22.8		0.6		6.7	23.2
没收违法所得	16	6	241	12	5				7	9
#没收金额（万元）	2.2	1.9	33.4	1.2	0.5				0.7	1.6
没收药品器械	31	33	709	21	11				10	26
责令停止执业	149	82	1226	26	12				14	14
责令限期补办校验手续	12									
责令暂停执业活动	31	4		5	5					4
取缔	1	21	505	25	16				9	60
其他	395	15	6	3	2				1	
行政复议										
行政诉讼										
结案情况										
自觉履行	3292	287	1449	101	70		5		26	121
强制执行	5	1	24							
不作行政处罚	28	21	1	1						1

6-12-37 社会服务机构基本情况

指标	单位数（个）		职工人数（万人）	
	2010	2011	2010	2011
总计	**1268926**	**1297469**	**1138.4**	**1129.7**
行政机关	**3482**	**3483**	**8.9**	**9.0**
民政行政机关	3482	3483	8.9	9.0
社会工作	**131833**	**146451**	**225.6**	**235.7**
提供住宿的社会服务机构	44482	45973	34.8	37.4
老年人与残疾人服务机构	39904	40868	27.4	29.3
城市养老服务机构	5413	5616	7.3	8.1
农村养老服务机构	31472	32140	14.2	15.2
社会福利院	1572	1597	3.9	3.9
光荣院	1371	1389	1.2	1.2
荣誉军人康复医院	40	42	0.5	0.5
复员军人疗养院	36	40	0.3	0.3
社区养老服务机构		44		0.1
智障与精神疾病服务机构	251	251	2.3	2.3
复退军人精神病院	94	96	1.0	1.0
社会福利医院	157	155	1.3	1.3
儿童收养救助服务机构	480	638	1.0	1.2
儿童福利机构	335	397	0.9	1.0
流浪儿童救助保护中心	145	241	0.1	0.2
其他提供住宿的服务机构	3847	4216	4.1	4.6
生活无着人员救助管理站	1448	1547	1.5	1.6
军休管理单位	1957	1960	1.9	1.9
军供站	330	327	0.6	0.6
其他收养机构	112	382	0.1	0.5
不提供住宿的社会服务机构	87351	100478	190.8	198.3
社区服务中心(站)	56957	70547	27.9	33.7
救灾储备仓库	455	553	0.1	0.2
社会福利企业	22226	21507	157.5	158.9
福利彩票发行单位	993	974	0.8	0.9
烈士纪念建筑物管理单位	1195	1227	0.9	0.9
捐赠、救助等其他事业单位	3060	3167	2.7	2.7
老龄机构	2465	2503	0.9	1.0
成员组织和其他社会服务机构	**1133611**	**1147535**	**903.9**	**885.0**
成员组织	1127346	1141104	895.5	876.5
社会组织	445631	461971	618.2	599.2
社会团体	245256	254969	396.1	363.0
基金会	2200	2614	1.3	1.4
民办非企业单位	198175	204388	220.8	234.8
自治组织	681715	679133	277.3	277.3
社区居委会	87057	89480	43.9	45.4
村民委员会	594658	589653	233.4	231.9
其他社会服务机构	6265	6431	8.4	8.5
婚姻	2314	2328	0.9	0.9
婚姻登记服务机构	2314	2328	0.9	0.9
殡葬	3951	4103	7.5	7.6
殡仪馆	1724	1745	4.5	4.5
公墓	1308	1406	2.2	2.2
殡葬管理机构	919	952	0.8	0.9

6-12-38 提供住宿的社会服务机构床位数

单位：万张

年份 地区	床位数	老年及残疾人床位	智障和精神疾病床位	儿童床位	救助及其他社会服务床位	每千人口社会服务床位数（张）
1991	82.8	78.3	3.8	0.7		0.71
1992	89.8	85.2	3.8	0.8		0.77
1993	92.7	87.4	4.0	0.9	0.4	0.78
1994	95.5	90.1	4.0	0.9	0.5	0.80
1995	97.6	91.9	4.0	1.1	0.6	0.81
1996	100.8	95.0	4.0	1.2	0.6	0.82
1997	103.1	97.2	4.0	1.3	0.6	0.83
1998	105.8	99.6	4.1	1.5	0.6	0.85
1999	108.9	102.4	4.1	1.6	0.8	0.87
2000	113.0	104.5	4.1	1.8	2.6	0.89
2001	140.7	114.6	4.2	2.3	19.6	1.10
2002	141.5	114.9	4.3	2.5	19.8	1.10
2003	142.9	120.6	4.5	2.7	15.1	1.11
2004	157.2	139.5	4.5	3.0	10.2	1.21
2005	180.7	158.1	4.4	3.2	15.0	1.38
2006	204.5	179.6	4.4	3.2	17.3	1.56
2007	269.6	242.9	4.7	3.4	18.6	2.04
2008	300.3	267.4	5.4	4.3	23.2	2.26
2009	326.5	293.5	5.9	4.8	22.3	2.45
2010	349.6	316.1	6.1	5.5	21.9	2.61
2011	396.4	353.2	6.5	6.8	29.9	2.94
北京	11.8	7.7	0.1	0.2	3.8	9.34
天津	3.8	3.4	0.1	0.1	0.2	3.82
河北	17.8	16.4	0.1	0.1	1.3	2.44
山西	6.6	5.9	0.1		0.5	1.89
内蒙古	5.9	5.1	0.2	0.1	0.5	2.40
辽宁	14.2	11.5	0.1	0.2	2.3	3.34
吉林	8.5	7.3	0.3	0.1	0.7	3.10
黑龙江	10.1	9.0	0.3	0.2	0.7	2.64
上海	11.5	10.6	0.2	0.3	0.4	8.15
江苏	32.5	29.9	0.7	0.3	1.7	4.36
浙江	23.2	22.1	0.1	0.2	0.7	4.88
安徽	24.5	23.1	0.1	0.4	1.0	3.59
福建	5.8	4.3	0.3	0.1	1.1	1.65
江西	15.8	15.1		0.1	0.6	3.38
山东	38.1	35.0	0.3	0.4	2.4	4.00
河南	28.3	26.8	0.2	0.2	1.1	2.62
湖北	24.4	22.3	0.3	0.7	1.1	3.98
湖南	16.3	14.4	0.4	0.5	1.0	2.30
广东	15.6	12.9	0.4	0.4	1.9	1.83
广西	5.9	5.1	0.3	0.1	0.4	1.10
海南	0.5	0.4			0.1	0.55
重庆	11.3	10.4	0.2	0.3	0.4	3.41
四川	33.7	29.9	0.7	0.3	2.8	3.74
贵州	4.8	4.0	0.3	0.1	0.3	1.14
云南	6.0	4.9	0.1	0.1	0.9	1.33
西藏	0.7	0.6		0.1		2.45
陕西	8.2	7.0	0.1	0.2	0.8	2.11
甘肃	3.8	3.1	0.1	0.2	0.4	1.39
青海	0.8	0.7		0.1		1.51
宁夏	1.0	0.8		0.1	0.1	1.51
新疆	5.0	3.7	0.2	0.6	0.4	2.30

注：2001年起，社会服务机构床位数口径有所调整，除收养性机构床位数外，还包括了救助类机构床位数、社区类机构床位数以及军休所、军供站等机构床位数。

6-12-39 社会福利企业情况

年 份	单位数(个)	残疾职工人数(万人)	利润额(亿元)
1978	920	3.5	0.8
1979	1106	4.8	0.8
1980	1309	5.5	0.9
1981	1574	6.1	0.7
1982	1704	6.4	0.8
1983	5930	9.6	0.9
1984	6710	11.6	1.3
1985	14872	23.2	5.1
1986	19865	31.4	4.2
1987	27793	43.3	8.8
1988	40496	55.9	16.5
1989	41565	60.5	16.1
1990	41827	63.8	17.8
1991	43805	70.1	21.3
1992	49836	77.8	32.6
1993	56881	84.5	44.7
1994	60233	90.9	44.1
1995	60237	93.9	49.1
1996	59397	93.6	45.1
1997	55509	91.0	66.3
1998	50514	85.6	63.9
1999	44628	79.0	76.7
2000	40670	72.5	99.0
2001	37980	69.9	119.5
2002	35758	68.3	148.3
2003	33976	67.9	189.9
2004	32410	66.2	219.0
2005	31211	63.7	225.2
2006	30199	55.9	237.8
2007	24974	56.3	169.3
2008	23780	61.9	119.2
2009	22783	62.7	125.4
2010	22226	62.5	150.8
2011	21507	62.8	140.1
北 京	670	1.3	0.8
天 津	318	0.9	2.4
河 北	1021	2.2	3.4
山 西	516	1.8	0.5
内蒙古	212	0.6	0.5
辽 宁	2154	5.2	7.6
吉 林	650	1.1	
黑龙江	647	1.1	
上 海	1315	3.5	16.9
江 苏	3406	11.6	29.2
浙 江	2664	9.9	53.4
安 徽	371	0.7	0.7
福 建	347	0.9	0.7
江 西	332	1.3	0.6
山 东	1424	4.0	9.9
河 南	1102	3.1	0.5
湖 北	723	1.7	0.5
湖 南	616	1.9	0.1
广 东	149	0.5	0.4
广 西	170	0.6	
海 南	13	0.1	
重 庆	758	2.7	8.3
四 川	800	2.6	0.4
贵 州	81	0.2	
云 南	374	1.9	1.2
西 藏	4		
陕 西	269	0.5	1.7
甘 肃	102	0.2	
青 海	16	0.1	0.3
宁 夏	87	0.3	
新 疆	196	0.6	0.1

6-12-40 孤儿和家庭儿童收养

年份 地区	孤儿数 (人)	家庭儿童收养登记总数 (件)	中国公民收养登记	外国公民收养登记
1996		18896	14804	4092
1997		21548	17193	4355
1998		26498	20611	5887
1999		38074	31916	6158
2000		55802	49037	6765
2001		44706	36089	8617
2002		45336	35372	9964
2003		54159	44884	9275
2004		52603	40084	12519
2005		49506	35470	14036
2006		48178	38393	9785
2007		45192	36893	8299
2008	67921	42550	37009	5541
2009	127599	44260	39801	4459
2010	252110	34529	29618	4911
2011	509695	31424	27579	3845
北京	2473	387	302	85
天津	119	213	167	46
河北	9188	551	510	41
山西	12208	401	248	153
内蒙古	6019	185	185	
辽宁	5446	279	251	28
吉林	4338	65	65	
黑龙江	4383	104	53	51
上海	2270	736	514	222
江苏	17866	3635	3374	261
浙江	8016	4959	4849	110
安徽	29351	1251	1196	55
福建	6808	1316	1214	102
江西	30605	1494	702	792
山东	14966	2134	2053	81
河南	40428	748	371	377
湖北	34138	738	624	114
湖南	56873	1390	1242	148
广东	41624	3717	3387	330
广西	17826	2422	2216	206
海南	1975	274	271	3
重庆	4889	599	482	117
四川	27588	1106	1101	5
贵州	20566	493	396	97
云南	37178	1188	1063	125
西藏	5085	18	18	
陕西	7561	249	181	68
甘肃	17742	122	80	42
青海	14425	28	28	
宁夏	3616	56	39	17
新疆	24125	566	397	169

注：2011年以前的“孤儿数”指领取《儿童福利证》的孤儿数，2011年起指失去父母或查找不到生父母的未满18周岁的未成年人数。

6-12-41 社会救助情况

单位：万人

年 份 地 区	城市居民最低 生活保障人数	农村居民最低 生活保障人数	农村集中供 养五保人数	农村分散供 养五保人数	农村传统 救济人数
2007	2272.1	3566.3	138.0	393.3	75.0
2008	2334.8	4305.5	155.6	393.0	72.2
2009	2345.6	4760.0	171.8	381.6	62.2
2010	2310.5	5214.0	177.4	378.9	59.5
2011	2276.8	5305.7	184.5	366.5	68.7
北 京	11.7	7.0	0.2	0.2	0.1
天 津	18.0	9.8	0.2	1.2	
河 北	88.1	208.4	10.0	14.7	0.7
山 西	91.7	136.8	2.8	14.1	1.4
内蒙古	84.8	116.5	2.8	6.3	1.5
辽 宁	118.6	93.6	3.8	10.5	0.8
吉 林	115.6	97.9	3.5	9.6	0.2
黑龙江	155.6	121.4	6.8	7.7	1.4
上 海	32.4	6.7	0.2	0.2	
江 苏	40.9	141.7	13.6	7.3	6.5
浙 江	8.8	58.1	4.1	0.1	0.1
安 徽	84.2	216.6	15.7	30.1	5.1
福 建	18.1	72.7	0.6	8.6	0.5
江 西	98.1	150.1	11.9	11.0	2.9
山 东	60.6	239.3	18.1	5.9	
河 南	141.9	365.6	20.6	27.2	2.4
湖 北	137.2	230.1	13.4	10.5	2.1
湖 南	145.1	260.6	9.7	42.6	9.5
广 东	40.0	184.1	3.6	22.1	0.7
广 西	57.3	325.1	2.0	30.0	10.7
海 南	17.1	24.4	0.2	3.4	1.2
重 庆	56.9	101.3	4.8	10.8	1.2
四 川	189.3	425.1	23.4	27.7	10.8
贵 州	54.3	530.9	1.8	12.1	1.7
云 南	93.1	403.4	3.1	19.0	4.1
西 藏	4.3	23.0	0.3	1.3	0.3
陕 西	84.6	220.7	4.2	8.4	0.6
甘 肃	88.1	321.8	1.0	11.4	2.1
青 海	23.5	40.1	0.3	2.0	
宁 夏	20.8	38.0	0.4	1.2	
新 疆	96.0	134.9	1.5	9.1	

6-12-42 民政部门医疗救助情况

年份 地区	城市医疗救助		农村医疗救助		城市医疗救助支出（万元）	农村医疗救助支出（万元）
	医疗救助（万人次）	资助参加医疗保险（万人）	医疗救助（万人次）	资助参加合作医疗（万人）		
2005			199.6	654.9	32000.0	57000.0
2006			201.3	1317.1	81240.9	114198.1
2007			377.1	2517.3	144379.2	280508.0
2008	443.6	642.6	759.5	3432.4	297000.0	383000.0
2009	410.4	1095.9	730.0	4059.1	412043.1	646245.8
2010	460.1	1461.2	1019.2	4615.4	495203.0	834810.0
2011	672.2	1549.8	1471.8	4825.3	676408.4	1199610.4
北京	3.4	6.1	5.1	7.8	9145.6	2908.7
天津	6.2	5.8	2.4	22.8	4211.4	4621.1
河北	10.2	19.5	27.2	184.8	18233.3	37094.2
山西	14.6	56.7	12.3	72.6	21936.4	26719.8
内蒙古	15.8	37.4	28.1	69.5	20795.4	26817.1
辽宁	36.8	47.6	24.8	64.5	15478.7	14253.2
吉林	30.2	159.7	28.3	121.0	32715.1	30100.8
黑龙江	40.5	135.5	28.7	125.3	58149.2	47040.8
上海	6.7	11.4	2.0		19552.5	11498.1
江苏	28.1	42.9	94.5	139.1	28983.7	52742.0
浙江	4.8	5.2	27.3	81.2	10182.5	41095.5
安徽	16.1	43.0	46.2	254.6	24670.9	67090.2
福建	4.7	11.4	15.3	82.0	4775.7	13842.8
江西	36.5	98.4	63.2	166.4	44415.2	64959.6
山东	5.6	21.6	14.2	194.2	18491.8	40409.6
河南	12.1	92.6	55.0	373.8	21027.4	62121.5
湖北	16.4	138.9	31.7	238.2	32109.3	44179.2
湖南	42.7	81.3	114.4	233.0	37394.7	61571.0
广东	34.2	33.0	54.9	163.8	21982.2	31078.2
广西	7.6	23.9	33.6	223.8	9187.5	41749.2
海南	5.1	17.4	12.9	30.5	4594.4	10659.0
重庆	43.6	76.8	92.7	152.4	20734.4	34482.6
四川	112.5	91.1	298.2	431.7	56389.1	113241.9
贵州	14.6	37.6	85.9	451.0	11790.7	66053.2
云南	17.7	99.1	65.7	510.7	20768.1	69579.2
西藏	0.2		1.9	0.6	680.1	4359.4
陕西	11.1	11.1	44.8	109.6	27376.4	56289.4
甘肃	15.6	16.2	38.6	82.5	20275.3	60149.5
青海	25.1	22.2	47.6	42.9	14311.3	19907.2
宁夏	21.5	15.8	40.8	38.3	7119.5	12862.8
新疆	31.8	90.5	33.4	156.4	38930.6	30133.6

6-12-43 优抚安置情况

年份 地区	国家重点优抚对象（万人）	定期抚恤人数	定期补助人数	伤残人员	安置义务兵、士官、复员干部人数（万人）	接收军队离退休人员人数（人）
2007	622.4	48.9	487.1	86.5	37.3	28058
2008	633.2	47.9	498.2	87.2	39.7	21378
2009	630.7	45.9	497.7	87.2	39.1	18904
2010	625.0	44.8	493.5	86.7	38.7	13451
2011	852.5	42.2	724.4	85.9	39.1	14530
北京	4.1	0.2	2.7	1.1	0.4	3037
天津	4.3	0.1	3.5	0.7	0.3	707
河北	48.9	3.1	39.1	6.6	1.9	1038
山西	14.8	1.2	10.6	2.9	0.8	333
内蒙古	6.6	0.3	4.7	1.5	0.6	183
辽宁	18.6	0.8	14.4	3.3	1.5	1820
吉林	11.6	1.1	7.7	2.7	0.7	417
黑龙江	13.9	0.9	10.5	2.5	0.9	74
上海	3.8	0.6	2.5	0.7	0.6	371
江苏	49.7	2.3	41.8	5.5	2.8	611
浙江	14.7	0.5	11.9	2.2	2.2	229
安徽	39.6	1.5	34.5	3.6	1.7	181
福建	16.5	1.3	13.9	1.2	1.1	305
江西	28.9	3.3	23.1	2.5	0.9	68
山东	100.3	5.5	81.6	13.2	2.2	1698
河南	74.1	2.7	64.7	6.7	4.6	406
湖北	51.9	3.9	44.4	3.6	2.7	332
湖南	75.2	3.1	67.2	4.9	2.1	127
广东	39.0	1.1	35.5	2.4	1.8	411
广西	24.9	0.5	23.2	1.1	1.0	67
海南	2.5	0.3	2.0	0.2		14
重庆	27.1	0.6	24.3	2.1	0.9	158
四川	78.7	3.1	69.6	6.0	4.1	475
贵州	22.3	0.5	20.2	1.6	0.4	61
云南	36.9	0.8	34.1	1.9	1.2	168
西藏	0.5	0.3	0.1	0.1	0.1	39
陕西	26.8	1.7	22.8	2.4	0.4	532
甘肃	11.0	0.4	9.5	1.1	0.5	319
青海	1.4	0.1	0.9	0.3	0.1	64
宁夏	0.8	0.1	0.5	0.2	0.2	83
新疆	3.5	0.2	2.6	0.8	0.4	202

6-12-44 福利彩票销售情况

年 份 地 区	福利彩票发行单位 （个）	福利彩票销售额 （亿元）	提取公益金 （亿元）	公益金支出 （亿元）
1987		0.2	0.1	
1988		3.8	1.2	
1989		3.8	1.3	
1990		6.5	2.0	
1991		7.7	2.5	
1992		13.8	4.1	
1993		18.4	5.5	
1994		18.0	5.3	
1995		57.3	16.9	
1996		64.8	19.1	
1997		36.4	10.1	
1998		63.2	19.6	14.1
1999	1169	104.4	30.5	19.9
2000	1253	89.9	24.2	38.7
2001	1185	139.6	41.9	19.7
2002	1121	168.0	58.8	25.5
2003	1145	200.1	70.0	30.6
2004	1128	226.4	79.2	33.8
2005	1113	411.2	143.7	52.3
2006	989	495.7	171.6	52.6
2007	985	631.6	217.0	77.6
2008	999	604.0	211.4	119.2
2009	988	756.0	248.0	113.4
2010	993	968.0	297.1	121.2
2011	974	1278.0	388.7	127.9
部本级	1			1.3
北 京	18	50.4	16.4	7.9
天 津	25	16.1	5.0	1.6
河 北	17	47.1	14.6	4.6
山 西	12	21.4	6.8	3.9
内蒙古	16	25.9	8.2	3.7
辽 宁	18	62.8	19.4	6.4
吉 林	60	20.8	6.5	1.1
黑龙江	24	28.6	9.4	3.0
上 海	18	38.3	12.6	5.4
江 苏	80	117.9	34.0	6.5
浙 江	72	92.7	27.3	6.8
安 徽	42	35.6	10.7	3.7
福 建	15	32.9	9.7	3.0
江 西	52	23.1	7.4	2.3
山 东	19	109.7	31.0	10.4
河 南	74	45.3	13.7	5.1
湖 北	53	51.1	15.5	7.3
湖 南	106	40.9	12.3	3.7
广 东	69	140.7	41.8	9.5
广 西	39	28.2	8.6	3.6
海 南	3	11.9	3.1	1.1
重 庆	1	34.6	10.4	2.5
四 川	12	48.7	15.2	6.8
贵 州	15	16.0	5.5	3.2
云 南	18	39.6	12.9	4.0
西 藏	1	3.3	1.2	
陕 西	43	40.1	12.4	2.7
甘 肃	16	18.3	5.7	1.9
青 海	2	5.8	2.0	1.2
宁 夏	6	7.7	2.5	0.9
新 疆	27	22.5	6.8	2.7

6-12-45 社会捐赠情况

年份 地区	社会捐赠款物合计（亿元）	社会捐赠款			社会捐赠其他物资折款	接收社会捐赠衣被数量（亿件）
			民政部门	各类社会组织		
1997	14.0	4.2			9.9	0.9
1998	113.2	50.2	50.2		63.0	2.9
1999	17.8	6.9	5.0	2.0	10.8	0.6
2000	16.3	9.3	5.4	3.9	7.0	0.8
2001	20.0	11.7	7.6	4.1	8.3	1.3
2002	20.8	19.0	11.1	7.9	1.8	2.3
2003	43.4	41.0	29.2	11.9	2.4	2.0
2004	35.1	34.0	17.1	16.9	1.2	0.9
2005	61.9	60.3	31.3	29.0	1.6	1.0
2006	89.5	83.1	43.0	40.1	6.4	0.7
2007	148.4	132.8	50.9	81.9	15.6	0.9
2008	764.0	744.5	479.3	265.2	19.6	11.6
2009	485.9	483.7	66.5	417.2	2.2	1.2
2010	601.7	596.8	179.8	417.0	4.9	0.3
2011	494.9	490.1	96.6	393.5	4.8	0.3
部本级	173.9	173.9	0.7	173.2		
北京	31.0	30.4	6.7	23.7	0.6	
天津	1.4	1.4	0.8	0.6		
河北	1.4	1.4	0.3	1.1		
山西	2.2	2.2	0.4	1.8		
内蒙古	0.5	0.5	0.3	0.2		
辽宁	6.9	6.9	4.9	2		0.1
吉林	2.5	2.5	2	0.5		
黑龙江	0.6	0.6	0.3	0.3		
上海	10.6	10.6	1.1	9.5		
江苏	39.6	38.5	14	24.5	1.1	
浙江	64.7	64.6	11.7	52.9	0.1	
安徽	3.1	3.1	0.6	2.5		
福建	11.9	10.8	9.5	1.3	1.1	
江西	2.1	2.1	0.9	1.2		
山东	33.5	33.3	7.3	26	0.2	
河南	7	7	0.5	6.5		
湖北	7.8	7.6	0.7	6.9	0.2	
湖南	12.5	11.5	2	9.5	1	
广东	51.2	51.1	21.4	29.7	0.1	
广西	0.5	0.5	0.1	0.4		
海南	0.1	0.1		0.1		
重庆	6.4	6.4	3.4	3		
四川	9.4	9.4	2.9	6.5		
贵州	3.3	3.3	1.4	1.9		
云南	7	6.9	2	4.9	0.1	0.1
西藏	0.4	0.4	0.2	0.2		
陕西	0.5	0.5	0.1	0.4		
甘肃	1.2	1.2	0.1	1.1		
青海	0.6	0.6		0.6		
宁夏	0.2	0.2	0.2			
新疆	0.8	0.6	0.2	0.4	0.2	

注：社会捐赠衣被物资折款指民政部门接收的捐赠衣被和物资。

6-12-46 社区服务设施基本情况

单位：个

地区	社区服务设施数	社区服务中心数	社区服务站数	其他社区服务设施数	便民、利民服务网点	社区服务设施覆盖率(%)
1993	92946	3711		89235	169503	8.3
1994	98679	4034		94645	204229	8.8
1995	115175	4380		110795	234024	11.0
1996	132309	5055		127254	259201	12.7
1997	138366	5113		133253	307226	13.5
1998	154196	6154		148042	345075	16.2
1999	164962	7623		157339	405740	18.0
2000	187888	6444		181444	451567	22.4
2001	201758	6179		195579	539544	25.5
2002	206743	7898		198845	622986	26.9
2003	203945	7520		196425	668418	27.5
2004	205926	7804		198122	703760	28.5
2005	203275	8479		194796	664764	28.7
2006	160007	8565		151442	457896	22.7
2007	172002	9319	50116	112567	892656	24.7
2008	162976	9873	30021	123082	748684	23.7
2009	174976	10003	53170	111803	692625	25.6
2010	152941	12720	44237	95984	539136	22.4
2011	160352	14391	56156	89805	452868	23.6
北京	9339	180	5231	3928	12354	139.1
天津	1484	149	550	785	13021	28.3
河北	6173	284	1238	4651	2309	11.8
山西	1864	262	1117	485	6610	6.2
内蒙古	1994	812	503	679	15294	15.1
辽宁	3472	538	2081	853	13680	22.4
吉林	447	285	134	28	942	4.0
黑龙江	2185	502	1322	361	9368	18.6
上海	3508	194	2679	635	14960	64.4
江苏	15876	1601	7297	6978	79940	73.1
浙江	18751	1187	3861	13703	72641	56.8
安徽	3929	603	1573	1753	9018	21.5
福建	1845	351	1163	331	4622	11.1
江西	3205	367	1079	1759	3594	16.0
山东	22143	941	8463	12739	52483	28.3
河南	3104	467	577	2060	2192	6.1
湖北	8028	559	2328	5141	7635	27.0
湖南	7726	475	1798	5453	23042	16.4
广东	20673	1552	3190	15931	4869	81.5
广西	1260	107	531	622	2616	7.8
海南	68	1	67			2.2
重庆	3813	300	1824	1689	9880	34.8
四川	3792	720	1740	1332	31347	7.2
贵州	6593	196	203	6194	26587	34.2
云南	584	75	497	12	138	4.1
西藏	29	28	1			0.5
陕西	2647	490	1921	236	3194	9.1
甘肃	2476	378	1731	367	11353	14.6
青海	150	112	38			3.3
宁夏	1156	72	326	758	15275	42.1
新疆	2038	603	1093	342	3904	17.9

注：其他社区服务设施是指除养老、便民等民政业务外的服务设施，如：卫生、文化、社保服务中心(站)等。

6-12-47 婚姻登记和离婚情况

年份 地区	结婚登记对数（万对）	内地居民登记结婚	初婚（万人）	再婚（万人）	涉外及港澳台居民登记结婚	离婚（万对）	粗离婚率（‰）
1985	831.30	829.06	1607.63	50.48	2.22	45.79	0.44
1990	951.10	948.69	1819.13	78.24	2.38	80.00	0.69
1995	934.10	929.71	1776.07	83.35	4.40	105.60	0.88
1996	938.70	933.96	1781.72	86.20	4.72	113.40	0.93
1997	914.10	909.06	1725.95	92.16	5.08	119.90	0.97
1998	891.70	886.66	1675.37	97.94	5.03	119.20	0.96
1999	885.30	879.91	1659.36	100.46	5.42	120.15	0.96
2000	848.50	842.00	1581.39	102.62	6.49	121.29	0.96
2001	805.00	797.11	1481.74	112.49	7.87	125.05	0.98
2002	786.00	778.80	1440.30	117.10	7.28	117.70	0.90
2003	811.40	803.50	1483.90	123.30	7.83	133.00	1.05
2004	867.20	860.80	1569.60	152.00	6.35	166.50	1.28
2005	823.10	816.60	1483.00	163.10	6.43	178.50	1.37
2006	945.00	938.20	1705.60	184.40	6.82	191.30	1.46
2007	991.40	986.30	1779.70	203.10	5.11	209.80	1.59
2008	1098.30	1093.20	1972.50	224.10	5.10	226.90	1.71
2009	1212.40	1207.50	2168.80	256.00	4.92	246.80	1.85
2010	1241.00	1236.10	2200.90	281.10	4.90	267.80	2.00
2011	1302.36	1297.48	2309.88	294.85	4.88	287.40	2.13
北京	17.32	17.20	28.84	5.81	0.13	4.35	3.45
天津	10.41	10.37	17.33	3.50	0.04	3.21	3.24
河北	77.72	77.67	137.00	18.43	0.05	15.63	2.14
山西	33.96	33.95	63.36	4.56	0.01	4.75	1.37
内蒙古	21.53	21.51	35.91	7.14	0.02	6.67	2.72
辽宁	37.26	37.04	61.01	13.52	0.23	13.91	3.27
吉林	23.82	23.70	40.86	6.78	0.11	10.14	3.72
黑龙江	33.27	33.03	55.60	10.94	0.24	14.95	3.89
上海	14.89	14.67	23.94	5.84	0.22	4.79	3.39
江苏	86.75	86.58	152.53	20.98	0.17	16.68	2.23
浙江	44.09	43.71	77.60	10.59	0.39	11.52	2.43
安徽	71.14	71.06	126.36	15.92	0.08	11.95	1.75
福建	38.28	37.28	67.86	8.69	1.00	6.68	1.89
江西	37.30	37.20	70.37	4.23	0.10	7.01	1.49
山东	96.91	96.79	172.58	21.24	0.12	18.16	1.90
河南	106.31	106.20	202.84	9.77	0.11	13.80	1.28
湖北	62.69	62.52	116.98	8.41	0.17	12.46	2.03
湖南	65.87	65.63	116.93	14.81	0.23	14.80	2.09
广东	86.36	85.64	159.34	13.38	0.73	14.14	1.66
广西	49.33	49.13	91.78	6.87	0.20	7.76	1.45
海南	11.52	11.43	21.43	1.61	0.09	1.09	1.22
重庆	30.48	30.39	44.98	15.99	0.09	12.35	3.74
四川	74.98	74.92	124.33	25.64	0.06	23.15	2.57
贵州	37.34	37.29	67.93	6.75	0.05	7.22	1.72
云南	39.07	38.90	71.96	6.18	0.17	7.43	1.64
西藏	1.36	1.36	2.65	0.08		0.20	0.68
陕西	36.93	36.90	65.62	8.24	0.04	6.82	1.76
甘肃	16.91	16.90	31.68	2.14	0.01	3.07	1.13
青海	4.17	4.16	7.46	0.87		0.94	1.70
宁夏	6.15	6.14	10.86	1.43		1.33	2.08
新疆	28.23	28.21	41.93	14.54	0.03	10.42	4.81

注：粗离婚率计算方法：离婚对数除以当期人口平均数。此方法为国际惯用方法。

6-12-48 殡葬服务情况

年份 地区	殡葬类单位数 (个)	年末职工总数 (人)	火化炉数 (台)	全年处理遗体数 (万具)	当年安葬数 (万人)	火化率 (%)
2005	3284	68588	5037	450.2	54.8	53.0
2006	3549	70500	5649	430.2	45.4	48.2
2007	3669	73227	4838	442.1	53.3	48.4
2008	3754	74731	4789	453.4	49.9	48.5
2009	3896	74050	5123	454.2	52.9	48.2
2010	3951	75230	5229	474.1	60.5	49.0
2011	4103	75254	5209	468.1	59.9	48.8
北京	53	1743	79	8.2	2.0	
天津	28	845	65	6.0	0.9	
河北	188	3399	358	28.3	1.9	
山西	45	615	54	2.1	0.2	
内蒙古	129	1879	124	6.4	1.5	
辽宁	188	4232	306	27.7	2.4	
吉林	83	1659	123	12.0	1.4	
黑龙江	147	3144	244	17.0	2.1	
上海	78	3239	91	11.7	5.3	
江苏	237	4193	477	47.4	6.7	
浙江	240	3507	317	30.3	3.2	
安徽	181	2952	208	26.8	3.8	
福建	165	2954	179	16.9	1.4	
江西	132	1872	166	8.7	1.8	
山东	168	3366	466	61.1	1.7	
河南	250	5886	311	30.7	1.6	
湖北	136	3349	289	22.8	3.9	
湖南	228	2948	121	7.3	2.0	
广东	310	7073	387	43.8	3.2	
广西	70	1589	84	6.6	0.4	
海南	15	327	4	0.3	0.1	
重庆	114	1869	106	6.8	1.6	
四川	251	3499	233	18.4	4.3	
贵州	119	2925	86	6.1	1.8	
云南	159	1049	127	4.8	0.8	
西藏	2	30	5	0.1		
陕西	97	2278	80	4.4	1.4	
甘肃	63	788	38	1.6	0.7	
青海	23	159	29	0.7		
宁夏	36	265	7	0.4	0.3	
新疆	168	1621	45	2.8	1.7	

6-12-49 残疾人事业基本情况

项目		2007	2008	2009	2010	2011
康复						
视力残疾康复						
白内障复明手术	(万例)	80.0	88.8	104.3	79.9	75.8
#贫困白内障患者免费手术		23.0	25.1	37.3	27.3	31.0
低视力者配用助视器	(人)	31607	34803	40501	33467	35737
盲人定向行走训练	(人)	12224	12936	15034	16157	24871
听力语言残疾康复						
新收训聋儿	(人)	19869	20122	19830	18809	17730
培训家长	(人)	26737	24314	25654	22924	29497
肢体残疾康复	(人)					
肢体残疾儿童康复训练		12239	15690	15058	21375	29350
成人肢体残疾人社区、家庭康复训练		75947	80468	90588	114939	136866
麻风畸残康复矫治手术	(例)	3964	1034	1166	668	159
智力残疾康复	(人)					
智残儿童康复训练		26084	26887	26748	26731	28037
精神病防治康复						
开展精神病防治康复工作县(市、区)	(个)	1555	1644	1727	1818	2423
监护精神病人	(万人)	363.4	383.8	412.8	416.2	421.2
监护率	(%)	83.8	86.4	84.2	84.0	80.5
显好率	(%)	69.3	70.0	69.5	68.4	68.4
社会参与率	(%)	56.1	56.9	55.4	54.5	53.8
肇事率	(%)	0.4	0.2	0.4	0.3	0.2
孤独症儿童机构训练	(人)	1056	1027	5290	5620	6910
残疾人辅助器具供应服务						
辅助器具供应	(万件)	95.0	109.5	112.2	113.9	74.3
普及型假肢装配	(例)	23339	26438	25029	30283	30539
矫形器装配	(例)	12689	11950	11425	26189	15169
教育	**(人)**					
未入学学龄残疾儿童少年	(万人)	22.7	22.0	21.1	14.6	12.6
特殊教育普通高中在校生		4978	5464	6339	6067	7207
残疾人中等职业教育在校生		9028	9932	11448	11506	11572
高等院校录取残疾考生		6320	7305	7782	8731	8027
就业						
城镇残疾人就业状况						
当年安排就业	(万人)	39.2	36.8	35.0	32.4	31.8
按比例就业		11.5	9.9	8.9	8.6	7.5
集中就业		11.9	11.3	10.5	10.2	9.7
公益性岗位就业						2.1
个体及其他形式就业		15.8	15.6	15.6	13.7	12.5
残疾人就业服务机构	(个)	3127	3127	3043	3019	2678
社会保障	**(万人)**					
城镇残疾职工参加社会保险		260.8	297.6	287.6	283.2	299.3
城乡残疾人纳入最低生活保障		635.9	738.6	853.6	927.1	1031.4
扶贫						
扶贫开展情况	(万人次)					
扶持贫困残疾人		179.4	179.8	192.3	204.0	211.8
实用技术培训		77.0	87.0	84.0	85.5	92.3
农村贫困残疾人危房改造						
危房改造	(万户)	12.2	9.8	10.2	11.8	9.4
受益残疾人	(万人)	16.7	14.0	14.0	14.5	11.5
残联组织建设						
残疾人工作者数	(万人)	9.4	9.4	9.5	9.9	10.9

注：1. 根据2006年第二次全国残疾人抽样调查的结果推算，目前全国各类残疾人的总数约8296万人。
2. “肢体残疾儿童康复训练”指标口径有所调整，2011年之前指肢体残疾儿童机构康复训练数(包括肢残儿童和脑瘫儿童)，2011年起包括肢残儿童社区、家庭康复训练数和脑瘫儿童机构康复训练数。
3. “成人肢体残疾人社区、家庭康复训练”指标口径有所调整，2011年之前指肢体残疾人(包括成人和儿童)的社区、家庭康复训练数，2011年起仅指成人肢体残疾人社区、家庭康复训练数。

【主要统计指标解释】

医疗卫生机构 指从卫生行政部门取得《医疗机构执业许可证》，或从民政、工商行政、机构编制管理部门取得法人单位登记证书，为社会提供医疗保健、疾病控制、卫生监督服务或从事医学科研和医学在职培训等工作的单位。医疗卫生机构包括医院、基层医疗卫生机构、专业公共卫生机构、其他医疗卫生机构。

基层医疗卫生机构 包括社区卫生服务中心(站)、街道卫生院、乡镇卫生院、村卫生室、门诊部、诊所(医务室)。

专业公共卫生机构 包括疾病预防控制中心、专科疾病防治机构、妇幼保健机构、健康教育机构、急救中心(站)、采供血机构、卫生监督机构、卫生部门主管的计划生育技术服务中心。

其他医疗卫生机构 包括疗养院、临床检验中心、医学科研机构、医学在职教育机构、医学考试中心、农村改水中心、人才交流中心、统计信息中心等卫生事业单位。

医院等级 指由卫生行政部门确定的级别（一、二、三级）和由医疗机构评审委员会评定的等次（甲、乙、丙等），是反映医院规模和医疗水平的综合指标。

卫生人员 指在医院、基层医疗卫生机构、专业公共卫生机构及其他医疗卫生机构工作的职工，包括卫生技术人员、乡村医生和卫生员、其他技术人员、管理人员和工勤人员等 。

卫生技术人员 包括执业医师、执业助理医师、注册护士、药师（士）、检验技师、影像技师（士）、卫生监督员和见习医（药、护、技）师（士）等卫生专业人员。不包括从事管理工作的卫生技术人员。

执业医师 指《医师执业证》“级别”为“执业医师”且实际从事医疗、预防保健工作的人员，不包括实际从事管理工作的执业医师。执业医师类别分为临床、中医、口腔和公共卫生四类。

每千人口执业(助理)医师 每千人口执业(助理)医师=（执业医师数+执业助理医师数)/人口数×10000。人口数系公安部户籍人口。

每千人口医疗卫生机构床位 每千人口医疗卫生机构床位=医疗卫生机构床位/人口数×10000。人口数系公安部户籍人口。

门诊病人次均医药费用 又称每诊疗人次医疗费用。即（医疗门诊收入+药品门诊收入）/总诊疗人次数。

出院病人人均医药费用 又称出院者人均医疗费用。即（医疗住院收入+药品住院收入）/出院人数。

出院病人日均医药费 即（医疗住院收入+药品住院收入）/出院者占用总床日数。

甲乙类法定报告传染病发病率 是指某年某地区每10万人口中甲、乙类法定报告传染病发病情况。即甲乙类法定报告传染病发病率=甲、乙类法定报告传染病发病人数/人口数×100000。

甲乙类法定报告传染病死亡率 是指某年某地区每10万人口中甲、乙类法定报告传染病死亡情况。即甲乙类法定报告传染病死亡率=甲、乙类法定报告传染病死亡人数/人口数×100000。

甲乙类法定报告传染病病死率 是指某年某地区甲、乙类法定报告传染病死亡人数与发病人数之比。即甲乙类法定报告传染病病死率＝甲、乙类法定报告传染病死亡人数/发病人数×100%。

粗死亡率 指年内一定地区的死亡人数与同期平均人数之比，一般以‰表示。

病死率 表示一定时期内(通常为一年),患某种疾病的死亡人数与发病人数之比，一般以%表示。

军休管理单位 指民政部门管理的、独立核算的、为军队离退休干部服务的事业单位。

军供站 即军队供应管理单位，指地方政府委托民政部门管理的、独立核算的、为战时或平时军队来往服务的军用饮食供应站、军用供水站、军人转运接待站等单位的总称。

社会福利企业 指以集中安置有一定劳动能力的残疾人员就业为目的（残疾职工占生产人员10%以上）、带有社会福利性质的企业总称。主要包括福利工厂、假肢厂和其他福利企业。

孤儿数 指失去父母或查找不到生父母的未满18周岁的未成年人的人数。由地方县级以上民政部门依据有关规定和条件认定。

家庭儿童收养登记总数 指中国公民收养查找不到生父母的弃婴、儿童和福利机构抚养的孤儿以及外国人收养中国儿童并在中国县级及以上民政部门办理儿童收养登记后取得合法收养关系的总件数。县级及以上民政部门办理儿童收养登记一次为一件。

中国公民收养登记 指收养人是中国公民（包括港澳台居民及华侨）的儿童收养登记。

外国公民收养登记 指收养人具有外国国籍（包括无国籍人），或夫妻共同收养其中一方具有外国国籍的儿童收养登记。

城市居民最低生活保障人数 指在报告期末家庭平均收入在当地规定的最低生活保障线以下的城镇居民数。包括“三无”对象，失业人员和在职、下岗、退休人员等。

农村居民最低生活保障人数 指报告期末在建立农村最低生活保障制度的地区，得到当地政府或集体给予最低生活保障的农业人口家庭人数。

五保户 指无法定抚养义务人，或者虽有法定抚养义务人，但是抚养人无抚养能力的；无劳动能力的；无生活来源的老年人、残疾人和未成年人。

农村传统救济人数 指未开展最低生活保障制度的农村地区，仍沿用传统救济制**度救济的贫困人口数。**

社区服务设施数 指报告期末设立的以非营利为目的，为本社区居民服务，特别是为老年人、残疾人、儿童服务的社区服务中心、活动站、服务站、养老院、老年公寓（托老所），残疾人工疗站、残疾儿童日托所、家务服务站、婚姻介绍所等福利性设施以及职工社会保障管理服务的机构数。几种不同类型的社区服务单位、共用一个场所的，只能统计为一个社区服务设施。成为社区服务设施的条件：（1）是独立核算单位；（2）有固定的从业人员；（3）有一定的服务项目；（4）有一定的场所。

社区服务设施覆盖率 计算公式为：

$$社区服务设施覆盖率=\frac{社区服务设施数}{村委会数+居委会数}\times 100\%$$

粗离婚率 指当年离婚对数占年平均人口的比重，计算公式为：

$$粗离婚率=\frac{当年离婚对数}{年平均人口数}\times 1000‰$$

监护率 指通过监护小组、家庭病床、工疗站、社会就业以及精神卫生机构，接受社会化、综合性、开放式治疗与康复的精神病人占经调查摸底、登记在册的精神病人数的百分比。该指标主要反映对精神病患者落实治疗康复措施的情况。

社会参与率 指生活能自理，并参加生产劳动和社会生活的精神病人数占监护精神病人数的百分比。该指标主要反映精神病人康复状况和参与社会的情况。

未入学学龄残疾儿童少年 指根据义务教育法规定应接受义务教育，但因各种原因未能入学的适龄视力残疾、听力与言语残疾、智力残疾、肢体残疾、精神残疾、多重残疾儿童少年。适龄残疾儿童少年的年龄段参照各省级人民政府依照义务教育法规定的入学年龄。

6 第三产业部分行业主要业务指标

6-13　文化、体育和娱乐业

简要说明

一、主要内容

本篇资料主要反映文化、体育、新闻出版、广播电影电视事业的发展情况。

文化部分主要包括艺术表演团体、艺术表演场所、公共图书馆、博物馆、文化馆、档案馆、文化站、广播、电影、电视、新闻出版以及文物等文化事业的机构、人员、经费和业务活动情况。体育部分主要包括体育系统职工、竞技体育成绩等情况。

二、资料来源

根据各部门制定的统计报表制度汇总加工整理而成。艺术业、图书馆业、群众文化服务业的资料主要来自文化部；档案馆资料来自国家档案局；文物资料来自国家文物局；广播、电影、电视资料来自国家广播电影电视总局；新闻出版资料来自国家新闻出版总署；体育部分的资料来自国家体育总局。

详细资料分别见《中国文化文物统计年鉴》（文化部计划财务司编）、《中国新闻出版统计资料汇编》（新闻出版总署计财司编）、《全国广播电影电视业发展指标统计》（国家广播电影电视总局计财司编）。

6-13-1 全国主要文化机构情况

单位：个

年 份	公共图书馆	文化馆(站)	省级、地市级文化馆	县市级文化馆	乡镇(街道)文化站	博物馆	艺术表演团体	艺术表演场馆
1949	55	896		896		21	1000	891
1952	83	2430		2430		35	2084	1510
1957	400	2748		2748		72	2884	2296
1962	541	3767	61	2514	1192	230	3320	2249
1965	562	4785	62	2598	2125	214	3458	2943
1970	323	4126	29	2303	1794	182	2541	1432
1975	629	5387	81	2589	2717	242	2836	1464
1978	1218	6893	92	2748	4053	349	3150	1095
1980	1732	8739	218	2912	5609	365	3533	1444
1985	2344	8576	335	2960	5281	711	3317	1377
1986	2406	8913	337	2993	5583	777	3195	2058
1987	2440	8974	348	2973	5653	827	3094	2148
1988	2485	9045	358	2975	5712	903	2985	2081
1989	2512	9037	366	2955	5716	967	2850	2050
1990	2527	9216	366	2955	5895	1013	2805	1955
1991	2535	10507	371	2894	7242	1075	2772	2068
1992	2558	9564	372	2900	6292	1106	2753	2037
1993	2572	10155	370	2886	6899	1130	2707	2024
1994	2589	11276	374	2887	8015	1161	2698	1998
1995	2615	13487	373	2886	10228	1194	2682	1958
1996	2620	45253	392	2892	41969	1219	2664	1934
1997	2628	45449	385	2901	42163	1282	2663	1947
1998	2662	45834	386	2901	42547	1339	2652	1929
1999	2669	45837	389	2905	42543	1363	2632	1911
2000	2675	45321	390	2907	42024	1392	2619	1900
2001	2696	43379	399	2842	40138	1461	2605	1854
2002	2697	42516	389	2854	39273	1511	2587	1829
2003	2709	41816	382	2846	38588	1515	2601	1900
2004	2720	41402	380	2841	38181	1548	2759	1928
2005	2762	41588	375	2851	38362	1581	2805	1866
2006	2778	40088	395	2819	36874	1617	2866	1839
2007	2799	40601	411	2806	37384	1722	4512	2070
2008	2820	41156	389	2829	37938	1893	5114	1944
2009	2850	41959	361	2862	38736	2252	6139	2137
2010	2884	43382	374	2890	40118	2435	6864	2112
2011	2952	43675	379	2906	40390	2650	7055	1956

注：1.2007年以前艺术表演团体和艺术表演场馆为文化系统内数据，2007年起含非文化部门数据。
2.1996年以前文化站数据未包括其他部门所属乡镇文化站；1996-1998年包括其他部门所属文化站；1999年以后，其他部门所属文化站划归文化部门管理。

6-13-2 全国文化文物机构人员情况

机构类别	机构（个）	文化部门	国有经济	集体经济	其他经济	其他部门
总　计	**310091**	**63739**	**62992**	**365**	**382**	**246352**
文化及相关产业	**309953**	**63633**	**62904**	**359**	**370**	**246320**
艺术业	9227	4061	3620	254	187	5166
公共图书馆业	2952	2952	2952			
群众文化服务业	43675	43675	43675			
艺术教育业	149	149	146	3		
文化市场经营机构	240362	50	40	2	8	240312
文艺科研机构	222	222	222			
文物业	5728	5456	5314	66	76	272
其他文化及相关产业	7638	7068	6935	34	99	570
非文化及相关产业	**138**	**106**	**88**	**6**	**12**	**32**

6-13-2 续表

机构类别	从业人员（人）	文化部门	国有经济	集体经济	其他经济	其他部门
总　计	**2212956**	**595569**	**574152**	**8915**	**12502**	**1617387**
文化及相关产业	**2208572**	**592766**	**572023**	**8855**	**11888**	**1615806**
艺术业	270474	160323	144887	8039	7397	110151
公共图书馆业	54475	54475	54475			
群众文化服务业	147732	147732	147732			
艺术教育业	12917	12917	12897	20		
文化市场经营机构	1468094	2711	2485	20	206	1465383
文艺科研机构	3832	3832	3832			
文物业	111338	105462	104004	290	1168	5876
其他文化及相关产业	139710	105314	101711	486	3117	34396
非文化及相关产业	**4384**	**2803**	**2129**	**60**	**614**	**1581**

6-13-3 全国艺术表演团体基本情况

种　类	机构 (个)	从业人员 (人)	剧团原创首演剧目 (个)	演出场数 (万场次)	#国内演出场次	#农村演出场次	国内演出观众人次 (万人次)	#农村观众人次
总　计	**7055**	**226599**	**1588**	**154.72**	**146.59**	**100.67**	**74585**	**43924**
按登记注册类型分								
国有	2213	127046	1126	37.57	35.17	21.53	37474	24133
集体	291	9823	93	7.78	7.64	4.88	4270	3319
其他	4551	89730	369	109.37	103.78	74.27	32841	16472
按隶属关系分								
中央	17	5463	29	0.42	0.40	0.08	948	126
省、区、市	249	33333	269	6.33	5.85	1.98	5650	2514
地、市	755	48563	394	14.44	13.45	5.15	11585	6325
县、市	6034	139240	896	133.53	126.89	93.47	56402	34959
按性质分								
执行事业会计制度	2285	125105	1107	40.59	38.52	24.52	39137	26120
执行企业会计制度	4770	101494	481	114.13	108.07	76.15	35448	17804
按管理部门分								
文化部门	2416	132375	1195	43.77	41.45	25.92	40756	26967
其他部门	4639	94224	393	110.95	105.14	74.75	33829	16957
按剧种分								
话剧、儿童剧、滑稽剧团	103	7200	143	1.74	1.68	0.39	1250	326
歌剧、舞剧、歌舞剧团	187	13091	98	2.79	2.44	0.99	2221	884
歌舞团、轻音乐团	1387	39590	271	18.23	16.00	7.79	9256	4194
乐团、合唱团	97	7231	32	0.78	0.74	0.22	503	146
文工团、文宣队、乌兰牧骑	340	10433	81	3.96	3.73	2.25	3477	1968
戏曲剧团	2417	94003	664	83.76	81.65	71.54	37218	29427
#京剧	109	8067	35	2.07	1.96	1.21	1531	941
曲艺、杂技、木偶、皮影团	1154	22034	104	16.14	14.70	4.94	10004	1574
综合性艺术表演团体	1370	33017	195	27.34	25.66	12.55	10656	5404

6-13-3 续表

种　类	收入合计 (万元)	#财政拨款 (政府补助)	#演出收入	支出合计 (万元)	政府采购的公益演出活动	
					演出场次 (万场次)	观众人次 (万人次)
总　计	**1540263**	**897101**	**526745**	**1458926**	**8.27**	**7799.89**
按登记注册类型分						
国有	1122066	830148	207713	1133819	6.12	6212.80
集体	46149	25663	15962	45949	0.53	497.63
其他	372048	41290	303071	279159	1.62	1089.46
按隶属关系分						
中央	108336	57689	35175	113709	0.03	51.68
省、区、市	459571	343059	100079	472592	1.20	1211.68
地、市	431298	319415	93058	431338	1.67	1761.39
县、市	541057	176938	298433	441287	5.37	4775.14
按性质分						
执行事业会计制度	1113839	803484	177666	1078932	6.16	6417.09
执行企业会计制度	530514	93617	349079	379995	2.11	1382.80
按管理部门分						
文化部门	1135631	844048	224537	1158299	6.90	6917.85
其他部门	404632	53053	302208	300627	1.37	882.04
按剧种分						
话剧、儿童剧、滑稽剧团	99085	65496	28171	103144	0.31	254.68
歌剧、舞剧、歌舞剧团	142350	88737	44982	139686	0.32	280.22
歌舞团、轻音乐团	301986	161770	129989	274444	1.37	1387.89
乐团、合唱团	76339	44781	25106	79757	0.06	42.35
文工团、文宣队、乌兰牧骑	59476	46251	7116.2	50360.7	0.59	445.05
戏曲剧团	527563	341446	142893	502824	3.80	4189.42
#京剧	95538	73614	12154	95656	0.15	157.90
曲艺、杂技、木偶、皮影团	89834	48596	37464	93201	0.44	322.07
综合性艺术表演团体	243631	100024	111024	215509	1.37	878.20

6-13-4 全国艺术表演场馆基本情况

种 类	机构（个）	从业人员（人）	座席数（个）	演(映)出场次（万场次）	#艺术演出场次
总 计	**1956**	**42407**	**1532842**	**104.07**	**13.90**
按登记注册类型分					
国有	1438	27411	1200137	53.95	6.66
集体	84	619	47551	0.58	0.25
其他	434	14377	285154	49.54	7.00
按性质分					
执行事业会计制度	1159	20292	869963	30.59	4.34
执行企业会计制度	797	22115	662879	73.48	9.56
按管理部门分					
文化部门	1429	26480	1080266	56.16	5.89
其他部门	527	15927	452576	47.91	8.02
按机构类型分					
剧场	703	15705	563200	19.12	6.21
影剧院	802	14021	580098	68.10	2.49
书场、曲艺场	36	332	6202	0.85	0.59
杂技、马戏场	8	544	14836	0.19	0.19
音乐厅	34	1457	21155	1.08	0.37
综合性	242	7134	231639	12.16	2.74
其他	131	3214	115712	2.57	1.32
按隶属关系分					
中央	7	142	6578	0.11	0.10
省、区、市	179	7263	167535	17.50	2.64
地、市	427	12570	309873	36.30	4.00
县、市及以下	1343	22432	1048856	50.17	7.16

6-13-4 续表

种 类	观众人次（万人次）	#艺术演出观众人次	收入合计（万元）	财政拨款(政府补助)	艺术演出收入	支出合计（万元）
总 计	**10908.83**	**4756.65**	**717136**	**114462**	**187188**	**618464**
按登记注册类型分						
国有	6875.32	3119.05	334823	94299	87546	301010
集体	108.09	69.98	3710	372	2281	2321
其他	3925.42	1567.62	378603	19791	97362	315133
按性质分						
执行事业会计制度	4228.76	2132.05	242747	85613	55155	210473
执行企业会计制度	6680.07	2624.60	474389	28849	132033	407991
按管理部门分						
文化部门	6926.99	2685.78	266099	78928	51227	267430
其他部门	3981.85	2070.88	451037	35534	135961	351034
按机构类型分						
剧场	4141.57	2587.25	261960	52383	91638	207120
影剧院	4559.36	980.58	119998	18671	14344	113531
书场、曲艺场	99.84	59.93	3517	159	2705	3310
杂技、马戏场	209.96	79.45	23990		22163	13212
音乐厅	254.82	233.87	88600	22250	28315	74614
综合性	1346.05	602.94	152738	20007	21491	147238
其他	297.24	212.63	66334	992	6533	59439
按隶属关系分						
中央	41.75	41.13	2685	56	193	2660
省、区、市	2134.72	1596.25	229138	46143	90360	189682
地、市	3122.25	1028.20	206013	32955	49708	198658
县、市及以下	5610.12	2091.08	279300	35308	46928	227464

6-13-5 全国公共图书馆基本情况

指标		总计	#少儿图书馆	按隶属关系分				
				中央	省、区、直辖市	地市级	县市级	#县图书馆
机构数	(个)	2952	94	1	38	343	2570	1539
从业人员	(人)	54475	1764	1573	7666	13858	31378	15324
总藏量	(千册)	69719	2321	3137	18624	18435	29523	11823
当年购买的报刊种类	(万种)	94.12	3.38	1.85	16.42	25.39	50.46	21.05
累计发放有效借书证数	(万个)	2214	102	133	436	739	905	300
总流通人次	(万人次)	38151	1881	448	4702	12389	20612	6981
#书刊文献外借人次		15316	934	31	1318	4594	9373	3739
书刊文献外借册次	(万册次)	28452	1739	49	3692	8666	16044	5628
组织各类讲座次数	(次)	35175	1878	158	2972	9280	22765	10556
举办展览数	(个)	10479	502	60	753	2356	7310	3375
举办培训班	(个)	22597	2778	37	1858	8344	12358	5503
计算机	(台)	157528	4987	3180	15874	33421	105053	53866
#电子阅览室终端数		92649	2714	236	4329	16266	71818	39574
阅览室坐席数	(万个)	68.14	2.21	0.44	5.49	16.06	46.15	20.73

6-13-6 全国群众文化机构基本情况

指标		总计	省、区、直辖市(级)	地市级	县市级	#县文化馆	乡镇(街道)文化站	#乡镇文化站
机构数	(个)	43675	31	348	2906	1669	40390	34139
从业人员	(人)	147732	1720	9651	40633	21589	95728	78148
组织文艺活动	(次)	620586	1567	18956	129646	58519	470417	326376
参加人次	(万人次)	28224	275	2575	10092	4799	15282	11036
举办训练班	(次)	339883	2160	23789	77173	27378	236761	150369
培训人次	(万人次)	2414	18	140	457	198	1799	1231
举办展览个数	(个)	107785	279	2519	16602	8658	88385	66832
参观人次	(万人次)	7752	187	745	2447	1322	4372	3290
组织各类理论研讨和讲座次数	(次)	17590	1778	2348	13464	5639		
参加人次	(万人次)	315.61	25.74	45.48	244.39	113.29		
藏书	(万册)	18010	12	43	429	166	17527	13351
拥有计算机台数	(台)	169267	1247	4490	19393	8410	144137	111483
本年收入合计	(亿元)	128.56	4.54	13.33	40.41	15.92	70.29	56.47
本年支出合计	(亿元)	126.75	4.36	12.80	39.10	15.33	70.48	56.18
馆办文艺团体	(个)	7927	88	1137	6702	3276		
馆办文艺团体演出场次	(场次)	312335	1381	192453	118501	46484		
馆办老年大学	(个)	699	11	79	609	304		
群众业余文艺团体	(个)	267844	142	3860	47090	23351	216752	154799

6-13-7 全国文物业综合情况

项目	机构数（个）	从业人员（人）	本年收入合计（万元）	本年支出合计（万元）	资产总计（万元）	实际使用房屋建筑面积（万平方米）
总计	**5728**	**111338**	**2363064**	**2166745**	**4627565**	**2208**
按单位性质分						
文物科研机构	107	4078	139450	135304	231270	62
文物保护管理机构	2735	33035	463609	419425	783487	913
博物馆	2650	62181	1205789	1171131	2977045	1179
文物商店	75	1719	101137	82996	211326	16
其他文物机构	161	10325	453079	357889	424437	38
按隶属关系分						
中央	13	3420	204667	199345	300231	63
省、市、区	259	16885	725507	625486	1262937	257
地市	1104	32915	693249	620160	1470349	865
县市	4352	58118	739641	721754	1594049	1023
按管理部门分						
文物部门	5456	105462	2257248	2058428	4047741	2091
其他部门	272	5876	105816	108318	579824	117

6-13-7 续表

项目	文物藏品（件/套）	#一级品	本年从有关部门接收文物数（件/套）	本年藏品征集数（件/套）	举办陈列展览（个）	参观人次（万人次）
总计	**30185365**	**68588**	**447827**	**90365**	**19190**	**56687**
按单位性质分						
文物科研机构	822390	2601	11	80	26	194
文物保护管理机构	2252535	5759	5265	9661	2243	9442
博物馆	19023423	58959	434695	79496	16921	47051
文物商店	7770986	71				
其他文物机构	316031	1198	7856	1128		
按隶属关系分						
中央	2908666	13340	413802	893	140	2180
省、市、区	13676326	24246	2042	32535	1412	7436
地市	7135938	14014	15753	26708	5360	19930
县市	6464435	16988	16230	30229	12278	27142
按管理部门分						
文物部门	28879185	67366	446895	83410	17963	50451
其他部门	1306180	1222	932	6955	1227	6236

6-13-8 各地区艺术表演团体、艺术表演场馆演出情况

地区	艺术表演团体						艺术表演场馆				
	机构数(个)	演出场次(万场次)	#国内演出场次	#农村演出场次	国内演出观众人次(万人次)	#农村观众人次	机构数(个)	演(映)出场次(万场次)	#艺术演出场次	观众人次(万人次)	#艺术演出观众人次
全国	**7055**	**154.72**	**146.59**	**100.67**	**74585**	**43924**	**1956**	**104.07**	**13.90**	**10908.83**	**4756.65**
中央	17	0.42	0.40	0.08	948	126	7	0.11	0.10	41.75	41.13
北京	118	1.45	1.21	0.17	723	133	68	5.49	1.66	931.52	782.06
天津	53	0.43	0.41	0.09	287	105	57	1.71	0.38	145.27	86.70
河北	312	5.21	4.39	3.13	3379	2472	113	1.80	0.41	304.33	96.68
山西	308	5.30	5.20	4.15	4283	3705	97	6.38	0.21	281.40	53.58
内蒙古	121	2.08	1.99	0.96	1472	703	20	0.52	0.10	92.39	59.10
辽宁	200	1.35	0.62	0.15	462	166	61	0.89	0.23	282.60	105.54
吉林	67	0.90	0.83	0.46	894	515	29	1.58	0.17	106.25	59.33
黑龙江	88	1.12	1.01	0.34	828	329	44	0.26	0.07	102.91	54.61
上海	102	2.18	2.14	0.37	1042	162	103	3.18	1.25	1008.08	831.42
江苏	370	8.46	8.37	4.94	3108	1686	110	27.86	1.69	1608.04	242.14
浙江	498	13.61	12.85	8.92	5091	3856	223	10.13	1.76	1308.73	514.56
安徽	1294	14.89	14.53	7.35	11821	3730	67	1.32	0.40	209.14	76.14
福建	454	44.47	43.46	41.68	5121	4412	49	2.78	0.12	161.99	55.65
江西	99	1.96	1.88	1.23	2002	1325	55	1.14	0.58	133.00	64.19
山东	252	3.21	3.11	1.66	2519	1678	93	2.65	0.31	306.97	121.95
河南	468	14.09	12.86	7.75	7421	5924	144	1.31	0.31	322.30	158.93
湖北	172	4.14	3.92	2.32	3018	1871	65	4.07	0.29	302.86	126.63
湖南	114	2.07	2.03	1.38	1443	905	66	3.82	0.34	450.71	108.93
广东	401	5.45	5.27	2.33	4419	1948	107	3.44	1.46	1194.41	530.49
广西	149	1.32	1.19	0.54	1207	631	26	1.84	0.10	130.60	50.86
海南	86	0.86	0.80	0.64	608	458	14	0.62	0.47	63.72	41.41
重庆	282	3.73	3.60	2.40	1531	791	46	13.73	0.09	543.33	88.31
四川	370	6.27	5.65	2.55	2788	1046	78	1.33	0.85	217.65	166.22
贵州	45	0.55	0.48	0.22	424	187	11	0.07	0.03	41.24	4.71
云南	161	2.04	1.70	0.59	1550	778	27	0.81	0.14	91.99	75.24
西藏	47	0.28	0.25	0.13	206	128	21	0.41	0.03	35.00	6.93
陕西	115	2.60	2.46	1.71	2169	1716	90	0.87	0.23	266.08	104.41
甘肃	84	1.65	1.62	1.10	2020	1522	24	0.17	0.07	81.47	34.50
青海	38	0.41	0.39	0.20	275	126	22	0.56	0.02	38.33	2.44
宁夏	37	0.62	0.58	0.38	526	339	6	0.01		1.22	0.60
新疆	133	1.60	1.43	0.78	1000	451	13	3.22	0.02	103.56	11.30

6-13-9 各地区博物馆基本情况

地区	机构（个）	从业人员（人）	文物藏品（件/套）	本年从有关部门接收文物数（件/套）	本年修复文物数（件/套）	考古发掘项目（个）	基本陈列（个）	举办展览（个）	参观人次（万人次）
总计	**2650**	**62181**	**19023423**	**434695**	**79496**	**366**	**7054**	**9867**	**47051**
中央	6	2649	2907544	413802	893		48	72	1860
北京	41	1239	1140379		2480	28	103	167	533
天津	19	698	685386	146	102	2	73	64	406
河北	69	1950	239347		1690	11	129	310	1447
山西	89	2529	462269	784	82	4	135	144	1103
内蒙古	59	1357	433491	10	1309	4	160	144	610
辽宁	62	2167	382402	419	2761	3	146	200	896
吉林	58	965	231744	1	818	2	120	250	742
黑龙江	103	1636	279922	16	4931		245	291	1217
上海	36	1439	374685	407	8392	3	92	179	783
江苏	245	4593	1544978	1169	5358	65	682	1110	5212
浙江	100	2888	698096	2502	11024	7	262	683	2216
安徽	131	1832	527660	1419	1440	5	412	469	2571
福建	95	1481	431297	257	1702	2	236	463	1600
江西	108	2520	439484	244	695	5	319	310	1848
山东	120	2787	776363	983	1108	16	485	671	1595
河南	159	4574	822274	155	742	37	357	669	2696
湖北	125	2380	1186921	609	2795	33	349	333	1632
湖南	85	2304	490009	128	1934	42	213	301	2801
广东	161	2938	838181	5832	5184	18	387	857	2761
广西	71	1175	301583	1050	2224	11	174	205	974
海南	18	238	65242	63	165		64	56	195
重庆	39	1431	519143	1085	9304	4	157	192	1721
四川	144	4463	1121019	147	1652	29	485	405	3635
贵州	53	1064	82807	186	711	1	167	191	974
云南	84	893	380151	1443	1952	14	245	264	1020
西藏	2	65	32641	137	137		1		21
陕西	122	4229	797613	957	844	5	333	258	2202
甘肃	145	2503	492348	606	4597	12	276	344	1109
青海	22	178	150557		201	1	36	60	81
宁夏	6	257	66299	4	65	1	21	25	78
新疆	73	759	121588	134	2204	1	142	180	510

6-13-10 各地区公共图书馆基本情况

地 区	公共图书馆个数（个）	总藏量（万册件）	人均拥有公共图书馆藏量（册）	累计发放有效借书证数（个）	总流通人次（万人次）	#书刊文献外借人次	书刊文献外借册次（万册次）	阅览室座席数（个）
总 计	**2952**	**69719**	**0.52**	**22135831**	**38151**	**15316**	**28452**	**681441**
中 央	1	3137		1326672	448	31	49	4392
北 京	24	1912	0.95	621989	726	302	749	12510
天 津	31	1354	1.00	422152	572	274	601	9969
河 北	166	1739	0.24	608291	796	335	504	26541
山 西	126	1320	0.37	216953	398	197	343	17164
内蒙古	114	1098	0.44	144829	373	173	357	17189
辽 宁	128	3093	0.71	1017803	1553	649	1426	30312
吉 林	65	1575	0.57	191801	611	234	403	14905
黑龙江	107	1770	0.46	712036	694	251	483	19688
上 海	25	6893	2.94	1117190	1926	606	1715	20017
江 苏	112	5382	0.68	2417274	3542	1545	2739	39798
浙 江	97	4464	0.82	2029422	3971	1766	3660	35889
安 徽	100	1375	0.23	440488	1176	547	843	17026
福 建	86	2043	0.55	579542	1315	616	1205	23981
江 西	114	1665	0.37	584780	756	420	590	23305
山 东	150	3890	0.40	1389456	1915	1103	1608	37962
河 南	152	2122	0.23	580346	2062	805	1214	30097
湖 北	109	2411	0.42	954873	1342	730	1114	25964
湖 南	130	2362	0.36	650277	1215	585	1173	31404
广 东	134	5890	0.56	3003851	6072	1329	2617	67810
广 西	108	1997	0.43	815493	1231	380	668	24007
海 南	20	516	0.59	82738	150	56	103	4955
重 庆	43	1149	0.39	293639	777	436	721	13001
四 川	169	3136	0.39	513223	1433	619	1042	32082
贵 州	94	1194	0.34	241274	314	120	164	22028
云 南	152	1699	0.37	301615	993	415	982	22129
西 藏	4	57	0.19	5903	3	1	2	636
陕 西	112	1223	0.33	227598	560	215	372	15811
甘 肃	100	1160	0.45	218125	473	234	389	14514
青 海	49	368	0.65	125852	96	45	43	3319
宁 夏	27	517	0.81	88075	233	85	205	7298
新 疆	103	1210	0.55	212271	425	209	366	15738

6-13-10 续表

地　区	每万人拥有公共图书馆建筑面积（平方米）	组织各类讲座次数（次）	参加人次（万人次）	举办展览（个）	参观人次（万人次）	举办培训班（个）	培训人次（万人次）	计算机（台）	电子阅览室终端数（台）
总　计	**73.8**	**35175**	**654**	**10479**	**2094**	**22597**	**189.7**	**157528**	**92649**
中　央		158	4	60	41	37	0.3	3180	236
北　京	82.8	1505	16	323	33	541	3.3	3261	1314
天　津	121.4	495	7	128	14	367	2.3	2540	1434
河　北	41.9	1305	14	338	23	434	3.3	5221	2982
山　西	76.9	1000	16	327	69	704	5.2	4327	3083
内蒙古	94.6	540	12	152	20	192	2.5	4215	2639
辽　宁	103.4	1188	22	503	93	1008	5.4	5787	2486
吉　林	64.5	837	22	250	21	211	3.1	3269	1783
黑龙江	67.5	750	16	287	41	453	3.3	4875	3369
上　海	158.6	1486	18	332	81	1357	8.8	5447	1613
江　苏	85.8	2083	42	640	120	1689	10.2	8843	4337
浙　江	114.6	2797	39	803	221	4609	24.7	8853	4746
安　徽	41.0	847	16	253	47	622	9.7	5337	3669
福　建	114.9	1371	24	478	171	337	5.3	4288	2423
江　西	64.9	963	20	223	69	306	4.1	6040	4135
山　东	73.0	2513	44	682	80	1259	13.6	8676	5546
河　南	44.9	1430	29	409	47	597	10.9	6699	4101
湖　北	61.1	1243	33	329	77	686	10.1	5846	3568
湖　南	55.6	1377	30	250	49	549	6.6	5238	3877
广　东	92.8	4166	111	977	391	2026	16.5	11944	6331
广　西	55.5	834	23	282	59	786	4.0	5067	3336
海　南	95.2	116	4	56	9	82	0.8	1241	749
重　庆	77.1	580	14	289	54	559	11.3	3332	1906
四　川	48.1	1435	22	571	88	967	9.6	6985	4332
贵　州	49.3	470	6	272	17	266	2.0	4054	2390
云　南	72.2	1113	12	185	33	524	2.6	6473	4733
西　藏	80.4	9						180	164
陕　西	58.0	858	9	314	31	479	3.3	4770	3021
甘　肃	67.0	862	12	238	21	329	2.3	3931	2801
青　海	81.7	168	1	118	3	88	0.3	1512	1340
宁　夏	177.1	147	4	52	10	90	1.2	1655	1229
新　疆	80.5	529	11	358	59	443	3.0	4442	2976

6-13-11 广播电视事业发展情况

指 标		2007	2008	2009	2010	2011
广播						
广播节目综合人口覆盖率	(%)	95.43	95.96	96.31	96.78	97.06
#农村		94.12	94.74	95.10	95.64	96.09
广播节目套数	(套)	2433	2437	2521	2552	2590
#公共广播		2432	2436	2520	2549	2587
付费广播		1	1	1	3	3
公共广播节目播出时间	(万小时)	1127.24	1162.97	1226.55	1266.00	1305.75
广播节目制作时间	(万小时)	633.30	649.40	671.65	681.40	693.70
电视						
电视节目综合人口覆盖率	(%)	96.58	96.95	97.23	97.62	97.82
#农村		95.60	91.60	91.90	96.78	97.10
有线广播电视用户数	(万户)	15325	16398	17523	18872	20264.39
#农村		6180	6558	6863	7293	8123.24
数字电视		2686	4528	6322	8870	11488.96
有线广播电视用户数占家庭总户数比重	(%)	39.90	41.63	43.99	46.40	49.43
#农村有线广播电视用户数占农村家庭总户数比重		25.57	26.77	27.77	29.35	32.38
电视节目套数	(套)	3214	3288	3337	3350	3370
#公共电视		3127	3199	3250	3272	3274
付费电视		87	89	87	78	96
公共电视节目播出时间	(万小时)	1454.70	1495.34	1577.68	1635.50	1675.30
电视剧播出数	(万部)	22.57	22.57	23.83	24.92	24.71
#进口电视剧播出数				0.91	0.88	0.64
电视剧播出数	(万集)	534.97	550.43	605.09	635.86	663.63
#进口电视剧播出数		26.42	22.96	22.41	19.51	16.64
动画电视播出数	(万小时)					28.03
#进口动画电视播出数						1.48
电视节目制作时间	(万小时)	255.33	264.19	265.36	274.29	295.05
电影						
国有电影制片厂	(个)	38	38	38	38	38
#电影故事片厂					31	31
电影院线	(条)	34	34	37	37	39
电影院线内影院	(家)	1427	1545	1687	1820	2803
电影院线内银幕	(块)	3527	4097	4723	6256	9286
电影综合收入	(亿元)	67.26	84.33	106.65	157.21	177.47
#国内电影票房收入		33.27	43.41	62.06	101.72	131.15
电视播映收入		13.79	25.28	16.89	20.32	25.86
国产影片海外销售收入		20.20	15.64	27.70	35.17	20.46
广播电视技术及其他						
广播电视总收入	(亿元)	1316.40	1583.91	1852.85	2301.87	2717.32
广播电视从业人员数	(万人)	64.53	67.17	70.58	75.09	78.64
中、短波转播发射台	(座)	802	808	809	822	827
调频转播发射台	(万座)	1.06	1.21	1.21	1.16	1.14
电视转播发射台	(万座)	1.82	1.85	1.77	1.60	1.54
微波实有站	(座)	2745	2674	2591	2376	2497

6-13-12 全国广播电视从业人员情况

单位：人

地区	从业人员	#长期职工	按岗位分				
			管理人员	专业人员	编辑、记者	播音员、主持人	工程技术人员
全国合计	**786372**	**732448**	**129879**	**395560**	**135748**	**28007**	**143474**
国家广电总局直属	48386	42463	8554	23101	5997	537	12405
北京	30805	27874	5737	13712	4229	556	3336
天津	7569	6099	1099	4889	1733	273	1016
河北	35905	33250	5262	16751	5435	1504	5784
山西	20865	19446	2788	10194	4947	664	3381
内蒙古	18843	17045	2565	11888	4237	853	3427
辽宁	27332	26457	5088	16443	4972	1097	5991
吉林	21039	20076	2304	11138	5067	763	4394
黑龙江	18559	18121	2719	11313	4904	809	3925
上海	27243	25195	4587	12538	2887	925	3655
江苏	52399	48468	8533	27168	8909	1833	10076
浙江	39933	35482	4450	20457	7232	1688	7000
安徽	21821	21230	3254	11955	4189	1267	3985
福建	26096	24157	3053	11491	3321	687	3517
江西	20269	19446	3925	8261	2667	908	2477
山东	48475	44431	7303	28475	10218	2182	11632
河南	45207	43122	6568	18200	8834	1373	5943
湖北	34776	33690	5861	20430	5653	1125	10003
湖南	34699	33284	6503	15182	4692	1007	6150
广东	52718	48131	10394	22549	6787	1673	7276
广西	13769	12156	3133	8232	2941	628	3099
海南	4781	4733	717	1786	644	181	572
重庆	11959	11339	2538	5969	1297	308	1871
四川	36231	34451	8200	16761	5637	1114	5576
贵州	13292	12712	3046	6837	2358	501	2447
云南	17479	16559	2729	9650	3740	859	3951
西藏	3262	3163	495	1813	354	108	496
陕西	16312	15729	3197	8371	3623	765	2533
甘肃	14031	13261	2461	5941	2665	604	2007
青海	2622	2507	341	1946	733	152	937
宁夏	4188	4113	739	2421	1078	200	853
新疆	15507	14258	1736	9698	3768	863	3759

6-13-12 续表

单位：人

地 区	按岗位分			按职称分			
	专业人员		其他人员	正高	副高	中级	初级及以下
	艺术人员	经营人员					
全国合计	**16398**	**23110**	**260933**	**6833**	**29519**	**115063**	**348276**
国家广电总局直属	1153	1027	16731	1059	2800	7711	21395
北 京	1739	1975	11356	413	896	3116	12325
天 津	218	98	1581	230	474	979	4018
河 北	612	534	13892	487	1816	5863	11727
山 西	43	133	7883	233	545	3635	8447
内蒙古	265	12	4390	291	1309	3905	7284
辽 宁	1128	969	5801	431	1362	5331	11947
吉 林	165	189	7597	254	1306	3469	5827
黑龙江	420	378	4527	256	1426	4519	6870
上 海	911	1612	10118	199	783	3809	10206
江 苏	1451	1452	16698	296	1525	6404	28140
浙 江	441	2066	15026	238	1143	5811	21480
安 徽	626	967	6612	72	722	3260	8923
福 建	509	1026	11552	73	697	2501	10769
江 西	217	281	8083	70	525	1891	7596
山 东	551	1746	12697	419	2755	8693	24629
河 南	263	656	20439	107	962	5415	15086
湖 北	574	1284	8485	230	1129	6757	16470
湖 南	979	843	13014	99	751	4419	21199
广 东	1343	1817	19775	517	1493	6610	25816
广 西	53	146	2404	60	484	2358	8045
海 南	73	183	2278	13	129	573	2324
重 庆	457	430	3452	62	381	1337	7747
四 川	832	1913	11270	107	711	3701	15297
贵 州	120	280	3409	47	293	1713	6121
云 南	193	287	5100	75	714	2809	6052
西 藏	65	4	954	37	156	313	1508
陕 西	323	450	4744	205	640	2513	6050
甘 肃	142	148	5629	76	441	1590	5149
青 海	24	57	335	51	247	704	1082
宁 夏	50	74	1028	59	217	675	2470
新 疆	458	73	4073	67	687	2679	6277

6-13-13 广播电视节目制作时间

单位：小时

项 目	1995	2005	2006	2007	2008	2009	2010	2011
广播节目制作	**2332164**	**6139227**	**6192339**	**6332506**	**6494035**	**6716500**	**6814226**	**6936960**
新闻	353368	1066880	1055077	1062423	1116588	1166848	1216632	1295019
专题	1054140	1822621	1728485	1798165	1837471	1900995	1955180	2016386
综艺	924656	1937290	1986800	1894881	1934751	1957358	1942828	1905916
广播剧		75456	59225	76889	72629	90735	80181	119477
广告		671071	691610	722411	737223	782757	775931	766463
其他		565909	671142	777737	795373	817807	843474	833699
电视节目制作	**383513**	**2553861**	**2618034**	**2553283**	**2641949**	**2653552**	**2742949**	**2950491**
新闻	80800	637956	646337	595190	678820	675885	719680	802377
专题	193391	525528	540369	545922	622182	611352	640857	775565
综艺	109322	382350	407442	388349	392507	402677	407849	416289
影视剧		193771	71377	96397	58616	66899	93536	75452
广告		524892	589067	585277	558914	544038	526839	508294
其他		289364	363442	342148	330910	352701	354188	372515

6-13-14 广播电视节目播出时间

单位：小时

指 标	总 计	新闻咨询类节目	专题服务类节目	综艺益智类节目	广播(影视)剧类节目	广告类节 目	其他类节 目
广播	**13057496**	**2650759**	**3026825**	**3575301**	**648231**	**1224565**	**1931814**
中央级	274575	85455	104759	57678	2112	15735	8837
省级	1827296	308749	510583	483514	73039	262008	189403
电视	**16753029**	**2264318**	**1942275**	**1425749**	**7364317**	**2010858**	**1745512**
中央级	251909	68595	80497	40246	53450	9120	
省级	2169380	285621	388521	161754	809499	292543	231443

6-13-15 各地区广播电视节目综合人口覆盖情况

单位：%

地区	广播节目综合人口覆盖率	#中央广播节目覆盖率	#农村广播节目综合人口覆盖率	电视节目综合人口覆盖率	#中央电视节目覆盖率	#农村电视节目综合人口覆盖率
全国	**97.06**	**96.13**	**96.09**	**97.82**	**96.99**	**97.10**
北京	100.00	100.00	100.00	100.00	100.00	100.00
天津	100.00	100.00	100.00	100.00	100.00	100.00
河北	99.33	98.90	99.12	99.26	99.14	99.06
山西	93.61	93.60	90.52	97.70	97.68	96.30
内蒙古	97.41	96.66	95.46	96.19	95.62	93.56
辽宁	98.51	97.44	97.36	98.64	97.80	97.57
吉林	98.53	97.65	97.92	98.64	96.65	97.97
黑龙江	98.57	98.53	97.89	98.77	98.77	98.22
上海	100.00	100.00	100.00	100.00	100.00	100.00
江苏	99.99	99.75	99.99	99.88	99.40	99.86
浙江	99.20	98.40	99.09	99.38	98.63	99.28
安徽	97.62	95.98	97.18	97.74	96.97	97.30
福建	98.00	97.57	97.54	98.54	98.23	98.25
江西	97.06	96.69	96.50	98.18	97.88	97.81
山东	98.19	95.53	97.72	97.91	95.77	97.40
河南	97.70	97.60	97.20	97.77	97.69	97.30
湖北	98.18	97.96	97.59	98.23	98.02	97.65
湖南	92.61	91.60	88.04	96.82	96.41	94.94
广东	98.00	97.04	97.86	98.00	97.45	97.32
广西	95.24	93.66	94.56	96.99	93.08	96.57
海南	96.45	96.37	95.34	95.42	95.19	93.83
重庆	98.02	97.12	97.59	98.56	98.04	98.22
四川	96.60	95.98	95.85	97.69	97.20	97.19
贵州	88.00	85.09	86.11	92.81	89.78	91.71
云南	95.69	95.34	94.80	96.72	96.67	96.02
西藏	91.67	82.08	90.15	92.80	82.54	91.36
陕西	97.02	96.46	97.10	97.87	97.42	97.38
甘肃	93.70	89.30	92.35	94.05	91.24	92.75
青海	91.64	91.64	88.86	95.69	95.69	94.03
宁夏	93.50	93.50	90.20	98.60	98.60	97.85
新疆	94.90	93.79	94.36	95.29	93.66	94.29

6-13-16 各地区广播节目制作播出情况

地 区	公共广播节目套数（套）	全年公共广播节目播出时间（万小时）	全年制作广播节目时间（万小时）
总 计	**2587**	**1305.75**	**693.70**
总局直属	26	27.46	22.36
北 京	18	12.03	11.82
天 津	22	13.81	7.56
河 北	129	60.73	32.00
山 西	108	37.80	16.29
内蒙古	121	64.95	24.52
辽 宁	118	72.29	44.27
吉 林	69	44.62	25.59
黑龙江	94	43.81	24.36
上 海	21	13.80	7.23
江 苏	126	78.59	58.08
浙 江	107	71.32	45.54
安 徽	106	51.96	19.19
福 建	89	50.98	26.06
江 西	104	35.18	18.65
山 东	157	85.63	47.41
河 南	151	63.60	29.73
湖 北	85	44.70	23.63
湖 南	99	35.15	16.91
广 东	130	77.27	51.45
广 西	63	29.71	16.94
海 南	24	10.88	5.72
重 庆	32	13.28	6.12
四 川	117	54.05	19.04
贵 州	31	18.92	10.24
云 南	49	28.09	15.09
西 藏	8	4.22	2.81
陕 西	104	41.05	19.64
甘 肃	87	28.32	10.88
青 海	9	5.50	3.05
宁 夏	24	10.22	4.43
新 疆	159	75.82	27.09

6-13-17 各地区电视节目制作播出情况

地区	电视节目套数（套）		全年公共电视节目播出时间	全年制作电视节目时间	全年电视剧播出数				全年动画电视播出数	
	公共电视	付费电视					#进口电视剧			#进口动画电视
			（万小时）	（万小时）	（部）	（集）	（部）	（集）	（小时）	
总　计	**3274**	**96**	**1675**	**295**	**247060**	**6636255**	**6377**	**166401**	**280255**	**14822**
总局直属	30	12	25	12	2487	63709	127	2658	4373	437
北　京	25	11	11	10	479	14954	22	592	3105	460
天　津	31	5	18	2	3124	52355	6	150	3804	204
河　北	178		76	14	13990	393324	169	7333	7762	93
山　西	114	6	47	9	5758	147213	23	816	6156	52
内蒙古	119		63	7	12504	296283	192	2246	7665	114
辽　宁	119	23	73	18	9973	275350	250	7134	6657	622
吉　林	76		50	9	7897	225852	222	6190	1240	
黑龙江	121		68	10	4097	107373	92	3275	3019	1152
上　海	25	16	18	4	1304	42901	84	2080	12850	2788
江　苏	130	3	82	19	10072	285069	126	3878	14080	
浙　江	114	2	72	18	9470	267649	151	7873	20203	211
安　徽	115	2	64	8	10914	274272	239	5890	9335	303
福　建	101		34	6	3679	111185	20	567	7399	473
江　西	113		63	9	9428	269711	1040	35198	14957	1090
山　东	170		96	17	12243	364644	138	3446	11472	285
河　南	166	4	87	14	15807	451774	140	3802	6753	600
湖　北	115	3	67	10	14718	387108	140	3929	7381	130
湖　南	139		72	13	11083	290079	410	10252	21435	955
广　东	158		78	15	6228	193621	122	3759	21279	1651
广　西	115		49	10	6039	164683	235	3301	7863	243
海　南	14		8	2	568	22953	2	40	2575	323
重　庆	45	9	26	5	4176	107283	181	3625	7875	79
四　川	204		104	10	18359	483878	298	9960	17891	990
贵　州	101		23	3	2663	64549	127	2600	2733	50
云　南	158		77	10	10064	263715			10162	
西　藏	10		5	1	521	11415			514	
陕　西	123		59	11	9205	260463	14	315	7504	
甘　肃	106		42	6	6709	186740	54	1918	9121	92
青　海	13		7	2	1065	31288	16	559	1334	
宁　夏	28		15	3	1795	43991	20	922	4857	
新　疆	198		95	9	20641	480871	1717	32093	16899	1427

6-13-18 各地区有线广播电视传输干线网络及用户情况

地区	有线广播电视传输干线网络总长（万公里）	有线广播电视用户数（万户）	#数字电视用户数	#付费电视用户数	#农村有线广播电视用户数	电视用户数占家庭总户数的比重（%）	#农村电视用户数占农村家庭总户数的比重
总计	**369.73**	**20264.39**	**11488.96**	**1760.59**	**8123.24**	**49.43**	**32.38**
北京	16.39	475.92	345.48	0.12	66.43	95.97	57.37
天津	0.66	290.71	227.61	21.90	25.41	84.81	20.38
河北	15.60	719.60	456.43	6.54	269.71	32.64	17.70
山西	9.63	462.60	270.83	8.98	140.48	39.02	27.50
内蒙古	4.43	317.23	200.56	10.67	88.89	38.40	23.56
辽宁	11.70	810.27	358.57	10.10	237.16	54.43	35.11
吉林	9.36	487.17	325.45	24.17	182.08	51.47	37.92
黑龙江	17.24	550.78	309.74	94.50	183.43	45.25	31.78
上海	3.75	627.18	285.55	44.27	70.35	120.78	77.09
江苏	44.29	1987.86	1195.80	234.23	1131.58	82.24	78.03
浙江	22.99	1330.93	970.10	213.38	777.43	82.78	65.64
安徽	4.65	490.78	259.72	24.43	166.86	23.45	11.69
福建	15.19	652.13	333.93	43.50	436.89	64.55	60.48
江西	8.22	489.70	219.04	16.41	360.86	41.19	41.56
山东	31.31	1802.26	872.01	54.36	1009.57	61.91	52.93
河南	14.66	787.23	100.80	8.06	297.88	25.80	14.46
湖北	22.46	987.75	674.84	93.45	433.60	49.28	37.21
湖南	10.72	695.94	542.01	57.18	215.38	36.11	18.48
广东	21.05	1825.03	1116.93	197.06	461.42	74.58	40.39
广西	4.50	436.22	282.54	78.92	137.27	31.89	13.56
海南	0.22	85.48	68.00	4.76	19.97	33.71	16.51
重庆	14.31	508.76	249.91	10.95	191.17	44.06	26.29
四川	30.59	1340.34	319.45	91.90	613.71	45.65	30.08
贵州	4.89	396.57	349.68	83.59	210.54	34.25	21.97
云南	8.39	533.74	315.86	210.10	146.68	42.59	15.97
西藏	0.36	17.88	4.26	0.50	2.78	25.93	5.38
陕西	6.73	551.11	381.61	98.77	140.96	45.99	19.80
甘肃	4.72	220.46	147.79	10.28	54.38	28.57	11.30
青海	0.61	40.15	36.45	6.95	0.85	26.94	1.01
宁夏	1.31	79.56	79.56		1.60	41.04	1.47
新疆	2.96	208.01	188.45	0.56	47.90	34.16	15.72
新疆兵团	1.75	55.03					

注：有线广播电视传输干线网络总长包括国家广电总局直属4.09万公里。

6-13-19 各地区广播电视技术情况

地区	中、短波转播发射台(座)	中波发射机(部)	短波发射机(部)	调频转播发射台(座)	调频发射机(部)	电视转播发射台(座)	电视发射机(部)	微波实有站(座)
总计	**827**	**2300**	**411**	**11403**	**19491**	**15397**	**30082**	**2497**
国家广电总局直属	35	68	276	2	24	2	17	166
北京	1	10		15	25	15	31	16
天津	5	24	1	14	35	11	34	16
河北	31	49		155	267	252	440	32
山西	15	39		119	208	434	659	82
内蒙古	57	181	11	547	1005	1268	1891	158
辽宁	35	83		237	350	368	576	85
吉林	34	87		78	268	156	415	133
黑龙江	40	95	1	146	395	240	624	64
上海	4	8	3	11	21	11	18	
江苏	21	104	1	94	202	83	318	76
浙江	37	149		107	228	97	250	84
安徽	23	96		393	616	146	432	102
福建	37	96	2	87	261	76	242	185
江西	16	31		602	738	297	519	18
山东	30	102	1	131	231	156	420	82
河南	30	103		138	189	153	399	54
湖北	26	80		428	598	992	1273	119
湖南	25	51	1	99	167	180	401	159
广东	26	97	1	92	278	88	262	183
广西	20	37	2	154	370	129	376	54
海南	3	7		62	95	22	61	56
重庆	5	13		60	260	47	121	38
四川	37	100	2	2164	2776	3001	4121	67
贵州	11	28	2	171	305	89	279	101
云南	60	102	2	393	869	180	703	119
西藏	42	151		2636	5150	2060	6469	
陕西	14	36	3	172	314	123	251	69
甘肃	30	59	2	697	967	2504	3997	108
青海	12	25	17	219	333	1187	1763	7
宁夏	12	34		24	64	26	578	27
新疆	53	155	83	976	1497	911	1983	37
新疆兵团				180	385	93	159	

6-13-20 电视节目进出口情况

项目	全年电视节目进口总额(万元)	#电视剧	#动画电视	#纪录片	全年电视节目进口量(时:分)	#电视剧(部)	#电视剧(集)	#动画电视(时:分)	#纪录片(时:分)
合计	54098.6	34563.6	702.0	3683.0	21790:24	146	3423	279:40	955:39
#欧洲	6094.3	67.0	161.0	1988.5	8224:50	4	8	65:50	502:19
非洲	86.8				9:0				
美洲	6473.6	504.0	491.0	1041.1	1122:14	30	30	205:50	257:34
#美国	6633.8	1036.0	401.0	1011.1	6905:18	31	50	165:50	249:8
亚洲	26523.0	22506.6	50.0	621.4	2055:48	58	1927	8:0	182:21
#日本	783.2	575.0	50.0	33.0	86:55	1	23	8:0	22:35
韩国	9492.2	9487.2		5.0	583:31	24	767		4:16
东南亚	14697.2	14571.7			1133:7	40	1063		
中国香港	8948.7	5836.9		551.5	914:10	33	875		154:30
中国台湾	3233.4	2656.5		31.9	362:45	12	330		1:0
大洋洲	779.0	37.0		32.0	66:37	1	2		8:25

6-13-20 续表

项目	全年电视节目出口总额(万元)	#电视剧	#动画电视	#纪录片	全年电视节目出口量(时:分)	#电视剧(部)	#电视剧(集)	#动画电视(时:分)	#纪录片(时:分)
合计	22662.5	14649.0	3662.4	1833.9	25657:18	298	14001	426:2	111:0
#欧洲	567.1	42.2	365.3	86.5	888:8	3	130	79:13	38:0
非洲	253.8	148.0	67.0	38.8	1294:41	26	1034	3:53	33:0
美洲	9235.2	6451.8	413.6	843.0	6949:29	87	3337	155:59	
#美国	9261.0	6501.1	380.6	843.0	8455:0	87	3396	103:59	
亚洲	8038.9	6067.8	754.6	852.8	11106:36	152	8381	261:57	40:0
#日本	1042.9	939.5	78.0	14.1	625:6	17	573	1:3	31:0
韩国	1737.1	455.6	1246.7	34.8	1039:24	17	682	26:42	33:0
东南亚	3403.9	2203.4	511.1	557.0	5217:48	78	4851	260:26	
中国香港	3125.8	2000.4	757.2	151.2	2775:35	28	1561	109:20	5:0
中国台湾	2401.5	2068.3	218.6	108.5	2318:50	39	1750	27:42	37:0
大洋洲	15.0	15.0			52:0	2	67		

6-13-21 电影综合情况

年份	电影故事片厂(个)	生产故事影片(部)	生产动画片(部)	生产科教影片(部)	生产纪录影片(部)	生产特种影片(部)
1952	4	4	2	41	157	
1957	11	40	5	84	272	
1962	16	34	17	94	133	
1965	16	52	21	240	378	
1975	15	27	11	214	313	
1978	12	46	26	289	202	
1979	17	65	25	349	317	
1980	17	82	32	337	242	
1981	19	105	33	277	276	
1982	19	112	33	284	259	
1983	19	127	37	343	299	
1984	20	144	37	387	337	
1985	20	127	45	357	419	
1986	20	134	46	383	417	
1987	22	146	45	353	347	
1988	22	158	38	344	350	
1989	22	136	53	334	259	
1990	22	134	51	326	296	
1991	22	130	46	351	283	
1992	22	170	56	354	307	
1993	22	154	47	252	300	
1994	22	148	32	182	22	
1995	30	146	37	40	111	
1996	30	110	58	33	39	
1997	31	88	28	34	95	
1998	31	82	9	30	54	
2000	31	91	1	49	10	
2001	27	88	1	56	9	
2002	31	100	2	60	7	
2003	31	140	2	53	6	
2004	31	212	4	30	10	
2005	32	260	7	33	2	
2006	32	330	13	36	13	
2007	32	402	6	34	9	
2008	33	406	16	39	16	2
2009	31	456	27	52	19	4
2010	31	526	16	54	16	9
2011	31	558	24	76	26	5

注：1.本表电影故事片厂指国有电影故事片厂。
2.2005年及以前动画片数为美术片数。

6-13-22 图书出版情况

类　　别	种　数 (种)	印　数 (万册)	印　张 (千印张)
图书总计	**369523**	**770518**	**63451289**
使用“中国标准书号”部分合计	**368640**	**765939**	**63287867**
马列主义、毛泽东思想	604	1468	279634
哲学	8600	6301	903294
社会科学总论	5344	4414	540512
政治、法律	15669	14017	1930263
军事	1178	933	141684
经济	30253	16523	2763968
文化、科学、教育、体育	133054	578433	38886613
语言、文字	19550	21919	3244175
文学	32317	39762	4381331
艺术	19825	17468	1254779
历史、地理	14511	11130	1405607
自然科学总论	827	791	76957
数理科学、化学	6997	4313	669626
天文学、地球科学	2014	980	110365
生物科学	2259	1375	182891
医学、卫生	15711	11401	1751178
农业科学	6305	6246	467900
工业技术	44539	21547	3473871
交通运输	4189	2452	334312
航空、航天	338	148	19683
环境科学	1706	992	104480
综合性图书	2850	3326	364744
不使用“中国标准书号”部分合计	**883**	**4579**	**163422**
图片	883	975	26252
国标(GB)、部标(BB)等标准类文件印品		1555	71545
活页文选、活页歌篇、小件印品等		2049	65625

6-13-23 图书、期刊和报纸出版情况

年份 地区	图书 种数 (种)	图书 新出版	图书 总印数 (亿册、亿张)	图书 总印张数 (亿印张)	期刊 种数 (种)	期刊 平均期印数 (万册)	期刊 总印数 (亿册)	期刊 总印张数 (亿印张)	报纸 种数 (种)	报纸 平均期印数 (万份)	报纸 总印数 (亿份)	报纸 总印张数 (亿印张)
1978	14987	11888	37.74	135.43	930	6200	7.62	22.74	186	4280	127.76	113.52
1980	21621	17660	45.93	195.74	2191	10298	11.25	36.72	188	6236	140.42	141.70
1985	45603	33743	66.73	282.75	4705	23952	25.60	77.29	1445	19107	246.78	202.81
1990	80224	55245	56.36	232.05	5751	16156	17.90	48.12	1444	14670	211.25	182.79
1995	101381	59159	63.22	316.78	7583	19794	23.37	67.02	2089	17644	263.27	359.62
1996	112813	63647	71.58	360.45	7916	19300	23.10	68.06	2163	17877	274.28	392.41
1997	120106	66585	73.05	364.00	7918	20046	24.38	73.30	2149	18259	287.59	459.81
1998	130613	74719	72.39	373.62	7999	20928	25.37	79.87	2053	18211	300.38	540.00
1999	141831	83095	73.16	391.35	8187	21845	28.46	96.77	2038	18632	318.38	636.68
2000	143376	84235	62.74	376.21	8725	21544	29.42	100.04	2007	17914	329.29	799.83
2001	154526	91416	63.10	406.10	8889	20697	28.90	100.90	2111	18130	351.10	938.90
2002	170962	100693	68.70	456.40	9029	20406	29.50	106.40	2137	18721	367.80	1067.40
2003	190391	110812	66.70	462.20	9074	19909	29.50	109.10	2119	19072	383.10	1235.60
2004	208294	121597	64.10	465.60	9490	17208	28.30	110.50	1922	19522	402.40	1524.80
2005	222473	128578	64.70	493.30	9468	16286	27.60	125.30	1931	19549	412.60	1613.10
2006	233971	160757	64.10	512.00	9468	16435	28.50	136.90	1938	19703	424.50	1658.90
2007	248283	136226	62.93	486.51	9468	16697	30.41	157.93	1938	20545	437.99	1700.76
2008	274123	148978	70.60	561.10	9549	16767	31.05	157.98	1943	21155	442.92	1930.55
2009	301719	168296	70.37	565.50	9851	16457	31.53	166.24	1937	20837	439.11	1969.40
2010	328387	189295	71.71	606.33	9884	16349	32.15	181.06	1939	21438	452.14	2148.03
2011	369523	207506	77.05	634.51	9849	16880	32.85	192.73	1928	21517	467.40	2272.00
中　央	161243	93269	21.54	232.70	2870	5794	9.86	74.17	217	2940	68.96	199.91
北　京	6699	3420	1.06	10.36	174	197	0.34	2.58	37	513	14.10	93.81
天　津	4236	2999	0.39	3.71	254	259	0.38	1.97	27	317	9.24	53.66
河　北	2971	1615	1.67	10.89	230	283	0.53	2.36	64	847	14.31	42.39
山　西	3401	1778	1.39	12.36	200	174	0.34	2.19	60	2039	20.24	28.46
内蒙古	2881	1317	0.60	4.43	149	106	0.28	1.30	61	128	2.94	7.49
辽　宁	9885	5208	1.51	12.09	323	572	1.00	4.17	73	825	16.13	99.83
吉　林	15963	10115	2.11	18.64	234	358	0.96	4.47	52	478	7.84	33.23
黑龙江	4430	3007	0.83	6.13	315	272	0.55	2.86	69	375	7.92	29.95
上　海	21744	12333	2.86	27.12	632	1023	1.82	9.42	72	726	15.85	78.61
江　苏	17951	9733	5.68	37.58	466	508	1.16	4.48	80	1178	27.99	142.02
浙　江	9492	4595	3.26	21.06	220	501	0.79	3.67	71	1202	35.91	160.55
安　徽	7804	4087	2.52	18.63	186	397	0.59	2.47	51	505	12.08	60.77
福　建	3570	2403	0.83	5.91	177	206	0.37	1.63	44	501	10.22	48.48
江　西	4263	2745	1.72	10.84	161	270	0.73	2.39	52	327	7.44	30.12
山　东	9633	3708	3.92	25.58	269	510	1.16	6.09	87	1188	34.46	220.53
河　南	5557	2973	2.12	15.15	246	409	0.91	4.31	78	1581	21.43	71.79
湖　北	11122	6544	2.61	19.66	422	1227	3.01	16.05	73	908	19.80	88.79
湖　南	10162	6132	3.47	22.43	254	528	1.26	5.63	50	554	12.22	46.07
广　东	7257	4538	3.26	23.54	389	918	2.04	12.39	99	1831	45.75	428.85
广　西	7695	3640	2.68	17.34	184	194	0.45	1.89	51	258	6.72	26.40
海　南	2917	1442	0.74	4.46	42	52	0.09	0.59	14	90	2.42	7.51
重　庆	5651	2087	1.56	10.09	138	265	0.52	3.30	26	316	6.61	36.80
四　川	8081	3951	2.48	17.95	348	471	0.93	6.74	89	665	17.32	101.63
贵　州	856	545	0.85	5.73	88	78	0.14	0.73	31	175	4.49	20.07
云　南	6110	3966	1.70	11.77	128	225	0.33	2.20	43	239	6.46	37.39
西　藏	701	163	0.16	1.11	35	16	0.02	0.10	23	31	0.64	1.76
陕　西	6636	3350	1.65	13.32	286	370	0.76	5.18	44	292	6.69	43.45
甘　肃	2248	1376	0.68	5.16	134	497	1.12	4.56	52	193	4.58	10.50
青　海	543	327	0.10	0.92	53	30	0.05	0.30	27	40	0.99	3.46
宁　夏	1248	953	0.24	1.93	35	53	0.16	1.58	15	48	1.00	3.24
新　疆	6568	3187	0.88	5.91	207	115	0.22	0.99	96	207	4.68	14.47

6-13-24 各地区少年儿童读物和课本出版情况

地 区	种数(种)		总印数（万册）		总印张(千印张)	
	儿童读物	课 本	儿童读物	课 本	儿童读物	课 本
全 国	**22059**	**78281**	**37800**	**343991**	**2138117**	**27294304**
中央	3921	47457	6561	102348	323917	10274076
地方	18138	30824	31239	241643	1814200	17020228
北 京	1067	808	1617	2195	133801	203247
天 津	385	645	628	1480	42285	124501
河 北	14	194	105	8674	4421	589277
山 西	207	38	214	5101	36618	367369
内蒙古	262	805	372	4538	14991	324622
辽 宁	833	2795	1543	7137	76354	508654
吉 林	2742	899	2715	6392	171667	421532
黑龙江	461	538	527	4175	29436	279136
上 海	1320	4949	3174	13317	127980	1169818
江 苏	1076	2498	2068	19999	137797	1349712
浙 江	1974	1399	4533	11876	299511	822065
安 徽	1155	633	1452	10536	92877	797456
福 建	246	359	206	3845	15028	252872
江 西	1067	180	2590	6967	147669	501300
山 东	228	1070	629	16390	31446	986499
河 南	231	1326	319	13731	25485	919963
湖 北	580	1624	1176	9424	67262	662849
湖 南	1271	807	1778	12931	118850	748223
广 东	630	1344	1729	21436	57317	1537562
广 西	623	394	1208	9114	64978	611823
海 南	40	28	60	1128	4737	75088
重 庆	76	1488	176	6007	2946	423630
四 川	770	1158	1054	12130	48941	966869
贵 州	17	96	55	6557	2600	459043
云 南	92	294	118	7509	4926	514320
西 藏	36	192	36	1102	1096	71463
陕 西	321	1508	770	6024	35993	511977
甘 肃	83	50	76	3916	4034	319218
青 海	14	211	5	824	285	64802
宁 夏	24		52	844	1149	60909
新 疆	293	2494	254	6344	11720	374429

6-13-25 课本出版情况

项 目	种数(种)	#新出版	总印数(万册)	总印张(千印张)	定价总金额(万元)
总 计	**78281**	**25944**	**343991**	**27294304**	**3301730**
大专及以上课本	48126	17976	33207	5779979	972202
中专、技校课本	6151	1622	7456	958302	152064
中学课本	6307	954	168160	12843298	1247800
小学课本	5267	730	121815	6235323	651738
业余教育课本	6288	3147	4228	685683	144168
扫盲课本	8	4	6	399	49
教学用书	6134	1511	9119	791320	133709

6-13-26 各地区录像制品出版品种情况

单位：种

地区	录像制品合计	激光数码视盘(VCD)	高密度激光视盘(DVD-V)	录像带(VT)及其他	其中:新版录像制品	激光数码视盘(VCD)	高密度激光视盘(DVD-V)	录像带(VT)及其他
全国	**9477**	**2994**	**6342**	**141**	**6993**	**1591**	**5265**	**137**
中央	3885	1415	2397	73	2298	418	1807	73
地方	5592	1579	3945	68	4695	1173	3458	64
北京	159	24	133	2	159	24	133	2
天津	33	1	32		33	1	32	
河北	35		35		35		35	
山西	120	14	95	11	76	2	63	11
内蒙古	88		88		88		88	
辽宁	426	55	366	5	422	55	362	5
吉林	79	18	49	12	74	17	45	12
黑龙江	12	1	11		8	1	7	
上海	580	145	408	27	353	35	295	23
江苏	335	143	191	1	225	67	157	1
浙江	318	101	217		257	61	196	
安徽	150	20	130		141	20	121	
福建	190	33	157		54	17	37	
江西	132	109	23		125	102	23	
山东	217	17	199	1	214	16	197	1
河南	246	44	202		222	31	191	
湖北	293	223	69	1	287	218	68	1
湖南	228	78	150		167	40	127	
广东	1281	316	961	4	1193	312	877	4
广西	76	37	38	1	70	37	32	1
海南	5		5		5		5	
重庆	153	76	77		71	6	65	
四川	96	22	73	1	96	22	73	1
贵州	3		3		3		3	
云南	222	64	157	1	213	59	153	1
西藏	17	13	4		17	13	4	
陕西	52	24	27	1	44	16	27	1
甘肃	21	1	20		19	1	18	
青海								
宁夏	2		2		2		2	
新疆	23		23		22		22	

6-13-27 各地区录像制品出版发行情况

单位：万盒、万张

地区	录像制品	激光数码视盘(VCD)	高密度激光视盘(DVD-V)	录像带(VT)及其他	其中:新版录像制品	激光数码视盘(VCD)	高密度激光视盘(DVD-V)	录像带(VT)及其他	发行数量
全　国	**21788.20**	**6864.36**	**14860.86**	**62.98**	**18221.20**	**4417.73**	**13743.70**	**59.77**	**12807.09**
中　央	6721.29	3986.41	2700.52	34.36	3779.28	1878.87	1866.06	34.36	6547.68
地　方	15066.91	2877.95	12160.33	28.62	14441.92	2538.86	11877.64	25.41	6259.41
北　京	315.57	22.85	289.92	2.80	315.57	22.85	289.92	2.80	202.28
天　津	8.30	1.50	6.80		8.30	1.50	6.80		7.45
河　北	24.70		24.70		24.70		24.70		64.93
山　西	18.02	3.91	7.68	6.43	12.54	0.40	5.71	6.43	173.28
内蒙古	18.40		18.40		18.40		18.40		48.77
辽　宁	8260.33	65.01	8194.31	1.01	8259.29	65.01	8193.27	1.01	304.20
吉　林	36.66	4.34	32.20	0.12	35.66	3.74	31.80	0.12	145.53
黑龙江	48.70	5.50	43.20		46.70	5.50	41.20		48.62
上　海	484.38	129.36	343.05	11.96	341.07	60.28	272.04	8.75	406.77
江　苏	318.72	75.93	242.39	0.40	249.46	26.07	222.99	0.40	191.30
浙　江	108.64	57.29	51.35		83.22	34.03	49.19		237.65
安　徽	64.14	10.05	54.09		57.79	10.05	47.74		53.45
福　建	112.22	35.60	76.62		36.22	25.60	10.62		169.22
江　西	43.33	23.57	19.76		42.23	22.47	19.76		73.15
山　东	146.24	17.12	129.02	0.10	144.32	16.80	127.42	0.10	237.72
河　南	207.66	72.52	135.14		137.64	32.00	105.64		81.32
湖　北	558.42	379.91	178.31	0.20	555.52	377.11	178.21	0.20	298.10
湖　南	450.62	38.94	411.67		393.35	16.45	376.90		570.67
广　东	3055.89	1506.98	1547.20	1.70	2990.42	1476.88	1511.83	1.70	2324.42
广　西	133.83	86.22	45.61	2.00	129.90	86.22	41.68	2.00	57.23
海　南	2.40		2.40		2.40		2.40		13.60
重　庆	253.54	219.94	33.60		188.18	158.04	30.13		107.24
四　川	73.13	10.58	62.30	0.25	73.13	10.58	62.30	0.25	85.49
贵　州	0.50		0.50		0.50		0.50		7.50
云　南	218.70	82.44	134.78	1.50	208.70	74.35	132.86	1.50	203.69
西　藏	7.85	1.30	6.55		7.85	1.30	6.55		14.95
陕　西	73.69	26.59	46.95	0.15	58.23	11.13	46.95	0.15	75.03
甘　肃	17.83	0.50	17.33		16.33	0.50	15.83		50.15
青　海									5.00
宁　夏									0.70
新　疆	4.50		4.50		4.30		4.30		

6-13-28 各地区录音制品出版品种情况

单位：种

地区	录音制品合计	录音带(AT)	激光唱盘(CD)	高密度激光唱盘(DVD-A)及其他	其中:新版录音制品	录音带(AT)	激光唱盘(CD)	高密度激光唱盘(DVD-A)及其他
全国	**9931**	**3250**	**4716**	**1965**	**5848**	**1322**	**3456**	**1070**
中央	4133	1329	1718	1086	2028	226	1218	584
地方	5798	1921	2998	879	3820	1096	2238	486
北京	258	212	26	20	258	212	26	20
天津	62	11	49	2	57	11	44	2
河北	39	38	1		39	38	1	
山西	15	11	2	2	15	11	2	2
内蒙古	33		33		33		33	
辽宁	373	35	63	275	245	19	63	163
吉林	68	6	51	11	56	6	40	10
黑龙江	6			6	3			3
上海	1928	562	1046	320	795	81	560	154
江苏	415	159	243	13	231	77	141	13
浙江	108	48	59	1	57	2	54	1
安徽	108	57	46	5	100	50	46	4
福建	61	56	5		34	29	5	
江西	117	64	53		117	64	53	
山东	151	67	45	39	70	25	45	
河南	57	40	16	1	56	40	15	1
湖北	166	24	87	55	138	21	83	34
湖南	160	19	104	37	57	10	34	13
广东	1151	263	853	35	1120	254	831	35
广西	104	79	24	1	79	69	10	
海南	7		7		7		7	
重庆	108	49	44	15	49	27	19	3
四川	32	4	27	1	31	4	26	1
贵州								
云南	122	50	70	2	94	30	62	2
西藏	4		4		4		4	
陕西	134	67	30	37	64	16	24	24
甘肃	1			1	1			1
青海								
宁夏								
新疆	10		10		10		10	

6-13-29 各地区录音制品出版发行情况

单位：万盒、万张

地 区	录音制品合计	录音带(AT)	激光唱盘(CD)	高密度激光唱盘(DVD-A)及其他	其中:新版录音制品	录音带(AT)	激光唱盘(CD)	高密度激光唱盘(DVD-A)及其他	发行数量
全 国	**24642.75**	**18757.06**	**3731.56**	**2154.13**	**4743.56**	**1797.10**	**2156.31**	**790.15**	**26047.38**
中 央	17771.59	15361.34	1460.28	949.97	1738.03	627.12	748.65	362.26	15587.68
地 方	6871.16	3395.72	2271.28	1204.16	3005.53	1169.98	1407.67	427.88	10459.70
北 京	119.37	63.23	51.34	4.80	119.37	63.23	51.34	4.80	167.08
天 津	34.42	4.20	28.82	1.40	29.34	4.20	23.74	1.40	136.27
河 北	441.32	440.12	1.20		441.32	440.12	1.20		550.50
山 西	2.07	0.67	0.80	0.60	2.07	0.67	0.80	0.60	63.83
内蒙古	9.98		9.98		9.98		9.98		26.23
辽 宁	238.07	25.70	37.02	175.35	144.05	7.90	37.02	99.13	464.56
吉 林	22.24	1.81	15.67	4.76	15.19	1.81	8.82	4.56	43.54
黑龙江	2.40			2.40	1.20			1.20	2.40
上 海	2641.07	1330.53	855.04	455.50	1058.25	297.72	552.15	208.38	2741.43
江 苏	965.77	700.53	256.14	9.10	180.02	5.25	165.67	9.10	429.91
浙 江	311.89	288.08	23.51	0.30	22.89	0.09	22.50	0.30	1512.75
安 徽	58.44	36.42	19.98	2.04	53.03	31.51	19.98	1.54	517.68
福 建	39.99	37.09	2.90		9.03	6.13	2.90		102.03
江 西	75.22	47.47	27.75		75.22	47.47	27.75		119.83
山 东	25.03	9.42	15.61		22.77	7.16	15.61		1294.16
河 南	69.61	26.16	43.35	0.10	64.61	26.16	38.35	0.10	72.55
湖 北	58.66	18.62	22.37	17.67	51.15	17.72	21.67	11.76	507.16
湖 南	905.54	26.93	410.21	468.40	73.06	4.71	27.40	40.95	547.86
广 东	509.72	145.21	340.85	23.66	473.66	144.48	305.52	23.66	682.64
广 西	34.65	11.13	15.52	8.00	17.92	9.43	8.49		34.81
海 南	1.00		1.00		1.00		1.00		14.16
重 庆	99.44	70.82	21.54	7.08	43.08	32.44	9.03	1.61	194.40
四 川	25.77	4.00	21.47	0.30	25.47	4.00	21.17	0.30	38.75
贵 州									
云 南	23.09	3.22	19.58	0.29	20.72	1.98	18.45	0.29	27.54
西 藏	2.10		2.10		2.10		2.10		2.20
陕 西	152.50	104.36	26.23	21.91	47.23	15.80	13.73	17.70	158.38
甘 肃	0.50			0.50	0.50			0.50	3.20
青 海									1.60
宁 夏									2.25
新 疆	1.30		1.30		1.30		1.30		

6-13-30 各地区电子出版物品种情况

单位：种

地 区	电子出版物	只读光盘(CD-ROM)	高密度只读光盘(DVD-ROM)	交互式光盘及其他(CD-I)	其中:新版电子出版物	只读光盘(CD-ROM)	高密度只读光盘(DVD-ROM)	交互式光盘及其他(CD-I)
全 国	**11154**	**7546**	**2747**	**861**	**6924**	**4314**	**2072**	**538**
中 央	7739	4792	2370	577	4478	2439	1779	260
地 方	3415	2754	377	284	2446	1875	293	278
北 京	146	100	15	31	146	100	15	31
天 津	95	53	12	30	78	45	9	24
河 北	21	19	1	1	21	19	1	1
山 西	33	32	1		33	32	1	
内蒙古								
辽 宁	285	271	12	2	206	195	9	2
吉 林	196	49	9	138	196	49	9	138
黑龙江								
上 海	652	529	69	54	398	299	45	54
江 苏	337	292	44	1	99	81	17	1
浙 江	160	153	7		82	75	7	
安 徽	24	24			22	22		
福 建	64	62	2		30	28	2	
江 西	50	43	7		49	42	7	
山 东	284	260	20	4	278	254	20	4
河 南	91	40	51		80	29	51	
湖 北	121	103	17	1	67	50	16	1
湖 南	86	77	9		40	31	9	
广 东	182	155	9	18	111	84	9	18
广 西	35	21	14		29	21	8	
海 南								
重 庆	134	94	40		69	49	20	
四 川	309	287	21	1	308	286	21	1
贵 州								
云 南	35	33	2		34	32	2	
西 藏								
陕 西	70	55	12	3	65	50	12	3
甘 肃	2	2			2	2		
青 海	3		3		3		3	
宁 夏								
新 疆								

6-13-31 各地区电子出版物出版数量情况

单位：万张

地 区	电子出版物	只读光盘(CD-ROM)	高密度只读光盘(DVD-ROM)	交互式光盘及其他(CD-I)	其中:新版电子出版物	只读光盘(CD-ROM)	高密度只读光盘(DVD-ROM)	交互式光盘及其他(CD-I)
全 国	**21322.22**	**15919.66**	**3995.40**	**1407.17**	**8087.81**	**4433.80**	**2858.13**	**795.88**
中 央	13614.76	9777.71	2978.93	858.12	5218.89	2512.84	2457.02	249.03
地 方	7707.46	6141.95	1016.46	549.05	2868.91	1920.96	401.11	546.85
北 京	263.87	78.70	1.77	183.40	263.87	78.70	1.77	183.40
天 津	39.05	16.45	8.40	14.20	33.35	13.95	7.40	12.00
河 北	15.34	12.34	2.00	1.00	15.34	12.34	2.00	1.00
山 西	4.24	4.14	0.10		4.24	4.14	0.10	
内蒙古								
辽 宁	390.32	386.06	4.27		108.24	104.98	3.27	
吉 林	56.70	31.10	1.60	24.00	56.70	31.10	1.60	24.00
黑龙江								
上 海	1686.19	1627.81	55.78	2.59	215.20	200.25	12.35	2.59
江 苏	1314.56	1275.41	39.13	0.02	757.13	732.48	24.63	0.02
浙 江	740.94	739.07	1.87		49.06	47.19	1.87	
安 徽	7.66	7.66			7.45	7.45		
福 建	7.93	7.73	0.20		5.54	5.34	0.20	
江 西	49.68	46.93	2.75		49.28	46.53	2.75	
山 东	126.36	112.96	13.00	0.40	107.89	94.49	13.00	0.40
河 南	421.00	332.50	88.50		138.81	50.31	88.50	
湖 北	178.08	172.72	5.07	0.30	26.39	21.33	4.76	0.30
湖 南	387.63	372.81	14.82		111.35	96.89	14.46	
广 东	1059.39	729.80	7.46	322.13	550.04	220.45	7.46	322.13
广 西	727.42	5.91	721.51		187.42	5.91	181.51	
海 南								
重 庆	74.80	53.32	21.48		32.01	25.29	6.73	
四 川	114.21	92.95	21.15	0.10	114.11	92.85	21.15	0.10
贵 州								
云 南	9.48	7.17	2.30		9.38	7.09	2.30	
西 藏								
陕 西	31.81	28.11	2.80	0.91	25.31	21.60	2.80	0.91
甘 肃	0.30	0.30			0.30	0.30		
青 海	0.50		0.50		0.50		0.50	
宁 夏								
新 疆								

6-13-32 全国图书、期刊、报纸进出口情况

指标	出口			进口		
	种数(种次)	数量(万册、份)	金额(万美元)	种数(种次)	数量(万册、份)	金额(万美元)
总计	**914726**	**1144.18**	**3905.51**	**1119975**	**2979.88**	**28373.26**
图书	878174	855.76	3276.61	1042288	754.85	11666.91
哲学、社会科学	201653	101.52	752.50	276618	117.99	2476.69
文化、教育	181888	158.08	571.18	165089	180.25	2037.88
文学、艺术	208855	144.66	650.66	168122	138.23	1690.11
自然、科学技术	89654	57.99	345.88	252027	134.63	3414.30
少儿读物	64657	205.23	280.61	63665	78.66	629.25
综合性图书	131467	188.27	675.77	116767	105.09	1418.68
期刊	36018	252.89	573.44	76337	439.93	13906.17
报纸	534	35.52	55.46	1350	1785.10	2800.18

6-13-33 全国音像、电子出版物进出口情况

指标	出口			进口		
	种数(种次)	数量(盒、张)	金额(万美元)	种数(种次)	数量(盒、张)	金额(万美元)
总计	**8077**	**77091**	**35.17**	**14553**	**396287**	**14134.78**
录音合计	347	1345	0.25	11386	147281	130.79
录音带(AT)						
激光唱片(CD)	347	1345	0.25	11384	147279	130.78
数码激光唱盘(CD)				2	2	0.01
录像合计	7730	75746	34.93	691	75489	13.32
录像带(VT)						
高密度激光视盘(DVD—V)	7104	69129	34.25	691	75489	13.32
激光数码视盘(VCD)	626	6617	0.68			
电子出版物				2476	173517	13990.67

6-13-34 各地区版权合同登记情况

单位：份

地 区	合计	图书	期刊	音像制品	电子出版物	软件	电影	电视节目	其他
合 计	**20797**	**14401**	**288**	**245**	**485**	**955**		**3**	**4420**
北 京	8513	7919	281		47	266			
天 津	272	272							
河 北	38	38							
山 西	47	47							
内蒙古									
辽 宁	349	328		5	2	14			
吉 林	646	645	1						
黑龙江	72	72							
上 海	1134	772		161	165	36			
江 苏	4937	718			5	178			4036
浙 江	882	264		77	149	8			384
安 徽	144	143				1			
福 建	47	34		2	11				
江 西	663	663							
山 东	235	235							
河 南	231	231							
湖 北	208	208							
湖 南	438	326	3		106			3	
广 东	102	102							
广 西	326	326							
海 南									
重 庆	283	261				22			
四 川	265	255	3			7			
贵 州	13	13							
云 南	212	212							
西 藏									
陕 西	653	230				423			
甘 肃									
青 海									
宁 夏	21	21							
新 疆	66	66							

6-13-35 全国引进和输出版权情况

单位：项

项　目	合计	图书	录音制品	音像制品	电子出版物	软件	电影	电视节目	其他
本年引进版权总数	**16639**	**14708**	**278**	**421**	**185**	**273**	**37**	**734**	**3**
美　国	5182	4553	38	289	2	47	11	241	1
英　国	2595	2256	13	90	9	15		212	
德　国	895	881				14			
法　国	720	706	2	1		1		10	
俄罗斯	57	55	1		1				
加拿大	140	133	1	5	1				
新加坡	265	200			3	2		60	
日　本	2161	1982	21	10	3	14		130	1
韩　国	1098	1047	2	9	25	8	6	1	
香港地区	658	345	141	3	3	114	20	32	
澳门地区	1	1							
台湾地区	1497	1295	52	9	135	5			1
其　他	1370	1254	7	5	3	53		48	
本年输出版权总数	**7783**	**5922**	**130**	**20**	**125**	**5**	**2**	**1559**	**20**
美　国	1077	766	11		21			278	1
英　国	433	422	1		5	5			
德　国	146	127	2						17
法　国	129	126	1		2				
俄罗斯	40	40							
加拿大	16	15	1						
新加坡	221	131			42			48	
日　本	187	161	25						1
韩　国	507	446	51	2	8				
香港地区	448	366	1		2			79	
澳门地区	37	19			18				
台湾地区	1656	1644	1					10	1
其　他	2886	1659	36	18	27		2	1144	

6-13-36 各地区出版物发行机构数和网点数

地区	发行机构(处)								新华书店系统出版社自办发行从业人数(人)	
	合计	国有书店及国有发行点	供销社	出版社	网上书店	文化教育广电邮政系统	新华书店系统外批发网点	集体个体零售	全部职工	国有书店及国有发行点
全国	**168586**	**9513**	**997**	**447**	**101**	**36455**	**7141**	**113932**	**147294**	**138414**
中央	151	4		147					2655	918
地方	168435	9509	997	300	101	36455	7141	113932	144639	137496
北京	8773	124		17	62	2400	1418	4752	4766	4263
天津	2962	79		13			160	2710	1894	1780
河北	5234	340		7		874	381	3632	3356	2573
山西	3225	412	26			445	122	2220	5880	5850
内蒙古	1946	227		7			49	1663	2132	2072
辽宁	4848	208		12		487	277	3864	6194	5899
吉林	2597	111		4	14	243	237	1988	2909	2817
黑龙江	3031	239	59	5	1	582	138	2007	3943	3821
上海	8982	150		45	14	2390	389	5994	3324	2838
江苏	12045	906		18	2	1683	239	9197	6107	5969
浙江	11066	477		14	1	2614	367	7593	6805	6695
安徽	8858	607		11	2	3580	329	4329	3832	3932
福建	4340	233		5		1301	158	2643	3932	3832
江西	3238	205	23	6		21	159	2824	4026	3851
山东	7626	810	170	5		920	161	5560	10318	10004
河南	8498	1050		12		2310	283	4843	14197	14030
湖北	5560	234	3	16		664	201	4442	5305	4963
湖南	8132	390		14		5003	174	2551	9778	8672
广东	13142	416	635	19			489	11583	10211	8772
广西	5051	255	81	23		1924	119	2649	4568	4204
海南	696	28		4		362	42	260	974	950
重庆	3321	267		4		620	134	2296	2577	2562
四川	9820	242			1	3389	224	5964	8511	8511
贵州	3317	222		2	1	672	115	2305	1725	1684
云南	11020	309		7		1736	121	8847	5695	5684
西藏	131	52		1		8		70	299	295
陕西	4714	205		25		1597	269	2618	4287	3997
甘肃	2204	323		3		80	179	1619	3136	3032
青海	534	61				93	28	352	734	734
宁夏	939	31		1	1	457	32	417	456	442
新疆	2585	296			2		147	2140	2768	2768

6-13-37 各地区出版印刷生产情况

地 区	企业数（个）	工业销售产值（万元）	印刷产量		装订产量（万令）	用纸量（万令）	用纸量（万吨）
			黑白（万令）	彩色（万对开色令）			
全 国	**8309**	**13206765.08**	**30090.95**	**152912.73**	**28984.86**	**33366.23**	**1013.97**
北 京	775	1015549.65	2553.53	12298.49	2730.59	3240.52	54.02
天 津	127	154900.69	202.41	2908.62	179.32	338.61	10.50
河 北	588	702305.70	1775.14	2532.85	2091.25	2039.36	24.48
山 西	185	165344.70	316.06	2086.13	277.32	288.11	11.98
内蒙古	93	38690.94	98.11	311.73	94.46	85.80	5.38
辽 宁	172	182383.88	1696.67	2421.56	879.03	345.10	13.95
吉 林	250	359635.79	1415.17	2525.23	540.53	534.62	9.63
黑龙江	170	132503.28	286.84	2038.60	461.49	311.88	9.09
上 海	255	942895.91	1227.05	12546.31	574.45	500.24	29.29
江 苏	419	836226.33	1511.53	6508.99	1651.51	1670.78	58.77
浙 江	450	1538739.83	1537.66	19613.74	1405.05	2684.08	86.25
安 徽	261	391575.80	1228.30	2293.39	1015.33	928.90	33.90
福 建	219	347832.17	506.49	1782.16	311.56	476.73	12.75
江 西	124	234156.59	705.89	1532.62	771.02	522.42	16.90
山 东	589	1011225.40	2426.62	22876.18	3283.90	2769.72	132.56
河 南	405	402932.40	1153.54	3001.76	1126.63	1156.45	35.49
湖 北	359	434663.04	1255.03	3724.68	1270.91	847.98	61.49
湖 南	453	703243.43	1135.13	3178.82	1436.55	2098.31	83.41
广 东	858	2269874.38	3903.30	32406.84	4144.71	9958.28	127.42
广 西	178	152913.00	1759.00	3245.00	660.00	477.00	62.00
海 南	58	12957.70	68.30	425.66	49.10	45.26	2.44
重 庆	175	186244.95	281.63	638.15	332.72	187.36	11.11
四 川	194	232199.90	1475.30	4130.85	2316.94	520.90	64.54
贵 州	183	79239.54	149.83	2650.37	177.19	179.87	5.76
云 南	145	152930.00	316.11	2273.97	228.50	243.17	16.16
西 藏	9	9686.40	24.56	50.73	23.36	21.73	0.38
陕 西	243	360972.40	668.54	1661.92	496.18	528.97	16.29
甘 肃	105	76044.47	251.17	442.33	238.10	160.38	6.91
青 海	49	22624.86	55.08	125.99	33.31	39.06	2.33
宁 夏	80	23725.32	30.90	100.96	37.07	54.55	0.80
新 疆	138	32546.64	76.06	578.11	146.77	110.12	8.00

6-13-38 国家综合档案馆基本情况

年 份	馆藏档案（万卷、万件）	照片档案（万张）	开放档案（万卷、万件）	利用档案（万卷、万件次）	档案馆建筑面积（万平方米）
1991	9637.4	371.0	2094.3	937.0	348.1
1992	10003.5	402.4	2018.7	773.8	255.7
1993	10726.8	435.5	2140.7	891.9	275.9
1994	10782.9	449.6	2454.6	674.4	268.3
1995	11318.3	485.5	2790.3	529.3	282.5
1996	11341.4	494.6	2939.2	485.4	297.5
1997	12222.9	553.0	3304.6	501.0	347.6
1998	12276.5	579.7	3556.5	446.5	310.7
1999	12866.8	584.5	3808.2	508.5	328.4
2000	13314.0	631.7	4072.0	494.4	336.2
2001	13756.6	642.8	4129.7	575.4	342.0
2002	14790.7	720.5	4301.1	548.8	351.0
2003	15945.9	797.4	4618.4	602.6	361.4
2004	17601.5	827.9	4868.3	813.9	376.8
2005	18688.7	908.8	5132.3	868.0	393.1
2006	21656.5	1277.2	5746.3	1166.4	406.1
2007	23675.3	1393.3	5875.5	1244.9	421.9
2008	25051.0	1505.3	6072.2	1257.4	465.4
2009	28089.2	1646.3	6687.4	1308.0	473.3
2010	32198.6	1809.2	7428.6	1417.3	504.4
2011	35445.5	1965.8	7828.4	1564.5	551.1

6-13-39 体育系统机构人员情况

单位：个、人

指 标	合 计		国家级		省级		地级		县级	
	机构	人员	机构	人员	机构	人员	机构	人员	机构	人员
总 计	**6901**	**157333**	**44**	**6042**	**656**	**56062**	**1981**	**53843**	**4220**	**41386**
体育行政机关	3130	36569	1	218	31	1726	437	9323	2661	25302
运动项目管理部门	296	34868	23	1763	205	29554	66	3501	2	50
本科院校	7	5006	1	1380	6	3626				
职业、运动技术学院	14	4671			11	4324	3	347		
体育运动学校	222	16912			37	3081	173	13481	12	350
竞技体校	9	323			3	128	4	146	2	49
少儿体育运动学校(业余体校)	1552	24169			21	509	393	12021	1138	11639
单项运动学校	17	371			2	161	15	210		
训练基地	55	3323	5	920	24	1958	24	433	2	12
体育场馆	699	16315	1	566	52	3391	437	10136	209	2222
科研所	57	1353	2	217	26	894	29	242		
其他事业单位	699	11577	10	502	223	6175	320	3497	146	1403
其他	144	1876	1	476	15	535	80	506	48	359

6-13-40 运动员获世界冠军情况

年 份	项数(项)	#女子	人数(人)	#女子	个数(个)	#女子
1978	4	2	4	2	4	2
1979	12	6.5	20	11	12	6.5
1980	3		3		3	
1981	25	12.5	53	32	25	12.5
1982	12	2	31	15	13	2
1983	37	15	50	24	39	17
1984	33	10	46	26	37	10
1985	42	20	70	41	46	23
1986	26	14	56	34	26	14
1987	64	39	72	34	69	41.5
1988	54	36.5	59	30	54	36.5
1989	80	49	83	48	82	50
1990	54	33.5	61	30	54	33.5
1991	88	57.5	86	51	93	61.5
1992	86	69.5	68	52	89	72.5
1993	101	66.5	106	70	103	68.5
1994	79	53.5	86	45	79	53.5
1995	98	49.5	187	86	102	51.5
1996	72	55	58	42	75	57
1997	87	46	96	46	92	50.5
1998	75	49	89	59	83	55
1999	91	43	129	72	92	44
2000	92	52	109	60	110	66.5
2001	79	46.5	138	77	90	54.5
2002	99	58	123	81	110	64
2003	17	15.5	94	62.5	84	49
2004	27	21	175	98	101	56
2005	22	19	159	89	106	63
2006	24	18	169	87	141	76
2007	22	16	217	123	123	70
2008	24	17	151	83	120	65.5
2009	30	17	223	134	142	87.5
2010	22	13	180	81	108	54.5
2011	24	13.5	198	102	138	78

注：男女混合运动项目，女子按半项和半个计算。

6-13-41 各地区分技术等级运动员发展人数

单位：人

地　区	合计	#女	国际级运动健将	#女	国家级运动健将	#女	一级运动员	#女	二级运动员	#女
总　计	**38380**	**14242**	**300**	**135**	**1675**	**682**	**7580**	**2917**	**28825**	**10508**
国家直属	630	225	47	26	230	83	18	7	335	109
地方合计	37750	14017	253	109	1445	599	7562	2910	28490	10399
北　京	1751	689	19	4	144	56	411	168	1177	461
天　津	1175	534	7	4	98	46	217	126	853	358
河　北	2489	958			70	37	458	201	1961	720
山　西	635	259	1				67	25	567	234
内蒙古	831	307	28	8	18	6	118	60	667	233
辽　宁	2451	992	7	4	99	47	581	239	1764	702
吉　林	1588	530	2	2	37	11	215	83	1334	434
黑龙江	1008	363	6	5	141	24	247	106	614	228
上　海	1554	651	81	30			336	132	1137	489
江　苏	1554	596					442	193	1112	403
浙　江	1950	779	9	5	122	59	633	277	1186	438
安　徽	1079	425	7	4	37	24	26	14	1009	383
福　建	1314	502			44	19	313	128	957	355
江　西	692	187			20	5			672	182
山　东	2512	717	16	12	14	7	691	32	1791	666
河　南	3387	1042	3	2	94	36	406	146	2884	858
湖　北	1385	445	4	1	54	29	217	96	1110	319
湖　南	1467	594	7	3	31	20	367	161	1062	410
广　东	2118	839	28	9	158	67	498	174	1434	589
广　西	186	87	3	2	29	17	102	46	52	22
海　南	374	127	3	3	6	1	77	33	288	90
重　庆	1351	501	3	2	16	6	186	70	1146	423
四　川	2179	927	8	4	97	38	407	215	1667	670
贵　州	437	173	2	1	13	6	22	9	400	157
云　南	622	232	4	1	21	12	163	59	434	160
西　藏	9	1			6	1	2		1	
陕　西	466	180	4	2	35	12	136	40	291	126
甘　肃	343	106			19	7	99	21	225	78
青　海	182	53			3	3	32	12	147	38
宁　夏	394	111			2	1	67	31	325	79
新　疆	267	110	1	1	17	2	26	13	223	94

6-13-42 分项目分技术等级运动员发展人数

单位：人

项目	合计	#女	国际级运动健将	#女	国家级运动健将	#女	一级运动员	#女	二级运动员	#女
总计	**38380**	**14242**	**300**	**135**	**1675**	**682**	**7580**	**2917**	**28825**	**10508**
田径	5341	1626	4		36	15	694	229	4607	1382
游泳	2492	1189	3	3	45	14	532	232	1912	940
跳水	309	155	10	4	52	31	108	57	139	63
水球	101	48	9	3	36	21	53	24	3	
花样游泳	61	61	1	1	15	15			45	45
体操	295	147			29	21	112	49	154	77
艺术体操	137	124			43	37	20	20	74	67
蹦床	105	57			5	4	53	31	47	22
举重	336	141	3	1	41	18	99	56	193	66
拳击	790	194	8	6	81	36	159	34	542	118
国际式摔跤	686	205	5	1	29	17	34	9	618	178
中国式摔跤	546	144	18	3	31	18	26	10	471	113
柔道	858	349	4	4	54	32	165	68	635	245
跆拳道	1484	608	1	1	15	5	317	139	1151	463
自行车	309	91	2	1	24	6	173	34	110	50
击剑	449	204	23	12	19	10	109	45	298	137
马术										
现代五项	52	15	1	1	11	8	16	5	24	1
射击	1175	524	11	7	17	6	515	206	632	305
射箭	187	86	3	1	7	4	57	23	120	58
赛艇	638	255	33	13	146	54	187	87	272	101
皮划艇	577	158	12	10	104	31	180	42	281	75
帆船	193	84	11	7	87	31	63	30	32	16
足球	2956	818	1	1	56	17	593	174	2306	626
篮球	4722	1495	10	5	74	27	963	319	3675	1144
排球	2435	1055			56	28	499	206	1880	821
沙滩排球	145	76			5	3	16	10	124	63
乒乓球	1926	861	8	3	17	7	181	74	1720	777
羽毛球	618	269	5	4	32	15	148	64	433	186
网球	991	428	10	6	3	2	58	30	920	390
手球	549	266	28	14	18	12	86	36	417	204
曲棍球	380	202	7	7	31	9	80	32	262	154
棒球	335		14		59		80		182	
垒球	295	275	5	5	23	23	110	110	157	137
速度滑冰	146	38			26	3	65	17	55	18
短道速滑	80	29			42	13	26	12	12	4
花样滑冰	34	17			13	5	15	8	6	4
冰球	92	15			69	1	23	14		
冰壶	36	20	3	2	4	1	8	1	21	16
高山滑雪	28	11					11	6	17	5
越野滑雪	69	28			1	1	11	4	57	23
跳台滑雪	6	3			1	1	1		4	2
自由式滑雪	2	2	2	2						
单板滑雪	2	1					2	1		
冬季两项	2	1			1		1	1		
技巧	88	60	2	1	5	3	42	26	39	30

6-13-42 续表 单位：人

项　目	合计	#女	国际级运动健将	#女	国家级运动健将	#女	一级运动员	#女	二级运动员	#女
健美操	742	409	2		45	15	276	137	419	257
街舞										
软式网球	129	36			4	3	35	8	90	25
武术	2962	860	13	2	74	26	277	93	2598	739
滑水	15	3	3	1	12	2				
潜水										
蹼泳	16	8			14	6	1	1	1	1
摩托艇	21	14	1		9	5	11	9		
围棋	442	93	14				29	4	399	89
国际象棋	362	140	2	1	6	4	96	36	258	99
中国象棋	248	100	4	1	3	1	59	17	182	81
桥牌										
登山	35	10			12	1	4		19	9
摩托车										
汽车										
铁人三项	6	2			2	1	4	1		
高尔夫球										
保龄球										
掷球										
台球										
藤球										
壁球										
橄榄球	65	34			13	6	36	17	16	11
车辆模型	19	5			1		4		14	5
航海模型	36	6			2		16	2	18	4
定向										
航空模型	62	13			2		15	3	45	10
跳伞	6	4			3	3	3	1		
滑翔										
运动飞机										
热气球										
轮滑	43	14	1		4		9	4	29	10
业余无线电	33	14			2		4	1	27	13
毽球										
门球										
舞龙舞狮										
龙舟										
钓鱼										
风筝										
信鸽										
体育舞蹈										
健美	80	42	3	1	4	4	10	8	63	29
拔河										
飞镖										
救生										
健身气功										
电子竞技										

6-13-43 各地区分等级教练员发展人数

单位：人

地　区	合　计	#女	国家级	#女	高级	#女	中级	#女	初级	#女
总　计	**1054**	**330**	**13**	**3**	**161**	**45**	**332**	**84**	**539**	**194**
国家直属	4		1		1		1		1	
地方合计	1050	330	12	3	160	45	331	84	538	194
北　京	62	24			7	3	19	9	36	12
天　津	14	4	1		2	1	7	2	4	1
河　北	15	3					4		10	3
山　西	1								1	
内蒙古	15	3			2	1	3		10	2
辽　宁	92	24	3	2	10	3	31	6	48	13
吉　林	30	15			11	3	10	5	9	7
黑龙江	37	11			11	1	9	1	17	9
上　海	22	3			9	2	7		6	1
江　苏	80	27	2		9	3	29	9	40	15
浙　江	48	17	1		6	1	4	1	37	15
安　徽	19	2							19	2
福　建	61	25	1		14	4	14	6	31	15
江　西	17	5			5	2	6		6	3
山　东	95	41			9	1	37	16	49	24
河　南	82	19			18	6	37	4	27	9
湖　北	52	13	3	1	22	4	14	2	13	6
湖　南	26	5			2		5		18	5
广　东	45	19			3	2	16	4	23	11
广　西	41	6			1	1	18	3	22	2
海　南	8	1	1				4		3	1
重　庆	11	5			2	1	3	1	6	3
四　川	42	15			3	3	14	5	25	7
贵　州	11	3			1		2	1	8	2
云　南	33	14			2		14	5	17	9
西　藏	7	2					6	2	1	
陕　西	27	10			1	1	6	2	20	7
甘　肃	23	6			3		4		13	4
青　海	4				1		1		2	
宁　夏	4	1					2		2	1
新　疆	26	7			6	2	5		15	5

【主要统计指标解释】

文化及相关产业 指为社会公众提供文化、娱乐产品和服务的活动以及与这些活动有关联的活动的集合。根据提供文化、娱乐产品和服务活动的属性特点，划分为公益性文化活动和经营性文化活动两大类。

艺术表演团体 指由文化部门主办或实行行业管理（经文化市场行政部门审批或已申报登记并领取相关许可证），专门从事表演艺术等活动的各类专业艺术表演团体，含民间职业剧团。不包括群众业余文艺表演团体。

艺术表演场馆 指由文化部门主办或实行行业管理（经文化市场行政部门审批或已申报登记并领取相关许可证），有观众席、舞台、灯光设备，公开售票、专供文艺团体演出的文化活动场所。

文物及文化保护 指对具有历史、文化、艺术、科学价值，并经有关部门鉴定，列入文物保护范围的不可移动文物的保护和管理活动；对我国语言、文字、民间文化艺术、民俗等非物质遗产的文化保护和管理活动。包括近现代重要史迹及具有代表性、纪念性的建筑物的保护（含革命遗址、纪念碑、名人故居）；寺庙、清真寺、教学及各种祠、堂、碑遗址的保护；古文化遗址、古墓地、古建筑、石窟寺、石记得等的保护；民族语言、文字遗产保护；民间艺术（民间传说、神话、歌谣、故事、音乐、舞蹈、戏曲、曲艺皮影、绘画、剪纸等）遗产保护；民间、民俗传统活动（传统节日、庆典、民族艺术活动、民族体育活动等）遗产保护；民族制作（建筑风格、服饰、家具、木器、陶器、铜器等）遗产保护；其他未列明的文物与文化保护。

博物馆 指为了研究、教育、欣赏的目的，收藏、保护、展示人类活动和自然环境的见证物，向公众开放，非营利性、永久性社会服务机构，包括以博物馆（院）、纪念馆（舍）、美术（艺术）馆、科技馆、陈列馆等专有名称开展活动的单位。

总藏量 指图书馆已编目的古籍、图书、期刊和报纸的合订本、小册子、手稿，以及缩微制品、录像带、录音带、光盘等视听文献资料数量之和。

藏品 藏品是文博机构根据收藏品的文化属性、自然属性等情况，所划分的文物藏品、标本藏品、模型藏品（含具有收藏、展示价值的雕塑、绘画等艺术作品）和复制品藏品的总和。本指标所统计的藏品是指报告期末，该机构已经整理并登记入账的藏品数。

公共广播节目套数 指经国家广电总局批准的、广播电视播出机构开办的不向听众收取收听费用，以为大众提供公共广播服务为主要目的，用固定频率播出，并编有整套自办节目时间表的广播节目套数。

全年制作广播节目时间 指广播电视节目制作机构全年自采、自编、自录的及合作制作、加工制作的各类广播节目，包括直播广播节目。

公共电视节目套数 指经国家广电总局批准的、广播电视播出机构开办的不向观众收取收看费用，以为大众提供公共电视服务为主要目的，用固定频率播出的自办电视节目套数。

付费电视节目套数/时间 指经国家广电总局批准的、广播电视播出机构开办的向观众收取收看费用，以提供个性化、对象化、专业化为主的电视节目套数以及全年的播出时间（含重复播出时间）。

全年制作电视节目时间 指广播电视节目制作机构全年自采、自编、自录的及合作制作、加工制作的各类电视节目，包括直播电视节目。

全年公共电视节目播出时间 指广播电视播出机构自办节目频道内全年播出公共电视节

目的时间（含重复播出时间）。

中、短波转播发射台 经省以上广电行政部门批准的有固定人员编制，固定频率和播出时间的中、短波发射台和转播台。

调频转播发射台 经省以上广电部门批准的有固定人员编制，固定频率和播出时间的调频发射台和转播台。

电视转播发射台 经省以上广电部门批准的有固定人员编制，固定频率和播出时间的电视发射台和转播台。

有线广播电视用户数 指通过广播电视有线传输网收看电视节目的家庭用户数，包括接收模拟信号和接收数字信号的有线电视用户数。

数字电视用户数 指通过广播电视有线传输网收看数字信号电视节目的家庭用户数。

广播综合人口覆盖率 根据国家广电总局制定的《广播电视人口覆盖率统计技术标准和方法》进行统计调查的，在对象区内能接收到中央、省、地市或县通过无线、有线或卫星等各种技术方式转播的各级广播节目的人口数占全部总人口的比重。

电视发射转播台 经省以上广电部门批准的有固定人员编制，固定频率和播出时间的电视发射台和转播台。

电视节目综合人口覆盖率 根据国家广电总局制定的《广播电视人口覆盖率统计技术标准和方法》进行统计调查的，在对象区内能接收到中央、省、地市、或县通过无线、有线或卫星等各种技术方式转播的中央电视节目的人口数占全部总人口的比重。

有线电视入户率 计算公式为：（有线广播电视用户数 / 全国总户数）× 100%

使用“中国标准书号”合计 使用统一书号的主要有两类：1.各级技术标准文献；2.年画、年历画、台历、无书名页的单张美术印刷品或折页美术印刷品，不另加封面的出版物（如活页文选、活页歌篇、小件印品）等。

不使用“中国标准书号”部分合计 指图片、图标（GB）、部标（BB）等标准类文件印品、活页文选、活页歌篇、小件印品等。

少年儿童读物类图书和课本出版种数 少年儿童读物是指供初中及初中以下少年儿童阅读的书籍，课本是指供大、中、小学生及业余教育使用的书籍。

国家综合档案馆 指归口中央或地方各级档案行政管理部门直接管理的，按行政区划或历史时期设置的，收集和管理所辖范围内多种门类档案的档案馆。

6 第三产业部分行业主要业务指标

6-14　公共管理、社会保障和社会组织

简要说明

本篇资料主要包括社会活动参与、公检法司、妇女干部、劳动保障、社会组织情况等内容。

一、社会活动参与的内容主要包括历届全国人大代表情况、历届全国政协委员情况、全国工会组织情况。全国人大代表数由全国人大办公厅联络局提供，依全国人大换届情况每五年更新一次；全国政协委员数由全国政协办公厅人事局提供，依全国政协换届情况每五年更新一次；全国工会组织情况由全国总工会依据统计报表制度整理提供。

二、公检法司的资料主要包括公安机关的刑事案件立案情况和治安案件查处情况，交通、火灾事故情况，检察机关的办案情况，人民法院审理案件和收结案情况，以及律师、公证、调解工作等情况。资料分别由公安部、最高人民检察院、最高人民法院和司法部依据统计报表制度整理提供。

三、妇联干部情况主要包括分年龄、学历、政治面貌妇联系统专职干部情况和妇联干部的流动等情况。资料由全国妇联提供。

四、劳动保障统计资料主要包括参加社会保险人员情况、社会保险基金情况、劳动争议仲裁等情况。劳动保障资料是人力资源和社会保障部根据其《培训、就业统计报表制度》整理提供。

五、新型农村合作医疗情况主要包括开展新型农村合作医疗的县（市、区）数、参加新农合人数、筹资额和补偿受益人次等情况。资料由民政部提供。

6-14-1　历届全国人民代表大会代表人数

届别	年份	代表总数（人）	#女代表	#少数民族代表	占代表总数比重(%) 女代表	少数民族代表
一届	1954	1226	147	177	12.0	14.4
二届	1959	1226	150	180	12.2	14.7
三届	1964	3040	542	373	17.8	12.3
四届	1975	2885	653	270	22.6	9.4
五届	1978	3497	740	381	21.2	10.9
六届	1983	2978	632	404	21.2	13.6
七届	1988	2970	634	445	21.3	15.0
八届	1993	2978	626	439	21.0	14.7
九届	1998	2979	650	428	21.8	14.4
十届	2003	2984	604	415	20.2	13.9
十一届	2008	2987	637	411	21.3	13.8

6-14-2　历届全国政治协商会议委员人数

届别	年份	委员总数（人）	#中国共产党委员	#少数民族委员	占委员总数比重(%) 中国共产党委员	少数民族委员
六届	1983	2042	811	179	39.7	8.8
七届	1988	2038	832	221	40.8	10.8
八届	1993	2093	831	241	39.7	11.5
九届	1998	2195	875	258	39.9	11.8
十届	2003	2238	895	262	40.0	11.7
十一届	2008	2237	892	250	39.9	11.2

6-14-3 妇联干部情况

单位：人

项目	1990	1995	2005	2006	2007	2008	2009	2010	2011
干部总数	**97566**	**82834**	**61565**	**75236**	**76144**	**77567**	**73059**	**78122**	**89951**
按行政级别分									
司局级	132	321	255	314	304	344	658	355	342
县处级	1013	2739	3201	3300	3501	3391	3496	4013	4342
科以下	96421	79774	58109	71622	72339	73832	68905	73754	85267
按年龄分									
35岁以下	56761	24570	28355	32444	31309	32738	30020	31617	33976
36-45岁	30332	47197	24897	31485	30758	31687	30702	33682	39148
46-55岁	9512	10349	7976	10584	11836	12521	11101	11871	15233
56岁以上	961	718	337	723	2241	621	1236	952	1594
按政治面貌分									
共产党员	59097	54038	49516	60408	60259	61396	60248	63322	71782
共青团员	21549	13271	4556	4010	3768	3954	3785	3624	5186
民主党派	1136	1281	599	567	452	474	474	385	521
群众	15784	14244	6894	10251	11665	11743	8552	10791	12462
按文化程度分									
博士研究生			13	10	65	65	29	23	51
硕士研究生		698	1127	1531	1973	2041	2261	2937	3184
大学本科、大专学历	17615	30146	50380	60277	61972	68536	62211	67057	76447
高中、中专及以下	79951	51990	10045	13418	12134	6925	8558	8105	10269
按行政编制分									
行政编制	69158	65336	48994	54538	51482	49613	52036	54088	58247
事业编制	7217	4944	10912	16733	20993	21481	17161	18132	24809
招聘干部	21191	12554	1659	3965	3669	6473	3862	5902	6895
#少数民族干部	14638	10834	9156	11500	10229	10304	10294	12118	14260
干部参加学历教育情况									
博士研究生			43	10	8	9	18	8	8
硕士研究生		149	820	913	160	966	1000	841	954
大学、大专学历	6676	4025	6447	10839	10519	6319	7239	7064	8291
干部参加非学历教育情况									
党校培训			18625	21654	24358	25094	26689	24022	10372
参照公务员管理培训			23088	22883	21541	20443	19855	17056	20977
岗位培训	37542	9391	22637	18503	19814	19607	18812	16041	24790
干部流动情况									
调入	1273	2010	3385	5580	4674	4970	4610	6151	8023
调出	8262	1629	2918	5120	4291	3547	3961	5644	7479
省(区、市)妇联领导进同级									
党委	22	13	18	23	23	25	16	14	16
人大	24	88	33	14	28	30	27	25	24
政协	24	33	30	19	30	32	30	25	19

注：妇联干部指在妇联系统工作的专职干部。

6-14-4 工会组织情况

单位：万人

年 份	工会基层组织数(万个)	全国已建工会组织的基层单位的职工与会员人数				工会专职工作人员人数
		职工人数	#女职工	会员人数	#女会员	
1952	20.7	1393.2		1002.3		5.3
1957	16.5	2158.3		1746.7		
1962	16.5	2667.1		1922.0		8.6
1979	32.9	6897.2	2171.7	5147.3		17.9
1980	37.6	7448.2	2518.6	6116.5		24.3
1981	41.1	8183.0	2902.0	6843.9	2412.8	29.1
1982	43.3	8586.6	3065.9	7331.6	2629.3	32.2
1983	44.7	8845.7	3191.8	7693.4	2771.4	33.7
1984	46.6	9243.9	3370.3	8029.1	2950.3	41.9
1985	46.5	9643.0	3596.7	8525.8	3149.2	38.1
1986	50.2	9949.6	3664.3	8908.5	3309.2	45.9
1987	53.6	10411.8	3900.4	9336.5	3486.9	47.0
1988	56.4	10747.4	4434.9	9628.9	3647.0	47.4
1989	58.9	10998.6	4178.7	9909.2	3777.7	48.8
1990	60.6	11156.9	4291.0	10135.6	3897.7	55.6
1991	61.4	11351.4	4394.8	10389.1	3991.6	58.0
1992	61.7	11223.9	4377.1	10322.5	3974.0	58.0
1993	62.7	11103.8	4359.9	10176.1	3949.6	55.4
1994	58.3	11269.6	4483.2	10202.5	4018.1	56.0
1995	59.3	11321.4	4515.3	10399.6	4116.5	46.8
1996	58.6	11181.4	4500.0	10211.9	4093.1	60.5
1997	51.0	10111.5	4004.8	9131.0	3579.4	57.7
1998	50.4	9716.5	3882.0	8913.4	3546.7	48.4
1999	50.9	9683.0	3797.9	8689.9	3406.2	49.7
2000	85.9	11472.1	4534.5	10361.5	3917.3	48.2
2001	153.8	12997.0	5087.9	12152.3	4696.6	
2002	171.3	14461.5	5157.6	13397.8	4665.2	47.2
2003	90.6	13301.6	5079.3	12340.5	4601.2	46.5
2004	102.0	14436.7	5502.6	13694.9	5135.3	45.6
2005	117.4	15985.3	6016.3	15029.4	5574.8	47.7
2006	132.4	18143.6	6719.3	16994.2	6177.8	54.3
2007	150.8	20452.4	7494.5	19329.0	7042.2	60.2
2008	172.5	22487.5	8168.8	21217.1	7773.8	70.5
2009	184.5	24535.3	8652.6	22634.4	8248.4	74.6
2010	197.6	25345.4	9288.1	23996.5	8871.5	86.4
2011	232.0	27304.7	10211.2	25885.1	9763.6	99.8

注：2003年起工会基层组织数统计口径有所调整。

6-14-5 律师、公证和调解工作基本情况

项目		2002	2003	2004	2005	2006	2007	2008	2009	2010	2011
律师工作											
律师事务所	(个)	10873	11593	11823	12988	13096	13593	14467	15888	17230	18235
律师工作人员	(人)	136684	142534	145196	153846	164516	143967	156710	173327	195170	214968
#专职律师		90012	99793	100875	114471	122242	128172	140135	155457	176219	192546
兼职律师		12186	6850	6966	7418	8068	7842	8116	8764	9294	9740
聘请担任常年											
法律顾问的单位	(处)	265362	271669	282361	276097	279573	295990	314876	338179	369129	392456
民事诉讼代理	(件)	767628	781452	853897	965956	1027117	1247877	1401147	1499105	1569043	1693635
经济诉讼代理	(件)	381146	405133	357326	376793	377999					
刑事诉讼辩护及代理	(件)	335267	324454	332688	354229	341619	495824	511971	564204	530800	569330
行政诉讼代理	(件)	43703	48115	50778	50389	56657	56342	54666	57286	51011	52136
非诉讼法律事务	(件)	827057	876696	904516	933346	915482	607049	729218	569304	549453	625229
涉外及涉港澳台											
法律事务	(件)	26788	20622	37728	36361	10700					
法律咨询	(万人次)	487.41	430.25	471.05	441.48	520.13	381.83	350.86	383.08	474.51	513.55
代写法律事务文书	(万件)	119.70	120.27	123.16	120.07	145.32	715.37	720.99	684.22	723.72	787.36
公证工作											
公证处	(个)	3157	3175	3164	3160	3082	3031	3035	3023	3026	3006
公证人员	(人)	19460	20015	19913	20789	31123	21060	33462	23077	24185	25609
#公证员		12245	12093	11714	11738	21362	11616	22284	11282	11457	12163
公证员助理		2556	3018	3644	4138	4709	4966	5469	5895	6678	7089
办理公证文书	(万件)	1004.5	1010.4	1021.9	945.2	980.7	971.4	949.0	1075.1	1104.8	1076.6
人民调解工作											
专职司法助理员	(人)	47173	46088	63438	61666	62573	60824	74147	72704	72698	95430
人民调解委员会	(万个)	89.1	87.8	85.3	84.7	84.3	83.7	82.7	82.4	81.8	81.1
调解人员	(万人)	716.2	669.2	514.4	509.7	498.2	486.9	479.3	493.9	466.9	433.6
调解民间纠纷	(万件)	314.1	449.2	441.4	448.7	462.8	480.0	498.1	579.7	841.8	893.5

注：2011年起，专职司法助理员统计口径有所调整，地方司法所事业编制专职司法助理员纳入统计。

6-14-6 国内公证文书分类

分类	2010		2011	
	办证件数（件）	比重（%）	办证件数（件）	比重（%）
经济公证	**3137515**	**100.00**	**2974332**	**100.00**
购销	55820	1.78	33968	1.14
联营	8903	0.28	3248	0.11
拍卖	27104	0.86	47274	1.59
贷款	1532057	48.83	1376410	46.28
担保	83410	2.66	98754	3.32
招标、投标	99307	3.17	102597	3.45
技术合作	1123	0.04	765	0.03
供用电	4591	0.15	4101	0.14
劳务合同	36143	1.15	41421	1.39
建筑工程承包	13514	0.43	11258	0.38
工商服务业承包	3084	0.10	1724	0.06
农林牧副渔业承包	72342	2.31	28330	0.95
乡镇企业承包	1244	0.04	823	0.03
财产租赁	11502	0.37	7856	0.26
企业租赁	2116	0.07	2497	0.08
资产经营协议	9033	0.29	27109	0.91
还款协议	102966	3.28	86240	2.90
土地使用权出让、转让	25418	0.81	22265	0.75
其他经济合同	214996	6.85	191896	6.45
法人(代表人)资格	17397	0.55	16338	0.55
法人委托书	146072	4.66	209156	7.03
公司章程	3841	0.12	3657	0.12
执行许可证明	8691	0.28	9996	0.34
提存	5108	0.16	4359	0.15
抵押登记	88724	2.83	84390	2.84
公司会议记录	3936	0.13	13176	0.44
其他	559073	17.82	544724	18.31
民事法律关系公证	**4550897**	**100.00**	**4498533**	**100.00**
收养	4450	0.10	3312	0.07
解除收养	3227	0.07	3340	0.07
继承权	559626	12.30	604971	13.45
遗嘱	90917	2.00	94724	2.11
产权	17898	0.39	18852	0.42
亲属关系	65035	1.43	75645	1.68
死亡	10860	0.24	16711	0.37
房屋买卖	318810	7.01	262135	5.83
房屋租赁	11948	0.26	12247	0.27
留学协议	10017	0.22	10546	0.23
遗赠扶养协议	16083	0.35	14004	0.31
委托书	1426942	31.36	1385059	30.79
赠与书	165773	3.64	174666	3.88
声明书	425099	9.34	401733	8.93
现场监督	100459	2.21	118238	2.63
签名印鉴属实	74381	1.63	103034	2.29
副本等与原本相符	115865	2.55	113933	2.53
宅基地使用权	8546	0.19	15640	0.35
证据保全	162472	3.57	135725	3.02
拆迁协议	64188	1.41	51197	1.14
计划生育	9662	0.21	12122	0.27
赡养协议	11928	0.26	10196	0.23
合伙协议	10497	0.23	8362	0.19
夫妻财产协议	52521	1.15	48831	1.09
其他民事协议	223035	4.90	211739	4.71
其他	590658	12.98	591571	13.15

6-14-7　涉外公证文书分类

分　类	2010		2011	
	办证件数（件）	比　重（%）	办证件数（件）	比　重（%）
合　计	**3099102**	**100.00**	**3073979**	**100.00**
收　养	10195	0.33	8911	0.29
遗　嘱	1793	0.06	1244	0.04
出　生	436985	14.10	444349	14.46
死　亡	11377	0.37	13770	0.45
生存、居住	17444	0.56	15950	0.52
学　历	256296	8.27	216028	7.03
经　历	27138	0.88	25968	0.84
国　籍	32072	1.03	27244	0.89
婚姻状况	172279	5.56	174406	5.67
亲属关系	336600	10.86	321082	10.45
继 承 权	5166	0.17	4831	0.16
受、未受刑事处分	345164	11.14	338292	11.01
声 明 书	69336	2.24	66207	2.15
委 托 书	35304	1.14	41386	1.35
营业证书	19471	0.63	19270	0.63
公司章程	3198	0.10	6487	0.21
其他法律文书	43187	1.39	32064	1.04
职　称	8662	0.28	8939	0.29
法人资格	3657	0.12	6292	0.20
商标注册	472	0.02	896	0.03
贷　款	826	0.03	750	0.02
担　保	803	0.03	2952	0.10
其他经济合同	4427	0.14	5383	0.18
副本等与原本相符	544695	17.58	555216	18.06
签名印鉴属实	209498	6.76	187624	6.10
其　他	503057	16.23	548438	17.84

6-14-8　调解民间纠纷分类

项　目	调解纠纷（件）		各类纠纷所占比重（%）	
	2010	2011	2010	2011
合　计	**8418393**	**8935341**	**100.0**	**100.0**
#婚姻家庭	1596880	1761612	19.0	19.7
房屋、宅基地	590628	614109	7.0	6.9
邻　里	1791702	2043793	21.3	22.9
损害赔偿	643448	727803	7.6	8.1

6-14-9 在押服刑人员基本情况

单位：人

指　　标	2010	2011
年初在押服刑人数	1646593	1656773
#女　性	90322	93051
未成年	18450	16701
释放人数	391380	403106
年末在押服刑人数	1656773	1641931

注：1.未成年是指14-18岁服刑人员。
　　2.释放人员是指减刑释放、假释和刑满释放人员。

6-14-10 公安机关立案的刑事案件及构成

案件类别	立　案（起）		构　成（%）	
	2010	2011	2010	2011
合　计	**5969892**	**6005037**	**100.00**	**100.00**
杀　人	13410	12013	0.22	0.20
伤　害	174990	165098	2.93	2.75
抢　劫	237258	202647	3.97	3.37
强　奸	33696	33336	0.56	0.56
拐卖妇女儿童	10082	13964	0.17	0.23
盗　窃	4228369	4259482	70.83	70.93
诈　骗	457350	484813	7.66	8.07
走　私	1105	1350	0.02	0.02
伪造、变造货币,出售、购买、运输、持有、使用假币	1565	688	0.03	0.01
其　他	812067	831646	13.60	13.85

注：2011年共破获刑事案件2312832起。

6-14-11 公安机关受理和查处治安案件数

案件类别	受　理（起）	查　处（起）	每万人口受理案件数（起/万人）
合　计	**13165583**	**12563823**	**97.1**
扰乱单位秩序	151437	149787	1.1
扰乱公共场所秩序	478102	477873	3.5
寻衅滋事	123708	117617	0.9
阻碍执行职务	31521	30785	0.2
非法携带枪支、弹药、管制工具	73422	72657	0.5
违反危险物质管理规定	24605	24200	0.2
殴打他人	4416863	4264526	32.6
故意伤害	278482	261037	2.1
盗　窃	2081986	1814719	15.4
敲诈勒索	22734	20231	0.2
抢　夺	46685	38236	0.3
盗窃、损毁公共设施	17828	15993	0.1
伪造、变造、倒卖有价票证、凭证	18441	18411	0.1
违反旅馆业管理	151077	149933	1.1
违反房屋出租管理	226765	225829	1.7
诈　骗	204572	171513	1.5
卖淫、嫖娼	96162	95294	0.7
赌　博	367442	363999	2.7
毒品违法活动	365252	363522	2.7
其　他	3988499	3887661	29.4

6-14-12 交通事故情况

类　别	发生数(起)	死亡人数(人)	受伤人数(人)	直接财产损失(万元)
总　计	**210812**	**62387**	**237421**	**107873**
#重大事故	54704	62387	31420	52383
#特大事故	1201	5047	4198	8025
机动车	198113	59673	224619	104788
#汽　车	145338	46100	159195	94912
摩托车	46749	11070	59455	7445
拖拉机	3951	1546	3891	847
非机动车	10347	1551	11381	1724
#自行车	1522	315	1428	441
行人乘车人	2277	1134	1348	1346
其　他	75	29	73	15

6-14-13 各地区交通事故情况

地　区	发生数(起)	死亡人数(人)	受伤人数(人)	直接财产损失(万元)
全　国	**210812**	**62387**	**237421**	**107873.0**
北　京	3934	924	4503	1946.8
天　津	2600	908	2875	2170.8
河　北	5197	2602	4661	3372.3
山　西	6239	2308	7212	3113.0
内蒙古	4591	1270	4866	2335.7
辽　宁	6446	2090	6184	2745.2
吉　林	3639	1424	4034	5971.5
黑龙江	3435	1302	3595	4560.2
上　海	2085	944	1749	1295.8
江　苏	13436	4899	12460	6012.7
浙　江	20178	5235	21263	8453.8
安　徽	14005	2758	16493	4837.4
福　建	11517	2680	13705	4691.3
江　西	3354	1507	3910	4857.1
山　东	13375	3974	12902	5050.7
河　南	6877	1670	7398	3617.3
湖　北	6490	1909	7609	4030.0
湖　南	8118	2039	11037	5170.5
广　东	26586	5873	31015	9358.7
广　西	4290	2287	4885	1622.6
海　南	1737	473	2421	554.9
重　庆	5729	985	8528	1363.5
四　川	11860	2805	14982	7330.9
贵　州	1566	1020	2270	1611.4
云　南	5022	1806	6467	2688.6
西　藏	943	317	1013	689.3
陕　西	6362	1893	6087	3331.9
甘　肃	3027	1505	3578	2839.5
青　海	1163	559	1420	455.0
宁　夏	1829	428	2404	763.6
新　疆	5182	1993	5895	1031.0

6-14-14 火灾事故情况

项目	合计	特大	重大	较大	一般
发生（起）	125417		7	80	125330
死亡（人）	1108		82	287	739
受伤（人）	571		32	54	485
直接经济损失（万元）	205743.4		11560.2	15775.3	178407.9
平均每起事故损失（元）	16405		16514571	1971913	14235

6-14-15 各地区火灾事故情况

地区	发生数（起）	死亡人数（人）	受伤人数（人）	直接经济损失（万元）	人口火灾发生率（1/10万人）
全国	**125417**	**1108**	**571**	**205743.4**	**9.25**
北京	4044	30	41	5035.0	31.57
天津	842	17	10	842.4	8.42
河北	4557	16	27	6731.5	6.20
山西	4679	14	9	4643.5	13.37
内蒙古	10365	49	17	6217.7	42.03
辽宁	4088	32	4	16105.9	9.61
吉林	7587	29	10	3717.6	27.83
黑龙江	2359	16	18	3789.4	6.15
上海	5813	43	46	11000.4	40.96
江苏	4715	75	46	10761.5	6.27
浙江	3565	87	54	6086.8	7.46
安徽	5870	35	13	6290.2	8.52
福建	4116	47	10	6965.9	11.59
江西	4647	29	14	8385.7	9.78
山东	3818	19	11	7768.8	3.98
河南	3437	20	6	3488.8	3.15
湖北	8292	46	4	6287.8	13.45
湖南	3781	45	14	7450.3	5.30
广东	8159	132	65	21613.9	9.45
广西	1889	45	12	5802.1	3.52
海南	710	6	1	1424.3	7.82
重庆	3777	49	22	4345.6	11.34
四川	5591	42	17	10193.0	6.17
贵州	1170	55	10	6625.4	2.76
云南	1350	53	33	7365.8	2.96
西藏	248	10	7	529.9	8.20
陕西	5006	22	6	9417.8	12.81
甘肃	909	5	5	5395.7	3.33
青海	1685	6	17	6044.4	30.22
宁夏	3255	1	1	237.7	49.95
新疆	5093	33	21	5178.5	23.12

6-14-16 人民检察院直接立案侦查案件情况

案件分类	受案（件）	立案件数（件）	#大案	立案人数（人）	#要案	结案件数（件）	结案人数（人）
合　计	**46833**	**32567**	**22131**	**44506**	**2524**	**32006**	**43718**
贪污贿赂案件小计	**35852**	**25212**	**18464**	**33921**	**2216**	**24749**	**33314**
贪污	14579	8475	5508	14366	343	8412	14149
贿赂	18023	13915	10927	15685	1682	13356	15136
挪用公款	2813	2607	2029	3365	109	2733	3456
集体私分	290	196		480	77	223	536
巨额财产来源不明	136	16		17	5	14	15
其他	11	3		8		11	22
渎职案件小计	**10981**	**7355**	**3667**	**10585**	**308**	**7257**	**10404**
滥用职权	3815	2493	1404	3398	157	2452	3317
玩忽职守	4825	3615	1738	4879	80	3568	4796
徇私舞弊	1390	718	305	1033	49	692	1000
其他	951	529	220	1275	22	545	1291

注：结案中含上年旧存（以下各表同）。

6-14-17 人民检察院审查批准、决定逮捕犯罪嫌疑人和提起公诉被告人情况

案件分类	批捕、决定逮捕合计		决定起诉合计	
	件	人	件	人
合　计	**640567**	**923510**	**824052**	**1238861**
公安、安全、监狱机关提请小计	**627570**	**908756**	**796774**	**1201032**
危害国家安全案	405	930	377	974
危害公共安全案	54227	59004	123206	130278
破坏社会主义市场经济秩序案	26559	40604	33860	54891
侵犯公民人身、民主权利案	142270	186441	173501	238013
侵犯财产案	264910	394706	296692	461706
妨害社会管理秩序案	139006	226834	168936	314881
危害国防利益案	190	234	200	287
军人违反职责案	3	3	2	2
检察机关直接立案侦查案件小计	**12997**	**14754**	**27278**	**37829**
贪污贿赂案	11604	13102	21722	29657
渎职侵权案	1393	1652	5556	8172

6-14-18　人民检察院处理申诉案件情况

单位：件

案件分类	受　案	立案复查	结　案	
				#改变原决定
合　　计	**11391**	**8395**	**8260**	**928**
不服检察机关处理决定	**4224**	**3458**	**3440**	**928**
不服不批捕	1048	890	876	154
不服不起诉	1822	1599	1586	203
不服撤案	52	38	40	3
不服原免予起诉	56	44	43	6
其他	1246	887	895	562
不服法院刑事判决裁定	**7167**	**4937**	**4820**	
刑罚执行中被害人申诉	2671	1913	1865	
刑罚执行中被告人申诉	2298	1631	1599	
刑罚执行完毕后被害人申诉	669	470	455	
刑罚执行完毕后被告人申诉	1529	923	901	

6-14-19　人民检察院出庭公诉情况

单位：件

案件类别	适用简易程序	出庭公诉					
			一　审	二　审			再　审
					上诉案	抗诉案	
合　　计	**328209**	**480739**	**466795**	**13185**	**10360**	**2825**	**759**
贪污贿赂	1599	21217	19855	1229	770	459	133
渎职侵权	627	4695	4527	146	76	70	22
刑事案件	325983	454827	442413	11810	9514	2296	604
军人违反职责							

6-14-20　人民检察院办理刑事抗诉案件情况

案件类别	提出抗诉（件）	撤回抗诉（件）	审判结果合　计（件）				
				改　判		维持原判	发回重审
				（件）	（人）	（件）	（件）
合　　计	**5346**	**534**	**3847**	**1678**	**2429**	**936**	**1233**
二审小计	**4457**	**510**	**3064**	**1419**	**2089**	**812**	**833**
贪污贿赂案件	612	56	473	157	194	131	185
渎职侵权案件	100	8	71	15	16	26	30
刑事案件	3745	446	2520	1247	1879	655	618
再审小计	**889**	**24**	**783**	**259**	**340**	**124**	**400**
贪污贿赂案件	142	2	103	31	41	22	50
渎职侵权案件	19	1	14	3	4	6	5
刑事案件	728	21	666	225	295	96	345

6-14-21 人民检察院办理民事、行政抗诉案件情况

单位：件

案件类别	合 计	民事案件	行政案件
立 案	66363	62497	3866
提请抗诉	13489	12978	511
抗 诉	10332	10022	310
撤回抗诉	35	33	2
抗诉案件再审	8239	8074	165
改 判	3124	3069	55
发回重审	960	940	20
调 解	2305	2284	21
维持原判	1509	1452	57
其 他	341	329	12

6-14-22 人民检察院受理举报、控告、申诉案件情况

单位：件

案件类别	受 理	处 理		
			#分送检察机关	#转其他机关
合 计	**382165**	**379509**	**231191**	**75720**
首次举报	192461	192135	140934	24907
首次控告	70655	70476	25771	27291
首次申诉	119049	116898	64486	23522

6-14-23 人民检察院纠正违法情况

项 目	书面提出纠正		已纠正	
	(件次)	(人次)	(件次)	(人次)
合 计	**81634**	**36482**	**78030**	**35929**
立案监督小计	33167		31653	
监督立案	21201		19786	
监督撤案	11966		11867	
侦查监督小计	39812		38217	
审查批捕环节	20801		20450	
审查起诉环节	19011		17767	
刑事审判监督	8655		8160	
刑罚执行监督小计		36482		35929
监管活动		24075		23888
超期羁押		243		242
减刑、假释、保外就医		12164		11799

6-14-24 人民法院审理一审案件情况

单位：件

年份	收案	刑事	民事	经济纠纷	行政	海事海商
1978	447755	146968	300787			
1979	513789	123846	389943			
1980	763535	197856	565679			
1981	906051	232125	673926			
1982	1024160	245219	778941			
1983	1343164	542648	756436	43553	527	
1984	1355460	431357	838307	84813	983	
1985	1319741	246655	846391	225541	916	238
1986	1611282	299720	989409	321220	632	301
1987	1875229	289614	1213219	366110	5940	346
1988	2290624	313306	1455130	513046	8573	569
1989	2913515	392564	1815385	694907	9934	725
1990	2916774	459656	1851897	591462	13006	753
1991	2901685	427840	1880635	566592	25667	951
1992	3051157	422991	1948786	650601	27125	1654
1993	3414845	403267	2089257	892580	27911	1830
1994	3955475	482927	2383764	1051742	35083	1959
1995	4545676	495741	2718533	1275959	52596	2847
1996	5312580	618826	3093995	1515848	79966	3945
1997	5288379	436894	3277572	1478822	90557	4534
1998	5410798	482164	3375069	1450049	98350	5166
1999	5692434	540008	3519244	1529877	97569	5736
2000	5356294	560432	3412259	1290867	85760	6976
2001	5344934	628996	3459025	1149101	100921	6891
2002	5132199	631348	4420123		80728	
2003	5130760	632605	4410236		87919	
2004	5072881	647541	4332727		92613	
2005	5161170	684897	4380095		96178	
2006	5183794	702445	4385732		95617	
2007	5550062	724112	4724440		101510	
2008	6288831	767842	5412591		108398	
2009	6688963	768507	5800144		120312	
2010	6999350	779595	6090622		129133	
2011	7596116	845714	6614049		136353	

注：1.一审案件指人民法院按照诉讼级别管辖按第一审程序审理的案件。
2.2002年起，经济纠纷和海事海商并入民事案件中。

6-14-25 人民法院审理刑事一审案件收结案情况

单位：件

项 目	收 案	结 案
合 计	**845714**	**839973**
危害公共安全罪	119659	118403
破坏社会主义市场经济秩序罪	34577	34103
侵犯公民人身权利民主权利罪	188147	187256
侵犯财产罪	302157	300423
妨害社会管理秩序罪	171840	170903
危害国防利益罪	180	177
贪污贿赂罪	23232	22868
渎职罪	4611	4526
其 他	1311	1314
合计中含自诉案件	10716	10995

注：结案中含上年旧存(以下各表同)。

6-14-26 人民法院审理刑事案件罪犯情况

单位：人

年 份	刑事罪犯总 数	#青少年罪犯			青少年罪犯占刑事罪犯比重(%)
			不满18岁	18岁至25岁	
1997	526312	199212	30446	168766	37.9
1998	528301	208076	33612	174464	39.4
1999	602380	221153	40014	181139	36.7
2000	639814	220981	41709	179272	34.5
2001	746328	253465	49883	203582	34.0
2002	701858	217909	50030	167879	31.0
2003	742261	231715	58870	172845	31.2
2004	764441	248834	70086	178748	32.6
2005	842545	285801	82692	203109	33.9
2006	889042	303631	83697	219934	34.2
2007	931745	316298	87506	228792	33.9
2008	1007304	322061	88891	233170	32.0
2009	996666	302023	77604	224419	30.3
2010	1006420	287978	68193	219785	28.6
2011	1050747	282429	67280	215149	26.9

6-14-27 人民法院审理婚姻家庭、继承一审案件收结案情况

单位：件

项目	收案	结案					
			调解	判决	驳回	撤诉	其他
合计	**1593743**	**1609801**	**768238**	**416136**	**7018**	**407248**	**11161**
婚姻家庭	1471843	1477961	715698	381118	5671	365791	9683
离婚	1206476	1202007	588035	313119	3867	289946	7040
赡养纠纷	24840	24710	10697	5877	99	7693	344
抚养、扶养关系纠纷	48042	47832	30246	8271	164	8845	306
抚育费纠纷	25494	25295	12152	6958	114	5783	288
其他	166991	178117	74568	46893	1427	53524	1705
继承	121900	131840	52540	35018	1347	41457	1478
法定继承	33876	33229	20253	6989	210	5548	229
遗嘱继承	4834	4703	2030	1700	38	887	48
其他	83190	93908	30257	26329	1099	35022	1201

6-14-28 人民法院审理合同纠纷一审案件收结案情况

单位：件

项目	收案	结案					
			调解	判决	驳回	撤诉	其他
合计	**3333595**	**3286997**	**1199000**	**965626**	**43684**	**1031361**	**47326**
借款合同	1065056	1048011	382084	353284	12383	287983	12277
买卖合同	533401	526367	206013	155226	5106	152330	7692
电信合同	139120	138711	45788	4151	274	86904	1594
租赁合同	137303	134826	40149	46087	1698	45471	1421
劳动争议	308622	304228	141289	92258	7194	57896	5591
房地产合同	130860	128050	46979	44534	1667	31974	2896
供用动力合同	68711	69081	19806	7030	412	41002	831
建设工程合同	78808	77490	24134	28789	1430	21194	1943
农村承包合同	34781	34652	13221	8047	544	12561	279
承揽合同	64469	64325	23209	19711	647	19441	1317
其他	772464	761256	256328	206509	12329	274605	11485

6-14-29　人民法院审理权属、侵权纠纷及其他民事一审案件收结案情况

单位：件

项　　目	收　案	结　案	调　解	判　决	驳　回	撤　诉	其　他
合　　计	**1686711**	**1661823**	**697940**	**508823**	**17993**	**307516**	**129551**
所有权及其相关权利	318055	314260	110502	100452	6979	92121	4206
特别程序	171426	168950	14463	25667	5265	10745	112810
人身权纠纷	950984	939627	478925	316465	2914	133496	7827
#人身损害赔偿	914240	903394	463115	304472	2597	125799	7411
特殊侵权纠纷	81850	77639	31277	26663	807	18063	829
不当得利	22670	22248	6099	7488	480	7778	403
票据、证券、股票纠纷	26484	25343	10085	8383	555	5260	1060
其　他	115242	113756	46589	23705	993	40053	2416

6-14-30　人民法院审理行政一审案件收结案情况

单位：件

项　　目	收　案	结　案	维　持	撤　销	驳　回	撤　诉	单独赔偿	其　他
合　　计	**136353**	**136361**	**13384**	**6944**	**8849**	**65389**	**291**	**41504**
土地等资源	24928	24927	2103	2037	2165	11140	33	7449
公　安	10153	10137	2152	428	451	4847	50	2209
城　建	24574	24898	1522	1559	2295	11199	91	8232
交通运输	2445	2447	123	49	61	1796	4	414
工　商	3191	3156	211	168	268	1649	2	858
环　保	2227	2220	47	14	37	1194	4	924
计划生育	8428	8429	66	24	119	5228	1	2991
税　务	405	399	21	9	25	225		119
卫　生	1808	1835	38	24	61	876		836
乡政府	3247	3249	262	163	236	2042	8	538
劳动和社会保障	11121	11090	2267	698	329	5214	3	2579
其　他	43826	43574	4572	1771	2802	19979	95	14355

6-14-31 历年劳动争议处理情况

单位：件

项　目	2000	2005	2006	2007	2008	2009	2010	2011
上期未结案件数	**6374**	**17829**	**22165**	**25424**	**33084**	**83709**	**77926**	**42308**
案件受理情况								
当期案件受理数	135206	313773	317162	350182	693465	684379	600865	589244
#集体劳动争议案件数	8247	16217	13977	12784	21880	13779	9314	6592
劳动者申诉案件数	120043	293710	301233	325590	650077	627530	558853	568768
按争议原因分								
劳动报酬		103183	103887	108953	225061	247330	209968	200550
社会保险		97519	100342	97731				149944
变更劳动合同	3829	7567	3456	4695				
解除、终止劳动合同	31965	68873	67868	80261	139702	43876	31915	118684
其　他	12549							
劳动者当事人数　（人）	422617	744195	679312	653472	1214328	1016922	815121	779490
#集体劳动争议	259445	409819	348714	271777	502713	299601	211755	174785
案件处理情况								
结案数	130688	306027	310780	340030	622719	689714	634041	592823
按处理方式分								
仲裁调解	41877	104308	104435	119436	221284	251463	250131	278873
仲裁裁决	54142	131745	141465	149013	274543	290971	266506	244942
其他方式	34669	69974	64880	71581	126892	147280	117404	69008
按处理结果分								
用人单位胜诉	13699	39401	39251	49211	80462	95470	85028	74189
劳动者胜诉	70544	145352	146028	156955	276793	255119	229448	195680
双方部分胜诉	37247	121274	125501	133864	265464	339125	319565	322954
案外调解案件数		**93561**	**130321**	**151902**	**237283**	**185598**	**163997**	**194338**

6-14-32 各地区劳动争议处理情况

单位：件

地区	上期末结案件数	案件受理情况								
		当期案件受理数	#集体劳动争议案件	#劳动者申诉案件	劳动者当事人数(人)	#集体劳动争议劳动者当事人数	争议原因			
							劳动报酬	社会保险	#工伤保险	解除、终止劳动合同
全国	**42308**	**589244**	**6592**	**568768**	**779490**	**174785**	**200550**	**149944**	**79487**	**118684**
北京	4090	59465	501	58531	59465	12443	30192	6310	495	135
天津	3114	14450	64	14320	16044	1580	4783	4145	910	2022
河北	424	18799	341	17996	27818	5570	4333	5814	2271	4134
山西	567	4310	104	4011	7499	2642	1202	1585	1103	570
内蒙古	106	4264	113	4095	7867	3084	1263	1661	1242	805
辽宁	1440	19449	248	18917	26466	7729	7162	4708	2105	2103
吉林	98	4402	73	4376	6596	1582	995	2114	782	297
黑龙江	263	7181	79	6731	9729	2192	1520	3837	2768	486
上海	4170	54796	96	52442	58687	2662	19837	6656	1872	16379
江苏	1566	54009	407	53387	65321	8445	20291	13032	9170	12290
浙江	1352	37579	457	36982	55431	17780	11874	14253	9916	7035
安徽	389	8684	64	8595	11705	1832	2396	3095	1533	1946
福建	865	12498	214	11731	19608	6584	4363	3941	3022	2510
江西	1640	6650	152	6506	10025	2789	1593	2404	1088	1185
山东	4010	35711	235	34580	47836	8727	13403	6590	5071	7378
河南	1230	17118	219	15896	23853	3579	4245	6518	1571	3319
湖北	842	16153	245	14967	24620	3622	3430	6960	2064	2645
湖南	484	13371	263	12497	20139	4392	3062	3729	1941	3605
广东	10723	93817	1008	91209	145518	51027	38270	11286	8034	31982
广西	301	10400	24	10330	11250	766	3224	2155	422	3284
海南	994	3934	57	3908	6708	2330	907	1655	54	665
重庆	442	26419	652	26174	33805	7743	5809	9054	7149	5069
四川	715	26827	371	22611	31593	5858	5556	10585	6320	4770
贵州	954	11012	100	10602	13011	1585	2038	5957	3755	1273
云南	212	5191	71	5149	7845	1750	961	2896	1234	287
西藏	10	356	104	354	1837	1260	253	60	40	12
陕西	314	6153	34	5998	7607	556	1373	2274	772	1148
甘肃	419	2628	56	2541	4930	1582	801	950	411	251
青海	33	746	5	741	937	129	265	307	266	100
宁夏	138	2563	53	2332	3301	1011	768	1128	391	313
新疆	391	9705	177	9623	11739	1863	4154	4051	1557	595
新疆兵团	12	604	5	636	700	91	227	234	158	91

6-14-32 续表

单位：件

地　区	案件处理情况								案件调解案件数
	结案数	处理方式			处理结果				
		仲裁调解	仲裁裁决	其他方式	用人单位胜诉	劳动者胜诉	双方部分胜诉	其他	
全　国	**592823**	**278873**	**244942**	**69008**	**74189**	**195680**	**292868**	**30086**	**194338**
北　京	60127	30473	25097	4557	9883	4319	42745	3180	9010
天　津	14655	7537	5373	1745	2311	5199	6359	786	3853
河　北	18805	7829	9535	1441	2183	8844	6520	1258	5895
山　西	4555	1860	2182	513	407	2921	805	422	1645
内蒙古	4291	1972	1801	518	474	2260	1387	170	720
辽　宁	19722	8337	9232	2153	2346	8657	6995	1724	2634
吉　林	4172	2503	1287	382	172	2463	1235	302	3138
黑龙江	6955	3568	3038	349	564	4955	1087	349	2094
上　海	55723	16044	24994	14685	11993	6101	37629		5345
江　苏	54198	35739	12022	6437	5729	19293	28883	293	27069
浙　江	36667	22738	9202	4727	2827	9949	23146	745	3206
安　徽	8598	4020	3639	939	653	3859	3683	403	2495
福　建	12576	5660	4953	1963	1190	5179	5250	957	6878
江　西	8102	5214	2241	647	840	4436	2486	340	2732
山　东	36017	18526	11927	5564	4682	14864	12626	3845	12123
河　南	17359	8433	8358	568	2335	7809	6755	460	5555
湖　北	16146	7359	6314	2473	1602	5734	6567	2243	3844
湖　南	13306	7438	4506	1362	1038	7566	3749	953	12397
广　东	94196	34218	51452	8526	12589	22028	53201	6378	45621
广　西	10181	3280	6160	741	1291	3632	4850	408	2545
海　南	3998	1664	1919	415	296	2102	1499	101	98
重　庆	26404	14211	9348	2845	3169	8813	12620	1802	11294
四　川	26792	12216	11899	2677	2586	13352	9319	1535	12608
贵　州	11298	6114	4571	613	821	5437	4562	478	2484
云　南	5176	2177	2629	370	332	3563	1055	226	2537
西　藏	354	253	82	19	17	226	101	10	237
陕　西	5100	2179	3148	773	821	2962	1983	334	254
甘　肃	3000	1260	1550	190	195	1698	979	128	1092
青　海	744	280	395	69	54	552	105	33	20
宁　夏	2509	1453	869	187	271	900	1244	94	1010
新　疆	9494	4106	4901	487	477	5797	3102	118	3394
新疆兵团	603	212	318	73	41	210	341	11	511

6-14-33 社会保险基金收支及累计结余

单位：亿元

年 份	合 计	基本养老保险	失业保险	城镇基本医疗保险	工伤保险	生育保险
基金收入						
1989	153.6	146.7	6.8			
1990	186.8	178.8	7.2			
1991	225.0	215.7	9.3			
1992	377.4	365.8	11.7			
1993	526.1	503.5	17.9	1.4	2.4	0.8
1994	742.0	707.4	25.4	3.2	4.6	1.5
1995	1006.0	950.1	35.3	9.7	8.1	2.9
1996	1252.4	1171.8	45.2	19.0	10.9	5.5
1997	1458.2	1337.9	46.9	52.3	13.6	7.4
1998	1623.1	1459.0	68.4	60.6	21.2	9.8
1999	2211.8	1965.1	125.2	89.9	20.9	10.7
2000	2644.9	2278.5	160.4	170.0	24.8	11.2
2001	3101.9	2489.0	187.3	383.6	28.3	13.7
2002	4048.7	3171.5	215.6	607.8	32.0	21.8
2003	4882.9	3680.0	249.5	890.0	37.6	25.8
2004	5780.3	4258.4	290.8	1140.5	58.3	32.1
2005	6975.2	5093.3	340.3	1405.3	92.5	43.8
2006	8643.2	6309.8	402.4	1747.1	121.8	62.1
2007	10812.3	7834.2	471.7	2257.2	165.6	83.6
2008	13696.1	9740.2	585.1	3040.4	216.7	113.7
2009	16115.6	11490.8	580.4	3671.9	240.1	132.4
2010	18822.8	13419.5	649.8	4308.9	284.9	159.6
2011	24043.2	16894.7	923.1	5539.2	466.4	219.8
基金支出						
1989	120.9	118.8	2.0			
1990	151.9	149.3	2.5			
1991	176.1	173.1	3.0			
1992	327.1	321.9	5.1			
1993	482.2	470.6	9.3	1.3	0.4	0.5
1994	680.0	661.1	14.2	2.9	0.9	0.8
1995	877.1	847.6	18.9	7.3	1.8	1.6
1996	1082.4	1031.9	27.3	16.2	3.7	3.3
1997	1339.2	1251.3	36.3	40.5	6.1	4.9
1998	1636.9	1511.6	51.9	53.3	9.0	6.8
1999	2108.1	1924.9	91.6	69.1	15.4	7.1
2000	2385.6	2115.5	123.4	124.5	13.8	8.3
2001	2748.0	2321.3	156.6	244.1	16.5	9.6
2002	3471.5	2842.9	186.6	409.4	19.9	12.8
2003	4016.4	3122.1	199.8	653.9	27.1	13.5
2004	4627.4	3502.1	211.3	862.2	33.3	18.8
2005	5400.8	4040.3	206.9	1078.7	47.5	27.4
2006	6477.4	4896.7	198.0	1276.7	68.5	37.5
2007	7887.8	5964.9	217.6	1561.8	87.9	55.6
2008	9925.1	7389.6	253.5	2083.6	126.9	71.5
2009	12302.6	8894.4	366.8	2797.4	155.7	88.3
2010	14818.5	10554.9	423.3	3538.1	192.4	109.9
2011	18054.6	12764.9	432.8	4431.4	286.4	139.2
累计结余						
1989	81.6	68.0	13.6			
1990	117.3	97.9	19.5			
1991	169.7	144.1	25.7			
1992	252.8	220.6	32.1			
1993	303.7	258.6	40.8	0.4	3.1	0.8
1994	365.7	304.8	52.0	0.7	6.8	1.4
1995	516.8	429.8	68.4	3.1	12.7	2.7
1996	696.1	578.6	86.4	6.4	19.7	5.0
1997	831.6	682.8	97.0	16.6	27.7	7.5
1998	791.1	587.8	133.4	20.0	39.5	10.3
1999	1009.8	733.5	159.9	57.6	44.9	13.9
2000	1327.5	947.1	195.9	109.8	57.9	16.8
2001	1622.8	1054.1	226.2	253.0	68.9	20.6
2002	2423.4	1608.0	253.8	450.7	81.1	29.7
2003	3313.8	2206.5	303.5	670.6	91.2	42.0
2004	4493.4	2975.0	385.8	957.9	118.6	55.9
2005	6073.7	4041.0	519.0	1278.1	163.5	72.1
2006	8255.9	5488.9	724.8	1752.4	192.9	96.9
2007	11236.6	7391.4	979.1	2476.9	262.6	126.6
2008	15176.0	9931.0	1310.1	3431.7	384.6	168.2
2009	18941.5	12526.1	1523.6	4275.9	468.8	212.1
2010	22902.7	15365.3	1749.8	5047.1	561.4	261.4
2011	29001.9	19496.6	2240.2	6180.0	742.6	342.5

注：1.2007年及以后城镇基本医疗保险基金中包括城镇职工基本医疗保险和城镇居民基本医疗保险。
2.工伤保险累计结余中含储备金。

6-14-34 社会保险基本情况

年 份	失业保险			城镇职工基本医疗保险		工伤保险		年末参加生育保险人 数（万人）
	年末参保人 数（万人）	全年发放失业保险金人数（万人）	全年发放失业保险金（亿元）	年末参保职工人数（万人）	年末参保退休人员（万人）	年末参保人 数（万人）	年末享受工伤待遇的人数（万人）	
1994	7967.8	196.5	5.1	374.6	25.7	1822.1	5.8	915.9
1995	8237.7	261.3	8.2	702.6	43.3	2614.8	7.1	1500.2
1996	8333.1	330.8	13.9	791.2	64.5	3102.6	10.1	2015.6
1997	7961.4	319.0	18.7	1588.9	173.1	3507.8	12.5	2485.9
1998	7927.9	158.1	20.4	1508.7	369.0	3781.3	15.3	2776.7
1999	9852.0	271.4	31.9	1509.4	555.9	3912.3	15.1	2929.8
2000	10408.4	329.7	56.2	2862.8	924.2	4350.3	18.8	3001.6
2001	10354.6	468.5	83.3	5470.7	1815.2	4345.3	18.7	3455.1
2002	10181.6	657.0	116.8	6925.8	2475.4	4405.6	26.5	3488.2
2003	10372.9	741.6	133.4	7974.9	2926.8	4574.8	32.9	3655.4
2004	10583.9	753.5	137.5	9044.4	3359.2	6845.2	51.9	4383.8
2005	10647.7	677.8	132.4	10021.7	3761.2	8478.0	65.1	5408.5
2006	11186.6	598.1	125.8	11580.3	4151.5	10268.5	77.8	6458.9
2007	11644.6	538.5	129.4	13420.0	4600.0	12173.3	96.0	7775.3
2008	12399.8	516.7	139.5	14987.7	5007.9	13787.2	117.8	9254.1
2009	12715.5	483.9	145.8	16410.5	5526.9	14895.5	129.6	10875.7
2010	13375.6	431.6	140.4	17791.2	5943.5	16160.7	147.5	12335.9
2011	14317.1	394.4	159.9	18948.5	6278.6	17695.9	163.0	13892.0

6-14-35 参加城镇企业职工基本养老保险人数

单位：万人

年 份	合 计	职 工		离退休人员	
			企业(含其他)		企业(含其他)
1989	5710.3	4816.9	4816.9	893.4	893.4
1990	6166.0	5200.7	5200.7	965.3	965.3
1991	6740.3	5653.7	5653.7	1086.6	1086.6
1992	9456.2	7774.7	7774.7	1681.5	1681.5
1993	9847.6	8008.2	8008.2	1839.4	1839.4
1994	10573.5	8494.1	8494.1	2079.4	2079.4
1995	10979.0	8737.8	8737.8	2241.2	2241.2
1996	11116.7	8758.4	8758.4	2358.3	2358.3
1997	11203.9	8670.9	8670.9	2533.0	2533.0
1998	11203.1	8475.8	8475.8	2727.3	2727.3
1999	12485.4	9501.8	8859.2	2983.6	2863.8
2000	13617.4	10447.5	9469.9	3169.9	3016.5
2001	14182.5	10801.9	9733.0	3380.6	3171.3
2002	14736.6	11128.8	9929.4	3607.8	3349.2
2003	15506.7	11646.5	10324.5	3860.2	3556.9
2004	16352.9	12250.3	10903.9	4102.6	3775.0
2005	17487.9	13120.4	11710.6	4367.5	4005.2
2006	18766.3	14130.9	12618.0	4635.4	4238.6
2007	20136.9	15183.2	13690.6	4953.7	4544.0
2008	21891.1	16587.5	15083.4	5303.6	4868.0
2009	23549.9	17743.0	16219.0	5806.9	5348.0
2010	25707.3	19402.3	17822.7	6305.0	5811.6
2011	28391.3	21565.0	19970.0	6826.2	6314.0

6-14-36 各地区城镇企业职工基本养老保险情况

地 区	年末参加城镇企业职工基本养老保险人数(万人)			基金收支情况(亿元)		
		职 工	离退休人员	基金收入	基金支出	累计结余
全 国	**28391.3**	**21565.0**	**6826.2**	**16894.7**	**12764.9**	**19496.6**
北 京	1089.4	888.2	201.2	812.8	560.8	869.8
天 津	458.7	309.9	148.8	335.8	315.1	223.8
河 北	1059.8	774.5	285.3	684.4	561.7	685.6
山 西	623.8	464.9	158.9	483.9	329.3	791.8
内蒙古	452.4	315.7	136.6	355.4	269.6	343.7
辽 宁	1556.6	1070.1	486.5	1039.0	883.1	895.1
吉 林	617.5	396.4	221.1	350.4	308.1	394.1
黑龙江	981.0	601.0	380.0	591.9	603.9	467.0
上 海	1382.7	976.2	406.5	1089.2	993.5	557.6
江 苏	2223.9	1740.9	483.1	1284.9	898.8	1658.0
浙 江	1919.2	1665.8	253.4	901.2	543.2	1520.2
安 徽	729.3	537.7	191.5	445.3	320.0	478.3
福 建	695.1	576.9	118.2	266.2	229.9	177.5
江 西	653.0	484.3	168.7	276.0	233.4	246.3
山 东	1907.1	1534.0	373.1	1191.1	886.9	1381.9
河 南	1168.4	880.5	287.9	608.2	506.3	600.9
湖 北	1113.4	771.7	341.7	733.9	523.4	638.1
湖 南	988.2	710.3	277.9	541.6	416.6	580.8
广 东	3800.7	3428.2	372.6	1400.3	764.5	3108.2
广 西	483.8	332.3	151.5	278.6	243.6	414.0
海 南	199.9	152.1	47.8	115.7	95.2	85.4
重 庆	647.6	427.5	220.1	415.3	336.1	334.8
四 川	1494.2	998.8	495.4	1085.6	753.9	1260.0
贵 州	282.1	210.7	71.3	179.2	127.6	229.5
云 南	342.8	238.7	104.2	277.3	170.8	335.9
西 藏	11.2	8.0	3.2	15.5	10.6	14.5
陕 西	588.6	433.1	155.5	368.1	328.3	256.2
甘 肃	263.0	177.9	85.1	223.4	154.0	247.6
青 海	81.5	56.4	25.2	75.0	53.6	72.0
宁 夏	121.4	85.0	36.4	113.2	67.9	153.9
新 疆	431.5	299.6	131.9	352.9	272.8	465.8
不分地区	23.6	17.8	5.8	3.3	2.4	8.1

注：不分地区合计中，包括中国人民银行、中国农业发展银行数。

6-14-37 各地区失业保险情况

地区	年末参加失业保险人数(万人)	年末领取失业保险金人数(万人)	基金收支情况(亿元)		
			基金收入	基金支出	累计结余
全国	**14317.1**	**197.0**	**923.1**	**432.8**	**2240.2**
北京	881.0	2.0	36.4	27.7	95.2
天津	258.8	2.8	25.7	14.6	59.8
河北	498.7	8.4	32.7	16.8	70.6
山西	309.4	4.3	18.8	5.2	58.7
内蒙古	232.5	2.5	15.0	5.8	37.9
辽宁	632.3	9.7	51.6	19.3	94.4
吉林	247.2	5.1	15.8	6.1	42.8
黑龙江	474.5	7.1	22.3	5.7	71.2
上海	604.2	11.2	81.6	61.8	107.2
江苏	1238.2	29.9	100.8	70.0	203.0
浙江	980.6	7.4	64.2	33.1	187.3
安徽	397.7	6.7	23.4	6.5	45.1
福建	430.9	3.6	22.2	6.3	68.1
江西	263.5	5.4	8.2	4.5	29.5
山东	964.9	19.8	65.5	25.9	182.9
河南	701.2	13.3	27.5	13.5	57.0
湖北	498.2	5.1	24.9	5.8	66.1
湖南	415.6	7.0	17.7	7.3	47.7
广东	1875.4	10.5	78.9	32.6	233.9
广西	240.8	5.2	17.7	5.9	55.4
海南	126.0	1.8	7.4	1.6	20.0
重庆	268.6	2.9	12.0	3.2	36.5
四川	536.8	8.1	61.0	17.2	115.0
贵州	160.5	1.1	12.1	3.4	41.5
云南	216.8	3.3	16.2	2.6	50.0
西藏	9.6		1.7	0.6	5.8
陕西	332.2	4.5	20.9	5.2	58.4
甘肃	163.8	1.5	11.5	3.3	24.8
青海	37.3	0.6	3.6	0.4	12.6
宁夏	60.0	1.2	4.6	1.0	12.5
新疆	260.2	5.0	21.2	19.8	49.1

6-14-38 各地区城镇基本医疗保险参保人数

单位：万人

地区	年末参保人数合计	城镇职工	在岗职工	退休人员	城镇居民
全国	**47343.2**	**25227.1**	**18948.5**	**6278.6**	**22116.1**
北京	1347.8	1188.0	955.2	232.8	159.8
天津	972.8	474.5	312.0	162.5	498.3
河北	1562.2	875.5	627.3	248.2	686.6
山西	1005.1	595.8	444.9	150.8	409.3
内蒙古	907.3	438.0	313.7	124.3	469.3
辽宁	2120.1	1499.4	1005.3	494.1	620.7
吉林	1350.6	557.2	369.0	188.2	793.4
黑龙江	1578.0	881.0	587.4	293.6	697.0
上海	1591.8	1342.1	937.9	404.1	249.7
江苏	3500.5	2012.4	1541.5	470.9	1488.1
浙江	2244.1	1514.4	1271.1	243.3	729.7
安徽	1612.9	659.3	477.5	181.9	953.6
福建	1217.2	579.3	453.1	126.2	637.8
江西	1329.7	535.9	365.0	170.9	793.8
山东	2947.8	1637.1	1299.6	337.5	1310.7
河南	2122.3	1016.4	744.3	272.2	1105.8
湖北	1932.5	902.8	648.2	254.6	1029.7
湖南	1941.2	789.5	546.6	242.9	1151.7
广东	6767.1	3234.3	2893.8	340.5	3532.8
广西	981.3	437.2	308.4	128.8	544.1
海南	352.4	186.2	141.0	45.3	166.1
重庆	1324.8	458.5	325.4	133.1	866.3
四川	2248.4	1169.1	803.0	366.0	1079.3
贵州	629.0	314.1	220.7	93.3	314.9
云南	865.8	443.4	316.8	126.6	422.4
西藏	43.7	24.9	18.3	6.6	18.7
陕西	1090.4	540.3	367.4	172.8	550.2
甘肃	590.8	291.1	202.8	88.2	299.8
青海	151.6	82.4	56.6	25.9	69.2
宁夏	188.8	100.2	73.1	27.1	88.5
新疆	825.2	446.6	321.4	125.2	378.5

6-14-39 各地区城镇基本医疗保险基金收支情况

单位：亿元

地区	基金收入			基金支出			累计结余		
	合计	职工	居民	合计	职工	居民	合计	职工	居民
全国	**5539.2**	**4945.0**	**594.2**	**4431.4**	**4018.3**	**413.1**	**6180.0**	**5683.2**	**496.8**
北京	386.7	375.3	11.4	381.9	374.5	7.4	200.7	192.4	8.3
天津	131.3	117.5	13.8	123.4	109.4	14.0	58.4	56.9	1.5
河北	188.0	172.4	15.6	143.3	133.0	10.3	234.6	216.7	17.9
山西	114.3	106.3	8.0	89.0	84.1	4.9	139.9	128.7	11.2
内蒙古	99.8	89.1	10.6	85.5	77.0	8.4	101.9	92.3	9.6
辽宁	257.4	242.8	14.7	227.9	219.4	8.5	281.3	265.4	15.9
吉林	90.6	72.6	17.9	68.1	57.9	10.1	123.5	105.1	18.4
黑龙江	165.3	147.1	18.2	129.7	118.5	11.2	225.1	203.5	21.6
上海	429.0	406.0	22.9	335.6	312.8	22.8	297.9	296.6	1.2
江苏	459.1	421.7	37.3	367.5	337.8	29.7	553.2	523.5	29.7
浙江	371.1	335.9	35.2	271.7	242.0	29.7	472.9	455.7	17.2
安徽	132.3	107.9	24.5	105.9	89.1	16.8	151.7	124.1	27.6
福建	137.8	126.8	11.0	107.8	99.6	8.2	204.8	197.2	7.6
江西	79.6	59.4	20.2	60.6	50.5	10.1	103.5	79.4	24.2
山东	343.0	315.3	27.8	279.3	262.2	17.1	326.3	301.9	24.4
河南	165.7	141.3	24.4	132.3	118.6	13.7	201.2	177.1	24.1
湖北	176.3	150.3	26.0	136.4	123.1	13.3	199.2	165.4	33.8
湖南	146.1	122.1	24.0	127.6	110.9	16.8	167.0	144.4	22.6
广东	596.7	494.8	101.9	429.8	362.0	67.9	872.6	810.6	62.0
广西	103.1	91.9	11.3	76.6	71.4	5.2	158.0	143.0	15.0
海南	36.1	31.5	4.6	26.8	23.7	3.1	39.1	34.0	5.1
重庆	103.2	91.8	11.5	80.6	70.7	9.9	115.1	110.7	4.3
四川	295.8	247.8	48.0	219.6	182.1	37.5	363.2	323.5	39.7
贵州	64.3	57.4	7.0	48.7	44.9	3.8	71.1	64.0	7.1
云南	119.4	108.2	11.2	96.7	88.1	8.6	130.3	120.1	10.2
西藏	10.9	10.2	0.6	7.7	7.0	0.7	15.9	15.2	0.7
陕西	101.9	90.4	11.5	78.4	71.8	6.6	128.6	115.3	13.3
甘肃	62.1	54.8	7.2	50.7	45.8	4.9	64.3	55.9	8.4
青海	29.9	27.2	2.7	24.1	22.2	2.0	39.9	37.2	2.7
宁夏	22.9	20.1	2.8	19.0	16.6	2.4	26.8	24.7	2.1
新疆	119.5	109.0	10.5	99.2	91.9	7.3	111.9	102.6	9.2

6-14-40 各地区工伤保险情况

地 区	年末参保人数(万人)	享受工伤待遇人数(万人)	基金收支情况(亿元)		
			基金收入	基金支出	累计结余
全 国	**17695.9**	**163.0**	**466.4**	**286.4**	**742.6**
北 京	862.4	4.7	15.6	14.2	18.6
天 津	320.4	3.8	7.1	6.6	11.7
河 北	640.4	8.6	21.1	19.2	20.6
山 西	337.6	5.5	25.3	11.4	32.3
内蒙古	225.3	3.2	10.6	4.4	13.9
辽 宁	779.1	11.3	27.9	15.0	36.8
吉 林	331.6	3.3	8.6	4.6	9.3
黑龙江	450.0	8.2	25.0	12.7	25.5
上 海	939.5	2.5	16.5	8.1	46.2
江 苏	1327.0	10.7	32.1	24.0	43.4
浙 江	1610.8	22.2	27.9	22.5	43.0
安 徽	422.0	5.6	12.1	5.9	17.3
福 建	496.9	2.8	9.9	4.4	27.8
江 西	387.9	3.0	9.1	5.9	12.4
山 东	1276.1	10.8	28.4	20.1	35.2
河 南	655.5	3.5	16.6	8.2	29.2
湖 北	481.0	4.5	10.6	4.3	16.9
湖 南	635.5	7.0	21.3	12.9	22.4
广 东	2847.8	15.4	50.8	26.6	151.5
广 西	272.5	1.5	5.7	2.6	16.5
海 南	104.0	0.3	1.9	0.8	5.3
重 庆	337.1	6.2	13.1	9.5	7.0
四 川	650.8	6.5	20.3	12.3	30.0
贵 州	194.0	2.2	9.0	6.4	10.0
云 南	243.4	3.6	12.2	6.8	17.0
西 藏	11.8		0.5	0.2	1.0
陕 西	326.8	1.9	9.4	4.1	16.7
甘 肃	150.2	1.4	5.9	4.3	7.4
青 海	45.6	0.5	2.0	1.5	3.6
宁 夏	58.3	0.3	2.2	1.3	2.4
新 疆	274.6	2.0	7.8	5.8	11.8

注：工伤保险累计结余中含储备金。

6-14-41 各地区生育保险情况

地 区	年末参保人数（万人）	享受待遇人数（万人次）	基金收支情况(亿元)		
			基金收入	基金支出	累计结余
全 国	**13892.0**	**264.7**	**219.8**	**139.2**	**342.5**
北 京	395.3	14.9	14.2	9.8	24.1
天 津	234.6	6.6	6.8	4.6	13.0
河 北	593.1	5.5	5.8	3.4	9.1
山 西	253.7	2.1	3.8	1.7	6.1
内蒙古	263.3	4.8	3.8	2.1	5.7
辽 宁	664.7	15.1	10.6	7.0	12.2
吉 林	335.9	6.7	2.8	1.4	5.8
黑龙江	350.1	3.6	4.0	2.4	8.1
上 海	703.1	8.8	18.2	17.0	1.9
江 苏	1199.2	44.2	25.8	15.8	50.0
浙 江	979.8	14.9	16.1	12.1	18.2
安 徽	400.1	6.3	5.3	3.1	7.2
福 建	451.9	5.7	7.5	3.7	11.9
江 西	200.1	0.8	1.1	0.5	3.4
山 东	857.8	19.7	17.8	11.7	25.2
河 南	460.7	6.3	6.3	3.3	11.1
湖 北	420.9	13.6	5.1	2.5	10.8
湖 南	538.8	15.3	5.6	3.4	10.8
广 东	2339.7	32.6	24.8	15.6	39.8
广 西	243.8	3.9	3.5	2.1	7.6
海 南	100.7	2.2	1.3	0.7	2.7
重 庆	216.6	5.4	2.9	2.2	4.7
四 川	601.7	6.8	8.7	4.3	15.3
贵 州	198.1	2.6	1.6	0.6	3.8
云 南	216.5	3.5	4.2	1.9	10.4
西 藏	16.1	0.3	0.4	0.2	0.7
陕 西	211.6	2.8	3.0	1.5	5.8
甘 肃	110.1	1.7	1.8	0.7	3.0
青 海	6.7	0.2	0.2	0.1	0.6
宁 夏	59.3	1.0	1.2	0.7	1.2
新 疆	268.1	7.0	5.6	3.2	12.3

6-14-42 新型农村合作医疗情况

年 份	开展新农合县(市、区)(个)	参加新农合人数(亿人)	参合率(%)	人均筹资(元)	当年基金支出(亿元)	补偿受益人次(亿人次)
2005	678	1.79	75.66	42.10	61.75	1.22
2006	1451	4.10	80.66	52.10	155.81	2.72
2007	2451	7.26	86.20	58.90	346.63	4.53
2008	2729	8.15	91.53	96.30	662.31	5.85
2009	2716	8.33	94.19	113.36	922.92	7.59
2010	2678	8.36	96.00	156.57	1187.84	10.87
2011	2637	8.32	97.48	246.21	1710.19	13.15

6-14-43 各地区新型农村合作医疗情况

地 区	县(市、区)数(个)	开展新农合县(市、区)(个)	参加新农合人数(万人)	人均筹资(元)	本年度筹资总额(亿元)	补偿受益人次(万人次)
总 计	**2853**	**2637**	**83163.14**	**246.21**	**2047.56**	**131504.29**
北 京	16	13	276.83	637.19	17.64	672.86
天 津	16					
河 北	172	164	5020.02	232.11	116.52	10061.89
山 西	119	115	2185.02	231.88	50.67	3172.78
内蒙古	101	96	1240.17	246.40	30.56	834.95
辽 宁	100	94	1976.20	234.93	46.43	1639.64
吉 林	60	61	1302.05	231.07	30.09	709.40
黑龙江	128	122	1418.80	230.57	32.71	1573.07
上 海	17	10	147.23	987.04	14.53	1926.84
江 苏	104	83	4265.53	272.96	116.43	9698.04
浙 江	90	85	2883.29	408.23	117.70	9450.96
安 徽	105	94	4916.95	229.78	112.98	6379.83
福 建	85	74	2449.98	235.02	57.58	396.15
江 西	100	97	3240.45	232.55	75.36	2567.52
山 东	140	135	6629.13	256.22	169.85	16711.85
河 南	159	157	7804.46	231.37	180.57	9829.57
湖 北	103	96	3890.03	235.24	91.51	10915.54
湖 南	122	113	4654.96	231.13	107.59	3691.51
广 东	121	62	2849.93	243.42	69.37	2806.27
广 西	109	106	3953.47	230.64	91.18	3194.33
海 南	20	20	485.46	239.12	11.61	698.82
重 庆	38	38	2224.37	231.99	51.60	3193.78
四 川	181	175	6263.07	234.35	146.77	9886.06
贵 州	88	88	3074.80	225.35	69.29	4408.91
云 南	129	127	3456.25	234.02	80.88	7861.91
西 藏	73	73	235.72	282.83	6.67	422.70
陕 西	107	104	2631.66	241.73	63.62	3641.93
甘 肃	86	86	1918.27	232.93	44.68	3067.99
青 海	43	39	347.87	269.13	9.36	208.71
宁 夏	22	21	370.25	237.02	8.78	740.43
新 疆	99	89	1050.93	238.17	25.03	1140.05

6-14-44 社会组织情况

年份 地区	单位数 (个)	社会团体	民办非 企业单位	基金会	年末职 工人数 (人)	#女性	社会团体	民办非 企业单位	基金会	增加值 合计 (亿元)
1988	4446	4446								
1990	10855	10855								
1995	180583	180583								
1996	184821	184821								
1997	181318	181318								
1998	165600	165600								
1999	142665	136764	5901							
2000	153322	130668	22654							
2001	210939	128805	82134							
2002	244509	133297	111212							
2003	266612	141167	124491	954						
2004	289432	153359	135181	892						
2005	319762	171150	147637	975						
2006	354393	191946	161303	1144	4251850	1062770	2695983	1540476	15391	112.2
2007	386916	211661	173915	1340	4568515	1166211	2885287	1664959	18269	307.6
2008	413660	229681	182382	1597	4758332	1406787	2855858	1892060	10414	372.4
2009	431069	238747	190479	1843	5446666	1581352	3356506	2078160	12000	485.0
2010	445631	245256	198175	2200	6181918	1628947	3960704	2208050	13164	518.3
2011	461971	254969	204388	2614	5992765	1495862	3630298	2348326	14141	660.0
中央级	2063	1834	46	183	28652	12004	26017	1007	1628	79.8
地　方	459908	253135	204342	2431	5964113	1483858	3604281	2347319	12513	580.3
北　京	7589	3314	4089	186	106758	37023	30961	74211	1586	33.0
天　津	4190	2020	2125	45	44365	19547	8768	35295	302	4.1
河　北	15823	9660	6133	30	204062	56894	109604	94301	157	4.8
山　西	10629	6242	4355	32	142563	42336	83955	58416	192	8.7
内蒙古	8812	5841	2889	82	85869	24762	60647	24865	357	3.0
辽　宁	18792	8803	9939	50	213636	45302	137720	75490	426	45.3
吉　林	8620	5497	3087	36	105642	17729	78295	27244	103	1.3
黑龙江	12995	5728	7214	53	168526	67628	128170	40197	159	2.3
上　海	10385	3686	6572	127	121058	24362	32939	87600	519	44.2
江　苏	36661	19398	16887	376	339391	95736	136482	202063	846	140.2
浙　江	29448	15456	13770	222	293653	103835	125904	167096	653	49.1
安　徽	16888	10465	6383	40	265428	41147	184556	80727	145	38.2
福　建	17001	11734	5140	127	247031	44584	183412	62756	863	10.9
江　西	11367	7032	4303	32	172856	54510	95440	77232	184	15.8
山　东	41130	17341	23725	64	325101	72649	136018	188830	253	31.3
河　南	20091	10806	9221	64	207139	60346	110019	96887	233	7.0
湖　北	23327	10622	12653	52	212812	72251	96367	116085	360	20.6
湖　南	17111	10575	6399	137	551106	59788	472568	77698	840	9.5
广　东	30684	13661	16756	267	431808	154869	109361	320531	1916	54.3
广　西	13356	8816	4517	23	273361	45237	230931	42089	341	4.0
海　南	3213	1863	1319	31	23608	8692	8060	15408	140	0.8
重　庆	10168	5680	4455	33	99707	35434	37883	61666	158	15.1
四　川	30274	17054	13139	81	392854	94349	261894	130401	559	11.3
贵　州	7153	4851	2276	26	129418	23001	104834	24521	63	6.4
云　南	13518	9669	3805	44	274593	48596	229416	44997	180	10.4
西　藏	337	311	15	11	5872	2195	5708	128	36	0.1
陕　西	15151	8736	6350	65	226359	47507	158243	67896	220	2.1
甘　肃	9983	7405	2550	28	162887	37898	138879	23693	315	2.9
青　海	2698	1925	760	13	27253	7629	23593	3622	38	0.5
宁　夏	4288	3318	943	27	33672	10161	26653	6913	106	0.9
新　疆	8226	5626	2573	27	75725	27861	57001	18461	263	2.3

6-14-45 自治组织情况

年份 地区	单位数 (个)	村民委员会	社区居委会	年末成员数 (万人)	#女性	村民委员会	社区居委会	增加值合计 (亿元)
1983	377200	311681	65519					
1985	1029571	948628	80943	414.5		379.6	34.9	
1990	1100086	1001272	98814	452.5		409.4	43.1	
1995	1043576	931716	111860	448.5		400.5	48	
1996	1042002	928312	113690	446.8		397.5	49.3	
1997	1023719	905804	117915	428.6		378.8	49.8	
1998	952029	832987	119042	409.4		358.6	50.8	
1999	916298	801483	114815	401.4		351.3	50.1	
2000	840083	731659	108424	363.4	78.0	315.0	48.4	
2001	791867	699974	91893	362.8	76.3	316.4	46.4	
2002	767364	681277	86087	333.8	71.6	294.2	39.6	
2003	740917	663486	77431	358.8	76.5	319.1	39.7	
2004	722050	644166	77884	334.6	68.0	292.1	42.5	
2005	709026	629079	79947	311.1	68.5	265.7	45.4	
2006	704386	623669	80717	287.3	77.6	243.0	44.3	273.2
2007	694715	612709	82006	282.7	71.5	241.1	41.6	280.9
2008	687698	604285	83413	276.0	71.8	233.9	42.2	328.6
2009	683767	599078	84689	277.1	71.9	234.0	43.1	370.9
2010	681715	594658	87057	277.3	71.6	233.4	43.9	309.9
2011	679133	589653	89480	277.3	73.4	231.9	45.4	363.2
北 京	6714	3941	2773	3.1	1.6	1.3	1.8	24.9
天 津	5240	3784	1456	2.0	1.1	1.1	0.9	4.9
河 北	52218	48969	3249	18.7	3.1	17.1	1.6	9.0
山 西	30082	28110	1972	10.5	2.5	9.6	0.9	10.2
内蒙古	13192	10949	2243	5.0	1.7	3.9	1.1	2.7
辽 宁	15497	11558	3939	7.2	3.1	4.9	2.3	4.7
吉 林	11123	9172	1951	4.4	1.3	3.5	0.9	0.9
黑龙江	11731	8992	2739	5.3	1.7	4.0	1.3	5.5
上 海	5444	1702	3742	2.8	1.5	0.7	2.1	8.1
江 苏	21708	15625	6083	10.9	3.1	7.6	3.3	39.1
浙 江	32988	28812	4176	12.9	3.4	10.9	2.0	49.0
安 徽	18289	14882	3407	7.5	2.1	5.8	1.7	7.6
福 建	16626	14435	2191	6.8	1.5	5.7	1.1	3.4
江 西	20058	16937	3121	7.4	2.0	6.3	1.2	2.6
山 东	78143	71625	6518	32.1	9.2	28.9	3.2	57.6
河 南	51213	47347	3866	21.2	4.9	19.3	1.9	7.6
湖 北	29694	25643	4051	11.6	3.3	9.7	1.9	9.3
湖 南	47239	42539	4700	16.8	4.8	14.7	2.0	10.5
广 东	25357	19034	6323	11.7	3.4	8.3	3.4	75.4
广 西	16085	14355	1730	7.6	1.6	6.6	1.0	3.6
海 南	3031	2567	464	1.5	0.4	1.2	0.3	0.8
重 庆	10945	8575	2370	5.3	1.6	3.9	1.4	3.1
四 川	52988	46805	6183	21.1	4.8	18.4	2.7	8.3
贵 州	19288	17583	1705	8.8	1.7	7.8	0.9	2.8
云 南	14104	12344	1760	6.6	1.2	5.7	1.0	4.1
西 藏	5456	5259	197	2.6	0.6	2.5	0.1	0.1
陕 西	28958	27100	1858	10.7	2.6	9.9	0.9	4.2
甘 肃	16997	15736	1261	6.5	1.2	5.9	0.6	1.4
青 海	4582	4170	412	1.9	0.4	1.7	0.2	0.2
宁 夏	2749	2294	455	1.2	0.4	1.0	0.2	0.4
新 疆	11394	8809	2585	5.6	1.6	4.0	1.6	1.6

【主要统计指标解释】

公证人员 指在公证处工作的人员总称，包括公证处主任、副主任、公证员、公证员助理(助理公证员)和其他从事辅助性工作的人员。

公证文书 指公证处根据当事人申请，依照事实和法律，按照法定程序制作的，具有法律效力的司法证明文书。

调解员 指在人民调解委员会担负调解民间纠纷工作的人员，包括调解委员会的委员和调解小组的调解员。

调解民间纠纷 指调解委员会按照法律规定，根据自愿原则，用说服教育的方法调解民间发生的有关民事权利和义务争执的件数，包括调解成功数和调解未成功数。

特大火灾 指造成30人以上死亡，或者100人以上重伤，或者1亿元以上直接财产损失的火灾。

重大火灾 指造成10人以上30人以下死亡，或者50人以上100人以下重伤，或者5000万元以上1亿元以下直接财产损失的火灾。

较大火灾 指造成3人以上10人以下死亡，或者10人以上50人以下重伤，或者1000万元以上5000万元以下直接财产损失的火灾。

一般火灾 指造成3人以下死亡，或者10人以下重伤，或者1000万元以下直接财产损失的火灾。

人民检察院直接立案侦查案件 指按照管辖的规定，由人民检察院直接立案侦查的贪污贿赂犯罪、渎职犯罪、国家机关工作人员利用职权实施的侵犯公民人身权利和民主权利的犯罪以及经省级人民检察院决定立案侦查的国家机关工作人员利用职权实施的其他重大犯罪案件。

要案 指县、处级以上的干部犯罪案件。该指标主要反映职务犯罪案件中县、处级以上干部被人民检察院依法立案侦查的情况。

批准逮捕 指人民检察院对公安机关、国家安全机关、监狱管理机关提请逮捕的犯罪嫌疑人进行审查，根据事实，依法作出逮捕决定。

决定逮捕 指人民检察院对直接立案侦查的案件，认为需要逮捕犯罪嫌疑人时，依据法律作出的逮捕决定。

青少年罪犯 指人民法院在报告期内判决发生法律效力的有罪判决中14周岁以上不满25周岁的罪犯。其中14周岁以上不满18周岁的罪犯为未成年罪犯。

行政案件 指公民、法人和其他组织不服行政机关作出的具体行政行为，向人民法院提起行政诉讼，人民法院依法审理的案件。

单独赔偿 指单独提起行政赔偿的案件。当事人对行政行为的合法性没有争议，就行政侵权造成的损害赔偿单独提起赔偿诉讼。

受理劳动争议案件数 指劳动争议仲裁委员会根据国家有关规定，对劳动争议当事人的申请予以审查，符合受理条件而正式立案、准备处理的劳动争议案件数。

基本养老保险

1.(参保) 职工人数：指报告期末按照国家法律、法规和有关政策规定参加基本养老保险并在社保经办机构已建立缴费记录档案的职工人数，包括中断缴费但未终止养老保险关系的职工人数，不包括只登记未建立缴费记录档案的人数。

2.(参保) 离退休人员人数：指报告期末参加基本养老保险的离休、退休和退职人员的人数。

3.基本养老保险基金收入：指根据国家有关规定，由纳入基本养老保险范围的缴费单位和个人按国家规定的缴费基数和缴费比例缴纳的养老保险基金，以及通过其他方式取得的形成基金来源的收入。包括单位和职工个人缴纳的基本养老保险费、基本养老保险基金利息收入、上级补助收入、下级上解收入、转移收入、财政补贴和其他收入。

4.基本养老保险基金支出：指按照国家政策规定的开支范围和开支标准从养老保险基金中支付给参加基本养老保险的离休、退休、退职人员个人的养老金、丧葬抚恤补助，以及由于保险关系转移、上下级之间调剂资金等原因而发生的支出。包括离休金、退休金、退职金、各种补贴、医疗费、死亡丧葬补助费、抚恤救济费、社会保险经办机构管理费、补助下级支出、上解上级支出、转移支出、其他支出等。

5.基本养老保险基金累计结余：指截止报告期末基本养老保险基金收支相抵后的累计余额。

失业保险

1.参保人数：指报告期末按照国家法律、法规和有关政策规定参加了失业保险的城镇企业事业单位的职工及地方政府规定参加失业保险的其他人员的人数。

2.失业保险基金收入：指按照规定从企业、事业及其他单位筹集的失业保险费及其他并入失业保险基金收入的总额。包括单位和个人缴纳的失业保险费、失业保险基金利息收入、上级补助收入、下级上解收入、转移收入、财政补贴和其他收入。

3.失业保险基金支出：指报告期内为保障失业人员和下岗职工基本生活、促进其再就业等支出的基金总额。包括失业救济金、医疗费、死亡丧葬补助费、抚恤救济费、转业训练费支出、失业保险经办机构管理费、补助下级支出、上解上级支出、转移支出和其他支出。

4.基金累计结余：指截止报告期末失业保险基金收支相抵后的累计余额。

基本医疗保险

1.参保人数：指报告期末按国家有关规定参加基本医疗保险的人数。包括参加保险的职工人数和退休人员人数。

2.基金收入：指根据国家有关规定，由纳入基本医疗保险范围的缴费单位和个人，按国家规定的缴费基数和缴费比例缴纳的基金，以及通过其他方式取得的形成基金来源的款项，包括：单位缴纳的社会统筹基金收入、个人缴纳的个人账户基金收入、财政补贴收入、利息收入、其他收入。

3.基金支出：指按照国家政策规定的开支范围和开支标准从社会统筹基金中支付给参加基本医疗保险的职工和退休人员的医疗保险待遇支出，和从个人帐户基金中支付给参加基本医疗保险的职工和退休人员的医疗费用支出，以及其他支出。包括：住院医疗费用支出、门急诊医疗费用支出、个人账户基金支出、其他支出。

4.基金累计结余：指截止报告期末基本医疗保险的社会统筹和个人帐户基金累计结余金额。包括银行存款、财政专户、债券投资和其他。

工伤保险

1.参加保险人数：指报告期末依据国家有关规定参加工伤保险的职工人数。

2.享受保险待遇人数：指劳动者因工负伤致残、死亡或因患职业病致残，根据有关规定享受工伤保险待遇职工或供养直系亲属人数。包括伤残人数、职业病人数、因工死亡人数、供养直系亲属人数。

3.基金收入：指根据国家有关规定，由参加工伤保险的单位按国家规定的缴费基数和缴费比例缴纳的工伤保险基金，以及通过其他形式取得的形成基金来源的款项。包括：单位缴纳的社会统筹基金收入、财政补贴收入、利息收入、其他收入。

4.基金支出：指按照国家政策规定的开支范围和开支标准从工伤保险基金中支付给参加工伤保险的人员及供养直系亲属工伤保险待遇支出及其他支出。包括工伤医疗费、伤残补助金、工亡补助金、护理费、丧葬补助费、工伤预防费用、职业康复费用和其他支出。

5.基金累计结余：指截止报告期末工伤保险基金累计结余金额。包括银行存款、财政专户、债券投资和其他。

生育保险

1.参保人数：指报告期末依据有关规定参加生育保险的职工人数。

2.基金收入：指根据国家有关规定，由参加生育保险的单位按照国家规定的缴费基数和缴费比例缴纳的生育保险基金，以及通过其他方式取得的形成基金来源的款项，包括：单位缴纳的基金收入、利息收入和其他收入。

3.基金支出：指按照国家政策规定的开支范围和开支标准，从生育保险基金中支付给参加生育保险的职工，因妊娠、分娩和计划生育手术而享受的待遇及其他支出。包括：生育津贴、医疗费用支出及其他支出。

4.基金累计结余：指截止报告期末生育保险基金累计结余金额。包括银行存款、财政专户、债券投资和其他。

参加新农合人数 指根据本地新农合实施方案到年内新农合筹资截止时已缴纳新农合资金的人口数。

7 第三产业复合性行业情况

简要说明

一、主要内容

入境游客（外国人、港澳同胞和台湾同胞）、国内旅游人数，以及国际、国内旅游收入等。

二、统计范围

国际旅游和国内旅游。

三、调查方法

国内旅游人数、国际旅游（外汇）收入和国内旅游收入等指标采取抽样调查方法，其余指标均为全面调查统计取得。

四、资料来源

本篇资料由国家统计局贸易外经统计司根据公安部和国家旅游局的资料编制。

入境游客人数和国内居民出境人数来自公安部；各地区接待入境过夜游客人数、国内旅游人数和国内旅游收入资料来自国家旅游局；国际旅游（外汇）收入，1994 年以前由国家统计局贸易外经统计司根据国际旅游者在华花费外汇券统计资料整理提供，1994年及以后由国家旅游局整理提供。

7-1-1 历年入境游客

单位：万人次

年 份	合 计	#入境过夜游客	外国人	港澳台同胞	#台湾同胞
1978	180.92	71.60	22.96	156.15	
1979	420.39	152.90	36.24	382.06	
1980	570.25	350.00	52.91	513.90	
1981	776.71	376.70	67.52	705.31	
1982	792.43	392.40	76.45	711.70	
1983	947.70	379.10	87.25	856.41	
1984	1285.22	514.10	113.43	1167.04	
1985	1783.31	713.30	137.05	1637.78	
1986	2281.95	900.10	148.23	2126.90	
1987	2690.23	1076.00	172.78	2508.74	
1988	3169.48	1236.10	184.22	2977.33	43.77
1989	2450.14	936.10	146.10	2297.19	54.10
1990	2746.18	1048.40	174.73	2562.34	94.80
1991	3334.98	1246.40	271.01	3050.62	94.66
1992	3811.49	1651.20	400.64	3394.34	131.78
1993	4152.69	1898.20	465.59	3670.49	152.70
1994	4368.45	2107.00	518.21	3838.72	139.02
1995	4638.65	2003.40	588.67	4038.40	153.23
1996	5112.75	2276.50	674.43	4422.86	173.39
1997	5758.79	2377.00	742.80	5006.09	211.76
1998	6347.84	2507.29	710.77	5625.00	217.46
1999	7279.56	2704.66	843.23	6425.52	258.46
2000	8344.39	3122.88	1016.04	7320.80	310.86
2001	8901.29	3316.67	1122.64	7778.65	344.20
2002	9790.83	3680.26	1343.95	8446.88	366.06
2003	9166.21	3297.05	1140.29	8025.92	273.19
2004	10903.82	4176.14	1693.25	9210.57	368.53
2005	12029.23	4680.90	2025.51	10003.71	410.92
2006	12494.21	4991.34	2221.03	10273.19	441.35
2007	13187.33	5471.98	2610.97	10576.36	462.79
2008	13002.74	5304.92	2432.53	10570.21	438.56
2009	12647.59	5087.52	2193.75	10453.84	448.40
2010	13376.22	5566.45	2612.69	10763.53	514.06
2011	13542.35	5758.07	2711.20	10831.15	526.30

7-1-2 历年入境游客增长速度

单位：%

年 份	合 计	#入境过夜游客	外国人	港澳台同胞	#台湾同胞
1979	132.4	113.5	57.8	144.7	
1980	35.6	128.9	46.0	34.5	
1981	36.2	7.6	27.6	37.2	
1982	2.0	4.2	13.2	0.9	
1983	19.6	-3.4	14.1	20.3	
1984	35.6	35.6	30.0	36.3	
1985	38.8	38.7	20.8	40.3	
1986	28.0	26.2	8.2	29.9	
1987	17.9	19.5	16.6	18.0	
1988	17.8	14.9	6.6	18.7	
1989	-22.7	-24.3	-20.7	-22.8	23.6
1990	12.1	12.0	19.6	11.5	75.2
1991	21.4	18.9	55.1	19.1	-0.1
1992	14.3	32.5	47.8	11.3	39.2
1993	9.0	15.0	16.2	8.1	15.9
1994	5.2	11.0	11.3	4.6	-9.0
1995	6.2	-4.9	13.6	5.2	10.2
1996	10.2	13.6	14.6	9.5	13.2
1997	12.6	4.4	10.1	13.2	22.1
1998	10.2	5.5	-4.3	12.4	2.7
1999	14.7	7.9	18.6	14.2	18.9
2000	14.6	15.5	20.5	13.9	20.3
2001	6.7	6.2	10.5	6.3	10.7
2002	10.0	11.0	19.7	8.6	6.4
2003	-6.4	-10.4	-15.2	-5.0	-25.4
2004	19.0	26.7	48.5	14.8	34.9
2005	10.3	12.1	19.6	8.6	11.5
2006	3.9	6.6	9.7	2.7	7.4
2007	5.5	9.6	17.6	3.0	4.9
2008	-1.4	-3.1	-6.8	-0.1	-5.2
2009	-2.7	-4.1	-9.8	-1.1	2.2
2010	5.8	9.4	19.1	3.0	14.6
2011	1.2	3.4	3.8	0.6	2.4

7-1-3 按国籍分入境外国游客

单位：万人次

地 区	2005	2006	2007	2008	2009	2010	2011
总计	**2025.51**	**2221.03**	**2610.97**	**2432.53**	**2193.75**	**2612.69**	**2711.20**
亚洲	**1249.99**	**1358.82**	**1606.12**	**1455.10**	**1377.93**	**1619.72**	**1662.32**
#朝鲜	12.58	11.01	11.37	10.18	10.56	11.64	15.23
印度	35.65	40.51	46.25	43.66	44.89	54.93	60.65
印度尼西亚	37.76	43.30	47.71	42.63	46.90	57.34	60.87
日本	339.00	374.59	397.75	344.61	331.75	373.12	365.82
马来西亚	89.96	91.06	106.20	104.05	105.90	124.52	124.51
蒙古	64.20	63.12	68.20	70.53	57.67	79.44	99.42
菲律宾	65.40	70.42	83.30	79.53	74.89	82.83	89.43
新加坡	75.59	82.79	92.20	87.58	88.95	100.37	106.30
韩国	354.53	392.40	477.68	396.04	319.75	407.64	418.54
泰国	58.63	59.20	61.16	55.43	54.18	63.55	60.80
非洲	**23.80**	**29.38**	**37.91**	**37.84**	**40.12**	**46.36**	**48.88**
欧洲	**479.14**	**527.96**	**621.68**	**612.33**	**459.11**	**567.93**	**593.78**
#英国	49.96	55.26	60.51	55.15	52.88	57.50	59.57
德国	45.49	50.06	55.67	52.89	51.85	60.86	63.70
法国	37.20	40.22	46.34	43.00	42.48	51.27	49.31
意大利	19.70	19.53	21.52	19.44	19.14	22.92	23.50
荷兰	14.58	16.78	19.41	18.09	16.69	18.91	19.75
葡萄牙	4.38	4.45	4.83	4.39	4.36	4.77	4.70
瑞典	11.03	12.96	14.51	13.77	12.58	15.45	17.01
瑞士	5.14	5.79	6.46	6.34	6.26	7.43	7.53
俄罗斯	222.39	240.51	300.39	312.34	174.30	237.03	253.63
拉丁美洲	**16.05**	**19.58**	**15.95**	**26.03**	**23.10**	**30.05**	**33.69**
北美洲	**198.53**	**221.00**	**256.15**	**232.12**	**226.01**	**269.49**	**286.42**
#加拿大	42.98	49.91	57.72	53.47	55.03	68.53	74.80
美国	155.55	171.03	190.12	178.64	170.98	200.96	211.61
大洋洲及太平洋岛屿	**57.36**	**63.86**	**72.85**	**68.88**	**67.24**	**78.93**	**85.93**
#澳大利亚	48.30	53.81	60.74	57.15	56.15	66.13	72.62
新西兰	7.84	8.86	10.87	10.52	10.04	11.61	12.09
其他	**0.64**	**0.43**	**0.31**	**0.23**	**0.22**	**0.21**	**0.19**

7-1-4 历年国际旅游(外汇)收入及增长速度

单位：亿美元

年 份	收入合计	商品收入	劳务收入	增长速度(%)	商品收入	劳务收入
1978	2.63	1.22	1.41			
1979	4.49	2.03	2.46	70.7	66.4	74.5
1980	6.17	3.15	3.02	37.4	55.2	22.8
1981	7.85	4.06	3.79	27.2	28.9	25.5
1982	8.43	4.31	4.12	7.4	6.2	8.7
1983	9.41	4.66	4.75	11.6	8.1	15.3
1984	11.31	5.65	5.66	20.2	21.2	19.2
1985	12.50	5.30	7.20	10.5	-6.2	27.2
1986	15.31	6.66	8.65	22.5	25.7	20.1
1987	18.62	7.78	10.84	21.6	16.8	25.3
1988	22.47	8.95	13.52	20.7	15.0	24.7
1989	18.60	6.30	12.30	-17.2	-29.6	-9.0
1990	22.18	7.75	14.43	19.2	23.0	17.3
1991	28.45	9.89	18.56	28.3	27.6	28.6
1992	39.47	12.90	26.57	38.7	30.4	43.2
1993	46.83	13.09	33.74	18.6	1.5	27.0
1994	73.23	26.45	46.78	56.4	102.1	38.6
1995	87.33	32.99	54.34	19.3	24.7	16.2
1996	102.00	34.50	67.50	16.8	4.6	24.2
1997	120.74	40.24	80.50	18.4	16.6	19.3
1998	126.02	41.39	84.63	4.4	2.9	5.1
1999	140.99	42.99	98.00	11.9	3.9	15.8
2000	162.24	47.54	114.70	15.1	10.6	17.0
2001	177.92	52.93	124.99	9.7	11.3	9.0
2002	203.85	58.71	145.14	14.6	10.9	16.1
2003	174.06	50.51	123.55	-14.6	-14.0	-14.9
2004	257.39	77.40	179.99	47.9	53.2	45.7
2005	292.96	91.26	201.70	13.8	17.9	12.1
2006	339.49	147.19	192.30	15.9	61.3	-4.7
2007	419.19	142.42	276.77	23.5	-3.2	43.9
2008	408.43	124.07	284.35	-2.6	-12.9	2.7
2009	396.75	127.63	269.12	-2.9	2.9	-5.4
2010	458.14	157.05	301.09	15.5	23.1	11.9
2011	484.64	154.54	330.09	5.8	-1.6	9.6

7-1-5 入境外国游客分组构成

单位：万人次

指　标	2010		2011	
	人数	比重(%)	人数	比重(%)
总　计	**2612.69**	**100.0**	**2711.20**	**100.0**
按性别分				
男	1678.88	64.3	1745.41	64.4
女	933.81	35.7	965.79	35.6
按年龄分				
14岁及以下	109.44	4.2	111.94	4.1
15-24岁	203.09	7.8	212.44	7.8
25-44岁	1171.31	44.8	1227.62	45.3
45-64岁	965.20	36.9	992.28	36.6
65岁以上	163.65	6.3	166.92	6.2
按事由分				
会议/商务	619.67	23.7	632.64	23.3
观光/休闲	1238.20	47.4	1221.82	45.1
探亲/访友	9.10	0.3	10.99	0.4
服务员工	246.27	9.4	269.39	9.9
其他	499.44	19.1	576.35	21.3
按入境方式分				
船舶	273.64	10.5	283.21	10.4
飞机	1543.78	59.1	1607.41	59.3
火车	60.76	2.3	67.56	2.5
汽车	341.91	13.1	366.59	13.5
徒步	392.61	15.0	386.42	14.3

7-1-6 国际旅游(外汇)收入

单位：亿美元

指　标	2005	2006	2007	2008	2009	2010	2011
总　计	**292.96**	**339.49**	**419.19**	**408.43**	**396.75**	**458.14**	**484.64**
商品收入	**91.26**	**147.19**	**142.42**	**124.07**	**127.63**	**157.05**	**154.54**
商品销售	63.78	112.07	104.94	85.34	91.49	115.90	118.56
餐饮	27.48	35.12	37.48	38.73	36.14	41.15	35.98
劳务收入	**201.70**	**192.30**	**276.77**	**284.36**	**269.12**	**301.09**	**330.09**
长途交通	82.94	73.76	111.43	124.87	117.41	130.91	151.17
民航	59.28	66.63	87.91	90.47	85.84	98.08	114.70
铁路	9.04	2.79	7.71	13.46	12.77	12.47	14.06
汽车	7.18	3.10	6.94	10.47	9.58	10.81	14.06
轮船	7.44	1.24	8.87	10.47	9.22	9.56	8.35
游览	12.27	9.86	18.00	22.02	20.80	21.07	25.32
住宿	37.75	48.97	59.38	48.60	44.34	51.95	50.98
娱乐	17.02	12.53	21.10	29.70	28.82	31.72	34.66
邮电通讯	8.44	5.11	7.61	10.02	9.55	14.60	10.36
市内交通	10.30	12.01	12.42	13.55	13.29	10.68	16.19
其他服务	32.99	30.06	46.83	35.60	34.91	40.15	41.41

7-1-7 各地区接待入境过夜游客情况

地 区	2010				2011			
	人数（万人次）	#外国人	人天数（万人天）	#外国人	人数（万人次）	#外国人	人天数（万人天）	#外国人
北 京	490.07	421.63	2050.52	1813.26	520.40	447.41	2186.37	1931.84
天 津	166.07	153.05	680.51	567.40	73.06	63.58	855.07	707.69
河 北	97.74	85.31	225.60	199.81	114.14	98.27	282.85	241.84
山 西	130.29	82.09	244.56	151.79	155.32	98.25	293.63	184.84
内蒙古	142.80	140.02	335.67	325.33	151.52	147.64	378.94	364.33
辽 宁	361.80	307.01	1109.54	957.77	405.33	339.41	1310.98	1125.70
吉 林	82.01	72.16	172.51	152.62	99.32	85.49	216.42	181.98
黑龙江	172.42	164.83	376.98	363.45	206.52	197.84	460.93	441.08
上 海	733.72	593.12	2577.82	2075.17	668.61	554.99	2284.81	1888.08
江 苏	653.55	473.50	2743.37	1966.85	737.33	537.91	3105.77	2226.28
浙 江	684.71	447.41	1860.71	1267.16	773.69	515.04	2135.54	1481.44
安 徽	198.42	117.40	389.81	243.11	262.87	151.75	696.88	413.55
福 建	368.14	115.27	1592.33	676.08	427.42	140.02	1850.82	790.11
江 西	113.97	39.92	222.02	76.86	135.83	43.98	276.19	92.44
山 东	366.79	277.87	1088.02	844.06	424.23	312.33	1265.99	931.71
河 南	146.84	96.09	290.29	186.84	168.29	104.29	367.14	238.20
湖 北	181.74	138.55	375.07	286.80	213.52	160.11	459.63	349.41
湖 南	189.87	103.30	473.20	329.15	227.63	119.80	527.97	302.83
广 东	3140.93	733.28	6934.77	1881.15	3331.63	749.34	7484.55	2015.54
广 西	250.24	141.39	435.10	257.48	302.79	171.48	540.04	315.36
海 南	66.33	47.40	181.07	148.68	81.43	56.16	212.16	171.79
重 庆	137.02	103.96	418.23	328.60	186.40	132.61	563.20	413.34
四 川	104.93	74.97	198.19	144.01	163.97	113.73	312.04	223.13
贵 州	50.01	18.61	71.39	29.32	58.51	23.62	81.22	33.79
云 南	329.15	231.23	615.20	421.37	395.38	281.00	750.13	526.18
西 藏	22.83	21.41	58.45	55.07	27.08	24.90	69.32	64.44
陕 西	212.17	155.24	556.80	400.01	270.41	189.91	718.49	519.35
甘 肃	7.02	4.99	10.15	7.59	9.11	5.47	11.33	7.16
青 海	4.67	3.39	13.58	10.08	5.17	4.11	16.91	14.03
宁 夏	1.80	1.29	3.86	2.63	1.95	1.37	3.89	2.93
新 疆	50.94	45.44	106.96	97.59	56.37	48.77	170.00	150.79

7-1-8　各地区入境过夜游客人均天花费额

单位：美元/人天

地　区	人均天花费		外国人		香港同胞		澳门同胞		台湾同胞	
	2010	2011	2010	2011	2010	2011	2010	2011	2010	2011
北　京	245.49	247.78	248.65	242.68	237.35	287.52	255.14	255.09	204.77	271.17
天　津	199.10	197.64	197.14	190.77	203.45	219.60	232.83	313.57	210.51	211.50
河　北	158.20	163.56	157.66	162.59	156.40	170.37	153.73	179.01	172.68	164.19
山　西	172.25	174.12	171.62	171.88	175.83	179.30	177.09	181.01	172.01	178.71
内蒙古	183.43	181.02	183.28	182.41	188.54	181.58	178.27	116.02	182.95	173.69
辽　宁	203.64	204.49	203.53	204.42	206.32	196.92	201.09	218.86	202.77	209.35
吉　林	176.34	177.90	177.51	177.38	173.48	192.25	174.87	194.28	165.08	165.24
黑龙江	190.69	188.79	200.11	201.25	190.18	162.85	230.76	258.44	129.06	120.78
上　海	245.08	251.81	244.24	249.14	240.18	266.80	235.07	296.09	263.15	261.00
江　苏	209.58	213.82	205.92	213.12	225.27	216.21	236.77	227.56	209.06	213.39
浙　江	209.12	208.53	206.87	208.84	229.22	205.30	208.33	185.40	213.95	215.26
安　徽	180.97	178.37	175.50	180.33	179.82	152.36	239.96	171.30	192.42	167.41
福　建	190.27	197.39	194.30	199.55	180.54	187.79	170.02	223.94	189.70	194.64
江　西	159.86	156.64	155.08	165.71	168.13	133.33	165.40	163.18	165.87	143.52
山　东	201.19	203.50	197.87	206.20	214.76	193.01	206.54	200.54	209.76	200.48
河　南	154.73	152.84	155.43	156.01	147.64	144.43	154.03	129.51	145.40	135.43
湖　北	192.84	195.36	197.92	196.12	186.17	190.84	183.22	185.27	190.39	202.38
湖　南	189.69	188.24	189.77	189.78	191.47	178.01	199.92	178.41	181.91	159.20
广　东	165.54	169.08	169.50	182.61	156.05	143.15	159.08	138.86	168.36	167.97
广　西	184.23	188.11	182.88	188.70	186.33	183.56	179.79	193.10	191.79	188.00
海　南	173.31	176.69	176.52	184.86	171.27	150.60	165.21	113.81	146.81	140.41
重　庆	173.25	176.39	171.93	169.45	178.38	199.46	182.76	234.85	172.65	190.23
四　川	175.45	176.69	173.49	180.53	177.99	167.48	186.64	174.76	181.75	168.45
贵　州	171.76	168.68	164.25	171.14	184.05	190.99	180.79	146.95	203.13	147.84
云　南	182.31	186.59	178.25	189.31	197.89	183.52	202.47	160.69	199.19	179.10
西　藏	176.56	180.33	177.32	179.96	160.14	205.07	175.94	135.07	186.97	188.01
陕　西	186.20	188.30	188.30	196.34	185.26	131.13	134.61	152.84	164.86	138.59
甘　肃	153.32	157.30	164.91	157.42	132.09	126.37	102.87	184.04	61.01	152.12
青　海	149.46	151.63	149.34	151.69	134.28	124.67	131.03	150.44	164.54	196.32
宁　夏	155.13	159.31	155.00	153.99	145.12	159.80	220.72	181.45	160.17	268.17
新　疆	170.66	174.74	173.05	174.74	152.05		150.23		179.04	

7-1-9 主要城市接待入境过夜游客情况

单位：万人次

城市	2007		2008		2009		2010		2011	
	合计	#外国人	合计	#外国人	合计	#外国人	合计	#外国人	合计	#外国人
北京	435.48	382.61	379.04	335.72	412.51	342.92	490.07	421.63	520.40	447.41
天津	103.23	95.24	122.04	113.00	141.02	130.58	166.07	153.05	73.06	63.58
沈阳	45.60	37.88	47.64	39.96	49.53	41.52	55.03	46.09	60.49	49.89
大连	84.00	75.02	95.00	85.62	105.00	94.77	116.60	104.73	117.00	103.81
长春	20.02	16.48	21.70	18.77	21.71	18.33	24.98	21.98	30.16	24.80
哈尔滨	26.96	20.56	29.71	23.12	24.03	18.83	26.36	21.18	27.72	23.59
上海	520.10	442.61	526.47	441.62	533.39	439.05	733.72	593.12	668.61	554.99
南京	116.09	76.30	119.18	77.71	113.45	74.40	130.88	86.80	150.66	99.92
无锡	69.47	43.11	61.13	42.25	62.95	40.47	79.16	55.66	90.83	66.26
苏州	161.24	121.83	168.23	121.72	169.51	116.03	207.53	147.23	232.63	167.03
杭州	208.60	145.37	221.33	154.37	230.40	157.28	275.71	187.85	306.31	210.82
宁波	68.92	43.40	75.68	47.72	80.05	46.46	95.17	53.89	107.39	60.87
黄山	68.55	47.56	81.04	55.93	87.71	51.10	105.03	59.86	131.36	76.31
厦门	93.22	46.34	104.53	41.56	94.49	43.08	155.19	51.11	179.92	61.81
济南	16.06	9.70	17.02	10.74	18.70	11.61	23.10	15.33	28.99	19.37
青岛	108.03	92.42	80.08	69.77	100.07	80.14	108.05	82.66	115.64	80.74
武汉	52.98	43.43	53.40	42.78	66.90	52.63	92.79	70.17	115.91	88.70
广州	611.34	223.16	612.48	214.49	689.40	231.18	814.79	294.44	778.69	276.27
深圳	831.30	161.64	869.57	151.42	896.37	146.38	1020.60	167.58	1104.55	171.20
珠海	282.04	50.66	286.22	49.31	297.84	47.86	325.14	56.73	320.84	58.17
中山	68.26	13.12	65.18	11.90	47.58	10.96	48.06	13.48	60.81	11.45
桂林	128.60	82.60	125.02	81.44	129.03	75.11	148.62	89.75	164.39	103.72
海口	14.95	9.26	13.61	8.53	10.32	6.18	13.29	7.45	14.68	7.67
三亚	52.20	44.77	51.15	41.16	31.78	23.29	41.59	32.45	52.89	42.12
重庆	76.17	62.24	87.19	74.28	104.81	84.80	137.02	103.96	186.40	132.61
成都	73.68	52.16	47.20	34.67	58.87	44.00	73.20	54.22	121.64	89.54
昆明	71.34	48.76	70.07	49.82	77.83	56.16	86.06	66.64	100.40	77.20
西安	100.01	85.09	63.20	53.58	70.06	61.61	84.18	73.21	100.23	88.63

7-1-10 国内旅游情况

年 份	旅游人数（百万人次）	城镇居民	农村居民	旅游总花费（亿元）	城镇居民	农村居民
1994	524	205	319	1023.51	848.21	175.30
1995	629	246	383	1375.70	1140.10	235.60
1996	640	256	383	1638.38	1368.36	270.02
1997	644	259	385	2112.70	1551.83	560.87
1998	695	250	445	2391.18	1551.13	876.05
1999	719	284	435	2831.92	1748.23	1083.69
2000	744	329	415	3175.54	2235.26	940.28
2001	784	375	409	3522.37	2651.68	870.69
2002	878	385	493	3878.36	2848.09	1030.27
2003	870	351	519	3442.27	2404.08	1038.19
2004	1102	459	643	4710.71	3359.04	1351.67
2005	1212	496	716	5285.86	3656.13	1629.73
2006	1394	576	818	6229.70	4414.70	1815.00
2007	1610	612	998	7770.60	5550.40	2220.20
2008	1712	703	1009	8749.30	5971.75	2777.55
2009	1902	903	999	10183.69	7233.79	2949.90
2010	2103	1065	1038	12579.77	9403.81	3175.96
2011	2641	1687	954	19305.39	14808.61	4496.78

【主要统计指标解释】

旅游人数

1．入境游客：指报告期内来我国观光、度假、探亲访友、就医疗养、购物、参加会议或从事经济、文化、体育、宗教活动的外国人、港澳台同胞等入境游客。统计时，外国人、港澳台同胞每入境一次统计1人次。

2．国内旅游人数：指在报告期内在中国（大陆）观光游览、度假、探亲访友、就医疗养、购物、参加会议或从事经济、文化、体育、宗教活动的中国（大陆）居民人数，其出游的目的不是通过所从事的活动谋取报酬。统计时，国内游客按每出游一次统计1人次。

国际旅游(外汇)收入 指入境游客在中国（大陆）境内旅行、游览过程中用于交通、参观游览、住宿、餐饮、购物、娱乐等全部花费。

国内旅游总花费 指国内游客在国内旅行、游览过程中用于交通、参观游览、住宿、餐馆、购物、娱乐等全部花费。

7 第三产业复合性行业情况

7-2 物流业

简要说明

一、主要内容

本篇资料反映我国物流业的发展状况，主要内容包括社会物流总额、社会物流总费用、物流业增加值、物流业固定资产投资额等指标。

二、统计范围

主要包括农业、工业、交通运输仓储邮电业、批发和零售业以及进出口等方面与物流相关的行业。

三、资料来源

本篇资料来源于中国物流与采购联合会中国物流信息中心。

7-2-1 社会物流总额

单位：亿元

年 份	工业品	农产品	进口货物	再生资源	单位与居民物品	合计
1991	23418	3252	3395	198	27	30291
1992	31121	3335	4444	255	33	39188
1993	43780	4281	5990	382	42	54475
1994	62571	6104	9964	548	50	79237
1995	82584	7951	11029	607	59	102230
1996	89730	8618	11523	673	69	110614
1997	102501	8996	11817	746	78	124138
1998	107688	9160	11626	827	86	129388
1999	115827	9138	13736	917	98	139717
2000	142000	9634	18660	1017	116	171427
2001	163739	10291	20159	1127	126	195442
2002	196799	10986	24431	1249	132	233597
2003	249570	11261	34193	1385	187	296595
2004	324876	11970	46467	1535	190	383829
2005	413161	12748	54093	1776	205	481983
2006	516864	13546	63267	2059	240	595976
2007	660878	15849	72627	2436	493	752283
2008	798622	18638	78603	2529	1402	899793
2009	874058	19439	68570	2840	1632	966538
2010	1131031	22355	94305	4464	1975	1254130
2011	1436409	26312	112430	5928	2463	1583542

注：1.本表根据国家相关部门统计资料核算。
2.2011年数据按快报数据核算。
3.本表按当年价格计算，以下各表同。

7-2-2 社会物流总额构成

单位：%

年 份	工业品	农产品	进口货物	再生资源	单位与居民物品	合计
1991	77.49	10.76	11.24	0.42	0.09	100
1992	79.62	8.53	11.37	0.40	0.09	100
1993	80.60	7.88	11.03	0.41	0.08	100
1994	78.97	7.70	12.58	0.69	0.06	100
1995	80.98	7.80	10.82	0.35	0.06	100
1996	81.36	7.81	10.45	0.31	0.06	100
1997	82.89	7.27	9.56	0.22	0.06	100
1998	83.65	7.12	9.03	0.13	0.07	100
1999	83.36	6.58	9.89	0.11	0.07	100
2000	83.25	5.65	10.94	0.09	0.07	100
2001	84.18	5.29	10.36	0.10	0.06	100
2002	84.61	4.72	10.50	0.10	0.06	100
2003	84.15	3.80	11.53	0.47	0.06	100
2004	84.64	3.12	12.11	0.40	0.05	100
2005	85.72	2.64	11.22	0.37	0.04	100
2006	86.73	2.27	10.62	0.35	0.04	100
2007	87.85	2.11	9.65	0.32	0.07	100
2008	88.76	2.07	8.74	0.28	0.16	100
2009	90.43	2.01	7.09	0.29	0.17	100
2010	90.18	1.78	7.52	0.36	0.16	100
2011	90.71	1.66	7.10	0.37	0.20	100

7-2-3 社会物流总额增长率

上年=100　　单位：%

年　份	工业品	农产品	进口货物	再生资源	单位与居民物品	合计
1992	132.9	102.5	130.9	128.9	122.0	129.4
1993	140.7	128.4	134.8	150.1	124.7	139.0
1994	142.9	142.6	166.4	143.4	119.5	145.5
1995	132.0	130.3	110.7	110.8	118.2	129.0
1996	108.7	108.4	104.5	110.8	117.6	108.2
1997	114.2	104.4	102.5	110.8	112.6	112.2
1998	105.1	101.8	98.4	110.8	110.3	104.2
1999	107.6	99.8	118.2	110.8	114.0	108.0
2000	122.6	105.4	135.8	110.8	118.4	122.7
2001	115.3	106.8	108.0	110.8	108.6	114.0
2002	120.2	106.8	121.2	110.8	104.8	119.5
2003	126.8	102.5	140.0	110.8	141.7	127.0
2004	130.2	106.3	135.9	110.9	101.6	129.4
2005	127.2	106.5	116.4	115.7	107.9	125.6
2006	125.1	106.3	117.0	116.0	116.9	123.7
2007	127.9	117.0	114.8	118.3	121.1	126.2
2008	120.8	117.6	108.2	103.8	284.4	119.6
2009	109.4	104.3	87.2	112.3	116.4	107.4
2010	129.4	115.0	137.5	157.2	121.0	129.8
2011	127.0	117.7	119.2	132.8	124.7	126.3

7-2-4 每单位GDP的物流需求系数

年　份	工业品	农产品	进口货物	再生资源	单位与居民物品	合计
1991	1.083	0.150	0.157	0.009	0.001	1.4
1992	1.168	0.125	0.167	0.010	0.001	1.5
1993	1.239	0.121	0.170	0.011	0.001	1.5
1994	1.298	0.127	0.207	0.011	0.001	1.6
1995	1.358	0.131	0.181	0.010	0.001	1.7
1996	1.261	0.121	0.162	0.009	0.001	1.6
1997	1.298	0.114	0.150	0.009	0.001	1.6
1998	1.276	0.109	0.138	0.010	0.001	1.5
1999	1.292	0.102	0.153	0.010	0.001	1.6
2000	1.431	0.097	0.188	0.010	0.001	1.7
2001	1.493	0.094	0.184	0.010	0.001	1.8
2002	1.635	0.091	0.203	0.010	0.001	1.9
2003	1.837	0.083	0.252	0.010	0.001	2.2
2004	2.032	0.075	0.291	0.010	0.001	2.4
2005	2.257	0.070	0.295	0.010	0.001	2.6
2006	2.468	0.065	0.302	0.010	0.001	2.8
2007	2.680	0.064	0.294	0.010	0.002	3.1
2008	2.543	0.059	0.250	0.008	0.004	2.9
2009	2.606	0.058	0.204	0.008	0.005	2.9
2010	2.842	0.056	0.237	0.011	0.005	3.2
2011	3.046	0.056	0.238	0.013	0.005	3.4

7-2-5 社会物流总费用

单位：亿元

年 份	运输费用	保管费用	管理费用	社会物流总费用
1991	2879	1612	691	5182
1992	3379	1922	836	6137
1993	4507	2317	1074	7898
1994	5579	3276	1483	10338
1995	6455	4459	1970	12884
1996	7633	5109	2250	14993
1997	8218	5820	2629	16667
1998	8668	5625	2728	17021
1999	9533	5344	2937	17814
2000	10070	5975	3185	19230
2001	10813	6458	3348	20619
2002	12000	7281	3460	22741
2003	14068	8057	3570	25695
2004	16932	8981	4089	30002
2005	18639	10632	4590	33860
2006	21196	12695	5066	38957
2007	26648	15544	6074	48266
2008	31436	18560	6745	56741
2009	33628	19955	7244	60826
2010	38321	24044	8619	70984
2011	44397	29475	10230	84102

注：1.本表根据国家相关部门统计资料核算。
2.本表数据依据全国第二次经济普查数据及GDP核算数据进行了调整。
3.2011年数据按快报数据核算。
4.本表按当年价格计算，以下各表同。

7-2-6 社会物流总费用构成

单位：%

年 份	运输费用	保管费用	管理费用
1991	55.6	31.1	13.3
1992	55.1	31.3	13.6
1993	57.1	29.3	13.6
1994	54.0	31.7	14.3
1995	50.1	34.6	15.3
1996	50.9	34.1	15.0
1997	49.3	34.9	15.8
1998	50.9	33.0	16.0
1999	53.5	30.0	16.5
2000	52.4	31.1	16.6
2001	52.4	31.3	16.2
2002	52.8	32.0	15.2
2003	54.7	31.4	13.9
2004	56.4	29.9	13.6
2005	55.0	31.4	13.6
2006	54.4	32.6	13.0
2007	54.0	33.1	12.9
2008	55.4	32.7	11.9
2009	55.3	32.8	11.9
2010	54.0	33.9	12.1
2011	52.8	35.0	12.2

7-2-7 社会物流总费用增长情况

上年=100 单位：%

年 份	运输费用	保管费用	管理费用	社会物流总费用
1992	117.4	119.3	120.9	118.4
1993	133.4	120.5	128.6	128.7
1994	123.8	141.4	138.0	130.9
1995	115.7	136.1	132.9	124.6
1996	118.3	114.6	114.2	116.4
1997	107.7	113.9	116.8	111.2
1998	105.5	96.7	103.8	102.1
1999	110.0	95.0	107.7	104.7
2000	105.6	111.8	108.4	107.9
2001	107.4	108.1	105.1	107.2
2002	111.0	112.7	103.3	110.3
2003	117.2	110.7	103.2	113.0
2004	120.4	111.5	114.5	116.8
2005	110.1	118.4	112.2	112.9
2006	113.7	119.4	110.4	115.1
2007	125.7	122.4	119.9	123.9
2008	118.0	119.4	111.0	117.6
2009	107.0	107.5	107.4	107.2
2010	114.0	120.5	119.0	116.7
2011	115.9	122.6	118.7	118.5

7-2-8 社会物流总费用与GDP的比率

单位：%

年 份	运输费用	保管费用	管理费用	社会物流总费用
1991	13.3	7.5	3.2	24.0
1992	12.7	7.2	3.1	23.0
1993	12.8	6.6	3.0	22.4
1994	11.6	6.8	3.1	21.4
1995	10.6	7.3	3.2	21.2
1996	10.7	7.2	3.2	21.1
1997	10.4	7.4	3.3	21.1
1998	10.3	6.7	3.2	20.2
1999	10.6	6.0	3.3	19.9
2000	10.1	6.0	3.2	19.4
2001	9.9	5.9	3.1	18.8
2002	10.0	6.1	2.9	18.9
2003	10.4	5.9	2.6	18.9
2004	10.6	5.6	2.6	18.8
2005	10.2	5.8	2.5	18.5
2006	10.0	6.0	2.4	18.4
2007	10.0	5.8	2.3	18.2
2008	10.0	5.9	2.1	18.1
2009	10.0	6.0	2.2	18.1
2010	9.6	6.0	2.2	17.8
2011	9.4	6.3	2.2	17.8

7-2-9 物流业增加值

单位：亿元

年 份	交通运输业物流增加值	仓储业物流增加值	批发和零售业物流增加值	邮政业物流增加值	物流业增加值合计
1991	1498	87	247	20	1851
1992	1735	116	300	22	2174
1993	2314	155	409	27	2906
1994	2855	218	546	35	3654
1995	3294	277	654	40	4265
1996	3903	297	751	45	4996
1997	4204	325	822	47	5398
1998	4609	335	871	44	5858
1999	5072	359	943	42	6416
2000	5338	434	1050	66	6887
2001	5723	489	1149	68	7429
2002	5982	576	1303	65	7927
2003	6882	649	1517	64	9112
2004	8193	731	1764	87	10776
2005	9154	860	2163	93	12271
2006	10386	1033	2697	313	14430
2007	13612	1265	2940	383	18200
2008	15854	1570	3648	437	21509
2009	16809	1737	4035	498	23078
2010	19746	2084	4897	582	27310
2011	22820	2421	5951	703	31895

注：1.本表根据国家相关部门统计资料核算。
2.本表数据依据全国第二次经济普查数据及GDP核算数据进行了调整。
3.2011年数据按快报数据核算。
4.本表按当年价格计算，以下各表同。

7-2-10 物流业增加值构成

单位：%

年 份	交通运输业物流增加值	仓储业物流增加值	批发和零售业物流增加值	邮政业物流增加值
1991	80.9	4.7	13.3	1.1
1992	79.8	5.3	13.8	1.0
1993	79.7	5.3	14.1	0.9
1994	78.1	6.0	15.0	1.0
1995	77.2	6.5	15.3	0.9
1996	78.1	5.9	15.0	0.9
1997	77.9	6.0	15.2	0.9
1998	78.7	5.7	14.9	0.7
1999	79.1	5.6	14.7	0.6
2000	77.5	6.3	15.2	1.0
2001	77.0	6.6	15.5	0.9
2002	75.5	7.3	16.4	0.8
2003	75.5	7.1	16.7	0.7
2004	76.0	6.8	16.4	0.8
2005	74.6	7.0	17.6	0.8
2006	72.0	7.2	18.7	2.2
2007	74.8	7.0	16.2	2.1
2008	73.7	7.3	17.0	2.0
2009	72.8	7.5	17.5	2.2
2010	72.3	7.6	17.9	2.1
2011	71.5	7.6	18.7	2.2

7-2-11　物流业增加值增长情况

上年=100　　单位：%

年　份	交通运输业物流增加值	仓储业物流增加值	批发和零售业物流增加值	邮政业物流增加值	物流业增加值合计
1992	115.9	133.3	121.9	112.2	117.4
1993	133.4	133.6	136.2	121.0	133.6
1994	123.4	140.6	133.5	129.5	125.8
1995	115.4	127.1	119.7	115.5	116.7
1996	118.5	107.2	114.8	111.1	117.1
1997	107.7	109.4	109.6	104.7	108.1
1998	109.6	103.1	105.9	93.3	108.5
1999	110.1	107.2	108.3	95.0	109.5
2000	105.2	120.9	111.3	158.2	107.3
2001	107.2	112.7	109.5	103.1	107.9
2002	104.5	117.8	113.4	96.7	106.7
2003	115.0	112.7	116.4	97.8	115.0
2004	119.1	112.7	116.3	135.9	118.3
2005	111.7	117.6	122.6	107.2	113.9
2006	113.5	120.1	100.0	336.0	117.6
2007	131.1	122.5	109.0	122.2	126.1
2008	116.5	124.1	124.1	114.1	118.2
2009	106.0	110.6	110.6	114.0	107.3
2010	117.5	120.0	121.4	116.9	118.3
2011	115.6	116.2	121.5	120.8	116.8

7-2-12　物流业增加值占GDP比重

单位：%

年　份	交通运输业物流增加值	仓储业物流增加值	批发和零售业物流增加值	邮政业物流增加值	物流业增加值合计
1991	6.9	0.4	1.1	0.1	8.6
1992	6.5	0.4	1.1	0.1	8.2
1993	6.5	0.4	1.2	0.1	8.2
1994	5.9	0.5	1.1	0.1	7.6
1995	5.4	0.5	1.1	0.1	7.0
1996	5.5	0.4	1.1	0.1	7.0
1997	5.3	0.4	1.0	0.1	6.8
1998	5.5	0.4	1.0	0.1	6.9
1999	5.7	0.4	1.1		7.2
2000	5.4	0.4	1.1	0.1	6.9
2001	5.2	0.4	1.0	0.1	6.8
2002	5.0	0.5	1.1	0.1	6.6
2003	5.1	0.5	1.1		6.7
2004	5.1	0.5	1.1	0.1	6.7
2005	5.0	0.5	1.2	0.1	6.7
2006	4.9	0.5	1.3	0.1	6.8
2007	5.1	0.5	1.1	0.1	6.8
2008	5.0	0.5	1.2	0.1	6.8
2009	5.0	0.5	1.2	0.1	6.9
2010	5.0	0.5	1.2	0.1	6.9
2011	4.8	0.5	1.3	0.1	6.8

7-2-13 物流业增加值占第三产业增加值比重

单位：%

年 份	交通运输业物流增加值	仓储业物流增加值	批发和零售业物流增加值	邮政业物流增加值	物流业增加值合计
1991	20.7	1.2	3.4	0.3	25.6
1992	19.0	1.3	3.3	0.2	23.8
1993	19.3	1.3	3.4	0.2	24.2
1994	17.5	1.3	3.4	0.2	22.4
1995	16.4	1.4	3.3	0.2	21.2
1996	16.6	1.3	3.2	0.2	21.3
1997	15.5	1.2	3.0	0.2	19.9
1998	15.0	1.1	2.8	0.1	19.0
1999	14.9	1.1	2.8	0.1	18.8
2000	13.7	1.1	2.7	0.2	17.7
2001	12.8	1.1	2.6	0.2	16.6
2002	11.9	1.1	2.6	0.1	15.8
2003	12.2	1.2	2.7	0.1	16.2
2004	12.6	1.1	2.7	0.1	16.6
2005	12.5	1.2	3.0	0.1	16.8
2006	12.3	1.2	3.2	0.4	17.0
2007	12.2	1.1	2.6	0.3	16.3
2008	12.1	1.2	2.8	0.3	16.4
2009	11.8	1.2	2.8	0.3	16.1
2010	11.5	1.2	2.9	0.3	16.0
2011	11.2	1.2	2.9	0.3	15.7

7-2-14 物流业固定资产投资额

单位：亿元

年 份	交通运输业	仓储、邮政业	批发和零售业	流通加工、包装业	物流业合计
1991	299.8	13.7	42.7	1.3	357.5
1992	496.6	27.5	122.7	3.3	650.0
1993	890.6	50.4	128.9	5.8	1075.6
1994	1284.5	70.6	163.1	9.1	1527.3
1995	1469.7	74.5	169.9	9.6	1723.6
1996	1776.3	86.3	150.1	8.1	2020.8
1997	2113.2	98.0	149.2	6.8	2367.2
1998	3082.0	128.0	185.0	6.5	3401.6
1999	3164.7	176.6	185.8	6.4	3533.5
2000	3194.6	158.0	194.5	7.7	3554.7
2001	3589.4	156.0	202.2	8.7	3956.4
2002	4154.9	154.9	231.7	12.0	4553.6
2003	4861.0	199.7	510.2	23.5	5594.4
2004	6319.6	378.0	838.7	34.2	7570.6
2005	7749.6	394.2	1103.8	45.5	9293.1
2006	9774.9	509.7	1827.0	57.8	12169.4
2007	10971.9	790.1	2444.0	74.9	14280.9
2008	13122.0	1122.0	3166.0	97.0	17508.0
2009	19475.0	1766.0	4451.0		25693.0
2010	23221.0	2238.0	5216.0		30675.0
2011	22001.2	2994.8	7322.2		32318.2

注：1. 本表根据国家相关部门统计资料核算。
2. 2004年以后各年数据，在往年口径基础上新增加城镇集体、个体50万元以上项目。
3. 2011年数据按快报数核算。
4. 本表按当年价格计算，以下各表同。

7-2-15 物流业固定资产投资构成

单位：%

年 份	交通运输业	仓储、邮政业	批发和零售业	流通加工、包装业
1991	83.9	3.8	11.9	0.4
1992	76.4	4.2	18.9	0.5
1993	82.8	4.7	12.0	0.5
1994	84.1	4.6	10.7	0.6
1995	85.3	4.3	9.9	0.6
1996	87.9	4.3	7.4	0.4
1997	89.3	4.1	6.3	0.3
1998	90.6	3.8	5.4	0.2
1999	89.6	5.0	5.3	0.2
2000	89.9	4.4	5.5	0.2
2001	90.7	3.9	5.1	0.2
2002	91.2	3.4	5.1	0.3
2003	86.9	3.6	9.1	0.4
2004	83.5	5.0	11.1	0.5
2005	83.4	4.2	11.9	0.5
2006	80.3	4.2	15.0	0.5
2007	76.8	5.5	17.1	0.5
2008	74.9	6.4	18.1	0.6
2009	75.8	6.9	17.3	
2010	75.7	7.3	17.0	
2011	68.1	9.3	22.7	

7-2-16 物流业固定资产投资额增长情况

上年=100　　　　单位：%

年 份	交通运输业	仓储、邮政业	批发和零售业	流通加工、包装业	物流业合计
1992	165.6	201.2	287.2	265.0	181.8
1993	179.3	183.2	105.1	173.6	165.5
1994	144.2	140.2	126.5	157.2	142.0
1995	114.4	105.4	104.2	105.5	112.9
1996	120.9	115.8	88.4	84.5	117.2
1997	119.0	113.6	99.4	84.3	117.1
1998	145.8	130.6	124.0	95.3	143.7
1999	102.7	137.9	100.4	97.9	103.9
2000	100.9	89.4	104.7	120.8	100.6
2001	112.4	98.8	104.0	113.1	111.3
2002	115.8	99.3	114.6	138.2	115.1
2003	117.0	128.9	220.2	195.5	122.9
2004	130.0	189.3	164.4	145.7	135.3
2005	122.6	104.3	131.6	132.9	122.8
2006	123.3	129.3	122.9	127.0	123.4
2007	110.8	155.0	133.8	129.6	117.4
2008	119.6	142.0	129.5	129.6	122.6
2009	148.4	157.5	140.6		147.6
2010	119.2	126.7	117.2		119.4
2011	97.8	132.7	140.1		107.8

7-2-17 物流用主要设施

年份	铁路里程（万公里）	公路里程（万公里）	内河航道里程（万公里）	民用航空航线里程（万公里）	输油(气)管道里程（万公里）	民用货运汽车拥有量（万辆）	民用货运汽车吨位（万吨位）	民用运输船舶拥有量（艘）	铁路货车拥有量（辆）
1991	5.78	104.11	10.97	55.91	1.62	398.62	1633.11	385537	370054
1992	5.81	105.67	10.97	83.66	1.59	441.45	1834.00	373568	373233
1993	5.86	108.35	11.02	96.08	1.64	501.00	2114.27	372481	390097
1994	5.90	111.78	11.10	104.56	1.68	560.33	2396.34	353385	415919
1995	5.26	115.70	11.10	112.90	1.72	585.43	2370.93	364968	432731
1996	5.49	118.58	11.08	116.65	1.93	575.03	2280.62	326007	443893
1997	6.60	122.64	10.98	142.50	2.04	601.23	2392.50	265797	437686
1998	6.64	127.85	11.03	150.58	2.31	627.89	2408.94	260208	439326
1999	6.74	135.17	11.65	152.22	2.49	676.95	2730.42	242043	436236
2000	6.87	140.27	11.93	150.29	2.47	716.32	2889.22	229676	443902
2001	7.01	169.80	12.15	155.36	2.76	765.24	3056.67	210786	453620
2002	7.19	176.52	12.16	163.77	2.98	812.22	3244.33	202977	459017
2003	7.30	180.98	12.40	174.95	3.26	853.51	3405.50	204270	510327
2004	7.44	187.07	12.33	175.00	3.82	893.00	3563.42	210700	528005
2005	7.54	193.05	12.30	199.90	4.40	955.50	3866.86	207294	548368
2006	7.70	345.70	12.34	211.35	4.96	980.30		194360	564899
2007	7.80	358.40	12.30	234.30	5.56	1054.06		191771	577521
2008	8.00	373.00	12.30	246.20	5.83	1126.10		184190	588519
2009	8.55	386.08	12.37	234.51	6.90	1368.60		176932	603082
2010	9.12	400.82	12.42	276.51	7.85	1597.60		178407	622284
2011	9.32	410.64	12.46	349.06	8.33	1788.00		179242	644677

【主要统计指标解释】

社会物流总额　指报告期内从供应地向接受地实体流动的全部物品的价值总额。包括：进入需求领域的农产品总额；进入需求领域的工业品物流总额；进口货物物流总额；进入需求领域的再生资源物流总额；单位与居民物品物流总额。

社会物流总费用　指报告期内国民经济各方面用于社会物流活动的各项费用支出的总和。包括支付给运输、储存、装卸搬运、包装、流通加工、配送、信息处理等各个物流环节的费用；应承担的物品在物流期间发生的损耗费用；社会物流活动中因资金占用而应承担的利息支出；社会物流活动中发生的管理费用等。社会物流总费用划分为运输费用、保管费用、管理费用。

物流需求系数　指每单位GDP产出需要的物流总额。

物流业固定资产投资额　指报告期内物流相关行业建设项目累计完成的全部投资。

8 港澳台第三产业情况

8-1　香港第三产业情况

简要说明

一、本章资料反映香港特别行政区主要社会、经济发展情况。内容包括：土地、人口、就业、国民收入、国际收支平衡表、工业、能源、建筑、交通、对外贸易、财政金融、教育、房屋、卫生、社会保障等方面。

二、本章由香港特别行政区政府统计处向有关政府决策局／部门及公营机构搜集数据，国家统计局国际统计信息中心负责整理、编辑。

三、在统计工作方面，按《中华人民共和国香港特别行政区基本法》的有关原则，香港特别行政区保留其单独运作的统计系统，并负责编制和发布反映香港特别行政区情况的统计数据。由于香港和内地在使用统计名词及概念方面会有所不同，读者在比较两地数据时，请参考本章末的“主要统计指标解释”。

四、香港特别行政区是单独的关税地区，香港与内地之间的贸易，亦需办理进出口报关。在贸易统计方面，香港特别行政区对外贸易统计数据亦包括香港特别行政区与内地的贸易。

五、在外汇统计及与之有关的各方面，港币是香港特别行政区的法定货币，因此，除港币以外的货币（包括人民币）均视作外币。

六、更详细的统计资料及有关的技术细节，可参阅香港特别行政区政府统计处出版的《香港统计月刊》、《香港统计年刊》及各专题统计出版物。

七、本章节表中的符号使用说明：

本章节表中使用的部分符号与《中国统计年鉴》略有差异。“-”表示不适用;“空格”表示没有数字;“#”表示临时数字;“§”表示数字少于单位的一半。

8-1-1 主要统计指标概览①

项目		2007	2008	2009	2010	2011
人口及生命统计						
年中人口	(万人)	691.6	695.8	697.3	702.4	707.2
粗出生率	(‰)	10.2	11.3	11.8	12.6	13.5
粗死亡率	(‰)	5.7	6.0	5.9	6.0	5.9
婴儿死亡率	(‰)	1.8	1.8	1.7	1.7	1.2
(按每千名登记活产婴儿计算)						
劳动、就业						
劳动人口	(万人)	362.2	363.7	366.0	363.1	370.3
劳动人口参与率	(%)	61.2	60.9	60.8	59.6	60.1
失业率	(%)	4.0	3.5	5.3	4.3	3.4
就业人数	(万人)	347.7	350.9	346.8	347.4	357.6
选定行业的就业人数②	(万人)					
制造			16.6	15.0	13.3	13.3
建筑			26.5	26.2	26.5	27.7
进出口贸易及批发			58.9	56.2	54.7	53.9
零售、住宿③及餐饮服务			55.2	54.5	55.8	57.8
运输、仓库、邮政及速递服务、资讯及通讯			43.4	42.3	42.2	43.4
金融、保险、地产、专业及商用服务			63.9	63.7	64.1	67.6
公共行政、社会及个人服务			84.3	86.7	88.5	91.5
实际工资指数④	(1992年9月=100)	115.8	115.3	113.5	113.5	117.9
对外商品贸易						
进口	(亿港元)	28680	30253	26924	33648	37646
港产品出口	(亿港元)	1091	908	577	695	657
转口	(亿港元)	25784	27334	24113	29615	32716
对外服务贸易						
服务出口	(亿港元)	6608	7186	6698	8248	9455
服务进口	(亿港元)	3322	3665	3406	3963	4350
工业生产						
工业生产指数	(2008年=100)	107.2	100.0	91.7	95.0	95.7
工业电力消费量	(万亿焦耳)	13104	12182	11143	11080	11104
工业煤气消费量	(万亿焦耳)	895	905	902	917	1086
土地、楼宇、建筑及地产						
新落成私人楼宇						
楼宇数目	(栋)	358	755	669	278	397
实用楼面面积	(万平方米)					
住宅		45.1	43.4	44.3	61.2	47.2
非住宅		57.8	66.3	37.2	52.8	51.9
获批准可动工兴建私人楼宇	(栋)					
初次呈交		313	273	403	512	228
重大修改		853	111	182	254	186
房屋及物业						
永久性房屋单位	(万个)					
公营租住房屋⑤		71.74	72.16	74.12	74.46	74.71
资助出售单位⑥		39.76	39.70	39.58	39.29	39.12
私人房屋⑥⑦		138.61	139.87	140.94	142.34	145.49
总计		250.12	251.73	254.64	256.10	259.32

8-1-1 续表 1

项 目		2007	2008	2009	2010	2011
运输、通讯、旅游						
进出香港货物						
总卸下	(万吨)	16317	16571	15567	17282	17519
总装上	(万吨)	12229	12916	11745	12882	13291
集装箱吞吐量	(万标准集装箱)	2400	2449	2104	2370	2438
电话服务	(万条操作线路)	409	411	419	426	425
访港旅客⑧	(万人次)	2817	2951	2959	3603	4192
政府收支、货币、金融	**(亿港元)**					
政府储备结余⑨		4929	4944	5203	5954	6691
政府收入总额⑨⑩		3585	3166	3184	3765	4377
政府开支总额⑨⑩		2348	3124	2890	3014	3640
货币供应量M_3						
港元⑪		33005	32613	36048	38782	40554
外币⑫		28393	30394	30220	32781	40257
总计		61398	63008	66268	71563	80811
港汇指数(贸易总值(进口及整体出口)加权)(2010年1月=100)⑬		106.3	100.7	101.9	99.5	94.6
消费价格指数						
(2009年10月至2010年9月=100)						
综合消费价格指数		93.8	97.8	98.4	100.7	106.0
甲类消费价格指数		94.4	97.8	98.3	100.8	106.4
乙类消费价格指数		93.5	97.8	98.4	100.6	105.8
丙类消费价格指数		93.5	97.9	98.5	100.6	105.8
教育	**(人)**					
小学学生人数		385949	365056	344748	331112	322881
中学学生人数⑭		492410	489362	481188	458131	472532
大专院校学生人数⑮		143473	147364	158043	166018	168692
卫生						
医生	(人)	11961	12215	12424	12620	12818
注册中医	(人)	5540	5860	6048	6241	6414
病床	(张)	34928	35048	35062	35522	36121
社会保障						
综合社会保障援助⑨						
个案数目⑯	(个)	285773	289469	287822	282732	275383
发放款项	(亿港元)	180	186	190	185	195
公共福利金⑨						
个案数目⑯	(个)	594341	612128	627816	642979	663237
发放款项	(亿港元)	60	88	89	91	97
交通意外伤亡援助⑨						
获批个案数目	(个)	7841	7224	7350	7203	7139
本地生产总值						
按2009年环比物量计算						
年增长率	(%)	6.4	2.3	-2.6	7.1	5.0
本地生产总值	(亿港元)	16291	16666	16225	17376	18250
人均本地生产总值	(港元)	235539	239534	232692	247376	258074
按当年价格计算						
年增长率	(%)	9.5	3.8	-3.2	7.3	8.9
本地生产总值	(亿港元)	16156	16770	16225	17416	18967
人均本地生产总值	(港元)	233589	241026	232692	247938	268213

8-1-1 续表 2

项 目		2007	2008	2009	2010	2011
本地居民生产总值						
按当年价格计算						
本地居民生产总值	(亿港元)	16600	17603	16654	17699	19535
人均本地居民生产总值	(港元)	240014	252999	238840	251966	276250
国外净要素收入	(亿港元)	444	833	429	283	568
国际收支平衡表	**(亿港元)**					
经常帐户		1992.79	2295.10	1392.49	962.24	1004.79
资本及金融帐户		-2592.47	-2311.62	-1553.71	-1525.02	-1395.27
净误差及遗漏		599.68	16.60	161.22	562.78	390.48
整体的国际收支		1145.00	2638.69	5492.62	710.86	1116.06
		(盈余)	(盈余)	(盈余)	(盈余)	(盈余)
国际投资头寸⑰						
国际投资头寸净值⑱	(亿港元)	37735.90	48266.72	55843.94	51355.39	54567.90
对外金融资产	(亿港元)	211940.93	175212.61	198114.97	222774.10	232279.71
对外金融负债	(亿港元)	174205.03	126945.89	142271.04	171418.71	177711.80

注：①在2011年6至8月期间进行的人口普查提供一个基准，用作修订自2006年中期人口统计以来编制的人口数字。上表由2007年至2010年与人口有关的数字已作出相应修订。
②由2009年开始，数字是按"香港标准行业分类2.0版"编制，其数列已向前估计至2008年。
③住宿服务包括酒店、宾馆、旅舍及其他提供短期住宿服务的机构单位。
④实际工资指数是以名义工资指数扣除以2009至10年为基期的甲类消费价格指数而计算出来。工资统计数字是按"香港标准行业分类2.0版"编制。
⑤房屋委员会售出的公营租住房屋单位归类为资助出售单位。
⑥资助出售单位包括房屋委员会及香港房屋协会售出而不可在公开市场买卖的屋宇单位。可在公开市场买卖的资助出售单位则归类为私人永久性房屋。
⑦数字包括作住宿用途的非住宅屋宇单位。
⑧访港旅客数字包括经澳门访港的非澳门居民。
⑨数字是以相应的财政年度为根据。例如2011年的数字代表2011至2012财政年度数字。
⑩2011年的数字有待审计署署长核实。
⑪所列数字已包括外币掉期存款。
⑫所列数字已扣除外币掉期存款。《中华人民共和国香港特别行政区基本法》说明，港元是香港特别行政区的法定货币。外币指港元以外的其他货币，因而人民币亦视作外币。
⑬由2012年1月3日起公布的新系列。
⑭数字涵盖日、夜校。
⑮是指香港城市大学、香港浸会大学、岭南大学、香港中文大学、香港教育学院、香港理工大学、香港科技大学和香港大学就读学生。数字包括大学教育资助委员会(教资会)资助课程及教资会资助院校本部和辖下持续进修部门开办的本地经评审自资课程的学生人数。
⑯于财政年度终结时的数字。除特别注明外，财政年度是由4月1日至翌年3月31日。
⑰期末头寸。
⑱国际投资头寸净值是对外金融资产总值与对外金融负债总值之差。

8-1-2 生产法本地生产总值

单位：亿港元

经济活动	2007	2008	2009	2010	2011
以当年价格计算的本地生产总值	**16155.74**	**16770.11**	**16225.16**	**17415.64**	
农业及渔业	9.00	8.28	10.49	8.79	
工业	1131.39	1190.32	1133.75	1207.78	
采矿及采石	1.15	0.97	0.41	0.69	
制造	317.29	309.93	282.27	299.65	
电力、燃气和自来水供应及废弃物管理	406.85	395.85	349.61	344.66	
建筑	406.11	483.57	501.46	562.77	
服务	14661.09	14730.37	14364.27	15813.10	
进出口贸易、批发及零售	3746.14	3939.14	3658.80	4083.61	
住宿及餐饮服务①	488.27	535.96	487.87	564.09	
运输、仓库、邮政及速递服务	1197.28	982.45	990.48	1377.69	
资讯及通讯	508.73	482.58	468.08	543.18	
金融及保险	3047.64	2555.86	2355.81	2620.21	
地产、专业及商用服务	1465.62	1655.94	1735.83	1878.50	
公共行政、社会及个人服务	2543.91	2696.01	2794.53	2856.30	
楼宇业权	1663.52	1882.44	1872.86	1889.52	
以基本价格计算的本地生产总值	15801.48	15928.97	15508.51	17029.66	
产品税	646.34	599.19	559.67	687.07	
统计差额	-1.8%	1.4%	1.0%	-1.7%	
2009年环比物量计算的生产法本地生产总值	**16291.00**	**16666.00**	**16225.00**	**17376.00**	**18250.00**
农业及渔业	13.34	10.84	10.49	11.03	10.15
工业	1172.01	1190.51	1133.75	1220.19	1270.21
采矿及采石	0.51	0.49	0.41	0.29	0.31
制造	329.82	307.79	282.27	292.28	294.43
电力、燃气和自来水供应及废弃物管理	341.89	344.43	349.61	349.08	353.29
建筑	498.56	542.83	501.46	578.54	622.19
服务	14241.83	14603.29	14364.27	15365.26	16097.90
进出口贸易、批发及零售	3779.68	4037.10	3658.80	4269.71	4612.96
住宿及餐饮服务①	540.75	550.00	487.87	534.15	540.09
运输、仓库、邮政及速递服务	1022.27	1047.87	990.48	1050.76	1119.35
资讯及通讯	470.92	463.75	468.08	475.16	482.61
金融及保险	2277.99	2259.50	2355.81	2527.65	2725.17
地产、专业及商用服务	1678.98	1706.94	1735.83	1776.60	1800.69
公共行政、社会及个人服务	2659.05	2718.22	2794.53	2845.22	2914.96
楼宇业权	1815.26	1848.12	1872.86	1886.01	1902.08
产品税	596.90	586.93	559.67	593.97	563.37

注：①住宿服务包括酒店、宾馆、旅舍及其他提供短期住宿服务的机构单位。

8-1-3 按行业划分的就业人数

单位：万人

行 业 (按香港标准行业分类1.1版分类)	2005	2006	2007
制造业	22.4	21.7	20.0
建筑业	26.4	26.9	27.5
批发、零售、进出口贸易、饮食及酒店业	109.4	110.5	114.2
运输、仓库及通讯业	35.7	36.9	37.2
金融、保险、地产及商用服务业	50.3	52.6	54.6
社区、社会及个人服务业	87.0	89.2	92.0
其它	2.4	2.3	2.2
总计	**333.7**	**340.1**	**347.7**

8-1-3 续表

单位：万人

行 业 (按香港标准行业分类2.0版分类)	2008	2009	2010	2011
制造	16.6	15.0	13.3	13.3
建筑	26.5	26.2	26.5	27.7
进出口贸易及批发	58.9	56.2	54.7	53.9
零售、住宿①及膳食服务	55.2	54.5	55.8	57.8
运输、仓库、邮政及速递服务、资讯及通讯	43.4	42.3	42.2	43.4
金融、保险、地产、专业及商用服务	63.9	63.7	64.1	67.6
公共行政、社会及个人服务	84.3	86.7	88.5	91.5
其它	2.2	2.1	2.3	2.4
总计	**350.9**	**346.8**	**347.4**	**357.6**

注：①住宿服务包括酒店、宾馆、旅舍及其他提供短期住宿服务的机构单位。

8-1-4 按行业划分的名义和实际工资指数①

(1992年9月＝100)

行 业	2005	2007	2008	2009	2010	2011
名义工资指数						
制造	148.4	157.7	159.9	155.3	153.7	170.0
进出口贸易、批发及零售	157.1	164.6	165.1	166.2	173.5	188.1
运输	146.4	150.6	149.1	151.6	153.9	161.8
住宿②及膳食服务活动	126.9	129.2	131.6	131.4	135.8	150.6
金融及保险活动	163.3	170.5	170.3	174.0	177.9	190.3
地产租赁及保养管理	153.5	160.4	162.0	164.0	167.1	186.6
专业及商业服务	135.1	147.8	153.0	156.4	162.0	185.8
个人服务	163.3	190.3	188.1	187.9	196.3	222.0
所有选定行业③	147.7	155.2	156.6	157.9	163.1	178.3
实际工资指数						
制造	116.6	117.6	117.8	111.6	107.0	112.4
进出口贸易、批发及零售	123.4	122.8	121.6	119.5	120.7	124.3
运输	115.0	112.3	109.8	109.0	107.1	106.9
住宿②及膳食服务活动	99.7	96.4	96.9	94.4	94.5	99.6
金融及保险活动	128.3	127.1	125.4	125.1	123.8	125.8
地产租赁及保养管理	120.6	119.6	119.3	117.9	116.3	123.3
专业及商业服务	106.1	110.2	112.7	112.5	112.8	122.8
个人服务	128.3	141.9	138.5	135.1	136.6	146.7
所有选定行业③	116.1	115.8	115.3	113.5	113.5	117.9

注：指有关年度12月份的数字。由2009年的统计期开始，工资统计数字是按“香港标准行业分类2.0版”编制，其数列已作出后向估计至2004年3月。

①实际工资指数是以名义工资指数扣除以2009至10年为基期的甲类消费物价指数而计算出来。

②住宿服务包括酒店、宾馆、旅舍及其他提供短期住宿服务的机构单位。

③指香港“劳工收入统计调查”内工资统计调查所涵盖的所有行业，包括并没有列出其统计数字的电力及燃气供应业、污水处理及废弃物管理业与出版活动业。

8-1-5　商品进出口贸易总额

单位：亿港元

贸易种类	2007	2008	2009	2010	2011
进口	28680.11	30252.88	26923.56	33648.40	37645.96
港产品出口	1091.22	907.57	577.42	695.12	656.62
转口	25783.92	27333.94	24113.47	29615.07	32715.92
整体出口	26875.13	28241.51	24690.89	30310.19	33372.53
贸易总额	55555.24	58494.39	51614.45	63958.59	71018.49
商品贸易差额	-1804.97	-2011.37	-2232.68	-3338.21	-4273.43

8-1-6　商品进口及出口的主要供应地和目的地

单位：亿港元

贸易种类／主要国家／地区	2007	2008	2009	2010	2011
进口(供应地)	**28680.11**	**30252.88**	**26923.56**	**33648.40**	**37645.96**
中国内地	13296.52	14107.35	12493.74	15297.51	16968.07
日本	2873.29	2975.52	2363.69	3081.61	3186.01
新加坡	1947.75	1949.51	1746.59	2374.07	2545.56
中国台湾	2051.02	1920.41	1756.49	2247.61	2409.16
美国	1387.68	1507.38	1421.37	1791.60	2113.68
港产品出口(目的地)	**1091.22**	**907.57**	**577.42**	**695.12**	**656.62**
中国内地	406.10	347.58	266.72	312.23	306.99
美国	238.78	188.60	73.17	83.56	71.65
中国台湾	40.32	38.63	19.18	28.15	30.04
瑞士	9.96	13.95	10.95	16.83	28.47
新加坡	30.47	30.25	22.25	28.66	26.20

8-1-7　商品转口的主要来源地和目的地

单位：亿港元

贸易种类／主要国家／地区	2007	2008	2009	2010	2011
转口(目的地)	**25783.92**	**27333.94**	**24113.47**	**29615.07**	**32715.92**
中国内地	12677.22	13356.87	12365.77	15669.99	17166.56
美国	3443.24	3403.95	2779.20	3237.33	3236.06
日本	1167.03	1186.63	1072.18	1256.15	1336.24
印度	337.36	512.68	514.73	734.81	929.19
德国	780.96	920.11	788.30	797.76	886.75
转口(来源地)	**25783.92**	**27333.94**	**24113.47**	**29615.07**	**32715.92**
中国内地	15977.70	17076.96	15033.19	18209.64	20150.46
日本	2094.19	2177.20	1776.90	2168.61	2203.83
中国台湾	1893.47	1782.04	1563.11	2026.45	2117.57
韩国	969.91	870.70	820.75	1109.57	1191.25
美国	747.99	928.46	837.90	967.53	1113.04

8-1-8 按标准国际贸易分类划分商品进口和出口

单位：亿港元

标准国际贸易分类	2000	2005	2007	2008	2009	2010	2011
进口	**16580**	**23295**	**28680**	**30253**	**26924**	**33648**	**37646**
0 粮食及活动物	574	566	724	922	1004	1177	1389
1 饮料及烟叶	106	103	124	141	161	203	248
2 除燃料外的非食用未加工材料	232	212	256	294	214	284	321
3 矿物燃料、润滑油及有关物质	353	620	885	1119	901	1193	1462
4 动物及植物油、脂肪及蜡	32	16	24	34	14	17	17
5 未列明的化学及有关产品	1046	1442	1671	1713	1409	1803	1902
6 主要按材料分类的制成品	2825	3443	3870	3833	3132	3813	4331
7 机械和运输设备	7078	12169	15412	16152	14894	19235	21128
8 杂项制成品	4324	4710	5701	6031	5179	5908	6832
9 未列入其他分类的货物及交易	9	14	14	14	14	15	15
港产品出口	**1810**	**1360**	**1091**	**908**	**577**	**695**	**657**
0 粮食及活动物	17	14	14	16	16	20	24
1 饮料及烟叶	10	18	23	22	23	26	30
2 除燃料外的非食用未加工材料	19	34	52	59	35	61	74
3 矿物燃料、润滑油及有关物质	8	21	21	25	25	23	27
4 动物及植物油、脂肪及蜡	1	§	1	1	1	1	1
5 未列明的化学及有关产品	63	83	107	111	98	126	127
6 主要按材料分类的制成品	159	87	81	80	47	54	66
7 机械和运输设备	448	356	213	204	162	213	136
8 杂项制成品	1078	741	574	385	164	164	166
9 未列入其他分类的货物及交易	6	6	5	5	5	7	6
转口	**13917**	**21141**	**25784**	**27334**	**24113**	**29615**	**32716**
0 粮食及活动物	185	113	185	260	291	332	384
1 饮料及烟叶	62	52	68	78	78	93	109
2 除燃料外的非食用未加工材料	177	146	153	168	134	178	192
3 矿物燃料、润滑油及有关物质	34	44	45	58	33	31	46
4 动物及植物油、脂肪及蜡	10	4	4	5	3	4	3
5 未列明的化学及有关产品	750	1015	1225	1247	1062	1306	1428
6 主要按材料分类的制成品	2163	2667	3029	3062	2486	3154	3740
7 机械和运输设备	5608	11526	14548	15597	14097	18019	19782
8 杂项制成品	4922	5559	6507	6834	5904	6472	7004
9 未列入其他分类的货物及交易	7	16	22	25	25	27	26

注：§少于0.5亿港元。

8-1-9 按主要服务组别划分的服务出口及进口

单位：亿港元

主要服务组别	2007	2008	2009	2010	2011
服务出口					
运输服务	1995.61	2249.53	1836.18	2321.98	2541.66
旅游服务	1073.04	1191.71	1271.93	1724.72	2155.07
保险服务	36.48	42.62	38.47	41.83	44.96
金融服务	970.49	934.25	874.84	1020.9	1190.03
商贸服务及其他与贸易相关的服务	1989.76	2159.39	2067.55	2438.71	2746.13
其他服务	543.10	608.79	609.31	699.36	777.34
总计	**6608.47**	**7186.30**	**6698.29**	**8247.51**	**9455.19**
服务进口					
运输服务	1086.27	1232.89	949.30	1136.06	1223.41
旅游服务	1173.46	1253.26	1214.62	1359.87	1489.74
保险服务	55.43	56.51	52.70	64.14	75.60
金融服务	218.95	244.26	256.19	274.43	310.18
商贸服务及其他与贸易相关的服务	242.98	268.66	270.05	328.29	368.68
其他服务	545.30	609.25	663.15	799.89	881.89
总计	**3322.40**	**3664.84**	**3406.01**	**3962.69**	**4349.50**
服务出口净额	**3286.07**	**3521.46**	**3292.28**	**4284.82**	**5105.69**

8-1-10 按主要目的地和来源地划分的服务出口及进口

单位：亿港元

目的地/来源地	2007	2008	2009	2010	2011
服务出口①					
中国内地	1614.61	1755.22	1772.13	2305.05	
美国	1391.46	1505.92	1399.63	1728.86	
英国	520.06	539.10	511.30	635.59	
日本	449.53	459.63	423.13	482.04	
中国台湾	361.98	366.97	297.35	345.95	
其他	2142.46	2421.26	2173.05	2648.69	
总计	**6480.09**	**7048.10**	**6576.61**	**8146.18**	**9272.07**
服务进口①					
中国内地	879.28	933.23	900.93	1047.31	
美国	486.48	537.86	506.67	573.63	
日本	272.88	305.37	264.62	321.55	
英国	246.99	263.63	247.51	267.81	
新加坡	184.67	212.25	197.73	237.37	
其他	1239.55	1389.25	1248.54	1492.54	
总计	**3309.85**	**3641.58**	**3366.00**	**3940.20**	**4303.63**

注：①由于金融中介服务没有按区域细分数字，本统计表内的数字不包括金融中介服务数字，因此载于本统计表内所有目的地/来源地的数字不等同于表8-1-9所有服务的相关数字。

8-1-11 按当年价格计算货物及服务进出口占本地生产总值比重

单位：%

指　标	2000	2005	2007	2008	2009	2010	2011
本地生产总值（亿港元）	13177	13826	16156	16770	16225	17416	18967
对外商品贸易							
进口	124.21	167.16	176.56	180.33	166.59	194.94	202.77
出口							
港产品出口	13.73	9.86	7.25	6.06	4.71	4.72	4.58
转口	105.62	153.00	159.80	163.52	149.05	171.06	175.16
对外服务贸易							
服务出口	23.91	35.83	40.90	42.85	41.28	47.36	49.85
服务进口	14.60	19.11	20.56	21.85	20.99	22.75	22.93

8-1-12 按居住国家和地区划分的访港旅客人数

单位：万人次

居住国家／地区	2007	2008	2009	2010	2011
中国内地	1548.6	1686.2	1795.7	2268.4	2810.0
南亚及东南亚	288.8	293.6	288.5	350.1	375.1
中国台湾	223.9	224.0	201.0	216.5	214.9
北亚	220.1	222.9	182.3	220.8	230.5
欧洲、非洲及中东	218.9	209.4	196.9	217.4	219.4
美洲	178.4	168.5	156.8	175.0	182.1
澳大利亚、新西兰及南太平洋	75.7	76.3	70.8	76.9	75.8
中国澳门①	62.6	69.7	67.1	78.0	84.3
总计	**2816.9**	**2950.7**	**2959.1**	**3603.0**	**4192.1**
	(+11.6)	(+4.7)	(+0.3)	(+21.8)	(+16.4)

注：括号内数字表示与去年比较的变动百分比。
①访港旅客数字包括经澳门访港的非澳门居民。

8-1-13 按居住国家和地区划分的访港旅客人均消费和逗留时间

国家和地区	2000	2005	2007	2008	2009	2010	2011
过夜旅客人均消费 （港元）	**4612**	**4663**	**5122**	**5439**	**5770**	**6728**	**7470**
中国内地	4868	4554	5193	5676	6620	7453	8220
南亚及东南亚	4268	4377	4773	4744	4460	5251	6121
中国台湾	4839	4916	5015	5126	5117	5197	5860
北亚	4571	4300	4303	4306	3893	4976	5113
欧洲、非洲及中东	4591	5331	5640	6045	5127	6674	7147
美洲	5076	5477	5744	5760	4914	6476	7004
澳大利亚、新西兰及南太平洋	3983	5068	5589	6181	5330	7050	7849
中国澳门	1622	2765	2772	3041	3069	3824	4363
入境不过夜旅客人均消费 （港元）	**640**	**810**	**1239**	**1498**	**1798**	**1846**	**2012**
中国内地	1143	1247	1832	2138	2352	2356	2439
南亚及东南亚	437	244	353	458	706	543	716
中国台湾	500	195	229	268	568	610	627
北亚	340	204	221	394	444	377	506
欧洲、非洲及中东	347	301	417	409	567	560	593
美洲	369	320	373	339	476	329	465
澳大利亚、新西兰及南太平洋	377	547	510	574	560	573	714
中国澳门	721	1284	1661	1576	2347	2299	2287
过夜旅客逗留时间 （晚数）	**3.0**	**3.7**	**3.3**	**3.3**	**3.2**	**3.6**	**3.6**
中国内地	3.3	4.2	3.6	3.5	3.4	3.9	3.9
南亚及东南亚	3.1	3.2	3.2	3.2	3.1	3.2	3.2
中国台湾	2.3	2.5	2.5	2.5	2.5	2.5	2.5
北亚	2.4	2.2	2.1	2.1	2.1	2.2	2.3
欧洲、非洲及中东	3.6	3.3	3.2	3.4	3.4	3.9	4.0
美洲	3.4	3.4	3.3	3.4	3.4	3.9	3.9
澳大利亚、新西兰及南太平洋	3.5	3.4	3.3	3.3	3.4	3.8	3.8
中国澳门	2.7	2.3	2.1	2.1	2.1	2.2	2.2

8-1-14 按主要货物装卸地点划分的集装箱吞吐量

单位：万标准集装箱单位

项　　目	2007	2008	2009	2010	2011
集装箱吞吐量	**2399.8**	**2449.4**	**2104.0**	**2369.9**	**2438.4**
集装箱码头					
抵港					
载货集装箱	676.2	711.8	658.4	722.0	738.0
空集装箱	165.8	164.7	94.9	120.9	135.5
离港					
载货集装箱	837.3	835.6	696.8	794.4	790.8
空集装箱	52.9	60.5	65.8	72.6	77.3
集装箱码头以外					
抵港					
载货集装箱	276.3	272.2	211.6	270.4	291.3
空集装箱	85.8	91.4	86.1	81.9	64.6
离港					
载货集装箱	200.9	207.6	205.8	213.5	249.5
空集装箱	104.7	105.6	84.6	94.4	91.4

注：标准集装箱是20英尺×8英尺×8英尺。

8-1-15 按运输方式划分的进出香港货物

单位：万吨

项　　目	2005	2008	2009	2010	2011
卸下	**16333.2**	**16571.1**	**15566.9**	**17282.1**	**17519.0**
空运	124.6	132.7	126.3	147.9	144.2
水运	14095.6	14597.7	13929.3	15426.3	15784.1
海运	10669.5	11022.0	10561.2	11444.7	12018.5
河运	3426.1	3575.7	3368.1	3981.6	3765.6
道路运输	2096.4	1831.7	1504.4	1705.0	1590.6
铁路运输①	16.6	9.0	6.8	2.9	-
装上	**10914.3**	**12916.2**	**11744.6**	**12881.7**	**13291.0**
空运	215.6	230.1	208.4	264.9	249.6
水运	8918.3	11342.5	10367.3	11355.2	11960.3
海运	5477.2	6975.5	5597.9	6755.7	7474.2
河运	3441.1	4367.1	4769.4	4599.5	4486.2
道路运输	1775.5	1341.7	1167.2	1261.0	1081.1
铁路运输①	4.9	1.9	1.6	0.7	-

注：①数字不包括家畜。香港铁路有限公司已于2010年6月16日起，停办铁路货运业务。

8-1-16 通讯及互联网服务

项目		2005	2008	2009	2010	2011
邮递服务						
信件邮件	(亿件物品)	12.7	14.0	13.1	12.8	13.0
包裹	(万件)	92.7	118.9	125.4	132.9	139.2
电话服务①②	**(万条操作线路)**					
住宅		211.6	227.4	236.0	240.7	241.2
商用		167.7	183.4	182.9	185.4	184.0
总计		379.3	410.8	418.8	426.0	425.2
图文传真②	**(万条操作线路)**	**41.0**	**31.9**	**28.6**	**26.0**	**23.3**
对外电话通讯量	**(万分钟)**					
拨出③		563840	765677	775859	772715	764610
拨入④		216752	234355	227078	258159	289563
对外专用电报通讯量	**(万分钟)**					
发出		30.0	7.3	3.9	5.2	3.7
收到		84.3	27.8	14.1	10.4	7.5
转接⑤		56.5	5.4	-	-	-
本地电报机电讯	**(万分钟)**	**120.9**	**30.9**	**24.4**	**20.5**	**18.8**
公共无线电传呼接收器②	**(户)**	**131740**	**117997**	**117444**	**104851**	**84495**
公共流动电话用户系统②⑥⑦	**(户)**	**4753916**	**6089985**	**6377392**	**6816033**	**7166085**
		(8544255)	(11374224)	(12206910)	(13416011)	(14930948)
互联网服务						
持牌互联网服务供应商数目②⑧	(个)	198	192	189	184	185
持牌互联网服务供应商客户数目②⑨	(个)					
以拨号接驳的已登记客户户口(不包括互联网储值卡)⑩		974873	621420	644078	741511	788835
作拨号接驳用途的互联网储值卡		4800	300	300		
以私人租用线路接驳的已登记客户户口⑩		1925	1724	1571	1580	1546
宽带互联网接驳客户户口⑩		1648409	1921258	2033352	2126962	2244514
互联网使用量⑨						
客户通过公共电话网络接驳⑪	(万分钟)	105954	30461	25922	17868	16816
客户通过宽带网络接驳	(太字节)⑫	674037	1289080	1435691	1652942	1924886

注：①数字包括直通内线式电话线、图文传真线及电文线路的直拨服务。由2007年12月起,数字包括网际规约(IP)电话或网络电话(VoIP)服务的客户数目。
②数字为该年年底数字。
③数字也包括图文传真及数据。
④估计数字。
⑤由2008年11月1日起，有关的服务已经终止。
⑥数字不包括储值智能卡。包括储值智能卡的数字于括号内展示。
⑦自2004年开始数字包括第3代流动服务。
⑧营办商数目包括所有持牌获准提供互联网接驳服务的营办商。
⑨数字为根据互联网服务供应商申报的估计数字，并不包括不属于持牌互联网服务供应商客户的使用者。
⑩已登记客户户口指互联网服务供应商的客户户口(包括免费的客户户口)。拥有超过一个客户登入识别码的登记客户户口只算作一个已登记的客户户口。数字不包括只获提供电邮地址的客户户口。
⑪不包括通过私人租用线路接驳及使用宽带服务的客户。
⑫1个太字节=8万亿比特

8-1-17 15岁及以上人口受教育程度

项 目	2007		2008		2009		2010		2011	
	人数(万人)	百分比	人数(万人)	百分比	人数(万人)	百分比	人数(万人)	百分比	人数(万人)	百分比
总计										
男	277.52	46.91	279.00	46.68	280.03	46.49	281.90	46.26	283.98	46.07
女	314.09	53.09	318.72	53.32	322.26	53.51	327.49	53.74	332.46	53.93
未受教育/学前教育①										
男	7.27	1.23	7.17	1.20	7.20	1.20	7.94	1.30	7.56	1.23
女	25.21	4.26	25.11	4.20	24.20	4.02	24.53	4.03	23.59	3.83
小学										
男	47.98	8.11	47.84	8.00	46.37	7.70	44.55	7.31	42.58	6.91
女	59.84	10.11	60.28	10.09	59.41	9.86	57.90	9.50	56.98	9.24
初中										
男	50.08	8.46	49.56	8.29	49.02	8.14	48.56	7.97	47.54	7.71
女	46.88	7.92	45.71	7.65	46.75	7.76	46.62	7.65	46.65	7.57
高中										
男	97.95	16.56	98.35	16.45	99.03	16.44	100.97	16.57	102.42	16.61
女	112.11	18.95	114.74	19.20	117.16	19.45	120.80	19.82	124.03	20.12
高等教育										
非学位课程②										
男	24.17	4.09	24.31	4.07	23.67	3.93	22.48	3.69	22.83	3.70
女	23.89	4.04	24.89	4.16	24.01	3.99	22.51	3.69	22.68	3.68
学位课程③										
男	50.07	8.46	51.76	8.66	54.74	9.09	57.39	9.42	61.05	9.90
女	46.16	7.80	48.00	8.03	50.73	8.42	55.13	9.05	58.53	9.49

注：① 包括所有幼儿园及幼儿中心班级。
② 包括所有在香港或以外地区学院的高级文凭、专业文凭及其它同等程度的高等教育课程。
③ 包括所有在香港或以外地区学院的学士学位、研究生修课及专题研究课程。

8-1-18 研究及发展经费支出及人员情况

年 份	研究及发展经费支出(百万港元)			研究及发展人员数目①（以相当于全日制的人数计算）			
	总计	资本支出	经常支出	总计	研究人员	技术人员	其他辅助人员
2000	6218	496	5722	9802	7728	1374	699
2005	10922	2228	8694	22054	18024	2346	1683
2007	12407	1147	11261	23644	19553	2603	1487
2008	12293	914	11379	22005	18450	2286	1269
2009	12833	813	12020	23281	19283	2463	1535
2010	13313	899	12414	24100	20622	2159	1319

注：① 研发人员的数目是以“相当于全日制的人数”计算，其定义为雇员于统计年内实际参与研发活动的工作月数除以12。

8-1-19 香港国际收支平衡表

单位：亿港元

标准组成部分①	2007	2008	2009	2010	2011
经常账户②	**1992.79**	**2295.06**	**1392.49**	**962.24**	**1004.79**
货物	-1536.72	-1800.91	-2082.20	-3338.05	-4367.51
服务	3286.07	3521.46	3292.28	4284.82	5105.69
收益	444.37	833.06	428.66	282.99	568.33
经常转移	-200.93	-258.55	-246.25	-267.52	-301.72
资本及金融账户②	**-2592.47**	**-2311.62**	**-1553.71**	**-1525.02**	**-1395.27**
资本转移	103.38	163.93	362.10	408.98	577.01
直接投资	-525.77	703.93	-899.00	-1889.98	120.54
有价证券投资	-214.52	-2951.48	-3324.17	-4673.79	-278.06
金融衍生工具	435.34	633.38	245.60	186.77	229.37
其他投资	-1245.92	1777.32	7554.38	5153.86	-928.07
储备资产（变动净值）③	-1144.98	-2638.69	-5492.62	-710.86	-1116.06
净误差及遗漏④	**599.68**	**16.56**	**161.22**	**562.78**	**390.48**
整体的国际收支	**1144.98**	**2638.69**	**5492.62**	**710.86**	**1116.06**
	（盈余）	**（盈余）**	**（盈余）**	**（盈余）**	**（盈余）**

注：①根据国际收支平衡表的会计常规，某标准组成部分的净贷方数字以正数显示，而净借方则以负数显示。
②经常帐差额的正数显示盈余而负数则显示赤字。在资本及金融帐方面，正数显示净资金流入而负数则显示净资金流出。由于对外资产的增加是属于借方帐目而减少则属贷方帐目，因此负数的储备资产变动净值显示储备资产的增加，而正数则显示减少。
③在国际收支平衡架构下储备资产变动净值的估计是指交易数字。因计价方式改变(包括价格变动及汇率变动)及分类重组所导致的影响并不包括在内。
④原则上，贷方和借方各项帐目的净总和应相等于零。但实际上，贷方和借方帐目的资料是透过不同的来源搜集，基于各种原因会有差异。为了令贷方和借方帐目的总和相等,便须加进一个余额项目，以反映平衡表的“净误差及遗漏”。

8-1-20 香港国际投资头寸（期末头寸）

单位：亿港元

概括组成部分	2007	2008	2009	2010	2011
资产	**211940.93**	**175212.61**	**198114.97**	**222774.10**	**232279.71**
在外地的直接投资	78889.93	59061.75	64537.22	72771.34	81220.93
有价证券投资	60740.91	43182.41	62934.49	72260.16	63507.63
金融衍生工具	3736.19	6753.11	3792.24	4568.99	5607.22
其他投资	56667.08	52068.23	47014.93	52283.40	59777.45
储备资产	11906.82	14147.10	19836.09	20890.22	22166.48
负债	**174205.03**	**126945.89**	**142271.04**	**171418.71**	**177711.80**
在香港的直接投资	91865.49	63258.37	72620.53	84731.90	88399.72
有价证券投资	37260.25	17819.04	26431.79	32184.73	28121.48
金融衍生工具	2538.36	5726.47	3104.78	3897.50	4675.54
其他投资	42540.93	40142.01	40113.93	50604.58	56515.06
国际投资头寸净值①	**37735.90**	**48266.72**	**55843.94**	**51355.39**	**54567.90**

注：①国际投资头寸净值是对外金融资产总值与对外金融负债总值之差。

8-1-21 外币兑换率及港汇指数

单位：每单位外币兑换港元

项　　目	2007	2008	2009	2010	2011
年内平均数字①					
澳元	6.55	6.63	6.16	7.15	8.04
加拿大元	7.30	7.34	6.83	7.54	7.87
人民币	1.03	1.12	1.13	1.15	1.21
欧元	10.70	11.45	10.82	10.31	10.84
印度卢比	-	-	0.16	0.17	0.17
日元	0.0664	0.0756	0.083	0.0888	0.0978
马来西亚林吉特	2.27	2.34	2.20	2.42	2.55
新台币	0.24	0.25	0.24	0.26	0.27
菲律宾比索	0.17	0.18	0.17	0.18	0.18
英镑	15.62	14.42	12.16	12.01	12.48
韩圆	0.01	0.01	0.01	0.01	0.01
新加坡元	5.18	5.51	5.34	5.71	6.20
瑞士法郎	6.51	7.21	7.16	7.47	8.82
泰铢	0.24	0.24	0.23	0.25	0.26
美元	7.80	7.79	7.75	7.77	7.78
特别提款权	11.94	12.31	11.95	11.85	12.29
港汇指数(2010年1月=100)④					
贸易总值(进口及整体出口)加权	106.30	100.70	101.90	99.50	94.60
进口货值加权	107.60	101.30	102.20	99.20	93.90
整体出口货值加权②	104.80	100.10	101.60	99.80	95.40
年底数字③					
澳元	6.87	5.37	6.98	7.92	7.94
加拿大元	7.99	6.37	7.38	7.78	7.60
人民币	1.07	1.13	1.14	1.18	1.23
欧元	11.49	10.93	11.20	10.39	10.06
印度卢比	-	-	0.17	0.17	0.15
日元	0.07	0.09	0.08	0.10	0.10
马来西亚林吉特	2.36	2.24	2.26	2.52	2.45
新台币	0.25	0.25	0.25	0.28	0.26
菲律宾比索	0.19	0.17	0.17	0.18	0.18
英镑	15.59	11.21	12.50	12.04	12.06
韩圆	0.01	0.01	0.01	0.01	0.01
新加坡元	5.43	5.38	5.54	6.06	5.99
瑞士法郎	6.93	7.33	7.53	8.31	8.28
泰铢	0.26	0.22	0.23	0.26	0.25
美元	7.80	7.75	7.76	7.78	7.77
特别提款权	12.33	11.94	12.16	11.99	11.93
港汇指数 (2010年1月=100)④					
贸易总值(进口及整体出口)加权	102.50	102.10	100.30	96.30	94.90
进口货值加权	103.50	102.10	100.40	95.60	94.30
整体出口货值加权②	101.40	102.20	100.20	97.20	95.50

注：《中华人民共和国香港特别行政区基本法》说明，港元是香港特别行政区的法定货币。外币指港元以外的其他货币，因而人民币亦视作外币。

①数字是指年内每日电汇或现钞收市中间兑换价的平均值。

②包括转口和港产品出口。

③数字是该年最后一个交易日的电汇或现钞收市中间兑换价。

④由2012年1月3日起公布的新系列。

8-1-22 货币供应量

(年底数字) 单位：亿港元

项 目	2007	2008	2009	2010	2011
法定纸币及硬币的流通量					
由商业银行发行	1634.35	1772.25	2001.85	2267.05	2598.15
由政府发行	78.00	85.72	87.30	91.82	101.83
总计	1712.35	1857.97	2089.15	2358.87	2699.98
由认可机构持有的法定纸币及硬币	132.22	153.17	145.96	170.81	216.96
由公众持有的法定纸币及硬币	1580.13	1704.80	1943.19	2188.06	2483.02
货币供应量：就外币掉期存款作出调整					
货币供应量 M_1					
港元	4543.42	4911.15	6712.41	7300.93	7947.26
外币	1623.66	1547.18	2305.78	2871.34	3325.93
总计	6167.09	6458.33	9018.19	10172.27	11273.20
货币供应量 M_2					
港元①	32810.17	32398.57	35877.17	38667.88	40462.16
外币②	28253.31	30282.01	30145.93	32694.83	40113.14
总计	61063.48	62680.58	66023.10	71362.71	80575.30
货币供应量 M_3					
港元①	33005.00	32613.06	36048.43	38781.93	40554.04
外币②	28392.58	30394.45	30220.01	32780.67	40256.75
总计	61397.58	63007.51	66268.43	71562.60	80810.79
货币供应量：未就外币掉期存款作出调整					
货币供应量 M_2					
港元	32804.47	32393.75	35873.30	38665.67	40458.82
外币	28259.01	30286.82	30149.80	32697.04	40116.47
总计	61063.48	62680.58	66023.10	71362.71	80575.30
货币供应量 M_3					
港元	32999.30	32608.24	36044.56	38779.72	40550.71
外币	28398.28	30399.26	30223.87	32782.88	40260.09
总计	61397.58	63007.51	66268.43	71562.60	80810.79

注：《中华人民共和国香港特别行政区基本法》说明，港元是香港特别行政区的法定货币。外币指港元以外的其他货币，因而人民币亦视作外币。
①所列数字已包括外币掉期存款。
②所列数字已扣除外币掉期存款。

8-1-23 股票价格指数、证券交易成交额及市场总值

项　　目	2007	2008	2009	2010	2011
香港上市①					
主板					
股票价格指数					
恒生指数②（1964年7月31日=100）					
最高	31958.4	27853.6	23099.6	24988.6	24468.6
最低	18659.2	10676.3	11344.6	18971.5	16170.4
收市	27812.7	14387.5	21872.5	23035.5	18434.4
分类指数					
(1984年1月13日= 975.47)					
金融					
最高	48000.5	39543.2	37385.1	37707.7	35843.9
最低	29619.9	17235.7	15457.9	28778.5	21253.7
收市	39526.3	21793.5	34170.8	33789.2	24903.0
公用事业					
最高	41664.0	45501.9	38609.9	43624.1	49317.8
最低	33291.0	27510.7	33049.6	35796.8	40531.1
收市	41065.1	33841.4	37585.2	41748.9	45400.9
地产					
最高	40025.0	39305.3	30271.8	33816.1	32369.5
最低	22149.3	13015.5	14226.0	23817.2	19362.7
收市	38080.0	16974.1	28147.4	29980.3	22812.2
工商业					
最高	19001.2	16619.8	11866.0	13611.3	13985.9
最低	9991.6	5290.1	6585.4	10167.5	9923.2
收市	16568.0	7894.2	11452.9	12974.4	11126.7
恒生综合指数					
(2000年1月3日= 2 000)					
最高	4580.1	3940.6	3186.1	3519.3	3435.5
最低	2557.1	1434.4	1634.8	2621.3	2182.4
收市	3935.4	1982.6	3052.0	3248.2	2546.6
恒生综合行业指数③					
(2000年1月3日= 2 000)					
能源业					
最高	20327.9	17106.9	13243.9	15472.2	17077.2
最低	7696.3	4124.9	5811.0	11010.8	10875.7
收市	16203.5	7225.8	12811.5	14928.9	12678.4
原材料业					
最高	24423.1	19252.5	11465.4	12245.1	11747.4
最低	10108.7	2636.3	4264.1	8554.0	5294.9
收市	19031.0	5041.5	10822.5	11294.0	6507.5
工业制品业					
最高	2205.1	1885.4	1474.5	2071.4	2041.1
最低	1379.8	459.4	646.5	1247.7	876.8
收市	1867.4	760.5	1401.3	1933.8	1068.9
消费品制造业					
最高	5441.2	5164.9	5287.7	6315.7	5886.3
最低	3585.2	1817.7	2267.7	4549.8	3614.3
收市	5041.1	2389.4	5175.4	5655.0	4282.7
服务业					
最高	5723.7	5285.6	3427.0	4458.0	4597.7
最低	3409.6	1451.1	1685.0	3068.8	2768.8
收市	5168.4	1960.3	3345.3	4191.2	3326.2
电讯业					
最高	3291.5	2914.4	1916.2	1772.2	1840.3
最低	1488.5	1114.1	1304.2	1488.8	1534.9
收市	2885.3	1605.3	1529.3	1657.9	1701.9

8-1-23 续表 1

项　　目	2007	2008	2009	2010	2011
公用事业					
最高	6057.9	5955.8	5141.7	5522.4	6000.1
最低	4299.4	3304.0	4098.7	4681.5	5081.5
收市	5909.5	4276.8	4953.6	5261.4	5407.6
金融业					
最高	4931.6	4096.7	3944.1	3989.2	3797.1
最低	2930.1	1752.6	1718.9	3032.1	2255.7
收市	3999.3	2280.9	3599.2	3572.8	2693.8
地产建筑业					
最高	4867.5	4353.0	3155.7	3348.2	3285.2
最低	2715.6	1223.0	1464.1	2378.7	1843.9
收市	4321.0	1809.3	2916.3	3047.1	2238.4
信息科技业					
最高	2771.7	2372.8	2672.8	2879.3	2858.6
最低	1767.0	649.7	762.5	2095.2	1771.6
收市	2367.9	874.9	2669.2	2483.2	2022.3
综合企业					
最高	3105.9	2923.4	2204.6	2801.8	2861.5
最低	2031.7	973.3	1144.4	1794.3	1727.1
收市	2815.2	1307.2	2171.3	2654.9	1984.1
恒生综合市值指数					
(2000年1月3日= 2 000)					
恒生综合大型股指数④					
最高	2561.9	2437.2	1849.4	2022.9	1982.8
最低	1947.5	1095.8	846.8	1529.2	1305.8
收市	2401.0	1226.0	1760.4	1862.0	1509.5
恒生综合中型股指数④					
最高	6079.1	5539.4	4618.2	5285.0	5180.3
最低	3980.6	2064.7	2264.6	3799.4	2830.8
收市	5521.4	2569.5	4515.2	4895.3	3449.9
恒生综合小型股指数④					
最高	3544.7	3204.1	2406.7	3006.8	2929.3
最低	2299.3	831.9	1033.1	2040.4	1569.3
收市	3159.5	1101.3	2338.4	2804.9	1872.2
恒生中国企业指数⑤					
(2000年1月3日= 2 000)					
最高	20609.1	16323.7	13863.0	14219.5	13770.7
最低	8426.8	4792.4	6404.0	10726.5	8058.6
收市	16124.7	7891.8	12794.1	12692.4	9936.5
恒生香港中资企业指数					
(2000年1月3日= 2 000)					
最高	7107.9	6162.6	4457.4	4486.6	4460.4
最低	3112.7	2172.6	2749.9	3498.5	3079.3
收市	6111.2	3292.4	4059.9	4170.2	3682.2
恒生中国H股金融行业指数⑥					
(2004年3月5日= 5 033.14)					
最高	23956.5	18545.8	19325.7	20098.2	18826.5
最低	10145.1	6636.1	8568.4	14937.3	9944.0
收市	18121.1	10186.0	17677.0	17681.7	12928.8
恒生中国内地100⑦					
(2000年1月3日= 2 000)					
最高	10906.7	8971.1	7322.2	7858.1	7679.4
最低	4783.1	2746.4	3587.6	5994.1	4820.2
收市	8927.6	4330.2	6983.7	7133.9	5757.1

8-1-23 续表 2

项　　目	2007	2008	2009	2010	2011
恒生中国内地25					
(2000年1月3日= 2 000)					
最高	12203.3	9968.9	8285.9	8849.8	8818.5
最低	5383.2	3226.7	4186.9	6756.8	5769.5
收市	9870.5	5097.8	7720.0	8051.9	6875.5
恒生香港35⑧					
(2000年1月3日= 2 000)					
最高	3126.1	3009.6	2287.3	2721.0	2750.3
最低	2094.5	1174.6	1125.4	1931.3	1794.4
收市	2965.0	1419.8	2207.3	2568.8	2038.3
恒生房地产基金指数⑨					
(2005年11月25日= 3 000)					
最高	-	2233.9	3458.6	4673.1	4933.7
最低	-	1551.1	1993.9	3392.6	3541.1
收市	-	2217.0	3403.2	4668.6	4076.6
跨市场及内地上市①					
恒生神州50指数(美元)⑩					
(2000年1月3日= 2 000)					
最高	-	6764.2	7118.2	6900.0	6769.9
最低	-	3085.2	3885.0	5463.0	4758.7
收市	-	4159.4	6776.6	6156.5	5232.3
恒生AH股溢价指数⑪					
最高	197.8	213.5	167.7	125.2	142.1
最低	129.0	105.7	109.9	91.8	93.2
收市	179.1	119.3	120.9	98.8	111.8
恒生AH股A+H指数(美元)⑪					
(2006年1月3日= 1 000)					
最高	3837.0	3198.0	2481.5	2445.6	2359.5
最低	2191.5	1009.0	1272.7	1874.7	1532.2
收市	3149.8	1371.7	2334.5	2177.9	1727.8
恒生AH股A指数(人民币)⑪					
(2006年1月3日= 1 000)					
最高	4949.8	4479.9	2638.5	2437.9	2094.1
最低	2699.6	1253.5	1407.2	1728.2	1546.7
收市	4285.4	1395.9	2400.7	1910.4	1594.1
恒生AH股H指数(港币)⑪					
(2006年1月3日= 1 000)					
最高	3332.9	2647.2	2326.4	2443.2	2348.3
最低	1741.0	791.6	1050.7	1819.4	1301.3
收市	2645.3	1296.3	2153.5	2201.4	1662.4
恒生A股行业龙头指数(人民币)⑫					
(2005年7月1日= 1 000)					
最高	-	-	3838.5	3773.9	3350.3
最低	-	-	3177.4	2583.2	2432.3
收市	-	-	3752.3	3050.9	2505.0
主板					
标准普尔/香港交易所大型股指数					
(2003年2月28日= 10 000)					
最高	38585.1	33684.7	26565.3	29488.0	29060.8
最低	21912.5	13569.0	14169.8	22345.5	19639.4
收市	33709.0	17891.2	25565.0	27392.8	22252.2
成交金额（亿港元）	215062.7	176007.1	154394.9	170764.1	170911.2
市场总值⑬(亿港元)	205364.6	102535.9	177692.7	209422.8	174526.7

8-1-23 续表 3

项 目	2007	2008	2009	2010	2011
创业板					
标准普尔／香港交易所创业板指数					
(2003年2月28日=1 000)					
最高	1793.9	1347.5	731.3	897.3	824.1
最低	1209.8	343.2	349.5	686.1	425.8
收市	1349.6	385.5	677.0	810.5	474.8
成交金额（亿港元）	1592.6	520.9	757.6	1336.7	629.6
市场总值⑬(亿港元)	1610.8	451.6	1050.4	1346.7	845.9

注：对于最高和最低指数，恒生指数有限公司是根据期内每日即市指数编制，而标准普尔/香港交易所则根据期内每日收市指数编制。

①恒生指数系列已于2010年3月8日重整，并按指数成份股的上市地域分类为香港上市、跨市场及内地上市。

②恒生指数的计算方法由总市值加权法改为以流通市值加权法计算，并为每只成份股的比重上限设定为15%。

③2006年9月11日起，行业指数由9个增加至11个。“能源业”及“原材料业”是从原来的“资源矿产业”及“工业制品业”分拆，“电讯业”从“服务业”中分拆出来。

④由2010年3月3日起，“恒生综合大型股指数”、“恒生综合中型股指数”及“恒生综合小型股指数”分别沿用“恒生香港大型股指数”、“恒生香港中型股指数”及“恒生香港小型股指数”的历年数值计算指数。

⑤H股指数采用流通市值加权法计算，并为每只成份股的比重上限设定为10%。

⑥于2006年11月27日推出，2006年的最高及最低指数指由2006年11月27日至12月底期间的数字。

⑦由2010年3月8日起，“恒生中国内地100”沿用“恒生中国内地流通指数”的历年数值计算指数。

⑧由2010年3月8日起，“恒生香港35”沿用“恒生香港25”的历年数值计算指数。

⑨于2008年10月27日推出。2008年的最高及最低指数指由2008年10月27日至12月底期间的数字。

⑩于2008年6月30日推出。2008年的最高及最低指数指由2008年6月30日至12月底期间的数字。

⑪于2007年7月9日推出。2007年的最高及最低指数指由2007年7月9日至12月底期间的数字。

⑫于2009年9月21日推出。2009年的最高及最低指数指由2009年9月21日至12月底期间的数字。

⑬年底数字。

8-1-24 按种类划分的固体废物量

单位：吨/日

种 类	2007	2008	2009	2010	2011
于堆填区弃置的固体废物					
都市固体废物①					
家居废物②	6370	6080	6020	6140	5970
商业废物③	2190	2280	2320	2350	2360
工业废物④	620	660	630	630	660
小计	9180	9020	8960	9110	9000
整体建筑废物○⑤	3160	3090	3120	3580	3330
特殊废物⑥	1560	1390	1240	1120	1130
总计	13900	13500	13330	13820	13460
已回收都市固体废物⑦	7700	8590	8720	9870	

注：①都市固体废物包括运往弃置设施的家居废物、商业废物及工业废物，但不包括建筑废物及已回收都市固体废物。

②家居废物包括使用后的住宅固体废物，及由公共洁净服务收集的废物。

③商业废物包括所有类型的商业活动产生的固体废物。

④工业废物包括由工业活动产生的固体废物，但不包括化学废物及建筑废料。自2007年开始运往堆填区处置并包括在工业废物类别的废弃混凝土已被重新归类于整体建筑废物，有关的数量已从工业废物类别中扣除。

⑤建筑废物包括由建筑及拆卸活动所产生的废物，但不包括可运往公众填土区作填海用途的物料。在堆填区弃置的整体建筑废物包括来自建筑地盘的建筑废物，以及在建筑地盘以外设立的混凝土配料厂和水泥/砂浆生产厂所产生的废弃混凝土。

⑥特殊废物包括弃置于堆填区的动物尸体、屠房废物、报废货物、滤水厂及污水处理后的污泥、污水处理厂的隔滤物、禽畜废物、医疗废物及化学废物。

⑦都市固体废物回收后会在本地或香港以外地方循环再造。

【主要统计指标解释】

年中人口 是以“居住人口”方法编制，利用“居住人口”方法所编制的人口估计称为“居港人口”。“居港人口”包括“常住居民”和“流动居民”。“常住居民”指两类人士：（a）在统计时点之前的6个月内，在港逗留最少3个月，又或在统计时点之后的6个月内，在港逗留最少3个月的香港永久性居民，不论在统计时点他们是否身在香港；及（b）在统计时点身在香港的香港非永久性居民。至于“流动居民”，是指在统计时点之前的6个月内，在港逗留最少一个月但少于3个月，又或在统计时点之后的6个月内，在港逗留最少1个月但少于3个月的香港永久性居民，不论在统计时点他们是否身在香港。根据新的编制方法，旅客并不包括在香港人口内。

粗出生率 指某一年内的活产婴儿数目相对该年年中每千名人口的比率。

粗死亡率 指某一年内的死亡人数相对该年年中每千名人口的比率。

婴儿死亡率 指某一年内一岁以下婴儿死亡人数相对该年每千名活产婴儿的比率。

劳动人口 指15岁及以上陆上非住院人口，并符合就业人口或失业人口定义的人士。

劳动人口参与率 指劳动人口占所有15岁及以上陆上非住院人口的比例。

就业人口 包括在统计前7天内有做工赚取薪酬或利润或有一份正式工作的15岁及以上人士。无酬家庭从业人员及在统计前7天内正休假的就业人士亦包括在内。

失业人口 包括所有15岁及以上人士在（a）统计前7天内并无职位，且并无为赚取薪酬或利润而工作；（b）统计前7天内随时可工作；及（c）在统计前30天内有找寻工作。一名15岁或以上的人士，如果他/她符合上述（a）和（b）的条件，但由于相信没有工作可做而在统计前30天内没有找寻工作，仍会被界定为失业，即所谓“因灰心而不求职的人士”。失业人口亦包括那些并无职位，有找寻工作，但由于暂时生病而不能工作的人士；及并无职位，且随时可工作，但由于已为于稍后时间担当的新工作或开展的业务作出安排；或正期待返回原来的工作岗位而没有找寻工作的人士。

失业率 指失业人士在劳动人口中所占的比例。

每月就业收入 指上月从事所有工作所获得的收入。就雇员来说，收入包括工资和薪金、花红、佣金、小费、房屋津贴、逾时工作津贴、勤工津贴及其它现金津贴，但不包括补薪。就雇主和自营作业人士而言，收入是指从自己拥有的企业提取作个人及家居用途的款额。如果提取作个人及家居用途的款额资料未能提供，则将会搜集有关从业务所得的净收入数据。

本地生产总值 指一个国家或地区的所有常住生产单位，在一个指定的期间内，未扣除固定资本消耗的生产总值。

人均本地生产总值 指把该国家或地区在某统计年的本地生产总值除以该国家或地区在该年的人口总数而得的数字。

本地居民生产总值 指一个国家或地区的居民，由从事各项经济活动而赚取的总收益，不论该等经济活动是否在该国家或地区的经济领域内进行。换言之，编制本地居民生产总值应包括本地居民在经济领域内或领域外从事各类经济活动的收益，而扣除非本地居民在经济领域内从事经济活动的收益。计算本地居民生产总值，可用以下方程式：

本地居民生产总值=本地生产总值+本地居民从经济领域外所赚取的要素收益-非本地居民从经济领域内所赚取的要素收益，而当中的要素收益组成部分主要分为投资收益及雇员报酬，而投资收益包括了直接投资收益、有价证券投资收益及其它投资收益。

人均本地居民生产总值 指把该国家或地区在某统计年的本地居民生产总值除以该国家或地区在该年的人口总数而得的数字。

国际收支平衡表 有系统地载录，在指定期间内，某经济体系与世界其它各地的各类经济交易的统计表。完整的国际收支平衡表包括以下两个主要核算帐：（甲）经常帐；及（乙）资本及金融帐。

经常帐户 是主要量度实质资源的流动，包括货物的进出口、服务的输入及输出，从外地应收及应付予外地的收益，以及往来外地的经常转移。

货物 包括所有可移动的货物，其拥有权由本地居民转至非本地居民（出口）或由非本地居民转至本地居民（进口）。货物包括一般商品、用作加工的物资、各种运输工具在港口购买的货物、货物修理，以及非货币黄金。

服务 包括由本地居民向非本地居民（输出）或由非本地居民向本地居民（输入）所提供的服务。服务交易是按服务类别分类，分别为运输服务、旅游服务、保险服务、金融服务及其它服务。

收益 是提供生产要素而赚取的所得，包括本地居民从非本地居民（应收收益）或非本地居民从本地居民（应付收益）所赚取的所得。

经常转移 指一个经济体系的本地居民，在无同等经济价值报偿的情况下，对非本地居民提供/从非本地居民接受实质或金融资源，而该等资源在转移后会被立刻或短时间内消耗。

资本帐户 量度资本转移及非生产、非金融资产的对外交易。

金融帐户 记录本地居民与非本地居民之间的金融资产及负债交易。它显示某经济体系如何融资以进行其对外交易。金融帐内的交易可归类为直接投资、有价证券投资、金融衍生工具、其它投资及储备资产。

资本转移 指在无经济价值报偿下，固定资产的转移或债务的减免。

直接投资 指一个经济体系的投资者对另一经济体系的企业所作的对外投资，并对该企业拥有持久利益及在管理经营决定上具有相当程度的影响力或控制权。

有价证券投资 指对非本地的股本证券及债务证券（例如中长期债券、货币市场工具）所作的投资，而投资者对投资于该等企业并无持久的利益或在管理方面的影响力。

金融衍生工具 是一种与某种特定的金融工具、指标或商品有连系的金融工具，使特定的金融风险本身能透过这种工具而进行交易（包括在交易所内及场外）。

其它投资 指直接投资、有价证券投资、金融衍生工具及储备资产以外对非本地居民的其它金融申索及负债。其它投资包括非作销售的贷款、货币和存款、贸易信贷及金融租赁等。

储备资产 指一个经济体系的金融当局（在香港是指香港金融管理局）可直接用来支付对外收支赤字，及可用于干预外汇市场以影响汇率从而间接调节该等赤字的外币资产。

国际投资头寸 是在一特定时点上一个经济体系的对外金融资产及负债存量的资产负债表。国际投资头寸中的对外金融资产意指本地居民透过拥有有商业和交易价值的指定投资工具方式而产生对非本地居民的申索，以及不牵涉债务人的其他金融资产（如黄金）。而对外金融负债则指本地居民对非本地居民所要承担的金融申索。国际投资头寸的分类与国际收支平衡表内的金融帐完全一致，资产及负债分为直接投资、有价证券投资、金融衍生工具及其它投资。国际投资头寸的资产项目亦包括储备资产在内。有关投资组成部分的详细解释，请参阅国际收支平衡表内金融帐组成部分的解释。

国际投资头寸净值 是对外金融资产总值与对外金融负债总值之差。

工业生产指数 量度本地制造业生产量的实际变动，即扣除价格调整因素后的本地生产量变动。

实用楼面面积 指各层楼面面积总和，但不包括楼梯、公共信道空间、升降机等候处、盥洗室、厕所、厨房、及为楼宇提供升降机、空调系统、或类似设施而安装的机械所占用的空间。

获批准可动工兴建楼宇 指获屋宇署签发《同意书》动工兴建的楼宇。这种《同意书》是发给私人发展计划（包括香港房屋协会的计划）及香港房屋委员会的私人机构参建居屋计划。

初次呈交 就一项建筑工程初次呈交建筑事务监督批准的图则。

重大修改 指经过大规模修改的建筑图则，而这些图则必须从根本上接受重新评估。

自置居所住户 指住户拥有其居住的屋宇单位业权。

进口货物 指在香港以外出产或制成的货物，输入香港供本地使用或转口，以及再进口的香港产品。其货值是以到岸价值计算。

港产品出口货物 指香港的天然产品或在香港经过制造工序，以致其基本原料的形状、性质、式样或用途受到永久改变的产品。如果产品在香港只进行简单的稀释、包装、入樽、烘干、简单装配、分类、装饰等过程，则该产品并不能以香港作为来源地。其货值是以离岸价值计算。

转口货物 指输出曾经自外地输入香港的货物，而这些货物并没有在香港经过任何制造工序，以致永久改变其形状、性质、式样或用途。其货值是以离岸价值计算。

直接投资 指一个经济体系的投资者对另一经济体系的企业所作的对外投资，并对该企业拥有持久利益及在管理经营决定上具有相当程度的影响力或控制权。在统计上，若投资者持有某一企业10%或以上的股权，便被视为能长期有效地影响有关企业的管理经营决定。直接投资包括股本资本、再投资收益及其它资本。股本资本包括所持有分行的股本，附属及联营公司的股票。再投资收益是指投资者从其附属或联营公司应得但未以股息形式分发的利润。其它资本主要涉及公司之间长期或短期的债务交易，包括母公司与其附属公司、联营公司及分行之间的借贷。

外来直接投资 指境外居民在香港的企业所作的直接投资。跨国企业在香港经营的分行或附属公司，是外来直接投资的典型例子。

直接投资头寸 指某一特定日子香港居民在境外投资的价值或接受外来投资的价值。

直接投资流动 指某一时段内香港居民于境外投资或接受外来投资的投入或撤走。

向外直接投资 指香港居民投资者在境外的企业所作的直接投资。

贷款基金 提供资金予如房屋贷款和教育贷款等贷款计划。基金收入主要来自政府一般收入帐目转拨的款项、偿还的贷款及贷款利息。

港汇指数 是量度港元兑主要贸易伙伴的货币的汇率加权平均值变动情况的指数，作为反映港元相对各种选定货币强弱的整体指标。在2002年1月1日，欧元的纸币及硬币取代各参与国家的货币成为法定货币。因此，港汇指数的货币篮子亦已更新。由2002年1月2日起，新系列港汇指数（包括14种货币及以2000年1月=100）已取代旧港汇指数系列 。

外币兑换率 指外币兑港元的电汇或现钞收市中间兑换价。

认可机构 包括持牌银行、有限制牌照银行及接受存款公司。持牌银行可接受任何金额及期限的存款。随着撤销利率限制的最后阶段在2001年7月3日生效，各类存款利率再无任何限制。至于有限制牌照银行，它们可接受金额不少于港币50万元的任何期限的定期存款。接受存款公司则可接受金额不少于港币10万元而期限不少于3个月的定期存款。有限制牌照银行及接受存款公司均无任何存款利率限制。

外币掉期存款 指顾客在现货市场购买外币，然后存入认可机构，但同时订下远期合约，将该笔外币（本金加利息）在存款到期时售予认可机构。从分析角度来看，这类掉期存款应当作港元定期存款。

货币供应量（M_1） 指市民持有的法定纸币和硬币加上持牌银行的客户活期存款。

货币供应量（M_2） 指货币供应量M_1所包括的项目，加上持牌银行的客户储蓄及定期存款，再加上持牌银行发行而由非认可机构持有的可转让存款证。

货币供应量（M_3） 指货币供应量M_2所包括的各项，加上有限制牌照银行及接受存款公司客户的存款，再加上以上两类认可机构发行而由非认可机构持有的可转让存款证。

恒生指数 是以加权资本市值法计算（即发行股数乘以股价），该指数内的三十三只成份股划分为四个行业类别指数，包括工商、金融、地产及公用事业，其总市值占香港联合交易所有限公司所有上市股份总市值大约百分之六十。

消费物价指数 量度住户一般所购买的消费商品和服务的价格水平随时间而变动的情况。消费物价指数的按年变动率被广泛地用作反映消费者所面对的通货膨胀的指标。不同的消费物价指数数列反映消费物价转变对不同开支组别的住户的影响。甲类、乙类及丙类消费物价指数分别根据较低、中等及较高开支范围的住户的开支模式编制而成。综合消费物价指数是根据以上所有住户的整体开支模式而编制，反映消费物价转变对整体住户的影响。每个项目的开支权数，是其在住户总开支中所占的比重。开支权数是根据住户开支统计调查的结果而制订的。并会每隔五年更新一次，以确保相应的消费物价指数能准确地反映不同开支范围住户的最新开支模式。

教育程度 指某人在学校或其它教育机构修读达到的最高教育水平，不论他/她有否完成该课程。计算教育程度时，只包括正式课程，即须最少为期一个学年，入学须具指定学历资格（大部分由香港公开大学提供的副学位及学位课程除外），以及设有考试或指定评核成绩的程序。

社会保障计划 旨在帮助社会上需要经济或物质援助的人士，应付基本及特别需要。这个无须供款的社会保障制度，包括综合社会保障援助计划、公共福利金计划、暴力及执法伤亡赔偿计划、交通意外伤亡援助计划和紧急救济。

综合社会保障援助计划 是以入息补助方法，为那些在经济上无法自给的人士提供安全网，使他们的入息达到一定水平，以应付生活上的基本需要。申请人必须符合居港规定及通过入息及资产审查。

公共福利金计划 是为严重残疾或年龄在65岁或以上的香港居民，每月提供现金津贴，以应付因严重残疾或年老而引致的特别需要。这项计划包括普通伤残津贴、高额伤残津贴、普通高龄津贴及高额高龄津贴。除普通高龄津贴外，在本计划下发放的津贴均无须申请人接受经济状况调查。

暴力及执法伤亡赔偿计划 是提供现金援助给因暴力罪行或因执法人员使用武器执行职务以致受伤的人士或这些人士的受养人（如受害人因伤死亡）。申请人亦无须接受经济状况调查。

交通意外伤亡援助计划 是向道路交通意外受害士，或这些人士的受养人（如受害人因伤死亡）迅速提供经济援助，而无须考虑计划受惠人的经济状况，或有关交通意外是因谁人的过失而造成。援助金按意外受害人的伤亡情况支付；至于财物损失，则不在援助范围内。

紧急救济 天灾或其它不幸事故（例如火灾、台风、水灾、暴雨、山泥倾泻、塌屋）的灾民，及因楼宇成为危楼而遭发出封闭令以致被着令撤离家园的受影响人士，均可获得紧急救济。

8 港澳台第三产业情况

8-2 澳门第三产业情况

简要说明

一、本章资料反映澳门特别行政区主要社会、经济发展情况。内容包括：土地、人口、就业、国民经济核算、工业、能源、建筑、交通通讯、对外贸易、财政金融、物价、教育、卫生、房屋、社会保障等方面。

二、本章涉及的1999年及以前数据均指原名为“澳门地区”的数据。

三、本章由澳门特别行政区政府统计暨普查局提供所有数据，国家统计局国际统计信息中心负责整理、编辑。

四、在统计工作方面，按《中华人民共和国澳门特别行政区基本法》的有关原则，澳门特别行政区保留其单独运作的统计系统，并负责编制和发布反映澳门特别行政区情况的统计数据。由于澳门和内地在使用统计名词及概念方面会有所不同，读者在比较两地数据时，请参考本章末的“主要统计指标解释”。

五、澳门特别行政区是单独的关税地区，澳门与内地之间的贸易，亦需办理进出口报关。在贸易统计方面，澳门特别行政区对外商品贸易统计数据亦包括澳门特别行政区与内地的贸易。

六、在外汇统计及与之有关的各方面，澳门元是澳门特别行政区的法定货币，因此，除澳门元以外的货币（包括人民币）均视作外币。

七、更详细的统计资料及有关的技术细节，可参阅澳门特别行政区政府统计暨普查局出版的《统计月刊》、《统计年鉴》及各专题统计出版物。

八、本章节表中的符号使用说明:“_”表示绝对数值为零;“空格”表示没有数字或未能提供;“o”表示数据小于本表最小单位半数;“*”或“①”等表示本表下有注解；“#”表示保密资料；“…”表示不适用。

8-2-1 主要统计指标概览

项　　目	2007	2008	2009	2010	2011
人口及生命统计					
年中人口 (万人)	52.6	54.1	53.5	53.7	55.0
出生率 (‰)	8.6	8.7	8.9	9.5	10.6
死亡率 (‰)	2.9	3.2	3.1	3.3	3.4
婴儿死亡率 (‰)	2.4	3.2	2.1	2.9	2.9
(按每千名出生登记活产婴儿计算)					
劳动、就业					
劳动人口 (万人)	31.0	32.7	32.3	32.4	33.6
劳动力参与率 (%)	69.2	70.7	72.3	72.0	72.5
失业率 (%)	3.1	3.0	3.5	2.8	2.6
就业不足率 (%)	1.0	1.6	1.8	1.7	1.1
就业人口 (万人)	30.0	31.7	31.2	31.5	32.8
建筑业	3.9	3.8	3.2	2.7	2.8
批发及零售业	3.8	3.9	4.1	4.1	4.3
酒店及饮食业	3.5	4.1	4.3	4.3	4.6
团体、社会及个人的其他服务	6.9	7.7	7.4	7.5	8.2
对外商品贸易 (亿澳门元)					
出口	204	160	77	70	70
本地产品出口	135	96	30	24	24
再出口	69	64	47	46	46
进口	431	430	369	441	623
贸易价格比率(2006=100)	96.2	93.5	93.7	93.1	94.1
工业生产					
工业电力消耗量 (亿千瓦小时)	2.4	2.1	1.6	1.6	1.7
私人建筑					
新建楼宇					
单位数目 (个)	2051	1177	3251	4527	1387
总建筑面积 (万平方米)	193	58	141	127	116
新动工楼宇					
单位数目 (个)	4390	2046	1547	870	2159
总建筑面积 (万平方米)	220	53	23	18	37
楼宇单位买卖数目 (个)	32250	21516	17310	29617	27624
不动产买卖契约数目 (宗)	14558	9712	9111	12707	10935
不动产按揭贷款数目 (宗)	13250	11847	8965	15127	14447
运输、通讯、旅游					
进出澳门重型货运车 (万次)	67.4	56.4	40.3	35.8	33.4
进出澳门的客船班 (万次)	10.5	10.5	13.2	14.7	14.6
澳门国际机场的商业航班 (万次)	4.9	4.6	3.7	3.5	3.5
登记车辆 (万辆)	17.6	18.3	18.9	19.7	20.6
电话线 (万条)	97.2	110.9	120.9	129.1	152.0
访澳旅客 (万人次)	2700	2293	2175	2497	2800
酒店平均入住率 (%)	77	74	71	80	84

8-2-1 续表

项 目		2007	2008	2009	2010	2011
财政收支、货币、金融	**(亿澳门元)**					
财政总收入		537	623	699	885	1127
财政总支出		233	304	355	384	490
货币供应(广义货币供应量M_2)						
总计		1855	1898	2122	2431	2977
澳门元		510	541	597	680	773
港元		1015	992	1138	1328	1624
其他货币		331	365	387	422	579
本地/私人部门贷款及垫款		683	889	973	1268	1619
居民消费价格指数						
(2008年4月至2009年3月=100)						
综合消费价格指数		92.3	100.2	101.4	104.3	110.3
甲类消费价格指数		92.3	100.7	101.5	103.8	109.5
乙类消费价格指数		92.3	100.1	101.4	104.4	110.6
房屋(期末)						
公共房屋	(套)	6681	6253	7165	8174	8376
教育						
幼儿教育学生		9149	9270	9923	10898	
小学生		29995	27481	25475	23833	
中学生		41124	39463	38315	38582	
高等教育学生		18743	20917	22289	24156	
医疗						
医生		1323	1261	1292	1330	1438
护士		1335	1415	1491	1536	1606
病床	(张)	1014	1030	1109	1172	1221
社会保障						
受益人数目		228125	250476	259280	276348	337115
供款单位数目		15278	17175	34260	34294	19373
总发放援助次数	(万次)	23.7	40.8	45.4	52.3	60.7
总发放金额	(万澳门元)	31753	43616	66815	74840	110225
治安						
罪案数目	(宗)	12921	13864	12406	11649	12512
囚犯数目(期末)		812	912	930	929	1030
本地生产总值						
按以环比物量(2010年)计算						
实际增长率	(%)	14.5	3.3	1.7	27.0	20.7
本地生产总值	(亿澳门元)	1618.8	1750.6	1780.7	2262.2	2731.4
人均本地生产总值	(万澳门元)	30.8	32.4	33.2	42.1	49.7
当年价格						
名义增长率	(%)	24.6	14.5	2.4	32.9	29.1
本地生产总值	(亿澳门元)	1448.2	1662.4	1701.6	2262.2	2920.9
人均本地生产总值	(万澳门元)	27.5	30.8	31.8	42.1	53.2

8-2-2 本地生产总值(按当年价格计算)

年 份	本地生产总值		本地生产总值与上年比较的实际增长率(%)	人均本地生产总值	
	(亿澳门元)	(亿美元)		(澳门元)	(美元)
1992	386.2	48.4	13.3	104122	13060
1993	443.4	55.6	5.2	115464	14491
1994	494.2	62.1	4.3	124558	15648
1995	554.2	69.5	3.3	135392	16992
1996	563.1	70.7	-0.4	135657	17029
1997	565.6	70.9	-0.3	135547	16997
1998	525.6	65.9	-4.6	124462	15599
1999	502.7	62.9	-2.4	117620	14718
2000	516.3	64.3	5.7	119911	14940
2001	523.3	65.1	2.9	120555	15007
2002	563.0	70.1	8.9	128433	15987
2003	635.8	79.3	12.6	142851	17809
2004	822.9	102.6	26.9	180108	22450
2005	944.6	117.9	8.5	198378	24763
2006	1165.6	145.7	14.4	234109	29261
2007	1451.4	180.6	14.4	278648	34675
2008	1662.4	207.3	3.3	307861	38384
2009	1701.6	213.1	1.7	317557	39773
2010	2262.2	282.7	27.0	421312	52650
2011①	2920.9	364.3	20.7	531723	66311

注：①估算数字在日后得到更多资料时会作出修订。

8-2-3 支出法本地生产总值

单位：亿澳门元

本地生产总值组成部份	2007	2008	2009	2010	2011①
按当年价格计算					
居民消费支出	378.8	437	455.7	512.8	604.6
政府最终消费支出	124.7	148.2	166.8	183.5	215.3
固定资本形成总额	535.1	502.9	319.0	283.6	360.7
存货增加	8.9	13.1	2.2	17.4	24.2
货物出口	204.3	167.9	86.7	83.2	88.4
减:货物进口	577.3	573.2	433.3	517.8	706.2
服务出口	1152.6	1445.6	1515.2	2321.4	3193.6
减:服务进口	378.9	479.1	410.7	621.8	859.7
本地生产总值	**1448.2**	**1662.4**	**1701.6**	**2262.2**	**2920.9**
人均本地生产总值 (澳门元)	**275450**	**307861**	**317557**	**421312**	**531723**
以环比物量(2010年)计算					
居民消费支出	426.3	466.1	477.1	512.8	565.2
政府最终消费支出	140.4	154.8	175.2	183.5	200.7
固定资本形成总额	553.2	503.8	340.9	283.6	324.8
存货增加	9.6	12.9	2.3	17.4	22.4
货物出口	214.7	173.3	89.7	83.2	80.7
减:货物进口	623.7	593.9	450.8	517.8	653.6
服务出口	1273.0	1516.4	1575.3	2321.4	3002.9
减:服务进口	395.4	484.9	425.2	621.8	811.8
本地生产总值	**1618.8**	**1750.6**	**1780.7**	**2262.2**	**2731.4**
人均本地生产总值 (澳门元)	**307894**	**324196**	**332324**	**421312**	**497219**

注：①估算数字在日后得到更多资料时会作出修订。

8-2-4 生产法本地生产总值

单位：亿澳门元

经济活动	2005	2007	2008	2009	2010①
第二产业	106.0	203.9	198.1	125.5	108.4
采矿业	0.1	0.1	o	o	o
制造业	30.0	30.7	23.8	16.8	12.6
电力、煤气及水供应	13.3	12.3	13.7	14.6	15.5
建筑业	62.6	160.8	160.6	94.0	80.2
第三产业	592.9	861.5	952.0	1028.5	1350.3
批发零售、维修、酒店、餐厅及酒楼业	75.6	109.8	141.4	162.0	218.4
运输、仓储及通信业	33.4	42.6	39.3	41.3	53.8
金融保险、不动产、租赁及商业服务	157.9	243.0	262.5	273.9	285.1
公共行政、社会服务及个人服务(包括博彩业)	325.9	466.0	508.9	551.3	792.9
生产法本地生产总值（基本价格）	698.9	1065.4	1150.2	1154.0	1458.7
加产品税	194.6	340.7	452.3	473.0	732.6
生产法本地生产总值（市场价格）	893.4	1406.1	1602.4	1626.9	2191.3
支出法本地生产总值（市场价格）	944.6	1451.4	1662.4	1701.6	2262.2
统计差异(%)	-5.4	-3.1	-3.6	-4.4	-3.1

注：①估算数字在日后得到更多资料时会作出修订。

8-2-5 生产法本地生产总值结构

单位：%

经济活动	2005	2007	2008	2009	2010①
第二产业	15.2	19.1	17.2	10.9	7.4
采矿业	o	o	o	o	o
制造业	4.3	2.9	2.1	1.5	0.9
电力、煤气及水供应业	1.9	1.2	1.2	1.3	1.1
建筑业	9.0	15.1	14.0	8.1	5.5
第三产业	84.8	80.9	82.8	89.1	92.6
批发零售、维修、酒店、餐厅及酒楼业	10.8	10.3	12.3	14.0	15.0
运输、仓库及通信业	4.8	4.0	3.4	3.6	3.7
金融、保险、不动产、租赁及商业服务	22.6	22.8	22.8	23.7	19.5
公共行政、社会服务及个人服务(包括博彩业)	46.6	43.7	44.2	47.8	54.4
以基本价格按生产法估算的本地生产总值	100.0	100.0	100.0	100.0	100.0

注：①估算数字在日后得到更多资料时会作出修订。

8-2-6 按行业划分的就业人口

单位：万人

行　　业	2009	2010	2011
总数	**31.19**	**31.48**	**32.76**
农业、捕渔业　及采矿工业	0.11	0.06	0.08
制造业	1.64	1.52	1.28
水电及气体生产供应业	0.09	0.09	0.13
建筑业	3.18	2.71	2.82
批发及零售业	4.08	4.14	4.34
酒店及饮食业	4.32	4.28	4.61
运输、仓储及通信业	1.62	1.82	1.60
金融业	0.73	0.73	0.81
不动产及工商服务业	2.53	2.75	2.80
公共行政及社保事务	1.97	2.14	2.30
教育	1.18	1.15	1.23
医疗卫生及社会福利	0.75	0.81	0.85
文娱博彩及其他服务业	7.37	7.54	8.20
家务工作	1.60	1.74	1.68
其他及不详	0.01	0.01	0.02

8-2-7 按行业划分的每月工作收入中位数

单位：澳门元

行　　业	2009	2010	2011
总数	**8500**	**9000**	**10000**
制造业	5000	5700	6500
水电及气体生产供应业	15000	16000	17500
建筑业	9000	9500	10100
批发及零售业	7000	7500	8000
酒店及饮食业	6500	7000	7500
运输、仓储及通信业	8500	8500	10000
金融业	12000	13000	12000
不动产及工商服务业	6000	6500	7000
公共行政及社保事务	19500	19500	20700
教育	13000	14000	15000
医疗卫生及社会福利	10300	10000	12000
文娱博彩及其他服务业	12000	12000	13000
家务工作	2800	2900	3000

8-2-8 主要商品进出口总额及占本地生产总值比重

单位：亿澳门元

贸易种类		2007	2008	2009	2010	2011
商品进出口总额		**635**	**591**	**446**	**511**	**693**
出口		204	160	77	70	70
本地产品出口		135	96	30	24	24
再出口		69	64	47	46	46
进口		431	430	369	441	623
进出口差额		-227	-270	-292	-372	-553
出口/进口比率	(%)	47.4	37.2	20.8	15.8	11.2
占本地生产总值比重	**(%)**					
出口		14.1	9.6	4.5	3.1	2.4
本地产品出口		9.3	5.8	1.7	1.1	0.8
再出口		4.8	3.9	2.8	2.0	1.6
进口		29.8	25.9	21.7	19.5	21.3

8-2-9 主要商品进口原产地和出口目的地

单位：亿澳门元

主要国家/地区	2007	2008	2009	2010	2011
进口(原产地)					
中国内地	183.8	169.3	115.7	137.2	191.2
中国香港	43.6	43.7	40.4	46.3	75.9
欧盟	67.6	71.0	78.1	99.6	155.1
日本	38.7	36.4	30.4	38.1	39.1
中国台湾	15.0	14.2	11.2	10.8	13.3
美国	24.3	23.8	22.2	26.2	37.3
出口(目的地)					
美国	82.9	64.0	13.1	7.8	5.6
欧盟	37.2	15.9	6.3	4.1	3.8
中国内地	30.3	19.7	11.2	11.0	11.0
中国香港	26.7	31.6	30.1	30.0	31.1

8-2-10 按标准国际贸易分类划分的商品进口和出口

单位：百万澳门元

标准国际贸易分类	2005			2010			2011		
	进口	出口	出进口比率(%)	进口	出口	出进口比率(%)	进口	出口	出进口比率(%)
总数	**31340**	**19823**	**63.3**	**44118**	**6960**	**15.8**	**62289**	**6971**	**11.2**
0 粮食及活动物	2012	67	3.3	4142	108	2.6	5202	139	2.7
1 饮料及烟叶	1863	256	13.7	3409	473	13.9	4942	672	13.6
2 除燃料外的非食用未加工材料	196	54	27.6	196	73	37.2	305	101	33.1
3 矿物燃料、润滑油及有关物质	3041	808	26.6	5285	#	#	6597	#	#
4 动物及植物油、脂肪及蜡	57	o	…	124	1	0.8	152	1	0.7
5 未列明的化学及有关产品	1514	183	12.1	3026	269	8.9	3681	281	7.6
6 主要按材料分类的制成品	8129	2716	33.4	3107	1011	32.5	3733	1026	27.5
7 机械和运输设备	7839	1616	20.6	10473	1025	9.8	14230	1073	7.5
8 杂项制成品	6672	14124	211.7	14281	3182	22.3	23310	2529	10.8
9 未列入其他分类的货物及交易	17	o	...	75	#	#	137	#	#

8-2-11 按居住国家和地区划分的入境旅客人数

单位：万人次

居住国家和地区	2007	2008①	2009	2010	2011
总数	**2700.3**	**2293.3**	**2175.3**	**2496.5**	**2800.2**
亚洲		2216.2	2108.5	2427.3	2728.7
中国内地	1487.3	1161.3	1099.0	1322.9	1616.3
中国香港	817.7	701.6	672.8	746.6	758.3
中国台湾	144.4	131.6	129.3	129.3	121.5
日本	29.9	36.7	37.9	41.4	39.6
马来西亚	40.2	42.9	33.3	33.8	32.5
菲律宾	25.6	28.3	24.7	24.8	26.9
韩国	22.5	28.0	20.5	33.2	39.9
新加坡	19.0	26.4	25.7	25.7	28.1
其他	…	59.4	65.5	69.7	65.8
美洲	30.6	31.3	27.9	29.7	31.1
欧洲	25.7	27.2	23.6	24.4	25.2
大洋洲	13.4	15.7	13.5	12.8	12.8
非洲及其他	…	2.9②	1.8	2.3	2.5

注：①自2008年开始，入境旅客人次不包括外地雇员及留学生等，故不适宜与前期直接比较。
②2008年包括中东旅客。

8-2-12 按居住国家和地区划分的旅客人均消费

单位：澳门元

国家和地区	2000	2005	2008	2009	2010	2011
人均消费①	**1367**	**1523**	**1729**	**1616**	**1518**	**1619**
中国内地	2401	3078	3571	3040	2039	2048
中国香港	934	898	1109	1159	811	916
中国台湾	942	1336	1361	1349	677	1052
日本	1187	952	967	1286	1394	1360
东南亚	1876	1458	1864	1659	1319	1288
欧洲	1117	824	1008	1226	1148	1045
美洲	1078	1317	1075	1311	1064	1094
大洋洲	1165	1042	1093	1284	1254	1348
其他	1425	996	1198	1574	1581	1546
非购物消费①	**754**	**851**	**1027**	**983**	**745**	**817**
中国内地	839	1221	1378	1122	749	809
中国香港	730	689	873	909	656	750
中国台湾	605	895	1005	946	495	752
日本	481	670	784	1118	1240	1213
东南亚	1450	948	1269	1102	951	917
欧洲	864	691	872	1068	1011	945
美洲	838	1038	860	1043	878	920
大洋洲	919	800	916	1053	1022	1142
其他	1129	754	1014	1306	1311	1338
购物消费	**612**	**672**	**702**	**633**	**773**	**801**
中国内地	1561	1856	2193	1918	1290	1239
中国香港	204	209	236	250	155	166
中国台湾	336	441	356	404	182	301
日本	706	282	183	169	154	147
东南亚	426	509	596	557	369	371
欧洲	252	132	136	159	136	100
美洲	240	279	215	267	185	174
大洋洲	246	242	177	231	232	206
其他	296	242	184	268	270	207

注：①不包括博彩消费。自2010年开始，旅客消费是经统计推算的结果，而前期的为样本值。

8-2-13 零售业销售额

单位：亿澳门元

项　目	2007	2008	2009	2010	2011
销售总额	**141.95**	**193.91**	**223.54**	**305.88**	**432.25**
百货公司	16.30	23.71	33.36	44.23	62.94
超级市场	13.79	17.41	19.07	21.22	26.16
汽车	17.44	16.21	15.28	22.11	29.69
钟表金饰	21.92	36.05	48.09	78.34	123.09
成人服装	12.10	16.68	20.93	28.01	39.24
车用燃料	6.72	8.69	6.81	7.80	9.22
家用燃料	6.54	7.53	4.93	6.10	6.63
家庭电器	4.61	4.89	5.30	6.43	6.85
药房	4.54	5.49	5.88	7.37	9.91
其他	37.99	57.25	63.89	84.27	118.52

8-2-14 按出入境方式统计的对外商品贸易

单位：万吨

项　　目	2007	2008	2009	2010	2011
入境①					
海路	400.6	309.6	169.1	169.2	238.4
空路	2.4	1.7	1.3	1.4	1.0
陆路	286.5	226.1	133.6	100.4	89.4
其他②	7462.4	7518.2	7777.6	7630.7	7947.0
总数	**8152.0**	**8055.6**	**8081.6**	**7901.6**	**8275.8**
出境①					
海路	30.8	27.0	15.9	20.8	26.7
空路	6.0	3.6	2.5	2.8	2.0
陆路	11.4	10.7	8.1	10.2	19.6
其他②	20.8	17.7	14.8	13.3	12.9
总数	**69.1**	**59.1**	**41.4**	**47.0**	**61.2**

注：①包括转运货物。
②包括邮递及以管道运输方式进出澳门的货物。

8-2-15 海路集装箱总吞吐量

单位：标准集装箱

项　　目	2007	2008	2009	2010	2011
入境	67011	66306	53071	55390	64490
出境	63741	57334	34574	35090	37199
转口	7935	2697	903	838	300

注：标准集装箱为 20英尺 x 8英尺 x 8英尺。

8-2-16 通信服务

项　　目	2007	2008	2009	2010	2011
邮递服务　　（万件）					
信件邮件	2775	3034	3069	3136	3331
包裹	0.7	0.8	0.8	0.8	0.8
电话服务　　（万户）					
固网电话用户	17.8	17.6	17.1	16.8	16.6
移动电话用户	35.6	39.6	42.0	45.9	52.5
储值卡	43.8	53.7	61.7	66.3	82.8
对外电话通讯量　（万分钟）					
拨出	24745	26707	25795	31026	34880
拨入	18988	20621	19635	23134	24976
互联网					
登记用户　　（用户）	119913	128502	143353	170462	209223
总使用时数　（万小时）	17860	25291	34042	42277	52761

8-2-17 14岁及14岁以上人口受教育程度

项目	2001中期人口统计		2006人口普查		2011中期人口统计	
	人数(万人)	百分比(%)	人数(万人)	百分比(%)	人数(万人)	百分比(%)
总计	**34.97**	**100.0**	**43.36**	**100.0**	**49.20**	**100.0**
男	16.45	47.0	20.97	48.4	23.35	47.5
女	18.52	53.0	22.39	51.6	25.85	52.5
从未入学/学前教育	2.10	6.0	2.06	4.7	1.63	3.3
男	0.48	1.4	0.50	1.1	0.37	0.7
女	1.62	4.6	1.56	3.6	1.26	2.6
小学	13.64	39.0	13.28	30.6	12.14	24.7
男	6.63	19.0	6.59	15.2	5.78	11.8
女	7.01	20.0	6.69	15.4	6.35	12.9
初中	9.45	27.0	12.07	27.8	12.30	25.0
男	4.43	12.7	6.00	13.8	6.10	12.4
女	5.02	14.3	6.07	14.0	6.19	12.6
高中	6.63	18.9	10.43	24.0	14.09	28.6
男	3.32	9.5	5.16	11.9	6.73	13.7
女	3.31	9.5	5.27	12.1	7.36	15.0
高等教育						
高等专科	0.75	2.1	0.64	1.5	0.99	2.0
男	0.29	0.8	0.26	0.6	0.46	0.9
女	0.46	1.3	0.38	0.9	0.53	1.1
大学	2.39	6.8	4.86	11.2	8.02	16.3
男	1.29	3.7	2.44	5.6	3.88	7.9
女	1.10	3.2	2.42	5.6	4.13	8.4
特殊教育	0.02	0.1	0.03	0.1	0.04	0.1
男	0.01	o	0.02	o	0.03	o
女	0.01	o	0.01	o	0.02	o

8-2-18 外币兑换率

单位：一单位外币兑换的澳门元

项目	2007	2008	2009	2010	2011
年内平均数字					
澳元	6.7351	6.8552	6.3269	7.3560	8.2814
欧元	11.0049	11.8092	11.1309	10.6088	11.1685
韩圆	0.0087	0.0074	0.0063	0.0069	0.0072
美元	8.0360	8.0206	7.9842	8.0022	8.0186
新台币	0.2447	0.2548	0.2418	0.2540	0.2731
英镑	16.0887	14.8965	12.5159	12.3650	12.8609
港元	1.0300	1.0300	1.0300	1.0300	1.0300
日元	0.0683	0.0776	0.0854	0.0913	0.1006
马来西亚林吉特	2.3374	2.4124	2.2669	2.4884	2.6241
新西兰元	5.9128	5.7341	5.0721	5.7722	6.3496
人民币	1.0560	1.1546	1.1688	1.1818	1.2387
新加坡元	5.3325	5.6788	5.4955	5.8747	6.3855
瑞士法郎	6.6998	7.4326	7.3721	7.6883	9.0878
年底数字					
澳元	7.0632	5.5103	7.1671	8.1437	8.1308
欧元	11.8411	11.2787	11.4645	10.6642	10.3673
韩圆	0.0086	0.0063	0.0069	0.0071	0.0069
美元	8.0341	7.9824	7.9878	8.0158	8.0047
新台币	0.2472	0.2437	0.2483	0.2749	0.2644
英镑	16.0501	11.5326	12.8428	12.3732	12.3308
港元	1.0300	1.0300	1.0300	1.0300	1.0300
日元	0.0716	0.0884	0.0864	0.0984	0.1030
马来西亚林吉特	2.4254	2.3021	2.3342	2.5996	2.5257
新西兰元	6.2341	4.6102	5.7920	6.1826	6.1888
人民币	1.0999	1.1678	1.1698	1.2103	1.2619
新加坡元	5.5630	5.5520	5.6938	6.2205	6.1591
瑞士法郎	7.1481	7.5569	7.7128	8.5753	8.5111

注：《中华人民共和国澳门特别行政区基本法》规定，澳门元是澳门特区的法定货币。外币指澳门元以外的其他货币，因而人民币亦视作外币。

8-2-19 货币供应

单位：亿澳门元

项目	2007	2008	2009	2010	2011
狭义货币供应量M_1	**226.1**	**247.3**	**306.1**	**347.3**	**362.4**
分类一：澳门元	96.0	130.1	149.7	158.8	178.7
港元	111.8	103.5	145.4	173.4	175.4
其他货币	18.2	13.6	10.9	15.1	8.3
分类二：流通货币(澳门元)	39.3	44.0	49.1	54.1	60.8
活期存款	186.8	203.3	257.0	293.2	301.6
广义货币供应量$M_2$①	**1855.4**	**1897.9**	**2122.3**	**2430.5**	**2979.6**
分类一：澳门元	509.8	541.0	597.5	680.4	772.9
港元	1014.9	992.4	1137.8	1328.1	1623.3
其他货币	330.7	364.5	387.0	422.1	583.4
分类二：狭义货币供应量$M_1$②	226.1	247.3	306.1	347.3	362.4
准货币负债③	1629.3	1650.6	1816.3	2083.2	2617.2
储蓄存款	518.8	582.6	825.0	899.4	844.3
通知存款	15.4	13.1	8.4	6.5	4.1
定期存款	1094.9	1054.9	982.3	1176.7	1765.4

注：① $M_2=M_1+$准货币负债。
② 货币供应量M_1只包括流通货币及活期存款。储蓄存款则变为准货币负债的组成部份。
③ 准货币负债：包括储蓄存款、通知存款、定期存款、其他存款及存款证明书。

【主要统计指标解释】

紧急救济 天灾或其它不幸事故（例如火灾、台风、水灾、暴雨、山泥倾泻、塌屋）的灾民，及因楼宇成为危楼而遭发出封闭令以致被着令撤离家园的受影响人士，均可获得紧急救济。

本地生产总值 反映每年在澳门特区生产的货物和提供各种服务的总量。本年鉴中的本地生产总值用支出法及生产法估算，支出法等于私人消费支出、政府最终消费支出、固定资本形成总额、库存变化和货物及服务出口净值（出口减进口）的总和。而生产法等于各经济行业的增加值总额的总和，这种方法可以评估澳门特区的产业结构。

婴儿死亡率 参考期内年龄在1岁或以下的死亡人数与出生活婴数目的千分比。

自然增长率 参考期内出生人数和死亡人数差额与平均人口之千分比。

出生率 参考期内出生活婴数目与平均人口之千分比。

死亡率 参考期内死亡人数与平均人口之千分比。

幼儿教育 为期3年，对象是年龄3-5岁的儿童。在报名当年的12月31日年满3岁的幼儿可报读幼儿教育第一年。

小学教育 为期6年，完成幼儿教育或在报名当年的12月31日年满6岁的儿童可报读小学教育第一年。就读小学的最高年龄为15岁。

中学教育 由两个阶段组成：初中教育及高中教育。大学预科亦被视为中学教育。

（1）初中教育 为期3年，合格完成小学教育者可以入读。就读初中最大年龄为18岁，但在特别情况下，经教育机构决定，可以逾越此年限。

（2）高中教育 为期3年，合格完成初中教育者可以入读。就读高中最大年龄为21岁，但在特别情况下，经教育机构决定，可以逾越此年限。

职业技术教育 以培训初级及中级程度的技术及专业人员为目的之课程。

高等教育 包括大学教育及高等专科教育。

特殊教育 指专为有精神、感官、身体、沟通等方面有特殊需要人士所开办的课程。

成人教育 指小学、中学、高等教育系统以外为15岁或以上人士所开办的各种有组织、有系统的学习活动。

劳动人口 在参考期间，可参与生产商品或提供服务之14岁或以上人士的总合。包括就业人口及失业人口。

就业人口 在参考期间，为了报酬、利润或家庭收入而工作至少1小时的16岁或以上人士的总合。这包括了那些被雇用而没有上班，但与雇主保持正式的工作联系的人士，又或属公司东主，但因特别原因而暂时没有上班的人士。

失业人口 在参考期间，年龄在16岁或以上，没有工作或与雇主没有联系，但随时可接受有酬工作或自己做生意，并在过去30日有寻找工作的人士。

就业不足人口 在参考期间，不论其职业身份，非自愿地工作少于35小时，并可随时接受更多的工作或正在寻找更多工作之就业人口。

劳动力参与率 指劳动人口在16岁或以上的澳门人口中所占的比例。

失业率 指失业人口在劳动人口中所占的比例。

就业不足率 指就业不足人口在劳动人口中所占的比例。

访澳旅客 指任何非以澳门特区为常居地的人士，其连续在澳门的逗留时间少于12个月，旅客之旅游目的并非在澳门特区参与任何有偿活动。

酒店入住率 入住客房数量与可供应客房数量之百分比。

进口 将产自外地的货物输入澳门特区，但再进口和转运制度下输入者除外。

出口 将货物输出澳门特区，但暂时出口和转运制度下输出者除外。

本地产品出口 将原产地为澳门特区的任何货物输出澳门特区。

再出口 指原进口的货物未经加工输出澳门特区；或虽加工，但不能取得澳门特区产地资格。

转运 货物经过澳门特区而运到下一目的地。

原产地 农业产品种植之国家/地区、矿产开采之国家/地区、工业产品生产之国家/地区，被视为原产地国家/地区。若工业产品的制造工序于两个或以上的国家/地区进行，应以进行最后转变成型工序的国家/地区为原产地，再包装、分类及混合等工序不能构成最后转变成型工序；当产品入口国对相关货物产地来源有特定规定时，应遵从有关规定。

目的地 指货物实际最后到达的国家或地区（不论在运输途中有或没有中断）。如有中间国家或地区，只要不在中间国家或地区内进行商业交易，最后到达的国家或地区都可被视为目的地。

贸易价格比率指数 即货物出口单位价格指数与货物进口单位价格指数之比率。

单位 指永久性楼宇之一个或多个间格及其附属建筑物。每一个单位具有独立入口与楼宇内之公用地方相通，具有合法条件进行分层物业登记和作独立转让。

楼宇建筑面积 等于所有楼层之面积总和。楼面面积的计算方法是从外墙起量度，同时亦包括大堂面积、楼梯、升降机所占面积以及所有公用地方面积。

居民消费价格指数 反映澳门特区住户于购买一篮子之指定商品或服务时，在不同时间该等商品或服务之价格变动。

狭义货币供应量 M_1 为流通货币及活期存款之和。

广义货币供应量 M_2 指狭义货币供应量 M_1 加上准货币负债。准货币负债指储蓄存款、通知存款、定期存款、其他存款和存款证明书。

财务活动 由财务资产及财务负债组成。

8 港澳台第三产业情况

8-3 台湾第三产业情况

简要说明

一、本章资料反映台湾省主要社会、经济发展情况，重点反映第三产业情况。内容包括：人口、就业、国民经济核算、工业、交通通讯、对外贸易、财政金融、物价、教育、社会保障等方面。

二、本章资料来自台湾省行政院主计处统计资料，国家统计局国际统计信息中心负责整理、编辑，表内另有说明除外。

三、由于台湾省和内地在使用统计名词及概念方面会有所不同，读者在比较两地数据时，请参考本章末的“主要统计指标解释”。

四、更详细的统计资料及有关的技术细节，可参阅台湾省行政院主计处出版的《统计月报》、《统计年鉴》及各专题统计出版物。

五、本章节表中的符号使用说明:“①”等表示本表下有注解。

8-3-1　主要统计指标概览

指　　　标		2007	2008	2009	2010	2011
人口						
户籍登记人口数①	(万人)	2296	2304	2312	2316	2323
人口自然增长率	(‰)	2.76	2.40	2.07	0.91	1.88
人口密度①	(人/平方公里)	634	637	639	640	642
性别比①(女=100)		102	102	101	101	101
劳动、就业						
劳动力人口	(万人)	1071	1085	1092	1107	1120
劳动力参与率	(%)	58.3	58.3	57.9	58.1	58.2
男		67.2	67.1	66.4	66.5	66.7
女		49.4	49.7	49.6	49.9	50.0
工业就业人口比率	(%)	36.8	36.8	35.9	35.9	36.3
服务业就业人口比率	(%)	57.9	58.0	58.9	58.8	58.6
失业率	(%)	3.9	4.1	5.9	5.2	4.4
工业及服务业月人均薪资	(新台币元)	44414	44424	42176	44430	45642
工业		43302	43233	40032	42869	43946
服务业		45380	45450	43914	45720	47058
生活环境						
月人均用电量	(千瓦小时)	147	145	146	147	150
月人均用水量	(立方米)	11.1	11.01	10.72	10.98	11.03
公共安全						
刑案发生率	(件/10万人)	2146	1972	1673	1607	1499
犯罪人口率	(人/10万人)	1160	1179	1135	1164	1123
刑案破获率	(%)	74.6	77.3	80.7	79.7	79.5
少年疑犯人数(12-17岁)	(人)	10881	11283	10762	11102	13103
火灾发生次数	(次)	3392	2886	2621	2186	1772
死伤人数	(人)	518	405	413	391	385
机动车肇事率	(件/万辆)	80	81	87	102	107
道路交通事故伤亡人数	(人)					
死亡		2573	2224	2092	2047	2117
受伤		216927	227423	246994	293764	315201
保险						
全民健保参保人数	(万人)	2280	2292	2303	2307	2320
社保参保人数	(万人)					
公教人员保险		59	59	60	60	59
劳工保险		880	880	903	940	973
农民保险		160	157	154	151	148
工业						
受雇者劳动生产力指数(2006年=100)		106.8	105.7	106.3	124.0	128.2
工业生产指数(2006年=100)		107.8	105.85	97.3	123.5	129.71
制造业		108.3	106.65	98.15	126.22	132.68
建筑业		99.5	90.3	73.1	65.9	71.1
工业生产价值	(新台币亿元)	140456	139777	114496	147160	153505
商业及对外贸易						
营利事业家数①	(万家)	118.79	117.89	118.60	121.43	124.40
营利事业销售额	(新台币亿元)	360667	354099	301443	363712	380032
货物进出口额	(亿美元)	4660	4961	3780	5258	5897
出口		2467	2556	2037	2746	3083
进口		2193	2404	1744	2512	2814
出(入)超		274	152	293	234	268
对日出(入)超		-300	-290	-217	-339	-340
对美出(入)超		56	45	54	61	106
对港出(入)超		362	312	283	362	384
外销订单	(亿美元)	3458	3517	3224	4067	4361

8-3-1 续表

指 标		2007	2008	2009	2010	2011
运输通信						
交通运输客运人数	(亿人)					
铁路		6.0	6.9	7.2	7.8	8.6
公路		10.2	10.5	10.4	11.1	11.6
航空	(万人)					
省内		1271	985	923	973	1048
省外		2443	2320	2310	2774	2909
高速公路收费站通行车辆数	(万辆次)	56964	54355	53957	55506	57123
每百人机动车辆数①	(辆)	90.2	91.6	92.4	93.8	95.7
港埠货物装卸量	(万计费吨)	71026	66828	60575	65540	67900
旅游	**(万人次)**					
出省旅游人数		896	847	814	942	958
来台湾旅客人数		372	385	440	557	609
财政、金融						
赋税实征净额②	(新台币亿元)	17339	17604	15303	16222	17646
直接税	(%)	63.1	65.1	62.4	62.1	59.4
间接税	(%)	36.9	34.9	37.6	37.9	40.6
外汇存底①	(亿美元)	2703.1	2917.1	3482.0	3820.1	3855.5
汇率						
1美元③	(新台币)	32.49	32.91	32.08	30.42	30.32
1日元③	(新台币)	0.2916	0.3656	0.3491	0.3753	0.3925
货币总计数$M_2$①	(新台币亿元)	258831	277505	293556	309538	324519
年增率	(%)	0.8	7.2	5.8	5.4	4.8
存款①	(新台币亿元)	260525	278652	294486	310057	323022
放款与投资①	(新台币亿元)	206269	213315	214823	228037	241729
再贴现率①	(年息百分比率)	3.375	2.000	1.250	1.625	1.875
股价指数(1966年＝100)		8510	7024	6460	7950	8156
国际收支余额	(亿美元)	-40.2	262.7	541.3	401.7	62.4
经常帐户		351.5	275.1	429.2	398.7	415.9
资本帐户		-1.0	-3.3	-1.0	-1.2	-1.2
金融帐户		-389.5	-16.6	134.7	-3.1	-322.0
价格指数年增长率(2006年=100)	**(%)**					
批发		6.5	5.2	-8.7	5.5	4.3
消费者		1.8	3.5	-0.9	1.0	1.4
进口		9.0	8.8	-9.6	7.0	7.7
出口		3.6	-2.1	-6.6	2.0	0.1
国民核算	**(新台币亿元)**					
本地居民生产总值		132433	129348	128951	140439	141331
本地生产总值		129105	126202	124811	136142	137450
最终消费		90276	91736	91973	95470	98952
固定资本形成总额		28414	26659	23536	29602	28890
商品及服务出口		93041	92087	77992	100101	104186
减：商品及服务进口		82769	85884	67201	90475	94741
GDP增长率	(%)	6.0	0.7	-1.8	10.7	4.0
农业		-2.4	0.1	-3.0	1.2	2.7
工业		9.0	0.2	-4.2	23.0	4.3
服务业		4.4	1.1	-0.5	5.4	3.1
产业结构	(%)					
农业		1.5	1.6	1.7	1.6	1.8
工业		31.4	29.1	28.9	31.1	29.5
服务业		67.1	69.4	69.4	67.2	68.8
人均本地居民生产总值	(新台币元)	577869	562439	558751	606885	609590
人均本地居民生产总值	(美元)	17596	17833	16901	19175	20690
居民储蓄总值	(新台币亿元)	40234	36681	35620	44403	41162
储蓄率	(%)	30.4	28.4	27.6	31.6	29.1

注：①为年底数。②为年度资料。③卖出汇率，且为年底数。

8-3-2 本地生产总值部门构成

单位：%

年份	本地生产总值(新台币亿元)	农业	工业	制造业	水、电、燃气业及污染治理业	建筑业	服务业	批发、零售业	金融及保险业	不动产业	咨讯及通讯传播业
2004	113653	1.68	31.75	26.81	1.99	2.53	66.57	17.08	7.56	8.15	3.59
2005	117403	1.67	31.26	26.53	1.93	2.42	67.08	17.63	7.66	8.16	3.49
2006	122435	1.61	31.33	26.46	1.84	2.72	67.06	17.88	7.28	8.54	3.39
2007	129105	1.49	31.38	26.52	1.62	2.78	67.12	18.22	7.26	8.53	3.44
2008	126202	1.60	29.05	24.83	1.18	2.88	69.35	18.95	7.26	8.78	3.61
2009	124811	1.73	28.92	23.77	2.04	2.69	69.35	18.70	6.42	9.18	3.73
2010	136142	1.64	31.12	26.03	1.81	2.81	67.24	18.29	6.32	8.60	3.53
2011	137450	1.75	29.49	24.76	1.69	2.84	68.76	18.81	6.57	8.69	3.62

8-3-3 本地居民生产总值

年份	本地居民生产总值			人均本地居民生产总值	
	新台币亿元	实际年增长率 %	亿美元①	新台币元	美元①
2004	117374	6.4	3511	518280	15503
2005	120311	3.8	3739	529313	16449
2006	125552	5.5	3860	550099	16911
2007	132433	6.0	4033	577869	17596
2008	129348	0.5	4101	562439	17833
2009	128951	-1.05	3901	558751	16901
2010	140439	10.5	4437	606885	19175
2011	141331	3.6	4797	609590	20690

注：①按当年汇率折算。

8-3-4 劳动力和就业状况

项目	2007	2008	2009	2010	2011
劳动力总计 （万人）	**1071.3**	**1085.3**	**1091.7**	**1107.0**	**1120.0**
男	611.6	617.3	618.0	624.2	630.4
女	459.7	468.0	473.7	482.8	489.6
就业人数 （万人）	**1029.4**	**1040.3**	**1027.9**	**1049.3**	**1070.9**
男	586.8	590.2	577.6	588.0	600.6
女	442.6	450.1	450.2	461.3	470.2
就业者行业构成 （%）	**100.0**	**100.0**	**100.0**	**100.0**	**100.0**
农、林、渔、牧业	5.3	5.1	5.3	5.2	5.1
工业	36.8	36.8	35.8	35.9	36.3
矿业及土石采取业	0.1	0.1	0.0	0.0	0.0
制造业	27.6	27.7	27.1	27.3	27.5
电力及燃气供应业	0.3	0.3	0.3	0.3	0.3
用水供应及污染整治业	0.6	0.7	0.7	0.7	0.7
建筑业	8.2	8.1	7.7	7.6	7.8
服务业	57.9	58.0	58.9	58.8	58.6
批发及零售业	17.3	17.0	16.9	16.6	16.5
运输及仓储业	4.0	4.0	3.9	3.9	3.8
金融及保险业	3.9	4.0	4.0	4.1	4.0
咨讯及通讯传播	2.0	2.0	2.0	2.0	2.0
住宿及餐饮业	6.6	6.6	6.7	6.9	6.8
教育服务业	5.7	5.8	6.0	5.9	5.9
公共行政	3.2	3.3	3.7	3.7	3.6
失业人数 （万人）	**41.9**	**45.0**	**63.8**	**57.7**	**49.1**
失业率 （%）	**3.9**	**4.1**	**5.8**	**5.2**	**4.4**

8-3-5 服务业就业人员月平均工资

单位：新台币元

年份	服务业月平均工资	批发、零售业	运输、仓储业	金融、保险业	不动产业	专业、科学及技术服务
2004	44396	39819	46986	66671	39781	49311
2005	44290	39545	48618	65113	38819	50890
2006	44359	39380	48460	69054	38313	51740
2007	45380	39475	49234	75732	37877	53281
2008	45450	39980	49800	71319	40343	54524
2009	43914	40154	48068	67513	38720	49969
2010	45720	41970	49161	73663	41154	52942
2011	47058	42847	50441	75988	42313	55182

8-3-6 货物进出口额

年 份	按新台币计算（新台币亿元）			按美元计算（亿美元）		
	进出口总额	出口	进口	进出口总额	出口	进口
2004	117539	60972	56567	3511	1824	1688
2005	122517	63745	58772	3810	1984	1826
2006	138837	72793	66043	4267	2240	2027
2007	152997	80879	72118	4659	2467	2193
2008	155615	80104	75511	4961	2556	2404
2009	124661	67089	57572	3780	2037	1744
2010	166003	86568	79435	5258	2746	2512
2011	173220	90416	82804	5897	3083	2814

8-3-7 出口与进口货物分类

单位：亿美元

年 份	出 口				进 口			
	出口额	农产品	农产加工品	工业产品	进口额	资本设备	原材料	消费品
2004	1823.7	3.9	20.8	1798.9	1687.6	351.9	1187.5	148.2
2005	1984.3	3.8	21.1	1959.4	1826.1	334.9	1321.8	169.4
2006	2240.2	3.5	18.5	2218.2	2027.0	333.1	1528.0	165.9
2007	2466.8	4.1	18.7	2444.0	2192.5	343.6	1677.7	171.3
2008	2556.3	5.4	21.7	2529.2	2404.5	315.1	1908.7	180.7
2009	2036.7	5.0	18.5	2013.3	1743.7	247.8	1325.1	170.8
2010	2746.0	7.5	21.7	2716.8	2512.4	406.4	1895.7	210.2
2011	3082.6	9.0	26.7	3046.9	2814.4	393.5	2172.9	247.9

8-3-8 货物出口去向和进口来源

单位：亿美元

项　目	2007	2008	2009	2010	2011
出口去向					
中国香港	379.8	326.9	294.5	378.1	400.8
日　本	159.3	175.6	145.0	180.1	182.3
韩　国	77.9	87.1	73.0	106.8	123.8
新加坡	105.0	116.8	86.1	121.0	168.8
马来西亚	53.9	55.1	40.6	59.5	68.9
泰　国	52.0	49.1	38.3	52.9	61.4
法　国	17.1	17.3	13.7	17.0	17.4
德　国	51.8	57.3	47.0	65.1	68.7
意大利	24.1	24.5	17.9	24.5	24.6
英　国	36.2	36.3	29.8	36.2	46.2
加拿大	18.5	18.5	14.6	19.5	25.7
美　国	320.8	307.9	235.5	314.7	363.6
澳大利亚	32.3	34.9	23.5	31.3	36.5
印度尼西亚	29.1	35.7	32.3	45.1	48.4
菲律宾	49.2	47.8	44.3	59.8	69.6
越　南	68.6	79.5	59.9	75.3	90.3
沙特阿拉伯	7.3	9.9	6.7	10.0	16.9
荷　兰	44.1	45.7	42.3	52.6	45.8
进口来源					
中国香港	18.3	14.9	11.2	16.3	16.8
日　本	459.4	465.1	362.2	519.2	522.0
韩　国	151.6	131.7	105.1	160.6	178.6
新加坡	47.9	48.3	48.1	76.4	79.5
马来西亚	61.9	67.6	45.5	77.0	86.0
泰　国	36.1	32.5	26.8	38.3	43.9
法　国	23.8	22.9	17.8	22.5	27.3
德　国	70.7	74.7	56.7	82.6	94.3
意大利	14.8	16.4	18.3	19.5	23.0
英　国	19.2	19.2	12.3	16.7	19.3
加拿大	17.0	17.9	11.5	15.3	20.2
美　国	265.1	263.3	181.5	253.8	257.6
澳大利亚	61.2	82.7	59.7	89.2	109.1
印度尼西亚	57.8	72.9	51.8	60.2	74.3
菲律宾	22.8	22.4	16.1	23.2	24.1
越　南	10.4	12.1	9.2	12.8	18.5
沙特阿拉伯	104.1	151.7	86.6	118.6	138.5
荷　兰	27.8	23.5	18.6	32.0	29.4

8-3-9 旅游人数及外汇收入

指　标		2007	2008	2009	2010	2011
离境旅游人数	**(万人次)**	**896.4**	**846.5**	**814.3**	**941.5**	**958.4**
来台旅游人数	**(万人次)**	**371.6**	**384.5**	**439.5**	**556.7**	**608.8**
华侨		72.7	88.3	162.5	233.2	249.9
外国人		298.9	296.3	277.0	323.6	358.9
旅游收入总额	**(亿美元)**	**118.80**	**117.72**	**123.85**	**162.56**	**215.92**
来台旅客						
旅游外汇收入	(亿美元)	52.14	59.36	68.16	87.19	110.65
平均每人停留时间	(夜)	6.5	7.3	7.2	7.1	7.1
旅客人均每日消费	(美元)	215	211	216	222	258

资料来源：台湾《三计月报》、台湾交通部观光局。

8-3-10 铁路和公路客货运量

年　份	铁　路				公　路			
	客运量(亿人)	客运周转量(亿人公里)	货运量(亿吨)	货物周转量(亿吨公里)	客运量(亿人)	客运周转量(亿人公里)	货运量(亿吨)	货物周转量(亿吨公里)
2004	5.20	120.51	0.17	9.09	10.19	157.78	5.49	310.29
2005	5.31	122.55	0.19	9.82	10.13	161.00	5.62	312.10
2006	5.54	123.52	0.19	9.97	10.14	163.86	5.94	312.18
2007	6.03	157.69	0.17	8.90	10.21	159.79	6.18	305.47
2008	6.90	190.66	0.17	9.33	10.54	157.83	6.04	301.60
2009	7.19	192.77	0.14	7.76	10.39	158.82	5.97	290.71
2010	7.79	209.31	0.15	8.73	11.10	163.07	6.28	296.32
2011	8.64	228.26	0.15	8.53	11.59	169.89	6.38	295.51

8-3-11 港口旅客、货物运量

年　份	客运量(万人)			货运量(万吨)		
	总计	进港	出港	总计	进港	出港
2004	39.40	18.06	21.34	29168	21346	7821
2005	40.54	19.35	21.19	28062	20243	7819
2006	31.47	14.85	16.62	27423	19720	7702
2007	42.58	20.61	21.98	29234	21404	7830
2008	50.66	24.21	26.45	28126	20838	7288
2009	57.58	27.77	29.80	24871	18354	6517
2010	66.96	32.53	34.44			
2011	66.50					

资料来源：台湾交通部。

8-3-12 港口集装箱及货物装卸量

年份	折合20英尺标准集装箱(万TEU)			装卸量(万收费吨)		
	总计	进港	出港	总计	装货量	卸货量
2004	1303	654	649	69624	27711	41913
2005	1280	642	637	68793	27339	41454
2006	1311	652	659	70651	27972	42679
2007	1373	689	684	71026	28818	42208
2008	1298	649	649	66828	27153	39675
2009	1171	588	583	60575	24435	36140
2010	1274	635	639	65540	26584	38956
2011	1342			67900		

资料来源：台湾交通部。

8-3-13 民航客运量及货运量

年份	客运量 (万人次)	国际线	省内线	过境	货运量 (万吨)	国际线	省内线
2004	4412	2076	2100	237	182.31	125.49	4.06
2005	4427	2249	1929	249	181.88	121.60	3.74
2006	4373	2377	1736	259	180.96	120.80	4.02
2007	3977	2443	1271	263	170.87	119.11	4.00
2008	3524	2274	985	218	158.72	103.38	3.67
2009	3438	1999	923	205	144.54	86.67	3.69
2010	3946	2191	973	199	186.79	101.77	3.67
2011	4139	2194	1048	181	173.83	95.18	3.59

资料来源：台湾交通部民航局。

8-3-14 邮政及电信营运量

项目		2007	2008	2009	2010	2011
邮政						
函件	(亿件)					
收寄		26.7	26.5	26.3	27.3	27.8
投递		31.1	31.9	29.4	30.1	31.7
包裹	(万件)					
收寄		1995.9	2426.9	2535.1	2635.2	2721.4
投递		2156.1	2622.9	2698.0	2932.6	3019.2
电信						
市内电话用户数	(万户)	1330.2	1308.2	1282.1	1269.6	1267.9
公共电话话机数	(万部)	10.0	9.6	9.1	8.8	8.2
移动电话用户数	(万户)	2428.7	2541.3	2695.9	2784.0	2886.2
无线寻呼机用户数	(万户)	105.0	113.7	112.1	109.5	91.2
数字式低功率无线电话用户数	(万户)					
综合业务数字网用户数	(万户)	6.2	7.0	8.9	10.6	12.3
国际互联网用户数	(万户)	597.4	602.7	566.8	588.8	609.2
国际电话去话分钟数	(万分钟)	387945	399388	419273	465085	466671

8-3-15 入学率和教育经费

单位：%

年 份	粗入学率（6-21岁） 初等教育（6-11岁）	中等教育（12-17岁）	高等教育①（18-21岁）	每千人口高等教育学生数②	15岁以上人口识字率③	教育经费占GNP比重	政府教育经费占政府支出比重
2004	100.8	98.3	78.1	58.8	97.2	5.6	19.7
2005	100.3	97.9	82.0	58.7	97.3	5.7	20.0
2006	99.5	99.1	83.6	59.1	97.5	5.6	21.2
2007	100.8	98.7	85.3	59.2	97.6	5.4	20.8
2008	100.7	99.2	83.2	59.4	97.8	5.7	20.5
2009	101.4	99.0	82.2	58.7	97.9	6.1	19.9
2010	99.7	100.3	83.8	58.6	98.0	5.5	19.9
2011	100.4	100.0	83.4	58.5	98.2		

注：①不含五专前三年、研究所及进修教育。
②不含五专前三年。
③年底资料。

8-3-16 科技人员数和科研开发经费

年 份	科技人员数(人) 总计	研究人员	技术人员	支援人员	科研开发经费 金额（新台币亿元）	占GDP比重（%）	政府投入经费所占比重（%）	每万人口研究人员数（人）
2004	187001	108891	60425	17684	2632.71	2.32	33.6	48.0
2005	195721	115954	62298	17469	2809.80	2.39	31.5	50.9
2006	212483	126168	67715	18600	3070.37	2.51	31.4	55.2
2007	228551	135918	72709	19924	3313.86	2.57	29.9	59.2
2008	240876	143862	77117	19897	3514.05	2.78	28.2	62.4
2009	256019	154818	80163	21038	3671.74	2.94	28.9	67.0
2010	272563	164874	86667	21022	3949.60	2.90	27.5	71.2

8-3-17 金融概况

年 份	货币供应量(新台币亿元)	流动性负债(新台币亿元)	储备货币(新台币亿元)	主要金融机构存款(新台币亿元)	主要金融机构放款与投资(新台币亿元)	再贴现率(年息%)	汇率(卖出价)(新台币/美元)
2004	73680	298903	17177	231484	179640	1.75	31.78
2005	78711	324487	17585	246116	193602	2.25	32.88
2006	82226	350416	18832	258115	201539	2.75	32.65
2007	82200	368449	19475	260525	206269	3.38	32.49
2008	81537	388193	21254	278652	213315	2.00	32.91
2009	105116	416694	23040	294486	214823	1.25	32.08
2010	114571	445096	25018	310057	228037	1.63	30.42
2011	118302	469405	27209	323022	241729	1.88	30.32

8-3-18 国际收支

单位：亿美元

年 份	A.经常帐户					B.资本帐户			合计	C.金融帐户	
	合计	商品贸易净额	服务净额	收入净额	经常转移净额	合计	收入	支出	(A+B)	合计	对外直接投资
2004	197.3	173.6	-49.4	111.3	-38.3	-0.8	0.1	-0.8	196.5	71.7	-71.5
2005	175.8	194.6	-66.5	90.4	-42.6	-1.2		-1.2	174.6	23.0	-60.3
2006	263.3	242.2	-35.4	95.8	-39.4	-1.2		-1.2	262.0	-196.2	-74.0
2007	351.5	304.5	-16.4	101.3	-37.8	-1.0		-1.0	350.6	-389.5	-111.1
2008	275.1	184.8	18.5	99.8	-28.0	-3.3		-3.4	271.7	-16.6	-102.9
2009	429.2	305.5	19.9	125.2	-21.5	-1.0		-1.0	428.3	134.7	-58.8
2010	378.7	265.1	24.9	135.8	-27.1	-1.2	0.1	-1.2	397.6	-3.1	-115.7
2011	415.9	278.5	42.4	131.8	-36.9	-1.2		-1.2	414.7	-322.0	-127.7

8-3-18 续表

单位：亿美元

年 份	C.金融帐户							合计	D.误差	国际收支余额	E.准备与
	外商直接投资	证券投资		衍生性金融产品		其他投资					
		资产	负债	资产	负债	资产	负债	(A至C)	与遗漏	(A至D)	相关项目
2004	19.0	-218.2	171.5	8.9	-17.3	4.1	175.2	268.2	-2.3	266.0	-266.0
2005	16.3	-339.0	310.5	9.1	-19.1	-62.5	168.2	197.6	2.9	200.6	-200.6
2006	74.2	-407.8	218.1	19.3	-29.0	-12.7	15.5	65.9	-5.0	60.9	-60.9
2007	77.7	-449.7	49.0	36.9	-39.8	-68.5	115.9	-38.9	-1.3	-40.2	40.2
2008	54.3	35.3	-157.8	79.4	-63.5	106.2	32.4	255.1	7.6	262.7	-262.7
2009	28.1	-317.0	213.7	53.4	-44.9	256.6	3.5	563.0	-21.7	541.3	-541.3
2010	24.9	-334.9	128.2	47.9	-41.7	123.2	164.9	394.5	7.3	401.7	-401.7
2011	-19.6	-195.0	-161.9	60.7	-48.5	-83.3	253.2	92.6	30.2	62.4	-62.4

【主要统计指标解释】

就业人口 于资料标准周内，年满15岁从事有酬工作者或工作在15小时以上的无酬家属工作者。

失业人口 于资料标准周内，年满15岁同时具有无工作、随时可以工作及正在寻找工作者。此外尚包括等待恢复工作者及已找到职业而未开始工作也无报酬者。

就业人员工资 包括经常性工资、加班费及其他非经常性工资。

劳动生产力指数 劳动生产力是指在单位时间内，每一劳工所能生产的产量。此项指数可衡量劳动生产力的变动趋势。

初等教育 小学教育。

中等教育 初中、高中、高职及五专前三年。

高等教育 大专院校（扣除五专前三年）及研究所硕士、博士班教育。

各级教育粗入学率 为（各该级教育学生人数/各该级教育学龄人口数）×100；其中高等教育学龄学生人数仅含大专院校扣除五专前三年及研究所（含硕士、博士班）的学生人数。

本地居民生产总值(GNP) 为某一期间本地常住居民提供生产要素从事生产所创造的附加值或报酬（不论在地区内或国外），即等于地区内生产总值加国外要素所得收入净额。

本地生产总值(GDP) 为某一期间本地及非本国常住居民提供生产要素在地区内从事生产所创造的附加值。

经济增长率 指某一期间的实际本地生产总值的增长率。

储蓄率 据居民储蓄总值与本地居民生产总值之比。

商业与对外贸易 包括进口与出口。出口货物以通关放行装船（机） 离岸日为统计时间，以离岸价格（F.O.B.）计价；进口货物经办妥通关手续，或存入保税关栈的货物，以其提出关栈报运进口放行日为统计时间，以到岸价格（C.I.F.）计价。出口国别是以出口货物的出口商所申报的运销地分列，其运销地有数处得随时变更者，以最终的运销地为准；进口国别是按原产国别分列。

客运周转量 指于某特定时间内，铁路、公路客运运输所运送旅客运程的总和，或每架次飞机所载运的旅客人数与其航行里程乘积之和。可用以推算该时间内的客运收入。

货运周转量 指于某特定时间内，铁路、公路、航空货运运输所运送货物的重量与其运程乘积之和。可用以推算该时间内的货运收入。

批发价格 指企业间相互交易的地区内生产物品出厂价格及进出口物品的价格，以反映生产厂商出售原材料、半成品及制成品等价格变动情况。

消费价格 以台湾地区（包括城市和农村）为范围所编制的零售价格指数，以此衡量台湾地区一般家庭为消费需要所购买的商品与服务价格水平的变动情况。

进口及出口价格 以台湾地区进出口商品为调查价格范围，以此衡量进出口商品价格水平的变动情况。

道路交通事故 指造成人员死亡或受伤的案件，死亡人数包括立即死亡及事故发生后24小时内死亡。

社会保险 社会保险是包括全民健康保险（1995年3月开办）、劳工保险、就业保险（2003年1月开办）、公务人员保险、退休人员保险、私立学校教职员保险、农民健康保险及军人保险。

储备货币 包括存款货币机构与中华邮政公司储汇处的准备金及社会大众持有的通货二项。

流动性负债 指金融机构及债券型基金的流动性负债，包括金融机构以外部门持有通货，金融机构收受企业及个人的各种存款、货币市场共同基金与信托资金，保险业提列的人寿保险准备，以及企业及个人持有金融债券、央行发行的国库券与储蓄券；自1994年1月资料起，尚加计企业及个人持有上列机构的附买回交易余额与外国人持有的新台币存款；自1999年1月资料起，尚包括企业及个人持有债券型基金。

存款货币 指企业及个人在货币机构的支票存款、活期存款及活期储蓄存款。

货币总计数 M_{1a} 指通货净额加企业及个人（含非营利团体）在货币机构的支票存款及活期存款；M_{1b} 是通货净额加存款货币，或 M_{1a} 加个人（含非营利团体）在货币机构的活期储蓄存款（目前仅个人及非营利团体可以开设储蓄存款帐户）。M_2 指 M_{1b} 加准货币。

附录一

世界及主要国家第三产业主要统计资料

简要说明

一、本章选取了四十余个国家和地区主要宏观经济指标和第三产业方面统计指标，力求反映国家或地区经济概貌同时重点介绍第三产业情况。如需了解这些国家和地区其他指标，请参阅国家统计局国际统计信息中心编辑的《国际统计年鉴》。

二、中国数据未包括中国香港特别行政区、中国澳门特别行政区和中国台湾省的相关数据。

三、所有国家和地区的数据均来自于有关国际组织，每张表均附有资料来源。

四、经过有关国际组织调整，数据口径基本一致。

五、一些数据的合计数或相对数，因受进位的影响，不一定等于分项的累加。

六、本章中使用的符号含义如下："空格"表示无该项数据或该项统计数据不详；"…"表示数据不够本表最小单位数的一半；"l"表示因统计口径的调整，与之前数据不严格可比。

附录1-1 国内生产总值

单位：亿美元

国家和地区	1990	2000	2005	2006	2007	2008	2009	2010	2011
世　界	**219769**	**323293**	**456744**	**494860**	**557949**	**612132**	**578755**	**631347**	**699715**
中　国	3569	11985	22569	27130	34941	45218	49913	59305	72981
中国香港	769	1691	1778	1899	2071	2154	2093	2245	2437
中国澳门	30	61	118	146	181	207	213	283	364
孟加拉国	301	471	603	619	684	796	894	1004	1106
文　莱	35	60	95	115	122	144	107	124	
柬埔寨		37	63	73	86	104	104	112	129
印　度	3266	4747	8342	9491	12387	12241	13611	16843	18480
印度尼西亚	1144	1650	2859	3646	4322	5102	5396	7080	8468
伊　朗	1160	1013	1920	2229	2861	3382	3310		
以色列	525	1249	1340	1455	1671	2017	1949	2174	2429
日　本	31037	47312	45719	43568	43563	48492	50351	54884	58672
哈萨克斯坦	269	183	571	810	1049	1334	1153	1480	1862
韩　国	2638	5334	8449	9518	10492	9314	8341	10149	11162
老　挝	9	17	27	35	42	54	58	72	83
马来西亚	440	938	1380	1566	1868	2227	1929	2378	2787
蒙　古	26	11	25	34	42	56	46	62	86
巴基斯坦	400	740	1096	1275	1432	1639	1618	1769	2111
菲律宾	443	810	1031	1222	1494	1736	1683	1996	2248
新加坡	361	959	1235	1391	1684	1668	1759	2132	2397
斯里兰卡	80	163	244	283	324	407	421	496	592
泰　国	853	1227	1764	2071	2470	2726	2635	3189	3456
越　南	65	312	529	609	710	911	972	1064	1240
埃　及	431	998	897	1075	1305	1628	1890	2189	2295
尼日利亚	285	460	1122	1469	1659	2071	1686	1968	2359
南　非	1120	1329	2471	2610	2862	2739	2830	3635	4082
加拿大	5827	7249	11338	12786	14241	15027	13376	15770	17361
墨西哥	2627	5814	8489	9523	10359	10945	8824	10359	11553
美　国	57508	98988	125643	133145	139618	142193	138636	144471	150940
阿根廷	1414	2842	1832	2141	2608	3267	3071	3687	4460
巴　西	4620	6447	8822	10889	13660	16528	16217	21430	24767
委内瑞拉	470	1171	1455	1835	2304	3156	3294	3938	3165
捷　克	387	588	1301	1483	1805	2254	1962	1977	2152
法　国	12442	13263	21366	22557	25824	28318	26197	25490	27730
德　国	17145	18864	27663	29027	33238	36237	32986	32589	35706
意大利	11334	11040	17863	18730	21272	23073	21111	20436	21948
荷　兰	2949	3851	6385	6777	7826	8708	7934	7742	8363
波　兰	645	1713	3039	3417	4253	5294	4309	4698	5145
俄罗斯联邦	5168	2597	7640	9899	12997	16608	12226	14875	18578
西班牙	5210	5803	11308	12364	14414	15934	14556	13833	14908
土耳其	1507	2666	4830	5309	6472	7303	6146	7311	7731
乌克兰	815	313	861	1078	1427	1800	1172	1364	1652
英　国	10126	14772	22805	24446	28129	26360	21714	22519	24316
澳大利亚	3141	4169	6965	7498	8571	10616	9242	11316	13718
新西兰	445	516	1131	1095	1340	1307	1174	1425	

资料来源：世界银行WDI数据库。

附录1-2 国内生产总值增长率

单位：%

国家和地区	2000	2005	2006	2007	2008	2009	2010	2011
中 国	8.43	11.31	12.68	14.16	9.64	9.21	10.45	9.24
中国香港	7.95	7.08	7.02	6.39	2.31	-2.65	7.04	4.97
孟加拉国	5.60	6.30	6.53	6.31	5.96	5.91	6.38	6.06
文 莱	2.85	0.39	4.40	0.15	-1.94	-1.76	2.60	1.89
柬 埔 寨	8.77	13.25	10.77	10.21	6.69	0.09	5.96	6.09
印 度	5.16	9.03	9.53	9.99	6.19	6.58	10.62	7.24
印度尼西亚	4.20	5.69	5.50	6.35	6.01	4.63	6.20	6.46
伊 朗	5.14	4.66	6.21	6.37	0.58	3.95	5.90	1.98
以 色 列	9.26	4.94	5.59	5.50	4.03	0.84	4.85	4.71
日 本	2.26	1.30	1.69	2.19	-1.04	-5.53	4.43	-0.75
哈萨克斯坦	9.80	9.70	10.70	8.90	3.20	1.18	7.25	7.50
韩 国	8.80	3.96	5.18	5.11	2.30	0.32	6.32	3.63
老 挝	6.32	6.77	8.65	7.84	7.79	7.59	7.93	8.26
马来西亚	8.72	5.33	5.85	6.48	4.81	-1.64	7.19	5.14
蒙 古	1.15	7.25	8.56	10.25	8.90	-1.27	6.37	17.26
巴基斯坦	3.91	8.96	5.82	6.82	3.69	1.72	3.76	2.39
菲 律 宾	4.41	4.78	5.24	6.62	4.15	1.15	7.63	3.72
新 加 坡	9.04	7.37	8.76	8.86	1.70	-0.98	14.76	4.89
斯里兰卡	6.02	6.24	7.67	6.80	5.95	3.54	8.01	8.20
泰 国	4.75	4.60	5.14	5.05	2.56	-2.35	7.78	0.07
越 南	6.79	8.44	8.23	8.46	6.31	5.32	6.78	5.89
埃 及	5.38	4.47	6.84	7.09	7.16	4.67	5.15	1.78
尼日利亚	5.32	5.39	6.21	6.97	5.98	6.96	7.98	7.19
南 非	4.16	5.28	5.60	5.55	3.62	-1.54	2.89	3.15
加 拿 大	5.23	3.02	2.82	2.20	0.69	-2.77	3.22	2.46
墨 西 哥	5.98	3.18	5.15	3.24	1.19	-6.27	5.54	3.97
美 国	4.14	3.07	2.66	1.91	-0.34	-3.49	3.03	1.74
阿 根 廷	-0.79	9.18	8.47	8.65	6.76	0.85	9.16	8.87
巴 西	4.31	3.16	3.96	6.10	5.17	-0.33	7.53	2.73
委内瑞拉	3.69	10.32	9.87	8.75	5.28	-3.20	-1.49	4.18
捷 克	4.19	6.75	7.02	5.74	3.10	-4.69	2.74	1.66
法 国	3.87	1.87	2.66	2.23	-0.20	-2.63	1.38	1.72
德 国	3.30	0.83	3.89	3.39	0.81	-5.08	3.56	3.06
意 大 利	3.65	0.93	2.20	1.68	-1.16	-5.49	1.80	0.43
荷 兰	3.94	2.05	3.39	3.92	1.80	-3.48	1.63	1.27
波 兰	4.25	3.62	6.23	6.79	5.13	1.61	3.94	4.35
俄罗斯联邦	10.05	6.39	8.15	8.54	5.25	-7.80	4.30	4.30
西 班 牙	5.05	3.59	4.08	3.48	0.89	-3.74	-0.07	0.71
土 耳 其	6.77	8.40	6.89	4.67	0.66	-4.83	9.01	8.46
乌 克 兰	5.85	2.70	7.30	7.90	2.30	-14.80	4.10	5.21
英 国	4.46	2.09	2.61	3.47	-1.10	-4.37	2.09	0.66
澳大利亚	3.15	3.11	2.68	4.68	2.50	1.37	2.54	2.04
新 西 兰	4.39	3.27	1.00	2.84	-0.07	-2.07	1.22	1.44

资料来源：国际货币基金组织WEO数据库。

附录1-3　国内生产总值产业构成

单位：%

国家和地区	第一产业			第二产业			第三产业		
	2000	2009	2010	2000	2009	2010	2000	2009	2010
中国	15.1	10.3	10.1	45.9	46.2	46.7	39.0	43.4	43.2
中国香港	0.1	0.1		11.6	7.4		88.4	92.6	
中国澳门				14.7	10.9	7.4	85.3	89.1	92.6
孟加拉国	25.5	18.7	18.6	25.3	28.7	28.5	49.2	52.6	53.0
文莱	1.0	0.9	0.8	63.7	65.4	66.8	35.3	33.7	32.5
柬埔寨	37.8	35.7	36.0	23.0	23.1	23.3	39.1	41.3	40.7
印度	23.1	17.7	17.7	26.1	27.6	27.1	50.8	54.7	55.1
印度尼西亚	15.6	15.3	15.3	45.9	47.7	47.0	38.5	37.1	37.7
伊朗	13.7			36.7			49.5		
日本	1.5	1.2	1.2	31.1	25.9	27.4	67.4	72.9	71.5
哈萨克斯坦	8.7	6.4	4.8	40.5	40.3	42.4	50.9	53.3	52.8
韩国	4.6	2.8	2.6	38.1	36.8	39.3	57.3	60.5	58.2
老挝	45.2	35.0	32.8	16.6	26.7	31.8	38.2	38.3	35.5
马来西亚	8.6	9.5	10.6	48.3	43.8	44.4	43.1	46.7	45.0
蒙古	30.9	19.6	16.2	25.0	33.0	37.5	44.1	47.4	46.3
缅甸	57.2	38.1	36.4	9.7	24.6	26.0	33.1	37.4	37.6
巴基斯坦	25.9	21.6	21.2	23.3	24.7	25.4	50.8	53.7	53.4
菲律宾	14.0	13.1	12.3	34.5	31.7	32.6	51.6	55.2	55.1
新加坡	0.1	…	…	34.5	27.9	27.9	65.4	72.1	72.1
斯里兰卡	19.9	12.7	12.8	27.3	29.7	29.4	52.8	57.6	57.8
泰国	9.0	11.5	12.4	42.0	43.3	44.7	49.0	45.2	43.0
越南	24.5	20.9	20.6	36.7	40.2	41.1	38.7	38.9	38.3
埃及	16.7	13.7	14.0	33.1	37.3	37.5	50.1	49.0	48.5
南非	3.3	3.0	2.5	31.8	31.3	30.8	64.9	65.7	66.7
加拿大	2.3			33.2			64.5		
墨西哥	4.2	4.0	3.9	28.0	33.6	34.3	67.8	62.4	61.8
美国	1.2	1.1	1.2	23.4	19.6	20.0	75.4	79.3	78.8
阿根廷	5.0	7.5	10.0	27.6	31.8	30.9	67.4	60.7	59.1
巴西	5.6	5.6	5.3	27.7	26.8	28.1	66.7	67.5	66.6
委内瑞拉	4.2			49.7			46.1		
捷克	3.9	2.3	2.4	38.1	37.7	37.7	58.0	60.0	60.0
法国	2.8	1.8		22.9	19.1		74.2	79.2	
德国	1.3	0.8	0.9	30.5	26.8	28.2	68.2	72.4	71.0
意大利	2.8	1.9	1.9	28.2	25.2	25.2	69.0	72.9	72.9
荷兰	2.6	1.7	2.0	24.9	23.9	23.9	72.4	74.4	74.2
波兰	5.0	3.7	3.5	31.7	31.7	31.6	63.3	64.6	64.8
俄罗斯联邦	6.4	4.7	4.0	38.0	33.7	36.7	55.6	61.6	59.3
西班牙	4.4	2.7	2.7	29.3	26.3	26.0	66.3	71.1	71.3
土耳其	11.3	9.4	9.6	31.5	25.9	26.7	57.2	64.7	63.8
乌克兰	17.1	8.3	8.2	36.3	29.6	31.0	46.6	62.1	60.9
英国	1.0	0.7	0.7	27.3	21.2	21.7	71.7	78.1	77.6
澳大利亚	3.5	2.4	2.3	26.9	21.3	19.8	69.6	76.4	77.9
新西兰	8.8			25.0			66.2		

资料来源：世界银行WDI数据库。

附录1-4 按生产法计算的第三产业行业增加值

单位：亿本币

国家和地区	2000	2005	2006	2007	2008	2009
中　国						
按当年价格计算						
国内生产总值	**99200**	**185000**	**216000**	**266000**	**314000**	**335000**
增加值总额(按基本价格计算)	**99200**	**185000**	**216000**	**266000**	**314000**	**335000**
第三产业						
批发、零售贸易；机动车及个人、家庭用品修理业	8160	14000	16500	20900	26200	
旅馆和饭店业	2150	4200	4790	5550	6620	
运输、仓储和通讯	6160	10700	12200	14600	16400	
金融中介	4090	6090	8100	12300	14900	
房地产、租赁及商务活动		11600	14200	18500		
公共管理和国防;社会基本保障						
教育;卫生和社会工作;	13700					
其他团体、社会和个人服务活动						
按2005年价格计算①						
国内生产总值		**184937**	**208381**	**237893**	**260813**	**284845**
增加值总额		**184937**	**208381**	**237893**	**260813**	**284845**
第三产业						
批发和零售业		13966	16685	20058	23237	
旅馆和饭店业		4196	4723	5177	5674	
交通运输、仓储和邮政业		10666	11729	13114	14074	
金融业		6087	7663	9777	11081	
房地产业		8516	9835	12230	12347	
其他服务业		31488	34877	38824	43084	
印　度						
按当年价格计算						
国内生产总值	**210000**	**371000**	**428000**	**495000**	**557000**	
增加值总额(按基本价格计算)	**195000**	**346000**	**401000**	**462000**	**531000**	
第三产业						
批发、零售贸易；机动车及个人、家庭用品修理业	25700	51500	60700	69400	79600	
旅馆和饭店业	2510	5440	6610	7790	8140	
运输、仓储和通讯	15000	28300	32500	36700	42000	
金融中介	10600	18500	21800	25200	30000	
房地产、租赁及商务活动	15400	32200	38200	46000	55700	
公共管理和国防;社会基本保障	13300	20000	21500	24500	32300	
教育;卫生和社会工作;其他团体、社会和个人服务活动	16000	27500	30700	34800	41200	
按2004年价格计算						
国内生产总值		**354000**	**387000**	**425000**	**447000**	
增加值总额(按基本价格计算)		**330000**	**363000**	**396000**	**423000**	
第三产业						
批发、零售贸易；机动车及个人、家庭用品修理业		48800	54100	59000	62800	
旅馆和饭店业		5170	5920	6680	6460	
运输、仓储和通讯		28200	31900	36000	40200	
金融中介		19900	24100	28100	32000	
房地产、租赁及商务活动		30400	33500	37000	39600	
公共管理和国防；社会基本保障		19100	19400	20800	25300	
教育;卫生和社会工作;其他团体、社会和个人服务活动		26300	27500	29200	31600	

附录1-4　续表 1　　　　单位：亿本币

国家和地区	2000	2005	2006	2007	2008	2009
印度尼西亚②						
按当年价格计算						
国内生产总值	**1390**	**2770**	**3340**	**3950**	**4950**	**5610**
增加值总额(按基本价格计算)	**1390**	**2770**	**3340**	**3950**	**4950**	**5610**
第三产业						
批发、零售贸易;机动车及个人、家庭用品修理业;旅馆和饭店业	224	432	502	592	691	751
运输、仓储和通讯	65	181	232	264	312	352
金融中介;房地产、租赁及商务活动	115	231	269	305	368	404
公共管理和国防;社会基本保障	70	135	168	205	258	319
教育;卫生和社会工作;其他团体、社会和个人服务活动	60	141	168	193	224	255
按2000年价格计算						
国内生产总值	**1390**	**1750**	**1850**	**1960**	**2080**	**2180**
增加值总额(按基本价格计算)	**1390**	**1750**	**1850**	**1960**	**2080**	**2180**
第三产业						
批发、零售贸易;机动车及个人、家庭用品修理业;旅馆和饭店业	224	294	313	340	364	368
运输、仓储和通讯	65	109	125	142	166	192
金融中介;房地产、租赁及商务活动	115	161	170	184	199	209
公共管理和国防;社会基本保障	70	74	77	81	84	89
教育;卫生和社会工作;其他团体、社会和个人服务活动	60	87	94	101	109	117
日　本②						
按当年价格计算						
国内生产总值	**503**	**502**	**507**	**516**		
增加值总额(按基本价格计算)	**523**	**522**	**525**	**528**		
第三产业						
批发、零售贸易;机动车及个人、家庭用品修理业;旅馆和饭店业	71	69	68	69		
运输、仓储和通讯	35	34	34	34		
金融中介	30	35	35	34		
房地产、租赁及商务活动	58	60	61	61		
公共管理和国防;社会基本保障	28	28	29	29		
教育;卫生和社会工作;其他团体、社会和个人服务活动	130	136	140	142		
按2000年价格计算						
国内生产总值	**503**	**537**	**548**	**561**		
增加值总额(按基本价格计算)③	**523**	**559**	**567**	**573**		
第三产业						
批发、零售贸易;机动车及个人、家庭用品修理业;旅馆和饭店业	71	71				
运输、仓储和通讯	35	38				
金融中介	30	35				
房地产、租赁及商务活动	100	112				
公共管理和国防;社会基本保障	28	30				
教育;卫生和社会工作;其他团体、社会和个人服务活动	88	96				

附录1-4　续表 2　　　　单位：亿本币

国家和地区	2000	2005	2006	2007	2008	2009
韩　国②						
按当年价格计算						
国内生产总值	**603.0**	**865.0**	**909.0**	**975.0**	**1030.0**	**1060.0**
增加值总额(按基本价格计算)	**539.0**	**776.0**	**815.0**	**875.0**	**920.0**	**958.0**
第三产业						
批发、零售贸易;机动车及个人、家庭用品修理业	53.8	66.7	70.6	75.4	80.8	
旅馆和饭店业	14.9	18.3	19.5	20.9	22.5	
运输、仓储和通讯	36.6	54.3	55.4	59.1	60.5	
金融中介	31.1	53.4	55.2	61.1	65.1	
房地产、租赁及商务活动	74.4	104.0	111.0	119.0	126.0	
公共管理和国防;社会基本保障	30.5	48.2	52.3	55.5	59.4	
教育	27.5	46.5	51.0	55.6	60.9	
卫生和社会工作	14.8	28.6	31.6	35.5	38.5	
其他团体、社会和个人服务活动	17.3	26.9	28.7	31.3	33.4	
雇人的私人住户	0.2	0.2	0.2	0.2	0.2	
按2005年价格计算						
国内生产总值	**695.0**	**865.0**	**910.0**	**957.0**	**978.0**	**980.0**
增加值总额(按基本价格计算)	**621.0**	**776.0**	**816.0**	**860.0**	**881.0**	**885.0**
第三产业						
批发、零售贸易;机动车及个人、家庭用品修理业	62.2	66.7	69.6	73.3	74.0	73.8
旅馆和饭店业	16.4	18.3	18.7	19.6	20.1	19.7
运输、仓储和通讯	37.8	54.3	56.3	59.2	62.2	60.7
金融中介	37.9	53.4	55.6	61.6	64.6	67.1
房地产、租赁及商务活动	95.1	112.0	116.0	120.0	122.0	122.0
公共管理和国防;社会基本保障	43.3	48.2	50.5	52.2	52.9	54.7
教育	38.1	46.5	48.5	50.0	51.6	52.2
卫生和社会工作	23.5	28.6	30.4	32.9	34.2	37.2
其他团体、社会和个人服务活动	20.5	26.9	28.5	30.5	31.1	30.9
雇人的私人住户	0.3	0.2	0.2	0.2	0.2	0.2
马来西亚						
按当年价格计算						
国内生产总值	**3560**	**5220**	**5740**	**6400**	**7390**	
增加值总额(按基本价格计算)	**3680**	**5330**	**5870**	**6530**	**7510**	
第三产业						
批发、零售贸易;机动车及个人、家庭用品修理业	400	553	604	691	813	
旅馆和饭店业	80	112	124	142	163	
运输、仓储和通讯	249	360	389	426	458	
金融中介	326	441	486	533	579	
房地产、租赁及商务活动	157	212	237	286	294	
公共管理和国防;社会基本保障	226	344	381	442	540	
教育	16	24	26	30	35	
卫生和社会工作	15	28	30	35	39	
其他团体、社会和个人服务活动	175	215	223	233	245	
雇人的私人住户	7	9	10	10	11	
按2000年价格计算						
国内生产总值	**3560**	**4490**	**4760**	**5050**	**5280**	
增加值总额(按基本价格计算)	**3680**	**4610**	**4890**	**5190**	**5420**	
第三产业						
批发、零售贸易;机动车及个人、家庭用品修理业	400	512	548	615	676	
旅馆和饭店业	80	101	107	119	127	
运输、仓储和通讯	249	329	352	381	407	
金融中介	326	451	486	539	580	
房地产、租赁及商务活动	157	205	227	268	272	
公共管理和国防;社会基本保障	226	304	334	350	389	
教育	16	22	23	27	31	
卫生和社会工作	15	26	29	32	35	
其他团体、社会和个人服务活动	175	205	211	218	226	
雇人的私人住户	7	9	9	9	9	

附录1-4 续表 3 　　单位：亿本币

国家和地区	2000	2005	2006	2007	2008	2009
菲 律 宾						
按当年价格计算						
国内生产总值	**33500**	**54400**	**60300**	**66500**	**74200**	
增加值总额(按基本价格计算)	**33500**	**54400**	**60300**	**66500**	**74200**	
第三产业						
批发、零售贸易;机动车及个人、家庭用品修理业	4730	7770	8780	9810	10900	
旅馆和饭店业	630	959	1050	1190	1300	
运输、仓储和通讯	1990	4140	4460	4780	5090	
金融中介	1490	2630	3110	3620	4050	
房地产、租赁及商务活动	2750	5060	5680	6320	7150	
公共管理和国防;社会基本保障	3200	4140	4520	4730	5200	
教育	778	1430	1550	1700	1780	
卫生和社会工作	458	888	972	1070	1170	
其他团体、社会和个人服务活动	1410	2290	2550	2820	3100	
按1985年价格计算						
国内生产总值	**9730**	**12100**	**12800**	**13700**	**14200**	
增加值总额(按基本价格计算)	**9730**	**12100**	**12800**	**13700**	**14200**	
第三产业						
批发、零售贸易;机动车及个人、家庭用品修理业	1530	2040	2160	2340	2370	
旅馆和饭店业	128	152	161	176	181	
运输、仓储和通讯	682	1050	1110	1210	1260	
金融中介	467	646	719	813	834	
房地产、租赁及商务活动	568	777	835	900	965	
公共管理和国防;社会基本保障	485	538	552	566	598	
教育	80	97	100	102	99	
卫生和社会工作	114	158	164	173	175	
其他团体、社会和个人服务活动	301	384	412	445	468	
新 加 坡						
按当年价格计算						
国内生产总值	**1600**	**2020**	**2230**	**2590**	**2660**	**2580**
增加值总额(按基本价格计算)	**1490**	**1910**	**2120**	**2420**	**2510**	**2430**
第三产业						
批发、零售贸易;机动车及个人、家庭用品修理业④	205	339	398	463	479	436
旅馆和饭店业	34	38	43	50	55	50
运输、仓储和通讯	208	280	289	334	343	319
金融中介	172	219	255	319	342	350
房地产、租赁及商务活动	199	231	260	318	380	372
公共管理和国防;社会基本保障						
教育;卫生和社会工作;其他团体、社会和个人服务活动⑤	158	204	217	233	254	259
雇人的私人住户	67	69	86	111	136	137
按2000年价格计算						
国内生产总值	**1600**	**1980**	**2160**	**2330**	**2370**	**2320**
增加值总额(按基本价格计算)	**1490**	**1850**	**2020**	**2180**	**2230**	**2180**
第三产业						
批发、零售贸易;机动车及个人、家庭用品修理业④	205	315	347	375	390	354
旅馆和饭店业	34	35	38	40	41	40
运输、仓储和通讯	208	271	289	308	321	306
金融中介	172	216	242	279	296	292
房地产、租赁及商务活动	199	230	245	271	293	303
公共管理和国防;社会基本保障						
教育;卫生和社会工作;其他团体、社会和个人服务活动⑤	158	196	204	213	225	236
雇人的私人住户	67	78	80	81	82	82

附录1-4 续表 4　　单位：亿本币

国家和地区	2000	2005	2006	2007	2008	2009
泰　国						
按当年价格计算						
国内生产总值	**49200**	**70900**	**78500**	**85300**	**90800**	
增加值总额(按基本价格计算)	**49200**	**70900**	**78500**	**85300**	**90800**	
第三产业						
批发、零售贸易;机动车及个人、家庭用品修理业	8480	10400	11200	12100	12800	
旅馆和饭店业	2750	3470	3860	4170	4380	
运输、仓储和通讯	3960	5200	5690	6260	6430	
金融中介	1460	2650	2860	3090	3500	
房地产、租赁及商务活动	1620	1990	2090	2150	2170	
公共管理和国防;社会基本保障	2110	3260	3500	3740	4000	
教育	1970	2810	3170	3600	3780	
卫生和社会工作	967	1350	1500	1640	1690	
其他团体、社会和个人服务活动	738	1240	1290	1200	1230	
雇人的私人住户	70	85	87	92	97	
按1988年价格计算						
国内生产总值	**30100**	**38600**	**40600**	**42600**	**43600**	
增加值总额(按基本价格计算)	**30100**	**38600**	**40600**	**42600**	**43600**	
第三产业						
批发、零售贸易;机动车及个人、家庭用品修理业	4750	5420	5610	5890	5980	
旅馆和饭店业	1130	1360	1510	1580	1610	
运输、仓储和通讯	2900	3840	4080	4320	4300	
金融中介	840	1360	1410	1490	1590	
房地产、租赁及商务活动	1200	1510	1600	1650	1690	
公共管理和国防;社会基本保障	953	1160	1150	1190	1210	
教育	838	961	993	1090	1070	
卫生和社会工作	414	485	509	542	538	
其他团体、社会和个人服务活动	573	852	876	831	836	
雇人的私人住户	34	37	36	37	38	
越　南②						
按当年价格计算						
国内生产总值	**442**	**839**	**974**	**1140**	**1480**	
增加值总额(按基本价格计算)	**442**	**839**	**974**	**1140**	**1480**	**1650**
第三产业						
批发、零售贸易;机动车及个人、家庭用品修理业	63	114	133	156	205	236
旅馆和饭店业	14	29	36	45	65	75
运输、仓储和通讯	17	37	44	51	67	73
金融中介	8	15	18	21	27	32
房地产、租赁及商务活动	19	34	37	44	54	60
公共管理和国防;社会基本保障	12	23	27	31	41	47
教育	15	27	31	35	39	44
卫生和社会工作	6	12	14	16	19	21
其他团体、社会和个人服务活动	15	27	31	36	46	53
雇人的私人住户	1	1	2	2	3	3
按1994年价格计算						
国内生产总值	**274**	**393**	**425**	**461**	**490**	
增加值总额(按基本价格计算)	**274**	**393**	**425**	**461**	**490**	**516**
第三产业						
批发、零售贸易;机动车及个人、家庭用品修理业	45	64	69	76	80	87
旅馆和饭店业	9	14	15	17	19	19
运输、仓储和通讯	11	15	17	19	21	23
金融中介	6	8	9	10	10	11
房地产、租赁及商务活动	12	15	15	16	16	17
公共管理和国防;社会基本保障	8	11	11	12	13	14
教育	9	13	14	16	17	18
卫生和社会工作	4	6	6	7	7	8
其他团体、社会和个人服务活动	9	13	14	15	16	17
雇人的私人住户	1	1	1	1	1	1

附录1-4　续表 5　　　　单位：亿本币

国家和地区	2000	2005	2006	2007	2008	2009
埃　　及						
按当年价格计算						
国内生产总值	**3458**	**5682**	**6430**	**7448**	**8955**	
增加值总额(按基本价格计算)	**3546**	**5843**	**6550**	**7105**	**8554**	
第三产业						
批发、零售贸易;机动车及个人、家庭用品修理业	539	631	660			
旅馆和饭店业	66	177	247	767	924	
运输、仓储和通讯	257	574	580			
金融中介	401	461	495			
房地产、租赁及商务活动	110	173	215	667	797	
公共管理与国劥;社会基本保障	326	527	581			
教育		149	171			
卫生和社会工作⑥	11	74	90			
其他团体、社会和个人服务活动	285	229	245			
按1996年价格计算						
国内生产总值	**3200**					
增加值总额(按基本价格计算)⑦	**2970**					
第三产业						
批发、零售贸易;机动车及个人、家庭用品修理业						
旅馆和饭店业	50					
运输、仓储和通讯	276					
金融中介;房地产、租赁及商务活动	239					
公共管理和国防；社会基本保障	483					
南　　非						
按当年价格计算						
国内生产总值	**9220**	**15700**	**17700**	**20200**	**22800**	**24200**
增加值总额(按基本价格计算)	**8380**	**14000**	**15700**	**17900**	**20600**	**21800**
第三产业						
批发、零售贸易;机动车及个人、家庭用品修理业;旅馆和饭店业	1230	1950	2160	2390	2720	2910
运输、仓储和通讯	809	1390	1540	1640	1880	2060
金融中介	686	1070				
房地产、租赁及商务活动	876	1860				
公共管理和国防;社会基本保障	1330	2090	2300	2560	2960	3360
教育;卫生和社会工作;其他团体、社会和个人服务活动	282	545	617	692	736	806
雇人的私人住户	232	340	363	401	452	480
按2005年价格计算						
国内生产总值	**13000**	**15700**	**16600**	**17500**	**18100**	**17800**
增加值总额(按基本价格计算)	**11600**	**14000**	**14800**	**15600**	**16200**	**16000**
第三产业						
批发、零售贸易;机动车及个人、家庭用品修理业;旅馆和饭店业	1620	1950	2070	2180	2200	2140
运输、仓储和通讯	1030	1390	1470	1560	1620	1630
金融中介;房地产、租赁及商务活动	2170	2960	3240	3490	3770	3820
公共管理和国劥;社会基本保障	1910	2090	2150	2240	2330	2430
教育;卫生和社会工作;其他团体、社会和个人服务活动	484	545	568	608	627	644
雇人的私人住户	275	340	363	375	391	401

附录1-4　续表 6　　　　单位：亿本币

国家和地区	2000	2005	2006	2007	2008	2009
巴　西						
按当年价格计算						
国内生产总值	**11795**	**21472**	**23695**	**26613**		
增加值总额(按基本价格计算)	**10217**	**18423**	**20344**	**22879**		
第三产业						
批发、零售贸易;机动车及个人、家庭用品修理业	1692	3084	3518	4094		
旅馆和饭店业	182	300	367	417		
运输、仓储和邮电业	866	1647	1757	1975		
金融中介	609	1299	1464	1756		
房地产、租赁及商务活动	1154	1659	1761	1945		
公共管理与国防;社会基本保障	964	1838	2048	2259		
教育	536	822	945	1097		
卫生和社会工作	399	657	766	895		
其他团体、社会和个人服务活动	411	672	753	805		
按上年价格计算						
国内生产总值	**11100**	**20000**	**22300**	**25100**		
增加值总额(按基本价格计算)	**9640**	**17200**	**19100**	**21500**		
第三产业						
批发、零售贸易;机动车及个人、家庭用品修理业;旅馆和饭店业	1620	3150	3570	4190		
旅馆和饭店业		283	318	380		
运输、仓储和邮电业	587	1480	1680	1860		
金融中介	693	1020	1410	1680		
房地产、租赁及商务活动	1180	1580	1710	1850		
公共管理和国防;社会基本保障	1440	1620	1910	2120		
教育		771	821	923		
卫生和社会工作		643	692	807		
其他社区、社会和私人服务活动		610	697	768		
加 拿 大						
按当年价格计算						
国内生产总值	**10800**	**13700**	**14500**	**15300**	**16000**	
增加值总额(按基本价格计算)	**10000**	**12800**	**13500**			
第三产业						
批发、零售贸易;机动车及个人、家庭用品修理业	1100	1500	1610			
旅馆和饭店业	234	283	296			
运输、仓储和通讯	702	918	981			
金融中介	595	768	841			
房地产、租赁及商务活动	1900	2480	2630			
公共管理和国防;社会基本保障	565	716	750			
教育	468	596	648			
卫生和社会工作	602	803	853			
其他团体、社会和个人服务活动	285	365	392			
按2002年价格计算						
国内生产总值	**11000**	**12500**	**12800**	**13200**	**13200**	
增加值总额(按基本价格计算)	**10300**	**11600**	**12000**	**12300**	**12300**	**12000**
第三产业						
批发、零售贸易;机动车及个人、家庭用品修理业	1110	1390	1470	1540	1570	1510
旅馆和饭店业	246	260	262	266	272	267
运输、仓储和通讯	724	851	881	901	910	884
金融中介	613	704	758	797	817	818
房地产、租赁及商务活动	1960	2350	2440	2530	2590	2620
公共管理和国防;社会基本保障	581	650	671	686	705	721
教育	505	554	567	587	604	614
卫生和社会工作	660	727	747	770	792	812
其他团体、社会和个人服务活动	303	345	360	366	370	373

附录1-4　续表 7　　　　单位：亿本币

国家和地区	2000	2005	2006	2007	2008	2009
墨　西　哥						
按当年价格计算						
国内生产总值	**54917**	**92207**	**103469**	**111777**	**120918**	
增加值总额(按基本价格计算)	**50446**	**89718**	**101225**	**109450**	**120018**	
第三产业						
批发、零售贸易;机动车及个人、家庭用品修理业	8191	14854	16508	17928		
旅馆和饭店业	2466	2379	2495	2647		
运输、仓储和通讯	5568	8227	9237	10095		
金融中介	1145	3323	3700	4352		
房地产、租赁及商务活动	4910	15278	16624	17790		
公共管理与国防;社会基本保障	1993	3579	3903	4200		
教育	2872	4366	4743	5135		
卫生和社会工作	1613	2600	2842	3101		
其他团体、社会和个人服务活动	5688	1046	1119	1229		
雇人的私人住户		435	463	505		
按2003年价格计算						
国内生产总值		**81200**	**85100**	**88100**	**89400**	
增加值总额(按基本价格计算)		**78600**	**82700**	**85800**	**87400**	
第三产业						
批发、零售贸易;机动车及个人、家庭用品修理业		13100	13900	14600		
旅馆和饭店业		2220	2250	2310		
运输、仓储和通讯		7450	8020	8450		
金融中介		2980	3470	3830		
房地产、租赁及商务活动		13600	14100	14500		
公共管理和国防;社会基本保障		3200	3190	3220		
教育		3870	3870	3950		
卫生和社会工作		2300	2480	2470		
其他团体、社会和个人服务活动		954	975	1010		
雇人的私人住户		406	415	436		
美　　国						
按当年价格计算						
国内生产总值	**99000**	**126000**	**133000**	**140000**	**144000**	
增加值总额(按基本价格计算)	**99000**	**126000**	**133000**	**140000**	**144000**	
第三产业						
批发、零售贸易;机动车及个人、家庭用品修理业⑧	12541	15471	16398	16978		
旅馆和饭店业	2614	3336	3580	3795		
运输、仓储和通讯	6363	7388	7719	8194		
金融中介；房地产、租赁及商务活动	30844	40205	42855	45331		
金融中介	7405	9895	10609	10914		
房地产、租赁及商务活动	23439	30310	32246	34417		
公共管理和国防;社会基本保障	6947	9351	9813	10384		
教育	4716	6258	6596	6983		
卫生和社会工作	5992	8561	9048	9574		
其他团体、社会和个人服务活动	3619	4661	4852	5091		
雇人的私人住户	136	150	161	177		
按2000年价格计算						
国内生产总值	**97600**	**109000**	**112000**	**115000**		
增加值总额(按基本价格计算)	**91000**	**102000**	**105000**	**107000**		
第三产业						
批发零售、机动车及日用品修理、家庭用品修理业⑧	12500	15300	15800	16200		
旅馆和饭店业	2610	2860	2950	3000		
运输、仓储和通讯	6360	7640	7900	8230		
金融中介	7400	8900	9460	9460		
房地产、租赁及商务活动	23400	26600	27500	28700		
公共管理和国防;社会基本保障	6950	7620	7650	7750		
教育	4720	5000	5050	5150		
卫生和社会工作	5990	7240	7480	7630		
其他团体、社会和个人服务活动	3620	3870	3880	3920		
雇人的私人住户	136	129	133	141		

附录1-4 续表 8　　单位：亿本币

国家和地区	2000	2005	2006	2007	2008	2009
法　国						
按当年价格计算						
国内生产总值	**14400**	**17300**	**18100**	**19000**	**19500**	**19100**
增加值总额(按基本价格计算)	**12900**	**15500**	**16100**	**17000**	**17500**	**17200**
第三产业						
批发、零售贸易;机动车及个人、家庭用品修理业	1360	1620	1650	1690	1770	1720
旅馆和饭店业	302	367	383	405	408	416
运输、仓储和通讯	776	998	1030	1080	1120	1130
金融中介	664	753	792	793	809	873
房地产、租赁及商务活动	3300	4230	4550	4860	5030	4930
公共管理和国防;社会基本保障	1010	1180	1220	1260	1300	1350
教育	722	842	861	889	912	938
卫生和社会工作	972	1300	1370	1450	1510	1580
其他团体、社会和个人服务活动	422	546	574	605	626	633
雇人的私人住户	66	88	90	96	102	103
按2000年价格计算						
国内生产总值	**14400**	**15700**	**16000**	**16400**	**16400**	**16000**
增加值总额(按基本价格计算)	**12900**	**14000**	**14300**	**14600**	**14700**	**14300**
第三产业						
批发、零售贸易;机动车及个人、家庭用品修理业	1360	1420	1450	1490	1500	1450
旅馆和饭店业	302	302	307	315	313	298
运输、仓储和通讯	776	933	982	1020	1020	990
金融中介	664	736	769	797	803	820
房地产、租赁及商务活动	3300	3680	3820	3930	3970	3890
公共管理和国防;社会基本保障	1010	1030	1040	1060	1070	1090
教育	722	714	708	709	707	698
卫生和社会工作	972	1080	1090	1120	1140	1170
其他团体、社会和个人服务活动	422	492	502	514	520	515
雇人的私人住户	66	71	72	74	77	75
德　国						
按当年价格计算						
国内生产总值	**20600**	**22400**	**23300**	**24300**	**25000**	**24100**
增加值总额(按基本价格计算)	**18600**	**20200**	**21000**	**21800**	**22400**	**21500**
第三产业						
批发、零售贸易;机动车及个人、家庭用品修理业	2050	2080	2120	2190	2310	
旅馆和饭店业	301	331	337	370	380	
运输、仓储和通讯	1020	1160	1220	1230	1280	
金融中介	778	958	939	860	842	
房地产、租赁及商务活动	4330	4980	5190	5530	5750	
公共管理和国防;社会基本保障	1180	1220	1220	1240	1270	
教育	834	928	915	957	981	
卫生和社会工作	1240	1470	1510	1530	1590	
其他团体、社会和个人服务活动	912	973	986	1010	1040	
雇人的私人住户	62	68	69	71	73	
按2000年价格计算						
国内生产总值	**20600**	**21200**	**21900**	**22500**	**22700**	**21600**
增加值总额(按基本价格计算)	**18600**	**19300**	**19900**	**20500**	**20800**	**19600**
第三产业						
批发、零售贸易;机动车及个人、家庭用品修理业	2050	2160	2170	2190	2220	
旅馆和饭店业	301	293	294	324	324	
运输、仓储和通讯	1020	1150	1220	1270	1300	
金融中介	778	644	710	759	761	
房地产、租赁及商务活动	4330	4810	4940	5160	5250	
公共管理和国防;社会基本保障	1180	1160	1160	1170	1180	
教育	834	825	824	841	837	
卫生和社会工作	1240	1430	1480	1530	1600	
其他团体、社会和个人服务活动	912	896	894	908	917	
雇人的私人住户	62	62	63	64	66	

附录1-4 续表 9

单位：亿本币

国家和地区	2000	2005	2006	2007	2008	2009
意 大 利						
按当年价格计算						
国内生产总值	**11900**	**14300**	**14900**	**15500**	**15700**	**15200**
增加值总额(按基本价格计算)	**10600**	**12800**	**13200**	**13800**	**14100**	**13700**
第三产业						
批发、零售贸易;机动车及个人、家庭用品修理业	1354	1513	1528	1559	1551	
旅馆和饭店业	416	483	502	530	541	
运输、仓储和通讯	777	978	981	1023	1031	
金融中介	498	619	631	725	764	
房地产、租赁及商务活动	2134	2834	2935	3045	3179	
公共管理和国防;社会基本保障	631	837	864	880	913	
教育	523	624	643	670	679	
卫生和社会工作	572	738	776	770	829	
其他团体、社会和个人服务活动	322	366	380	393	395	
雇人的私人住户	92	120	125	135	147	
按2000年价格计算						
国内生产总值	**11900**	**12400**	**12700**	**12900**	**12700**	**12100**
增加值总额(按基本价格计算)	**10600**	**11100**	**11400**	**11500**	**11400**	**10800**
第三产业						
批发、零售贸易;机动车及个人、家庭用品修理业	1350	1360	1380	1400	1360	
旅馆和饭店业	416	395	408	418	416	
运输、仓储和通讯	777	921	925	954	949	
金融中介	498	531	563	625	642	
房地产、租赁及商务活动	2130	2330	2370	2390	2390	
公共管理和国防;社会基本保障	631	683	684	689	689	
教育	523	539	540	543	543	
卫生和社会工作	572	641	651	655	658	
其他团体、社会和个人服务活动	322	299	307	311	306	
雇人的私人住户	92	106	110	114	118	
荷 兰						
按当年价格计算						
国内生产总值	**4180**	**5130**	**5400**	**5690**	**5960**	**5700**
增加值总额(按基本价格计算)	**3730**	**4560**	**4790**	**5050**	**5290**	**5080**
第三产业						
批发、零售贸易;机动车及个人、家庭用品修理业	520	592	622	661	668	
旅馆和饭店业	76	85	88	93	90	
运输、仓储和通讯	266	332	339	351	350	
金融中介	227	351	324	294	327	
房地产、租赁及商务活动	791	906	1003	1117	1170	
公共管理和国防;社会基本保障	261	325	332	346	362	
教育	162	213	218	230	240	
卫生和社会工作	272	400	416	440	466	
其他团体、社会和个人服务活动	114	140	145	151	154	
雇人的私人住户	15	20	20	21	22	
按2000年价格计算						
国内生产总值	**4180**	**4460**	**4610**	**4780**	**4880**	**4680**
增加值总额(按基本价格计算)	**3730**	**4000**	**4130**	**4280**	**4380**	**4220**
第三产业						
批发、零售贸易;机动车及个人、家庭用品修理业	520	579	623	657	669	
旅馆和饭店业	76	67	69	70	67	
运输、仓储和通讯	266	321	331	345	350	
金融中介	227	270	284	304	320	
房地产、租赁及商务活动	791	807	843	881	904	
公共管理和国防;社会基本保障	261	278	279	282	285	
教育	162	165	165	165	165	
卫生和社会工作	272	321	328	338	349	
其他团体、社会和个人服务活动	114	120	124	127	127	
雇人的私人住户	15	16	16	16	16	

附录1-4 续表 10

单位：亿本币

国家和地区	2000	2005	2006	2007	2008	2009
俄罗斯联邦						
按当年价格计算						
国内生产总值	**73100**	**216000**	**269000**	**333000**	**414000**	**391000**
增加值总额(按基本价格计算)	**65300**	**190000**	**235000**	**285000**	**354000**	**342000**
第三产业						
批发、零售贸易;机动车及个人、家庭用品修理业		36500	47300	57400	73700	66900
旅馆和饭店业		1710	2110	2860	3590	3390
运输、仓储和通讯	5930	19300	22800	27500	32100	32600
金融中介	912	7590	10500	12500	15400	17200
房地产、租赁及商务活动	6160	18500	23100	31000	39800	43000
公共管理和国防;社会基本保障	3060	9590	11900	14700	18800	20700
教育	1790	4940	6210	7700	9690	10500
卫生和社会工作	1460	5660	7680	9500	11900	13100
其他团体、社会和个人服务活动	100	3260	4220	5220	6140	5700
按2003年价格计算						
国内生产总值		**151000**	**163000**	**176000**	**186000**	
增加值总额(按基本价格计算)		**134000**	**145000**	**156000**	**165000**	
第三产业						
批发、零售贸易;机动车及个人、家庭用品修理业		30900	35300	39700	43000	
旅馆和饭店业		1100	1200	1380	1520	
运输、仓储和通讯		14800	16300	16800	18100	
金融中介		4890	5390	6060	6470	
房地产、租赁及商务活动		14600	16000	19200	21200	
公共管理和国防；社会基本保障		6600	6770	7030	7280	
教育		3210	3230	3260	3290	
卫生和社会工作		3870	3930	4030	4060	
其他团体、社会和个人服务活动		2530	2750	2960	3080	
西 班 牙						
按当年价格计算						
国内生产总值	**6300**	**9090**	**9840**	**10500**	**10900**	**10500**
增加值总额(按基本价格计算)	**5710**	**8140**	**8770**	**9440**	**9960**	**9760**
第三产业						
批发、零售贸易;机动车及个人、家庭用品修理业	640	871	929	994	1060	
旅馆和饭店业	434	610	652	681	722	
运输、仓储和通讯	418	563	601	641	663	
金融中介	263	377	414	500	534	
房地产、租赁及商务活动	848	1340	1490	1630	1750	
公共管理和国防;社会基本保障	355	485	529	573	616	
教育	279	389	414	446	482	
卫生和社会工作	290	449	484	534	589	
其他团体、社会和个人服务活动	204	305	324	351	376	
雇人的私人住户	58	71	74	77	79	
按2000年价格计算						
国内生产总值	**6300**	**7400**	**7700**	**7970**	**8040**	**7750**
增加值总额(按基本价格计算)	**5710**	**6640**	**6910**	**7180**	**7260**	**6980**
第三产业						
批发、零售贸易;机动车及个人、家庭用品修理业	640	734	759	803	818	
旅馆和饭店业	434	476	487	494	497	
运输、仓储和通讯	418	475	491	516	519	
金融中介	263	394	449	502	506	
房地产、租赁及商务活动	848	1020	1070	1120	1140	
公共管理和国防;社会基本保障	355	412	431	449	467	
教育	279	323	332	345	359	
卫生和社会工作	290	359	373	394	416	
其他团体、社会和个人服务活动	204	251	258	270	279	
雇人的私人住户	58	67	69	70	69	

附录1-4 续表 11

单位：亿本币

国家和地区	2000	2005	2006	2007	2008	2009
英　国						
按当年价格计算						
国内生产总值	**9770**	**12500**	**13300**	**14000**	**14500**	**14000**
增加值总额(按基本价格计算)	**8640**	**11200**	**11800**	**12500**	**13000**	**12600**
第三产业						
批发、零售贸易;机动车及个人、家庭用品修理业	1040	1320				
旅馆和饭店业	260	327				
运输、仓储和通讯	693	811				
金融中介	461	939				
房地产、租赁及商务活动	1950	2660				
公共管理和国防;社会基本保障	427	549				
教育	481	623				
卫生和社会工作	554	815				
其他团体、社会和个人服务活动	382	535				
雇人的私人住户	40	53				
按2005年价格计算						
国内生产总值		**12500**	**12900**	**13200**	**13300**	**12600**
增加值总额(按基本价格计算)		**11200**	**11500**	**11800**	**11900**	**11300**
澳大利亚						
按当年价格计算						
国内生产总值	**7089**	**10008**	**10913**	**11818**	**12531**	
增加值总额(按基本价格计算)	**6479**	**9218**	**10072**	**10917**	**11569**	
第三产业						
批发、零售贸易;机动车及个人、家庭用品修理业	635	885	950	1064	1113	
旅馆和饭店业	183	238	256	269	285	
运输、仓储和通讯	590	804	899	949	1061	
金融中介	574	919	1141	1200	1246	
房地产、租赁及商务活动	1313	1761	1898	2167	2284	
公共管理和国防;社会基本保障	359	519	558	574	613	
教育	310	429	458	478	502	
卫生和社会工作	381	556	606	653	703	
其他社区、社会和私人服务活动⑨	206	277	292	310	329	
按2006年价格计算						
国内生产总值	**8580**	**10100**	**10500**	**10800**		
增加值总额(按基本价格计算)	**7910**	**9310**	**9620**	**10000**		
第三产业						
批发、零售贸易;机动车及个人、家庭用品修理业	833	1010	1040	1080		
旅馆和饭店业	173	201	205	205		
运输、仓储和通讯	538	682	730	777		
金融中介	579	704	766	803		
房地产、租赁及商务活动	1690	2010	2060	2150		
公共管理和国防;社会基本保障	350	387	407	407		
教育	396	424	430	437		
卫生和社会工作	482	602	617	648		
其他社区、社会和私人服务活动⑨	284	330	348	360		

注：①数据来源于《中国统计年鉴》。
②万亿本币。
③按市场价格计算。
④指批发零售贸易。
⑤包括金融管理和国防、社会基本保障。
⑥指私人非营利机构提供居民的服务。
⑦按要素价格计算。
⑧修理业包括在其他团体、社会和个人服务中。
⑨包括雇人的私人住户。
资料来源：联合国数据库。

附录1-5　按行业分类的第三产业就业人员

单位：万人

国家和地区	2000	2005	2006	2007	2008
中　国					
按第三版ISIC分类					
就业人员	**72085.0**	**11404.0**	**11713.2**	**12024.4**	**77480.0**
第三产业					
批发、零售贸易;机动车及个人、家庭用品修理业		544.0	515.7	506.9	
旅馆和饭店业		181.2	183.9	185.8	
运输、仓储和通讯		613.9	612.7	623.1	
金融中介		359.3	367.4	389.7	
房地产、租赁及商务活动		592.7	626.1	657.1	
公共管理和国防;社会基本保障		1240.8	1265.6	1291.2	
教育		1483.2	1504.4	1520.9	
卫生和社会工作		508.9	525.4	542.8	
其他团体、社会和个人服务活动		122.5	122.4	125.0	
行业不明确		364.4	381.8	401.1	
印度尼西亚					
按第三版ISIC分类					
就业人员	**8983.8**	**9395.8**	**9545.7**	**9993.0**	**10255.3**
第三产业					
批发、零售贸易;机动车及个人、家庭用品修理业	1522.5	1674.8	1738.3	1653.1	1715.3
旅馆和饭店业	326.4	116.1	183.3	402.3	406.9
运输、仓储和通讯	455.4	565.3	566.2	595.9	618.0
金融中介	46.9	55.6	67.8	74.0	69.1
房地产、租赁及商务活动	41.4	58.6	66.8	66.0	76.9
公共管理和国防;社会基本保障	284.1	258.7	283.7	267.9	252.1
教育	241.3	287.2	317.9	346.0	328.6
卫生和社会工作	43.8	65.1	70.1	68.3	74.4
其他团体、社会和个人服务活动	181.7	145.0	217.2	324.6	421.3
雇人的私人住户	206.5	270.3	241.6	188.5	222.9
域外组织和机构		0.4	1.1	0.4	0.8
行业不明确		6.1	4.2	6.3	9.8
日　本					
按第三版ISIC分类					
就业人员	**6446.0**	**6356.0**	**6382.0**	**6412.0**	**6385.0**
第三产业					
批发、零售贸易;机动车及个人、家庭用品修理业		1186.0	1180.0	1178.0	1169.0
旅馆和饭店业		343.0	337.0	342.0	334.0
运输、仓储和通讯	414.0	385.0	396.0	397.0	391.0
金融中介		157.0	155.0	155.0	164.0
房地产、租赁及商务活动		729.0	741.0	761.0	771.0
公共管理和国防;社会基本保障		229.0	222.0	226.0	223.0
教育		286.0	287.0	284.0	288.0
卫生和社会工作		553.0	571.0	579.0	598.0
其他团体、社会和个人服务活动		355.0	360.0	354.0	357.0
行业不明确者		74.0	71.0	77.0	74.0
韩　国①					
按第三版ISIC分类					
就业人员	**2115.6**	**2285.6**	**2315.1**	**2343.3**	**2357.7**
第三产业					
批发、零售贸易;机动车及个人、家庭用品修理业	383.3	374.8	371.3	367.3	363.1
旅馆和饭店业	191.9	205.8	204.9	204.9	204.4
运输、仓储和通讯	126.0	142.9	147.0	149.8	187.5
金融中介	75.2	74.6	78.6	80.6	82.1
房地产、租赁及商务活动	136.1	203.7	216.8	235.0	221.9
公共管理和国防;社会基本保障	75.8	79.1	80.1	79.7	84.0
教育	119.1	156.8	165.8	174.0	178.4
卫生和社会工作	42.8	64.6	68.6	74.0	84.2
其他团体、社会和个人服务活动	125.1	172.7	178.1	172.4	178.2
雇人的私人住户	18.6	13.0	13.8	16.1	15.0
域外组织和机构	1.9	2.4	2.0	1.5	1.6

附录1-5　续表 1

单位：万人

国家和地区	2000	2005	2006	2007	2008
马来西亚①②					
按第三版ISIC分类					
就业人员	**932.2**	**1004.5**	**1027.5**	**1053.8**	**1066.0**
第三产业					
批发、零售贸易;机动车及个人、家庭用品修理业		162.0	165.1	171.2	172.9
旅馆和饭店业		67.2	72.1	76.1	78.4
运输、仓储和通讯	42.3	54.5	54.0	53.8	58.3
金融中介		24.7	24.2	28.2	27.6
房地产、租赁及商务活动		45.9	50.8	55.8	55.3
公共管理和国防;社会基本保障		72.9	67.4	71.6	75.1
教育		60.7	60.0	63.3	65.7
卫生和社会工作		21.3	22.3	23.9	25.3
其他团体、社会和个人服务活动		23.5	24.7	26.7	27.4
雇人的私人住户		26.1	25.5	27.3	25.3
域外组织和机构		0.2	0.1	0.2	0.1
菲 律 宾①					
按第三版ISIC分类					
就业人员	**2745.2**	**3231.3**	**3263.6**	**3356.0**	**3408.9**
第三产业					
批发、零售贸易;机动车及个人、家庭用品修理业		614.7	620.2	635.4	644.6
旅馆和饭店业		86.1	88.7	90.7	95.3
运输、仓储和通讯	198.6	245.1	248.3	259.9	259.0
金融中介		34.1	34.4	35.9	36.8
房地产、租赁及商务活动		73.4	78.3	88.5	95.3
公共管理和国防;社会基本保障		148.1	148.5	155.1	167.6
教育		97.8	99.9	103.5	107.1
卫生和社会工作		37.5	35.9	37.3	39.1
其他团体、社会和个人服务活动		77.5	80.1	84.9	83.3
个体经营单位		151.7	161.2	174.0	172.9
域外组织和机构		0.1	0.2	0.2	0.2
新 加 坡					
按第三版ISIC分类					
就业人员	**209.5**	**164.7**	**179.7**	**180.3**	**185.2**
第三产业					
批发、零售贸易;机动车及个人、家庭用品修理业	28.7	30.4	30.1	27.7	27.0
旅馆和饭店业	11.4	10.3	12.9	12.3	12.0
运输、仓储和通讯	23.3	22.8	24.9	26.8	26.9
金融中介	9.6	10.2	10.6	11.0	12.4
房地产、租赁及商务活动	19.6	20.7	21.7	22.4	23.8
公共管理和国防;社会基本保障;教育			22.3	22.4	
卫生和社会工作			7.1	7.2	
其他团体、社会和个人服务活动;雇人的私人住户;域外组织和机构			8.1	8.7	
泰　　国①					
按第三版ISIC分类					
就业人员	**3300.1**	**3630.2**	**3634.5**	**3712.2**	**3783.7**
第三产业					
批发、零售贸易;机动车及个人、家庭用品修理业		529.7	540.2	552.5	563.5
旅馆及饭店业		230.0	221.5	230.3	235.3
运输、仓储和通讯	95.1	107.6	105.3	102.7	109.1
金融中介		34.0	35.0	35.0	39.6
房地产、租赁及商务活动		65.2	65.9	71.7	71.7
公共管理和国防;社会基本保障		109.6	117.0	128.7	130.3
教育		112.2	108.0	108.5	109.8
卫生和社会工作		61.1	60.3	64.7	72.0
其他团体、社会和个人服务活动		71.9	71.0	71.8	81.9
雇人的私人住户		24.2	22.2	22.9	19.6
域外组织和机构		0.2	…	0.1	0.1
行业不明确者		4.8	6.6	5.1	3.9

附录1-5 续表 2

单位：万人

国家和地区	2000	2005	2006	2007	2008
越　南					
按第三版ISIC分类					
就业人员	**3836.8**	**4252.7**	**4333.9**	**4417.4**	**4491.6**
第三产业					
批发、零售贸易;机动车及个人、家庭用品修理业	411.6				
旅馆及饭店业	50.6				
运输、仓储和通讯	112.6				
金融中介	10.5				
房地产、租赁及商务活动	10.6				
公共管理和国防;社会基本保障	59.5				
教育	91.8				
卫生和社会工作	26.9				
其他团体、社会和个人服务活动	72.4				
雇人的私人住户	9.2				
域外组织和机构	0.3				
埃　及①②					
按第三版ISIC分类					
就业人员	**1720.3**	**1934.2**	**2044.4**	**2172.4**	**2250.7**
第三产业					
批发、零售贸易;机动车及个人、家庭用品修理业	200.7	214.1	217.2	230.7	238.7
旅馆和饭店业	26.9	36.6	41.1	37.1	46.2
运输、仓储和通讯	112.6	132.3	135.7	145.2	157.5
金融中介	18.6	16.9	17.5	19.5	16.6
房地产、租赁及商务活动	31.3	40.1	43.2	45.2	44.8
公共管理和国防;社会基本保障	182.5	185.0	190.2	197.5	189.0
教育	179.0	190.8	197.0	208.0	204.2
卫生和社会工作	53.2	50.3	54.6	57.3	58.3
其他团体、社会和个人服务活动	34.3	46.5	50.8	53.9	57.4
雇人的私人住户	4.9	5.3	4.5	5.2	6.6
域外组织和机构		0.3	0.3	0.1	0.3
行业不明确者	0.2	3.4	4.6	3.4	2.6
南　非					
按第三版ISIC分类					
就业人员	**1223.8**	**1230.1**	**1280.0**	**1323.4**	**1371.3**
第三产业					
批发、零售贸易;机动车及个人、家庭用品修理业;旅馆和饭店业	247.6	302.4	305.5	295.2	314.1
运输、仓储和通讯	58.2	61.6	61.1	59.6	76.7
金融中介;房地产、租赁及商务活动	97.6	129.6	130.9	134.0	164.6
公共管理和国防;社会基本保障;教育;卫生和社会工作;其他团体、社会和个人服务活动	208.4	219.2	231.9	245.2	262.4
雇人的私人住户	114.6	106.7	110.8	124.4	123.2
行业不明确者	10.3	2.9	3.3	5.1	0.3
巴　西③					
按第三版ISIC分类					
就业人员	**6563.0**	**8718.9**	**8931.8**	**9078.6**	
第三产业					
批发、零售贸易;机动车及个人、家庭用品修理业	1089.9	1550.3	1574.8	1630.9	
旅馆和饭店业	307.2	318.7	339.5	335.1	
运输、仓储和通讯	331.9	396.7	406.4	437.4	
金融中介	82.4	100.7	107.1	118.1	
房地产、租赁及商务活动	376.4	493.7	543.1	549.9	
公共管理和国防;社会基本保障	352.3	426.7	445.2	450.4	
教育	382.2	468.4	485.6	505.2	
卫生和社会工作	215.2	297.7	316.2	332.7	
其他团体、社会和个人服务活动	239.2	330.1	380.0	371.1	
雇人的私人住户	501.6	666.6	678.2	673.2	
域外组织和机构	0.3	0.7	0.4	0.3	
行业不明确者	83.6	19.8	21.8	20.9	

附录1-5　续表 3　　　　单位：万人

国家和地区	2000	2005	2006	2007	2008
加　拿　大①					
按第三版ISIC分类					
就业人员	**1476.4**	**1617.0**	**1648.4**	**1686.6**	**1712.6**
第三产业					
批发、零售贸易;机动车及个人、家庭用品修理业	254.9	284.0	289.2	294.7	295.1
旅馆和饭店业	93.8	100.5	101.5	106.9	107.4
运输、仓储和通讯	112.3	115.4	109.7	112.5	114.8
金融中介	60.8	70.7	74.5	76.0	78.6
房地产、租赁及商务活动	173.1	199.2	207.1	214.3	217.6
公共管理和国防;社会基本保障	77.0	83.1	83.4	86.2	92.4
教育	97.4	110.6	115.8	118.3	119.3
卫生和社会工作	151.4	173.5	178.6	184.6	190.3
其他团体、社会和个人服务活动	66.0	74.2	81.7	86.8	86.7
雇人的私人住户	7.9	6.2	5.9	6.0	7.3
域外组织和机构	0.3	0.3	0.3	0.3	0.2
墨　西　哥④					
按第三版ISIC分类					
就业人员	**3804.5**	**4079.2**	**4219.8**	**4290.7**	**4386.7**
第三产业					
批发、零售贸易;机动车及个人、家庭用品修理业	834.2	933.3	959.5	982.1	997.4
旅馆和饭店业	180.1	243.8	251.5	267.1	283.7
运输、仓储和通讯	172.4	184.7	200.1	194.3	203.4
金融中介	29.5	30.7	36.3	40.4	40.6
房地产、租赁及商务活动	117.3	182.9	192.5	205.0	218.9
公共管理和国防;社会基本保障	174.3	191.7	203.2	204.1	217.2
教育	188.7	218.1	225.2	231.9	232.6
卫生和社会工作	106.5	113.6	116.1	121.3	125.3
其他团体、社会和个人服务活动	123.3	132.8	136.9	137.4	146.9
雇人的私人住户	170.0	169.4	175.6	185.8	185.2
域外组织和机构	0.2	0.4	0.3	0.7	0.4
行业不明确者	15.1	24.8	31.0	31.2	33.3
美　　国①⑤					
按第三版ISIC分类					
就业人员	**13520.8**	**14173.0**	**14442.7**	**14604.7**	**14536.2**
第三产业					
批发、零售贸易;机动车及个人、家庭用品修理业		2140.4	2132.8	2093.7	2058.5
旅馆和饭店业		930.6	947.4	958.2	979.5
运输、仓储和通讯	829.4	618.4	626.9	645.7	650.1
金融中介		703.5	725.4	730.6	727.9
房地产、租赁及商务活动		1746.1	1810.5	1880.2	1848.9
公共管理和国防;社会基本保障		653.0	652.4	674.6	676.3
教育		1226.4	1252.2	1282.8	1316.9
卫生和社会工作		1691.0	1741.6	1783.4	1823.3
其他团体、社会和个人服务活动;雇人的私人住户;域外组织和机构和行业不明确者		1318.7	1333.2	1337.1	1345.8
法　　国					
按第三版ISIC分类					
就业人员	**2368.9**	**2497.8**	**2513.4**	**2556.5**	**2591.3**
第三产业					
批发、零售贸易;机动车及个人、家庭用品修理业		333.5	335.3	353.9	342.1
旅馆和饭店业		85.1	91.1	87.9	87.1
运输、仓储和通讯		158.5	151.9	160.3	164.1
金融中介		75.3	80.7	82.6	79.3
房地产、租赁及商务活动		254.7	266.3	266.6	278.5
公共管理和国防;社会基本保障		234.8	240.7	256.3	265.3
教育		174.4	177.7	173.6	179.2
卫生和社会工作		297.0	306.6	314.3	321.5
其他团体、社会和个人服务活动		111.3	110.3	115.7	116.2
雇人的私人住户		60.5	58.1	59.2	60.8
域外组织和机构		1.6	1.8	1.9	1.9
行业不明确者		29.1	3.2	3.6	20.2

附录1-5 续表 4 单位：万人

国家和地区	2000	2005	2006	2007	2008
德　国					
按第三版ISIC分类					
就业人员	**3660.4**	**3656.6**	**3732.2**	**3816.3**	**3873.4**
第三产业					
批发、零售贸易;机动车及个人、家庭用品修理业	519.0	525.7	528.1	530.8	529.0
旅馆和饭店业	121.9	129.5	138.1	142.8	145.9
运输、仓储和通讯	200.8	194.9	206.0	214.8	214.7
金融中介	133.3	130.7	130.6	130.3	130.1
房地产、租赁及商务活动	292.3	352.2	373.5	390.9	417.2
公共管理和国防;社会基本保障	310.3	287.9	290.1	291.6	283.6
教育	192.8	210.0	217.4	223.7	229.0
卫生和社会工作	369.6	415.0	426.4	439.8	451.5
其他团体、社会和个人服务活动	194.4	215.3	212.5	205.8	211.2
雇人的私人住户	13.7	17.9	18.7	20.6	21.6
域外组织和机构	3.3	3.4	2.9	2.9	3.3
意 大 利					
按第三版ISIC分类					
就业人员	**2122.5**	**2256.3**	**2298.8**	**2322.2**	**2340.5**
第三产业					
批发、零售贸易;机动车及个人、家庭用品修理业	337.7	341.6	352.2	354.1	354.0
旅馆和饭店业	81.4	106.0	111.4	115.4	117.9
运输、仓储和通讯	119.0	123.9	122.4	125.7	129.4
金融中介	66.2	64.0	67.5	66.5	65.3
房地产、租赁及商务活动	147.8	237.6	243.4	254.2	261.8
公共管理和国防;社会基本保障	194.2	144.0	144.3	141.8	143.6
教育	146.7	154.1	159.7	160.6	158.4
卫生和社会工作	128.8	154.9	157.0	157.5	165.9
其他团体、社会和个人服务活动	90.5	109.3	116.4	116.7	113.6
雇人的私人住户	19.6	30.3	32.4	34.9	41.9
域外组织和机构	2.0	1.7	1.2	2.2	3.6
荷　兰					
按第三版ISIC分类					
就业人员	**779.8**	**795.8**	**810.8**	**831.0**	**845.7**
第三产业					
批发、零售贸易;机动车及个人、家庭用品修理业	125.2	115.3	120.0	121.1	118.6
旅馆和饭店业	27.4	31.9	33.4	35.2	33.7
运输、仓储和通讯	46.9	48.9	50.0	50.6	51.2
金融中介	27.4	25.8	26.4	25.8	24.5
房地产、租赁及商务活动	93.7	94.5	97.4	104.5	109.9
公共管理和国防;社会基本保障	48.9	52.9	52.9	54.1	54.1
教育	46.5	50.8	52.2	53.4	54.9
卫生和社会工作	105.2	120.4	124.9	131.0	135.3
其他团体、社会和个人服务活动	35.5	31.6	33.3	38.1	38.9
雇人的私人住户	0.3	0.4	0.5	0.5	0.6
域外组织和机构	0.2				
行业不明确者	35.9	39.0	35.9	36.0	47.9
俄罗斯联邦⑥					
按第三版ISIC分类					
就业人员	**6507.0**	**6816.9**	**6885.5**	**7057.0**	**7096.5**
第三产业					
批发、零售贸易;机动车及个人、家庭用品修理业	788.7	1038.3	1059.9	1109.6	1077.4
饭店和旅馆业	92.4	129.7	139.2	134.4	146.7
运输、仓储和通讯	548.4	624.9	621.1	657.3	656.0
金融中介	84.3	96.2	106.0	124.9	131.6
房地产、租赁及商务活动	202.8	403.9	414.8	441.0	444.8
公共管理和国防;社会基本保障	482.4	481.5	487.6	490.3	540.9
教育	591.1	620.4	619.8	642.0	644.2
卫生和社会工作	439.2	470.1	489.6	517.7	524.3
其他团体、社会和个人服务活动	483.6	224.7	238.8	243.9	258.0
雇人的私人住户	2.1	2.6	2.1	1.6	4.3
域外组织和机构	0.4	0.4	0.4		0.5

附录1-5 续表 5 单位：万人

国家和地区	2000	2005	2006	2007	2008
西 班 牙①⑤					
按第三版ISIC分类					
就业人员	**1550.6**	**1897.3**	**1974.8**	**2035.6**	**2025.8**
第三产业					
批发、零售贸易;机动车及个人、家庭用品修理业	251.2	288.7	298.4	312.9	323.9
饭店和旅馆业	100.4	129.1	140.3	145.1	145.3
运输、仓储和通讯	93.0	111.7	115.8	117.7	118.2
金融中介	41.2	45.7	47.3	50.0	50.7
房地产、租赁及商务活动	113.6	167.8	185.7	201.7	207.4
公共管理和国防;社会基本保障	97.5	119.7	122.2	123.8	127.7
教育	84.1	109.1	110.9	111.2	113.3
卫生和社会工作	83.0	113.5	118.1	122.9	127.7
其他团体、社会和个人服务活动	60.4	79.4	81.5	84.6	85.3
雇人的私人住户	42.7	68.3	76.1	77.0	75.3
域外组织和机构	0.2	0.6	0.7	0.2	0.2
英 国⑤					
按第三版ISIC分类					
就业人员	**2739.9**	**2866.5**	**2892.6**	**2910.0**	**2947.5**
第三产业					
批发、零害贸易;机动车及个人、家庭用品修理业	421.6	435.5	423.7	416.0	431.6
旅馆和饭店业	115.8	124.9	127.0	129.9	128.3
运输、仓储和通讯	186.1	197.3	194.0	195.6	196.3
金融中介	118.8	120.6	125.3	126.3	127.9
房地产、租赁及商务活动	304.0	328.7	332.8	348.4	360.2
公共管理和国防;社会基本保障	169.1	199.5	204.5	203.8	209.2
教育	220.4	260.1	267.3	264.5	268.6
卫生和社会工作	299.3	348.3	358.2	346.2	364.1
其他团体、社会和个人服务活动	151.9	158.4	163.2	168.1	167.5
雇人的私人住户	13.5	12.1	12.5	12.0	13.8
域外组织和机构	2.3	0.8	2.1	1.1	1.3
行业不明确者	7.4	6.5	7.5	10.5	10.2
澳大利亚①					
按第三版ISIC分类					
就业人员	**895.1**	**996.9**	**1021.8**	**1051.2**	**1074.1**
第三产业					
批发、零售贸易;机动车及个人、家庭用品修理业	175.9	176.5	178.5	182.3	184.7
旅馆和饭店业	45.5	69.2	66.7	70.4	70.8
运输、仓储和通讯	58.8	63.4	64.1	67.9	69.6
金融中介	33.3	37.5	38.7	40.7	40.2
房地产、租赁及商务活动	106.2	121.3	128.0	129.2	132.6
公共管理和国防;社会基本保障	45.7	61.2	62.6	64.2	64.5
教育	61.3	72.0	74.2	77.1	80.8
卫生和社会工作	85.0	101.6	107.8	109.8	113.0
其他团体、社会和个人服务活动	43.6	46.0	47.1	50.0	50.3
雇人的私人住户	0.7	…	0.1	0.2	0.2
域外组织和机构	0.1	0.1	0.1	0.1	
行业不明确	0.2	2.4	2.8	3.2	

注：①不包括军人。②15至64岁。③10岁及以上。④14岁及以上。⑤16岁及以上。⑥15至72岁。
资料来源：国际劳工组织数据库。

附录1-6　按行业分类的第三产业雇员平均工资

单位：本币

国家和地区	2000	2005	2006	2007	2008
中　国					
按第三版ISIC分类					
雇员每月收入①	780.9	1530.3	1750.1	2077.7	2435.8
第三产业					
批发、零售贸易;机动车及个人、家庭用品修理业;旅馆和饭店业	599.2	1270.1	1478.0	1740.7	2128.2
运输、仓储和通讯	1026.6	1779.3	2051.9	2369.5	2733.0
金融中介	1123.2	2685.7	3273.3	4119.6	5153.4
房地产、租赁及商务活动	1051.3	1715.1	1881.5	2202.1	2527.3
公共管理和国防;社会基本保障②	836.9	1708.8	1906.9	2347.6	2746.3
教育③	790.2	1539.2	1761.2	2180.2	2515.4
卫生和社会工作④	910.8				
中国香港					
按第二版ISIC分类					
雇员每月工资率	11573.7	10671.1	10985.1	11378.5	11358.9
第三产业					
批发、零售贸易;旅馆和饭店业	11959.3	11704.9	11912.6	11916.3	12032.5
运输、仓储和通讯	12799.8	13303.6	12772.8	13061.1	14101.2
金融、保险、房地产及商务活动	11429.4	9815.3	10239.3	11195.0	10799.4
社团、社会及个人服务	6749.6	5934.3	6000.3	6570.1	6600.0
中国澳门					
按第三版ISIC分类					
雇员每月收入					
第三产业					
批发、零售贸易;机动车及个人、家庭用品服务业	4533.0	4888.0	5576.0	6000.0	7000.0
旅馆和饭店业	4099.0	4468.0	4885.0	5500.0	6100.0
运输、仓储和通讯	5649.0	6455.0	6924.0	7800.0	8500.0
金融中介	7726.0	8691.0	8825.0	9800.0	11000.0
房地产、租赁及商务活动	3957.0	4198.0	4675.0	5500.0	5600.0
公共管理和国防;社会基本保障	13742.0	14521.0	14793.0	14900.0	18000.0
教育	9095.0	9503.0	9636.0	9900.0	12000.0
卫生和社会工作	9137.0	9705.0	8029.0	9900.0	10000.0
其他社团、社会和个人服务	6156.0	7837.0	9537.0	11600.0	12000.0
雇人的私人住户	2816.0	2609.0	2543.0	2500.0	2700.0
以色列					
按第三版ISIC分类					
雇员每月收入		7324.0	7576.0	7749.0	8075.0
第三产业					
批发、零售贸易;机动车及个人、家庭用品服务业		6470.0	6617.0	6794.0	7023.0
旅馆和饭店业		3488.0	3575.0	3658.0	3765.0
运输、仓储和通讯		8676.0	8891.0	8931.0	9116.0
金融中介		13597.0	14966.0	14906.0	15732.0
房地产、租赁及商务活动		7344.0	7696.0	8015.0	8513.0
公共管理和国防;社会基本保障		11364.0	11845.0	12082.0	12381.0
教育		5746.0	5868.0	6004.0	6375.0
卫生和社会工作		6231.0	6329.0	6492.0	6705.0
其他社团、社会和个人服务		5072.0	5076.0	5230.0	5343.0

附录1-6 续表 1 单位：本币

国家和地区	2000	2005	2006	2007	2008
哈萨克斯坦					
按第三版ISIC分类					
雇员每月收入	14374.0	33807.0	40800.0	52500.0	60805.0
第三产业					
批发、零售贸易;机动车及个人、家庭用品服务业	12961.0	33500.0	40200.0	49300.0	59330.0
旅馆和饭店业	15979.0	47400.0	48700.0	56800.0	64382.0
运输、仓储和通讯	18788.0	49000.0	58900.0	70400.0	83012.0
金融中介	36140.0	79500.0	97500.0	121600.0	138544.0
房地产、租赁及商务活动	16672.0	50700.0	60500.0	78200.0	93557.0
公共管理和国防;社会基本保障	11758.0	31200.0	35600.0	45600.0	47276.0
教育	8512.0	20300.0	24000.0	31900.0	34454.0
卫生和社会工作	7267.0	18000.0	21300.0	33100.0	35775.0
其他社团、社会和个人服务	12857.0	39100.0	43100.0	52300.0	61369.0
域外组织和机构		137500.0	167200.0	177200.0	173860.0
印度尼西亚					
按第二版ISIC分类					
付酬雇员每月工资率⑤	473.1	395.0	473.1		
第三产业					
批发、零售贸易，旅馆和饭店业	518.3	412.6	518.3		
运输、仓储和通讯	781.2	660.2	781.2		
金融保险，房地产和商务服务	1478.9	1197.1	1478.9		
团体、社会和个人服务	969.6	858.5	969.6		
行业不明确者	377.4	366.8	377.4		
按第三版ISIC分类					
付酬雇员每月工资率⑤				908.8	976.9
第三产业					
批发、零售贸易;机动车及个人、家庭用品修理业				858.9	963.7
旅馆和饭店业				859.7	903.7
运输、仓储和通讯				1135.1	1231.9
金融中介				1739.1	1847.1
房地产、租赁及商务活动				1465.5	1554.8
公共管理和国防;社会基本保障				1702.9	1835.3
教育				1357.8	1435.1
卫生和社会工作				1500.9	1577.4
其他团体、社会和个人服务活动				798.5	833.4
雇人的私人住户				463.8	548.9
域外组织和机构				2552.9	2590.9
行业不明确者				663.3	858.9
日　本					
按第三版ISIC分类					
雇员每月收入⑤					
第三产业					
批发、零售贸易;机动车及个人、家庭用品修理业⑥		306.1	295.7	295.5	305.3
旅馆和饭店业		239.4	240.5	239.5	244.6
信息和通讯		358.1	367.9	372.4	355.0
金融中介	355.0	373.3	373.1	377.3	368.6

附录1-6 续表 2

单位：本币

国家和地区	2000	2005	2006	2007	2008
房地产活动	335.6	334.0	335.8	339.3	327.0
公共管理和国防;社会基本保障					
教育		393.1	381.8	382.9	376.8
卫生和社会工作		276.5	272.4	269.8	273.9
其他团体、社会和个人服务活动					
韩　国					
按第三版ISIC分类					
雇员每月收入⑤⑦					
第三产业					
批发、零售贸易;机动车及个人、家庭用品修理业	1548.0	2408.4	2542.6	2693.3	2889.4
旅馆和饭店业	1106.0	1600.0	1615.1	1622.3	1929.1
运输、仓储和通讯	1744.0	2111.0	2381.9	2520.2	2659.6
金融中介	2396.0	3748.1	4077.0	4403.4	3906.7
房地产、租赁及商务活动	1495.0	2114.0	2290.2	2424.1	2556.8
公共管理和国防;社会基本保障					
教育	1932.4	2724.3	2874.8	2893.0	3182.7
卫生和社会工作		2259.0	2460.9	2544.2	2597.0
其他团体、社会和个人服务活动	1756.0	2224.3	2262.7	2362.1	2475.6
蒙　古					
按第三版ISIC分类					
雇员每月收入⑤		101.2	127.7	173.0	274.2
第三产业					
批发、零售贸易;机动车及个人、家庭用品修理业		73.0	85.7	123.1	193.8
旅馆和饭店业		116.1		153.2	
运输、仓储和通讯		112.4	129.7	174.1	255.6
金融中介		163.9	255.5	361.9	471.4
房地产、租赁及商务活动		68.3		132.4	
公共管理和国防;社会基本保障		106.2		194.0	327.3
教育		92.8		174.3	289.2
卫生和社会工作		84.6	116.5	166.0	295.8
其他团体、社会和个人服务活动		68.4	91.3	147.1	213.9
菲律宾					
按第三版ISIC分类					
雇员每日工资率					
第三产业					
批发、零售贸易;机动车及个人、家庭用品修理业		223.5	237.5|	246.1	249.9
旅馆和饭店业		220.6	238.8|	247.2	251.3
运输、仓储和通讯		295.5	310.7|	340.2	357.1
金融中介		477.8	477.9|	460.8	495.8
房地产、租赁及商务活动		342.7	366.7|	390.1	412.3
公共管理和国防;社会基本保障		422.2	417.9|	419.1	415.5
教育		439.6	471.0|	477.3	487.5
卫生和社会工作		402.9	415.0|	416.6	417.3
其他团体、社会和个人服务活动		271.0	287.1|	278.3	287.9
雇人的私人住户		108.1	119.4|	119.6	122.6
域外组织和机构		651.1	595.7|	1491.6	726.1

附录1-6 续表 3

单位：本币

国家和地区	2000	2005	2006	2007	2008
新 加 坡					
按第三版ISIC分类					
雇员每月收入	3063.0	3444.0	3554.0	3773.0	3977.0
第三产业					
批发、零售贸易;机动车及个人、家庭用品修理业	2721.0	3017.0	3101.0	3262.0	3441.0
旅馆和饭店业	1332.0	1333.0	1381.0	1442.0	1504.0
运输、仓储和邮电业	3105.0	3610.0	3938.0	4222.0	
金融中介	4931.0	5949.0	6291.0	6768.0	7153.0
房地产、租赁及商务活动	3281.0	3477.0	3314.0	3518.0	
公共管理和国防;社会基本保障⑧	3336.0	3686.0	3831.0	4074.0	4168.0
教育					
卫生和社会工作					
其他团体、社会和个人服务活动					
域外组织和机构					
雇人的私人住户					
泰 国					
按第三版ISIC分类					
雇员每月工资率			7978.5	7357.4	8912.7
第三产业					
批发、零售贸易;机动车及个人、家庭用品修理业		6726.7	7399.2	7455.6	8128.2
旅馆和饭店业		5489.5	6055.6	6011.1	6843.1
运输、仓储和通讯		9843.5	13088.0	11745.9	13661.9
金融中介		18780.3	18479.9	18364.0	19941.6
房地产、租赁及商务活动		10010.3	11058.1	10792.6	12395.3
公共管理和国防;社会基本保障		28944.5	12236.0	11924.5	12833.2
教育		9840.1	16413.5	13531.8	18059.8
卫生和社会工作		11070.7	11043.8	10177.9	11705.4
其他团体、社会和个人服务		6510.3	6937.5	6825.6	8476.8
雇人的私人住户		4206.3	4792.7	4903.1	5155.8
域外组织和机构		19039.3	12275.0	33664.2	22414.8
行业不明确者		12986.5	11522.0	11087.3	14040.8
埃 及					
按第三版ISIC分类					
工资收入者每周收入	162.0	207.0	229.0	252.0	
第三产业					
批发、零售贸易;机动车及个人、家庭用品修理业	156.0	210.0	241.0	243.0	
旅馆和饭店业	104.0	156.0	149.0	178.0	
运输、仓储和通讯	138.0	247.0	286.0	301.0	
金融中介	215.0	367.0	359.0	480.0	
房地产、租赁及商务活动	261.0	386.0	227.0	246.0	
公共管理与国防;社会基本保障					
教育	111.0	93.0	98.0	111.0	
卫生和社会工作	77.0	86.0	130.0	132.0	
其他团体、社会和个人服务活动	105.0	154.0	133.0	137.0	

附录1-6　续表 4　　　　单位：本币

国家和地区	2000	2005	2006	2007	2008
南　非					
按第二版ISIC分类					
雇员每月收入					
第三产业					
批发、零售业、旅馆和饭店业		4819.0	5259.0	5677.0	6411.0
运输、仓储和通讯		10422.0	10672.0	11170.0	12047.0
金融保险、房地产和商务服务		7444.0	8826.0	9782.0	10418.0
社会和个人服务活动		8384.0	8942.0	9809.0	10927.0
加 拿 大					
按第三版ISIC分类					
雇员每周收入⑨	655.6	737.3	755.5	788.2	810.5
第三产业					
批发、零售贸易;机动车及个人、家庭用品修理业	538.5	573.3	591.2	607.1	621.5
旅馆和饭店业	273.3	288.5	299.7	318.4	331.1
运输、仓储和通讯	747.6	859.5	858.3	896.6	909.6
金融中介	844.3	933.9	966.4	1010.8	1014.7
房地产、租赁及商务活动	697.6	777.2	798.8	847.5	878.3
公共管理和国防;社会基本保障	781.2	925.5	951.0	1007.5	1040.5
教育	673.9	779.6	808.2	834.6	862.6
卫生和社会工作	562.4	667.4	687.7	705.6	743.9
其他团体、社会和个人服务	459.3	551.1	557.8	582.8	605.7
墨 西 哥					
按第三版ISIC分类					
雇员每月收入	2938.5	4173.8	4425.9	4716.3	4800.9
第三产业					
批发、零售贸易;机动车及个人、家庭用品修理业	2538.4	3726.7	3971.1	4154.0	4236.4
旅馆和饭店业	2166.9	3330.9	3519.4	3760.6	3893.2
运输、仓储和通讯	3694.6	4795.9	5151.9	5647.3	5854.9
金融中介	6597.4	7773.7	8087.7	8876.9	8976.4
房地产、租赁及商务活动	3874.9	4658.1	5039.7	5155.0	5181.2
公共管理与国防;社会基本保障	4236.7	5812.4	6130.9	6498.4	6565.3
教育	4418.7	5938.1	6267.7	6549.6	6640.9
卫生和社会工作	4086.1	5929.8	6315.7	6620.5	6741.2
其他团体、社会和个人服务	2883.7	4031.9	4150.6	4622.8	4556.4
雇人的私人住户	1225.8	1980.9	2167.7	2340.7	2401.1
美　国					
按第三版ISIC分类					
工资收入者每小时收入					
第三产业					
批发、零售贸易;机动车及个人、家庭用品修理业	14.0	16.1	16.8	17.4	18.1
旅馆和饭店业	7.9	8.8	9.2	9.8	10.2
运输、仓储和通讯					
金融中介					
房地产、租赁及商务活动					
公共管理和国防;社会基本保障					
教育					
卫生和社会工作	14.0	17.1	17.8	18.5	19.3
其他团体、社会和个人服务					

附录1-6　续表 5　　　　单位：本币

国家和地区	2000	2005	2006	2007	2008
法　国					
按第三版ISIC分类					
工资收入者每小时收入					
第三产业					
批发、零售贸易;机动车及个人、家庭用品修理业	12.3	14.4	14.7	15.2	
旅馆和饭店业	9.4	11.3	11.7	12.1	
运输、仓储和通讯	12.8	15.0	15.6	16.1	
金融中介	20.1	23.6	24.4	26.0	
房地产、租赁及商务活动	14.7	17.5	18.0	18.5	
公共管理和国防;社会基本保障					
教育					
卫生和社会工作					
其他团体、社会和个人服务活动					
雇人的私人住户					
德　国					
按第三版ISIC分类					
雇员每小时收入					
第三产业					
批发、零售贸易;机动车及个人、家庭用品修理业				16.6	17.0
旅馆和饭店业				11.0	11.1
运输、仓储和通讯				15.4	15.7
金融中介				23.0	23.8
房地产、租赁及商务活动				17.8	18.4
公共管理和国防;社会基本保障					
教育				18.0	18.6
卫生和社会工作				17.4	17.8
其他团体、社会和个人服务活动				17.1	17.7
意 大 利					
按第三版ISIC分类					
工资收入者每小时工资率指数⑩	112.4	99.2ǀ	102.0	104.6	108.0
第三产业					
批发、零售贸易;机动车及个人、家庭用品修理业	116.6	99.2ǀ	100.7	102.9	104.9
旅馆和饭店业	112.1	99.3ǀ	100.5	101.6	107.5
运输、仓储和通讯	108.1	97.8ǀ	101.5	103.9	107.6
金融中介					
房地产、租赁及商务活动	110.0	99.0ǀ	101.2	103.3	105.5
公共管理和国防;社会基本保障					
教育		98.6ǀ	100.2	101.4	108.7
卫生和社会工作		99.0ǀ	100.0	106.0	106.0
荷　兰					
按第三版ISIC分类					
雇员每月收入	2368.7	2836.0			
第三产业					
批发、零售贸易;机动车及个人、家庭用品修理业	2125.5	2523.0			
旅馆和饭店业	1720.7	2018.0			
运输、仓储和通讯	2240.3	2575.0			

附录1-6 续表 6

单位：本币

国家和地区	2000	2005	2006	2007	2008
金融中介	2839.3	3613.0			
房地产、租赁及商务活动	2679.6	3164.0			
公共管理和国防;社会基本保障	2621.0	3058.0			
教育	2735.8	3221.0			
卫生和社会工作	2398.2	2972.0			
其他团体、社会和个人服务活动	2277.1	2773.0			
波　兰					
按第三版ISIC分类					
雇员每月收入	1893.7	2360.6	2475.9	2672.6	2943.9
第三产业					
批发、零售贸易;机动车及个人、家庭用品修理业	1589.9	1921.9	2014.2	2193.5	2400.6
旅馆和饭店业	1301.5	1512.6	1559.3	1660.9	1816.8
运输、仓储和通讯	2144.4	2591.9	2650.0	2803.3	3104.2
金融中介	3257.7	4244.6	4474.5	4882.4	5117.2
房地产、租赁及商务活动	2133.4	2483.8	2612.6	2834.2	3103.3
公共管理和国防;社会基本保障	2432.4	3060.7	3214.7	3369.0	3794.0
教育	1835.0	2471.0	2573.1	2711.9	2965.4
卫生和社会工作	1479.9	1954.1	2101.8	2463.5	2868.3
其他社区、社会和私人服务活动	1891.5	2294.9	2385.3	2506.7	2749.5
俄罗斯联邦					
按第三版ISIC分类					
雇员每月收入		8555.0	10634.0	13593.0	17290.0
第三产业					
批发、零售贸易;机动车及个人、家庭用品修理业		6552.0	8235.0	11476.0	14927.0
旅馆和饭店业		6033.0	7522.0	9339.0	11536.0
运输、仓储和邮电业		11351.0	13390.0	16452.0	20761.0
金融中介		22728.0	27886.0	34880.0	41872.0
房地产、租赁及商务活动		10237.0	12763.0	16642.0	21275.0
公共管理与国防;社会基本保障		10999.0	13477.0	16896.0	21344.0
教育		5430.0	6983.0	8778.0	11317.0
卫生和社会工作		5906.0	8060.0	10037.0	13049.0
其他团体、社会和个人服务		6291.0	7996.0	10392.0	13539.0
域外组织和机构		18922.0	26990.0	30339.0	36083.0
西 班 牙					
按第三版ISIC分类					
雇员每小时收入⑪					
第三产业					
批发、零售贸易;机动车及个人、家庭用品修理业	8.0	9.6	10.0	10.3	10.7
旅馆和饭店业	6.4	7.6	8.0	8.3	8.6
运输、仓储和邮电业	10.9	12.7	13.0	13.4	14.2
金融中介	18.5	22.8	23.5	24.6	25.4
房地产、租赁及商务活动	8.5	10.8	11.4	12.0	12.5
公共管理与国防;社会基本保障					
教育	12.4	15.4	15.9	16.5	16.9
卫生和社会工作	11.8	14.4	15.3	16.5	17.2
其他团体、社会和个人服务	8.8	10.2	10.6	11.1	11.6

附录1-6　续表 7　　　　单位：本币

国家和地区	2000	2005	2006	2007	2008
英　国					
按第三版ISIC分类					
雇员每小时收入⑨	10.7	13.1	13.6	14.0	
第三产业					
批发、零售贸易;机动车及个人、家庭用品修理业	9.1	10.6	11.0	11.4	
旅馆和饭店业	6.8	7.9	8.4	8.5	
运输、仓储和通讯	9.9	11.9	12.4	13.0	
金融中介	16.2	19.5	19.9	20.9	
房地产、租赁及商务活动	12.4	15.1	15.6	16.1	
公共管理和国防;社会基本保障	11.0	13.4	13.7	14.1	
教育	12.0	14.6	15.0	15.3	
卫生和社会工作	9.9	13.0	13.4	13.8	
其他社区、社会和私人服务活动	10.3	12.6	13.1	13.0	
雇人的私人住户	7.0	8.3	9.1	9.1	
域外组织和机构	11.2		14.6	17.3	
澳大利亚					
按第三版ISIC分类					
雇员每小时工资⑫					
第三产业					
批发、零售贸易;机动车及个人、家庭用品修理业	16.5		22.6		
旅馆和饭店业	14.7		19.2		
运输、仓储和通讯	20.4		26.8		
金融中介	21.1		29.5		
房地产、租赁及商务活动	19.6		26.8		
公共管理和国防;社会基本保障	22.7		29.5		
教育	21.7		29.3		
卫生和社会工作	19.5		24.4		
其他社区、社会和私人服务活动	18.0		24.7		
新 西 兰					
按第三版ISIC分类					
雇员每小时工资					
第三产业					
批发、零售贸易;机动车及个人、家庭用品修理业	15.2	17.1	17.9	18.7	19.5
旅馆和饭店业	11.6	13.4	13.5	14.2	15.0
运输、仓储和通讯	17.7	20.1	21.7	21.8	23.2
金融中介	23.4	28.8	29.3	31.1	31.0
房地产、租赁及商务活动	20.0	23.3	25.0	25.9	26.6
公共管理和国防;社会基本保障	21.2	26.0	26.8	28.0	30.1
教育	20.6	26.1	28.9	29.3	30.3
卫生和社会工作	18.1	21.2	22.6	23.8	25.3
其他社区、社会和私人服务活动	17.4	20.3	20.1	21.3	22.7

注：①指城镇国有、集体和其他单位雇员工资。②指国家机关、社会组织。③包括文化艺术、广播电视。④包括体育活动。⑤千本币。⑥不包括机动车及个人、家庭用品修理业。⑦包括家庭补助和各种实物的价值，5人及以上企业。⑧包括“教育、卫生和社会工作;其他团体、社会和个人服务活动”、“雇人的私人住户”和“行业不明确者”。⑨包括加班收入。⑩2000年数据为2000年12月为100，其余为2005年12月为100。⑪包括加班收入和不定期报酬。⑫指从事非管理工作的雇员。

资料来源：国际劳工组织数据库。

附录1-7　货物贸易进口总额

单位：亿美元

国家和地区	2000	2005	2006	2007	2008	2009	2010	2011
世　界	**67240**	**108600**	**124440**	**143110**	**165360**	**127330**	**154640**	**184380**
中　国	2251	6600	7915	9561	11326	10059	13951	17435
中国香港	2140	3002	3358	3701	3930	3522	4414	5109
中国澳门	26	45	52	60	59	48	56	79
孟加拉国	89	139	160	186	239	218	278	362
文　莱	11	15	17	21	26	24	25	29
柬埔寨	19	39	48	54	65	58	68	93
印　度	515	1429	1784	2294	3210	2572	3502	4626
印度尼西亚	436	757	806	931	1275	938	1353	1769
伊　朗	139	400	408	449	574	508	650	621
以色列	377	471	503	590	677	493	612	755
日　本	3795	5159	5791	6222	7625	5520	6941	8550
哈萨克斯坦	50	174	237	328	379	284	311	379
韩　国	1605	2612	3094	3568	4353	3231	4252	5244
老　挝	5	9	11	11	14	15	21	27
马来西亚	820	1146	1312	1470	1569	1238	1646	1877
蒙　古	6	12	15	21	36	21	33	65
缅　甸	24	19	26	33	43	44	48	80
巴基斯坦	109	254	298	326	423	317	378	440
菲律宾	370	495	541	580	604	459	585	637
新加坡	1345	2000	2387	2632	3198	2458	3108	3658
斯里兰卡	72	88	103	113	140	100	135	203
泰　国	619	1182	1288	1400	1792	1337	1829	2285
越　南	156	368	450	627	807	699	848	1067
埃　及	146	224	273	371	484	449	529	589
尼日利亚	87	208	265	348	500	339	442	550
南　非	297	623	787	884	1016	741	942	1216
加拿大	2448	3224	3590	3902	4190	3299	4025	4626
墨西哥	1795	2282	2635	2902	3183	2415	3102	3611
美　国	12593	17327	19181	20204	21695	16053	19692	22659
阿根廷	252	287	342	447	575	388	565	739
巴　西	591	776	958	1266	1824	1337	1915	2369
捷　克	320	765	932	1182	1420	1050	1267	1516
法　国	3389	5041	5419	6309	7168	5609	6097	7139
德　国	4972	7771	9067	10550	11851	9263	10548	12539
意大利	2388	3848	4426	5117	5619	4151	4870	5575
荷　兰	2183	3638	4168	4926	5809	4432	5164	5987
波　兰	490	1016	1270	1657	2088	1495	1780	2077
俄罗斯联邦	447	1254	1643	2235	2919	1918	2486	3238
西班牙	1561	2888	3287	3893	4208	2932	3270	3742
土耳其	545	1168	1396	1701	2020	1409	1855	2408
乌克兰	140	361	450	606	855	455	609	826
英　国	3481	5137	6014	6230	6334	4828	5615	6378
澳大利亚	715	1253	1393	1653	2003	1655	2016	2437
新西兰	139	262	264	309	344	256	306	371

资料来源：世界贸易组织数据库。

附录1-8 货物贸易出口总额

单位：亿美元

国家和地区	2000	2005	2006	2007	2008	2009	2010	2011
世 界	**64560**	**104950**	**121200**	**140120**	**161320**	**125310**	**152740**	**182550**
中 国	2492	7620	9690	12205	14307	12016	15778	18984
中国香港	2027	2921	3227	3494	3702	3294	4007	4556
中国澳门	25	25	26	25	20	10	9	9
孟加拉国	64	93	118	125	154	151	192	244
文 莱	39	62	76	77	103	72	89	124
柬埔寨	14	31	37	41	47	42	51	70
印 度	424	996	1218	1502	1948	1649	2264	3046
印度尼西亚	654	870	1035	1180	1396	1196	1581	2006
伊 朗	287	563	770	887	1137	788	1013	1315
以色列	314	428	468	541	613	479	584	678
日 本	4792	5949	6467	7143	7814	5807	7698	8226
哈萨克斯坦	88	278	383	478	712	432	600	883
韩 国	1723	2844	3255	3715	4220	3635	4664	5552
老 挝	3	6	9	9	11	11	17	24
马来西亚	982	1410	1607	1762	1995	1574	1986	2270
蒙 古	5	11	15	19	25	19	29	48
缅 甸	16	38	46	63	69	67	87	93
巴基斯坦	90	161	169	178	203	175	214	253
菲律宾	398	413	474	505	491	384	515	483
新加坡	1378	2296	2718	2993	3382	2698	3519	4095
斯里兰卡	54	63	69	77	85	73	86	102
泰 国	691	1109	1297	1539	1778	1524	1953	2288
越 南	145	324	398	486	627	571	722	969
埃 及	53	129	167	192	262	231	264	305
尼日利亚	210	505	587	666	863	567	840	1160
南 非	300	516	582	698	808	617	809	968
加拿大	2766	3605	3882	4207	4565	3166	3879	4524
墨西哥	1664	2142	2500	2718	2913	2297	2983	3496
美 国	7819	9011	10260	11482	12874	10560	12783	14804
阿根廷	263	404	465	558	700	557	681	840
巴 西	551	1185	1378	1606	1979	1530	2019	2560
捷 克	291	781	949	1225	1468	1130	1330	1623
法 国	3276	4634	4959	5596	6162	4848	5235	5961
德 国	5518	9709	11081	13212	14462	11200	12589	14723
意大利	2405	3731	4169	4999	5427	4069	4473	5232
荷 兰	2331	4064	4636	5508	6379	4979	5743	6610
波 兰	317	894	1108	1401	1705	1365	1597	1874
俄罗斯联邦	1056	2438	3036	3544	4716	3034	4006	5220
西班牙	1153	1926	2137	2533	2815	2273	2544	3087
土耳其	278	735	855	1073	1320	1021	1139	1349
乌克兰	146	342	384	493	670	398	515	685
英 国	2854	3845	4487	4391	4598	3529	4057	4732
澳大利亚	639	1061	1234	1414	1873	1543	2126	2704
新西兰	133	217	224	269	306	249	314	377

资料来源：世界贸易组织数据库。

附录1-9 服务贸易进口总额

单位：亿美元

国家和地区	2000	2005	2006	2007	2008	2009	2010	2011
世　界	**14564**	**23656**	**26503**	**31445**	**35888**	**31902**	**35015**	**38675**
中　国	359	832	1003	1293	1580	1581	1922	2365
中国香港	246	338	369	424	469	438	509	559
中国澳门	8	23	29	44	56	48	72	103
孟加拉国	15	20	21	27	35	32	41	
文　莱	8	9	10	11	12	12	14	16
柬埔寨	3	6	8	9	9	9	11	14
印　度	189	468	582	704	878	803	1161	1301
印度尼西亚	154	218	212	241	280	226	256	318
伊　朗	22	104	114	148	172	174	194	
以色列	117	136	145	173	195	168	178	203
日　本	1052	1224	1339	1487	1674	1470	1558	1647
哈萨克斯坦	18	74	86	115	109	99	111	106
韩　国	332	590	693	840	954	795	950	982
马来西亚	166	218	234	285	301	273	320	373
蒙　古	2	5	5	5	6	5	8	18
缅　甸	3	5	5	6	6	6	8	
巴基斯坦	21	72	81	84	93	59	65	72
菲律宾	52	58	62	74	83	87	112	120
新加坡	300	551	649	744	872	791	963	1105
斯里兰卡	16	21	24	26	30	25	31	
泰　国	153	266	324	378	457	363	446	505
越　南	33	44	51	71	79	80	98	117
埃　及	72	95	103	131	163	128	130	130
尼日利亚	31	64	121	156	226	165	202	
南　非	57	118	139	161	165	144	180	203
加拿大	436	649	718	817	876	781	900	993
墨西哥	167	203	216	224	239	207	218	252
美　国	2032	2717	3063	3359	3702	3450	3670	3906
阿根廷	90	74	82	106	131	119	138	159
巴　西	156	224	271	347	444	441	597	731
捷　克	54	102	119	143	174	153	169	182
法　国	644	1060	1121	1283	1402	1291	1314	1407
德　国	1358	2096	2220	2575	2886	2549	2624	2836
意大利	546	884	980	1186	1257	1040	1086	1145
荷　兰	499	836	860	974	1113	1075	1055	1183
波　兰	89	154	194	237	297	236	295	298
俄罗斯联邦	162	378	437	568	736	592	723	900
西班牙	328	668	780	957	1049	867	867	913
土耳其	76	103	107	145	166	155	183	196
乌克兰	26	70	86	111	158	111	121	145
英　国	969	1585	1703	1950	1954	1585	1602	1709
澳大利亚	186	299	316	392	476	413	502	593
新西兰	44	82	78	91	98	80	92	112

资料来源：世界贸易组织数据库。

附录1-10 服务贸易出口总额

单位：亿美元

国家和地区	2000	2005	2006	2007	2008	2009	2010	2011
世 界	**14807**	**24962**	**28272**	**34068**	**38342**	**34086**	**37469**	**41500**
中 国	301	739	914	1217	1464	1286	1702	1820
中国香港	404	637	727	846	922	863	1061	1207
中国澳门	33	86	105	142	178	188	287	390
孟加拉国	3	5	6	7	9	9	12	
文 莱	2	6	7	8	9	9	11	13
柬 埔 寨	4	11	12	15	16	16	17	22
印 度	160	522	695	866	1067	926	1233	1484
印度尼西亚	51	126	111	121	147	126	162	199
伊 朗	14	49	55	68	79	75	75	
以 色 列	153	168	183	202	239	214	242	258
日 本	694	1021	1151	1271	1464	1259	1389	1429
哈萨克斯坦	9	20	26	33	40	38	39	41
韩 国	308	483	553	714	894	725	863	936
老 挝	1	2	2	3	4	4	5	
马来西亚	138	195	216	294	303	287	327	357
蒙 古	1	4	5	6	5	4	5	6
缅 甸	5	2	3	3	3	3	3	
巴基斯坦	13	20	22	22	25	25	29	34
菲 律 宾	34	45	64	98	97	110	144	155
新 加 坡	284	555	661	848	990	932	1121	1251
斯里兰卡	9	15	16	18	20	19	24	
泰 国	138	197	244	298	327	298	341	405
越 南	27	42	51	64	70	57	74	88
埃 及	97	144	158	197	247	213	236	189
尼日利亚	18	14	21	11	18	18	26	
南 非	49	110	119	135	124	117	136	147
加 拿 大	393	544	589	638	667	585	674	741
墨 西 哥	136	156	158	171	175	145	149	149
美 国	2736	3563	3974	4656	5126	4805	5225	5780
阿 根 廷	48	65	79	102	120	109	129	143
巴 西	90	149	179	226	288	262	303	367
捷 克	68	118	141	172	218	193	209	221
法 国	821	1215	1277	1482	1642	1431	1444	1609
德 国	797	1579	1812	2163	2493	2269	2331	2529
意 大 利	560	883	974	1104	1136	929	976	1066
荷 兰	484	901	945	1091	1230	1114	1156	1284
波 兰	104	162	205	286	353	286	327	367
俄罗斯联邦	96	247	309	390	506	412	446	543
西 班 牙	521	940	1055	1267	1421	1217	1230	1406
土 耳 其	193	264	252	286	346	331	339	381
乌 克 兰	38	89	108	137	173	133	165	186
英 国	1186	2041	2323	2847	2816	2416	2464	2743
澳大利亚	194	304	324	398	445	409	469	499
新 西 兰	44	86	81	93	94	81	89	100

资料来源：世界贸易组织数据库。

附录1-11 外汇储备与黄金储备

国家和地区	外汇储备（亿美元）			黄金储备（万盎司）		
	2000	2010	2011	2000	2010	2011
中　　国	1655.7	28473.4	31811.5	1270.0	3389.0	3389.0
中国香港	1075.4	2686.5	2852.6	6.7	6.7	6.7
中国澳门	33.2	237.3	340.3			
孟加拉国	14.9	99.0	77.8	10.9	43.4	43.4
柬 埔 寨	5.0	31.5	33.4	40.0	40.0	40.0
印　　度	372.6	2678.1	2629.3	1150.2	1793.2	1793.2
印度尼西亚	282.8	899.7	1036.1	310.1	235.0	235.0
日　　本	3472.1	10362.6	12212.5	2454.7	2460.2	2460.2
哈萨克斯坦	15.9	246.9	246.5	184.0	216.4	263.6
韩　　国	958.6	2869.3	2982.3	43.9	46.4	175.0
马来西亚	274.3	1023.2	1289.6	117.0	117.0	117.0
蒙　　古	1.8	21.2	26.0	8.5	6.5	11.3
巴基斯坦	15.0	131.2	134.7	209.1	207.0	207.0
菲 律 宾	129.7	539.9	657.0	722.8	495.4	511.7
新 加 坡	795.1	2236.8	2355.0	409.6	409.6	409.6
斯里兰卡	9.8	66.3	61.7	33.6	34.6	32.1
泰　　国	319.3	1656.6	1652.0	236.7	320.0	490.0
埃　　及	129.1	323.5	136.6	243.2	243.1	243.1
尼日利亚	99.1	323.4	326.4	68.7	68.7	68.7
南　　非	57.9	354.2	398.5	590.0	401.6	401.9
加 拿 大	290.2	448.9	528.1	118.4	10.9	10.9
墨 西 哥	351.4	1148.8	1374.9	24.9	22.7	340.8
美　　国	312.4	520.8	518.8	26161.1	26149.9	26149.9
阿 根 廷	244.1	466.2	400.7	1.9	176.0	198.5
巴　　西	324.3	2805.7	3433.8	211.8	108.0	108.0
委内瑞拉	126.3	91.9	60.0	1024.0	1176.0	1176.0
捷　　克	130.2	403.4	378.5	44.6	40.8	40.0
法　　国	321.1	362.1	261.5	9724.5	7830.1	7830.1
德　　国	496.7	373.6	380.8	11151.9	10934.4	10919.4
意 大 利	224.2	356.8	341.6	7882.9	7882.9	7882.9
荷　　兰	70.0	89.0	91.6	2931.5	1969.1	1969.1
波　　兰	263.2	863.2	896.9	330.6	330.9	330.9
俄罗斯联邦	242.6	4329.5	4411.6	1235.9	2535.5	2838.8
西 班 牙	295.2	133.1	258.4	1682.9	905.4	905.4
土 耳 其	223.1	790.5	766.6	373.9	373.3	628.0
乌 克 兰	11.0	333.2	303.9	45.4	88.5	90.1
英　　国	341.6	493.3	562.4	1567.3	997.5	997.5
澳大利亚	167.8	327.9	360.0	256.3	256.7	256.7
新 西 兰	36.2	151.3	152.4			

资料来源：国际货币基金组织IFS数据库。

附录1-12　外商直接投资

单位：亿美元

国家和地区	外商直接投资			对外直接投资		
	2000	2010	2011	2000	2010	2011
世　界	**14005.4**	**13090.0**	**15244.2**	**12266.3**	**14513.6**	**16944.0**
中　国	407.1	1147.3	1239.9	9.2	688.1	651.2
中国香港	619.4	710.7	831.6	593.7	954.0	816.1
中国澳门		28.3	43.7		-3.1	0.6
孟加拉国	5.8	9.1	11.4		0.2	0.1
文　莱	5.5	6.3	12.1	0.3	0.1	0.1
柬埔寨	1.5	7.8	8.9	0.1	0.2	0.2
印　度	35.9	241.6	315.5	5.1	131.5	147.5
印度尼西亚		137.7	189.1		26.6	77.7
伊　朗	1.9	36.5	41.5	0.2	3.5	3.6
以色列	69.6	55.1	113.7	25.6	85.7	30.0
日　本	83.2	-12.5	-17.6	315.6	562.6	1143.5
哈萨克斯坦	12.8	107.7	129.1		78.4	45.3
韩　国	90.0	85.1	46.6	42.3	232.8	203.5
老　挝	0.3	3.3	4.5	0.1	0.1	0.1
马来西亚	37.9	91.0	119.7	20.3	133.3	152.6
蒙　古	0.5	16.9	47.1		0.6	0.9
缅　甸	2.1	4.5	8.5			
巴基斯坦	3.1	20.2	13.3	0.1	0.5	0.6
菲律宾	22.4	13.0	12.6	1.3	6.2	0.1
新加坡	155.2	486.4	640.0	66.5	212.1	252.3
斯里兰卡	1.7	4.8	3.0		0.5	0.5
泰　国	34.1	97.3	95.7	-0.2	54.1	106.3
越　南	13.0	80.0	74.3		9.0	9.5
埃　及	12.4	63.9	-4.8	0.5	11.8	6.3
尼日利亚	13.1	61.0	89.2	1.7	-9.2	-8.2
南　非	8.9	12.3	58.1	2.7	-0.8	-6.3
加拿大	668.0	234.1	409.3	446.8	385.9	495.7
墨西哥	181.1	207.1	195.5	3.6	135.7	89.5
美　国	3140.0	1979.1	2269.4	1426.3	3044.0	3966.6
阿根廷	104.2	70.6	72.4	9.0	9.6	14.9
巴　西	327.8	485.1	666.6	22.8	115.9	-10.3
委内瑞拉	47.0	12.1	53.0	5.2	26.7	1.7
捷　克	49.9	61.4	54.0	0.4	11.7	11.5
法　国	432.5	306.4	409.5	1774.5	768.7	901.5
德　国	1982.8	468.6	404.0	565.6	1093.2	543.7
意大利	133.7	91.8	290.6	66.9	326.6	472.1
荷　兰	638.5	-89.7	171.3	756.3	552.2	318.7
波　兰	94.5	88.6	151.4	0.2	54.9	58.6
俄罗斯联邦	27.1	432.9	528.8	31.8	525.2	672.8
西班牙	395.8	407.6	294.8	582.1	383.4	372.6
土耳其	9.8	90.4	158.8	8.7	14.6	24.6
乌克兰	6.0	65.0	72.1		7.4	1.9
英　国	1187.6	506.0	539.5	2333.7	395.0	1070.9
澳大利亚	156.1	355.6	413.2	42.2	127.9	200.0
新西兰	13.5	6.4	33.7	6.1	5.9	28.6

资料来源：联合国贸易和发展会议数据库。

附录1-13 货币汇率(年平均价)

单位：1美元合本币数

国家和地区	2000	2005	2007	2008	2009	2010	2011
中　　国	8.28	8.19	7.61	6.95	6.83	6.77	6.46
中国香港	7.79	7.78	7.80	7.79	7.75	7.77	7.78
中国澳门	8.03	8.01	8.04	8.02	7.98	8.00	8.02
孟加拉国	52.14	64.33	68.88	68.60	69.04	69.65	74.15
文　　莱	1.72	1.66	1.51	1.42	1.46	1.36	1.26
柬 埔 寨	3840.75	4092.50	4056.17	4054.17	4139.33	4184.92	4058.50
印　　度	44.94	44.10	41.35	43.51	48.41	45.73	46.67
印度尼西亚	8421.78	9704.74	9141.00	9698.96	10389.94	9090.43	8770.43
伊　　朗	1764.96	8963.96	9281.15	9428.53	9864.30	10254.18	10616.31
以 色 列	4.08	4.49	4.11	3.59	3.93	3.74	3.58
日　　本	107.77	110.22	117.75	103.36	93.57	87.78	79.81
哈萨克斯坦	142.13	132.88	122.55	120.30	147.50	147.35	146.62
韩　　国	1130.96	1024.12	929.26	1102.05	1276.93	1156.06	1108.29
老　　挝	7887.64	10655.17	9603.16	8744.22	8516.05	8258.77	8058.40
马来西亚	3.80	3.79	3.44	3.34	3.53	3.22	3.06
蒙　　古	1076.67	1205.25	1170.40	1165.80	1437.80	1357.06	1265.52
缅　　甸	6.43	5.76	5.56	5.39	5.52	5.58	5.39
巴基斯坦	53.65	59.51	60.74	70.41	81.71	85.19	86.34
菲 律 宾	44.19	55.09	46.15	44.32	47.68	45.11	43.31
新 加 坡	1.72	1.66	1.51	1.42	1.46	1.36	1.26
斯里兰卡	77.01	100.50	110.62	108.33	114.95	113.06	110.57
泰　　国	40.11	40.22	34.52	33.31	34.29	31.69	30.49
越　　南	14167.75	15858.92	16105.13	16302.25	17065.08	18612.92	20509.75
埃　　及	3.47	5.78	5.64	5.43	5.55	5.62	5.93
尼日利亚	101.70	131.27	125.81	118.55	148.90	150.30	153.90
南　　非	6.94	6.36	7.05	8.26	8.47	7.32	7.26
加 拿 大	1.49	1.21	1.07	1.07	1.14	1.03	0.99
墨 西 哥	9.46	10.90	10.93	11.13	13.51	12.64	12.42
美　　国	1.00	1.00	1.00	1.00	1.00	1.00	1.00
阿 根 廷	1.00	2.90	3.10	3.14	3.71	3.90	4.11
巴　　西	1.83	2.43	1.95	1.83	2.00	1.76	1.67
委内瑞拉	0.68	2.09	2.15	2.15	2.15	2.58	4.29
捷　　克	38.60	23.96	20.29	17.07	19.06	19.10	17.70
法　　国	1.09	0.80	0.73	0.68	0.72	0.76	0.72
德　　国	1.09	0.80	0.73	0.68	0.72	0.76	0.72
意 大 利	1.09	0.80	0.73	0.68	0.72	0.76	0.72
荷　　兰	1.09	0.80	0.73	0.68	0.72	0.76	0.72
波　　兰	4.35	3.24	2.77	2.41	3.12	3.02	2.96
俄罗斯联邦	28.13	28.28	25.58	24.85	31.74	30.37	29.38
西 班 牙	1.09	0.80	0.73	0.68	0.72	0.76	0.72
土 耳 其	0.63	1.34	1.30	1.30	1.55	1.50	1.68
乌 克 兰	5.44	5.13	5.05	5.27	7.79	7.94	7.97
英　　国	0.66	0.55	0.50	0.54	0.64	0.65	0.62
澳大利亚	1.73	1.31	1.20	1.19	1.28	1.09	0.97
新 西 兰	2.20	1.42	1.36	1.42	1.60	1.39	1.27

资料来源：世界银行WDI数据库。

附录1-14 铁路货运和客运周转量

国家和地区	铁路货运周转量(亿吨公里)			铁路客运周转量(亿人公里)		
	2000	2009	2010	2000	2009	2010
世 界	**37.54**			**13.89**		
高收入国家	**106.58**	**88.72**	**82.85**	**70.52**	**71.75**	**70.90**
中等收入国家	**32.60**	**54.17**	**40.32**	**10.70**	**12.85**	**12.20**
中 国	13336.06	25239.17	24511.85	4414.68	7878.90	7911.58
孟加拉国	7.77		7.10	39.41	56.09	73.05
印 度	3052.01	5514.48	6005.48	4306.66	8380.32	9034.65
伊 朗	141.79	205.40	202.47	71.19	153.12	168.14
以色列	11.73	10.55	10.62	7.81	19.68	19.86
日 本	223.13	221.00	204.32	2407.93	2535.55	2442.35
哈萨克斯坦	1249.83	1973.02	2131.74	102.15	148.60	154.48
韩 国	108.03	92.73	94.52	280.97	312.98	330.27
马来西亚	9.07	13.84	13.84	13.12	15.27	15.27
蒙 古	42.93	78.52	102.87	10.70	10.09	12.20
巴基斯坦	37.54	61.87	61.87	184.95	247.31	247.31
泰 国	33.84	31.61	31.61	99.35	80.37	80.37
越 南	19.02	38.07	39.01	32.00	41.29	43.78
埃 及	39.80	38.40	38.40	349.60	408.37	408.37
尼日利亚	1.05			3.63		
南 非	1066.05	1133.42	1133.42	118.90	138.65	188.65
加拿大		2582.80	3227.41		29.01	28.75
墨西哥				0.82	1.78	1.78
美 国	21421.45	24311.81	24687.38		94.76	95.18
阿根廷		120.25	120.25			
巴 西	1538.63	2677.00	2677.00			
捷 克	172.20	112.49	135.92	72.66	64.62	65.53
法 国	554.48	264.82	228.40	698.60	876.67	868.53
德 国	806.34	939.46	1057.94	743.88	767.72	785.82
意大利	228.34	135.69	120.37	448.49	455.90	445.35
荷 兰	38.19			147.60	154.00	154.00
波 兰	555.62	299.40	342.66	242.26	164.54	157.15
俄罗斯联邦	13732.00	18653.05	20113.08	1671.00	1535.00	1390.28
西班牙	120.42	73.48	78.44	197.84	229.59	223.04
土耳其	97.61	96.81	110.30	58.32	53.74	54.91
乌克兰	1728.40	1961.88	2180.91	517.67	483.27	502.40
英 国	180.90			382.00	514.67	550.19
澳大利亚	340.50	620.83	641.72	12.65	15.46	15.00

资料来源：世界银行WDI数据库。

附录1-15 空运货物周转量和客运量

国家和地区	空运货物周转量（万吨公里）			航空客运量（万人）		
	2000	2009	2010	2000	2009	2010
世界	**11825721**	**20213599**	**18932537**	**167406**	**227090**	**259545**
高收入国家	**9970285**	**17000555**	**14636376**	**135323**	**159136**	**174720**
中等收入国家	**1787940**	**3135092**	**4181988**	**31281**	**66664**	**83481**
低收入国家	**67496**	**77952**	**114173**	**802**	**1290**	**1344**
中　　国	390008	1197644	1744135	6189	22906	26769
中国香港	511151	1329318	796974	1438	2397	2538
中国澳门	2190	3212	3875	153	143	137
孟加拉国	19387	1	8463	133	141	218
文　　莱	14023	9044	13554	86	100	183
柬 埔 寨		99	1827		18	31
印　　度	54765	123516	172024	1730	5445	6414
印度尼西亚	40854	27692	65969	992	2742	3532
伊　　朗	7372	9577	13142	872	1305	1759
以 色 列	88570	98461	86500	444	461	614
日　　本	867205	1048567	837994	10912	8690	9421
哈萨克斯坦	1175	1458	4812	46	119	243
韩　　国	765134	1516261	1280225	3433	3417	4276
老　　挝	167	237	40	21	30	65
马来西亚	186384	285326	245082	1656	2377	2626
蒙　　古	844	256	324	25	26	42
缅　　甸	77	261	159	44	153	40
巴基斯坦	34031	30391	30976	529	530	601
菲 律 宾	28995	22745	47228	576	1048	1893
新 加 坡	600489	739096	400395	1670	1843	2532
斯里兰卡	25571	27900	32949	176	242	280
泰　　国	171288	213255	313276	1739	1962	2030
越　　南	11733	31150	42758	288	1107	1410
埃　　及	27806	18031	18787	452	622	964
尼日利亚	882	797	86	51	137	156
南　　非	68757	67641	110730	800	1250	1678
加 拿 大	189611	134694	201059	4177	5258	6733
墨 西 哥	30986	71406	137995	2089	1573	1361
美　　国	3017198	6168355	5074295	66533	67942	70743
阿 根 廷	29665	11166	17771	892	569	1003
巴　　西	172790	178230	97645	3129	6795	7725
委内瑞拉	3310	186	547	430	512	588
捷　　克	3222	2238	2317	223	505	710
法　　国	522434	662489	508119	5258	5832	6540
德　　国	712771	1018772	924542	5796	10340	11240
意 大 利	174841	40000	116446	3042	3319	4875
荷　　兰	436734	452033	502762	2090	2911	2755
波　　兰	7783	5548	9051	234	428	547
俄罗斯联邦	104141	230555	461403	1769	3440	5685
西 班 牙	87950	107959	168422	3971	4929	5856
土 耳 其	38504	85603	110070	1219	3134	5159
乌 克 兰	1220	6323	59785	95	343	568
英　　国	516087	661513	855479	7044	10246	12397
澳大利亚	173074	276929	238044	3258	5003	4527
新 西 兰	81714	79930	66820	1078	1210	1013

资料来源：世界银行WDI数据库。

附录1-16　电话主线和移动电话普及率

国家和地区	电话主线(条/千人)			移动电话(部/千人)		
	2000	2009	2010	2000	2009	2010
世　界	**159.6**	**178.2**	**172.4**	**120.8**	**682.4**	**781.7**
高收入国家	**556.1**	**455.8**	**444.3**	**500.8**	**1081.1**	**1108.1**
中等收入国家	**88.1**	**141.5**	**136.8**	**48.2**	**658.8**	**779.6**
低收入国家	**6.1**	**11.7**	**10.9**	**2.6**	**260.5**	**334.6**
中　国	114.1	235.0	219.5	67.2	559.8	640.4
中国香港	578.8	612.1	618.4	803.1	1802.7	1955.7
中国澳门	409.5	321.0	308.2	326.6	1952.9	2064.3
孟加拉国	3.8	10.4	6.1	2.2	356.6	461.7
文　莱	246.2	205.6	200.3	290.5	1053.7	1090.7
柬埔寨	2.5	3.9	25.4	10.5	448.4	576.5
印　度	30.8	30.7	28.7	3.4	434.8	614.2
印度尼西亚	31.2	143.0	158.3	17.2	670.8	917.2
伊　朗	145.2	352.8	363.0	14.7	718.6	912.5
以色列	494.4	447.6	441.6	731.5	1242.5	1331.2
日　本	492.8	350.6	319.4	531.2	908.1	954.0
哈萨克斯坦	122.6	243.5	253.2	13.2	1077.2	1210.7
韩　国	562.4	561.1	592.4	583.1	999.6	1053.6
老　挝	7.7	16.4	16.6	2.4	529.2	645.6
马来西亚	197.7	161.9	161.0	218.7	1078.5	1192.2
蒙　古	48.7	69.7	70.1	64.1	829.4	910.9
缅　甸	6.0	11.6	12.6	0.3	10.5	12.4
巴基斯坦	21.1	20.7	19.7	2.1	553.3	571.4
菲律宾	39.6	74.0	72.7	83.5	824.3	856.7
新加坡	496.5	390.4	392.4	701.0	1392.1	1451.8
斯里兰卡	40.9	166.2	171.6	23.0	788.9	832.2
泰　国	88.5	104.9	100.2	48.4	959.9	1036.2
越　南	32.3	200.5	186.7	10.0	1130.3	1753.0
埃　及	81.1	129.4	118.6	20.1	694.4	871.1
尼日利亚	4.5	9.6	6.6	0.2	482.4	551.0
南　非	110.9	86.8	84.3	186.3	933.4	1004.8
加拿大	679.6	523.4	500.4	284.6	707.1	706.6
墨西哥	123.4	174.1	175.4	140.8	742.6	805.5
美　国	681.5	497.1	487.1	387.5	891.5	898.6
阿根廷	213.8	243.8	247.5	175.7	1310.0	1417.9
巴　西	177.3	214.7	216.2	132.9	900.2	1041.0
委内瑞拉	104.2	240.8	244.4	223.7	986.1	962.0
捷　克	378.0	242.0	229.3	424.3	1365.8	1371.7
法　国	575.6	566.9	562.2	492.0	954.4	1006.6
德　国	609.8	576.4	554.5	585.3	1274.2	1270.4
意大利	476.5	359.9	354.7	741.3	1461.0	1496.4
荷　兰	623.4	438.2	435.3	678.0	1216.8	1154.5
波　兰	285.8	222.1	200.3	176.1	1171.4	1226.7
俄罗斯联邦	218.5	317.2	314.2	22.2	1611.2	1662.7
西班牙	424.5	443.4	438.5	602.3	1119.3	1119.9
土耳其	289.1	230.1	222.7	253.6	873.8	849.0
乌克兰	213.1	285.0	284.8	16.7	1201.9	1186.4
英　国	598.4	554.3	538.3	738.1	1301.7	1307.6
澳大利亚	524.4	411.8	388.9	446.8	1013.6	1010.4
新西兰	474.6	432.6	428.1	399.7	1087.3	1149.2

资料来源：世界银行WDI数据库。

附录1-17　互联网服务商

单位：个/百万人

国家和地区	2005	2006	2007	2008	2009	2010	2011
世　界	**64.69**	**73.04**	**95.36**	**110.81**	**112.97**	**154.93**	**183.94**
高收入国家	**358.86**	**417.06**	**547.92**	**636.76**	**689.74**	**900.71**	**1067.16**
中等收入国家	**2.46**	**2.96**	**4.01**	**5.10**	**5.89**	**8.73**	**11.62**
低收入国家	**0.12**	**0.14**	**0.21**	**0.30**	**0.36**	**0.58**	**0.82**
中　国	0.33	0.45	0.68	0.94	1.19	1.92	2.42
中国香港	162.33	194.40	240.98	287.77	352.39	453.47	570.45
中国澳门	54.01	60.82	90.96	96.44	135.54	209.69	239.32
孟加拉国	0.02	0.02	0.04	0.10	0.20	0.32	0.64
文　莱	13.77	18.90	29.14	31.19	43.39	65.18	113.32
柬埔寨	0.08	0.15	0.51	0.87	1.57	1.70	2.52
印　度	0.58	0.71	0.96	1.23	1.49	2.12	2.86
印度尼西亚	0.45	0.57	0.73	1.00	1.35	2.00	3.38
伊　朗	0.29	0.40	0.31	0.28	0.33	0.74	1.02
以色列	162.77	182.32	227.99	272.69	289.22	396.66	470.14
日　本	257.70	331.40	399.25	471.68	519.60	649.85	743.93
哈萨克斯坦	0.86	1.18	1.03	1.98	3.23	5.21	6.34
韩　国	20.03	60.01	497.49	690.84	918.47	1128.09	2496.13
老　挝	0.35	0.17	0.67	0.17	0.49	0.81	1.27
马来西亚	14.44	16.78	21.66	26.83	33.02	41.48	54.44
蒙　古	3.14	4.26	7.24	8.62	8.11	10.52	13.57
缅　甸	0.02	0.04	0.02		0.02	0.06	0.08
巴基斯坦	0.29	0.43	0.41	0.53	0.62	0.97	1.12
菲律宾	2.46	3.25	3.95	4.58	5.28	6.67	7.55
新加坡	275.45	296.95	359.59	390.34	420.84	529.67	607.29
斯里兰卡	1.78	1.96	2.55	3.17	3.52	4.46	6.04
泰　国	4.68	5.65	6.98	8.99	9.68	13.19	16.56
越　南	0.15	0.14	0.61	1.13	1.88	3.13	4.68
埃　及	0.53	0.70	0.83	1.03	1.49	2.29	3.01
尼日利亚	0.17	0.25	0.49	0.80	0.81	1.21	1.69
南　非	20.38	23.13	30.61	36.73	40.43	62.59	73.87
加拿大	569.11	645.44	813.52	906.39	984.21	1238.29	1368.63
墨西哥	8.11	9.63	12.86	15.07	16.54	20.60	26.82
美　国	785.16	870.97	1061.76	1174.79	1235.08	1444.94	1563.16
阿根廷	10.81	11.92	15.62	18.33	19.82	26.08	33.61
巴　西	14.18	16.20	20.32	23.96	26.01	40.73	54.20
委内瑞拉	4.63	5.18	6.22	6.77	7.43	7.42	8.06
捷　克	41.52	64.27	104.61	150.51	185.56	318.35	387.16
法　国	76.07	92.58	135.54	165.50	203.00	296.19	354.10
德　国	274.16	348.77	459.52	549.79	640.93	872.03	1023.41
意大利	44.21	52.92	72.93	92.79	109.33	154.42	190.87
荷　兰	327.15	412.58	780.51	1105.04	1414.12	2276.68	2749.82
波　兰	21.96	38.04	55.19	84.69	123.01	210.80	269.68
俄罗斯联邦	2.43	3.15	4.46	7.33	10.54	20.32	27.13
西班牙	81.66	100.24	142.72	170.19	193.21	233.47	284.72
土耳其	18.04	25.98	40.26	59.64	68.86	98.99	142.51
乌克兰	1.32	1.86	2.84	4.28	5.99	13.23	17.72
英　国	466.04	559.31	754.44	905.05		1396.05	1592.54
澳大利亚	498.07	579.09	805.36	987.46	1207.97	1763.11	2002.64
新西兰	489.85	587.87	828.47	980.11	1059.13	1489.54	1597.43

资料来源：世界银行WDI数据库。

附录1-18 国际互联网用户

单位：个/千人

国家和地区	2000	2005	2006	2007	2008	2009	2010
世 界	**67.42**	**157.79**	**175.54**	**206.72**	**234.97**	**264.19**	**301.57**
高收入国家	**307.26**	**591.26**	**617.70**	**671.75**	**692.28**	**705.07**	**734.02**
中等收入国家	**17.00**	**79.56**	**97.46**	**128.29**	**162.76**	**199.60**	**238.06**
低收入国家	**1.25**	**11.14**	**17.88**	**22.00**	**28.26**	**32.91**	**56.22**
中 国	17.85	85.49	105.52	160.44	226.62	289.77	343.90
中国香港	283.22	568.72	605.86	643.03	662.09	692.44	718.51
中国澳门	136.09	348.63	464.00	473.27	492.40	540.00	568.00
孟加拉国	0.71	2.42	10.00	18.00	25.00	31.00	37.00
文 莱	89.96	364.66	421.86	446.80	460.00	490.00	500.00
柬埔寨	0.47	3.17	4.68	4.90	5.10	5.30	12.60
印 度	5.28	23.88	28.05	39.50	43.80	51.20	75.00
印度尼西亚	9.26	36.02	47.65	57.86	79.17	86.97	99.00
伊 朗	9.34	81.00	87.60	94.70	102.40	110.70	130.00
以色列	199.64	240.11	267.01	463.86	576.31	612.26	653.91
日 本	297.19	661.98	679.91	735.70	747.15	773.85	776.39
哈萨克斯坦	6.72	29.67	32.69	40.18	109.87	179.15	333.82
韩 国	437.30	718.30	763.17	770.19	789.89	795.79	816.22
老 挝	1.11	8.50	11.70	16.40	35.50	60.00	70.00
马来西亚	213.85	486.29	516.38	557.00	558.00	559.00	563.00
蒙 古	12.56	105.33	119.96	121.93	124.90	126.00	129.00
缅 甸		0.65	1.82	2.17	2.20	2.20	
巴基斯坦		63.32	70.81	101.05	157.70	165.90	167.80
菲律宾	19.82	53.98	57.41	59.70	62.20	90.00	250.00
新加坡	350.29	610.03	591.15	679.45	680.42	684.20	711.36
斯里兰卡	6.35	18.10	25.64	39.25	58.74	88.74	121.20
泰 国	36.89	150.26	171.61	200.30	182.00	201.00	212.00
越 南	2.58	128.59	174.12	209.49	241.53	268.20	278.52
埃 及	6.41	116.98	125.53	160.50	180.10	242.80	267.40
尼日利亚	0.64	35.49	55.45	67.70	158.60	284.30	284.30
南 非	54.41	75.83	77.03	81.63	85.21	100.87	123.35
加拿大	511.29	715.97	725.15	733.06	767.20	801.71	813.38
墨西哥	50.81	172.10	195.20	208.10	217.10	263.40	310.50
美 国	431.30	682.68	692.05	752.62	742.18	712.12	742.47
阿根廷	70.39	177.21	209.27	259.47	281.13	340.00	360.00
巴 西	28.71	210.23	281.78	308.80	338.30	392.20	406.50
委内瑞拉	33.65	125.94	152.80	209.14	259.93	313.49	358.50
捷 克	97.53	352.18	478.82	518.26	626.86	641.39	686.39
法 国	138.70	413.91	452.20	637.49	681.85	690.63	772.84
德 国	302.67	687.69	723.00	753.88	783.47	794.85	825.27
意大利	231.29	350.38	380.81	408.72	445.74	488.75	537.40
荷 兰	438.11	809.28	838.63	861.44	877.27	897.87	907.07
波 兰	72.57	388.10	446.14	486.88	532.59	591.21	624.72
俄罗斯联邦	19.83	153.00	181.51	248.67	270.59	292.36	433.15
西班牙	136.34	478.77	502.57	547.73	590.64	620.32	658.09
土耳其	37.62	154.60	182.40	286.30	343.70	364.00	398.20
乌克兰	7.12	37.35	44.87	65.18	223.01	329.06	445.86
英 国	268.13	699.75	687.55	749.79	782.33	833.45	847.33
澳大利亚	467.84	630.27	661.48	696.07	717.21	740.83	758.93
新西兰	473.82	627.24	690.05	698.29	721.80	798.26	830.06

资料来源：世界银行WDI数据库。

附录1-19　国际旅游收支

单位：亿美元

国家和地区	国际旅游支出			国际旅游收入		
	2000	2009	2010	2000	2009	2010
世　界	**5318.00**	**9285.93**	**9961.92**	**5724.01**	**10275.32**	**11119.07**
高收入国家	**4463.67**	**7061.75**	**7304.81**	**4565.41**	**7455.95**	**7962.70**
中等收入国家	**820.48**	**2172.99**	**2616.96**	**1126.65**	**2719.84**	**3045.13**
低收入国家	**28.60**	**65.72**	**71.45**	**33.54**	**106.25**	**116.43**
中　国	141.69	471.08	598.40	173.18	426.32	501.54
中国香港	125.02	156.69	174.61	81.98	204.18	270.28
孟加拉国	4.71	6.51	8.35	0.50	0.77	1.03
柬埔寨	0.52	1.62	2.68	3.45	13.12	14.12
印　度	36.86	115.07	137.46	35.98	115.09	146.73
印度尼西亚	31.97	69.08	84.32	49.75	60.54	76.18
伊　朗	6.71	101.33		6.77	23.10	
以色列	37.33	38.69	44.33	46.11	43.32	54.74
日　本	426.43	347.88	393.06	59.70	125.37	153.56
哈萨克斯坦	4.83	13.00	14.37	4.03	11.85	12.36
韩　国	79.45	163.60	196.95	85.27	133.04	138.05
老　挝	0.08	0.91	2.15	1.14	2.71	3.85
马来西亚	25.43	71.96	79.43	58.73	172.31	183.15
蒙　古	0.54	2.42	3.19	0.43	2.53	2.88
缅　甸	0.30	0.52	0.54	1.95	0.75	0.92
巴基斯坦	5.74	10.98	13.70	5.51	9.50	9.98
菲律宾	18.41	32.51	42.53	23.34	28.53	32.28
新加坡	45.35	150.10	167.70	51.42	93.83	141.81
斯里兰卡	3.83	7.35	8.28	3.88	7.54	10.44
泰　国	32.18	56.59	65.82	99.35	194.21	234.07
越　南		11.00			30.50	
埃　及	12.06	29.41	26.96	46.57	117.57	136.33
尼日利亚	6.10	62.36	83.79	1.86	7.91	7.38
南　非	26.84	64.20	81.39	33.38	86.84	103.08
加拿大	151.25	302.32	366.77	130.35	155.55	182.81
墨西哥	63.65	86.26	90.75	91.33	123.09	124.17
美　国	914.73	1059.66	1099.75	1209.12	1499.57	1657.77
阿根廷	54.60	57.66	63.75	31.95	44.76	56.29
巴　西	45.48	128.97	193.40	19.69	56.35	61.81
委内瑞拉	16.47	22.34	21.96	4.69	8.53	6.72
捷　克	12.76	41.58	41.66	29.73	79.36	80.17
法　国	267.03	457.17	462.27	385.34	585.43	566.54
德　国	576.01	931.07	912.08	249.43	474.52	491.33
意大利	181.69	343.99	330.53	287.06	419.38	400.58
荷　兰	136.49	210.80	197.72	112.85	178.69	186.90
波　兰	34.17	78.88	91.00	61.28	98.43	99.86
俄罗斯联邦	88.48	236.71	299.93	34.29	123.69	133.79
西班牙	77.10	222.19	228.00	326.56	595.39	588.10
土耳其	17.13	46.27	54.51	76.36	246.01	247.84
乌克兰	5.61	37.51	41.34	5.63	43.49	46.96
英　国	470.09	611.33	602.91	299.78	385.64	399.45
澳大利亚	87.80	214.59		130.16	278.64	
新西兰	12.35	25.81	30.38	22.72	45.93	49.07

资料来源：世界银行WDI数据库。

附录1-20　国际旅游人数

单位：万人

国家和地区	国外游客到达人数			出国旅游人数		
	2000	2009	2010	2000	2009	2010
世　界	**68113.5**	**88455.6**	**94164.3**	**73088.9**	**92217.1**	
高收入国家	**47017.7**	**53172.7**	**55856.9**	**48173.9**	**53202.0**	
中等收入国家	**19688.6**	**33000.5**	**35984.9**	**17934.2**	**32803.7**	**37049.4**
低收入国家	**715.2**	**1609.5**	**1630.3**			
中　国	3122.9	5087.5	5566.4	1047.3	4765.6	5738.6
中国香港	881.4	1692.6	2008.5	461.1	8195.8	8444.2
中国澳门	519.7	1040.2	1192.6	14.4	20.6	25.2
孟加拉国	19.9	26.7		112.8	225.4	
文　莱	98.4	15.7				
柬埔寨		204.6	239.9	4.1	34.0	50.5
印　度	264.9	516.8	577.6	441.6	1106.7	1298.8
印度尼西亚	506.4	632.4	700.3	220.5	505.3	623.5
伊　朗	134.2			228.6		
以色列	241.7	232.1	280.3	353.0	400.7	426.9
日　本	475.7	679.0	861.1	1781.9	1544.6	1663.7
哈萨克斯坦	147.1	311.8	339.3	124.7		
韩　国	532.2	781.8	879.8	550.8	949.4	
老　挝	19.1	123.9	167.0			
马来西亚	1022.2	2364.6	2457.7	3053.2		
蒙　古	13.7	41.1	45.7			
缅　甸	20.8	24.3	31.1			
巴基斯坦	55.7	85.5				
菲律宾	199.2	301.7	352.0	167.0		
新加坡	606.2	748.9	916.1	444.4	696.1	734.2
斯里兰卡	40.0	44.8	65.4	52.4	96.3	112.2
泰　国	957.9	1415.0	1593.6	190.9	465.3	545.1
越　南	214.0	374.7				
埃　及	511.6	1191.4	1405.1	296.4		
尼日利亚	81.3	141.4				
南　非	587.2	701.2	807.4	383.4	442.4	516.5
加拿大	1962.7	1573.7	1609.7	1918.2	2620.3	2867.8
墨西哥	2064.1	2145.4	2226.0	1107.9	1394.2	1439.5
美　国	5123.8	5488.4	5979.1	6132.7	6141.9	
阿根廷	290.9	430.8	532.5	495.3	498.1	530.7
巴　西	531.3	480.2	516.1	322.8	495.2	530.5
委内瑞拉	46.9	61.5		95.4	165.1	
捷　克	477.3	839.0	818.5		661.8	642.9
法　国	7719.0	7676.4	7714.8	1988.6	2128.1	2160.9
德　国	1898.3	2422.0	2687.5	7440.0	7230.0	
意大利	4118.1	4323.9	4362.6	2199.3	2906.0	2982.3
荷　兰	1000.3	992.1	1088.3	1389.6	1840.8	1843.0
波　兰	1740.0	1189.0	1247.0	5667.7	3927.0	4276.0
俄罗斯联邦	2116.9	2133.9	2228.1	1837.1	3427.6	3932.3
西班牙	4640.3	5217.8	5267.7	410.0	1284.4	
土耳其	958.6	2550.6	2700.0	528.4	1049.5	1100.2
乌克兰	643.1	2079.8	2120.3	1342.2	1533.4	1718.0
英　国	2321.2	2819.9	2829.5	5683.7	5861.4	5556.2
澳大利亚	493.1	558.4	588.5	349.8	628.5	711.1
新西兰	178.0	242.2	249.2	128.3	191.8	202.6

资料来源：世界银行WDI数据库。

【主要统计指标解释】

国内生产总值 指生产活动总成果，等于所有常住单位创造的增加值的总和（包括产出价值中未包括的产品税，不包括各项产品补贴），等于按购买者价格计算的货物和服务最终使用价值（不包括中间消费）减去进口的货物和服务价值，或等于常住生产单位初次收入分配的总和。

按当年价格计算的国内生产总值 是按报告期价格计算的国内生产总值，即名义国内生产总值。

不变价格国内生产总值 指国内生产总值的物量绝对量。不变价格国内生产总值等于按基期价格衡量的价值。理论上，价值量中的价格和数量应该是对应的，但是不变价格国内生产总值采用基期价格替代当期价格。实践中两种主要方法都在计算。

三次产业 根据《国际标准产业分类》（ISIC）第三版划分。

第一产业，即农业，指《国际标准产业分类》第三版中第1类至第5类，包括林业、狩猎业、渔业、种植业和畜牧业。

第二产业，指《国际标准产业分类》第三版中第10类至第45类，包括采掘业，制造业，电力、煤气和水的供应业以及建筑业。

第三产业，即服务业，指《国际标准产业分类》第三版中第50类至第99类。包括批发零售贸易业（包括旅馆和饭店业）、交通运输业、政府、金融、专业服务和个人服务，例如教育、卫生、房地产服务，还包括虚拟的银行服务费、进口税和加工或调整数据时的统计误差。

增加值总额 等于总产出减去中间消耗。用于衡量单个生产者、行业或部门生产活动对国内生产总值的贡献。增加值总额是国民核算账户（SNA）中初次收入形成的来源，因此被（从生产账户）结转到初次收入分配账户中进行反映。

按基本价格计算的增加值总额 等于按基本价格计算的总产出减去按购买者价格计算的中间消耗。基本价格等于生产者出售一个单位的货物和服务得到的收入，减去由此应付的税金，加上收到的补贴。基本价格作为生产或销售的价格单位，不包括生产者的运输费用。

按要素成本计算的增加值总额 等于按市场价格计算的增加值总额减间接税与产品补贴。

按生产者价格计算的增加值总额 等于按生产者价格计算的总产出减去按购买者价格计算的中间消耗。

就业人员 为一定年龄以上，在特定短期（一周或一天）内，属于下列类型的所有人：

（1）有酬从业人员，包括两类：①正在工作的人，指在参考期内做某些工作以得到现金或实物形式工资或薪金的人员；②有工作岗位但目前不工作的人，指现在有工作，却在短期内暂时不上班，但同时与工作单位有正式联系的人。这种正式联系，可以按照如下的一项或多项标准，根据各国的不同情况予以判断：1）持续领到工资或薪金；2）保证在暂时的不上班状态终止后返回该岗位，或对返回的时间有协议；3）在不工作的这段时间里，该从业者能得到补偿而无须接受其他工作。军人应被包括在有酬从业人员中。

（2）自营就业者，包括两类：①正在工作，指在短期时间内以利润或家庭收入为目的，从事某些工作得到现金或实物的人；②拥有企业而不工作的人，指自己拥有企业（如商业企业，农场，服务性企业），在一定时期内因特殊原因暂不工作的人。

工资 定期以现金或以实物形式支付给雇员的报酬，包括对雇员工作时间、完成的工作量和未工作的有酬时间（如年休假，法定假日）支付的劳动报酬。工资不包括雇主为其雇员支付的社会保险和养老金缴款、雇员因此而得到的收益、解雇和辞职时加发的工资。

收入 同雇员的总报酬相联系，即雇主付给的扣除各项费用（税收、雇员社会保险和养老保险费，人身保险费，工会费和其他支付费用）以前的总数。收入应包括直接工资和薪金、为未工作时间支付的报酬（不包括解雇费和解雇补偿费）奖金、赏金以及雇主直接为雇员支付的住户和家庭补贴。

贸易体系 是指贸易国家进行对外货物贸易统计所采用的统计制度。它有总贸易体系（又称一般贸易体系）和专门贸易体系（又称特殊贸易体系）两种类型。总贸易体系数值大于相应的专门贸易体系数值。

总贸易体系以货物通过国境作为统计进出口的标准。专门贸易体系则以货物通过关境或结关作为统计进出口的标准。

总贸易体系和专门贸易体系说明的是不同的问题。前者说明一国在国际商品流通中所处的地位和所起的作用；后者说明一国作为生产者和消费者在国际贸易中的地位。

出口 即货物离开一国的统计疆界。在总贸易体系中，一国的统计疆界与它的经济领土是一致的。在专门贸易体系中，一国的统计疆界只包括一部分经济领土，一般这部分与货物自由贸易区是一致的。自由贸易地区是一国经济疆界的一部分，在此间货物可以无进口税限制地流通。一般采用离岸价。

进口 指货物进入一国统计疆界。在总贸易体系中，进口包括直接为国内使用的进口，流入入境加工仓库的进口，注入海关仓库和自由区的进口；在专门贸易体系中，进口包括直接进入国内市场为国内使用的商品的进口，由海关仓库和自由区进入国内市场的进口，以及流向入境加工仓库的进口。一般采用到岸价。

服务贸易 服务（原为非要素服务）指无形商品的经济产出。它可以在同一时间产生、转让和消费。商品服务的出口（贷方和收入）和进口（借方和支付）来自于国际收支统计中的国际服务交易统计，其概念、定义和分类与国际货币基金组织 1993 年《国际收支手册》第五版一致。

外汇储备 一国当局可以使用和控制的外汇资产，它可直接用来弥补国际收支不平衡或间接用来平衡国际收支。

黄金储备（货币黄金） 一国当局拥有的、作为储备资产的黄金。

国际旅游支出 是指出境游客在他国的旅游消费，包括在国际旅行时，搭乘他国运输工具所支付的交通费（有些国家不包括这项交通费）。除非特别声明外，国际旅游支出包括境外一日游客（不过夜游客）在访问地的消费。

国际旅游收入 是指入境游客（过夜旅客）在本国的旅游消费，包括国际旅行时，入境游客搭乘本国运输工具所付给本国的交通费（有些国家不包括这项交通费）。国际旅游收入包括目的地国接受的所有商品和服务的支付。除特别声明外，国际旅游收入可以包括入境一日游游客（不过夜游客）在本国的消费。

附录二 中国服务业采购经理指数及国外情况

简要说明

一、调查内容

服务业企业主管企业运营的负责人对企业经营活动、采购及相关业务活动情况的判断，主要包括对业务总量、新订单（客户需求）、存货、投入价格、收费价格、企业员工、供应商配送、业务活动预期等情况的判断。

二、调查范围

涉及《国民经济行业分类》（GB/T4754-2011）中第三产业的23个行业大类。

三、调查方法

服务业采购经理调查采用PPS抽样调查方法。

四、季节调整说明

该调查是一项月度调查，受季节因素影响，数据波动较大。现发布的服务业采购经理指数各分类指数均为经季节调整后的数据。

五、资料来源

中国服务业采购经理指数资料是国家统计局服务业统计司根据《采购经理调查制度》收集的调查资料加工整理而得；世界主要经济体服务业采购经理指数资料主要来自于美国供应管理协会、摩根大通、Markit经济研究机构等官方网站和各有关国际组织。

附录2-1 中国服务业采购经理指数(经季节调整)

单位：%

月份	商务活动指数	新订单指数	投入价格指数	收费价格指数	业务活动预期指数
2011.1	55.5	52.9	63.4	53.5	66.6
2	55.5	53.2	63.2	53.8	66.4
3	57.4	53.6	62.0	51.6	67.9
4	56.8	53.3	64.3	54.1	66.0
5	57.8	54.0	60.5	51.9	67.4
6	54.8	52.0	59.7	50.0	66.4
7	55.5	52.2	61.8	51.9	66.9
8	56.4	54.6	61.3	51.4	66.4
9	54.4	49.4	57.4	50.7	66.4
10	54.9	50.8	56.3	49.0	63.1
11	55.3	51.3	57.2	48.6	63.6
12	55.8	51.3	56.8	49.6	63.1

附录2-2 世界主要经济体服务业采购经理指数

单位：%

月份	中国	美国	欧元区	日本	德国	英国	法国	俄罗斯	巴西
2011.1	55.5	59.4	55.9	50.4	60.3	54.5	57.8	54.2	52.7
2	55.5	59.7	56.8	49.8	58.6	52.6	59.7	53.4	52.7
3	57.4	57.3	57.2	35.3	60.1	57.1	60.4	53.3	54.0
4	56.8	52.8	56.7	35.0	56.8	54.3	62.9	55.8	52.5
5	57.8	54.6	56.0	43.8	56.1	53.8	62.5	57.6	53.0
6	54.8	53.3	53.7	45.4	56.7	53.9	56.1	55.1	51.1
7	55.5	52.7	51.6	45.3	52.9	55.4	54.2	56.9	51.4
8	56.4	53.3	51.5	44.3	51.1	51.1	56.8	53.2	49.6
9	54.4	53.0	48.8	46.4	49.7	52.9	51.5	53.3	48.5
10	54.9	52.9	46.4	52.3	50.6	51.3	44.6	53.5	51.3
11	55.3	52.0	47.5	49.5	50.3	52.1	49.6	54.8	51.5
12	55.8	52.6	48.8	50.4	52.4	54.0	50.3	53.8	53.2

注：美国为非制造业采购经理指数，其他国家均为服务业商务活动指数。

【主要统计指标解释】

商务活动指数 指根据企业报告期内完成的业务活动总量的变化情况汇总而成的扩散指数。国际上通常用商务活动指数来反映服务业经济发展的总体情况，一般来说该指数高于50%，反映服务业经济总体上升或扩张；低于50%，反映服务业经济下降或收缩。

新订单指数 指根据企业报告期内签定的订单量、合同量或其它需求总量的变化情况汇总而成的扩散指数。

投入价格指数 指根据企业报告期内主要投入价格水平的变化情况汇总而成的扩散指数。

收费价格指数 指根据企业报告期内销售（或收费）价格水平的变化情况汇总而成的扩散指数。

业务活动预期指数 指根据企业对未来业务活动整体水平预测的变化情况汇总而成的扩散指数。

附录三

国民经济行业分类

（第三产业部分）

国民经济行业分类

GB/T 4754-2011

（第三产业部分）

代码				类别名称	说明
门类	大类	中类	小类		
F				**批发和零售业**	本门类包括51和52大类，指商品在流通环节中的批发活动和零售活动
	51			**批发业**	指向其他批发或零售单位（含个体经营者）及其他企事业单位、机关团体等批量销售生活用品、生产资料的活动，以及从事进出口贸易和贸易经纪与代理的活动，包括拥有货物所有权，并以本单位(公司)的名义进行交易活动，也包括不拥有货物的所有权，收取佣金的商品代理、商品代售活动；本类还包括各类商品批发市场中固定摊位的批发活动，以及以销售为目的的收购活动
		511		农、林、牧产品批发	指未经过加工的农作物、林产品及牲畜、畜产品、鱼苗的批发和进出口活动，但不包括蔬菜、水果、肉、禽、蛋、奶及水产品的批发和进出口活动，包括以批发为目的的农副产品收购活动
			5111	谷物、豆及薯类批发	
			5112	种子批发	
			5113	饲料批发	
			5114	棉、麻批发	
			5115	林业产品批发	指林木种苗、采伐产品及采集产品等的批发和进出口活动
			5116	牲畜批发	
			5119	其他农牧产品批发	
		512		食品、饮料及烟草制品批发	指经过加工和制造的食品、饮料及烟草制品的批发和进出口活动，以及蔬菜、水果、肉、禽、蛋、奶及水产品的批发和进出口活动
			5121	米、面制品及食用油批发	
			5122	糕点、糖果及糖批发	
			5123	果品、蔬菜批发	
			5124	肉、禽、蛋、奶及水产品批发	
			5125	盐及调味品批发	
			5126	营养和保健品批发	
			5127	酒、饮料及茶叶批发	指可直接饮用或稀释、冲泡后饮用的饮料、酒及茶叶的批发和进出口活动
			5128	烟草制品批发	指经过加工、生产的烟草制品的批发和进出口活动
			5129	其他食品批发	
		513		纺织、服装及家庭用品批发	指纺织面料、纺织品、服装、鞋、帽及日杂品、家用电器、家具等生活日用品的批发和进出口活动

代码				类别名称	说明
门类	大类	中类	小类		
			5131	纺织品、针织品及原料批发	
			5132	服装批发	
			5133	鞋帽批发	
			5134	化妆品及卫生用品批发	
			5135	厨房、卫生间用具及日用杂货批发	指灶具、炊具、厨具、餐具及各种容器、器皿等的批发和进出口活动；卫生间的用品用具和生活用清洁、清扫用品、用具等的批发和进出口活动
			5136	灯具、装饰物品批发	
			5137	家用电器批发	
			5139	其他家庭用品批发	指上述未列明的其他生活日用品的批发和进出口活动
		514		文化、体育用品及器材批发	指各类文具用品、体育用品、图书、报刊、音像、电子出版物、首饰、工艺美术品、收藏品及其他文化用品、器材的批发和进出口活动
			5141	文具用品批发	
			5142	体育用品及器材批发	
			5143	图书批发	
			5144	报刊批发	
			5145	音像制品及电子出版物批发	
			5146	首饰、工艺品及收藏品批发	
			5149	其他文化用品批发	
		515		医药及医疗器材批发	指各种化学药品、生物药品、中药及医疗器材的批发和进出口活动；包括兽用药的批发和进出口活动
			5151	西药批发	
			5152	中药批发	指中成药、中药材的批发和进出口活动
			5153	医疗用品及器材批发	
		516		矿产品、建材及化工产品批发	指煤及煤制品、石油制品、矿产品及矿物制品、金属材料、建筑和装饰装修材料以及化工产品的批发和进出口活动
			5161	煤炭及制品批发	
			5162	石油及制品批发	
			5163	非金属矿及制品批发	
			5164	金属及金属矿批发	
			5165	建材批发	指建筑用材料和装饰装修材料的批发和进出口活动
			5166	化肥批发	
			5167	农药批发	
			5168	农用薄膜批发	

代码				类别名称	说明
门类	大类	中类	小类		
			5169	其他化工产品批发	
		517		机械设备、五金产品及电子产品批发	提供通用机械、专用设备、交通运输设备、电气机械、五金、交通器材、电料、计算机设备、通讯设备、电子产品、仪器仪表及办公用机械的批发和进出口活动
			5171	农业机械批发	
			5172	汽车批发	
			5173	汽车零配件批发	
			5174	摩托车及零配件批发	
			5175	五金产品批发	指小五金、工具、水暖部件及材料的批发和进出口活动
			5176	电气设备批发	
			5177	计算机、软件及辅助设备批发	
			5178	通讯及广播电视设备批发	指电信设备、广播电视设备的批发和进出口活动
			5179	其他机械设备及电子产品批发	
		518		贸易经纪与代理	指代办商、商品经纪人、拍卖商的活动；专门为某一生产企业做销售代理的活动；为买卖双方提供贸易机会或代表委托人进行商品交易代理活动
			5181	贸易代理	指不拥有货物的所有权，为实现供求双方达成交易，按协议收取佣金的贸易代理
			5182	拍卖	
			5189	其他贸易经纪与代理	
		519		其他批发业	指上述未包括的批发和进出口活动
			5191	再生物资回收与批发	指将可再生的废旧物资回收，并批发给制造企业作初级原料的活动
			5199	其他未列明批发业	
	52			**零售业**	指百货商店、超级市场、专门零售商店、品牌专卖店、售货摊等主要面向最终消费者（如居民等）的销售活动，以互联网、邮政、电话、售货机等方式的销售活动，还包括在同一地点，后面加工生产，前面销售的店铺（如面包房）；谷物、种子、饲料、牲畜、矿产品、生产用原料、化工原料、农用化工产品、机械设备（乘用车、计算机及通信设备除外）等生产资料的销售不作为零售活动；多数零售商对其销售的货物拥有所有权，但有些则是充当委托人的代理人，进行委托销售或以收取佣金的方式进行销售
		521		综合零售	
			5211	百货零售	指经营的商品品种较齐全，经营规模较大的综合零售活动

代码				类别名称	说明
门类	大类	中类	小类		
			5212	超级市场零售	指经营食品、日用品等的超级市场的综合零售活动
			5219	其他综合零售	指日用杂品综合零售活动；在街道、社区、乡镇、农村、工矿区、校区、交通要道口、车站、码头、机场等人口稠密地区开办的小型综合零售店的活动；以小超市形式开办的便利店活动；农村供销社的零售活动
		522		食品、饮料及烟草制品专门零售	指专门经营粮油、食品、饮料及烟草制品的店铺零售活动
			5221	粮油零售	
			5222	糕点、面包零售	
			5223	果品、蔬菜零售	
			5224	肉、禽、蛋、奶及水产品零售	
			5225	营养和保健品零售	
			5226	酒、饮料及茶叶零售	指专门经营酒、茶叶及各种饮料的店铺零售活动
			5227	烟草制品零售	
			5229	其他食品零售	指上述未列明的店铺食品零售活动
		523		纺织、服装及日用品专门零售	指专门经营纺织面料、纺织品、服装、鞋、帽及各种生活日用品的店铺零售活动
			5231	纺织品及针织品零售	
			5232	服装零售	
			5233	鞋帽零售	
			5234	化妆品及卫生用品零售	
			5235	钟表、眼镜零售	
			5236	箱、包零售	
			5237	厨房用具及日用杂品零售	指专门经营炊具、厨具、餐具、日用陶瓷、日用玻璃器皿、塑料器皿、清洁用具和用品的店铺零售活动，以及各种材质其他日用杂品的零售活动
			5238	自行车零售	
			5239	其他日用品零售	指专门经营小饰物、礼品花卉及其他未列明日用品的店铺零售活动
		524		文化、体育用品及器材专门零售	指专门经营文具、体育用品、图书、报刊、音像制品、首饰、工艺美术品、收藏品、照相器材及其他文化用品的店铺零售活动
			5241	文具用品零售	
			5242	体育用品及器材零售	
			5243	图书、报刊零售	
			5244	音像制品及电子出版物零售	

代码				类别名称	说明
门类	大类	中类	小类		
			5245	珠宝首饰零售	
			5246	工艺美术品及收藏品零售	指专门经营具有收藏价值和艺术价值的工艺品、艺术品、古玩、字画、邮品等的店铺零售活动
			5247	乐器零售	
			5248	照相器材零售	
			5249	其他文化用品零售	指专门经营游艺用品及其他未列明文化用品的店铺零售活动
		525		医药及医疗器材专门零售	指专门经营各种化学药品、生物药品、中药、医疗用品及器材的店铺零售活动
			5251	药品零售	
			5252	医疗用品及器材零售	
		526		汽车、摩托车、燃料及零配件专门零售	指专门经营汽车、摩托车、汽车部件、汽车零配件及燃料的店铺零售活动
			5261	汽车零售	指乘用车的零售
			5262	汽车零配件零售	
			5263	摩托车及零配件零售	
			5264	机动车燃料零售	指专门经营机动车燃料及相关产品（润滑油）的店铺零售活动
		527		家用电器及电子产品专门零售	指专门经营家用电器和计算机、软件及辅助设备、电子通信设备、电子元器件及办公设备的店铺零售活动
			5271	家用视听设备零售	指专门经营电视、音响设备、摄录像设备等的店铺零售活动
			5272	日用家电设备零售	指专门经营冰箱、洗衣机、空调、吸尘器及其他家用电器设备的店铺零售活动
			5273	计算机、软件及辅助设备零售	
			5274	通信设备零售	不包括专业通信设备的销售
			5279	其他电子产品零售	
		528		五金、家具及室内装饰材料专门零售	指专门经营五金用品、家具和装修材料的店铺零售活动，以及在家具、家居装饰、建材城（中心）及展销会上设摊位的销售活动
			5281	五金零售	
			5282	灯具零售	
			5283	家具零售	
			5284	涂料零售	
			5285	卫生洁具零售	
			5286	木质装饰材料零售	指专门经营木质地板、门、窗等店铺零售活动，不包括板材销售活动
			5287	陶瓷、石材装饰材料零售	指专门经营陶瓷、石材制地板砖、壁砖等店铺零售活动
			5289	其他室内装饰材料零售	

代码				类别名称	说明
门类	大类	中类	小类		
		529		货摊、无店铺及其他零售业	
			5291	货摊食品零售	指流动货摊的食品零售活动
			5292	货摊纺织、服装及鞋零售	指流动货摊的纺织、服装及鞋的零售活动
			5293	货摊日用品零售	指流动货摊的日用品零售活动
			5294	互联网零售	不包括在网络销售中，仅提供网络支付的活动，以及仅建立或提供网络交易平台和接入的活动
			5295	邮购及电视、电话零售	指通过邮政及电视、电话等通讯工具进行销售，并送货上门的零售活动
			5296	旧货零售	
			5297	生活用燃料零售	指从事生活用煤、煤油、酒精、薪柴、木炭以及罐装液化石油气等专门零售活动
			5299	其他未列明零售业	
G				**交通运输、仓储和邮政业**	本门类包括 53～60 大类
	53			**铁路运输业**	指铁路客运、货运及相关的调度、信号、机车、车辆、检修、工务等活动；不包括铁路系统所属的机车、车辆及信号通信设备的制造厂（公司）、建筑工程公司、商店、学校、科研所、医院等
		531	5310	铁路旅客运输	
		532	5320	铁路货物运输	
		533		铁路运输辅助活动	
			5331	客运火车站	
			5332	货运火车站	
			5339	其他铁路运输辅助活动	指除铁路旅客、货物运输及为其服务的客、货运火车站以外的运输网、信号、调度及铁路设施的管理和养护等活动
	54			**道路运输业**	
		541		城市公共交通运输	指城市旅客运输活动
			5411	公共电汽车客运	
			5412	城市轨道交通	指城市地铁、轻轨、有轨电车等活动
			5413	出租车客运	
			5419	其他城市公共交通运输	指其他未列明的城市旅客运输活动
		542	5420	公路旅客运输	指城市以外道路的旅客运输活动
		543	5430	道路货物运输	指所有道路的货物运输活动
		544		道路运输辅助活动	指与道路运输相关的运输辅助活动
			5441	客运汽车站	指长途旅客运输汽车站的服务
			5442	公路管理与养护	
			5449	其他道路运输辅助活动	
	55			**水上运输业**	
		551		水上旅客运输	
			5511	海洋旅客运输	

门类	大类	中类	小类	类别名称	说明
			5512	内河旅客运输	指江、河、湖泊、水库的水上旅客运输活动
			5513	客运轮渡运输	指城市及其他水域旅客轮渡运输活动
		552		水上货物运输	
			5521	远洋货物运输	
			5522	沿海货物运输	
			5523	内河货物运输	指江、河、湖泊、水库的水上货物运输活动
		553		水上运输辅助活动	
			5531	客运港口	
			5532	货运港口	
			5539	其他水上运输辅助活动	指其他未列明的水上运输辅助活动
	56			**航空运输业**	
		561		航空客货运输	
			5611	航空旅客运输	指以旅客运输为主的航空运输活动
			5612	航空货物运输	指以货物或邮件为主的航空运输活动
		562	5620	通用航空服务	指使用民用航空器从事除公共航空运输以外的民用航空活动
		563		航空运输辅助活动	
			5631	机场	
			5632	空中交通管理	
			5639	其他航空运输辅助活动	指其他未列明的航空运输辅助活动
	57			**管道运输业**	
		570	5700	管道运输业	指通过管道对气体、液体等的运输活动
	58			**装卸搬运和运输代理业**	
		581	5810	装卸搬运	
		582		运输代理业	指与运输有关的代理及服务活动
			5821	货物运输代理	
			5822	旅客票务代理	
			5829	其他运输代理业	
	59			**仓储业**	指专门从事货物仓储、货物运输中转仓储，以及以仓储为主的货物送配活动，还包括以仓储为目的的收购活动
		591		谷物、棉花等农产品仓储	
			5911	谷物仓储	指国家储备及其他谷物仓储活动
			5912	棉花仓储	指棉花加工厂仓储、中转仓储、棉花专业仓储、棉花物流配送活动，还包括在棉花仓储、物流配送过程中的棉花信息化管理活动
			5919	其他农产品仓储	指未列明的其他农产品仓储活动
		599	5990	其他仓储业	
	60			**邮政业**	
		601	6010	邮政基本服务	指邮政企业提供的信件、印刷品、包裹、汇兑等邮政服务，以及国家规定的其他邮政服务；不包括邮政快递服务

代码				类别名称	说明
门类	大类	中类	小类		
		602	6020	快递服务	指在承诺的时限内快速完成的寄递服务
H				**住宿和餐饮业**	本门类包括 61 和 62 大类
	61			**住宿业**	指为旅行者提供短期留宿场所的活动，有些单位只提供住宿，也有些单位提供住宿、饮食、商务、娱乐一体的服务，本类不包括主要按月或按年长期出租房屋住所的活动
		611	6110	旅游饭店	指按照国家有关规定评定的旅游饭店和具有同等质量、水平的饭店活动
		612	6120	一般旅馆	指不具备评定旅游饭店和同等水平饭店的一般旅馆的活动
		619	6190	其他住宿业	指上述未列明的住宿服务
	62			**餐饮业**	指通过即时制作加工、商业销售和服务性劳动等，向消费者提供食品和消费场所及设施的服务
		621	6210	正餐服务	指在一定场所内提供以中餐、晚餐为主的各种中西式炒菜和主食，并由服务员送餐上桌的餐饮活动
		622	6220	快餐服务	指在一定场所内提供快捷、便利的就餐服务
		623		饮料及冷饮服务	指在一定场所内以提供饮料和冷饮为主的服务
			6231	茶馆服务	
			6232	咖啡馆服务	
			6233	酒吧服务	
			6239	其他饮料及冷饮服务	
		629		其他餐饮业	
			6291	小吃服务	指提供全天就餐的简便餐饮服务，包括路边小饭馆、农家饭馆、流动餐饮和单一小吃等餐饮服务
			6292	餐饮配送服务	
			6299	其他未列明餐饮业	
I				**信息传输、软件和信息技术服务业**	本门类包括 63～65 大类
	63			**电信、广播电视和卫星传输服务**	
		631		电信	指利用有线、无线的电磁系统或者光电系统，传送、发射或者接收语音、文字、数据、图像以及其他任何形式信息的活动
			6311	固定电信服务	指从事固定通信业务活动
			6312	移动电信服务	指从事移动通信业务活动
			6319	其他电信服务	指除固定电信服务、移动电信服务外，利用固定、移动通信网从事的信息服务
		632		广播电视传输服务	
			6321	有线广播电视传输服务	指有线广播电视网和信号的传输服务
			6322	无线广播电视传输服务	指无线广播电视信号的传输服务
		633	6330	卫星传输服务	指人造卫星的电信传输和广播电视传输服务

代码				类别名称	说明
门类	大类	中类	小类		
	64			**互联网和相关服务**	
		641	6410	互联网接入及相关服务	指除基础电信运营商外，基于基础传输网络为存储数据、数据处理及相关活动，提供接入互联网的有关应用设施的服务
		642	6420	互联网信息服务	指除基础电信运营商外，通过互联网提供在线信息、电子邮箱、数据检索、网络游戏等信息服务
		649	6490	其他互联网服务	指除基础电信运营商服务、互联网接入及相关服务、互联网信息服务以外的其他未列明互联网服务
	65			**软件和信息技术服务业**	指对信息传输、信息制作、信息提供和信息接收过程中产生的技术问题或技术需求所提供的服务
		651	6510	软件开发	指为用户提供计算机软件、信息系统或者设备中嵌入的软件，或者在系统集成、应用服务等技术服务时提供软件的开发和经营活动；包括基础软件、支撑软件、应用软件、嵌入式软件、信息安全软件、计算机（应用）系统、工业软件以及其他软件的开发和经营活动
		652	6520	信息系统集成服务	指基于需方业务需求进行的信息系统需求分析和系统设计，并通过结构化的综合布缆系统、计算机网络技术和软件技术，将各个分离的设备、功能和信息等集成到相互关联的、统一和协调的系统之中，以及为信息系统的正常运行提供支持的服务；包括信息系统设计、集成实施、运行维护等服务
		653	6530	信息技术咨询服务	指在信息资源开发利用、工程建设、人员培训、管理体系建设、技术支撑等方面向需方提供的管理或技术咨询评估服务；包括信息化规划、信息技术管理咨询、信息系统工程监理、测试评估、信息技术培训等
		654	6540	数据处理和存储服务	指供方向需方提供的信息和数据的分析、整理、计算、编辑、存储等加工处理服务，以及应用软件、业务运营平台、信息系统基础设施等的租用服务；包括各种数据库活动、网站内容更新、数据备份服务、数据存储服务、在线企业资源规划（ERP）、在线杀毒、电子商务平台、物流信息服务平台、服务器托管、虚拟主机等
		655	6550	集成电路设计	指 IC 设计服务，即企业开展的集成电路功能研发、设计等服务
		659		其他信息技术服务业	

代码				类别名称	说明
门类	大类	中类	小类		
			6591	数字内容服务	指数字内容的加工处理，即将图片、文字、视频、音频等信息内容运用数字化技术进行加工处理并整合应用的服务
			6592	呼叫中心	指受企事业单位委托，利用与公用电话网或因特网连接的呼叫中心系统和数据库技术，经过信息采集、加工、存储等建立信息库，通过固定网、移动网或因特网等公众通信网络向用户提供有关该企事业单位的业务咨询、信息咨询和数据查询等服务
			6599	其他未列明信息技术服务业	
J				**金融业**	本门类包括 66～69 大类
	66			**货币金融服务**	
		661	6610	中央银行服务	指代表政府管理金融活动，并制定和执行货币政策，维护金融稳定，管理金融市场的特殊金融机构的活动
		662	6620	货币银行服务	指除中央银行以外的各类银行所从事存款、贷款和信用卡等货币媒介活动，还包括在中国开展货币业务的外资银行及分支机构的活动
		663		非货币银行服务	指主要与非货币媒介机构以各种方式发放贷款有关的金融服务
			6631	金融租赁服务	指经中国人民银行批准以经营融资租赁业务为主的非银行金融机构的活动
			6632	财务公司	指经中国人民银行批准，为企业融资提供的金融活动
			6633	典当	指以实物、财产权利质押或抵押的放款活动
			6639	其他非货币银行服务	指上述未包括的从事融资、抵押等非货币银行的服务，包括小额贷款公司、农村合作基金会等融资活动，以及各种消费信贷、国际贸易融资、公积金房屋信贷、抵押顾问和经纪人的活动
		664	6640	银行监管服务	指代表政府管理银行业活动，制定并发布对银行业金融机构及其业务活动监督管理的规章、规则
	67			**资本市场服务**	
		671		证券市场服务	
			6711	证券市场管理服务	指非政府机关进行的证券市场经营和监管，包括证券交易所、登记结算机构的活动
			6712	证券经纪交易服务	指在金融市场上代他人进行交易、代理发行证券和其他有关活动，包括证券经纪、证券承销与保荐、融资融券业务、客户资产管理业务等活动

代码				类别名称	说明
门类	大类	中类	小类		
			6713	基金管理服务	指在收费或合同基础上为个人、企业及其他客户进行的资产组合和基金管理活动，包括证券投资基金、企业年金、社保基金、专户理财、国内资本境外投资管理（QDII）等活动
		672		期货市场服务	
			6721	期货市场管理服务	指非政府机关进行的期货市场经营和监管，包括商品期货交易所、金融期货交易所、期货保证金监控中心的活动
			6729	其他期货市场服务	指商品合约经纪及其他未列明的期货市场的服务
		673	6730	证券期货监管服务	指由政府或行业自律组织进行的对证券期货市场的监管活动
		674	6740	资本投资服务	指经批准的证券投资机构的自营投资、直接投资活动，以及风险投资和其他投资活动
		679	6790	其他资本市场服务	指投资咨询服务、财务咨询服务、资信评级服务，以及其他未列明的资本市场的服务
	68			**保险业**	
		681		人身保险	指以人的寿命和身体为保险标的的保险活动，包括人寿保险、健康保险和意外伤害保险
			6811	人寿保险	指普通寿险、分红寿险、万能寿险、投资连结保险等活动(不论是否带有实质性的储蓄成分)
			6812	健康和意外保险	指疾病保险、医疗保险、失能收入损失保险、护理保险以及意外伤害保险的活动
		682	6820	财产保险	指除人身保险外的保险活动，包括财产损失保险、责任保险、信用保险、保证保险等
		683	6830	再保险	指承担与其他保险公司承保的现有保单相关的所有或部分风险的活动
		684	6840	养老金	指专为单位雇员或成员提供退休金补贴而设立的法定实体的活动(如基金、计划和/或项目等)，包括养老金定额补贴计划以及完全根据成员贡献确定补贴数额的个人养老金计划等
		685	6850	保险经纪与代理服务	指保险代理人和经纪人进行的年金、保单和分保单的销售、谈判或促合活动
		686	6860	保险监管服务	指根据国务院授权及相关法律、法规规定所履行的对保险市场的监督、管理活动
		689		其他保险活动	
			6891	风险和损失评估	指保险标的或保险事故的评估、鉴定、勘验、估损或理算等活动，包括索赔处理、风险评估、风险和损失核定、海损理算和损失理算，以及保险理赔等活动

门类	大类	中类	小类	类别名称	说明
			6899	其他未列明保险活动	指与保险和养老金相关或密切相关的活动(理赔和保险代理人、经纪人的活动除外)，包括救助管理、保险精算等活动
	69			**其他金融业**	
		691	6910	金融信托与管理服务	指根据委托书、遗嘱或代理协议代表受益人管理的信托基金、房地产账户或代理账户等活动，还包括单位投资信托管理
		692	6920	控股公司服务	指通过一定比例股份，控制某个公司或多个公司的集团，控股公司仅控制股权，不直接参与经营管理，以及其他类似的活动
		693	6930	非金融机构支付服务	指非金融机构在收付款人之间作为中介机构提供下列部分或全部货币资金转移服务，包括网络支付、预付卡的发行与受理、银行卡收单及中国人民银行确定的其他支付等服务
		694	6940	金融信息服务	指向从事金融分析、金融交易、金融决策或者其他金融活动的用户提供可能影响金融市场的信息（或者金融数据）的服务
		699	6990	其他未列明金融业	指主要与除提供贷款以外的资金分配有关的其他金融媒介活动，包括保理活动、掉期、期权和其他套期保值安排、保单贴现公司的活动、金融资产的管理、金融交易处理与结算等活动，还包括信用卡交易的处理与结算、外币兑换等活动
K				**房地产业**	本门类包括 70 大类
	70			**房地产业**	
		701	7010	房地产开发经营	指房地产开发企业进行的房屋、基础设施建设等开发，以及转让房地产开发项目或者销售、出租房屋等活动
		702	7020	物业管理	指物业服务企业按照合同约定，对房屋及配套的设施设备和相关场地进行维修、养护、管理，维护环境卫生和相关秩序的活动
		703	7030	房地产中介服务	指房地产咨询、房地产价格评估、房地产经纪等活动
		704	7040	自有房地产经营活动	指除房地产开发商、房地产中介、物业公司以外的单位和居民住户对自有房地产（土地、住房、生产经营用房和办公用房）的买卖和以营利为目的的租赁活动，以及房地产管理部门和企事业、机关提供的非营利租赁服务，还包括居民居住自有住房所形成的住房服务
		709	7090	其他房地产业	
L				**租赁和商务服务业**	本门类包括 71 和 72 大类
	71			**租赁业**	
		711		机械设备租赁	指不配备操作人员的机械设备的租赁服务

代码				类别名称	说明
门类	大类	中类	小类		
			7111	汽车租赁	
			7112	农业机械租赁	
			7113	建筑工程机械与设备租赁	
			7114	计算机及通讯设备租赁	
			7119	其他机械与设备租赁	
		712		文化及日用品出租	
			7121	娱乐及体育设备出租	
			7122	图书出租	
			7123	音像制品出租	
			7129	其他文化及日用品出租	
	72			**商务服务业**	
		721		企业管理服务	
			7211	企业总部管理	指不具体从事对外经营业务，只负责企业的重大决策、资产管理，协调管理下属各机构和内部日常工作的企业总部的活动，其对外经营业务由下属的独立核算单位或单独核算单位承担，还包括派出机构的活动（如办事处等）
			7212	投资与资产管理	指政府主管部门转变职能后，成立的国有资产管理机构和行业管理机构的活动；不包括资本活动的投资
			7213	单位后勤管理服务	指为企事业、机关提供综合后勤服务的活动
			7219	其他企业管理服务	指其他各类企业、行业管理机构的活动
		722		法律服务	指律师、公证、仲裁、调解等活动
			7221	律师及相关法律服务	指在民事案件、刑事案件和其他案件中，为原被告双方提供法律代理服务，以及为一般民事行为提供的法律咨询服务
			7222	公证服务	
			7229	其他法律服务	
		723		咨询与调查	
			7231	会计、审计及税务服务	
			7232	市场调查	
			7233	社会经济咨询	
			7239	其他专业咨询	指社会经济咨询以外的其他专业咨询活动
		724	7240	广告业	指在报纸、期刊、路牌、灯箱、橱窗、互联网、通讯设备及广播电影电视等媒介上为客户策划、制作的有偿宣传活动
		725	7250	知识产权服务	指对专利、商标、版权、著作权、软件、集成电路布图设计等的代理、转让、登记、鉴定、评估、认证、咨询、检索等活动
		726		人力资源服务	指提供公共就业、职业中介、劳务派遣、职业技能鉴定、劳动力外包等服务
			7261	公共就业服务	指向劳动者提供公益性的就业服务

代码				类别名称	说明
门类	大类	中类	小类		
			7262	职业中介服务	指为求职者寻找、选择、介绍工作，为用人单位提供劳动力的服务
			7263	劳务派遣服务	指劳务派遣单位招用劳动力后，将其派到用工单位从事劳动的行为
			7269	其他人力资源服务	指职业技能鉴定、人力资源外包及其他未列明的人力资源服务
		727		旅行社及相关服务	指为社会各界提供商务、组团和散客旅游的服务，包括向顾客提供咨询、旅游计划和建议、日程安排、导游、食宿和交通等服务
			7271	旅行社服务	
			7272	旅游管理服务	
			7279	其他旅行社相关服务	
		728		安全保护服务	指为社会提供的专业化、有偿安全防范服务
			7281	安全服务	指保安公司及类似单位提供的安全保护活动
			7282	安全系统监控服务	
			7289	其他安全保护服务	
		729		其他商务服务业	
			7291	市场管理	指各种交易市场的管理活动
			7292	会议及展览服务	指为商品流通、促销、展示、经贸洽谈、民间交流、企业沟通、国际往来而举办的展览和会议等活动
			7293	包装服务	指有偿或按协议为客户提供包装服务
			7294	办公服务	指为商务、公务及个人提供的各种办公服务
			7295	信用服务	指专门从事信用信息采集、整理和加工，并提供相关信用产品和信用服务的活动，包括信用评级、商帐管理等活动
			7296	担保服务	指保证人和债权人约定，当债务人不履行债务时，保证人按照约定履行债务或者承担责任的行为活动；本类别特指专业担保机构的活动
			7299	其他未列明商务服务业	指上述未列明的商务、代理等活动
M				**科学研究和技术服务业**	本门类包括 73～75 大类
	73			**研究和试验发展**	指为了增加知识（包括有关自然、工程、人类、文化和社会的知识），以及运用这些知识创造新的应用，所进行的系统的、创造性的活动；该活动仅限于对新发现、新理论的研究，新技术、新产品、新工艺的研制研究与试验发展，包括基础研究、应用研究和试验发展
		731	7310	自然科学研究和试验发展	
		732	7320	工程和技术研究和试验发展	
		733	7330	农业科学研究和试验发展	
		734	7340	医学研究和试验发展	
		735	7350	社会人文科学研究	

门类	大类	中类	小类	类别名称	说明
	74			**专业技术服务业**	
		741	7410	气象服务	指从事气象探测、预报、服务和气象灾害防御、气候资源利用等活动
		742	7420	地震服务	指地震监测预报、震灾预防和紧急救援等防震减灾活动
		743	7430	海洋服务	
		744	7440	测绘服务	
		745	7450	质检技术服务	指通过专业技术手段对动植物、工业产品、商品、专项技术、成果及其他需要鉴定的物品所进行的检测、检验、测试、鉴定等活动，还包括产品质量、计量、认证和标准的管理活动
		746		环境与生态监测	
			7461	环境保护监测	指对环境各要素，对生产与生活等各类污染源排放的液体、气体、固体、辐射等污染物或污染因子指标进行的测试和监测活动
			7462	生态监测	指对森林资源、湿地资源、荒漠化、珍稀濒危野生动植物资源的调查与监测活动；野生动物疫源疫病与防控以及对生态工程的监测活动
		747		地质勘查	指对矿产资源、工程地质、科学研究进行的地质勘查、测试、监测、评估等活动
			7471	能源矿产地质勘查	
			7472	固体矿产地质勘查	
			7473	水、二氧化碳等矿产地质勘查	
			7474	基础地质勘查	指区域、海洋、环境和水文地质勘查活动
			7475	地质勘查技术服务	指除矿产地质勘查、基础地质勘查以外的其他勘查和相关的技术服务
		748		工程技术	
			7481	工程管理服务	指工程项目建设中的项目策划、投资与造价咨询、招标代理、工程监理、项目管理等服务
			7482	工程勘察设计	指建筑工程施工前的工程测量、工程地质勘察和工程设计等活动
			7483	规划管理	指对区域和城镇、乡村的规划，以及其他规划
		749		其他专业技术服务业	
			7491	专业化设计服务	指除工程规划设计、软件设计、集成电路设计以外的独立的专业化设计活动
			7492	摄影扩印服务	
			7493	兽医服务	
			7499	其他未列明专业技术服务业	
	75			**科技推广和应用服务业**	
		751		技术推广服务	指将新技术、新产品、新工艺直接推向市场而进行的相关技术活动，以及技术推广和转让活动
			7511	农业技术推广服务	

代码				类别名称	说明
门类	大类	中类	小类		
			7512	生物技术推广服务	
			7513	新材料技术推广服务	
			7514	节能技术推广服务	
			7519	其他技术推广服务	
		752	7520	科技中介服务	指为科技活动提供社会化服务与管理，在政府、各类科技活动主体与市场之间提供居间服务的组织，主要开展信息交流、技术咨询、技术孵化、科技评估和科技鉴证等活动
		759	7590	其他科技推广和应用服务业	指除技术推广、科技中介以外的其他科技服务，但不包括短期的日常业务活动
N				**水利、环境和公共设施管理业**	本门类包括 76～78 大类
	76			**水利管理业**	
		761	7610	防洪除涝设施管理	指对江河湖泊开展的河道、堤防、岸线整治等活动及对河流、湖泊、行蓄洪区和沿海的防洪设施的管理活动，包括防洪工程设施的管理及运行维护等
		762	7620	水资源管理	指对水资源的开发、利用、配置、节约等活动
		763	7630	天然水收集与分配	指通过各种方式收集、分配天然水资源的活动，包括通过蓄水（水库、塘堰等）、提水、引水和井等水源工程，收集和分配各类地表和地下淡水资源的活动
		764	7640	水文服务	指通过布设水文站网，对水的时空分布规律进行监测、收集和分析处理的活动
		769	7690	其他水利管理业	
	77			**生态保护和环境治理业**	
		771		生态保护	
			7711	自然保护区管理	指对有代表性的自然生态系统、珍稀濒危野生动植物物种和有特殊意义的自然遗迹等予以特殊保护和管理的活动
			7712	野生动物保护	指对野生及濒危动物的饲养、繁殖等保护活动，以及对栖息地的管理活动
			7713	野生植物保护	指对野生及濒危植物的培育等保护活动
			7719	其他自然保护	指除自然保护区管理、野生动植物保护以外的其他自然保护活动
		772		环境治理业	
			7721	水污染治理	指对江、河、湖泊、水库及地下水、地表水的污染综合治理活动，不包括排放污水的搜集和治理活动
			7722	大气污染治理	指对大气污染的综合治理以及对工业废气的治理活动
			7723	固体废物治理	指除城乡居民生活垃圾以外的固体废物治理及其他非危险废物的治理

代码				类别名称	说明
门类	大类	中类	小类		
			7724	危险废物治理	指对制造、维修、医疗等活动产生的危险废物进行收集、贮存、利用、处理和处置等活动
			7725	放射性废物治理	指对生产及其他活动过程产生的放射性废物进行收集、贮存、利用、处理和处置等活动
			7729	其他污染治理	指除水污染、大气污染、固体废物、危险废物、放射性废物治理以外的其他环境治理活动
	78			**公共设施管理业**	
		781	7810	市政设施管理	指污水排放、雨水排放、路灯、道路、桥梁、隧道、广场、涵洞、防空等城乡公共设施的抢险、紧急处理、管理等活动
		782	7820	环境卫生管理	指城乡生活垃圾的清扫、收集、运输、处理和处置、管理等活动，以及对公共厕所、化粪池的清扫、收集、运输、处理和处置、管理等活动
		783	7830	城乡市容管理	指城市户外标志、外景照明、公共建筑物、施工围档、材料堆放、渣土清运、竣工清理等管理活动；乡、村户外标志、村容镇貌、柴草堆放、树木花草养护等管理活动
		784	7840	绿化管理	指城市绿地和生产绿地、防护绿地、附属绿地等的管理活动
		785		公园和游览景区管理	
			7851	公园管理	指主要为人们提供休闲、观赏、游览以及开展科普活动的城市各类公园管理活动
			7852	游览景区管理	指对具有一定规模的自然景观、人文景物的管理和保护活动，以及对环境优美，具有观赏、文化或科学价值的风景名胜区的保护和管理活动；包括风景名胜和其他类似的自然景区管理
O				**居民服务、修理和其他服务业**	本门类包括 79～81 大类
	79			**居民服务业**	
		791	7910	家庭服务	指雇佣家庭雇工的家庭住户和家庭户的自营活动，以及在雇主家庭从事有报酬的家庭雇工的活动，包括钟点工和居住在雇主家里的家政劳动者的活动
		792	7920	托儿所服务	指社会、街道、个人办的面向不足三岁幼儿的看护活动，可分为全托、日托、半托，或计时的服务
		793	7930	洗染服务	指专营的洗染店以及在宾馆、饭店内常设的独立（或相对独立）洗染服务
		794	7940	理发及美容服务	指专业理发、美容保健服务，以及在宾馆、饭店或娱乐场所常设的独立（或相对独立）理发、美容保健服务
		795	7950	洗浴服务	指专业洗浴室以及在宾馆、饭店或娱乐场所常设的独立（或相对独立）洗浴、温泉、SPA 等服务

代码				类别名称	说明
门类	大类	中类	小类		
		796	7960	保健服务	指专业保健场所以及在宾馆、饭店或娱乐场所开设的独立（或相对独立）保健按摩、足疗等服务
		797	7970	婚姻服务	指婚姻介绍、婚庆典礼等服务
		798	7980	殡葬服务	指与殡葬有关的各类服务
		799	7990	其他居民服务业	指上述未包括的居民服务
	80			**机动车、电子产品和日用产品修理业**	
		801		汽车、摩托车修理与维护	
			8011	汽车修理与维护	指汽车修理厂及路边门店的专业修理服务，包括为汽车提供上油、充气、打蜡、抛光、喷漆、清洗、换零配件、出售零部件等服务，不包括汽车回厂拆卸、改装、大修的活动
			8012	摩托车修理与维护	
		802		计算机和办公设备维修	指对计算机硬件及系统环境的维护和修理活动
			8021	计算机和辅助设备修理	
			8022	通讯设备修理	
			8029	其他办公设备维修	指其他未列明的各种办公设备的修理公司（中心）、修理门市部和修理网点的修理活动
		803		家用电器修理	
			8031	家用电子产品修理	指电视、音响等家用视频、音频产品的修理活动
			8032	日用电器修理	指洗衣机、电冰箱、空调等日用电器维修门市部，以及生产企业驻各地的维修网点和维修公司（中心）的修理活动
		809		其他日用产品修理业	
			8091	自行车修理	
			8092	鞋和皮革修理	
			8093	家具和相关物品修理	
			8099	其他未列明日用产品修理业	指其他日用产品维修门市部、修理摊点的活动，以及生产企业驻各地的维修网点和维修中心的修理活动
	81			**其他服务业**	
		811		清洁服务	指对建筑物、办公用品、家庭用品的清洗和消毒服务；包括专业公司和个人提供的清洗服务
			8111	建筑物清洁服务	指对建筑物内外墙、玻璃幕墙、地面、天花板及烟囱的清洗活动
			8119	其他清洁服务	指专业清洗人员为企业的机器、办公设备的清洗活动，以及为居民的日用品、器具及设备的清洗活动，包括清扫、消毒等服务
		819	8190	其他未列明服务业	
P				**教育**	本门类包括 82 大类
	82			**教育**	

代码				类别名称	说明
门类	大类	中类	小类		
		821	8210	学前教育	指经教育行政部门批准举办的对学龄前幼儿进行保育和教育的活动
		822		初等教育	指《义务教育法》规定的小学教育以及成人小学教育（含扫盲）的活动
			8221	普通小学教育	
			8222	成人小学教育	
		823		中等教育	
			8231	普通初中教育	指《义务教育法》规定的对小学毕业生进行初级中等教育的活动
			8232	职业初中教育	
			8233	成人初中教育	
			8234	普通高中教育	指非义务教育阶段，通过考试招收初中毕业生进行普通高中教育的活动
			8235	成人高中教育	
			8236	中等职业学校教育	指经教育行政部门或劳动就业行政部门批准举办的中等技术学校、中等师范学校、成人中等专业学校、职业高中学校、技工学校等教育活动
		824		高等教育	
			8241	普通高等教育	指经教育行政部门批准，由国家、地方、社会办的在完成高级中等教育基础上实施的获取学历的高等教育活动
			8242	成人高等教育	指经教育主管部门批准办的成人高等教育活动
		825	8250	特殊教育	指为残障儿童提供的特殊教育活动
		829		技能培训、教育辅助及其他教育	指我国学校教育制度以外，经教育主管部门、劳动部门或有关主管部门批准，由政府部门、企业、社会办的职业培训、就业培训和各种知识、技能的培训活动，以及教育辅助和其他教育活动
			8291	职业技能培训	指由教育部门、劳动部门或其他政府部门批准举办，或由社会机构举办的为提高就业人员就业技能的就业前的培训和其他技能培训活动，不包括社会上办的各类培训班、速成班、讲座等
			8292	体校及体育培训	指各类、各级体校培训，以及其他各类体育运动培训活动，不包括学校教育制度范围内的体育大学、学院、学校的体育专业教育
			8293	文化艺术培训	指国家学校教育制度以外，由正规学校或社会各界办的文化艺术培训活动，不包括少年儿童的课外艺术辅导班
			8294	教育辅助服务	指专门从事教育检测、评价、考试、招生等辅助活动
			8299	其他未列明教育	指经批准的宗教院校教育及上述未列明的教育活动
Q				**卫生和社会工作**	本门类包括 83 和 84 大类
	83			**卫生**	

代码				类别名称	说明
门类	大类	中类	小类		
		831		医院	
			8311	综合医院	
			8312	中医医院	
			8313	中西医结合医院	
			8314	民族医院	
			8315	专科医院	
			8316	疗养院	指以疗养、康复为主，治疗为辅的医疗服务活动
		832		社区医疗与卫生院	
			8321	社区卫生服务中心（站）	
			8322	街道卫生院	
			8323	乡镇卫生院	
		833	8330	门诊部（所）	指门诊部、诊所、医务室、卫生站、护理院等卫生机构的活动
		834	8340	计划生育技术服务活动	指各地区计划生育技术服务机构的活动
		835	8350	妇幼保健院（所、站）	指非医院的妇女及婴幼儿保健活动
		836	8360	专科疾病防治院（所、站）	指对各种专科疾病进行预防及群众预防的活动
		837	8370	疾病预防控制中心	指卫生防疫站、卫生防病中心、预防保健中心等活动
		839	8390	其他卫生活动	指急救中心及其他未列明的卫生机构的活动
	84			**社会工作**	指提供慈善、救助、福利、护理、帮助等社会工作的活动
		841		提供住宿社会工作	指提供临时、长期住宿的福利和救济活动
			8411	干部休养所	
			8412	护理机构服务	指各级政府、企业和社会力量兴办的主要面向老年人、残疾人提供的专业化护理的服务机构的活动
			8413	精神康复服务	指智障、精神疾病、吸毒、酗酒等人员的住宿康复治疗活动
			8414	老年人、残疾人养护服务	指各级政府、企业和社会力量兴办的主要面向老年人和残疾人提供的长期照料、养护、关爱等服务机构的活动
			8415	孤残儿童收养和庇护服务	指对孤残儿童、生活无着流浪儿童等人员的收养救助活动
			8419	其他提供住宿社会救助	指对生活无着流浪等其他人员的收养救助等活动
		842		不提供住宿社会工作	指为孤儿、老人、残疾人、智障、军烈属、五保户、低保户、受灾群众及其他弱势群体提供不住宿的看护、帮助活动，以及慈善、募捐等其他社会工作的活动
			8421	社会看护与帮助服务	指为老人、残疾人、五保户及其他弱势群体提供不住宿的看护、帮助活动

代码				类别名称	说明
门类	大类	中类	小类		
			8429	其他不提供住宿社会工作	指慈善、募捐等其他社会工作的活动
R				**文化、体育和娱乐业**	本门类包括 85～89 大类
	85			**新闻和出版业**	
		851	8510	新闻业	
		852		出版业	
			8521	图书出版	
			8522	报纸出版	
			8523	期刊出版	
			8524	音像制品出版	
			8525	电子出版物出版	
			8529	其他出版业	
	86			**广播、电视、电影和影视录音制作业**	指对广播、电视、电影、影视录音内容的制作、编导、主持、播出、放映等活动；不包括广播电视信号的传输和接收活动
		861	8610	广播	指广播节目的现场制作、播放及其他相关活动，还包括互联网广播
		862	8620	电视	指有线和无线电视节目的现场制作、播放及其他相关活动，还包括互联网电视
		863	8630	电影和影视节目制作	指电影、电视和录像（含以磁带、光盘为载体）节目的制作活动，该节目可以作为电视、电影播出、放映，也可以作为出版、销售的原版录像带（或光盘），还可以在其他场合宣传播放，还包括影视节目的后期制作，但不包括电视台制作节目的活动
		864	8640	电影和影视节目发行	不含录像制品（以磁带、光盘为载体）的发行
		865	8650	电影放映	指专业电影院以及设在娱乐场所独立（或相对独立）的电影放映等活动
		866	8660	录音制作	指从事录音节目、音乐作品的制作活动，其节目或作品可以在广播电台播放，也可以制作成出版、销售的原版录音带（磁带或光盘），还可以在其他宣传场合播放，但不包括广播电台制作节目的活动
	87			**文化艺术业**	
		871	8710	文艺创作与表演	指文学、美术创造和表演艺术（如戏曲、歌舞、话剧、音乐、杂技、马戏、木偶等表演艺术）等活动
		872	8720	艺术表演场馆	指有观众席、舞台、灯光设备，专供文艺团体演出的场所管理活动
		873		图书馆与档案馆	
			8731	图书馆	
			8732	档案馆	

代码				类别名称	说明
门类	大类	中类	小类		
		874	8740	文物及非物质文化遗产保护	指对具有历史、文化、艺术、科学价值，并经有关部门鉴定，列入文物保护范围的不可移动文物的保护和管理活动；对我国口头传统和表现形式，传统表演艺术，社会实践、意识、节庆活动，有关的自然界和宇宙的知识和实践，传统手工艺等非物质文化遗产的保护和管理活动
		875	8750	博物馆	指收藏、研究、展示文物和标本的博物馆的活动，以及展示人类文化、艺术、科技、文明的美术馆、艺术馆、展览馆、科技馆、天文馆等管理活动
		876	8760	烈士陵园、纪念馆	
		877	8770	群众文化活动	指对各种主要由城乡群众参与的文艺类演出、比赛、展览等公益性文化活动的管理活动
		879	8790	其他文化艺术业	
	88			**体育**	
		881	8810	体育组织	指专业从事体育比赛、训练、辅导和管理的组织的活动
		882	8820	体育场馆	指可供观赏比赛的场馆和专供运动员训练用的场地管理活动
		883	8830	休闲健身活动	指主要面向社会开放的休闲健身场所和其他体育娱乐场所的管理活动
		889	8890	其他体育	指上述未包括的体育活动
	89			**娱乐业**	
		891		室内娱乐活动	指室内各种娱乐活动和以娱乐为主的活动
			8911	歌舞厅娱乐活动	
			8912	电子游艺厅娱乐活动	
			8913	网吧活动	指通过计算机等装置向公众提供互联网上网服务的网吧、电脑休闲室等营业性场所的服务
			8919	其他室内娱乐活动	
		892	8920	游乐园	指配有大型娱乐设施的室外娱乐活动及以娱乐为主的活动
		893	8930	彩票活动	指各种形式的彩票活动
		894		文化、娱乐、体育经纪代理	
			8941	文化娱乐经纪人	
			8942	体育经纪人	
			8949	其他文化艺术经纪代理	
		899	8990	其他娱乐业	指公园、海滩和旅游景点内小型设施的娱乐活动及其他娱乐活动
S				**公共管理、社会保障和社会组织**	本类包括 90～95 大类
	90			**中国共产党机关**	
		900	9000	中国共产党机关	
	91			**国家机构**	

代码				类别名称	说明
门类	大类	中类	小类		
		911	9110	国家权力机构	指宪法规定的全国和地方各级人民代表大会及常委会机关的活动
		912		国家行政机构	指国务院及所属行政主管部门的活动；县以上地方各级人民政府及所属各工作部门的活动；乡（镇）级地方人民政府的活动；行政管理部门下属的监督、检查机构的活动
			9121	综合事务管理机构	指中央和地方人民政府的活动，以及依法管理全国或地方综合事务的政府主管部门的活动，还包括政府事务管理
			9122	对外事务管理机构	
			9123	公共安全管理机构	
			9124	社会事务管理机构	
			9125	经济事务管理机构	
			9126	行政监督检查机构	指依法对社会经济活动进行监督、稽查、检查、查处等活动，包括独立（或相对独立）于各级行政管理机构的执法检查大队的活动
		913		人民法院和人民检察院	指宪法规定的人民法院和人民检察院的活动
			9131	人民法院	指各级人民法院的活动
			9132	人民检察院	指各级人民检察院的活动
		919	9190	其他国家机构	指其他未另列明的国家机构的活动
	92			**人民政协、民主党派**	
		921	9210	人民政协	指全国人民政治协商会议及各级人民政协的活动
		922	9220	民主党派	
	93			**社会保障**	
		930	9300	社会保障	指依据国家有关规定开展的各种社会保障活动
	94			**群众团体、社会团体和其他成员组织**	
		941		群众团体	指不在社会团体登记管理机关登记的群众团体的活动
			9411	工会	
			9412	妇联	
			9413	共青团	
			9419	其他群众团体	
		942		社会团体	指依法在社会团体登记管理机关登记的单位的活动
			9421	专业性团体	指由同一领域的成员、专家组成的社会团体（如学科、学术、文化、艺术、教育、卫生等）的活动
			9422	行业性团体	指由一个行业，或某一类企业，或不同企业的雇主（经理、厂长）组成的社会团体的活动
			9429	其他社会团体	指未列明的其他社会团体的活动

代码				类别名称	说明
门类	大类	中类	小类		
		943	9430	基金会	指利用自然人、法人或者其他组织捐赠的财产，以从事公益事业为目的，按照国务院颁布的《基金会管理条例》的规定成立的非营利性法人的活动
		944	9440	宗教组织	指在民政部门登记的宗教团体的活动和在政府宗教事务部门登记的宗教活动场所的活动
	95			**基层群众自治组织**	指通过选举产生的社区性组织，该组织为本地区提供一般性管理、调解、治安、优抚、计划生育等服务
		951	9510	社区自治组织	指城市、镇的居民通过选举产生的群众性自治组织的管理活动
		952	9520	村民自治组织	指农村村民通过选举产生的群众性自治组织的管理活动
T				**国际组织**	本门类包括 96 大类
	96			**国际组织**	
		960	9600	国际组织	指联合国和其他国际组织驻我国境内机构等的活动